労働者の権利と労働法における現代的課題

井上幸夫・鴨田哲郎・小島周一 編

旬報社

刊行にあたって

　敬愛する徳住堅治弁護士の喜寿をお祝いして、弁護士と研究者が論文や
エッセイを執筆した本書『労働者の権利と労働法における現代的課題』を出
版する運びになりました。

　徳住弁護士は、1973 年弁護士登録され、旬報法律事務所（当時の名称は労
働旬報法律事務所）に入所して以来、労働弁護士として様々な分野で活動さ
れてきました。

　総評弁護団・日本労働弁護団では、事務局や総括事務局、1994 年から
1998 年まで幹事長、2015 年から 2020 年まで会長を務められるなど、弁護団
の運営や活動を一貫して支えていただきました。

　徳住弁護士は、労働弁護士として、中小企業労働争議など集団的労働紛争
において働く人のために先頭になって活躍されてきましたが、個別的労働紛
争における働く人の権利確立のために市民的労働裁判を提起し、企業組織変
動と労働者・労働組合の権利に係わる取り組みも行うなど、労働者の権利と
労働法に関する新しい課題について理論的提起も行い、さらに労働弁護団労
働判例研究会も発足させるなどして、私たち労働弁護士の実践と理論の活動
分野をさらに広く豊かにするために大きな貢献をされてきました。

　また、2007 年から 2010 年まで東京大学法科大学院客員教授（法曹倫理、
労働法の演習など）として、ロースクール生の教育にも尽力されました。

　さらに、東京弁護士会労働法制特別委員会の立ち上げにかかわり、弁護士
会における労働法の実践的研究や立法課題の取り組みにも大きな寄与をされ
てきました。

　本書は、「第Ⅰ部」、「第Ⅱ部」、「第Ⅲ部」、「第Ⅳ部」の論文計 37 稿と、「徳
住堅治弁護士との思い出」（「エッセイ」）8 稿から構成されています。

　「第Ⅰ部　集団的労働関係における現代的課題」の論文 7 稿は、徳住弁護

士の「集団的労使関係から個別的労使関係との並行の時代へ」を筆頭に、研究者（西谷敏、水林彪）と弁護士（小島周一、木下徹郎、城塚健之、上田絵理）が執筆しています。

「第Ⅱ部　個別的労働関係における現代的課題」の論文17稿は、研究者（和田肇、石﨑由希子）と弁護士（井上幸夫、黒岩容子、水口洋介、君和田伸仁、梅田和尊、嶋﨑量、髙木太郎、塩見卓也、鎌田幸夫、新村響子、佐々木亮、岡田俊宏、竹村和也、鵜飼良昭、棗一郎）が執筆しています。

「第Ⅲ部　新たな働き方と労働法における現代的課題」の論文5稿は、研究者（水町勇一郎、橋本陽子、高橋賢司）と弁護士（淺野高宏、村田浩治）が執筆しています。

「第Ⅳ部　企業のあり方と労働法における現代的課題」の論文8稿は、研究者（池田悠、土岐将仁）と弁護士（岩淵正明、川人博、松丸正、笠置裕亮、中村和雄、鴨田哲郎）が執筆しています。

「エッセイ」8稿も、研究者（菅野和夫、野田進、荒木尚志）と弁護士（安西愈、木下潮音、中町誠、軽部龍太郎、光前幸一）が執筆しています。

このような構成と執筆者からも、本書は、現在第一線で活躍されている研究者と弁護士が執筆した労働者の権利や労働法の現代的課題についての貴重な研究書であるとともに、徳住弁護士の交流の広さと人柄を感得していただける喜寿のお祝いの記念書でもあります。

2024年4月から刊行委員会の編集会議を行って全体の構成、テーマ、執筆依頼者などを決め本書の刊行を準備してきましたが、無事に本書を出版することができました。論文やエッセイを執筆いただいた研究者や弁護士の皆さまには心より御礼申し上げます。また、編集会議に参加していただいた弁護士（佐々木亮、岡田俊宏、竹村和也、中村優介、大久保修一）の皆さまや本書刊行のためにご尽力いただいた旬報社の古賀一志氏には深く感謝申し上げます。

本書を徳住堅治先生に謹んで謹呈申し上げます。先生には今後も労働者の権利と労働法の発展のためにお元気に取り組んでいただき、私たちをご指導

ご鞭撻いただきますようお願い申し上げます。

2025 年 2 月

『労働者の権利と労働法における現代的課題』刊行委員会
井上幸夫・鴨田哲郎・小島周一

目　次

刊行にあたって　i

第Ⅰ部　集団的労働関係における現代的課題

集団的労使関係から個別的労使関係との並行の時代へ…………徳住堅治　3

非組合員について考える………………………………………………西谷　敏　20

労働判例・労働運動・資本主義経済の日本的構造：

　基底としての日本型旧体制的法意識…………………………………水林　彪　33

　　──現代日本法社会学への序論として──

組合所属を理由とする不採用と労働組合法７条の立法者意思…小島周一　56

　　──旧労働組合法、現行労働組合法の制定過程における審議から──

労働者概念の実務的観点からの検討……………………………………木下徹郎　71

大阪維新による公務員労組弾圧事件……………………………………城塚健之　87

函館バス支部労働組合事件………………………………………………上田絵理　101

第Ⅱ部　個別的労働関係における現代的課題

「個人の尊厳」と労働法 ………………………………………………和田　肇　109

男女賃金差別事件のこれまでの裁判例と今後の課題…………井上幸夫　123

男女賃金差別撤廃へのEU法の挑戦……………………………………黒岩容子　137

性自認に基づく職場の施設利用…………………………………………石﨑由希子　150

　　──経済産業省事件最高裁判決と今後の課題──

均衡処遇の法政策と最高裁判例の問題点………………………………水口洋介　167

他所就労と地位確認・賃金請求に関する裁判例の検討………君和田伸仁　187

固定残業代における最高裁判例の検討…………………………………梅田和尊　200

教員の長時間労働──給特法の問題点── ……………………嶋﨑　量　211

働き方改革関連法の総括…………………………………………………髙木太郎　224

配転命令をめぐる最高裁判決の実務に与える影響と今後………塩見卓也　234

定年後再雇用における高齢者雇用紛争の検討……………………鎌田幸夫 250

裁判例から見るマタニティハラスメント・

育児介護等ハラスメント………………………………………新村響子 268

神戸弘陵学園事件最判に対する学説上の批判に関する一考察

　　　　　　　　　　　　　　　　　　　…………………佐々木　亮 283

公務員の退職手当支給制限処分の裁量審査……………………岡田俊宏 297

　　　　──最高裁2判決を踏まえて──

「つながらない権利」の実務的検討 …………………………竹村和也 311

労働審判制度の誕生………………………………………………鵜飼良昭 326

東京地裁労働部における最近の不当な判断について…………棗　一郎 348

　　　　──懲戒解雇事案の検討──

第Ⅲ部　新たな働き方と労働法における現代的課題

フリーランス保護法の比較法的考察……………………………水町勇一郎 367

　　　　──その構造と課題──

フードデリバリーの配達員の労組法上の労働者性……………橋本陽子 378

曖昧な雇用と企業の責任──ベルコ事件を題材として── ………淺野高宏 398

「直接雇用の原則」を基本にすえた法解釈の確立をめざして……村田浩治 409

近未来の労働法……………………………………………………高橋賢司 422

　　　　──人口減少社会における労働法の見直し論素描──

第Ⅳ部　企業のあり方と労働法における現代的課題

再建型倒産手続における労働債権の処遇………………………池田　悠 441

　　　　──企業年金の拠出と給付を中心に──

人権デューディリジェンスをめぐる解釈と

　諸外国の立法についての覚書き………………………………土岐将仁 454

JT乳業事件 ………………………………………………………岩淵正明 467

　　　　──会社解散による解雇に対する取締役の損害賠償責任──

v

芸術芸能分野での前進と医師・医療分野での逆流……………川人　博　475
　　　──「過労死110番」スタートから37年経過して──
過労死運動の歩みと現在の課題………………………………松丸　正　483
労災の再審査請求の実務………………………………………笠置裕亮　497
最低賃金制度の改革に向けて…………………………………中村和雄　511
労働法と社会保障法の二分法はこれからも有用か？…………鴨田哲郎　523

徳住堅治弁護士との思い出

苗場ゲレンデのまっすぐなシュプール…………………………荒木尚志　531
口きかぬ仲から酒酌み交わす仲へ……………………………安西　愈　534
東弁・労働法制特別委員会の立ち上げ………………………軽部龍太郎　538
同郷の後輩の一人です…………………………………………木下潮音　542
快人二十面相！　TOKUZUMI …………………………………光前幸一　544
　　　──東弁労働法制特別委員会・礎の人──
労働契約法制定への徳住弁護士の貢献………………………菅野和夫　547
徳住先生と東大ロースクール…………………………………中町　誠　552
戦後労働法学のレジェンドとの個人的な出会い………………野田　進　556

徳住堅治、弁護士としての履歴　559

凡　例

判例集・雑誌等の略語

刑集	最高裁判所刑事判例集
民集	最高裁判所民事判例集
集民	最高裁判所裁判集民事
判時	判例時報
判タ	判例タイムス
労経速	労働経済判例速報
労判	労働判例
労民集	労働関係民事裁判例集
季労	季刊労働法
ジュリ	ジュリスト
ジュリ臨増	ジュリスト臨時増刊
法教	法学教室
法セミ	法学セミナー
法時	法律時報
民商	民商法雑誌
労旬	労働法律旬報

第Ⅰ部
集団的労働関係における現代的課題

集団的労使関係から個別的労使関係との並行の時代へ

徳住堅治

1　昭和期は集団的労使紛争の時代

（1）集団的労使紛争時代の団結力重視の運動

　1955 年に始まった春闘争議は、高度経済成長とともに広がりをみせ、1970 年代半ばにピークを迎えた。私が弁護士登録した 1973 年、交運ゼネストも本格化し労働争議件数は 9459 件に上り、春闘では 20.1％の賃上げを獲得した。翌 1974 年は、第一次石油危機後で 3 日間の交運ストなど労働争議件数は戦後ピークの 1 万 462 件となり、春闘では 32.9％の高額賃上げを獲得した。

　当時労働組合は、集団的な団結力に基づき争議行為を背景にして団体交渉を行い有利な労働条件・待遇を勝ちとり、労働協約を締結し労働条件・待遇を確保する運動に集中していた。労働組合の役員や活動家が解雇された場合、団結力に基づく法廷闘争の強化による解雇撤回・職場復帰の闘いに全力を挙げていた。

　1963 年に結成された東京争議団は、争議敗北後の後始末としての裁判——わずかの解決金での和解——ではなく、解雇を撤回させ、権利を職場に回復させるために裁判に訴え、勝利するという道を切り開いていた[1]。東京争議団は法廷闘争の強化を、闘争勝利の『四つの基本』の一つに定式化し、闘争の発展、勝利をめざして全力を挙げた。東京争議団は、「勝利するための四つの基本」として、第一に争議組合、争議団の団結の強化、第二に職場からの闘いの強化、第三に産業別、地域の仲間との団結と共闘の強化、第四

1）　坂本修＝坂本福子著『格闘としての裁判』（大月書店、1996 年）14 頁。

に法廷闘争の強化、「三つの必要条件」として、第一に要求を具体的に明確にすること、第二に情勢分析を明確にすること、第三に闘う相手を明確にすること、と定式化していた。

（2）プロレバーの労働法学者も団結権思想を重視

西谷敏教授は、戦後労働法理論の特質について、「戦後わが国で定着した労働法思想、とくに団結権思想は、他の先進資本主義におけるそれと比較して顕著な特徴を持っていたと考えられる。」として、「第1に、労働者の使用者に対する従属性が強調されたこと、第2に、生存権理念が優位に立っており、それに対応して自由の理念が相対的に軽視されていたこと、第3に、集団的というべき思想傾向が支配的であったこと、第4に、市民法と労働法の異質性が強調されたこと」と指摘している[2]。

労働弁護士は、西谷教授が指摘される団結権思想を学び習得することに努力し、それを実践の場に生かしていった。ジンツハイマーから従属性を基本的特徴とする労働法的人間像を学んで労働法における労働者性像を構築し、また、例えば、従属下の労働における労災における「安全保護義務」の確立を主張し労働者の過失による損害賠償責任について責任制限法理を発展させたりした[3]。ただ、従属性の強調は、昨今の労働法における労働者性論議ではその範囲を狭めることになりかねない。

また、公務員のスト禁止法制について、団結権等を生存権的基本権と位置づけてスト権奪還訴訟に取組み、全逓東京中郵事件最判[4]、都教組事件最判[5]で合憲的限定解釈に基づく勝利判決を得た。しかし、全農林警職法事件最判[6]において勤務条件法定主義・市場抑制力理論に基づきスト禁止法制は合憲とされるに至った。労働者側は、その後、団結権を自由権的権利に位置づける等して再反論が試みたが、成果を得られていない。

西谷教授は、「戦後労働法学における労働の従属性の強調が、事実上、労

---

2) 西谷敏『労働法における個人と集団』（有斐閣、1992年）3頁。
3) 茨石事件・最一小判昭51.7.8民集30巻7号689頁。
4) 全逓東京中郵事件・最大判昭41.10.26刑集20巻8号901頁。
5) 都教組事件・最大判昭44.4.25刑集23巻5号305頁。
6) 全農林警職法事件・最大判昭48.4.25刑集27巻4号547頁。

働関係のもう一つの要素である対等当事者間の契約としての側面を単なる虚偽的な形式と見る傾向を強め、それを理論的にも実践的にも背後に追いやる意味を持ったことは否定しえないであろう。そして、こうした従属性の重視、およびその裏面としての契約自由の軽視は、戦後の労働法思想に様々な特徴を刻印したのである。」と述べられておられる[7]。この見解は、集団的労使関係から個別的労使関係へと移行する、その後の歴史の流れを先読みした卓見である。

（３）戦後労働運動の成果として 1970 年代に重要な労働判例法理確立

　戦後労働運動は、組合の団結力に基づき裁判闘争でも粘り強くたたかい、その成果として、1970 年前後に、労働分野において重要な判例法理が確立した。

　a　解雇権濫用法理　：戦後、解雇に関する判例には、「解雇自由説」・「正当事由説」・「解雇権濫用説」の諸説が乱立し、判例法理が確立していなかった。日本食塩製造事件最判[8]が「解雇権濫用法理」を宣明し、そして、高知放送事件最判[9]が同法理における「相当性の原則」について具体的判断を示した。解雇権濫用法理は、2003 年に労働基準法 18 条の 2 として法制化され、現在は労働契約法 16 条に移し替えられ、労働法体系の中で貴重な役割を占めている。

　b　整理解雇法理　：整理解雇法理の 4 要件（「解雇の必要性」「解雇回避努力」「手続の合理性」「基準・人選の合理性」）を初めて宣明したのは、大村野上事件[10]である。同判決は、繊維不況を理由とする整理解雇について、責めに帰すべき事由のない労働者に対する整理解雇を厳しく規制する、整理解雇法理4 要件の判断枠組みを初めて明確に提示し、解雇無効の判断を言渡した。整理解雇法理に関する最高裁判決は未だみられないが、その後の下級審の整理解雇裁判では、常にこの判例法理に基づき判断がなされている。

---

7)　西谷・前掲注 2）論文 5 頁。
8)　日本食塩製造事件・最二小判昭 50.4.25 民集 29 巻 4 号 456 頁。
9)　高知放送事件・最二小判昭 52.1.31 労判 268 号 17 頁。
10)　大村野上事件・長崎地大村支判昭 50.12.24 労判 242 号 14 頁。

c　有期雇用雇止法理　：本工化した臨時工の契約更新拒絶について戦後苦しい裁判闘争が続いていた。臨時工が初めて勝ち取ったのが、東芝柳町工場事件最判[11]である。同最判は、反復更新して期間の定めのない契約と同じ状態にあり解雇の意思表示とみなし雇止めを無効とした。また、日立メディコ柏工場事件最判[12]は、その雇用関係がある程度の継続が期待される場合、雇止めに解雇権濫用法理を適用して、雇止めを無効とした。これらの有期雇用雇止法理は、現在労働契約法19条に法制化されている。

d　安全配慮義務の法理　：1968年当時、高度経済成長の真っ盛りで、年間殉職者7000名、障害者7万6000名を含む180万人の労働災害が多発していた。総評弁護団（現日本労働弁護団の旧称）は、労働災害絶滅の闘いに取組み、年間300〜400件の労働災害訴訟を提起した。また、故岡村親宣弁護士を中心に、従属労働下での使用者の労災責任を追及する「安全保護義務」の確立を訴えていた。そうした取組みの中で、陸上自衛隊車両整備工場事件最判[13]が、使用者の「安全配慮義務」を宣明した。この法理は、現在、労働契約法5条に法制化されている。

e　採用内定の法理　：大日本印刷事件最判[14]は、採用内定通知により解約権留保の労働契約が成立したと判断し、その後の採用内定取消への大きな歯止めの役割を果たした。

（4）集団的労使紛争時代における労働弁護士としての取組み

労働組合が団結力に基づく労働運動の展開に反発して、使用者の攻勢も厳しくなっていった。私が労働弁護士になった時期には、組合脱退・分裂工作、組合間差別、刑事弾圧、男女差別、整理解雇、倒産などの集団的労使紛争が多発していた。私は、次のような特徴的な主な集団的労使紛争事件を取り扱った。

a　組合脱退・分裂工作　：日野車体工業（金産自動車工業）事件[15]につ

---

11)　東芝柳町工場事件・最一小判昭49.7.22労判206号27頁。
12)　日立メディコ柏工場事件・最一小判昭61.12.4労判486号6頁。
13)　陸上自衛隊車両整備工場事件・最三小判昭50.2.25民集29巻2号143頁。
14)　大日本印刷事件・最二小判昭54.7.20民集33巻5号582頁。
15)　日野車体工業（金産自動車工業）事件・石川地労委命令昭48.12.17、中労委命令昭50.7.16、東

いて、中労委段階から担当した。昭和48年3月3〜5日にかけて、金沢市内のある三竹屋旅館に社長・管理職らが集合し、社長自ら指揮し大規模な組合脱退工作を行った。管理職が組合員を飲食店に呼び出し、自宅を訪ねたりして脱退工作を行った。その結果5日〜6日の2日間で約420人の組合員が脱退し、第二組合が結成された。労働委員会の不当労働行為救済命令だけでは納得できず、金沢地裁に1億円を超える損害賠償請求訴訟を提訴した。その結果、解決金数千万円の和解を勝ちとった。当時、このような組合脱退工作・弱体化攻撃は引きも切らなかった。

　b　組合脱退工作・組合間差別　：「300名を超える脱退工作が行われている」との密告が産別本部へのあり、産別本部の役員と一緒に、三島にある鋳造メーカー「電業社」に駆け付けた。右翼・暴力団が社内を闊歩し、騒然とした雰囲気だった。さらに、会社は、組合脱退した従業員には賞与を支払いながら、「労働組合とは賞与についての合意に至ってない。」として、組合員には賞与を支払わない差別政策をとってきた。賞与は、住宅・自動車ローンの支払いや組合員家族の生活費の支払いに組み込まれており、賞与を貰えない組合員から悲鳴が上がっていた。組合員460名が、賞与仮払い仮処分を申請した。電業社（賞与仮払仮処分）事件 [16] は、賞与総額1億4400万円の仮払いを命じる仮処分決定を短期日の内に下した。仮払いの理由は仮処分決定には記載されていないが、組合員が喜びあふれる決定だった。

　c　刑事弾圧　：労働組合に対する刑事弾圧事件も頻発していた。接見のために警察に駆けつけても、接見妨害のためになかなか接見できず、勾留理由開示申立・勾留決定に対する抗告・勾留取消し申立を繰返して、接見を確保していた。

　職場では、"転びや""当たりや"の管理職が登場し、刑事事件を捏造する事件が頻発していた。全逓国立郵便局（傷害被告）事件 [17] は、被疑事実「上司の抽斗を足蹴にし、その勢いで閉じた抽斗と机の間に上司の拇指を狭圧し、全治約9日間の拇指捻挫の傷害を負わせた」とする事案であった。"抽

　京地判昭52.8.25、東京高判昭53.10.31、最三小判昭54.11.27（いずれも中労委DB）。
16)　電業社（賞与仮払仮処分）事件・静岡地沼津支判昭50.10.8判例集未登載。
17)　全逓国立郵便局（傷害被告）事件・東京地八王子支判昭50.1.22判例集未登載。

斗が勢いよく閉じるのに、拇指が離れないはずはない"“上司が痛い痛いというだけで、捻挫したという客観的証拠がない"などの反対尋問を行い、無罪判決を得た。全逓牛込郵便局（傷害被告）事件[18]は、被疑事実「管理職の胸ぐらを両手でつかんで押したり、突き飛ばしたりした等の暴行を加え全治約1ヶ月を要する肋骨骨折の傷害を負わせた」とする事案であった。現場の人の立ち位置から「両手でつかんで押したり、突き飛ばす」態様があり得ないこと、肋骨骨折のレントゲンなどの物証がないこと等を追及し、無罪判決を得た。

　d　整理解雇　：整理解雇も多発していた。東京スピンドル製作所事件[19]では、組合員のみ7名を人員整理したことが不当労働行為であるとの救済命令を得た。北斗音響事件[20]は、音響メーカーの経営不振による工場閉鎖に伴う整理解雇事案である。整理解雇を言渡された労働者達が納得できず組合を結成し団体交渉を申込んだが、会社はなかなか交渉に応じなかった。応じても「経営状況」、「転勤などによる解雇回避の方法」、「再就職の支援」、「解雇に伴う経済的援助」などについての団体交渉を拒否し、不誠実な対応を繰返していた。前掲大村野上事件が宣明にした整理解雇法理のうち第4要件（手段の合理性）違反を強く主張したところ、裁判所は、われわれの主張を認めて整理解雇は無効とし、申請人70名について、①仮の地位の確認、②毎月賃金総額約500万円の仮払いの仮処分決定を言渡した。ほとんどが女性組合員だったが、勝利決定を得て喜びが爆発した。

　e　男女差別　：住友セメント（結婚退職制）事件[21]により結婚退職制が無効との司法判断が下されていた。しかし、女子若年定年制、男女差別定年制などの女性差別の雇用制度が残っていた。女性47歳、男性57歳の差別定年性を争った伊豆シャボテン公園事件[22]では、男女差別定年制は公序良俗に反して無効との結論を得た。

---

18)　全逓牛込郵便局（傷害被告）事件・東京地判昭 51.9.16 判例集未登載。
19)　東京スピンドル製作所事件・秋田地労委命令昭 51.8.17 中労委 DB。
20)　北斗音響事件・盛岡地判昭 54.10.25 労判 333 号 55 頁。
21)　住友セメント（結婚退職制）事件・東京地判昭 41.12.20 判タ 199 号 112 頁。
22)　伊豆シャボテン公園事件・東京高判昭 50.2.26 労判 219 号 40 頁、同事件最三小判昭 50.8.29 労判 233 号 45 頁。

2 労働運動の混迷と「労働者の権利」を基軸とした新たな闘いを模索

（1）団結力による集団的労使紛争解決が行き詰まる

　1970 年代半ばになると、経営者の攻勢が一段と強まった。民間大企業の職場では労使協調の流れが強くなり、労使対立型の団体交渉から経営協議会を重視する動きが強まった。1975 年以降春闘 5 連敗となり、賃上げ幅は政府・財界の決めた枠の中に抑え込まれ（日本型所得政策）、労働運動の混迷期を迎えた。スト権奪還をめざす公労協が行った、国鉄における 1975 年 11 月 26 日からの 8 日間のスト権ストは、成果を上げることなく敗北に終わり、その後公共部門のストは終焉していった。国鉄は、国労・動労などの労働組合を相手どり 202 億円の損害賠償請求訴訟を提起してきた。また、全逓は、当局の不当労働行為及び全逓敵視政策を改めさせるため、1978（昭和 53）年、年末年始闘争を行い、怠業行為により大量の年賀の滞留物を生じさせた。この争議も成果なく、失敗に終わった。当局は、末端組合員 58 名を懲戒免職処分に付した。

　このスト権ストの敗北が決定的要因となり、団結力に基づく労働組合の闘いが大きく後退していくことになる。

（2）1970 年半ば以降職場の組合活動を抑圧する反組合判決が続出

　1973（昭和 48）年の全農林警職法事件最高裁逆転敗訴判決をかわきりに、1975（昭和 50）年前後に、職場の組合活動を禁圧する反組合判決が続出した。これらの反動判決は、今日まで、職場での組合活動の大きな障害となっている。

　　a　思想・信条による採用拒否は合憲　：三菱樹脂事件最判[23]は、思想信条による採用差別を合憲とした。

　　b　施設内の組合活動　：国鉄札幌駅事件最判[24]は、自己使用のロッカー

23）　三菱樹脂事件・最大判昭 48.12.12 民集 27 巻 11 号 1536 頁。
24）　国鉄札幌駅事件・最三小判昭 54.10.30 民集 31 巻 7 号 1037 頁。

に組合のビラ2枚を貼った事案で、「利用を許さないことが施設につき使用者の権利の濫用であるような特段の事情がある場合」を除き、使用者の許諾のない施設内組合活動は違法とした。施設管理権を重視し、使用者の許諾のない組合活動を違法とした、この最高裁判決が職場活動に与えた影響は大きく、施設内の組合活動が今日まで後退する大きな要因となっている。

　　c　就業時間中のリボン・プレート着用　：目黒電報電話局事件最判[25]は、「ベトナム侵略反対、米軍立川基地拡張阻止」と記載したプレートを着用して勤務した職員の行為について、職務専念義務に違反し他の職員が注意力を職務に集中する妨げるおそれがあり局所内の秩序を乱して、就業規則違反とした。大成観光事件最判[26]は、リボン着用について労働契約に基づき職務を誠実に履行する義務である職務専念義務に反するとした。過度な職務専念義務を重視するこの判決が、その後の職場における組合活動に与えた影響は大きい。

　　d　食堂使用拒否　：池上通信機事件最判[27]は、使用者が労働組合からの従業員食堂の使用申入れを許諾しなかったこと等が不当労働行為に該当しないとした。

（3）団結力重視から労働者の権利意識を基軸とした新たな運動を志向

　経営者の攻勢の強まり、労使協調路線の広がり、職場の活動を禁圧する反組合判決に加えて、労働側が全力を挙げて闘ったスト権ストの敗北を受け、総評弁護団では、労働組合の団結力のみを重視する運動だけでは壁に当たると危惧し、新たな運動の模索を始めた。そして、労働者の権利意識を高め、『労働者の権利』を基軸に新たな闘いを志向する議論を開始した。権利意識を高めるために、これまで蔑ろにされてきた労働（雇用）契約を重視し、入社にあたっては労働契約を必ず締結することを勧め、一人ひとりの労働者の権利は労働契約に基づくとの近代的契約思想を広めることに重点を置くことで一致した。この運動の中心は、故藤本正弁護士だった。

---

25)　目黒電報電話局事件・最三小判昭 52.12.13 民集 31 巻 7 号 974 頁。
26)　大成観光事件・最三小判昭 57.4.13 民集 36 巻 4 号 659 頁。
27)　池上通信機事件・最三小判昭 63.7.19 労判 527 号 5 頁。

最初に手を付けたのは、『労働基準法』を労働者の闘う武器にすることだった。1980年9月総評弁護団員76名の力を結集し、浩瀚776頁の『労働基準法実務全書』（労働旬報社）を発刊した。はしがきには、「第1に、労働条件の向上をめざし、労働基準法の理念、現実的機能を検討し、わが国の社会的到達水準を諸外国の水準に対比して、立法闘争、協約闘争の目標と職場の活動の方向を明らかにした。第2に、低成長経済化の下で、国際水準に達しない低い労働基準法の諸規定が現実に守られていないことに加え、労働基準法の例外規定の悪用、労働基準法の精神に反する行政解釈の濫用などによる労働条件の不当引下げがみられる現状に対処し、正しい労働基準法の理解とあるべき労働条件の獲得に資することを目ざした。」とある。労働者が労働基準法を活用して自らの権利確立の道を開いたものとして評価され、好評を得た。また、1981年5月には、「損をしないサラリーマンの知恵」と銘打って、藤本正編著で『労働基準法入門』（労働旬報社）を発刊した。

3　1989（平成元）年がターニングポイント

（1）昭和期は集団的労使紛争の時代・平成期以降は個別的労使紛争の時代

　1989年12月29日、日経平均株価が当時の史上最高値3万8915円を記録した。翌1990年の年が明けると、バブルが崩壊して株価は下落し、企業は経営不振に陥り、大型倒産が続出し、不良債権を抱えた金融機関の統廃合が頻繁に行われるようになった。

　1993年1月9日付『朝日新聞』が「パイオニアの管理職35名に対する事実上の指名解雇」と報道した。わが国では、大手企業の管理職や正社員のリストラはそれまでなかっただけに、国民の受けた衝撃は大きかった。その後、三洋電機・日立ホームテック・朝日生命・日本IBM・野村證券・三菱重工・日産・住友金属などの大企業、そして中小企業でも雇用調整の波が続いた。ホワイトカラーの高年齢の管理職・正社員がまずターゲットとされ、その後非正規労働者のリストラも続いた。日本労働弁護団では、1993年2月15日、16日に東京、神奈川、埼玉の3県で「雇用調整ホットライン」を開設した。雇用調整ホットラインには、502件の相談がひっきりなしに押し寄せ

集団的労使関係から個別的労使関係との並行の時代へ　11

てきた[28]。労働分野での、新しい時代の始まりを感じた。

　1990年以降労働裁判件数が激増した。労働裁判件数は、1990年はちょうど1000件（通常訴訟647件＋労働仮処分353件）だった。経営不振にともなうリストラの増加により、1995年には2297件（1552件＋745件）、2000年には2770件（2063件＋707件）、2005年には3082件（2446件＋636件）と激増していった。2006年から労働審判制度がスタートし[29]、労働裁判件数はさ

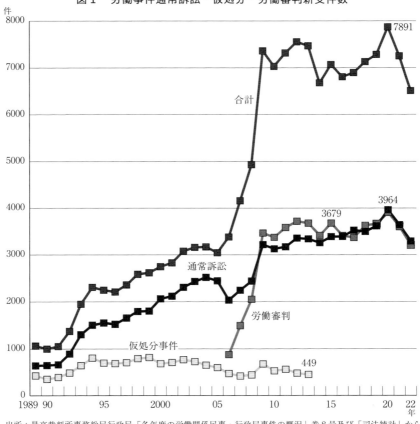

図1　労働事件通常訴訟・仮処分・労働審判新受件数

出所：最高裁判所事務総局行政局「各年度の労働関係民事・行政局事件の概況」巻8号及び「司法統計」から

---

28)　鵜飼良昭＝徳住堅治＝水口洋介『雇用調整をはねかえす法』（花伝社、1993年）16頁。
29)　2014年以降最高裁は、司法統計の中で労働仮処分申立件数を発表しなくなった。

12　第Ⅰ部　集団的労働関係における現代的課題

らに激増した。労働審判申立件数を加えた労働裁判件数は、2020年に7871件（通常訴訟3964件＋労働審判3907件）となり、約30年間で7倍強の増加となった。労働裁判のほとんどが個別労使紛争とみてよい。

他方、労働争議件数について、「総争議」は1974年の1万462件がピークであり、1989年が1858件、2022年が270件と激減し、現在ではピーク時の40分の1となっている。「争議行為を伴う争議」は、1974年の9581件がピークであり、1989年が1433件、2022年が65件と激減している。

1990年以降まさに個別労使関係の時代を迎えたといえる。

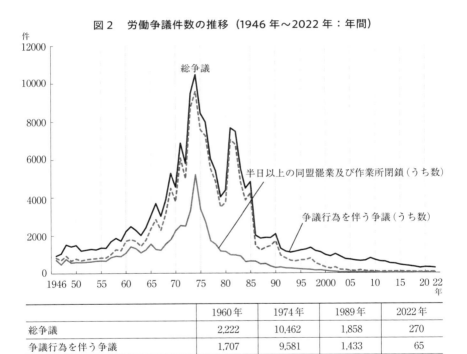

図2　労働争議件数の推移（1946年〜2022年：年間）

	1960年	1974年	1989年	2022年
総争議	2,222	10,462	1,858	270
争議行為を伴う争議	1,707	9,581	1,433	65
半日以上の同盟罷業及び作業所閉鎖	1,063	5,211	362	33

出所：厚生労働省「労働争議統計」

（2）集団的労使関係から個別労使関係への転換期の時期はいつか

わが国の集団的労使紛争から個別的労使紛争の転換のターニングポイントはいつか。私は、1989年だと考えている。

1989年、わが国の労働界ではナショナルセンターの総評・同盟が解散し、連合・全労連・全労協が誕生した。闘う労働運動をけん引してきた総評の解散により、労働者の団結を背景とした集団的労使紛争の後退が現実のものとなった。総評解散にともない、『総評弁護団』も『日本労働弁護団』に名称変更した。1989年はバブル経済の絶頂期で、12月29日、日経平均株価が当時の史上最高値3万8915円をつけたが、翌年年初からバブルが崩壊した。金融機関や企業の不良債権問題や企業経営の悪化により日本経済は停滞期に突入した。企業規模にかかわらず、管理職・正社員または非正規労働者を問わずリストラが頻発し、図2の通り、個別労使紛争が激増した。国際的にも、この年にベルリンの壁が崩壊し冷戦構造が終焉を迎え、グローバル化の時代への転換点となった。

菅野和夫教授は、「1980年代まで：集団的労使紛争（労働委員会）中心の時代」、「1990年代以降：個別労働紛争中心の時代」と述べられている。「1980年代までは、個別労働紛争は少なく、労使紛争といえば労働組合と企業間の集団的労使紛争が中心だった。紛争解決制度としても、戦後労働法制のなかで集団的労使紛争解決の専門機関として設置された労働委員会による、労働争議の調整手続と不当労働行為の救済手続きが中心であった。」と述べられている[30]。

水町勇一郎教授は、クライド・サマーズ著「世紀の変わり目における労働法」（1988年）から「労働組合と労働協約は、使用者の経済的な力による労働者の利益の剥奪や抑圧から労働者を守りきれていない。その帰結は、不可避的なものでないとしても、予測することは可能である。もし、団体交渉が個別の労働者を守れないとすれば、法がより弱い当事者を守る別の道を見出すことができるだろう。法こそが、裁判所や立法者を介して、守護神となるのである。労働法はいま、この守護神の交代の真っ只中にある。」との部分を引用した上で、「21世紀の日本における『守護神』はだれか？」として、
○集団法から個別法へ（1980年代以降の「立法の時代」）、
○個別法のなかでも取締法規（労基法等）から労働契約法（2007年）へ、

---

30)　菅野和夫＝山川隆一『労働法（第十三版）』（弘文堂、2024年）1189頁以下。

表 1　諸外国における紛争件数

	司法	行政
イギリス（※ 1）	105,803 件 (2013 年度、雇用審判所の新受、2014 年に制度改正し大幅減少)	40,934 件 (2013 年度制度改正前、雇用審判所の情報提供によるあっせんの件数。)
ドイツ	403,457 件 (2013 年、労働裁判所の既済事件数)	なし
フランス	175,174 件 (2012 年、労働裁判所の係属件数)	― (労働裁判官が非公式な調停を行う場合がある。)
イタリア	113,337 件 (2012 年、労働審判所の新受件数)	― (地域労働局の調停委員会による紛争解決)
スペイン（※ 1）	421,043 件 (2013 年、労働裁判所の新受件数)	529,067 件 (2013 年、調停・仲裁サービス（SNAC）の個別労働紛争あっせん・調停件数)
デンマーク（※ 1）	労働仲裁パネル：97 件 (2013 年に扱った紛争件数) 解雇審判所：年間 60 〜 80 件 労働裁判所：853 件 (2013 年、集団的労働紛争案件を含む。)	― (中央苦情処理委員会において対応)
韓国	―	14,322 件 (2013 年、全労働委員会における合計受付件数)
オーストラリア（※ 1）	1,264 件 (2013 年、連邦裁判所及び連邦巡回裁判所における労働関係紛争取扱件数)	37,066 件 (2013 年度、公正労働委員会の新受件数。集団的労働紛争を含む。)
アメリカ	― (通常裁判所において審理)	88,778 件 (2014 年度の雇用機会均等委員会（EEOC）新受件数)
日本	民事訴訟：3,257 件（新受、2014 年） 労働審判：3,416 件（新受、2014 年）	労働局における総合労働相談件数のうち、民事上の個別労働紛争相談件数：238,806 件（2014 年度）⇒労働局あっせん申請件数：5,010 件（2014 年度）／労働委員会あっせん申請件数：319 件（2014 年度）／労政主管部局あっせん申請件数：845 件（2014 年度）

※ 1　裁判所に訴えを提起する前に、行政機関等に調停やあっせん等を申し立てることを義務づけている
(注)　「―」は件数が不明、「なし」は制度そのものが存在しない場合。
(出典)　独立行政法人労働政策研究・研修機構『解雇及び個別労働関係の紛争処理についての国際比較〜イギリス、ドイツ、フランス、イタリア、スペイン、デンマーク、韓国、オーストラリア及びアメリカ〜』、最高裁判所事務総局『司法統計』

○労働紛争解決法としての個別労働紛争解決促進法（2001 年）と労働審判法
（2004 年）

を指摘された[31]。

　労働組合の団結力を背景とした団体交渉・労働協約による労働条件や待遇を確保する時代から、個別的労使関係の時代に移行し、労働者の権利意識を基軸にし、労働法と裁判との三位一体となる取組が重要性を増したといえる。これは、わが国だけでなく世界的な流れともいえる。

（3）今後も個別労使紛争は増える可能性がある

　都道府県労働局の「令和 5 年度個別労働紛争解決制度の施行状況」では、総合労働相談コーナーにおける相談は 121 万 412 件、うち民事上の個別労働紛争は 26 万 6162 件となっている。また、厚労省発表の「長時間労働が疑われる事業所に対する令和 5 年の監督指導結果」によると、監督指導の実施事業場は 2 万 6117 事業場、違法な時間外労働があったもの 1 万 1610 事業場、賃金不払残業がったもの 1821 事業場と報告されている。これらの調査結果によると、権利侵害を受けても労働審判・労働裁判等を利用することなく、泣き寝入りしている労働者は極めて多いと推測される。

　諸外国における労働裁判紛争件数は、上記の通りである。労働裁判申立件数は、ドイツで 40 万件、フランスで 17 万件、イギリスで 10 万件となっており、わが国の数十倍の申立てがされている。わが国でも、ハラスメント（セクハラ・パワハラ・カスハラ・マタハラ等）事件が増え、解雇・雇止め、配転、残業代請求等の個別労使紛争事件は今後も増えていくことが予想される。

4　個別的労使関係時代を迎えるにあたりどう取り組んだか

（1）個別的労使紛争にふさわしい取り組みをめざして

　「雇用調整ホットライン」（1993 年 2 月開設）に相談者が殺到した。そこには労働組合の姿は見えなかった。前掲『雇用調整をはねかえす法』[32]では、

31）　東京弁護士会労働法制特別委員会（2020 年 6 月 19 日）での講演から。
32）　鵜飼＝徳住＝水口・前掲注 28）。

「『雇用調整』に対する防波堤は、労働者の『権利意識』と結びついた『団結権にもとづく労働組合』であるはずである。しかし、今回の相談を通じるかぎり、残念ながら労働組合の姿が見えてこなかった。相談者の多くは未組織労働者であり、相談できる労働組合がないからこそ、電話の相談に殺到したのであろう。しかし、労働組合のある職場からも、労働組合が有効な対応策を持っていないと相談がきている。なかには、『うちの労働組合はだめなんですよ。それは一番私がしっています』と自嘲気味に語る管理職もいた。」(40頁)というものであった。

　同書では、当時「誤った俗説」が横行していることを指摘している。「1カ月の解雇予告手当を払えば会社は自由に解雇できる。」、「経営不振だと会社が整理解雇することは自由である。」、「退職勧奨することは会社の自由だから、会社は『やめません』と言っても何度も呼びだしたりして説得できる。」、「管理職にボーナスを現物支給しても法律違反ではない。」、「管理職は労働組合に加入できないし、管理職組合はわが国ではできない。」というのである。1993年1月26日付朝日新聞夕刊では、「採用内定取消は、事実上の解雇にあたる。ただ、労働基準法上は解雇するには一カ月前に予告通知が必要というだけで、補償などは民法上の問題である。」と解説していた。

　われわれは、「雇用調整について誤った俗説が横行し、国民の間に雇用調整を制限する法律・判例・労働契約・慣行が知られていないことが企業の横暴を許す一因となっている。この本のなかで企業の横暴な雇用調整をはねかえす術をあらゆる角度から紹介する。」として、「判例法理による整理解雇の厳しい絞り」、「退職強要をはねかえす12章」など解説した。さらに、「管理職も労働者である。労働組合に加入し、結成することもできる。労働法の保護を受けることができる」との「管理職への熱きメッセージ」を送った(同72頁)。このような呼びかけに呼応して、『管理職ユニオン』が結成され、その後個人加盟ユニオンが続々誕生した。1994年1月の「管理職組合を考える集い」、95年2月の「管理職組合を広める集い」には、多くの管理職・マスコミが殺到した。

　日本労働弁護団では、全国各地でホットライン活動を常設化し、労働者の相談に応じる体制を整えていった。毎年『労働法講座』を開き、労働者にワー

クルールを普及することに努めている。また、当時「日本の企業社会において、労働契約下での法的な権利義務の認識が希薄で、働く側にも雇う側にも労働契約に関する法的知識が十分ではなく、そのためにリストラ・雇用調整の名の下に、多くの働く人々の権利が侵害されている」ことを踏まえ、実務家が相談活動の実践に利用できるように、1995 年に『労働相談実践マニュアル』を発行した。これが大変な反響で瞬く間に在庫がなくなった。日経新聞でも取り上げられ、使用者側弁護士はこのマニュアルの対策検討会を開いていた。実践マニュアルは、今日でも改訂版が発行され続けている。

　1997 年に労働弁護団賞を創設した。毎年「労働者の権利確立に格段の功績があった弁護士・弁護団」を表彰する制度である。第 1 回（1997 年）には丸子警報器事件弁護団および過労死事件における団体定期保険の運用改善を勝ち取った水野幹男弁護士へ、第 2 回（1998 年）には電通過労死事件の勝利判決を得た藤本正弁護士へ授与された。この弁護団賞は今日まで続いている。労働弁護士は、労働裁判・労働審判が主戦場だと捉えて、さまざまな努力を積み重ねている。

（2）日本労働弁護団の緊急五大項目提言とその後の法制化

　日本労働弁護団では、個別的労使紛争の時代に対応するために、労働分野における実体法および手続法についての立法化を強く求め続けた。1994 年4 月「労働契約法制立法提言（第一次案）」[33] を発表した。94 年 6 月には「労働契約法制立法提言（緊急五大項目）」を採択し、①解雇、配転・出向・転籍、採用の 3 項目について、民事上の要件と効果を明確にする規定を設けること、②個別的労使紛争処理の手続法の整備、③労働者代表制の整備を提言した。

　その後、解雇規制法の立法化を求める運動を展開した。解雇権濫用法理が2003 年労働基準法 18 条の 2 に法制化され、07 年労働契約法の制定に伴い同法 16 条に移し替えられた。解雇権濫用法理の法制化は、労働保護法体系の中で重要な位置を占める重石になった。

　個別労使紛争処理手続法の制定について、1999 年から司法制度改革審議

33）　季刊労働者の権利 204 号（1994 年）7 頁、労旬 1333 号（1994 年）6 頁。

会、2002 年から労働検討会で審議された。労働者側はドイツの労働参審制
の導入を主張し、使用者側は労働調停制度の新設を主張し、議論は白熱した。
03 年夏学者・労使の委員の努力の結果、「個別労使紛争について、3 回以内
の期日で、裁判官 1 名と労働関係の専門的な知識経験を有する者 2 名（労使
各 1 名）が構成する労働審判委員会が、当該事件について審理し、調停によ
る解決の見込みがある場合にはこれを試み、調停によって解決ができないと
きは、権利義務関係を踏まえて事案の実情に即した解決を行うための労働審
判を下す制度であり、併せて、これと訴訟手続とを連携させることにより、
事件の内容に即した迅速、適正かつ実効的な解決を図ることを目的とする。」
との労働審判制度を導入することが決まった。労働審判制度は、2006 年ス
タートした。わが国独特のユニークな制度であるが、簡易迅速に、適正性の
解決が図れるとして高い評価を得ており、今日では多くの労働者に利用され
ている。

　労働契約法の制定について、2004 年 4 月から「今後の労働契約法の在り
方に関する研究会」において検討が始まった。当初 200 条を超える案が検討
されたが、最終的には労使の異論がない判例法理を法制化することで、労働
契約の原則、就業規則の適用・変更、労働契約の継続・終了についてのわず
か 19 条のこぶりなものとなった。労働契約法は、2008 年に施行された。労
使の権利義務を定める労働契約ルールが法制化された意義は、歴史的にみて
も大きいものがある。

（3）個別的労使関係と集団的労使関係の並行の取組みへ

　個別的労使関係時代に入り、労働契約法の制定など不十分ながらも労働者
保護法の制定・改正が行われ、労働審判法などの手続法の制定も見た。ワー
クルールに対する労働者の理解も、不十分とはいえ次第に深まっている。個
別的労使関係の時代では、労働者の権利意識を基軸にし、労働法と裁判との
三位一体となる取組みが重要性を増しているといえる。

　さらに、現在団結力を基軸とした労働組合活動の再生にどう取り組むかも
重要な課題となっている。これからは、個別的労使関係と集団的労使関係と
の並行が一段と求められると考えている。

非組合員について考える

西谷　敏

はじめに

　労働組合の組織率はついに 16.1％（2024 年）にまで落ち込んだ。労働者の85％近くが非組合員ということになるが、これまで、労働運動でも労働法学でも非組合員に焦点をあてた議論はあまりなされてこなかった。労働運動や労働法がまずは労働組合に組織された労働者のことを考え、非組合員は副次的にしか扱わないのは当然ともいえるが、労働組合が再び組織を拡大していくとすれば、非組合員とは組合員候補者であり、彼らの現状や意識を研究することは不可欠と思われる。

　このことを痛感させたのは、最近のある事件、すなわち国・中労委（JR西日本中国メンテック）事件に関する東京地裁判決[1]である。本稿では、この判決を手がかりとして、労働運動および労働法における非組合員の位置づけという問題について考えてみたい。

1　国・中労委（JR 西日本中国メンテック）事件

（1）事件の概要

　本稿では通常の判例評釈をするつもりはないので、事案の細部に立ち入らない[2]が、簡単な紹介は必要であろう。本件で問題となった非組合員 A は、B 会社とその関連会社の社員で構成する C 労働組合と密接な関係にあり、C

---

1)　東京地判令 6.5.30LEX/DB25620618。
2)　この事件については、藤木貴史「非組合員が労働組合と共に行なうビラ配布は『労働組合の正当な行為』に該当しない」労旬 2066 号（2024 年）36 頁以下参照。

20　第 I 部　集団的労働関係における現代的課題

労働組合の作成したビラの配布などで協力するDセンター（労働組合、グループ、個人が加盟する法人格のない社団）の個人会員であった。Dセンターは、「労働者階級としての自覚と誇りを持ち、労働条件の改善・生活向上と基本的人権の向上をはかり、国内外の労働者及び被抑圧・被差別人民との階級的連帯を強化し、世界平和と社会主義の実現に寄与することを目的とする団体であり、会員相互の交流・親睦に関すること、労働争議への支援連帯に関すること、民主的他団体との連帯と協力に関すること、その他目的達成のために必要な事項を事業とする」ものと認定されている。

　Aは実際に、B会社の事業所門前で長年C組合作成の会社批判のビラを配布し、事業所構内に立ち入って注意を受けたこともあった。その後、AはB会社と1か月の労働契約を締結し、その勤務状況に問題がなければその後6か月単位のパート従業員契約（本契約）を締結するはずであったが、Aのビラ配布行為の事実を把握したB会社はAに不採用を通告した。実は、Aは1か月契約締結の約10日後にC組合に加入していたが、その事実をB社には秘匿していたのである。

　不採用の事実を知ったC組合は、直ちにAがC組合の組合員であることをB会社に通知し、B会社と団体交渉を行ったが、B会社は、本件不採用の理由は、Aが会社の親会社に批判的であり、かつルールを守らないことがわかったからであり、AがC組合の組合員であることや組合に加入しようとしていることは知らなかったと主張した。

　C組合は、会社の態度は労組法7条1号および3号に該当する不当労働行為であるとして、広島県労働委員会に救済申立をしたところ、広島県労委は平成31年4月12日の命令（中労委データベース参照）において、会社の不当労働行為を認定し救済命令を発した。これに対して会社が中労委に再審査を申し立てたところ、中労委は令和3年8月4日の命令（中労委データベース参照）において、会社の行為は労組法7条1号、3号のいずれにも該当しないとして、初審命令を取り消し、救済申立を棄却した。そこで、C組合が中労委命令の取り消しを求めて行政訴訟を提起したのが本件である。東京地裁は中労委の見解を支持して、取消請求を棄却した。

（2）非組合員の組合協力行為等と不利益取扱

　本件の争点はいくつかある。本件の不採用が労組法7条1号の不利益取扱に該当するかも一応問題となりうるが、本件不採用は事実上の本採用拒否に該当するものであり、中労委命令も東京地裁も「不利益」とみなしている。中心的な争点は、本件採用拒否が労組法7条1号の不利益取扱および3号の支配介入に該当するか否かである。

　労組法7条1号本文は、「労働者が労働組合の組合員であること、労働組合に加入し、若しくはこれを結成しようとしたこと若しくは労働組合の正当な行為をしたことの故をもつて」不利益取扱をしたことを不当労働行為とする。そこで、本件の不利益な取り扱いが7条1号の不当労働行為に該当するかどうかについては、①労働者の組合加入にかかわる不利益取扱か、②労働組合の正当な行為を理由とする不利益取扱か、が問題となる。

　初審命令は、本件は、Aが本契約締結後C組合に加入することを懸念したB会社がAを不採用としたものと判断して、組合加入にかかわる不利益取扱とした。これに対して、中労委は、B会社はAが労働組合に加入しようとしていたことは認識しえなかったとしてそれを否定している。しかし、長年非組合員としてC組合のビラ配布という活動に協力してきたAがB会社の社員になった機会にC組合に加入するであろうことは容易に想像しうるところである。中労委は、従来パートタイマーは組合に入っていなかったという事実をあげるが、少数組合としてその勢力の拡大に努力しているC組合が、Aがパートタイマーであることを理由に加入を拒否するであろうとするのは、想像力の欠如を意味するものというほかない。

　7条1号にかかわるもう一つの論点は、AのC組合への協力行為が「労働組合の正当な行為」に該当するかどうかである。中労委＝東京地裁は、この規定は「労働組合の正当な行為」に参加した組合員を保護する規定であり、組合への支援活動を理由とする非組合員の不利益取扱は含まれないとする。その根拠は、7条1号の元になった昭和21年旧労組法改正時における大臣答弁に求められている。しかし、これまたあまりに形式的な判断であるというほかない。

　不当労働行為制度の目的を団結権保障と正常な労使関係秩序の形成のいず

れに求めるにしても、7条1号はそうした目的のために使用者の労働者個々人に対する不利益取扱を禁止するものである。同条同号によって保護されるのは「労働者」であり、ここでいう「労働者」を組合員に限定する根拠はない。保護されるのが組合員に限られるというような立場をとると、たとえば、労働組合が組合員とならんで非組合員にも参加を呼びかけて職場集会を開催したのに対して、使用者が無許可集会を禁止する就業規則規定への違反を理由として参加者全員を懲戒処分に付したという場合、組合員についてのみ不利益取扱の不当労働行為が成立し、非組合員についてはそれが否定されることになりかねないが、それはいかにも奇妙な結果ではないだろうか。

中労委＝東京地裁は、組合員と非組合員を峻別して、労働組合にシンパシーを感じてときに行動をともにする非組合員なるものを想定していないようである。たしかにユニオン・ショップにもとづく企業内組合では、そうした事態は考えにくいが、一般には十分ありうる事態である。7条1号にいう「労働組合の正当な行為」を理由とする不利益取扱禁止は、非組合員にも及ぶと解釈すべきである[3]。

（3）非組合員の協力行為と支配介入

問題はそれにとどまらない。仮に、「労働組合の正当な行為」を理由とする不利益取扱が組合員のそれに限定されるとしても、非組合員の組合協力行為に対する報復的な不利益取扱は7条3号の支配介入に該当する可能性がある。初審命令は、採用拒否によってAをB会社から排除しようとしたことは，C組合の運営に影響を与え，組合の弱体化を企図するものといえるから、7条3号の不当労働行為に該当するとした。単純明快な判断で、説得力がある。

これに対して、中労委は、B会社はAが組合に加入していたこと、ある

3）　西谷敏『労働組合法（第3版）』（有斐閣、2012年）162頁［『西谷敏著作集第9巻』（旬報社、2025年4月刊行）収録］、外尾健一『労働団体法』（筑摩書房、1975年）239頁、岸井貞男『団結活動と不当労働行為』（総合労働研究所、1978年）67頁以下など。命令例では、非組合員による組合幹部批判のビラ配布が「労働組合の正当な行為」と認められた例（藤田製作所事件・愛知地労委昭26.7.2命令集5集15頁）、被解雇者集団の組合幹部批判のビラが思想団体とのつながりがあったとしてもなお「労働組合の正当な行為」と認められた例（泉自動車事件・中労委昭58.11.16命令集74集860頁）などがある。

いは加入しようとしていたことは知らなかったので、Ａを排除しても支配介入に該当しないという。しかし、非組合員が組合に協力し、あるいは組合主催の催しに参加したことを理由として不利益な取り扱いを受ける場合、その非組合員が将来組合に加入する可能性があるか否かにかかわらず組合の運営に影響を与えることはまちがいない。Ａが組合に加入したこと、あるいは加入するであろうことを知らなかったから支配介入が成立しないという中労委命令＝地裁の判断は、論理のすりかえとしかいいようがない。

（4）中労委＝東京地裁判決にみられる非組合員像

　このように、本件中労委命令とその適法性を認めた東京地裁判決は説得力に乏しく、初審命令の簡潔明瞭な判断を十分な根拠なしに覆したという印象を免れない。中労委＝東京地裁の労組法７条解釈は同条の片言隻句にこだわるきわめて形式的なものであり、その結果、組合のために行動し、組合の発展に協力する非組合員の行為を不当労働行為制度による保護から排除する結果になっている。

　ここで欠落しているのは、労働組合の組織化や活動の過程における非組合員の適切な位置づけである。労使の対抗関係においては、非組合員は使用者側に協力して労働組合と敵対することもあれば、労働組合に協力し、むしろ使用者と対抗関係にたつこともある。本件は後者の範疇に属する事例であり、この場合、非組合員に対する使用者の不利益な取扱いが不当労働行為に該当するか否かは、こうした局面における非組合員の位置を見極めて判断されるべきである。具体的には、それを組合員に対する不利益取扱に準じて評価するか、もしくはそれを労働組合に対する支配介入と評価するのでなければ、労組法の趣旨に合致しないであろう。なぜなら、労働組合を使用者による抑圧や干渉から保護しようとすれば、労働組合や組合員のみならずその周辺にあって労働組合に協力する者を含めて保護することが必要であり、労組法はそうした保護を否定する趣旨とはとうてい解しえないからである。

　中労委＝東京地裁がなぜこのような無理な解釈にこだわって単純明快な初審命令を否定したのか理解に苦しむところである。たしかに、本件のように、非組合員が一定期間労働組合の活動に協力して組合のビラを配布するといっ

た事態は、日本の現実ではそれほど頻繁に生じるものではあるまい。このＣ
組合とＡの関係の背景に、この組合の独特の政治方針によるつながりがあっ
たのかもしれない。そして、うがった見方をすれば、中労委＝東京地裁は事
案のこうした特殊性にこだわって上述のような判断を下したとも推測できる。

　しかし、本件の背景にいかなる事情が存在したとしても、労働組合に協力
して活動してきた労働者が組合員資格を得ることになるのを阻止するために
会社が当該労働者の「採用」を拒否すること、さらに一般化していえば、労
働組合に協力ないし参加した非組合員に対して使用者が不利益な取扱いを行
うことは不当労働行為に該当しないという判断が一人歩きする可能性がある。
労組法の解釈における非組合員のこのような扱いはまったく説得力を欠くも
のである。

　こうした判断の背景に、組合員と非組合員を峻別する学説・判例の伝統が
存在する可能性もある。労働者の団結に至上の価値を置く戦後労働法学にお
いては、非組合員は、スト破りに典型的にみられる反組合的行動に出るか、
少なくとも自分自身の労力を用いることなく、労働組合の活動の成果だけを
享受する「ただ乗り」とみられがちであった。組合に加入しないという非組
合員の自由に価値を認めないユニオン・ショップ肯定論も、非組合員に対す
るこうした否定的な見方を基礎にしていたと考えられる。問題の局面は異な
るが、こうした非組合員に対する否定的評価が中労委や東京地裁に影響を及
ぼしているとは考えられないであろうか。仮にそうだとすると、問題の根は
深い。労働運動や労働法における組合（員）と非組合員の関係という根本的
な問題を考えてみる必要があるといえよう。

2　労働組合と非組合員

（1）組合嫌いの非組合員

　労働者全体の85％近くを占める非組合員には、労働組合に関する考え方
にきわめて広い幅がある。強い反労働組合の意識をもった者と労働組合に強
いシンパシーをもってその活動に協力している者が両極にあり、膨大な無関
心層がその間にいるというのがその実態であろう。

非組合員について考える　25

戦後労働運動が活発で、ときに労使が激突した時期には、典型的な非組合員といえばスト破りであり、労働者階級の「敵」とみなされた。ストライキそのものが極端に減少した今日、「スト破り」も死語に近くなっているが、現在においても、一定の労働組合の活動がみられるのにあえて非組合員の立場を維持している労働者のなかには、動機は多様であろうが、労働組合に敵意を抱いている者は決して少なくないであろう。

　このことを直接に証明する資料をもちあわせていないが、間接証拠なら存在する。NHK 放送文化研究所が 5 年に 1 度実施している国民の意識調査の最新版によれば、団結権が憲法上保障された権利であることを知っている者が調査対象の 17.5％にとどまる[4] という。これは、驚くべき数字である。この数値は国民の憲法および労働組合に関する知識の欠如を表現しているが、同時に、そこに労働組合への嫌悪の感情も反映しているのではないだろうか。そして、この数値が 1973 年調査では 39.4％であったことを考えると、こうした数値に反映された国民の労働組合観と労働組合の低迷とは深く関係していると考えられる。

　しかも、「国民」といってもその 80％以上は労働者である。要するに、労働組合というものが多くの労働者から嫌悪されているのである。労働組合を嫌う労働者のなかには、ユニオン・ショップで加入を強制された組合員も含まれているであろうが、圧倒的多数は非組合員であろう。ユニオン・ショップ制度に安住する労働組合はともかく、組織拡大を真剣に考える個人加盟制の労働組合であれば、こうした統計に表れた労働者の意識を自己の存続にかかわる深刻な問題と受け止めて、真剣に対策を考えるはずだと思うがどうであろうか。

（2）組合員候補者としての非組合員

　労働運動における非組合員の役割は、国によって多様である。たとえば、フランスでは、個々の労働者がストライキ権をもっており、労働者の自発性により、あるいは組合員の呼びかけにより、いずれにしても非組合員を含む

---

4)　NHK 放送文化研究所編『現代日本人の意識構造（第九版）』（NHK ブックス、2020 年）83 頁、付録 26 頁。

労働者が自由に参加するのがストライキであり、こうしたスト集団がコアリシオン（coalition）と呼ばれる[5]。ドイツの労働組合も、同じような一時的な結合（コアリツィオン　Koalition）から出発したが、すでに 1860 年代には恒常的な組織に転化しており、現在はストライキは基本的には労働組合の主導によって行われる[6]。

　その意味で、ドイツの労働組合では、日本の組合と同様に組合員と非組合員が明確に区分されているともいえるが、大きな相違もある。それは、ドイツの労働組合が通常は産業別の個人加盟組織となっており、労働組合はあらゆる行動に際して、同一産業に属する非組合員たる労働者のことも考えなければならないことである。言い換えれば、組合員を組織して組合員の代表として行動する労働組合は、同時に当該産業の労働者の代表としても振る舞わざるをえないのである。この点で、組合員のことだけを考える日本の企業別組合と大きな違いがある。個人加盟制においては、非組合員はいつも組合員候補者なのである。

　もちろん、非組合員は一般的に組合員候補者であるといえるにしても、労働組合との距離は千差万別である。先に紹介した国・中労委（JR 西日本中国メンテック）事件に登場した A 氏のように熱心な組合シンパは限られているとしても、労働組合に親近感をもっている非組合員も少なからず存在していると思われる。問題は、労働組合の側がそれぞれの非組合員をどうとらえるかである。労働組合としては、反組合の労働者はせめて中立に、中立の非組合員は組合シンパに、組合シンパは組合員になってもらうというのが、組織化の王道であろう。その過程で、労働組合の実施するさまざまな取組み、たとえば具体的な問題をテーマにした学習会、さまざまな催し物、街頭デモ、署名活動等々に非組合員にも参加してもらうのが有効である。

　組織化の言葉を広くとれば、正社員組合が使用者とのユニオン・ショップ協定の対象範囲を拡大し、パートなどの非正規労働者を一挙に組合員にするのも組織化であろうが、それは組織化の王道ではない。むしろ、戦後日本の

---

[5]　野田進『フランス労働法概説』（信山社、2022 年）430 頁以下参照。

[6]　西谷敏『ドイツ労働法思想史論』（日本評論社、1987 年）638 頁以下［『西谷敏著作集第 2 巻』（旬報社、2024 年）収録］。

労働運動は、そのような組織化しかしてこなかったがために、ここまで弱体化したともいえるのではないか。本来の組織化は、一人ひとりの労働者に働きかけて、労働組合の意義を理解してもらい、既存組合員と一緒に活動してもらうように説得するというものであろう。苦労は大きいが、それしか組織化の道はない。

そうした組織化の観点からすれば、非組合員の意識のあり方は労働組合にとって重大な関心事でなければならない。もちろん、組合役員にとっては組合員の意識がまず最初に気になるところであろうが、それと同時に非組合員がどのような要求をもち、労働組合についてどのように考えているかを知ることがきわめて重要である。そして、彼らが組合に加入するのを躊躇する原因を分析し、それを除去する効果的な手段を考えることが、個々の非組合員を説得する際の前提条件である。

（3）ただ乗り論

前述のように、労働組合へのスタンスのとり方で最も多くを占めるのは無関心層であろう。しかし、労働組合に無関心な者も、さまざまな形で労働組合の活動の恩恵を受けている。組合員が決して安くはない組合費を払い、少なくない時間と労力を使って労働条件の維持改善のために努力するというのに、得られた成果は通常は非組合員にも及ぼされる。労働条件の引き上げが労働協約の改訂によってなされた場合、日本では協約の効力は原則として組合員にしか及ばないが、使用者が協約改訂にあわせて就業規則を改訂するのが通常であるから、組合の獲得した成果は間接的に非組合員にも及ぼされる。また、労組法17条に定める効力拡張の要件（同種労働者の4分の3以上への適用）が充足されれば、協約改訂の効力は法的にも非組合員に及ぼされる。非組合員は、組合費を支払わず、組合活動に必要な時間も使わずに組合員と同一の成果だけ享受するのであるから、「ただ乗り」批判には一理ある。

しかし、逆に労働協約の改訂によって労働条件が引き下げられたときには、それに連動する就業規則改訂を通じて、もしくは労働協約の効力拡張によって、非組合員の労働条件も同時に引き下げられる場合が多い。法理論上そのような扱いが許されるかどうかは別である（後述）が、実際には組合員

と非組合員の労働条件が統一的に扱われるのが通常であろう。非組合員は単に「ただ乗り」しているわけではないのである。いずれにしても、「ただ乗り」論は、感情的には理解できるが、組織拡大にとってさほど意味のある観点とは思えない。むしろ、労働組合運動の意義や魅力を非組合員自身が体験できる機会を増やすのが鍵であるように思われるが、このあたりの問題については、組合役員やオルガナイザーと呼ばれる専門家の検討に期待したい。

（4）団結と連帯

　日本の労働組合も、組織拡大だけでなく、その諸活動に際してもっと非組合員との共同行動を視野に入れていいのではないだろうか。組合大会は、多くの場合「団結がんばろう」のスローガンの唱和で終わるが、この場合、「団結」は通常は組合員の結束を意味している。労働組合の運営においてもちろん組合員同士の結束が第一に重要である。しかし、同時に、非組合員たる労働者との協同もめざさなければ、組織拡大はもちろん、要求の実現も期待できない。非組合員との協同は「連帯」の語で表現される。労働組合にとって、「団結」が基礎となるにしても、より広い範囲の労働者との「連帯」がそれを支えるのである。

　もちろん、「団結」や「連帯」はさまざまな意味をもちうる。かの『共産党宣言』が「万国の労働者、団結せよ」とのスローガンで締めくくられる場合、この「団結」はここでいう「連帯」を意味する[7]。また、労働組合のあるべき姿として、「自律にもとづく連帯」[8] という場合、「連帯」は「団結」を意味する。このように両者は互換的に用いられるが、一般には、「団結」は閉じられた集団の結束の意味で用いられ、「連帯」はより開放的で、広く労働者やその他の階層との協同を意味する。そうした用語法によれば、「われわれは団結し、他の労働者や階層とも連帯しよう」というのが適切なスローガンということになる。

---

7)　原文は、"Proletarier aller Länder, vereinigt Euch!" である。sich vereinigen はいろいろに訳せるが、伝統的には「団結せよ」と訳されてきた。

8)　西谷敏『労働法における個人と集団』（有斐閣、1992 年）93 頁以下 ［『西谷敏著作集第 3 巻』（旬報社、2024 年）収録］

労働法も、非組合員の法的扱いにあたって、そうした側面を忘れるべきではない。今回の東京地裁判決は、非組合員がそうした活動をすることの意義を正しく認識しなかったがゆえの誤った判断であると思われる。

3 非組合員と労働法

非組合員の労働法上の問題については、先に検討した組合加入しようとした労働者に対する不利益取扱の問題以外に、いくつか検討すべき課題がある。

第一に、非組合員のストライキの評価である。日本では、その数は多くないことからさほど熱心に論じられていないが、非組合員がストライキを実施することは十分ありうる。具体的には、組合ストに同調して非組合員がストに参加する場合や、労働組合とは無関係に非組合員集団がストを実施する場合（職場に労働組合がない場合と、存在するが労働者がそれに不満である場合とがある）がある[9]。これらの場合、ストライキは憲法28条によって保障されるであろうか。私は、憲法28条にいう「勤労者」は第一義的には個々の労働者である（同時に労働組合自体も主体となりうるが）と解する[10]ので、非組合員の組合ストへの参加も、非組合員の一時的集合によるストライキも憲法28条の団体行動権の行使として評価されうると考えている[11]。

第二に、労働協約と非組合員の労働条件の関係も問題となる。日本では、ドイツと同じく、労働協約による労働条件の決定は直ちに非組合員に及ぶわけではないが、労組法17条の要件が満たされると、協約の効力が非組合員にも拡張適用される。その際、労働協約が不利益に変更された場合にも非組合員の労働条件が当然に引き下げられるかどうか問題となる。労働条件の統一性の観点などからして、特段の事情のない限り引き下げられるとするの

---

9) 三和サービス事件・津地四日市支判平 21.3.18 労判 983 号 27 頁は、外国人技能実習性が使用者への抗議のために行った不就労を適法なストライキと認めている。

10) 西谷・前掲注 3)『労働組合法（第 3 版）』44 頁以下。

11) 西谷・前掲注 3)『労働組合法（第 3 版）』427 頁以下。これに対して、組合内の一部労働者が統制に反して行うスト（山猫スト）は、使用者が団体交渉によって解決するのも困難（労働組合との関係で支配介入の不当労働行為となりうる）なので、基本的には時間を限った時限ストに限って正当性をもちうる（西谷・前掲注 3)『労働組合法（第 3 版）』428 頁）。

が判例の立場である[12]が、協約改訂に関与する機会を与えられない非組合員に引き下げの不利益を甘受させるのには強い疑問が生じる。引き下げの効力は原則として非組合員には及ばないと解すべきである[13]。労働協約の改定によって労働条件が引き下げられ、それにともなって就業規則が改訂された場合、その改訂が「合理的」であれば非組合員の労働条件も引き下げられるが、就業規則の不利益変更が労働協約の改訂にともなうものであることは、当然に変更の合理性を根拠づけるものではなく、変更の合理性を判断するための一つの考慮要素にとどまると解すべきである[14]。

　第三に、非組合員に組合加入を強制するユニオン・ショップ協定の効力が問題となる。ユニオン・ショップの問題は、組合員の問題というよりも非組合員の問題、つまり、本来組合加入の意思をもたない非組合員に、解雇の威嚇によって組合加入を事実上強制することをどう考えるのかの問題である。ユニオン・ショップ肯定論は、非組合員の不加入の自由を重視せず、もしくはその自由を越える利点をユニオン・ショップに見出すのであるが、私を含むユニオン・ショップ違憲論者からみると、それは非組合員の受ける不利益を過少評価するものである[15]。

　労働組合にかかわる法的諸問題を考えるにあたって、非組合員の権利、利益もそれなりに尊重されるべきなのである。

おわりに

　日本の労働組合が全体として停滞し、期待される役割を果たしていないことは衆目の一致するところであろう。いかにすれば労働組合の衰退傾向を逆転させ、再び活性化させることができるかは、労働組合自身が考えるべき問題であり、私などが名案を打ち出せるものではない。しかし、少なくとも日本の国民全体の労働組合に対する見方がもう少し積極的にならないと組合の

---

12)　朝日火災海上事件・最三小判平 8.3.26 民集 50 巻 4 号 1008 頁。
13)　西谷・前掲注 3)『労働組合法（第 3 版）』380 頁以下。
14)　西谷敏『労働法（第 3 版）』（日本評論社、2020 年）707 頁以下。
15)　西谷・前掲注 3)『労働組合法（第 3 版）』101 頁以下。

活性化は望めないのはまちがいない。

　本稿は、労働者・労働組合の権利の確立に多大の貢献をされてきた、尊敬する徳住堅治弁護士の喜寿を記念して、私が労働組合の将来に対して常々抱いている危機感を非組合員の適切な位置づけという角度から論じたものである。こうした問題提起に関するとくに労働組合関係者の見解を伺いたい。

労働判例・労働運動・資本主義経済の日本的構造：
基底としての日本型旧体制的法意識
──現代日本法社会学への序論として──

水 林 　彪

はじめに

　本書編集委員会から徳住君の喜寿を祝う論集への寄稿のお誘いをうけたとき、大学時代にともに勉学に励んだことを懐かしく思い出しながら、一も二も無くお受けしたのであるが、すぐさま、労働法関係の実務家や研究者が主な執筆者となる本書に、門外漢の私がどのような文章を寄稿するのがよいのかという難問に逢着した。徳住君に尋ねるのが一番と思い、彼に問うたところ、答は「たとえば公私法二元論批判などの法解釈学上の大問題」ということであった。このことを受けて、一時はそのつもりになったのであるが、準備を始めるや、これまでいくつもの著作で展開してきた議論を多少とも発展させることは、与えられた字数では困難であることを悟った[1]。

　そこで、寄稿論文は、前々から考えてみたいと思っていた労働法社会学的問題を扱うこととした。法解釈学が法文の正しい意味の発見をめざす学問であるのに対して、法社会学は、人々の法的性質の行為によって生起してくる

---

1)　日本国憲法を「国の最高法規」とすべき法秩序は、通念のような、19 世紀ドイツ法的な公私二元・民商一元秩序ではなく、反対に、18 世紀末フランス市民革命期の近代法に起源を有する公私一元・民商二元秩序であったことを論じた拙論として、以下のものをあげておく。「ナポレオン法典における civil と commercial」清水誠先生古稀記念論文集『市民法学の課題と展望』（日本評論社、2000 年）、「近代憲法の本源的性格」戒能通厚・楜澤能生編『企業・市場・市民社会の基礎法的考察』（日本評論社、2008 年）、「近代民法の本源的性格」民法研究 5 号（2008 年）、「近代民法の原初的構想」民法研究 7 号（2011 年）、「比較憲法史論の視座転換と視野拡大」ドゥブレ＝樋口陽一ほか『思想としての〈共和国〉増補新版』（みすず書房、2016 年）、「人権宣言における droit の観念再考」法時 90 巻 10 号（2018 年）、「共和国型憲法の神髄―公私一元・民商二元」法時 95 巻 8 号（2023 年）、「現代日本法の理念と現実」緒方桂子ほか編『日本の法（第 3 版）』（日本評論社、2025 年）。

現実の法秩序を認識しようとする学問である。この小論では、労働判例（裁判官の権力的行為）と労働運動（争議行為などの労働者の法的行動）と資本主義経済（日本国民の行う無限の経済行為が形成する経済秩序）との連関構造について、考えてみたい。

1　労働者の貧困化とその原因

（1）賃金の国際比較

今日の日本の労働法関連の諸現象の中で注目すべきことの一つは、先進資本主義国とよばれる国々のなかで、日本の労働者の賃金が際立って低い水準にとどまっているという事実である。図表1は、G7を対象とする賃金国際比較グラフであるが、見られるように、名目と実質で異なる曲線を描くイタリアを除いて、残る6か国は米英仏独加と日本との2グループに分かたれる。前者は賃金が不断に上昇傾向にある国であるのに対して、後者日本はそれが停滞している国、「働けど働けど、わが暮らし、楽にならざり」という慨嘆が

図表1　G7各国の賃金の推移：1991〜2020年

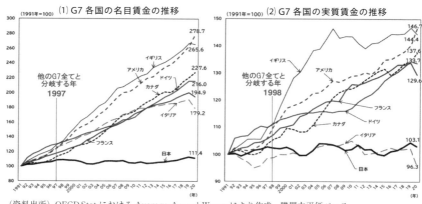

（資料出所）OECD.Stat における Average Annual Wages により作成。購買力平価ベース。
（注）　1）1991年を100とし、推移を記載している。なお、OECDによるデータの加工方法が不明確なため、厳密な比較はできないことに留意。なお、我が国の計数は国民経済計算の雇用者所得をフルタイムベースの雇用者数、民間最終消費支出デフレーター及び購買力平価で除したものと推察される。
　　　　2）名目賃金は、OECDが公表する実質賃金に消費者物価指数の総合指数を乗じることで算出している。
厚生労働省 HP 掲載図に加筆（加筆箇所は、1997年および1998年についての縦線とその注記）

聞こえてきそうな国である。日本は、端的に、貧困化が進行している国ということができよう[2]。ちなみに、後の考察に備えて、5か国と日本との分岐が明瞭となる年は、1997年（名目）ないし1998年（実質）であることに留意されたい。

（2）労働分配率の国際比較

G7の二極分解の原因は何なのか。このように問題を立て、まずは、賃金と労働分配率[3]との関係を調べてみよう。これについても、資料を博捜するならば、G7のデータが得られるのかもしれないが、さしあたっては、G5のデータしか得られなかった。ただし、目的はこれでも十分に達せられるであろう（図表2[4]）。

賃金動向と労働分配率動向との照応関係が認められるのは、日英仏である。すなわち、日本は、1996年から2013年頃まで労働分配率が一貫して低下しつづけたことと、同期間、賃金が横ばいであったこととは因果関係があるように見える。イギリスにおいて、1996年から2008年頃まで労働分配率が上昇したことと、同期間、賃金が上昇したこと、さらに、フランスにおいて、2008年から2013年頃まで労働分配率が上昇傾向であったことと、同期間、賃金が上昇し続けたこととの間についても、同様である。

しかし、それ以外の部分については、賃金動向と労働分配率動向との直接

---

2) この数字は平均値であり、各国内の賃金格差は考慮されていない。日本についてはとくに、大企業労働者と中小企業労働者、正規労働者と非正規労働者、男女の格差が重要であるが、本稿では、正規・非正規問題を除けば、この問題にほとんど立ち入ることができなかった。

3) 労働分配率とは、企業の生産活動の結果として生じた付加価値（売上高から原材料費・動力費・設備などの減価償却費などを差し引いたもので、賃金と利潤とに大別される）に占める賃金の割合をいう。

4) 図表2B図は、労働分配率について、大企業と中小企業ではかなりの差があることを示している。中小企業は、分配率を下げ利潤を増大させる力に乏しいのであろう。反対に、分配率を上げることも、現時点ではかなり困難なのだと思われる。対して、大企業は、分配率を大きく下げることによって利潤を死守する力を有している。本稿本文が後にのべる、日本資本主義は搾取強化型資本主義であるとする命題は、大企業を念頭におくものである。ちなみに、現代憲法（思想）においては、大企業と中小企業とを同日に談ずることはできない。大企業の財産権は規制の対象であるのに対して、中小企業のそれは反対に保護の対象である。このことを明文をもって規定したのは、1919年ドイツワイマール憲法であった。日本国憲法はこのことを明瞭には規定しないけれども、同様の理念を有していることは、日本国憲法を20世紀憲法思想史のなかに位置付けることによって明瞭となる。

図表2　労働分配率

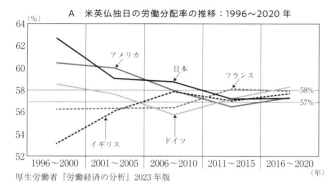

A　米英仏独日の労働分配率の推移：1996〜2020年

厚生労働省『労働経済の分析』2023年版

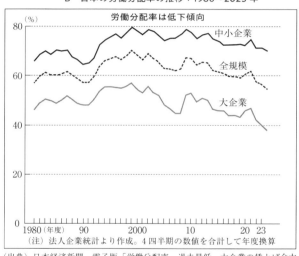

B　日本の労働分配率の推移：1986〜2023年

（出典）日本経済新聞　電子版「労働分配率、過去最低　大企業の賃上げ余力大きく」（2024年6月3日）掲載図

的な照応関係は見出しがたい。もっともわかりやすいのは、アメリカであろう。ここでは、日本同様に、労働分配率は一貫して低下傾向にある。しかし、賃金は上昇を続けた。労働分配率の低下を埋め合わせて余り有るパイの増大すなわち国内総生産（GDP）の拡大という事態が考えられるが、この点については、後に考察する。

　いま一つ、2011年頃から、日本をふくむ先進資本主義国といわれてきた

36　第Ⅰ部　集団的労働関係における現代的課題

国々の労働分配率は57％から58％の間におさまるような均一化が果たされているが、賃金動向については、日本と欧米とが顕著に異なることも注目される。欧米は賃金上昇を続ける。対して、ひとり日本だけは、賃金が横ばいのままであった。この点も、GDPに関係すると想定される。

（3）労働争議の国際比較

賃金動向とほぼ完全な照応関係にあるのは、労働争議動向である。2000年から2018年までのG5の労働損失日数[5]を比較した図表3は、労働争議動向の観点から、米英仏独グループと日本とが明確に対立することを示す。米英仏独は、その内部にバラツキがあるものの、日本との関係では、いずれもが、労働損失日数推移がグラフ上に明確に図示されるグループに属する。対して、日本は、数が桁違いに少ないために、図ではほとんど0の水準で推移する。

図表3　G5 労働損失日数比較グラフ：2002〜2022年

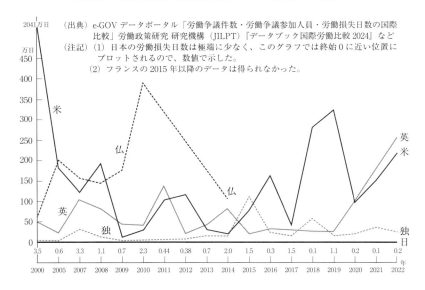

（出典）e-GOV データポータル「労働争議件数・労働争議参加人員・労働損失日数の国際比較」労働政策研究 研究機構（JILPT）『データブック国際労働比較2024』など
（注記）（1）日本の労働損失日数は極端に少なく、このグラフでは終始0に近い位置にプロットされるので、数値で示した。
（2）フランスの2015年以降のデータは得られなかった。

---

[5]　労働損失日数の定義は国により微妙に異なるといわれるが、日本の厚生労働省の労働争議統計調査では、半日以上のストライキや事業所閉鎖（ロックアウト）などにより仕事をしなかった延べ日数とされる。

米英仏独の内部については、労働分配率と労働損失日数との間にも相関関係が認められる。すなわち、2000年から2018年までの労働分配率と労働損失日数推移は、おおまかではあるが、対応関係にある。このことは、労働争議の最重要の目的が賃上げにあることを考えるならば、しごく当然といえよう。ストライキのような強力な労働争議が行われるならば、使用者は、その力におされて賃上げを余儀なくされるからである。

（４）労働争議退潮の画期
１）1975年と1998年

　今日の日本の労働者の貧困化の重要な原因の一つと見られる労働争議の退潮はいつから始まったのか。図表４は戦後の労働争議件数の推移をグラフにしてものであるが、1974年をピークとする一つの山の形をなしていることが知られる。山の頂上は総争議件数約１万件・労働損失日を生む争議件数約5000件であり、労働損失日数に換算するならばおおよそ500万日（1980年の労働損失日数が約100万日であったとする、2023年10月22日の『日本経済新聞』掲載データをもとにした計算値で、正確な数値ではない）と推定される。こ

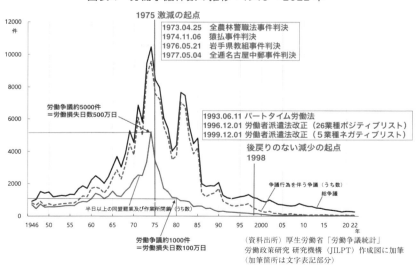

図表４　労働争議件数の推移：1946〜2022年

（資料出所）厚生労働省「労働争議統計」
労働政策研究 研究機構（JILPT）作成図に加筆
（加筆箇所は文字表記部分）

れは、図表3のグラフ内に、かなり高い位置に図示される数字である。その高い位置からの急激な転落が、1975年に開始されたのであった。

1975年が、戦後労働争議退潮の最初の画期とするならば、最後の画期は1998年である。1975年から1998年までの23年間にいくつもの凹凸を繰り返しながら争議件数は減少していくが、1998年は、以後、この時の件数を上回ることのない、すなわち、後戻りが認められることのない減少の起点だからである。

2）1975年頃の日本

最初の画期たる1975年に、日本では何が起こっていたのか。「1974年、異常な物価上昇を背景に、物価や税制、社会保障などの問題も取り上げ、『国民春闘』と名づけられたこの年の春闘が、戦後最高の30％以上の賃上げを獲得したのを最後に、景気の停滞が始まり、経済環境は厳しくなった」（『日本大百科全書』「春闘」、傍点筆者）というような説明をみうけるが、「景気の停滞」は資本主義経済の生理現象とでもいうべき景気循環の一局面として繰り返し生ずるものであることを考えるならば、これだけでは、長期にわたる下り坂を転がり落ちるような仕方での労働争議の退潮は、説明しがたい。そのように考えて思いつくことの一つは、1973年から数年間、公務員労働者の争議行為を刑罰を科してまで禁止することを合憲とする最高裁判決があいついだ事実である（1973年全農林警職法事件判決、1976年岩手教組学テ事件判決、1977年名古屋中郵事件判決など）。戦後労働運動において公務員労働者が果たした中心的役割を考えるならば、一連の判決が総評指導部の戦術転換の契機となり、このことが争議行為の退潮の重要な要因となったことが推定されよう [6]（『世界大百科事典』「スト権奪還闘争」）。

3）1998年頃の日本

労働争議減少過程の最後の画期となった1998年は、どのような年であったのか。まず、すでに言及した二つの事柄を確認しておこう。第一に、賃金

---

6)　本稿脱稿後に、この論点に関して、本論集に寄せられた徳住論文「集団的労使関係から個別的労使関係との並行の時代へ」がいっそう詳細に言及していることを知った。参照をお願いしたい。

労働判例・労働運動・資本主義経済の日本的構造：基底としての日本型旧体制的法意識　39

推移の点で、日本がそれ以外の G7 諸国から取り残されていく起点は、1997年ないし 1998 年であったこと（図表 1）、第二に、日本における労働分配率は、1999 年を頂点とし、2000 年から下降過程に入ることである（図表 2）。その上で、1998 年に生じた現象として[7]、①まずは、正規労働者の数が男女ともに減少に向かったことが注目される。非正規労働者の数は以前から漸増していたが、正規の数が下降線に入ったのは 1998 年が初めてであった（図表 5）。②正規が減少するのと反比例して、非正規の数は増えているが、両者には明確な賃金格差があることから（図表 6A）、正規減少・非正規増大は賃金総額の減少に帰結する。この事実は、図表 6B が明示する。現金給与総額は 1997年にピークとなり、1998 年以降、減少過程に入った。③雇用者数も、この年に減少に転じた（図表 7A）。これと裏腹の事実として、失業者が激増した（図表 7B）。④以上のような労働をめぐる諸事情は、必然的に、国民の家計を圧迫する（図表 8）。このことが明瞭となるのも、1998 年である。総じて、様々の指標は、日本国民が貧困化の軌道に転落したのは 1998 年を中心とする前後数年のことであったことを示している[8]。

　以上の事態を惹起した原因として、まず、有期雇用を可能とする法制度の存在が大きかったと思われる。フランスでは、1789 年人権宣言以来の共和国型憲法的思考の伝統が健在であり、労働者の雇用を人権として保障するために無期雇用が大原則とされているが[9]、わが国には、共和国型憲法に属する日本国憲法が存在するにもかかわらず、それを具体化すべき労働法は、有期雇用を許容する民法原理を修正することがなかった。それ故、バブル崩壊後の低成長期に入って、使用者は解雇規制を免れうるなどの利点から、有期雇用を徐々に拡大していくことができた。

---

[7]　日本経済の衰退過程において、1998 年が重要な画期をなしたことについて、市川正樹「1998年を節目とした日本経済の変貌」大和総研調査季報 10 号（2013 年春季号）から、多くのことを学ぶことができた。

[8]　日本の企業が低賃金労働力を求める有力な方策として、非正規雇用労働と並んで、生産拠点の海外移転があった。これは、非正規志向よりも早く、プラザ合意の直後から開始された。この方策は、雇用面では失業者を生み出し、生産面では国内総生産（GDP）を減少させる、「産業の空洞化」といわれる現象である。重要な問題であるが、本稿ではこの問題に立ち入ることができなかった。

[9]　鈴木宏昌「フランスの有期雇用、日本の非正規雇用」（労働政策研究・研修機構 HP ＞フォーカス 2022 年 4 月）。

40　第 I 部　集団的労働関係における現代的課題

図表5　正規労働者の減少開始：1998年

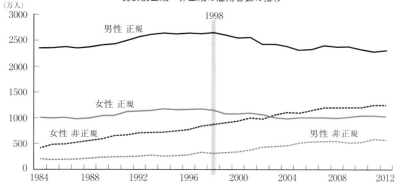

（注）2001年まで各年2月、2002年以降は各年1～3月のデータ
（出所）総務省「労働力調査」の長期時系列データ、表9「四半期平均結果等 全国」から大和総研作成
（出典）市川正樹「1998年を節目とした日本経済の変貌」（大和総研調査季報、2013年春季号 Vol.10）掲載図に加筆（加筆箇所は1998年の縦線）

図表6　現金給与総額の減少開始：1998年

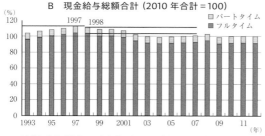

（備考）
1. 厚生労働省「賃金構造基本統計調査」により特別集計して作成。
2. 正社員とは、調査における「正社員・正職員」を、非正社員とは、調査における「正社員・正職員以外」をさす。
3. 所定内時給とは、所定内給与額を所定内総実労働時間数で除したもの。
総時給とは、きまって支給する現金給与額を12倍し、年間賞与その他特別給与額を加えたものを、所定内労働時間数に超過実労働時間数を加えたもので除したもの。ただし、ここでいう年間賞与その他特別給与額は、調査前年1年間で支給されたものである。

（出所）
厚生労働省「毎月勤労統計」の①全国調査、長期時系列表の「就業形態別現金給与総額」および「就業形態別常用雇用」、5人以上、②2010年における賃金水準、5人以上、③2010年における常用雇用労働者数、全国調査原表、5人以上から大和総研作成

（出典）市川正樹「1998年を節目とした日本経済の変貌」（大和総研調査季報、2013年春季号、Vol.10）掲載図に加筆（加筆箇所は1997年および1998年水準を示す横線）

図表7　雇用者数の減少・失業率の増加の開始：1998年

A　一人当たり雇用者報酬と雇用者数

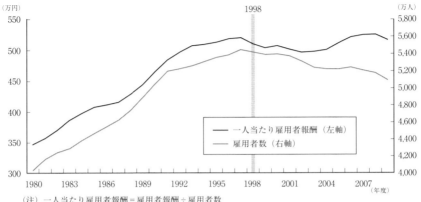

(注)　一人当たり雇用者報酬＝雇用者報酬÷雇用者数
(出所)　内閣府「国民経済計算確報」から大和総研作成
(出典)　市川正樹「1998年を節目とした日本経済の変貌」(大和総研調査季報、2013年春季号、Vol.10) 掲載図に加筆（加筆箇所は1998年の縦線）

B　完全失業率と非自発的離職者数

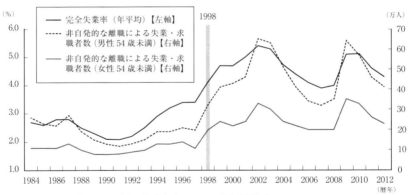

(出所)　総務省「労働力調査」長期時系列データから大和総研作成
(出典)　市川正樹「1998年を節目とした日本経済の変貌」(大和総研調査季報、2013年春季号、Vol.10) 掲載図に加筆（加筆箇所は1998年の縦線）

　しかし、以上のような状態を可能にしたより根本的な原因としては、1970年代中葉期に最高裁によって強引に進められた労働争議抑圧判決をあげねばならない。正規・非正規問題についての仏日の対蹠的現象を生み出す根源は、強い労働運動が存在するか否かである。日本では、労働運動の退潮が企業に

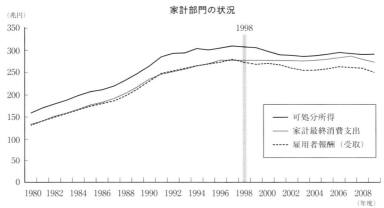

図表8 家計悪化の開始：1998年

(出所) 内閣府「国民経済計算確報」から大和総研作成
(出典) 市川正樹「1998年を節目とした日本経済の変貌」(大和総研調査季報、2013年春季号、Vol.10) 掲載図に加筆 (加筆箇所は1998年の縦線)

よる非正規雇用の拡大を許容し、その非正規労働者が正規労働者を構成員とする企業別組合から疎外されることによって労働運動はますます弱体化する、という負のスパイラルが現出した。1975年と1998年との二つの画期は、前者が後者を可能にするという関係にあった。その意味では、1975年の画期が決定的であった。

2　日本経済の長期低迷

(1) いくつかの指標

1) デフレ経済——起点：1998年

　1998年を画期とする労働者の状態の劣化・国民の家計の悪化は、必然的に、日本経済をデフレ状態に追い込んでいった。賃金が下がり、家計が苦しくなり、商品は売れなくなるのであるから、商人は「安売り」に走っていく。デフレの起点も1998年にほかならない。そして、このデフレは、現時点にまで持続している。消費者物価指数の国際比較グラフは、G7 (先進7か国) の一員でありながらも、日本はひとり別世界の住人であることを示している (図表9 AB)。

図表9 デフレの開始（1998年）とその後の展開

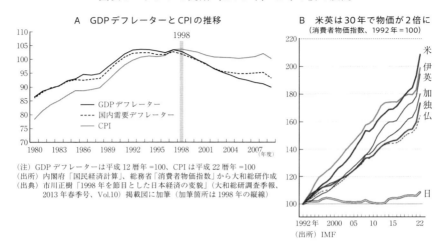

図表10　G7諸国GDPの推移：1995〜2021年

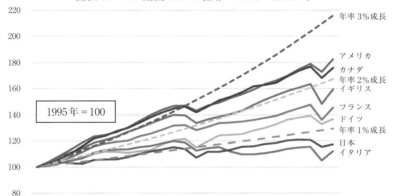

過去25年間の平均伸び率（1995〜2020）

日本	アメリカ	イギリス	フランス	ドイツ	カナダ	イタリア
0.6%	2.2%	1.6%	1.2%	1.1%	2.1%	0.2%

厚生労働省年金数理課作成図表から抜粋

2）国内総生産（GDP）の停滞

　G7消費者物価指数推移比較グラフ（図表9B）を一瞥してただちに想起されることは、前掲のG7賃金推移比較グラフとくに名目賃金のそれと酷似し

ていること（図表1）、さらに、G7の国内総生産推移比較グラフとよく似ていることである（図表10）。このことは、消費者物価・賃金・国内総生産（GDP）の三者は構造的に連関していること、そして、この連関構造のあり方において、米英仏独と日本とが異質であることを示唆する。1998年頃に惹起した日本経済の一連の様相は、消費者物価に焦点を定めた金融政策（異次元緩和・マイナス金利）だけによって解決できるような性質の危機ではなく、構造全体の改造なしには、政府・日銀が掲げていた消費者物価上昇という課題さえ達成不可能な深刻な病状なのである。しかるに、現実に行われたことは金融政策一点突破戦略であった。当初想定された成果が得られなかったのは当然であるが、それにとどまらず、あまりに大きな負の効果と遺産を残した愚策とされる[10]。

3）実質実効為替レートにみる凋落

GDPが生産の面からの一国の経済力を示す指標であるとすれば、外国産商品の購買力の面からの一国の経済力を示す指標は、実質実効為替レートである（図表11）。外国商品を購入するという観点からすれば、日本は1995年が最も豊かであった。すなわち、2020年を100とした場合の数値は200近くあり、ほぼ倍であった。この四半世紀で、外国商品を買うための持ち金は半減したわけである。そして、その減少は、2020年以降もやむことなく、2024年初頭の時点で約70にまで落ち込んだ。日本を除くG5は、多少の浮き沈みを経験してはいるが、基調としては横ばい、すなわち、安定である。それとの対比で、日本の外国商品購買力の低下は極端である。

（2）小括

総じて、日本は、生産面においてほとんど伸びず、外国商品購買力は半減して、国際経済の中では「激安売り」で生きている、という状況であろう。このような日本の経済力の全体的劣化の一環として、低賃金固定化現象が存在する。これが、2の結論である。

10） 村山晴彦「異次元緩和の問題点」京都銀行 Economic Report（2018年8月）、山本謙三「異次元緩和とは何であったのか」京都銀行 Economic Report（2022年11月）など。

図表 11　実質実効為替レート騰落国際比較（1995 年〜2024 年）：日本の極端な凋落

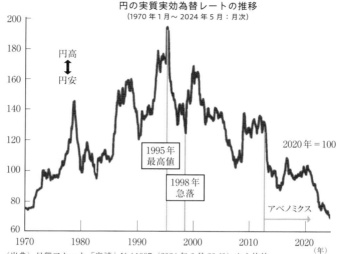

（出典）日興アセット「楽読」Vol.1997（2024 年 6 月 28 日）から抜粋
日興アセットマネジメント作成図に加筆（加筆箇所は 1995 年・1998 年・2011 年の縦線およびその注記）

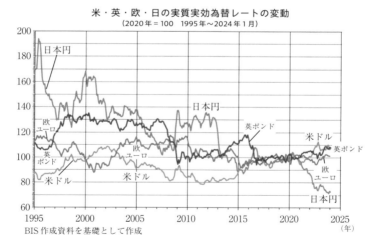

　ところで、先の 1 では、低賃金固定化現象の根本要因は労働争議の退潮である、ということであった。しからば、これら二つの事柄、すなわち、労働争議退潮（1）と経済長期低迷（2）とはどのように関係するのか。次の 3 では、

この問題について考察する。

3　労働争議退潮と経済長期低迷との因果連関

（1）資本主義の二類型

1）新規開発型と搾取強化型

　以上の問いについて考えるための前提として、資本主義経済の型として、江戸時代の武家権力による農政の二つの型たる「新田開発型」と「可憐誅求型」にヒントを得て、「新規開発型」と「搾取強化型」という二つの理念型[11]を設定することから始めたい。以下の文章に登場する「公」は「資本家（企業）」、「民」は「労働者」を示す記号である。

　「新規開発型」とは、たとえば4公6民（労働分配率60％）であった経済を、優良新商品を開発し販売することを通じて8公12民にするような企業経営と経済社会の作り方である。この場合、新規開発によって生産力は倍になっており、その増加分を公と民が、従前の分配率を踏襲して分け合っている。労働分配率が高くなり6公14民になった場合はもとより、それが低下して10公10民となった場合でも、民の取得分の絶対値は以前よりは多くなっている。対して、「搾取強化型」とは、理念型としては、新規開発は行わず、既存の生産条件を維持したまま、資本家と労働者との分配比率を、5公5民、6公4民……というように、民の犠牲の上に（賃金切り下げ）、公の取り分だけは従前通りに確保しようとする経営と経済である。

　図表1と2とを総合するならば、欧米が新規開発型に属するのに対して、日本は搾取型の資本主義に属していると言えそうである。以下、このことを、様々のデータを追加提示することを通じて、一層具体的に可視化してみたい。

---

11)　資本主義の「新規開発型」と「搾取強化型」の2類型は、相澤美智子氏が「雇用労働におけるジェンダー平等の法学的探究」日本労働研究雑誌766号（2024年）において提示した、「公正に配慮した経済合理性」と「公正を犠牲にした粗野な経済合理性」ないし「経済合理性という仮面をかぶった経済非合理性」の2類型に示唆をうけ、これを私なりに発展させたものである。

図表12　企業の行動類型：内部留保・現預金・設備投資

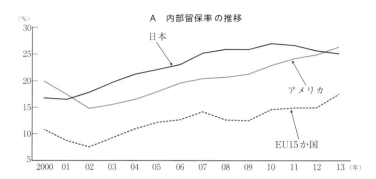

A　内部留保率の推移

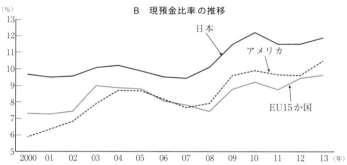

B　現預金比率の推移

（備考）1. Bureau van Dijk 社 "Osiris" により作成。内部留保率＝利益剰余金／総資産、現預金比率＝現金又は同額価値／総資産。
2. EU15か国は、オーストリア、ベルギー、デンマーク、フィンランド、フランス、ドイツ、ギリシャ、アイルランド、イタリア、ルクセンブルク、オランダ、ポルトガル、スペイン、スウェーデン、英国の15か国。
3. 対象企業は、各比率を全期間で取得可能な各国の上場企業。対象企業数は、日本：1,317社、アメリカ：2,200社、EU15か国：1,686社。

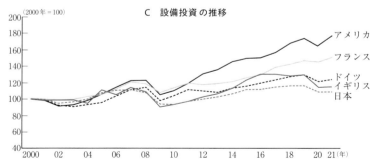

C　設備投資の推移

（備考）1. 内閣府「国民経済計算」、アメリカ商務省、英国統計局、ドイツ連邦統計局、フランス国立統計経済研究所により作成。
2. 自国通貨建てベースの実質値。英国、フランスは住宅投資を含む
（出典）内閣府ホームページ

2）企業内部留保金の使途──設備投資と現預金保有

　問題のポイントは、経営者が〈設備投資→新商品開発〉に強く志向するか否かである。各国経済がどちらの類型であるかを確かめるために、図表12として掲げたABC三つのグラフを参照されたい。

　まずA図について。内部留保は厳密な定義がなされた学問的概念ではなく、報道用語といわれるものであるが、おおむね、純利益（全収入から賃金・原料費などのコストを差し引いた分）から株式配当分などを除いたもの、すなわち、企業団体の資産として社内に蓄積された財産の意味で通用しているものである。内部留保率とは、純利益にしめる内部留保の割合の意味であるから、A図によって、純利益のうち企業団体内部に蓄積される分（株式配当されない分）は、日本、アメリカ、EU15か国の順に多いことを示す。日本の企業は投資家への配当よりも、自身の団体としての存続に強く志向しているということができる。

　株式会社は、本来、株主が配当利益を得るために設立した企業体であるから、純論理的には、全利益を配当金にあててしかるべきであるが、にもかかわらず、A図によれば、実際には、10％から30％程度の企業内部留保がなされる。それは、いかなる目的をもって、いかなる形でなされるのか。本稿の関心からは、現預金と設備投資金が問題となる。現預金は、企業が不測の事態に陥った時にも生き残ることができるようにしておくことを目的とする貯金であり、設備投資金は、企業のさらなる成長を目的として行われる新しい商品開発のためのものである。この観点からG5を観察するに、B図およびC図から、日本は現預金を重視し、設備投資志向はもっとも弱いこと、対して、米英仏独は、日本に比して、現預金よりも設備投資志向であることが知られる。設備投資の面での序列が、ほぼ、GDP（図表5）および賃金（図表1）の序列と対応関係にあることも注目される。イギリスを唯一の例外として、その他のG4の序列はきまって米仏独日の順である（2020年はコロナ禍の年であるので、その直前の数字で比較する）。

　では、照応関係にある設備投資、GDP、賃金の三者の因果連関は何なのか。設備投資への志向と実践とがGDPの増大および賃金の上昇の基本的条件となっているということであろう。どの指標をとっても最下位の日本は、設備

労働判例・労働運動・資本主義経済の日本的構造：基底としての日本型旧体制的法意識　49

投資への関心が稀薄な搾取強化型に属する。対して、米英仏独は、程度の差はあるものの、総じて新規開発型である。

（2）設備投資志向の強弱を分ける究極的要因──労働争議の有無

　こうして問題は、新規開発志向の強弱は何故に生ずるのか、という問題に収斂されてくる。このように問題を立てて想起されることは、米英仏独と日本とを、誰の目にも明瞭なほど分かつところの、労働争議の有無である。日本にも労働争議が無いわけではないが、「無」と表現しても決して誇張・誤謬ではないほどの状態であることは、すでに見た通りである（図表3）。

　経験則だけによっても、労働争議の有無と設備投資の強弱は因果の関係にあることが諒解されよう。すなわち、労働争議が強力に展開する国においては、企業経営者としては、賃上げを余儀なくされるが、この状態を放置するならば、資本家の取り分の減少は不可避であることから、経営者は、賃上げ分を補って余りあるような利潤追求のための、設備投資による新規商品の開発に志向するだろうからである。逆に、労働争議が無いところでは、経営者は、成功するか否か不確かな設備投資による利潤追求よりも、労働分配率を低下させることを通じて従前通りの利潤確保をすればよい、という安直な行動選択になりやすいであろう。

（3）日本経済長期低迷の歴史的起点──1970年代中葉の最高裁判決

　以上のように考えてくるならば、今日の日本経済の衰退の起源は、1970年代中葉の、最高裁による労働運動を強く抑止しようとした一連の判決にあったのではないか、という結論に導かれる。強い国民は、その時々の為政者にとっては不都合な存在であろうが、国家を強くかつ健全なものとするための必須の前提である。これとパラレルに、強い労働者は、個々の経営者にとっては厄介な存在であろうが、経営者をして現状維持や可憐誅求の不可能であることを自覚させ、持てる力を設備投資・人材育成に向かわせることを通じて、個々の経営を、そして一国の経済を、強力かつ堅固にするのではなかろうか。このように考えてくるならば、労働組合運動は、日本国憲法が規定するところの現代的人権であるとともに、豊かな経済社会の建設という公

共の福祉にも寄与するものだということになる。しかし、最高裁は、日本社会の展開を、それとは反対の軌道に導いていった。

　もっとも、最高裁の愚策にも、それを生み出す原因が存在する。これこそは、本稿の究極の主題たる、労働争議に関する国民の法意識である。

（4）労働争議についての対蹠的観念──欧米と日本

1）欧米

　欧米には、労働運動・労働争議を、社会の病理とする意識がない。むしろ、正常な生理と観念され、それ故に、1919 年ワイマール憲法を画期として、それを現代的人権として保障する現代憲法が出現し、今日に至る。しかし、欧米の労働運動・労働争議観は、そこにとどまらない。労働者の人権であるということに加えて、社会の望ましい発展のために必須の公共的性質のものであるとする観念が強い。

　このような労働運動・労働組合観は、最近、アメリカにおいては、公式の見解として表明された。労働組合が現に果たしている公共的役割に関する連邦財務省の報告書[12]（2023 年 8 月 28 日）がそれである。これによれば、①労働組合は、組合員の賃金を 10 ～ 15％引き上げたり、福利厚生や勤務予定に関する職場の手続を改善するなど、組合員の利益に資するばかりでなく、②組合員以外の賃金上昇などにも貢献し、③さらに、業界全体の安全衛生環境の高まりなどの波及効果、人種や性別に基づく賃金格差を縮小する役割などの公正な経済の構築、経済全体の成長・回復などに貢献する。要するに、この報告書は、労働組合は組合員のためだけに有益な組織なのではなく、日本国憲法風に表現するならば、「公共の福祉」一般を担う組織でもあるということを論証するための実証的研究と評すべきものである。

　最近聞く機会のあった私の知人（全世界に広く支社を有するフランス企業に就職し、東京→香港→ドバイ→パリで働く経験をした人）の話は、米連邦財務省の上記報告内容がフランス人の国民的法意識でもあることを示して、きわめ

---

12)　US Department of the Treasury, Labor Unions and the Middle Class, August 28, 2023 紹介および邦訳として、中村天江「米バイデン政権『労働組合と中間層』」連合総研レポート DIO391 号（2023 年）。

て興味深いものであった。パリの職場における労働者の状態（労働時間、労働環境など）は東京などと比較にならぬほど労働者にとって好ましいものであることに驚かされたとのことであるが、その状態の実現は労働運動の賜物のようだ、との解説であった。労働争議が労働者の生活の質の向上をもたらすということを知っているが故に、フランス人は、多大の不便を蒙る交通ストライキなどに対しても「お互い様」と感じ、フランス国民一般の生活の向上のためには必要なこと、と考えるのであろう。2年間の遊学経験において、私には謎と感じられていたことが、知人の話で氷解したのであった[13]。

2）日本──日本人の労働争議観と日本国憲法のそれとの懸隔

対して、日本人の労働争議観において基調をなしているのは、「迷惑感」「迷惑論」さらには「スト否定論」ではなかろうか。米連邦財務省報告書が公表されたのと同じ頃（2023年8月31日）、ここ日本では、大手百貨店そごう・西武の西武池袋本店において、労働者約1000人が、親会社セブン＆アイ・ホールディングスによるそごう・西武百貨店の米投資ファンドへの売却強行に抗議してストライキを決行した。そのストライキについて、労働組合は、宣伝ビラでは「労働者の権利としてストライキ（就労拒否）を実施しています」と書いたのであるが、街頭での通行人への呼び掛けでは、「ご迷惑をおかけしています」という謝罪の言葉を発したらしい。ストライキを決行した人々が謝罪の言葉をのべざるを得ないところに、ストライキを否定的に考える一般の日本人の法観念が垣間見られる[14]。

ストライキは、しかし、「迷惑」ではなく、憲法28条が保障する国民の基本的人権であり、さらに、先の考察によれば、「迷惑」とは正反対の「公共の福祉」に資するものにほかならない。「この憲法が国民に保障する自由及び権利は、国民の不断の努力によって、これを保持しなければならない。又、

---

13) 朝日新聞 DEGITAL「言ってはいけない「ストは迷惑」 英国在住の研究者が見た市民の態度」（2023年10月7日、社会福祉学者堅田香緒里氏へのインタビュー記事）によって、本文に記したフランスと同様の労働争議文化がイギリスにも存在することを知ることができる。

14) 1970年代中葉に展開されたストライキとくに1975年に最高潮に達したストライキに対して、「スト迷惑論」も最高潮に達し、労働運動が退潮していく次第について、吉村励「「スト迷惑論」の心理と構造」月刊労働問題221号（1976年4月）参照。

国民は、これを濫用してはならないのであつて、常に公共の福祉のためにこれを利用する責任を負ふ」という憲法 12 条にみえる「公共の福祉のため」の人権行使といいうるものなのである。

にもかかわらず、日本国民の法意識がそのようなものへと変化していくことは、容易なことではないと思われる。労働争議を「迷惑」とする日本人の感情の根は深く、戦前の近代天皇制国家時代を通り越して、近世幕藩体制にまで遡及する観念だと思われるからである。この時代、命と生活のために立ち上がる民の運動は、為政者にとっては、お上に反抗する不逞の輩の騒擾であった。このような観念がストライキを迷惑行為（スト迷惑論）さらには悪しき行為（スト否定論）とする現代人の感性の淵源をなしているように思われる。

おわりに――現代日本社会の基礎に岩盤のごとくに存在する日本型旧体制的法意識

近世江戸時代は日本型旧体制が完成された時代であった。それは、天皇家から百姓までの無数の家々が人的身分制的支配服属関係に編成されるとともに、将軍・大名領国を一個の家と観念する家産制国家の複合的秩序として存在していた。無数の家々は、近代資本主義社会の成立を基礎として、家族的家（労働者家族など）と資本制企業的家（巨大な場合は財閥）とに分岐するとともに、近世の家産制国家群は天皇を一人の家父長とする一個の国家的家へと姿態転換をとげていった[15]。

このような体制転換は、旧体制の否定ではなくその形を変えての存続であり、このことによって、家族・企業・国家の各次元に旧体制的家原理が生き続けることとなった。家族は明治民法・戸籍法によって「家」制度として編成され、資本主義企業（財閥）の中には主人と奉公人の身分契約的観念が生き続け、国家の中枢に位置する警察・検察・裁判所権力は江戸町奉行所の近代的焼き直しの観を呈した。日本「近代法」における旧体制的法秩序の残存

---

15) 水林彪『封建制の再編と日本的社会の確立』（山川出版社、1987 年）、とくに「本巻のむすび」。

問題は、かつて、民法学出身の法社会学者によって、日本的法意識論として精力的に取り組まれたテーマであるが（川島武宜氏をはじめとする法社会学）、問題は民法的次元に限られることではなく、全法秩序を覆う問題であった。

　日本型旧体制は、日本国憲法とこれを具体化する諸法典によって解体されたように見えるけれども、真実はさにあらず、旧体制の重要部分は、未清算のままに戦後にまでもちこされた。「家」は夫婦同氏を強制する「戸」の原理として[16]、江戸町奉行所の権力原理は代用監獄・人質司法制度などの用語をもって批判される日本独特の刑事システム（長期密室取調・自白偏重・起訴便宜主義）として生き延びている[17]。これらと並行する現象として、今日の企業の中には、家経営体に淵源する法秩序が生きているように見える。労働契約関係が取引契約（目的契約）に純化せず、メンバーシップ型雇用というハイカラな表現によって粉飾されつつ、身分契約的性質の雇用関係が頑強に持続してきたのではないか。このことが、ストライキを社会の病理現象のように見做す「スト迷惑論」「スト否定論」の基礎にあり、1970年代中葉の一連の労働争議抑圧判決を生み出す土壌をなしていたのではないか。そして、この日本型旧体制的労働文化が、今日の日本資本主義の急速な衰退の最奥の根拠をなしているのではないのか。近代法・法解釈学・法実務、近代経済学・経済政策……など欧米に起源を有する諸々の知的営為をコンピューターのアプリケーションに喩えるならば、それを作動させるオペレーション・システム（OS）は、現代日本においては、いまなお強固に残る旧体制的法意識であり、アプリとOSのミスマッチはますます深刻となって、コンピューターシステム全体の劣化が止め処なく進行している──これが、現代日本の姿なのではなかろうか。

　徳住君が数多の労働裁判において闘ってきた相手は、表面的には、守旧的企業とこれを甘やかすことによって世界の荒波の中で生きていく力を当の企業からすっかり削いでしまった、裁判所を含む国家権力であろうが、真の相手は、現代日本人の心の中に生きている日本型旧体制だったのではないか。

16）　水林・前掲注1）「現代日本法の理念と現実」参照。

17）　松尾浩也『刑事訴訟の理論』（有斐閣、2012年）、とくに第3章・論文L、および、水林彪「現代法的状況の日本史的文脈」同『国制と法の歴史理論』（創文社、2010年）第17論文参照。

とすれば、日本の社会と国家が没落軌道から脱し再生軌道に乗るための大前提は、知的労働に携わる人々が、きわめて自覚的に、この日本型旧体制的法意識と対決し、これを克服すべく啓蒙する仕事に勤しむことであろう。徳住君は、この課題に、労働裁判という法実務の場において挑んできた[18]。茨の道であったに違いないが、知識人の一角をしめる法曹がはたすべき崇高な使命の遂行であった。それを自らのライフワークと定め奮闘してきた徳住君の喜寿を、友人の一人として、心より言祝ぎたい。そして、いつまでも元気に活躍されることを祈念して、筆を擱く。

※本稿におけるモノクロ図表の原形たるカラー図表は、（株）旬報社 HP の本書紹介サイト（https://www.junposha.com/book/b659445.html）にて閲覧することができる。

　余白を利用し、2 つの点について、追記する。

1．本稿脱稿後に、過去 6 年間（2019 ～ 2024 年）の労働分配率の国際比較グラフに接した（日本経済新聞 2025 年 2 月 2 日デジタル版掲載図）。2020 年までの図表 2A を補うものとして重要である。これによれば、日本の労働分配率は、この間、米・英・欧州連合のそれよりも一貫して低く、かつ、下げ幅が最も大きい。日本資本主義の「搾取強化型」的性格がますます顕著となっている。

2．本稿は、日本経済衰退の究極原因として、立法・行政・司法を担う権力者たち、および、それを支える国民一般の日本型旧体制的法意識を指摘するにとどまり、今一つの究極原因たる対米従属という論点には言及できなかった。日本型旧体制の未清算と対米従属とは、日本の社会と国家が直面する困難の二つの根本原因であり、これら二つの相乗という観点が必須である。本稿と直接に関係する事柄としては 1985 年プラザ合意（日本製品の対米輸出を抑制するための強制的円高政策。その後、事態は〈バブル経済→その崩壊→失われた 30 年〉と展開した）が問題となるが、巨視的にみるならば、軍事を核とするあらゆる局面での対米従属と日本型旧体制的心性との絡み合い現象全体の究明が課題となる。

18）　その一端は、前掲注 6）記載の徳住論文によって知ることができる。

組合所属を理由とする不採用と
労働組合法7条の立法者意思
——旧労働組合法、現行労働組合法の制定過程における審議から——

小 島 周 一

1 JR北海道・日本貨物鉄道事件・最高裁判決

　労働者が労働組合に所属していることを理由として、使用者がその採用を
拒否した場合に、それが労働組合法7条1号本文の不当労働行為に該当する
かについて、国鉄分割民営化の際の不採用事件に関する平成15年12月22
日最高裁第一小法廷判決（平成13年（行ヒ）第96号、平成15年（行ヒ）第16号）
は、「労働組合法7条1号本文は、『労働者が労働組合の組合員であること、
労働組合に加入し、若しくはこれを結成しようとしたこと若しくは労働組合
の正当な行為をしたことの故をもって、その労働者を解雇し、その他これに
対して不利益な取扱をすること』又は『労働組合に加入せず、若しくは労働
組合から脱退することを雇用条件とすること』を不当労働行為として禁止す
るが、雇入れにおける差別的取扱いが前者の類型に含まれる旨を明示的に規
定しておらず、同号及び同条3号は雇入れの段階と雇入れ後の段階とに区別
を設けたものと解される。そうすると、雇入れの拒否は、それが従前の雇用
契約関係における不利益な取扱にほかならないとして不当労働行為の成立を
肯定することができる場合に当たるなどの特段の事情がない限り、労働組合
法7条1号本文にいう不利益な取扱いにも、同条3号の支配介入にも当たら
ないと解するのが相当である」と判示する。

　この最高裁判決当時、最高裁の上席調査官は、平成15年4月から最高裁
判所の上席調査官となっていた高世三郎裁判官であった。

　高世裁判官は、東京地方裁判所民事19部の裁判長であった平成10年5月
28日に、不採用事件に関する中央労働委員会の取消訴訟（東京地方裁判所平

56　第Ⅰ部　集団的労働関係における現代的課題

成 7 年（行ウ）第 303 号、平成 8 年（行ウ）第 38 号、平成 8 年（行ウ）第 65 号、8 年（行ウ）第 122 号、8 年（行ウ）第 124 号）において、中労委の救済命令を取り消すとの判決を言い渡しているが、その判決中で、不採用が労働組合法 7 条の不当労働行為に該当するか否かについて次のように判示している。

「労働組合法七条についても、同条が労働契約締結前の段階と締結後の段階とを区別し、前者ついては、『労働者が労働組合に加入せず、若しくは労働組合から脱退することを雇用条件とすること』（一号）だけが不当労働行為を構成するものとし、同条一号本文のその余の規定並びに同条二号から四号まではいずれも労働契約締結後の段階を対象とするものと解するのが相当である。したがって、新規採用は、『労働者が労働組合に加入せず、若しくは労働組合から脱退することを雇用条件とすること』（一号）に当たる場合を除き、不当労働行為に該当せず、労働者の再採用の拒否、営業譲渡等の場合は、既に存する労働契約関係における不利益取扱いとして不当労働行為該当性を肯定することができるか否かの問題として検討すべきである。」

高世裁判官は、国鉄分割民営化の際の同種不採用事件について、東京地裁民事 19 部裁判長として、平成 12 年 3 月 29 日にも中労委命令を取り消す判決を言い渡しているが（東京地方裁判所平成 6 年（行ウ）第 67 号）、同判決では不採用と労働組合法 7 条該当性についてより詳しく下記のとおり判示する。

「労働組合法七条一号は前段において『労働者が労働組合の組合員であること、労働組合に加入し、若しくはこれを結成しようとしたこと若しくは労働組合の正当な行為をしたことの故をもって、その労働者を解雇し、その他これに対して不利益な取扱をすること』と規定し、後段において『又は労働者が労働組合に加入せず、若しくは労働組合から脱退することを雇用条件とすること』と規定し、両者を択一的に規定しており、前段が採用についての差別的取扱いに何ら言及していないのに対し、後段が採用に関する規定であることは明らかであり、それらの内容は既に雇用関係上の一定の地位にある者についての規定と雇入れの段階にある者についての規定とに区分、対応しているのであって、仮に前段の不利益取扱いに不採用も含まれるとすれば、後段は前記のような雇用条件を定めるという労働組合敵視の露骨な行為類型だけをわざわざ取り出して規定したことになるが、後段でここまで明記しな

がら、前段では不採用について明示的に規定しなかったことがいかにも均衡を失することになる。したがって、同号は労働契約締結前の段階と締結後の段階とを意識的に区別したものであり、前者については、『労働者が労働組合に加入せず、若しくは労働組合から脱退することを雇用条件とすること』（同号後段）だけが不当労働行為を構成するものとし、同号前段の規定は労働契約締結後の段階を対象とするものと解するのが相当である。」

　すなわち、高世裁判官は、東京地裁時代、労働組合法 7 条の文言からすれば労働組合所属を理由とする不採用は不当労働行為の対象としないというのが立法者の意思であると判示したのであり、これと上記最高裁判決の判決内容を比較し、かつ、当時高世裁判官が最高裁の上席調査官であったことを併せ考えれば、最高裁（ただし第一小法廷 5 人のうち多数意見の 3 人のみ）もこの解釈を採用したことが明らかである。

　組合所属を理由とする不採用は不当労働行為の対象外であるというのが、はたして本当に立法者意思であると言えるのか、不当労働行為に関する規定に焦点を当てて、現行労働組合法制定時の国会審議、その前身となった旧労働組合法制定時の帝国議会審議の議事録等から、その点を探ってみたい。

2　現行労働組合法の制定過程

（1）現行労働組合法の制定

　現行労働組合法は、昭和 24 年の第 5 回国会において、「労働組合法（昭和 20 年法律第 51 号）の全部を改正する。」法案として成立した。

1）衆議院労働委員会における審議内容

　昭和 24 年 5 月 4 日に開かれた衆議院労働委員会では、この改正案について鈴木国務大臣から提案理由と内容説明が行われた。そこで不当労働行為についての説明も行われたが、そのうち労働組合法 7 条 1 号に関する説明の内容は「第 7 条は、不当労働行為に関する規定であります。本条の規定は、使用者の不当労働行為として禁止された行為を列挙したものでありまして、本法の最も重要な規程であります。第 1 号の本文は、現行法第 11 条と同じ規

程であります。個々の労働者が労働組合に加入をしたり、あるいは労働組合を結成しようとしたり、その他労働組合の正当な行為をしたことを理由として、不利益な取扱をすること、及びいわゆるイエロー・ドッグ・コントラクトを禁止したものであります。」というものであった。

その後、労働委員会は5月6日、同月7日、同月10日、同月11日、同月13日と開かれ、同日に修正案を可決の上改正案が可決された。

この審議の中で、不当労働行為に関する政府の法案説明あるいは現状認識は、上記鈴木国務大臣の説明の他には、下記のようなものがある。

大橋委員の「第7条の不当労働行為というものは、本来事業主の行為として正当な行為であるけれども、しかしながら労働関係において、労働者の団結権、団体交渉権を保護するために、特にこの法律の規定によって、これらの行為を不当としたものである。本来社会的に見て不当な行為とは言えないけれども、しかし労働関係という今日の労働事情から見て、不当なる行為である。こういう意味の行為であると思いますが、いかがでございましょう。（中略）従来の観念からいえば、不当でも何でもない行為なんであるが、特に労働関係の実情から見て、労働者を保護し、労働者の団結権、団体交渉権を擁護するという上から見て、これらの行為を特に不当とする、こういう意味ではないかと思いますが、いかがでしょう。」という質問に対する賀来政府委員の「御意見の通りであります。（5月6日）」

賀来政府委員「不当労働行為の範囲を明確にし、拡充いたしておる点であります。従来の法律におきましても、第11条におきまして、不当労働行為の問題は取り上げられておったのでありますけれども、過去3年間の経験によりますと、11条違反の事件は逐次増大をいたしております。のみならず、このために被害をこうむる労働者の被害の程度が、時間的にも量的にもだんだん多くなるという傾向になっておったのであります。これに対しまして、今度はその不当労働行為の範囲を明確にし、また拡充いたしますとともに、（中略）今度の法案におきましては、労働委員会が現状回復を命ずることができて、遅くとも30日以内には、この問題が基本的には片づいて行くというように書いておる点であります。（5月6日）」

賀来政府委員「労働組合法は労働者の保護法であるべしということは、現

行法の建前であります。今回の改正案は実質的には現行法の一部改正でありまして、やはり現行法の精神でありまする、組合法は労働者の保護法であるという線は、間違いなく通しているという考えを持っているのであります。（中略）特に不当労働行為に関しまする規程を、現行法よりも拡充、明確にいたしております（5月7日）」

賀来政府委員「できる限り労使の関係は正常な状態を保持すべきである。特に使用者側において、労働組合が自己の業務の運営について、どうもじゃまになるという考え方もございまして、不当労働行為をやる恐れも多分に出るかもしれない。さような場合も考えますと、組合運動を正常な状態に守っていくことが当然この9原則（報告者注：当時の経済9原則）を実行いたしますについて、できる限り労使関係の正常な状態で、問題が起こっても平和的に処理して行きたいと考え（後略）（5月10日）」

賀来政府委員「使用者側が労働組合の育成を阻害するというような事実、これも相当は逐年増加をいたしつつあるのでありまして、御用組合的な第2組合を作るという事例も、多く出て参っております。さらにまた、それらの使用者の不当労働行為によりまして、被害を受けました労働者の原状回復が以上に遅れるという例も、多々出て参ったのであります。（5月11日）」

賀来政府委員「不当労働行為の章の明確化及び労働委員会の原状回復命令の規定等をいたしまして、そうして全体として組合の健全化をはかる。（5月11日）」

2）参議院労働委員会における審議内容

参議院労働委員会は、昭和24年5月9日、同月12日、同月14日、同月16日、同月17日、同月18日、同月19日、同月20日と開かれ、同月21日に衆議院で可決成立した労働組合法改正案を可決した。

同委員会では、組合関係者、企業関係者等の意見陳述等が多くなされ、また、議論も、労働組合の正当な行為と暴力の関係、政治ストの正当性等が多く取り上げられて、不当労働行為の内容に関する議論はほとんどなかった。

不当労働行為に関する政府の説明としては、労働組合法7条2号に関連して、松崎政府委員の「第7条の第2号におきましては、『使用者が雇用す

る労働者の代表者』という文句を使っております。（中略）でありますから、第7条第2号におきましては、労働組合という第5条で立証できない場合におきましても、使用者側におきましては、それと正当な理由がなければ団体交渉をすることが義務であります。」という説明がなされている程度である（5月19日）。

（2）第5回国会での審議内容から読み取れる不当労働行為に関する立法者意思

　第5回国会における不当労働行為に関する審議内容から明らかになることは3つある。

　一つは、現行労働組合法第7条1号本文は、旧労働組合法第11条と同じ規定であるとして改正案が上程、可決され、成立したということである。

　二つ目は、政府は、不当労働行為が増加しつつあり、かつ被害も深刻化しているという原状認識を持っており、それがゆえ、旧労働組合法のときよりも、「特に不当労働行為に関しまする規程を、現行法よりも拡充、明確に」する意図を持っていたということである。

　そして三つ目は、現行労働組合法制定時の議論において、不当労働行為の成否に関し、労働契約締結前と労働契約締結後を分けて考えるなどという議論は全くなされていないということである。

　以上からするならば、不当労働行為に関する立法者意思を明らかにするためには、現行労働組合法が引き継いだところの旧労働組合法の制定過程で、不当労働行為に関してどのような議論がなされ、制定に至ったのかを見る必要がある。

3　旧労働組合法制定に至る過程での不当労働行為に関する審議内容

（1）昭和20年10月31日の第2回労務法制審議委員会

　旧労働組合法制定のために開かれた第2回労務法制審議委員会（昭和20年10月31日）では、労働組合法の立法作業の中心であった末弘厳太郎委員より、それまでの論議をまとめた文書として「労働組合立法に関する意見書」

が各委員に配布され、この意見書の内容について末弘委員から詳しい説明がなされた（「資料労働運動史」）。

　同意見書の「基本方針」には、三（ロ）として、

　　「嘗て労働の運動盛なりし時代に企業主側のとりたるが如き組合阻止の諸手段を予防する規定を設くること」

とあり、その具体化として、「第一　労働組合」の章に「一　労働組合の定義」に続けて、「二　団結権の保護」として、

　　「団結権を保護する為左記趣旨の規定を設くること

　　（イ）企業主は組合に加入したるの故を以て解雇し、その他不利益を課することを得ず、組合員たるの故を以て雇入を拒否し得ざること

　　（ロ）一定の組合への加入を強要し得ざること」

との規程が明記された。

　末弘委員は、この意見書案について口頭で縷々解説しているものの、上記（イ）については触れていない。もっぱら（ロ）について、「日本の今の状態ではやはり企業主が相当労働者に或る組合に入れということを強要する傾向があるように思うので、どうしても『オープン・ショップ』でいったほうがよいのではないか」と述べている。ここで注目すべきは、（イ）について末弘委員が特に解説・意見を述べていないということである。すなわち、（イ）については、当然のこと、すなわち委員の間であえて議論する必要を認めなかったために特に言及しなかったと考えるのが自然である。現に、末弘委員の解説の後、他の委員からの質問、意見があったが、それは西尾委員からの、クローズド・ショップ制を定めるべきではないか、との意見であった。

　たしかに、（イ）は、労働者の団結を阻害する典型的な企業主側の手段である。末弘委員の「基本方針」の説明にあるとおり、「嘗て企業主側のとりたるが如き組合阻止の諸手段を予防する」ための規程として、現に企業主側がしばしば行った団結阻止の典型的な手段を意見書に明記したのであって、組合加入の故を以て解雇その他不利益を課すること、組合員たるの故をもって雇入を拒否すること、このような、雇入後の不利益取扱と雇入拒否を、団結権侵害の典型的な行為であるとしてあわせて禁止することに、委員の間で異論はなかったのである。

62　第Ⅰ部　集団的労働関係における現代的課題

（2）第 3 回労務法制審議委員会

　昭和 20 年 11 月 15 日に開かれた第 3 回労務法制審議会では、第 2 回審議会の後、整理委員会を設け、その討議を経て、さきに末弘委員が起案した文書を更に審議してつくられた「労働組合法案」が、草案として審議会に提出された（整理委員会のメンバーは、大野委員を委員長とし、西尾委員、末弘委員のほか厚生省労政局長の高橋委員が加わった）。

　第 3 回労務法制審議会に提出された草案第 10 条は、

　　「雇備者ハ労働者ガ労働組合ノ組合員タルノ故ヲ以テ之ヲ解雇シ其ノ他不利益ヲ与フルコトヲ得ズ

　　雇備者ハ労働者ガ組合二加入セザルコト又ハ組合ヨリ脱退スルコトヲ雇備条件ト為スコトヲ得ズ」

との規程であった。

　その趣旨を、整理委員会の大野委員長は、一言だけ、

　　「之については法文に認められておる通りであります」

と述べている。

　その前後の大野委員長の説明では、整理委員会で議論になった事項と議論の経過から結末まで、それぞれのテーマについて、かなり詳しい報告がなされている。しかし、この第 10 条については、なにも議論がなかったので「法文に認められておる通りであります」の一言で済ませたことがわかる。

　草案に対する大野説明に補足して、末弘委員から、「吾々の気持ちがすっきり出たようなものを試みに書いてみて政府の御参考にしたらよかろう、こういった所から法案の形で書いてみないかということで」審議会に提出する草案をまとめた、と前置きして、さらに詳しい説明がなされた。ここでも、それぞれのテーマについて、委員の間でさまざま意見が出され、その過程で議論となった問題点の解説が述べられた。

　しかし、10 条については末弘委員も、

　　「第 10 条は従来屡々ありました労働組合に入っているから解雇するとか、労働組合に入らないことを色々な条件にしてはならぬということであります」

との一言で補足説明を終えている。

これらの議論から、10条は、第二回審議会に提出された前掲・末弘意見書と同旨であったことがわかる。末弘意見書では「二、団結権の保護（イ）」に一つの文書で要旨が書かれていたものが、法文の形式にするため、二つの文章に分けられたものである。従って、労働組合法案10条には、当然に「企業主は組合に加入したるの故を以て解雇し、その他不利益を課することを得ず、組合員たるの故を以て雇入を拒否し得ざること」という趣旨が含まれていたと考えるのが自然である。またそれは、第4回審議委員会での議論からも明らかであるが、その点は後述する。

（3）第4回労務法制審議委員会

第4回労務法制審議委員会は昭和20年11月19日に開催された。

この審議会では、岡崎委員から次のような意見が出された。

「此の10条は雇傭者側の義務を書いてあるのですが、一方的なような気持ちが致します。雇傭者に此の義務を与えますならば、組合の方にも組合員以外の者を雇ってはいけないということを強調してはいけないと云うことを書かないと、雇傭者だけが何時でも被告の立場と云うのか、或いは義務付けられる対象になるような気がする。これを言うならば組合側も雇傭者に対して、組合員でなければ雇ってはいけないと云うことを強要してはいけないという1項を設けたいと思います。」

そしてこれに賛同する篠原委員から、次のような意見及び修正案が出された。

「私は岡崎さんの意見に賛成致すのでありますが、只今末弘博士からも、これは労働組合を育てる為に必要であると云うことを御話されたのですが、此の法律が出ると、労働組合というものは自然発達して来て、これが為中工業、小工業は相当の脅威を感ずるようなことになると思いますが、此の場合労働組合と雇傭者側と本当に公平に取扱って行くと云うことが宣いのではないか、片手落ちのことは今日の情勢から申しますと、雇傭者に対して少し酷ではないかと思いますので、私がもし修正意見を出して宜しいと云うことでありますれば、斯う云う風に御書き下さいとでも言います。

『何人モ労働者ガ組合員タリ、組合員タラヌノ故ヲ以テ之ヲ解雇シ又ハ雇用ヲ拒否シ又不利益ヲ与フルコトヲ得ズ』

雇傭者も労働者も公平に取扱って戴きたい。斯う云う意味であります。」

この岡崎、篠原意見と修正案を巡って意見が交わされた後、この修正案について採択がなされ、賛成3名で否決され、不当労働行為の条文については第3回労務法制審議会に提出された10条の原案がそのまま採択された。

（4）第5回労務法制審議委員会

昭和20年11月21日に開催された第5回労務法制審議委員会では、第3回労務法制審議委員会に提出された草案10条を含む労働組合法案が採択された。

（5）労務法制審議委員会答申

労働法制審議委員会は、昭和20年11月24日、政府に対し、労働組合法案を答申した。不当労働行為に関する10条は次のとおりである。

「第十条　使用者ハ労働者ガ労働組合ノ組合員タルノ故ヲモッテ之ヲ解雇シ其ノ他不利益ヲ与フルコトヲ得ズ

使用者ハ労働者ガ組合ニ加入セザルコト又ハ組合ヨリ脱退スルコトヲ雇傭条件ト為スコトヲ得ズ」

すなわち第3回労務法制審議委員会に提出された草案の「雇傭者」を「使用者」に変えた他は全く同内容の法案である。

（6）第89回帝国議会での審議内容

昭和20年12月、政府は第89回帝国議会に労働組合法案を提出した。

同年12月11日の衆議院の委員会では、芦田国務大臣が労働組合法案の趣旨説明をしている。このうち、不当労働行為に関連する説明は、

「第4に、（前略）、又使用者に付ては、其の従業員が組合に加入することに対して不当な妨害をなさないことを保障し、（中略）、組合の健全なる結成及び活動を保護したのであります」

というものである。

また、芦田国務大臣は、同月 12 日の委員会では、政府提案の労働組合法案について、

　「資本家側の心構え、労働組合発達の現状、此れ等の問題に対する国民の心構え、何れもまだ十分な発達を示していないと思います。しかしながら此の状況を此のまま自然の推移に任すべきでなく、或る一定の標準を早く天下に示して、我々の向かうべき目標はこういう方面にあるのだ、席を十分に設けてあるのだという程度の指導を国民に行うことが、この際における政府当然の任務である、斯様に考えまして此の法案を作成した訳であります。諸外国の立法例等を見ましても、『イギリス』『アメリカ』等の労働組合に関する法制は、実質において今回提案いたしました法案と左程の逕庭はない、言わば世界の先進国における労働立法の域に達した案であると考えております。」

と説明している（このうち、イギリス、アメリカの労働組合法制と提案した労働組合法案がそれほどの差がないとの説明については、アメリカでは組合所属を理由とする採用拒否は当然に不当労働行為とされているのであるがここでは論ずるゆとりがない）。

　その後、衆議院労働委員会で労働組合法案について種々質疑応答がなされたが、不当労働行為の具体的内容に関する質疑応答、就中、組合所属を理由とする採用拒否が不当労働行為に該当するか否かについての質問などは全くなされていない。もちろん、労働契約締結前と締結後で不当労働行為の成否に影響があるかなどという議論もされていない。

　帝国議会衆議院で審議された労働組合法案は、昭和 20 年 12 月 14 日に採択され、同日、貴族院に送付された。不当労働行為に関する条文は、答申では 10 条であったものが 11 条となったほか、次のとおり若干の語句修正がなされた。

　「第十一条　使用者ハ労働者ガ労働組合ノ組合員タルノ故ヲ以テ之ヲ解雇シ其ノ他之ニ対シ不利益ナル取扱ヲ為スコトヲ得ズ
　使用者ハ労働者ガ組合ニ加入セザルコト又ハ組合ヨリ脱退スルコトヲ雇傭条件ト為スコトヲ得ズ」

　帝国議会貴族院では昭和 20 年 12 月 15 日から労働組合法案の審議がなさ

れた。

　貴族院においても、芦田国務大臣が提案の趣旨説明を行った。基本的には衆議院における説明と同様であるが、法案作成の経緯として「政府は朝野の専門的知識経験を有する人々をもって労務法制審議会を組織致しまして、その具体的成案の作成を求めたのであります。しかるところ最近一つの答申案を得ましたので、之を骨子として労働組合法案を作成しました」と述べていることが重要である。即ち政府は労働法制審議会での議論内容とその結果を踏まえ、それを骨子に取入れて労働組合法案を作成しているのである。

　また、芦田国務大臣の説明のうち、不当労働行為に関連するものとしては、「労働大衆に対しその組合結成につき、十分なる自由を保障し、その言動に統一と秩序を保たしめることが絶対に必要であります」というものがある。

　その後の貴族院の審議では、不当労働行為の成否に関する質疑応答はなされていない。その上で、労働組合法案を検討する特別委員会を 27 名で構成することが議決され、特別委員会は、同月 16 日、労働組合法案を可決すべきとの議決を行った。

　貴族院は、同月 18 日、特別委員会の議決を受けて本会議で労働組合法案を可決し、同法案は、昭和 20 年 12 月 22 日、法律第 51 号として成立した。

（7）昭和 21 年の労働組合法改正

　労働組合法 11 条の第 1 文は、昭和 21 年の第 90 回帝国議会において下記のとおり改正された。

　　「労働組合法の一部を次のやうに改正する。

　　労働組合法第十一条第一項を次のやうに改める。

　　使用者ハ労働者ガ労働組合ノ組合員ナルコト、労働組合ヲ結成セントシ若ハ之ニ加入セントスルコト又ハ労働組合ノ正常ナル行為ヲ為シタルコトノ故ヲ以テ其ノ労働者ヲ解雇シ其ノ他之ニ対シ不利益ナル取扱ヲ為スコトヲ得ズ」

　この改正は、独立の法律改正案として提案されたものではなく、労働関係調整法案の「附則」として提案されたものであった。

　第 90 回帝国議会では、労働関係調整法案委員会が衆議院、貴族院に設置

され、衆議院で11回、貴族院で6回にわたって法案についての審議が行われた。

　しかし、衆議院の労働関係調整法案委員会でも、貴族院の労働関係調整法案委員会でも、政府による提案理由と趣旨説明において、この労働組合法11条の改正理由及び改正内容の説明が行われることはなかった。それぞれの委員会では、労働関係調整法を制定することの当否、同法の内容については激しい議論が闘わされたものの、附則としておまけのように提案されたこの改正については、踏み込んだ議論がなされることはほとんどなく、貴族院の労働関係調整法案委員会第6回で、政府委員の吉武惠市から「附則に置きました労働組合法第十一條の規定も、同様に労働権の保障をしたのでありますが、御承知のやうに労働組合法では、労働組合の組合員たるの故を以て解雇してはいかぬと云ふことだけであります、指示事項で今日迄の間に、組合はまだ出來ないが、組合を作らうと思つて活動して居ると云ふと、あれは組合を作らうとして居るからと云ふので解雇して居る事例が出て参りましたので、それでは困るから、組合を結成せむとする者を解雇することもいけないと云ふことを入れたのが一つ、もう一つは組合員で組合の活動をして居るからと云ふことで解雇すると云ふことがあつてはいかぬと云ふので、是は初めの労働組合法の十一條の精神とちよつとも變つて居ないでありますが、法律と云ふものは、規定をするとそれを矢張り嚴格に狹く解釋することになりますので、是等を含めて改正することにしたのであります、是は只今御話のありまするやうに、組合員たるの故で解雇してはならぬと云ふので、他に正當な事由があれば是は已むを得ない、併し他に事由があると云ふことを名目にして労働組合員を解雇すると云ふことはいかぬと思つて居ります、他に本當に事由があれば是は構はぬと思ひます」という説明がなされたのみである。

　ここで吉武政府委員が「初めの労働組合法の十一条の精神とちよつとも変わっていない」と述べていることは重要である。すなわち、この改正においても、労働組合法11条の要件を従前よりも狭めるというようなことは全く意図されていなかったのである。

　労働関係調整法附則の中で提案された労働組合法11条の改正は、帝国議会で労働関係調整法と一体のものとして可決され、昭和21年法律第25号と

して公布された。

　以上のとおり、労働組合法11条が「労働組合ノ組合員タルノ故ヲ以テ」という文言から「労働組合ノ組合員ナルコト、労働組合ヲ結成セントシ若ハ之ニ加入セントスルコト又ハ労働組合ノ正常ナル行為ヲ為シタルコトノ故ヲ以テ」の文言に改正された趣旨は、上記吉武政府委員の説明から明らかなように、改正前の「組合所属」に加えて、「組合結成・加入」「正当な組合活動」もその例として挙げることによって、労働組合法11条によって禁じられている不当労働行為の内容をより明確にする趣旨だったのである。少なくとも改正前の労働組合法で禁じられている不当労働行為の内容を狭めるなどという趣旨は全く含まれていなかった。

　そしてこの労働組合法11条が、昭和24年の労働組合法制定によって、現行労働組合法7条として現在に至るのである。

4　旧労働組合法の制定過程からみる組合所属を理由とする採用拒否の不当労働行為該当性（労働組合法7条の立法者意思）

　旧労働組合法の制定過程における審議内容を検討すると、組合所属を理由とする採用拒否は不当労働行為に該当するということは、議論の余地のない当たり前のこととして立法に携わった者の共通認識であったことがわかる。

　それは、末弘博士の「企業主は組合に加入したるの故を以て解雇し、その他不利益を課することを得ず、組合員たるの故を以て雇入を拒否し得ざること」という当初の意見書案からも読み取れるし、また、草案には「雇入を拒否し得ざること」との文言がなくなっていたにもかかわらず、これでは使用者にとって不公平であるとして、「何人モ労働者ガ組合員タリ、組合員タラヌノ故ヲ以テ之ヲ解雇シ又ハ雇用ヲ拒否シ又不利益ヲ与フルコトヲ得ズ」との文言に修正すべしとの岡崎、篠原修正意見からも明らかである。すなわち、各委員の間に「組合員タルノ故ヲ以テ（略）雇用ヲ拒否」することは不当労働行為として許されないということが当然のこととして共通認識になっていたからこそ、岡崎委員が「それだけでは雇用者に少し酷」であると考えるに至ったのであり、篠原委員がこのような修正案を出すに至ったということな

のである。そしてそれが否決されたことは既に紹介したとおりである。

　法制審議委員会の答申した労働組合法案 10 条をそのまま取り入れた労働組合法案（上程された法案では不当労働行為に関する規定は 11 条）が、昭和 20年の第 89 帝国議会において可決成立した。さらに昭和 21 年の労働関係調整法の成立時に、同法附則として労働組合法がほぼ現行法の内容に改正された。このときに「労働契約締結前と後を不当労働行為の成立の有無において区別する」とか、「組合所属を理由とする採用拒否については不当労働行為制度の保護から外す」などという議論は全く行われなかった。昭和 21 年の労働関係調整法制定時に行われた労働組合法 11 条の改正も、「初めの労働組合法の十一條の精神とちょつとも變つて居ない（吉武政府委員）」ものとして提案され、可決されたことは既に紹介したとおりである。

　そして、この旧労働組合法とその精神をそのまま引き継いだ現行労働組合法が昭和 24 年に成立したのである。

　旧労働組合法制定から現行労働組合法制定に至るこれらの過程を見るならば、組合所属を理由とする雇入拒否が不当労働行為にあたるのは、正に議論の必要すらない当然のこととされていたことがわかる。

　労働組合法 7 条 1 号本文の「前段が採用についての差別的取扱いに何ら言及していないのに対し、後段が採用に関する規定であることは明らかであり、それらの内容は既に雇用関係上の一定の地位にある者についての規定と雇入れの段階にある者についての規定とに区分、対応している（東京地方裁判所平成 6 年（行ウ）第 67 号　平成 12 年 3 月 29 日判決）」とか「労働組合法 7条 1 号本文は、（中略）雇入れにおける差別的取扱いが前者（労働組合法 7 条1 号本文の不利益取扱——筆者注）の類型に含まれる旨を明示的に規定しておらず、同号及び同条 3 号は雇入れの段階と雇入れ後の段階とに区別を設けたものと解される（平成 15 年 12 月 22 日最高裁第 1 小法廷判決（平成 13 年（行ヒ）第 96 号、平成 15 年（行ヒ）第 16 号））」などと判示し、労働組合法 7 条の立法者意思を持ち出して、組合所属を理由とする採用拒否の不当労働行為該当性を否定するのは、不当労働行為に関する立法者意思に真っ向から反する解釈であると言わざるを得ない。

労働者概念の実務的観点からの検討

木 下 徹 郎

はじめに

労働者概念は、就労者が労働関連諸法令の適用を受けるか否かの、労働法上の保護の前提問題である。労働者概念は、個別的労使関係法上の労働者性（労働基準法上や労働契約法上の労働者性の問題）と、集団的労使関係法上の労働者性（労働組合法上の労働者性）からなるが、とりわけ個別的労使関係法上の労働者性については、労働法学上大きく論争がなされてきたところである。日本労働法学会第 141 回大会（2024 年）の大シンポジウムは、「労働者概念の再検討―「労基法上の労働者」及び「労契法上の労働者」を中心として」と題して行われ、労働者性がいかに労働法学上、実務上現代的な一大論点となっていることが窺い知れる。

ここでは、個別的労使関係法上の労働者性について扱う。以下では断りのない限りは労働者性とは、個別的労使関係法上の労働者性を指すものとする。労働法学上の論点や学説・議論は多岐にわたるが、それらに過度に囚われず、実務的な観点から労働者性の在り方について検討をする。

1　労働弁護士からみた労働者概念の問題
――「“雇用によらない”働き方と労働者概念に関する提言（第一次試案）」

（1）一次試案の背景

2020 年 10 月 21 日、日本労働弁護団労働者概念研究会は、「“雇用によら

ない"働き方と労働者概念に関する提言（第一次試案）」[1] を発表した（「一次試案」）。一次試案は、当時政府・厚労省において「雇用によらない」ないし「雇用類似の」働き方の名の下に、これらの働き方をする者の保護の要否、そしてあり方について議論が進められていることを背景に発表したものであった。当時、「仮に『雇用関係によらない働き方』に保護の必要性があるとすれば、ガイドラインを策定して対応することのほか、個別のケースに対し労働者性の範囲を解釈により積極的に拡大して保護を及ぼす方法、労基法上の労働者概念を再定義（拡大）する方法、雇用類似の働き方の者に対し、労働関係法令等の保護を拡張して与える制度を用意する方法などが考えられる」として、労基法上の労働者概念が就労者の的確な保護として十分かが問題とされる一方[2] で、労働者性の見直しは、これまでの労働者性の判断基準を抜本的に再検討することとなるため、新たな判断基準について短期的に結論を得ることは困難であるとされ、労働者概念の検討が棚上げとされた[3]。

（2）労基研報告

一次試案は、労働関係諸法令の適用対象であるにもかかわらず、業務委託契約形式、請負形式等様々な形をとりつつ、事業主から労働者と扱われない例（いわゆる Disguised Employment、偽装雇用）が後を絶たないという問題意識から、昭和60年労働基準法研究会報告（以下「労基研報告」という）を検討した。いうまでもないことではあるが、労基研報告は、労働者性を「指揮監督下の労働」という労務提供の形態及び「賃金支払」という報酬の労務に対する対償性により判断されるものとし、これを「使用従属性」と呼ぶ。そして指揮監督下の労働に関する判断基準としては、①仕事の依頼、業務従事の指示などに対する諾否の自由の有無、②業務遂行上の指揮監督の有無、③拘束性の有無、④代替性の有無を挙げる。報酬の労務対償性については、労働の対償とは結局「労働者が使用者の指揮監督の下で行う労働に対して支払

---

1) https://roudou-bengodan.org/wpRB/wp-content/uploads/2020/11/cac215326b4d98af98a312fe01fec184.pdf
2) 2018年9月5日労政審基本部会報告書。
3) 2019年6月25日雇用類似の働き方に係る論点整理等に関する検討会中間整理。

うもの」であるとする。そして、使用従属性の判断が困難な場合には、事業
者性の有無（①機械・器具の負担関係、②報酬の額）や専属性（①他社の業務に
従属することの制約、困難性、②報酬の生活保障的要素の有無（固定給部分の有
無等））を要素として勘案し、総合判断をする。

（3）労基研報告の問題

　一次試案は、労基研報告に沿ってその後展開していった判例実務につい
て、特に近年指揮監督下の労働に関する判断基準の上記各要素へのあてはめ
において、就労実態にそぐわない評価をしているというべき件は少なくない
として、バイクメッセンジャーの労働者性が争われた事案で、配当や待機
等の指示はあり、業務の裁量性が薄いことを認めつつ、メッセンジャーが稼
働日・時間を自由に決定していたこと、配送依頼を拒否することができたこ
と、強い拘束性があるとは評価できないなどとして労働者性を否定した例[4]
や、NHK 地域スタッフ（放送受信料の集金人）の労働者性が争われた事案で、
包括的な仕事の依頼を受託した以上、契約上定められている業務を拒否でき
ないことは当然であるので諾否の自由がなかったとはいえない、1 日の稼働
時間はスタッフの裁量に任されていたので場所的・時間的拘束の程度は低い、
再委託は可能、兼業も許容されていた、などとして、労働者性を否定した
例[5] を挙げる。

（4）労働者性の判断要素の解釈に関する提言

　そして、工場等で一様に企業の指揮監督と時間的・場所的管理のもとで就
労する態様が働き方の主流であった戦後は、典型的な労働者は諾否の自由が
なく、業務遂行上の指揮監督も厳格になされ、時間的・場所的拘束性も強かっ
たものの、その後の多様な産業分野の発展、ICT のめざましい進歩、プラッ
トフォーム経済の登場などによって、時間的・場所的に拘束されず、事業主
による指揮監督がある程度緩和された働き方が可能となるなど、就労態様の

4）　ソクハイ（契約更新拒絶）事件・東京高判平 26.5.21 労判 1123 号 83 頁。
5）　NHK 神戸放送局（地域スタッフ）事件・大阪高判平 27.9.11 労判 1130 号 22 頁、NHK 堺営業
　　所センター（地域スタッフ）事件・大阪高判平 28.7.29 労判 1154 号 67 頁。

労働者概念の実務的観点からの検討　73

多様化・複雑化が著しいとして、労基研報告は、それに対応しきっていないことを指摘する。そして、労基研報告が提示する基準は今日的な就労実態に対する評価のあり方も変わるべきであって、具体的には、①事業主が業務の遂行方法に関するマニュアルを提供している場合にも指揮監督があると認めるなど指揮監督の程度を緩やかに解すべきであること、②裁量労働制高度プロフェッショナル制など時間的・場所的拘束性が問題にならない労働者がいることに照らし、時間的・場所的拘束性はそれがある場合は労働者性を認めるべき事情になっても、それがない場合でも労働者性を否定する理由とすべきではないこと、③事業者性に関しても、専属性があれば労働者性を認めるべき事情となっても、それがない場合でも労働者性を否定する理由とすべきではないとする。

（5）労働者の定義の提言

　同時に、一次試案は、上記の各判断要素の評価のあり方の見直しと併行して、労働者概念の新たな枠組みを提示する。それは、労基法上の労働者を「労務供給先との関係で自ら労務を提供し、その対価として報酬を受け取る自然人。但し、独立事業者に該当する者はこの限りではない。」と定義することである。

　ここにいう「独立事業者」は、自己の計算と負担において事業を経営する者を指した。そしてこれにあたるか否かは、労務を提供するための機械、器具、原材料等の生産手段を有するか否か（アプリなどを通じて業務を行うためのプラットフォームが提供されている場合にはそのプラットフォームも生産手段に含まれる）、報酬の額が同様の業務に従事する従業員に比して著しく高額であるか否か、専属性の程度、自らの独立した経営判断に基づきその業務内容を差配して収益管理を行う機会が実態として確保されているか否か等を総合勘案して判断されるべきであるとされた。そして、かかる定義の今ひとつのポイントは、独立事業者性の証明責任を、就労者の労働者性を否定する事業者側に負担させる点にあった。

（6）一次試案に関する指摘

　一次試案の問題意識は、後述するとおり、労基研報告の提示する労働者性の判断基準の問題、すなわち多様化した働き方を捉えきっていないという点を正確に捉えるものであった。既存の判断基準の各要素の評価を捉え直す方向も、実務感覚に沿うものであった。

　他方で、労基法上の労働者の定義については、偽装雇用の問題や、働き方の多様化を受けて労働関係諸法令の適用を受けるべき労働者の範囲を拡張し、労働者性の立証責任を事業主側に負担させるという点では前向きな提起であった一方で、労働法学上の労働者性をめぐる学説との関係では、なお広く支持されているとは言いがたいものであった。また、労働法実務との関係でも、政府・厚労省の研究会では労働者概念の検討が棚上げにされており、一般論としては労基研報告の判断基準を提示したものはないものの、労基研報告の要素に沿って判断をしたと見られる最高裁判決[6]を含め、判例実務は概ね労基研報告の提示する判断要素に沿ってなされていることなどから、実現可能性に乏しい提起ではないかという指摘もあり、一次試案は労働者概念研究会の試案に止まった。

　また、いくつかの研究会で一次試案を披露する機会があったが、

・「雇用類似」の働き方は極めて多様な種類の労働者類似の人が多様な種類の保護を必要としているが、それをひとくくりにして労働者概念で対応できるかというと理論的にはともかく、実現可能性に疑問がわくので、どういう業種にどういう保護が必要なのかをピンポイントでピックアップし、その保護を立法課題・行政課題として設定して具体的に実現していくという戦略・戦術がどうしても必要ではないか

・労働者概念を独立事業者概念の反対概念として捉えてしまうと、事業者・労働者二元論という形になり、独立事業者でありながら労働者でありうるということが排斥されるという方向性に疑問がある

・国外の労働者概念に関する判例なども参考にしているようだが、状況や背

---

6)　日田労基署長事件・最三小判平元.10.17 労判 556 号 88 頁、横浜南労基署長（旭紙業）事件・最一小判平 8.11.28 労判 714 号 16 頁、関西医科大学研修医（未払賃金）事件・最二小判平 17.6.3 民集 59 巻 5 号 938 頁、藤沢労基署長（大工負傷）事件・最一小判平 19.6.28 労判 940 号 11 頁。

景が日本と全く異なる国から労働者性に関する要素を過度に参考にすることは適当でなく、相当歴史のある使用従属性の考え方から実務を変えていくには、相当な検討が必要である

などの指摘を受けた。

2 労働基準関係法制研究会報告書

（1）報告書の背景

　一次試案から4年余りが経過した2025年1月8日、厚労省の設置した労働基準関係法制研究会が、報告書を発表した[7]。

　労働基準関係法制研究会報告は、労働基準法が制定された1947年当時は、労働者の働き方も多様化しておらず、一律の規制でも特段問題がなかったが、1980年代後半には、少子高齢化による労働力人口の年齢構成の変化、女性の労働力率の向上や、サービス経済化の急速な進展、国際競争の激化、情報通信技術等の加速度的な発展などを背景に、労働者の働き方の個別化・多様化が進んだことに合わせて1987年に労働基準法が大幅に改正され、法定労働時間を週48時間から40時間に短縮し、変形労働時間制や裁量労働制などが定められ、時代に合わせた規制の見直しが行われたことを指摘する。

　そしてその後も社会・経済の構造変化はさらに加速し、働く人も働き方も個別化・多様化し続け、少子高齢化に伴う職業人生の長期化、キャリアチェンジや副業・兼業等によるキャリアの複線化、オンラインでの仕事を可能にする。スマートフォンなどデジタルデバイスの普及、労務管理の在り方も急速に発展しているところ、このような社会・経済の構造変化を踏まえて、単なる規制の見直しを超えて、労働保護規範の設定の在り方や実効性の確保の在り方、労働者がそれぞれの事情に応じた多様な働き方も選択できる社会を実現するために労働政策が果たすべき役割等も踏まえて、労働基準関係法制が果たすべき役割を再検討し、労働基準関係法制の将来像について抜本的な検討を行う時期に来ているとした。

---

7)　https://www.mhlw.go.jp/content/11402000/001370269.pdf

（2）労働者概念の見直しの必要性

　そして労働者概念については、労基研報告から約40年が経過し、その間、働き方の多様化やプラットフォーム・エコノミーの発展、ＡＩやアルゴリズムによる労務管理のデジタル化等によって、労働者と非労働者の境界が曖昧になりつつあるとし、あるべき労働基準関係法制を検討するに当たっては、どのように働く人が「労働者」であるのか、「労働者」に対してはどのような保護法制があり、「労働者」に該当しない者に対しての制度はどのようなものになるのかといった法的効果とその対象者像を踏まえた上で、労働者と非労働者の境界をどのように判断していくことが望ましいかを検討することが必要であって、さらにはプラットフォーム・エコノミーの進展により、仕事を引き受けるか否かの選択権がありつつも、働き方の実態は「労働者」に近似したプラットフォームワーカーが世界中で拡大していることを指摘した。

　その上で、かねてより偽装雇用の問題があり、積極的に法を潜脱しようとする例もあることを指摘しつつ、労基研報告を所与のものとするのではなく、約40年で積み重ねられた事例・裁判例等を分析・研究し、学説も踏まえながら、その表現をより適切に修正すべき点がないかという点も含めて、見直しの必要性を検討していく必要があるとした。

（3）労基法９条との関係と、研究の視点

　現行の労働基準法との関係では、「職業の種類を問わず、事業又は事務所……に使用される者で、賃金を支払われる者」（労基法９条）と定義される「労働者」について、その実態が多様化していると認めつつ、抽象的属性までもが大きく変わっているわけではなく、諸外国でも法律上の根本的な定義規定を変えている国はほとんどないことを指摘し、現行の規定のもとで具体的な労働者性判断が適正に、予見可能性を高めた形で行われるために、どのような対応が必要か検討するべきであるとした。

　またこれと並行して、個別の職種について労働者性を判断するに当たって参考となるようなガイドライン等を必要に応じて示していくことが考えられるとし、特にプラットフォームワーカー（AIやアルゴリズムによる労務管理

のデジタル化の問題を含む）についても予見可能性と法的安定性を高めていくことが必要であるとした。

　この観点から、国際的な動向も視野に入れながら、
・人的な指揮命令関係だけでなく、経済的な依存や交渉力の差等についてどう考えるか
・労働者性の判断において、立証責任を働く人側に置くのか事業主側に置くのか（推定規定）
・労働者性の判断にあたり活用できる具体的なチェックリストを設けられるか
等を含めた総合的な研究が必要だとした。

（4）立法論の契機としての報告書

　労働基準関係法制研究会報告書は、前項のとおり、労基法9条の文言までに手をつけることを想定していない様子ではある。しかしながら、労働基準関係法制研究会報告書は経済的な依存や交渉力の差についても研究が必要であると述べている。他方で使用従属性を労働者概念の中心に据える労基研報告書とそれに沿ってきた判例実務は労基法9条の定義規定と密接に結びつき、その解釈論として展開してきた。

　このことを考えると、経済的な依存や経済的従属性、交渉力格差を労働者概念に織り込もうということになれば、それを明確にする観点から労基法9条の定義規定に多少なりとも手をつけることは、あり得る選択肢であるように思われる。立法論の前提として立法事実が必要であることは当然のことであって、解釈によりながら偽装雇用を生まない、予見可能で法的安定性の高い労働者概念や判断基準を作り上げることは可能なのかもしれない。しかし、労基法9条が使用従属性を中心としてきたこれまでの労働者概念と密接に結びついている現状と、それを生み出している偽装雇用や救済の機能不全（労働者性をめぐる裁判による紛争は解決までに長期間を要し、それを最後まで追求するリソースが足りない就労者は少なくない）に照らせば、労基法9条の定義規定について検討するに足るだけの立法事実は社会の実情として備わっているように思われる。

結果として労基法9条にまでは手をつけないという結論もありうるだろう。しかしその場合でも、推定規定を設けることも検討の対象となっており、労働基準関係法制研究会報告書も労基法上の労働者に関する何らかの立法を排除していない。

　一次試案を出した頃には、その内容に関する前記指摘のほかにも、労働者性に関する立法論は、提示するのはいいにしても、実現可能性という意味では相当困難であるという空気であった。解釈論も立法論ほどではないにせよ、同様であった。しかし労働基準関係法制研究会報告書を受けて、働き方の多様化に対応し、偽装雇用を許さない労働者概念を確立する立法論や解釈も、現実的に検討可能な状況になってきた。労働弁護士や労働運動としては、この機会は逃したくないものである。

3　労働者性の方向性

（1）視点

　労働者性の再考に向けて風は吹いている状況ではあるが、それではどのような定義や判断基準が、働き方の多様化やプラットフォーム・エコノミーの発展、ＡＩやアルゴリズムによる労務管理のデジタル化等に対応して、労働関係諸法令の適用を受けるべき就労者を必要十分にすくい取ることができるかという問いになると、回答は容易ではない。

　労働基準関係法制研究会報告書の挙げる予見可能性や、法的安定性の視点は、実務的に重要である。現状の労働者性判断については、その傾向は断片的な印象として挙げるものはあっても、一般化できる明確な傾向を示すことは困難で、同じ事実認定であっても審級が異なると結論が変わるケースに指揮命令拘束性の判断に関する裁判官の裁量の広さが指摘されているところである[8]。労働者概念に予見可能性・法的安定性を持たせてこそ、労働者と扱われるべき者が的確に扱われる。

　これに関連するものとして、実効性・迅速性も実務上重要である。実務家

---

8)　橋本陽子『労働者の基本概念─労働者性の判断要素と判断方法』（弘文堂、2021年）92頁。

からは、偽装フリーランスとして就労する者の相談を受けても、労働者性を争われる場面では経済的余裕や時間的余裕の欠如から、労働者としての権利行使を諦めざるを得ない例が少なくないことが指摘されている[9]。このような事態を避け、本来労働者と扱われるべき就労者をそのように扱わない事業者に対して使用者としての責任を適切に負わせるためには、労働者性に関する審理・判断が迅速になされるような定義や判断基準でなければならない。

（2）国際労働基準等

1）ILO198 号勧告

ILO は 2006 年、雇用関係に関する勧告（第 198 号）を採択した。198 号勧告は、雇用関係を明確にし、偽装雇用関係を予防し、雇用関係を確定する判断基準の指針を提示することなどをその目的とする。

同勧告は、偽装された雇用関係は使用者がある者を被用者としての真正な法的地位を隠す方法により被用者ではない者として扱う場合に生じること、及びその状況は契約上の取決めが労働者に当然に与えられるべき保護を奪う影響を持つ場合に生じ得ることに留意して、他の関係（例えば、真正な法的地位を隠す他の形式による契約上の取決めの使用を含む）により偽装された雇用関係に対処することを、国内政策として少なくともなされる措置と位置付ける（4（b））。

次に、雇用関係の存在に関する明確な指標を国内法等によって定義することを考慮すべきとし、同指標として次のものを挙げる（13）。
（a）仕事が他の当事者の指示及び管理の下で行われていること、仕事が事業体組織への労働者の統合を含むものであること、仕事が他の者の利益のために専ら若しくは主として遂行されていること、仕事が労働者自身で行われなければならないものであること、仕事がこれを依頼する当事者が指定若しくは同意した具体的な労働時間内若しくは職場で行われていること、仕事が特定の存続期間及び一定の継続性を有したものであること、仕事が労働者に対して就労可能な状況にあることを要求するものであること、又は仕事がこれ

9）　日本労働弁護団 2024 年 10 月 31 日「労働基準関係法制研究会に対する意見書」（https://roudou-bengodan.org/proposal/13630/）。

を依頼する当事者による道具、材料及び機械の提供を含むものであること。
(b) 労働者に対する定期的な報酬の支払があること、当該報酬が労働者の唯一若しくは主な収入源となっていること、食糧、宿泊及び輸送等の現物による供与があること、週休及び年次休暇等についての権利が認められていること、労働者が仕事を遂行するために行う出張に対して当該仕事を依頼する当事者による支払があること、又は労働者にとって金銭上の危険がないこと。

そして雇用関係の存在についての決定を容易にするため、勧告に規定する国内政策の枠組みにおいて、以下を考慮すべきであるとする（11）。
(a) 雇用関係の存在を決定するための広範な手段を認めること
(b) 一又はそれ以上の関連する指標が存在する場合には、雇用関係が存在するという法的な推定を与えること
(c) 最も代表的な使用者団体及び労働者団体との事前の協議の後、一般的又は特定の部門において特定の特性を有する労働者を被用者又は自営業者のいずれかであるとみなすことを決定すること。

勧告が挙げる指標は、指揮監督の有無や、代替性、拘束性、機械・器具の負担関係、事業者性、報酬額など労基研報告の示すものと共通するものもあるが、経済的な依存にかかる指標も示されており、労働基準法制研究会報告書の挙げる視点と整合する指標をも含む。

また勧告は一定の指標の存在による雇用関係の推定も考慮すべきであるとしており、この点とも労働基準法制研究会報告書は整合する。

２）EU 指令 2024 ／ 2831

2024 年 4 月 24 日、EU 議会は EU 指令 2024 ／ 2831（プラットフォーム労働における労働条件の改善に関する EU 指令、以下「指令」等という）を採択した。プラットフォーム労働指令は 2024 年 10 月 14 日、EU 理事会において採択され、2024 年 10 月 23 日に成立、2024 年 12 月 1 日に施行された。

指令は、プラットフォーム労働に従事する者の労働者としての地位を正しく認定する措置を講じるほか、アルゴリズムによる管理の透明性と公平性を推進し、プラットフォーム労働者の個人情報の保護を拡充するものである。
ⅰ）指令は前文において、プラットフォーム労働は労働契約関係と独立自営

業者としての活動、そして使用者と労働者の責任の境界を曖昧にしうるものであり、誤分類された労働者の労働法・社会法上の権利に影響を及ぼすものであることを指摘する（第6段落）。

　また、判例の多くがプラットフォーム事業者が就労者を独立自営業者と分類しながらも、事実上指揮・管理権を行使し、主たる事業活動に組み込んでいると指摘して労働者と取り扱うべき判断を行っていることを指摘する（第7段落）。

　そしてこれらを背景として、EU内でプラットフォーム労働に従事する就労者の労働者性（これは国内法、労働協約や労使慣行、判例法により定義される）を正しく判断する適切な手続を導入すべきであるとする（第14段落、第25段落）。

ⅱ）指令は、デジタル労働プラットフォームの特徴として、プラットフォームが提供するサービスの受益者からの依頼に基づき、個人によって行われる業務を組織するために、自動化されたモニタリングシステムまたは自動化された意思決定システムを使用する点にあると指摘する（第19段落）。

　また、プラットフォーム・エコノミーのモデルが常に進化していることから、具体的な事案においては指揮・管理は様々な形を取りうるとし、例えばデジタル労働プラットフォームは直接的な方法のみならず、懲罰的な措置やその他の不利益な扱い、または圧力を加えることによっても指揮・管理を行うことがあることを指摘する（第30段落）。

　そして、実効性のある労働者性判断の手続としては、プラットフォーム労働者につき労働者性を推定するという方法が、プラットフォーム労働者の生活条件・労働条件の改善に大きく貢献する有効な手段であるとして、指揮や管理を示す事実が認められる場合、労働者性があると法的に推定されるべきであると述べる（同）。

　実効的な推定規定であるためには、プラットフォーム労働に従事する者が推定の利益を容易に受けられるようにすべきであり、推定の条件は就労者に対して過度な負担を負わせるものであってはならない。デジタル労働プラットフォームと就労者との間に力の格差がある中で、プラットフォーム労働者が労働者性を立証する困難を軽減するものであるべきある。推定の目的は、

プラットフォーム労働者とデジタル労働プラットフォームとの間の力の格差を効果的に是正し、改善することにあるからである（第31段落）。

ⅲ）以上を踏まえ、指令第5条1項は、「デジタル労働プラットフォームと、そのプラットフォームを通じてプラットフォーム労働を行う者との間の契約関係は、加盟国で有効な法令、労働協約、または慣行に従い、また欧州司法裁判所の判例を考慮して、指揮や管理を示す事実が認められる場合、雇用関係であると推定される。デジタル労働プラットフォームがこの推定を反証しようとする場合、その契約関係が加盟国で有効な法令、労働協約、または慣行により定義される雇用関係ではないことを証明する責任は、デジタル労働プラットフォームにある。この際、欧州司法裁判所の判例も考慮される。」と定め、プラットフォーム労働者の労働者性の立証責任をプラットフォーム事業者に課す。

ⅳ）このように、指令はプラットフォーム労働における誤分類・偽装雇用関係に対応するため、指揮・管理が認められる場合には就労者の労働者性を推定すべきであるとする。その前提として指令が指摘する懲罰的措置やその他の不利益な扱い、圧力を含む指揮・管理のあり方の多様性や、現に裁判例で認められている事実上の指揮・管理の行使は、重要である。

　そしてそのような推定規定を設けることがプラットフォーム労働者とプラットフォーム事業者の力の格差を是正するのに有効であり、また推定を覆す立証活動を行う手段は、プラットフォーム労働者よりもプラットフォーム事業者に備わっているという指摘（第34段落）は、プラットフォーム労働のみならず、多様化する働き方のもとで指揮・管理のあり方が多様化しているその他の労働形態にも示唆があるというべきである。

　以上の指令の指摘は、労働者概念を検討するに当たっての法的安定性・予測可能性、そして実効性・迅速性にも資するものである。

（3）日本の労働者概念について考えられる方向性
1）推定規定の創設
　日本労働弁護団は、第66回全国総会において、労働者性の推定規定の創

労働者概念の実務的観点からの検討　83

設を含め、偽装雇用を撲滅するための効果的な対策を謳った[10]。以後、継続的に労働者性の推定規定の創設を求めてきた[11]。

　偽装雇用が生まれるのは、就労者を使用する側の意図によるものである場合がおそらくほとんどであろう。それは、EU 指令の指摘する使用する側と就労者との間の力の格差の反映でもある。これを是正するために、推定規定を創設することには合理性がある。

　推定規定を設けることによって、偽装雇用の事案にあっては、その事態を主体的に生み出した使用者側の立証活動によって推定が覆らない限りは労働者性が認められるようになるのであるから、労働者性判断における法的安定性や予測可能性、そして迅速性は向上することが期待できる。それは、偽装雇用を許さないという姿勢を強く打ち出すことになるが、それは労働者を適正に保護するという労働関係諸法令の趣旨にも適うし、偽装雇用によって不適正に競争上優位に立とうという企業等を認めないという競争法・経済法上の要請にも適うものである。

　また推定規定の創設は、使用従属性をめぐる厳しい議論とは異なり、立証責任の転換という労働者性判断の手順を変更するものに過ぎない上、ILO198 号勧告によっても支持されているものであって、日本における労働法や労働者概念の発展と整合しないという批判は当たらないだろう。

　以上のとおりであって、労働者性の推定規定の創設は、前向きに検討されるべきものである。

　推定のアプローチも様々であろうが、2021 年 12 月に欧州委員会は a）報酬の実質的な決定または報酬水準の上限設定を行っていること、b）就労者に対して外見、サービス受益者に対する振る舞いまたは労務提供に関連して、特定の拘束力ある規律を遵守することを要求していること、c）電子的な方法によるものも含め、労務提供を監督しまたは労務の成果の質を審査していること、d）制裁による場合も含め、労務の編成にかかる自由、とりわけ労

---

10)　2022 年 11 月 12 日労働者性の推定規定の創設など「自営を偽装した雇用」に対する効果的な
　　対策を求める決議。
11)　2024 年 11 月 9 日労働基準関係法制研究会の議論に対する総会決議、2024 年 10 月 31 日労働
　　基準関係法制研究会に対する意見書。

務に従事する時間もしくはしない時間の選択、仕事の受諾もしくは拒否、または下請若しくは代替要員の利用についての裁量を実質的に制約していること、e）顧客基盤の形成または第三者への労務提供の可能性を実質的に制約していることのうち2つ以上が満たされれば、労務提供がコントロールされていると認められ労働者性が推定されるという枠組を提案した[12]。このように一部の要素を満たした場合に労働者性を推定するという方法は、使用する側の判断により偽装雇用状態に置かれている労働者にとっては法的安定性・予測可能性をもたらし、迅速な救済の途をひらくものになりうるだろう。

２）労働者性判断にあたり考慮されるべき要素

労働者性判断にあたり考慮されるべき要素そのものとしては、諾否の自由や指揮監督、拘束性、代替性、事業者性、専属性を抜本的に変更するということまでは、直ちには困難であろうし、考慮される各要素は一般論としては、少なくとも労働者性判断に関わりのあるものであることは否定し難いだろう。もちろんここに経済的依存にかかる要素を加えることは考えられるが、実務的にそれに劣らず重要なのは、各要素のウエイトや中身である。

EU指令がその前文で指摘するように、懲罰的措置やその他の不利益な扱い、圧力を含む指揮・管理のあり方の多様性や、現に裁判例で認められているという事実上の指揮・管理の行使は、プラットフォーム労働のみならず、テレワーク、裁量労働等働き方が多様化した現代においては、指揮監督の有無の判断において十分に考慮されなければならない。

諾否の自由についても、個別の仕事を受けるか否かがある程度就労者の判断に委ねられたとしても、上記EU指令案のいう労務の編成にかかる自由が制約されている実態が認められれば、諾否の自由がない、あるいは薄いものと見るべきであると考えられる。

拘束性も一次試案で挙げられているように、現代にあっては時間的・場所的拘束性は相当緩やかに認められるべきである。

ただ、労基研報告以来、40年にわたってこれらの要素が考慮され、今と

---

12)　井川志郎「EUのプラットフォーム就労指令案：条文全訳と解説」労判1261号（2022年）5頁。

なっては働き方の実態に沿わない労働者性判断がなされる例が少なからずある現状を踏まえれば、各要素の具体的内容については、指針で明確にすることや、場合によっては立法的な手当をすることも考えられるだろう。

3）その他のアプローチ──特定の職業の労働者性に関する立法

以上のアプローチと全く異なるが、法的安定性・予測可能性・実効性・迅速性という観点からは検討に値するのは、フランス法上なされている、経済的従属性に着目した労働者の拡大である[13]。

フランス法上、外交商業代理人は、労働契約と性質決定されていると明文で規定されている。また、家内労働者、新聞記者、興行役者の契約関係は労働契約と推定され、推定を覆すことに対する制約が課されている。

これについては、国外の制度や仕組みを、その背景や歴史から離れて持ち込むことは適当でないという、一次試案に対する批判と同様の批判を受け得るところであるが、当該職種に関する労働者性に関する争点の全部または相当部分が問題にならなくなるという点では、魅力的であると言わずにはいられない。

おわりに

以上、労働者概念に関する議論の契機となる労働基準法制研究会報告書を受けて、まとまりに欠けつつも日本における労働者概念につき視点や方向性について検討をしてみた。歴史的な労働者概念の発展を意識することは必要であるが、プラットフォーム労働も含め技術革新と共に働き方が目まぐるしく変わっていく中で、既存の労働者概念や判例実務に囚われすぎることなく、働く者の保護を軸とした開けた議論をしながら、取り残される者のない判断基準の確立を目指したい。

13）　JILPT「雇用類似の働き方に関する諸外国の労働政策の動向—独・仏・英・米調査から—」2021 年労働政策研究報告書 No.207。

86　第 I 部　集団的労働関係における現代的課題

大阪維新による公務員労組弾圧事件

城塚健之

1　大阪維新はなぜ公務員組合を攻撃するのか

（1）維新の跋扈と公務員組合攻撃

　民主主義の病弊とされるポピュリズム政治では、しばしば、人々を敵と味方に二分し、敵（例えば「既得権者」とのレッテルが貼られる）と認定した者を徹底的に叩くことで支持を集めるという手法がとられる[1]。それが典型的に示されたのが維新[2]の政治手法である。

　この場合、敵は、叩きやすいものであれば誰でもよい。維新の創設者であり大阪府知事・大阪市長を務めた橋下徹氏が措定した敵も、前市長、議会、教員、公務員およびその労働組合など、次々と矛先が変わっていったが、そのうち最も苛烈をきわめたのが公務員およびその組合への攻撃であった[3]。

　こうした公務員攻撃が「成果」を上げたのは、かねてより公務員バッシングが広がっていたからである[4]。

　公務員バッシングはいわゆる官民格差に対する怨嗟としてなされることが

---

1)　「友敵理論」でこれを正当化したのが、ナチスを支持したカール・シュミットであるが（浦部法穂「民主主義が民主主義を滅ぼす」労旬 1769 号（2012 年）22 頁、植松健一「『既得権益』と『マネジメント』」同号 27 頁などを参照）、それは 2024 年にアメリカの大統領選で返り咲いたトランプ氏の政治手法にもつながっている。

2)　本稿では地域政党と国政政党を特に区別せず、維新という。

3)　権力者による批判者の「口封じ」という観点から近年の事象を整理したものとして、谷真介「枚方市事件にみる市民団体・労働組合の活動に対する制限・攻撃の狙いと背景」労旬 2062 号（2024 年）11 頁。

4)　公務員バッシングについては、例えば、維新登場前のものとして、熊沢誠『格差社会ニッポンで働くということ』（岩波書店、2007 年）189 頁、維新登場後のものとして、西谷敏「公務員組合攻撃の意味するもの」労旬 1769 号（2012 年）8 頁、冨田宏治「維新政治の席捲と労働組合攻撃」労旬 1896 号（2017 年）6 頁など。

多かった。公務員はろくに仕事をしていない、非効率である、それなのに高給取りである、偉そうで応対も悪い、などである。そしてこれらは、公務の民間化（市場化）を進めるための政治的キャンペーンとしてしばしば利用されてきた。それはとりわけ国鉄分割民営化当時の国労・全動労バッシングに顕著であったが、地方自治体レベルでも、公立学校で働く給食調理員や公立保育所で働く保育士の給与が高すぎる、高コストであるとのキャンペーンが張られ、これらを背景に民間委託が推し進められた。

　こうしたキャンペーンは一部のマスコミや議員によることが多かったが、地方自治体のトップの地位にありながら、あからさまな攻撃に及んだのが橋下氏であった。SNS がその格好の武器となり、橋下氏はツイッター（現 X）を通じて、公務員やその組合に悪罵を投げかけ、フォロワーがこれに追随した。

　市民からバッシングされても、公務員やその組合としては反撃が難しい。これはカスタマーハラスメントとよく似た構図といえる。そして橋下市長は市職員に対して一切の批判を許さないという強圧的な姿勢で臨み、大阪市役所は、市長批判を口にすればいつ密告され懲戒処分を受けるか分からないという恐怖が蔓延して、「どこでもドア」（どこから橋下市長が現れるか分からないという意味）などと称された[5]。

　さて、維新は、地盤沈下著しい大阪の救世主であるかのような幻想を振りまき、支持を集めて、国政にも進出した。そして、後述のように大阪市庁舎から組合事務所を追い出し、大阪府市で職員基本条例、政治活動制限条例、労使関係条例が制定されて、職員やその組合の「口封じ」に成功すると、あからさまな組合攻撃はそれほど目立たなくなり、「大阪都構想」や、「大阪・関西万博」・IR（カジノ）などの人目を引く政策に力点が移った。

　もっとも、この 2 年ほどは大阪府下の首長選挙で連敗が続き、2024 年 10 月の衆議院議員総選挙でも全国の得票数を 300 万票も減らすなど、維新の退潮が語られてはいる。それでも同年 11 月現在、大阪府知事および府下 43 市町村のうち 20 の首長が維新であり、総選挙でも大阪府下 19 の小選挙区で全

---

5)　民主法律協会「大阪市職員『アンケート』実態調査報告書（2012.5.23）」労旬 1769 号（2012 年）104 頁。「どこでもドア」は B さんの供述に登場するが、ジョージ・オーウェル『一九八四年』（ハヤカワ epi 文庫）における「ビッグ・ブラザー」を想起させられる。

88　第 I 部　集団的労働関係における現代的課題

勝するなど、大阪では依然として維新が権勢を誇っている。

（2）大阪で発生した公務員組合攻撃事件

　大阪府下では、維新による公務員組合への攻撃が多数発生した。とりわけ、①大阪市では、橋下市長登場後に、橋下氏を批判したこと等への報復として行われた組合事務所使用不許可事件や憲法違反の「職員アンケート」事件などが次々と発生した。また、②枚方市では、組合機関紙に政権批判などの記事を記載したことが使用条件違反であるとしてたびたび介入をうけたあげく、それを理由に組合事務所の退去が求められた。このほか、③泉佐野市では、自民ではあるが維新とよく似た政治手法をとる千代松大耕市長のもとで、団交の「公開」要求、組合事務所の使用料減免申請不承認、組合が有料化に応じないとしてのチェックオフ中止などが次々と発生した。本稿ではこれらの事件を中心に紹介し、若干の考察をする（なお、筆者は、①の組合事務所使用不許可（大阪市労組）事件、②事件、そして③事件の終盤に関わった）。

2　大阪市事件[6]

（1）事件の背景

　2008 年、大阪府知事に当選した橋下氏は、その暴言もあいまって大阪府議会と対立することが多かった。2010 年、大阪府庁舎のベイエリア移転をめぐって対立が高まると、橋下氏は松井一郎氏らとともに自民党大阪府連を割る形で維新を立ち上げ、対決姿勢をとった。なお、維新と大阪自民との対立は、政治的には、新自由主義対伝統的保守の対立に近く、橋下氏が安倍晋三、菅義偉両元首相と蜜月関係を築いたのは新自由主義的価値観を共有していたからである。

　その後、2011 年に橋下知事が「ワン大阪」を提唱して当時の平松邦夫大阪市長と対立すると、橋下知事は辞職して大阪府知事・大阪市長ダブル選挙を仕掛け、松井氏が府知事に、橋下氏が市長に当選した。また、橋下氏は教

6）　大阪市事件については、労旬 1769 号（2012 年）「特集　橋下政治に対する批判的検討」、労旬 1896 号（2017 年）「特集　大阪市事件─維新政治による公務員労組攻撃」所収の各論文参照。

育基本条例、職員基本条例の制定を進め、これに批判的な市の労働組合が前
市長を支援したところ、橋下氏は、市長当選後、報復姿勢を顕わにした。

　そして、維新の議員が大阪市交通労組（大交）の組合員が組合事務所を選
挙活動のために使用した疑いがあるなどと追及したことに藉口して、大交が
構成員となっている市労連ら（連合）のみならず、組織的に無関係の市労組
ら（全労連）[7]にも組合事務所退去を求め、2012（平成 24）年度の使用許可申
請を不許可にした。

（2）組合事務所使用不許可事件

　自治体の労働組合の多くは企業別組合であり（これは地公法が企業内組合を
前提とする制度を採用していることにもよる）[8]、組合事務所も、自治体の庁舎や
職員会館など福利厚生施設の一部を借りていることが多い。そして、組合が
組合事務所の供与を受ける際、多くは年度単位で行政財産の目的外使用許可
処分という形式をとる。

　市労連ら、市労組らとも、平成 24 年度使用許可申請を不許可とされたた
め、不許可処分の取消等を求めて提訴した（併せて、いずれの組合も混合組合
として大阪府労委に不当労働行為救済申立もした[9]）。なお、マスコミが橋下市
長をこぞって持ち上げ、組合バッシングが異様なほど高まる中、市労連らは
みずから組合事務所を退去したが、市労組らは退去を拒んで争った。

　大阪地裁で両事件は同じ裁判体（中垣内健治裁判長）で審理され、同じ日
に組合勝利判決が言い渡された。[10] 判決は、教研集会のための学校施設使用
不許可処分が違法とされた呉市（広島県教組）事件・最三小判平 18.2.7 民集

7）　大阪市庁舎内の組合事務所は、連合系は大阪市職（自治労）などの連合体である大阪市労連ら
　　6 組合の、全労連系は大阪市労組（自治労連）および連合体である市労組連の 2 組合の、共同使
　　用の形をとっていた。本稿では、連合系を市労連ら、全労連系を市労組らなどと表示する。
8）　地公法上の「職員団体」の構成員である「職員」は特定の自治体の職員であることが前提とされ、
　　登録制度（同法 53 条）も、その効果である労使交渉（同法 55 条）や在籍専従制度（同法 55 条の 2）
　　もその自治体との関係で意味をもつものとしている。
9）　市労組らにつき、大阪市（市労組）事件・大阪府労委平 26.2.20、同・中労委平 27.10.21 労旬
　　1857 号 82 頁（いずれも不当労働行為を認定。確定）。
10）　大阪市（市労組ら）事件・大阪地判平 26.9.10 判時 2261 号 128 頁（労旬 1857 号 68 頁）、大阪
　　市（市労連ら）事件・大阪地判平 26.9.10 労判 1110 号 79 頁（判時 2282 号 43 頁）。

90　第Ⅰ部　集団的労働関係における現代的課題

60 巻 2 号 401 頁の判断枠組みに基づきつつ、「当該地方公共団体に任用される職員をもって組織される労働組合等は、……当該地方公共団体の庁舎内をその活動の主要な場とせざるを得ないのが実情であり、その活動の拠点として組合事務所を庁舎内に設置する必要性の大きいことは否定することができない。」とし、橋下市長の不当労働行為意思を認定して、不許可処分は裁量権逸脱により違法とした。大阪市は、平成 24 年度に成立した大阪市労使関係条例が労働組合への便宜供与を禁止しているとも主張したが、判決はこれを不許可理由とするのは適用違憲（憲法 28 条または労組法 7 条違反）であるとした。

　これに対し、控訴審である大阪高裁（両事件で係属部は異なる）は、いずれも、橋下市長は、労使癒着の構造を改め、市民感覚に合うように是正改善していくとしたものであって、専ら組合を嫌悪し、支配介入の意思を有していたものではないなどとして、初年度は性急にすぎたので違法だが 2 年度目以降は適法とした[11]。市労連らは退去済みのため、慰謝料の金額が変更されたにすぎなかったが、退去を拒んでいた市労組らは、組合事務所の明け渡しを余儀なくされることになった[12]。

　市労組らは、上告・上告受理申立をしたが、最高裁は不受理とした（平 29.2.1）[13]。

　その後も、市は組合事務所供与等に関し、管理運営事項として頑なに団交拒否を続けていたので、いわば第 2 ラウンドとして争うことになり、これについて大阪府労委および裁判所は、地公法 55 条 1 項、地公労法 7 条に明文

---

11)　大阪市（市労組ら）事件・大阪高判平 27.6.26 判時 2278 号 32 頁（労旬 1857 号 40 頁）、大阪市（市労連ら）事件・大阪高判平 27.6.2 判時 2282 号 28 頁。

12)　市労組ら事件の控訴審判決を批判するものとして、武井寛「大阪市庁舎組合事務所不許可処分と労使関係条例」季労 251 号（2015 年）247 頁、中島正雄「大阪市組合事務所明渡し請求事件・大阪高裁判決の検討―労働法の視点から」労旬 1857 号（2016 年）8 頁、本多滝夫「行政財産の目的外使用と管理者の裁量権」同号 20 頁、城塚健之「橋下市長の代弁者と化した大阪高裁―大阪市組合事務所（自治労連ら）事件大阪高判平成 27 年 6 月 26 日」季刊・労働者の権利 312 号（2015 年）126 頁、同「自治体の労働組合への組合事務所供与」晴山一穂＝白藤博行＝本多滝夫＝榊原秀訓編『官僚制改革の行政法理論』（日本評論社、2020 年）167 頁などがある。

13)　その結果、大阪市の行為を不当労働行為とした労委の判断とこれを否定した裁判所の判断がねじれたままとなった。豊川義明＝谷真介「大阪市労組（自治労連）組合事務所事件について」労旬 1896 号（2017 年）16 頁。

はなくても、労使関係に関する事項は団交事項であるとして、市の団交拒否は労組法 7 条 2 号にあたり、さらに組合軽視として同条 3 号にもあたるとした[14]。

（3）「思想調査アンケート」事件

　橋下市長は、就任直後に野村修也中央大教授（大阪市特別顧問）を代表とする「第三者調査チーム」を立ち上げ、同チームはあらゆる便宜供与が悪であるとの前提で、張り込みやゴミ箱漁りまでしてこれを調査した[15]。その過程で、橋下市長の「業務命令」によって実施された「職員アンケート」は、個々の職員に組合活動や政治活動との接点を詳しく聞き出そうとする、前代未聞のものであった（私たちはこれを「思想調査アンケート」とよんでいる）。

　これについては、日弁連、大阪弁護士会その他多数の法律家団体が次々と緊急声明を出し[16]、さらに先行して労委闘争を始めていた自治労の申立により大阪府労委が異例ともいえる実効確保措置勧告を出す中で[17]、橋下市長はアンケート中止に追い込まれた。そして、その後、市労連ら、市労組らによって、それぞれ国賠訴訟が取り組まれた。

　大阪地裁では組合事務所事件を審理した中垣内裁判長のもとで判決が言い渡され[18]、いずれの事件も、①労働組合活動への参加の有無や勧誘した者の氏名、②組合加入の有無やその理由、③組合費の使途を尋ねる設問が労働基本権の侵害、④過去 2 年間の特定の政治家を応援する活動への参加の有無や勧誘した者の氏名、⑤議員の紹介カードの配布や受領・記入等の有無を尋ねる設問がプライバシー侵害とされた。

---

14)　大阪府労委平 31.1.28 労旬 1942 号 58 頁、大阪地判令 3.7.29 労判 1255 号 49 頁、大阪高判令 4.2.4 判例地方自治 506 号 33 頁。弁護団のコメントとして、府労委命令につき、冨田真平「組合事務所についての一貫した団交拒否に対する労働委員会闘争」労旬 1942 号（2019 年）54 頁、地裁判決につき、豊川義明＝城塚健之＝谷真介＝冨田真平「公務員組合の組合事務所をめぐる団交権」労旬 1996 号（2021 年）46 頁、高裁判決につき、城塚健之「大阪における公務員バッシングの果てに」労旬 2006 号（2022 年）26 頁。

15)　これに対する批判として、城塚健之「『大阪市政における違法行為等に関する調査報告』を批判する」労旬 1769 号（2012 年）54 頁。

16)　労旬 1769 号（2012 年）91 頁以下。

17)　北本修二「大阪市職員強制アンケートに対する反撃」労旬 1769 号（2012 年）35 頁。

18)　大阪市（職員アンケート・市労連ら）事件・大阪地判平 27.1.21 労判 1116 号 29 頁、同（市労組）事件・大阪地判平 27.3.30 裁判所ウェブ（判例秘書 L07050371）。

控訴審では、市労連ら事件判決（中村哲裁判長）[19] は④⑤につき政治活動の自由および労働基本権の侵害にもあたるとして賠償額も増額したが、市労組事件判決（田中敦裁判長）[20] は逆に後退した内容であった[21]。

（4）職員基本条例、政治活動制限条例、労使関係条例

大阪府市の職員基本条例（成立は府が平 24.3.28、市が平 24.5.28）、政治活動制限条例（市が平 24.7.30、府は平 25.12.24）、労使関係条例（同）は、いずれも橋下市長の肝いりで制定されたものである。

職員基本条例は、最初、橋下府知事時代に、維新により府条例案として提案されたが、職務命令絶対主義、厳罰主義、成果主義（さらには相対評価による分限免職）などを内容とするもので、地公法に抵触する疑いすらあるものだった[22]。これはその後ややトーンダウンしたが、なお大きな問題を含むものであった[23]。

政治活動制限条例は、地公法適用職員に禁止される政治的行為の範囲を、地公法 36 条 2 項 1 〜 4 号から、（国公法上の職員に適用される）人規 14-7 並みに拡大するとともに、これに対する懲戒処分ができるものとするものである[24]。

労使関係条例は、管理運営事項については組合との「意見交換その他交渉に類する行為」まで禁止し、また、議事録のみならず、交渉それ自体をマスコミに公開することなどを定めるものである[25]。これは、昨今の労働基準関係法制研究会などで労使コミュニケーションの重要性が強調されているのと比べると、まるで別世界の観がある。同条例により、市当局は、労働組合側

---

19) 大阪市（職員アンケート・市労連ら）事件・大阪高判平 27.12.16 判時 2299 号 54 頁。
20) 大阪市（職員アンケート・市労組）事件・大阪高判平 28.3.25 裁判所ウェブ（判例秘書 L07120156）。
21) 増田尚「大阪市思想調査国賠訴訟判決（市労組事件）」労旬 1896 号（2017 年）26 頁。
22) 2011 年 9 月に維新が発表した最初の府条例案は、「最高規範」を自称するなど、憲法改正でもするかのような高揚感と自己陶酔感にあふれたものであった（城塚健之「大阪府『職員基本条例案』の問題点」労旬 1756 号（2011 年）6 頁）。
23) 晴山一穂「大阪府職員基本条例案の批判的検討」専修法学論集 114 号（2012 年）31 頁。
24) 晴山一穂「大阪市職員政治活動制限条例の問題点」労旬 1775 号（2012 年）6 頁。
25) 根本到「大阪市労使関係に関する条例の法的問題点」労旬 1775 号（2012 年）16 頁、西谷・前掲注 10）。

と下手に会話をすると同条例違反として懲戒処分を受けるのではないかとの不安から、余計なコメントは一切言わなくなり、労使関係は硬直的なものとなって、ちょっとした問題の解決にすら苦労する状況となっている。

3　枚方市事件[26]

（1）市長の組合に対する言論抑圧

　枚方市事件は、維新の伏見隆市長が枚方市職労（以下、3では組合）に 2016（平成 28）年度の事務所使用許可をするにあたり、「使用目的」に、「組合事務所としての利用」のあとに「（職員の勤務条件の維持改善及び職員の福利厚生の活動に限る。）」とのカッコ書き（以下「本件条件」という）を付したことが発端である。

　伏見市長は、市長就任前の市議会議員時代から、市が組合事務所を無償で提供していることなどを問題視する議会質問を繰り返し、その圧力から前市長は組合事務所使用料の値上げ（減免率を下げる）を行った。これに対し、組合は取消訴訟を提起したが敗訴した（確定）[27]。訴訟終盤に市長に就任した伏見氏は、しばらく様子見していたが、2016 年 3 月、組合が構成団体となっていた「戦争法廃止・憲法守れ枚方実行委員会」が取り組んだ「戦争法廃止」を求める署名活動に際して、宣伝物に連絡先として記載されていた電話番号が組合事務所のものだったこと（ただし、組合事務所とは記載されていない）を問題視し、「本市そのものの名誉を傷つける恐れ」があると非難し、それが本件条件につながった。

　組合弁護団は、本件条件は労働組合の活動内容に介入するもので許されないと批判する意見書を作成して市に申入れたが、市長はこれを意に介さず、同年 5 月、総務部名義で基準を示し[28]、そこで、本件条件に違反するものの例として、「①法案に対する是非のうち、その法が本市職員の勤務労働条件等と密接に関連付けることが困難なもの　【具体例】戦争法廃止、TPP 断固

---

26)　枚方市事件の概要、たたかいの経過および総括については、労旬 2062 号（2024 年）「［特集］枚方市事件で問われたものとは何だったのか」参照。

27)　枚方市（使用料徴収処分取消請求）事件・大阪地判平 28.3.28 判例秘書 L07150534。

28)　枚方市総務部「職員会館における組合事務所使用について」平 28.5.31 労旬 2062 号（2024 年）34 頁。

阻止」、「②特定の個人や政党を名指しで批判するもの 【具体例】 安倍政権打倒、維新政治反対」などとした（下線は市）。

　そして、市当局は、組合が毎日発行している機関紙（組合ニュース）の記事内容を点検し、本件条件に抵触するとして口頭または文書で干渉を繰り返した。その文書の表題も、「説明」→「依頼」→「要請」→「警告」とエスカレートし、ついに、2018（平成30）年末、同年に発行された組合ニュースの記事のうち、以下の3つの表現が本件条件に違反するとして、組合に対し、「即刻、自主的に職員会館から退去」するよう通告した。

①「現政権による『国家権力と国有財産の私物化、政治の腐敗、三権分立と　民主主義の破壊』の実態が次々と曝露され」
②「現政府は立憲主義を踏み破り、集団的自衛権行使を容認する閣議決定と　安保法制＝戦争法を強行し、アメリカとともに海外で戦争する国づくり　に大きく踏み出しています。」
③「沖縄県民の総意を踏みにじって新基地建設を強行する中央政権言いなり」

（2）緒戦で組合事務所使用不許可処分を断念させる

　組合から相談を受けた弁護団は、年末年始の突貫作業を経て新年早々に大阪府労委に不当労働行為救済申立をするとともに、実効確保の措置勧告を求めた。大阪府労委としても、枚方市の乱暴なやり方に驚かれたのであろう、担当公益委員は第1回期日前に「文書要望」を出してくれた。これがブレーキとなって、市は年度内の許可処分取消を見送った。次年度の許可についても、市からの本件条件を「理解」するようにとの圧力に対し、組合は「認識」しかできないと頑張り、ぎりぎりの攻防の末、次年度の使用許可（本件条件付きではあるが）が出されて、最悪の事態は免れた[29]。

（3）大阪府労委命令をめぐって

　その後、大阪府労委は、新たな公益委員のもとで審理を進め、組合事務所

29）　城塚健之「政治的中立性を装った組合攻撃」労旬1983号（2021年）40頁。

明渡しを求めたことは支配介入にあたるとして、救済命令を発した。[30] もっとも、その理由では、本件条件が付された経緯やこれに乗じた総務部文書の問題をスルーし、市長が本件条件をつけたことは「問題があるとまではいえ」ず、「組合ニュースの記事を確認することで組合の活動内容を把握すること自体は許されない訳ではない。」とし、ただ、「上記各記事の内容は労働組合としての意見を表明したもので、各組合ニュース全体の紙面に占める割合等からみても、文書による教宣活動として許容されるべき組合の表現の自由の範囲を逸脱したものとまでいえず」、市が「自らの見解を明らかにし、具体的な説明や協議を行うことのないまま」組合事務所の明渡しを求めたことは支配介入にあたるとした。また、組合ニュースに対する個々の干渉行為については、疎明不十分とされた。

　府労委命令に対し、市は大阪地裁に取消訴訟を提起し、組合は中労委に再審査申立をした。

　取消訴訟については、大阪地裁、大阪高裁ともにこれを棄却した[31]。地裁判決の判断は大阪府労委とほぼ同じである。他方、高裁判決は、本件の争点が許可処分の取消の効力ではなく不当労働行為の成否であるとして両者の違いをことさらに強調している。これは最高裁対策かもしれないが、やや弁解がましくもある。

　他方、中労委は、再審査申立を棄却して初審命令を維持した。とりわけ、初審で疎明不十分とされたものについて、再審査手続で新たな証拠を提出した結果、一部の介入行為について「政権・政党批判や、労働条件に関係が薄い法案に関する記事の掲載を遠慮して欲しい旨を述べた」と認定しながら、組合ニュースの内容が「本件許可条件に違反したとみる余地があるので、市の行為が妥当でないとまではいえない。」としてこれを免責したのは問題である。これでは、組合ニュースが組合事務所内で作成される限り、使用者が常にその記事内容に干渉することも許されることになりかねないからである[32]。

---

30)　枚方市事件・大阪府労委令 2.11.30 労判 1242 号 104 頁（全文　労旬 1983 号 75 頁）。
31)　枚方市事件・大阪地判令 4.9.7 労判 1300 号 58 頁、大阪高判令 5.6.16 判例秘書 L07820550。
32)　枚方市事件の命令・判決については、河村学「枚方市事件労委命令・判決の判断内容とその問題点」労旬 2062 号（2024 年）18 頁。

もっとも、組合も中労委命令取消訴訟をたたかう力はなく、市の提起した府労委命令取消訴訟が大阪高裁で棄却されたことで、たたかいは終結した。弁護団としては、使用許可に本件条件を付けたこと自体の違法性の検討が不十分だったことから、事件終了後ではあるが、一定の検討を行った[33]。

4　泉佐野市事件[34]

(1) コスト削減強行のための不当労働行為

　泉佐野市事件は、2011（平成23）年に当選した千代松大耕市長（維新ではなく自民）が主導した一連の不当労働行為事件である。千代松市長は関西空港関係大型開発の失敗による財政破綻危機の解決策として職員の給与20%カットを公約に当選した。その後、これを労働組合との協議なく議会に提案したことから、泉佐野市職労（以下、4では組合）は、組合の内外に呼びかけて、全職員の約7割が公平委員会に措置要求（地公法46条）を申し立てた。公平委員会は申請を棄却したが、市長のやり方についても苦言を呈した。しかし、千代松市長は、その後も以下の不当労働行為を次々と行った。

① (ア) 2012年、職員基本条例や各種手当削減条例を提案し、組合の団交要求に対して「公開」を条件とするなどした、(イ) 2013年、組合事務所の使用料減免率を引下げるとし、これについての団交を拒否。
② 2013年、給料引下げ、夏期休暇日数削減についての団交打ち切り。
③ 2014年、チェックオフにつき手数料を徴収すると通告。
④ 同年度の組合事務所使用料を減免せず、使用料を納付しない限り許可を取消すとの条件を付し、団交を拒否。
⑤ 同年、チェックオフ中止。
⑥ 同年、給与カット期間の5年延長について団交打ち切り。

---

33)　城塚健之＝中西基＝加苅匠「『政治的中立性』を口実にした組合事務所使用制限と組合機関紙への介入」労旬2602号（2024年）24頁。
34)　泉佐野市事件の概要については、増田尚「泉佐野市不当労働行為事件の概要」労旬1882号（2017年）9頁、豊川義明＝増田尚「泉佐野市不当労働行為事件全面勝利の解決」労旬1900号（2017年）29頁。

（2）労委におけるたたかい

　組合は①〜⑥について、それぞれ府労委に救済申立てした。①（イ）および④事件で最も懸念されたのは、組合が使用料減免（使用料値上げ）に応じないとの理由で使用不許可とされることだった。そこで弁護団は実効確保措置勧告を申し立て、大阪府労委は紛争拡大を戒める「口頭要望」を出した。これを受けて、労使間で、組合が市に使用料を預託し、後日不当労働行為の成否に関する結論にしたがって納付または返還する旨の暫定合意が成立し、組合は（枚方市職労のような）減免不承認処分の取消訴訟や、（大阪市労組のような）組合事務所使用不許可処分の取消訴訟などを回避することができた。

　その後、府労委は、①〜⑥すべてが不当労働行為にあたるとして救済命令を出した[35]。市は、①②④については中労委に再審査申立したが（併合）、棄却されたことから[36]、東京地裁に取消訴訟を提起するとともに、③⑤⑥については大阪地裁に取消訴訟を提起した。

　③⑤（併合）について、大阪地裁、大阪高裁は救済命令を基本的に維持し[37]、⑥で大阪地裁において内藤裕之裁判長のもとで和解が成立して、紛争は終結した。

5　若干の考察

（1）攻撃類型

　公務員組合に対する攻撃は、便宜供与の剥奪というかたちをとることが多い。これは「税金を原資とする公有財産の損失」という構図が「小さな政府」信奉者に支持されやすいからであろう。その最も露骨な攻撃が組合事務所の

---

35)　③⑤につき、大阪府労委平 27.7.28 労判 1123 号 165 頁、④につき大阪府労委平 27.5.19 労判 1121 号 94 頁。

36)　①②④につき、泉佐野市事件・中労委平 28.11.16 労判 1148 号 92 頁。

37)　③⑤につき、大阪府・府労委（泉佐野市・チェック・オフ）事件・大阪地判平 28.5.18 労判 1143 号 35 頁、大阪高判平 28.12.22 労判 1157 号 5 頁。なお、地裁判決は、チェックオフが職員ごとに可分であるとして地公法適用職員について救済命令を取消し、高裁判決はさらに損害（振込手数料）回復を命じた部分も違法として取消した。これらが誤りであることにつき、西谷敏「混合組合とチェック・オフの不当労働行為」労旬 1882 号（2017 年）21 頁、豊川義明「労組法・地公法の解釈を誤った判決」同号 14 頁。

退去要求であるが、組合事務所使用料の値上げ、チェックオフ有料化などの形をとることもある。また、行政に対する「密室批判」に藉口して、当局から団交の公開要求がなされることもある（大阪市労使関係条例はマスコミへの公開を謳っているが、今後は YouTube などによるネット配信も加えられるおそれがある）。

　もっとも、どの事件もそうであるが、組合嫌悪の意思がある限り、事前にあらゆる攻撃類型を想定することは難しく、弁護団としては、「走りながら考える」ことが余儀なくされる。

（2）対抗法理

　便宜供与の剥奪は行政処分の形式をとることが多いが、許諾説を前提とする限り、その対抗法理は不当労働行為（団結権侵害）ないし権利濫用くらいしかない。しかし、行政処分における処分権者の裁量は民間以上に広く解される傾向にあるので、組合としては、行政処分に至る前段階でたたかいを構える必要がある。この点、大阪市組合事務所使用不許可事件はあれよあれよという間の攻撃であったが、「職員アンケート」事件ではもともと労委申立を進めていた自治労申立による実効確保措置勧告が決定的役割を果たした。枚方市事件、泉佐野市事件でも、早期に労委申立をするとともに実効確保措置勧告の申立をしたことが奏功している。また、泉佐野市事件では、組合が最初に組合内外に呼びかけて集団的に措置要求（職員個人の申立てである）に取り組んだが、これは組合への信頼を高め、団結強化に大いに役立った。

　なお、労委申立をするためには、当該組合が混合組合などの形式により労委申立資格を有していなければならない。このため日頃から地公労法・労組法適用職員を組織化しておく必要がある。

　また、大阪市「職員アンケート」事件のように、個々の侵害行為に対しては国賠訴訟も検討することになる。団交の公開についても、自由な議論を抑制し、団交権の侵害になるとの構成が可能であろう。

（3）法改正の必要性

　それにしても、地公法適用職員について労組法の適用がなく、制度が複雑

なものとなっていることは根本的な問題であると言わざるをえない。そもそも、職員団体制度などについては、これまでも憲法違反の疑いが指摘されてきたところである。こうした冷戦下で作られた制度は早急に見直しを進め、すべての公務員組合が労委制度を利用できるよう制度を改めるべきである。

（4）実践としての弁護団意見書

　枚方市事件では成功したとはいえなかったが、組合代理人弁護士が意見書を作成し、申入れ活動を行うことは一定の有効性を持つことがある。大阪自治労連弁護団ではさまざまな攻撃に機動的に対応するために、実践を積み重ねている。

（5）公務員バッシングをなくすために

　併せて、根源的な問題となる公務員バッシング（さらには、近年、大きな問題となっている、自治体におけるカスハラも含む）にどう対応するかも大きな課題である。

　これについては、平均的市民に団結権が憲法上の権利であるとの意識が欠如していることや[38]、公務労働や公務員組合の果たしている役割についての国民・住民の認識不足が指摘できよう。これらは一朝一夕にどうにかできる問題ではないが、さしあたり、公務員組合と弁護士は、公務員やその組合の担っている公共的・社会的役割を国民・住民に伝えていく努力が求められよう[39]。

---

38)　西谷敏『西谷敏著作集〈第1巻〉労働法における法理念と法政策』（旬報社、2024年）30頁、34頁脚注20。
39)　例えば、自治労連・岩手自治労連編『3・11岩手　自治体職員の証言と記録』（大月書店、2014年）や自治労連編『新型コロナ最前線　自治体職員の証言2020-2023』（大月書店、2023年）は、東日本大震災やコロナ禍という非常事態に自治体職員がいかに身命をかけて奮闘したかを記録したものである。公務員バッシングの克服のためには、このような書籍が広く国民に読まれる必要があろう。

函館バス支部労働組合事件

上田 絵理

はじめに

　本件は、函館バス株式会社（以下「会社」という）が、会社において勤務する労働者で構成された日本私鉄総連合会傘下の函館バス支部労働組合（以下「函館バス支部」という）に対する一連の組合つぶしとして、不当な懲戒処分、不当配転といった不当労働行為を行ったことが問題となった事案である。私鉄総連函館バス支部統一指導委員会のバックアップのもと、労働組合と弁護団が一丸となった、労働委員会及び裁判での闘争を紹介したい。

1　函館バス争議の発生に至る経過、一連の争議

（1）当事者

　北海道函館市に本社を置く会社は、地域公共交通を担う自動車運送事業を営む株式会社である。函館市内に３つの事業場、函館市外にも５つの事業場を有している。函館市から函館市営バス事業の移管を受け、路線バス事業も営んでいる。路線バス事業は、北海道南部の渡島及び檜山振興局管内（奥尻町除く）全域（函館市25万人を含む２市15町、人口45万人、面積6500k㎡）で運行している。函館バスは函館市民の足であるとともに、函館地域の観光も支えている。函館市を舞台とした名探偵コナンの映画が上映された際には、アニメのラッピングをしたバスを走行させるなど、函館の観光業を盛り上げることにも一役かっている。

（2）発生に至る経過

　会社と函館バス支部との間では、昭和29年函館バス争議、平成元年集団交渉拒絶事件が発生したことがあったものの、平成24年ころまでは、比較的円満な労使関係を構築していた。ところが、社長が交替した後の平成25年頃から労使協議の場で、新社長と組合執行部が衝突したことを機に、徐々に組合執行委員長や執行委員に対し、敵対的な行動を取るようになっていった。

（3）執行委員長への継続雇用拒否、書記長への懲戒解雇
1）経緯
ⅰ）函館バス支部では、平成16年頃から組合活動のため、供出有給（組合員から有給休暇を年間1日ずつ拠出させ、その使用方法は執行部に委ねるという運用）を行っていた。その後、平成25年頃からは新たに無給の組合休暇（一旦、年次有給休暇として申請し、その後、無給の組合休暇に振り替えるという方法）を設けることについて、会社と函館バス支部との間で合意した。

　そのような中、平成30年以降から、会社が一方的に、無給の組合休暇を取得できる組合員の範囲を全組合員から組合三役に限定した。

　そして、組合三役以外の組合員が、取得した無給の組合休暇について欠勤処理としたことについて服務規律違反にあたると評価し、執行委員長及び書記長に対して懲戒処分を行った。

ⅱ）また、会社は、書記長に対しては、上記処分事由に加え、従来黙認されていたはずの会社敷地内での自家用車の修理を殊更問題視し、さらに組合事務所内で交わされた、書記長と（会社側と意を通じていたと思われる）職員との間の些細な言動をパワハラであるなどと指摘して、函館バス支部との事前協議もないまま懲戒解雇処分を行った。

ⅲ）加えて、会社の再雇用適性基準としては、職場の規律を乱す、出勤停止以上の処分歴がある等の項目に該当しない限り、定年後も希望者全員が継続雇用されるという制度であるにもかかわらず、定年を間近に控えていた執行委員長に対して継続雇用を拒否した。

2）労働委員会での救済命令及び裁判手続

執行委員長及び書記長への不利益取扱い等については労働委員会にて不当労働行為と認定して救済を命じる命令が発出された。また、執行委員長の継続雇用拒否については、最高裁まで争い、執行委員長の雇用契約上の地位を確認する判断が示され、執行委員長の復職が確定した。また、書記長の懲戒解雇処分についても無効である旨の判断がなされた。

（4）執行委員長不在を理由とする団体交渉拒否

会社は自ら行った執行委員長へのの継続雇用拒否を奇貨として、函館バス支部の執行委員長は不在であり、執行委員長名義で申し入れられた団体交渉には応じないとして団体交渉を拒否した。これにより函館バス支部は必要な交渉を一切行うことができなくなった。この状態についても司法と行政への救済申し立てをし、裁判所からの仮処分命令及び北海道労働委員会の不当労働行為救済命令によって団体交渉に応じるべきと判断された。

ところが、その後もしばらく団交拒否の状態が継続し、暖房手当（秋の臨時賞与のような手当）や冬季賞与の支給にあたって、会社は函館バス支部との交渉ができていないことを主たる理由に、函館バス支部の組合員に対して、これらの手当を支給しないという暴挙に及んだ。

（5）現執行部と考えを同じくする組合員に対する不当な遠隔地への配置転換

ⅰ）函館バス支部元副執行委員長 A 氏（以下「A 氏」という）は、会社と意を通じており、執行委員長に対する不当な継続雇用拒否と会社による執行委員長の地位の否認に呼応して、A 氏こそが正当な組合の代表権限を有していると主張し、函館バス支部に無断で、会社との間で 36 協定の締結を行った。

ⅱ）A 氏の 36 協定の無断締結等の行動を問題視した函館バス支部の組合員が、A 氏に対する弾劾請求を行い、弾劾選挙により弾劾提案は可決された。ところが、弾劾選挙の前後から立て続けに、A 氏の弾劾請求や選挙にかかわり、執行委員長や書記長と親しい関係にあると見られていた組合員 4 名が、労働協約で定められた函館バス支部との事前協議もなく、本人の同意もないまま遠隔地に配転を命じられた。こちらについても最高裁まで争われ不当配

転は無効であるとの函館バス支部が全面勝訴する判断が確定した。

（6）その他

ⅰ）以上の紛争に加えて、会社が有効な36協定を締結しないままバス事業を行っていたため、乗務員に時間外労働をさせていた点について刑事告訴も行った。これに対し、労基法違反を理由に会社、社長、専務がそれぞれ刑事処分（罰金20万円）された。

ⅱ）また前述の各不当労働行為以外にも、会社は、設立準備段階でいまだ結成前の状態の第2組合に対して会社掲示板を貸与するという便宜供与を行ったり、ユニオンショップ協定が存在するにもかかわらず、当該掲示板には会社が函館バス支部から脱退した組合員を解雇しないと宣言し、これを周知することを許すなどの不当労働行為を行うといった態度もとっていた。

2　先取特権について

ⅰ）上記のように会社の函館バス支部に対する多数の不当労働行為が濫発され、それらについては適宜訴訟や労働委員会等様々な事件となった。ただ、それらの判断が出るまでに時間を要してしまうため、早期に一定の結果を実現することは労働組合の団結の士気を高めることにも期待し、暖房手当等の支払いを確保するべく先取特権を行使したことから、その点についても紹介したい。

ⅱ）前述のとおり、執行委員長の再雇用拒否を奇禍として団体交渉を拒否している中、函館バス支部の組合員に対する暖房手当を不支給とし、これに引き続いて冬季賞与、夏季賞与も不支給とした。

　一方、第2組合に所属する組合員やいずれの組合にも所属しない労働者に対しては、暖房手当や賞与を支給しており、この不払いは函館バス支部に所属する組合員に対してのみ差別的になされたものであった。

ⅲ）そこで、会社が団体交渉を正当な理由なく拒否し、中立保持義務に違反して、函館バス支部に所属する組合員に対して暖房手当を不払いとしたことは、暖房手当相当額の期待利益を侵害するものであるとして、不法行為に

基づく損害賠償請求権を被担保債権としての先取特権の申立てをしたところ、差し押さえ命令が認められた。これは、前述のとおり、函館バス支部が、団体交渉拒否について仮処分手続き、不当労働行為救済決定を得ていたことを背景としたものであった。

iv）民法308条は、従前「雇人が受くべき最後の6カ月間の給料」のみを先取特権の対象としていたが、商法旧295条にて「会社使用人の先取特権」を認めていたこととの均衡が指摘され、その対象が拡大され、「給料その他債務者と使用人との間の雇用関係に基づいて生じた債権」と定められた。この債権には、損害賠償請求権もその対象に含まれると解釈されている。そこで、団体交渉拒否及び会社が第2組合に所属する者や組合に所属しない者に暖房手当等を支給している点をとらえて損害賠償請求が成立する旨を主張し、先取特権が認められた。

v）一連の不当労働行為に関しては、訴訟及び労働委員会での救済命令により函館バス支部の主張が認められるという結果が得られたが、それぞれの結論が出るまでに時間を要する。また、会社側が団体交渉拒否に対する仮処分決定、救済命令が出されても従わないという姿勢を示されると、組合内部においても徒労感が生じる。そのような中、本件において先取特権にて強制執行を実現できたことは函館バス支部の士気を高め、団結を維持していくという意味でも大きな意義があったと考えている。

なお、団体交渉拒否に対する団交応諾に関する仮処分命令は先取特権の被担保債権の立証にあたって有力な事情となり、差押命令発令にあたって大きな役割を果たしたといえ、先取特権は団体交渉を拒否する姿勢を取り続ける使用者に対する実効性確保手段になりうると指摘できる。

おわりに

多数かつ一連の不当労働行為が行われて、会社から組合つぶしの措置が講じられ、行政救済、司法救済を得るべく長く闘ってきた。そのような中、令和7年2月7日、函館地方裁判所にて包括的な和解が成立した。和解の中では、各組合員への人事処分の撤回をさせ復職等を図ることに加えて、将来的

な労使関係の改善のため会社と組合の間のルールを確認した。具体的には、会社が組合の団結権を尊重し、不当労働行為その他の法令違反をしないことの確約、労使ともに意見の不一致があったとしても自らの見解に固執する態度をとらず、団体交渉にて円満かつ平和的に解決をはかること、労働協約書の遵守も確認するとともに、会社は、役員及び会社労働者に対して、労働法令に関する知識習得のための適宜の研修に努めることも条項化し、今後、健全な労使関係を構築していくための条項を定めることができた。これによって約4年にわたって続いた闘いは一定の解決を図ることができた。

　函館バス支部、また弁護団として真の勝利は、単に、裁判や労働委員会で勝訴判決や勝利命令を獲得するだけではなく、勝利判決や勝利命令を踏まえ、さらに函館バス支部が職場において団結の力をより強固にして、正常な労使関係を回復することにあると考えていたが、その目的を形にすることができたと考えている。

　程度の差こそあれ、本件のように労働法コンプライアンスを無視し、あるいは敵視するということは、職場では起こり得る問題である。しかも不当労働行為が横行する会社では、直接的な差別を受けていない労働者にも悪影響が及び、経済活動にも大きな悪影響が生じかねない。

　そのため、一事件を通じてではあるが、こういった闘争に勝利し、同じような違法行為がどの会社でも起こることがないよう、会社に法を遵守させ、そこで働く労働者が尊厳を保ちながら、安心して働く権利を組合の力で勝ちとっていくことには大きな意義があると考えている。

　この闘いを通じて函館バス支部の組合員のみならず、労働者が経営者の横暴におびえて、賃金を人質に、意に反する組合脱退や、いじめや差別に加担することを強要されることのない職場環境を取り戻すことの重要性をあらためて自覚することができた。また「連帯なくして勝利なし」の精神のもとに闘っていくことの意義を教えられた事件でもあった。

第Ⅱ部
個別的労働関係における現代的課題

「個人の尊厳」と労働法

和 田　　肇

はじめに[*]

憲法 13 条の定める「個人の尊重」は、平和的生存権[1]を含むすべての基本的人権を支える基底的な法思想である。労働法を支える憲法 14 条、25 条、27 条、28 条等にも当然にその法思想が横たわっている。個人の尊重は「個人の尊厳」と同義と考えられているが、それらは労働法においても、とりわけ個人としての労働者にとって重要な意味を持っている。本稿ではこのことを少しく検討してみたい[2]。

1　憲法における「個人の尊厳」

(1) 憲法には、個人が保障されるとの思想を表した表現が、なんか条かに出てくる。すなわち、憲法 13 条前段には「個人の尊重」が、同条後段には「幸福追求権」が、そして同 24 条 2 項には「個人の尊厳」が登場する。これらはどういう関係にあるのか、いくつかの憲法学説によって確認しておきたい。

　宮沢は、憲法 13 条の「個人の尊重」は、具体的な生きた一人ひとりの人

---

[*]　本稿を常日頃から「労働者の尊厳」のために尽力されている徳住堅治先生の喜寿を記念して捧げる

[1]　自衛隊のイラク派兵差止等請求控訴事件・名古屋高判平 20.4.17 裁判所ウェブサイト（https://www.courts.go.jp/app/hanrei_jp/detail4?id=36331）を参照。

[2]　この主題を扱っている論考として、相澤美智子「『人間の尊厳』—労働法学からの考察」水林彪・吉田克己編『市民社会と市民法』（日本評論社、2018 年）591 頁以下、豊川義明「法概念としての『人間の尊厳』の内容と位置について」桐山孝信＝本多滝夫＝奥野恒久＝的場かおり編『民主主義の深化と真価　思想・実践・法』（文理閣、2024 年）54 頁以下がある。これらと本稿での「個人の尊厳」（あるいは「人間の尊厳」）の理解、あるいはそれを論じる視点は異なる。

間が社会の価値の根源にあるという個人主義の原理の表明であり、憲法24条2項の「個人の尊厳」と同じ意味と理解してよいという[3]。

芦部も、個人の尊重と個人の尊厳を区別することなく、この原理は憲法の人権規定の中核をなす根本規範であり、また幸福追求権を根拠づける権利であると説く[4]。

佐藤は、「個人の尊重」は、一人ひとりの人間が「人格」の担い手として最大限尊重されなければならないという趣旨で、「人格の尊厳」あるいは「個人の尊厳」原理と呼べるという。また、憲法13条後段の幸福追求権について、前段の「個人の尊重」原理と結びついて、人格的自律の存在として自己を主張し、そのような存在であり続ける上で必要不可欠な権利をも包摂する包括的権利と理解する[5]。

憲法学では、個人の尊重、個人の尊厳、人格の尊重などが同義で用いられている[6]。

(2) ところで、個人の尊厳とは別に「人間の尊厳」に言及されることがあるが、両者の関係については議論がある。例えばドイツのボン基本法（Grundgesetz）1条では、「人間の尊厳（Würde des Menschen）は不可侵である」と、「人間の尊厳」の概念が用いられている[7]。

人間の尊厳と個人の尊厳を区別すべきことを積極的に論じる（異質説）のは、法哲学者の中村である。中村は、人間という表現は普遍的な意味を持つのに対し、個人は具体的な人間を意味するとし、両者の人間像の違いに着目する。

---

3) 宮沢俊義『日本國憲法』（日本評論新社、1955 年）198 頁。同『憲法 II（新版）』（有斐閣、1977 年）289 頁では、「人間性の尊重ないし個人の尊厳」と並べて表記する。
4) 芦部信喜〔高橋和之補訂〕『憲法（第 3 版）』（岩波書店、2002 年）10 頁、12 頁、14 頁以下。
5) 佐藤幸治『憲法（第 3 版）』（青林書院、2000 年）443 頁以下。
6) 例えば、優生保護法の合憲性が争われた最大判令 6.7.3（令和 5（受）1319 損害賠償請求事件）裁判所ウェブサイトには、憲法 13 条について「個人の尊厳と人格の尊重の精神」という表現が登場する。また、多くの立法や裁判例でも、個人の尊厳、個人の尊重、人格の尊重、人間の尊重などが、特に区別することなく同義で使用されている。
7) 法律上の「人間の尊厳」という概念は、1945 年採択の国連憲章など、第 2 次世界大戦終了前後の国際文書において登場したものである（相澤美智子『労働・自由・尊厳』（岩波書店、2021 年）139 頁以下も参照）。したがって 18 世紀に制定されたアメリカ憲法やフランス憲法にはこの概念は登場しない。なお、フランスでも尊厳（dignité）は判例により憲法上の原則であると考えられている。

ここでは人間の尊厳と個人の尊厳が日独憲法制定過程の相違、日本国憲法の制定過程で当初案に含まれていた「人間であるが故に個人として尊重される」の「人間であるが故に」の文言がその後に削除されたという事実、人間の尊厳と個人の尊厳を区別する異質説の学説[8]の存在などに注目する。そして近代的な抽象的人間から現代的な具体的人間へという歴史的展開の中で、改めて「人格としての人間」を重視すべきことを説く[9]。

　これに対し哲学者の牧野は、人間の尊厳と個人の尊厳あるいは個人の尊重をめぐる法律家の議論について、ボン基本法や国際的な宣言にも言及しながら検討し、個人の尊重と個人の尊厳、そして人間の尊厳は同義に理解（同一説）すべきことを主張する[10]。つまり牧野は、1945年制定の国連憲章において自由理念の要諦である個人の尊厳が初めて法的に承認されたこと、そこでは人間の尊厳と個人の尊重が同義的に理解されていること、「啓蒙哲学的立場から構想された抽象的・孤立的個人ではなく、現代の世界に生きる現実的個人の全存在をば、個人の尊厳の存立する基礎として理解する」恒藤の見解[11]、また憲法制定に従事したものたちは個人の尊重＝個人の尊厳（＝人間の尊厳）と理解しており、それが宮沢らの説につながったと理解し、人間の尊厳の中心的課題は人間像であるとして、憲法制定過程の日独の共通性を強調する青柳の見解[12]に賛意を示し、人間の尊厳と個人の尊厳とは同義に理解すべきという。

（3）ボン基本法1条では「人間の尊厳は不可侵である。これを尊重し保護することは、すべての国家権力の義務である」と、また同2条では「何人も、

---

8)　異質説の代表は法哲学者ホセ・ヨンパルトであるが、そこでは言語分析による人間（man, human）、人格（person）、個人（individual）の区別から出発し、「人間の尊厳」と「人格の尊厳」とをほぼ同価値のものとして捉えながら、「人間の尊厳」は「個人の尊重」を包含する概念で、かつ後者は制限を受けうるが前者は制限を受け得ないと理解する。また、制定過程の違いを重視し、ボン基本法1条の「人間の尊厳」と日本国憲法13条の「個人の尊重」の違いを強調する（同『人間の尊厳と国家の権力』（成文堂、37頁以下））。しかし、個人の尊重は制限が許されると解するのは誤りである。この説については、後述する牧野が批判を展開する。

9)　中村浩爾『民主主義の深化と市民社会』（文理閣、2005年）213頁以下。

10)　牧野広義「人間の尊厳と個人の尊重をめぐって」桐山ほか・前掲注2）42頁以下。

11)　恒藤恭『法の精神』（岩波書店、1969年）169頁以下、200頁以下。

12)　青柳幸一『個人の尊重と人間の尊厳』（尚学社、1996年）5頁以下。

……自らの人格の自由な発展を求める権利を有する」（これは「人格の自由な発展の権利」とも呼ばれる）と規定する。ボン基本法とは異なり、日本国憲法では「個人の尊重」や「個人の尊厳」という表現が用いられているが、前述したように、多くの論者は個人の尊厳と人間の尊厳を同義と解している。日本には確かにアウシュビッツのような経験はないが、日本の戦前の人権弾圧立法、あるいは他民族の搾取や暴力等は存在していたのであり、憲法や基本法の背景となっている社会構造の異質性よりもむしろ同質性に注目すべきといわれる[13]。

国連憲章（1945 年制定）前文では、「言語に絶する悲哀を人類に与えた戦争の惨害から将来の世代を救い、基本的人権と人間の尊厳及び価値と男女及び大小各国の同権とに関する信念をあらためて確認」（傍点筆者）するとし、「人間の尊厳」を用いる。また 1948 年採択の世界人権宣言前文では、「人類社会のすべての構成員の固有の尊厳」「人間の尊厳及び価値」といった表現が用いられる[14]。それらはボン基本と日本国憲法に共通した思想の表現であると言ってよい。ちなみにドイツ法でも、人間としての個人（Individuum）を含む意味で「人間の尊厳」を理解していると考えられる[15]。

いずれにしてもここでは、憲法 13 条とボン基本法 1 条・2 条の法構造、趣旨が同じと解されていることを確認するだけで十分である。より重要なのは、日本労働法とドイツ労働法における人間の尊厳（個人の尊厳）の扱いの

---

13)　例えば笹倉秀夫『法哲学講義』（東京大学出版会、2007 年）179 頁（注 139）は、ドイツ基本法 1 条の人間の尊厳を「人間らしさの最低限を守る」という立場から理解すれば、一人ひとりの個人の尊重とつながり、したがって憲法 13 条の個人の尊重と同じものを目指していると考えるべきであるという。西谷敏『労働法の基本構造』（法律文化社、2016 年）97 頁以下も同旨。

14)　その他 1944 年の ILO フィラデルフィア宣言では「自由および尊厳」という表現が、1945 年 9 月 2 日の日本降伏文書署名式でのマッカーサーの演説（General Douglas MacArthur's Speech at the Surrender of Japan）では、「人間の尊厳と人間が最も渇望する自由、寛容、正義の完成を目指す世界の実現」が全人類の希望であると述べられる。

15)　民法学者広中は、市民社会の規範について「個人」を超えた「人間（性）」に着目し、憲法や民法の実定法を超えた法（死刑廃止や戦争反対など）の理念としての「人間の尊厳」を強調する（広中俊雄「主題（個人の尊厳と人間の尊厳）に関するおぼえがき」民法研究 4 号（2004 年）59 頁以下）。広中の被爆体験（同『戦争放棄の思想についてなど』（創文社、2007 年）98 頁以下、146 頁以下を参照）に基づいた見解であるが、他方で広中も「個人の尊厳」を「人間たる個人の尊厳」と理解する可能性を示しており（前掲論文 76 頁以下）、そうだとしたら人間と個人の異質性問題は氷解するのではないだろうか。

違いである。

2　ドイツ基本法における「人間の尊厳」の機能と特徴

(1)　ボン基本法における人間の尊厳は、労働関係においても重要な意味を持っていると理解されている。その事例は枚挙にいとまがないが、そのうちのいくつかを紹介したい。

　使用者の労務受領拒否に対して、労働者には反対給付請求権（賃金請求権）にとどまらず就労請求権があると解されている。ドイツでも当初は実定法上の根拠が欠けるとして労働契約上この権利を認めることに消極的な意見が強かったが、その後、連邦労働裁判所（BAG）はこれを覆し肯定説に転じた[16]。すなわち、「基本法は１条と２条において、人間の尊厳と人格の自由な発展の権利を基本的な価値とした。労働者の生活は、基本的な部分を労働関係によって規律される。彼の自尊心や、彼が家族や友人から受ける尊敬も、まさに労務給付のありようによって決まる。」「労働関係における労働は、労働者にとって精神的・肉体的な能力の発展、したがって人格の発展の重要な可能性となる。こうした人格発展の可能性が労働者から奪われたら、それは人間としての尊厳にも関わる。」「労働関係における特別な利益状況から、労務給付は単に経済的な財ではなく労働者の人格の発露であるとの理解が求められる。民法典（BGB）の雇用契約の規定がこの観念的な利益を考慮していないということは、基本法１条、２条が保障する基本的な価値の視点から見ると法の欠缺と考えられるが、その状態は労働契約法上の就労請求権を原則として肯定することによって終結させなければならない。」「労働者の就労請求権は、基本法１条および２条の基本的な価値を考慮に入れた、BGB242条[17]の解釈から導かれる、労働者の就労に対する利益を促進すべき労働契約上の使用者の義務に求めることができる。」

---

16)　BAG 10.11.1955, BAGE 2, S.221; BAG 27.2.1985, NZA 1985, S.702. 後者の判決は、前者の判決に新たな法構成を加え、理論的にヴァージョンアップしている（同判決については、ミヒャエル・キットナー（橋本陽子訳）『ドイツ労働法判例50選』（信山社、2023年）104頁以下も参照）。

17)　「債務者は、取引上の社会通念を考慮して信義誠実に沿うように給付の実現に協力する義務を負う。」

このようにドイツ法では基本法1条、2条から一般的な就労請求権が導かれる[18]。基本法の人間の尊厳の尊重の規定が労働法、とりわけ労働契約関係において具体化される例証であるが、日本に即していえば、憲法学と我妻栄のいう債権者の受領義務論とを組み合わせた論理である。しかし、日本の多数説や裁判例は、原則として使用者には賃金支払い義務しかなく、就労自体に労働者の特殊な利害がある場合を除いて就労請求権を否定する[19]。

(2) BAGは古くから労働契約締結時における使用者の質問権を制限する法理を展開してきた。すなわち、使用者の質問権が労働者の親密領域（Intimusphäre）に介入することは許されず、質問事項が後に展開する労働関係や給付すべき労務の内容に意味を有する場合にのみ、労働者は真実を答える義務があるという[20]。この基準では、学歴や職歴については真実告知義務（Offenbahrungspflicht,Wahrheitspflicht）が認められやすいが、思想信条、前科や健康・病気、妊娠の有無などについては同義務は限定的に解されている[21]。

　今日では2001年連邦データ保護法によって、使用者の質問権や労働者の真実告知義務は同法の問題として処理されることになるが[22]、いずれにしてもこの法理は基本法1条、2条における人間の尊厳の保護と人格の自由な発展に関する権利から導かれる人格権、そして契約締結時におけるその問題として扱われる[23]。

---

18)　下井隆史『労働契約法の理論』（有斐閣、1985年）112頁以下、和田肇『労働契約の法理』（有斐閣、1990年）225頁以下（BAG1985年判決を取り込んだ紹介・分析をしている）を参照。

19)　このテーマに関して、就労請求権否定説を展開する論考として、楢崎二郎「労働契約と就労請求権」日本労働法学会編『現代労働法講〈第10巻〉労働契約・就業規則』（総合労働研究所、1982年）26頁以下、逆に肯定説を展開する論考として、大沼邦博「就労請求権」『労働法の争点（第3版）』（有斐閣、2004年）145頁以下を参照。

20)　BAG 5.12.1957, BAGE 5, S.159; BAG 28.8. 1958, AP Nr.1 zu §1 KSchG Verhaltens-bedingte Kündigung.

21)　詳しくは、和田・前掲注18）143頁以下を参照。

22)　ドイツの判例法理と2001年連邦データ保護法制の意義については、倉田厚志「使用者の質問権の限界論の展開—ドイツにおける最近の議論を中心に—」政策科学（立命館大学）13巻3号（2006年）57頁以下を参照。

23)　Günter Schaub, Arbeitsrechts-Handbuch, 5.Aufl, München 1987, S.103; Schaub, Arbeitsrechts-Handbuch, 19.Aufl, München 2021 S. 170 ff.

この法理を三菱樹脂事件最高裁判決[24]の判示と比較してみると、個人の尊厳や人格権の位置づけがドイツ法と大きく異なることが分かる。同判決は、憲法22条、29条等による財産権の行使、営業その他広く経済活動の自由から契約締結の自由を導き、その一環に採用の自由を位置づけ、「企業者が、労働者の採否決定にあたり、労働者の思想、信条を調査し、そのためその者からこれに関連する事項についての申告を求めることも、これを法律上禁止された違法行為とすべき理由はない」と論じる。

　しかし今日では、2003年制定の個人情報保護法やそれに先だって2000年旧労働省作成の「労働者の個人情報保護に関する行動指針」[25]により、企業実務では先の最高裁判例の無制限調査権論は修正されており、その意味で同判例法理はもはや維持できなくなっている[26]。ところが、代表的な憲法教科書では、同最高裁判決については基本権保障の私人間適用の問題として論じるのみで、同事案との関係での判例法理としての射程・機能には触れられない。

(3)　ドイツ法では、自己資金がわずかで生活に困窮する失業者に税財源から失業手当Ⅱ[27]が支給されるが、雇用エイジェンシーから紹介された職業に従事しない場合に、この手当が減額あるいは全面停止の処分を受ける（「制裁」といわれる）ことがある（社会法典（Sozialgesetzbuch）Ⅱ 31条以下）。失業労働者が紹介を受けた仕事が希望にかなうものではないとしてその受容を拒否したところ、期待可能であるにも関わらず受容を拒否したとして、受給していた失業手当Ⅱが数次にわたって減額された（最初30％、次に60％）事案で、連邦憲法裁判所（BVerfG）は、この行政処分を違法・無効と判断してい

---

24)　最大判昭48.12.12民集27巻11号1536頁。

25)　同指針では、「個人情報の処理に関する原則」「個人情報の収集」の中で、使用者は、「法令に定めがある場合及び特別な職業上の必要性があることその他業務の適正な実施に必要不可欠であって、収集目的を示して本人から収集する場合」等を除いて、労働者の「人種、民族、社会的身分、門地、本籍、出生地その他社会的差別の原因となるおそれのある事項」、「思想、信条及び信仰」、「労働者の労働組合への加入又は労働組合活動に関する個人情報」、「医療上の個人情報」を収集してはならないとされる。

26)　和田肇『人権保障と労働法』（日本評論社、2008年）2頁以下、23頁以下。

27)　雇用保険から支給される失業手当Ⅰとは異なる。

る[28]。その中で、基本法1条1項と20条1項[29]は、両者を合わせて人間の尊厳に沿った最低限の生存に対す保障請求権を根拠付けており、同法1条2項は立法者に人間の尊厳に沿った最低限の生存を現実に保障する任務を立法者に付託していること、憲法に根拠を持つ人間の尊厳に沿った最低限の生存保障は、物質的な生存のみならず、社会的、文化的、政治的生活への参加の最低限の保障にも及ぶこと、もし自らの就業活動や財産あるいは第三者からの援助が十分でなく、人間の尊厳の基礎的な条件を支える実質的な手段を欠いているとしたら、国は人間の尊厳を保護するという社会国家としての立法付託の範囲内で、人間の尊厳に叶う生存の実質的な諸条件を利用できるようにしなければならないことが強調されている。

　日本法で類似の制度としては、雇用保険の給付制限に関する雇用保険法32条1条1号が対応すると考えられるが、同規定に関する裁判例はないようである[30]。

(4) ボン基本法1条では、「人間の尊厳……を尊重し、保護することは、すべての国家権力の義務である」とされる。国家権力には立法権が含まれるので、立法においても労働者の尊厳は尊重され、保護されなければならない。

　2006年に制定された一般平等取扱法（Allgemeines Greichbehandlungsgesetz）では、1条で「この法律の目的は、人種または民族的出自、性別、宗教または政治的世界観、障害、年齢もしくは性的アイデンティティを理由とした不利益取り扱いを防止したり排除すること」とし、3条で「労働者の尊厳」について言及している。つまり、ハラスメント一般について、「望まない行為態様が、被害者の尊厳を傷つけたり、威圧的、敵視的、軽蔑的、屈辱的、侮辱的とみなせる環境を作出することを目指していたり、それを生み出す場合には、ハラスメントは1条の不利益取り扱いになる」とし（同条3項）、またセクシュアル・ハラスメント（セクハラ）についても同様の規定を置く（同

28）　BVefG 5.11.2019, NZS 2020, S.13. 判決に内容と評価については、和田肇「ドイツにおける失業者の協力義務と違反に対する制裁」労旬 1959 号（2020 年）29 頁以下、ライモント・ヴァルターマン（和田肇訳）「ドイツ連邦憲法裁判所の『制裁判決』」同 33 頁以下を参照。

29）　「ドイツ連邦共和国は、民主的で社会的な連邦国家である。」

30）　ちなみに生存権保障訴訟である朝日事件・最大判昭 42.5.24 民集 21 巻 5 号 1043 頁にも、「個人の尊厳」という言葉は出てこない。

116　第Ⅱ部　個別的労働関係における現代的課題

条 4 項）。ここではハラスメントが人間である「労働者の尊厳」を傷つけることが明確にされている[31]。

　日本法ではどうか。例えばセクハラについて雇用機会均等法 11 条が規定するが、そこでは同ハラスメントは「職場における性的な言動に起因する問題」、つまり「職場において行われる性的な言動に対するその雇用する労働者の対応により当該労働者がその労働条件につき不利益を受け、又は当該性的な言動により当該労働者の就業環境が害されること」と定義される。ここでは、それが被害労働者の尊厳や人格権の侵害となりうることが示されていない。しかも、使用者は、こうしたことが生じないよう、「当該労働者からの相談に応じ、適切に対応するために必要な体制の整備その他の雇用管理上必要な措置を講じなければならない」とされるが、使用者にはハラスメントが禁じられること、あるいはそれが生じない職場環境整備義務があることの定めがない。立法はいかに個人の尊厳に無頓着なことか。後述するように、裁判例ではセクハラが労働者の尊厳、人格権を侵害することが認められているにもかかわらず。

(5)　以上の事例から、「個人の尊厳」あるいは「人間の尊厳」の法規範的な意味について日独で大きな相違が見て取れる。ドイツ法は日本法にも重要な示唆を提供してくれるのではないか[32]。

---

31)　ドイツの一般平等取扱法 7 条は、使用者などは「1 条に掲げる理由により労働者を不利益に取り扱ってはならない」と規定する。セクハラに関しては、使用者以外に加害者となり得る者の範囲が拡大されている（3 条 4 項、2 条 1 項参照）。いずれにしてもハラスメントは差別と人間の尊厳の侵害という、EU 法に共通の理解がここでは見られる。

32)　なおテーマは異なるが、パレスチナ・ガザ地区を無制限攻撃し、子供を含む多くの無辜の人々を殺戮するジェノサイド攻撃を行うイスラエル政府への批判を、「反ユダヤ主義」「反シオニズム」と位置づけるドイツ政府の対応（https://www.bundesregierung.de/breg-de/aktuelles/unterstuetzung-israel-2228198）や、ユルゲン・ハーバーマスらの声明（Grundsätze der Solidarität. Eine Stellungnahme, https://www.normativeorders.net/2023/grundsatze-der-solidaritat/）を、「人間の尊厳」という視点からどのように評価すべきか、という問題は残る。とりあえずは、橋本伸也「『歴史か論争 2.0』とドイツの転落」世界 2024 年 6 月号 201 頁以下を参照。

3 「個人の尊厳」を尊重する国家の義務

　「個人の尊重」や「人間の尊厳の尊重」は、ボン基本法1条が明示するように、すべての国家権力、つまり立法権、行政権、司法権に向けられている。日本法でもこうした義務は第一次的に国家に課される。このことはいくら強調しても、しすぎることはない。

　日本の労働立法で個人の尊厳に明示的に言及している[33]のは、障害者雇用促進法の前提となっている障害者基本法である。同法1条（目的）では、「この法律は、全ての国民が、障害の有無にかかわらず、等しく基本的人権を享有するかけがえのない個人として尊重されるものであるとの理念にのっとり、全ての国民が、障害の有無によって分け隔てられることなく、相互に人格と個性を尊重し合いながら共生する社会を実現するため」に制定されたこと、そして3条（地域社会における共生等）では、この「実現は、全ての障害者が、障害者でない者と等しく、基本的人権を享有する個人としてその尊厳が重んぜられ、その尊厳にふさわしい生活を保障される権利を有することを前提」として図られるべきことを明らかにしている。障害者雇用促進法3条（基本的理念）でも、この理念が前提とされていると説明される。

　また個人情報保護法も3条（基本理念）において、「個人情報は、個人の人格尊重の理念の下に慎重に取り扱われるべきものであることに鑑み、その適正な取扱いが図られなければならない」と、個人の人格尊重に言及する。このように実定法では、「個人の尊重」、「個人の人格の尊重」、「個人の尊厳」は格別、区別されずに使われている。いずれにしても、個人の尊厳の尊重は限られた分野で登場するにすぎない。

　国の行政権については、すべての行政行為にこの義務が課される。こうした労働行政として、労働者の申告（労基法104条）に対する労働基準監督署と労働基準監督官の対応、都道府県労働局等における労働基準局長の助言、指導、あっせん等の個別労働紛争解決（個別労働関係紛争解決促進法）、均等

33）　戦後立法の中で最初に「個人の尊重」に言及したのは、1947年制定の教育基本法前文においてである。同法2条には「個人の価値の尊重」という表現も出てくる。

118　第Ⅱ部　個別的労働関係における現代的課題

法に関する紛争についての助言、指導、調停等による解決（均等法 15 条以下）、公的な職業紹介・職業指導（職安法参照）、公的な職業訓練（職業能力開発法参照）などがあげられる。例えば職安法 3 条では、「何人も、人種、国籍、信条、性別、社会的身分、門地、従前の職業、労働組合の組合員であること等を理由として、職業紹介、職業指導等について、差別的取扱を受けることがない」とし、国の基本的義務を定めている。これは個人の尊厳の尊重を表現していると解される。

　国の司法権の行使における「個人の尊厳」の尊重については以下の通りである。

4　労働関係における「個人の尊厳」

(1) 労働者と使用者の労働関係において個人の尊厳はどのように機能するのか。民法 2 条は「この法律は、個人の尊厳……を旨として、解釈しなければならない」と規定するが、労働法でいう「労働契約」は民法の「雇用」にほぼ対応するから（請負や委任とされても同じ）、個人の尊厳は労働契約においても尊重されなければならない。しかし、裁判例を観てみると [34]、必ずしもこのことは自明ではない。

　判決の中で「個人の尊厳」に明示的に言及されている事案は少ないが、性差別事案で散見される。「就業規則中女子の定年年齢を男子より低く定めた部分は、専ら女子であることのみを理由として差別したことに帰着するものであり、性別のみによる不合理な差別を定めたものとして民法九〇条の規定により無効であると解するのが相当である（憲法一四条一項、民法一条ノ二参照）」と判示する最高裁判決 [35] は、その代表例である。

　女子結婚退職制について、憲法 13 条、24 条、25 条、27 条から、「配偶者の選択に関する自由、結婚の時期に関する自由等結婚の自由は重要な法秩序の形成に関連しかつ基本的人権の一つとして尊重されるべく、これを合理的

---

34)　自己決定権はここでは触れない。なお、性の自己決定については人間の尊厳と個人の尊厳の関係は微妙となり得る。

35)　日産自動車事件・最三小判昭 56.3.24 民集 35 巻 2 号 300 頁。

理由なく制限することは、国民相互の法律関係にあつても、法律上禁止されるものと解すべきで」、「この禁止は公の秩序を構成し、これに反する労働協約、就業規則、労働契約はいずれも民法九〇条に違反し効力を生じない」と論じる裁判例[36]がある。

　高卒事務職の採用と処遇が、男性には基幹的な業務に従事させ、女性には補助的な事務に従事させる男女のコース別になされた事案で、憲法14条や民法1条の2（現2条）に言及し、合理的関連性のない性別による不合理な差別的取扱いになりうると論じる事案もある[37]。

（2）セクハラ事案でも、個人の尊厳に言及する裁判例がある。「女性を職場における対等なパートナーとは見ず、性的なモノとみなす女性差別的な意識に基づくものであり、両性の平等（憲法一四条、二四条）に明らかに反する行為である。また、被害者の女性の名誉や名誉感情、プライバシー、性的自由、性的自己決定権等の人格権（憲法一三条）を侵害し、個人としての尊厳を否定する行為である。加えて、女性が安全な環境の下で働く権利（憲法二七条）をも侵害する行為である」と判示される[38]。

　その他にも多くの事案で、セクハラが労働者の人格権あるいは性的自己決定権を侵害することを認めている[39]。人格権（人格的利益）や性的自己決定権の根拠は、憲法13条にあるのであるから、その意味でセクハラ事案でも「個人の尊厳」の思想が根底にあるといえる。「被用者にとって働きやすい職場環境を保つように配慮する義務」（使用者が社会通念上負う職場環境配慮義務）という表現[40]も同様に理解できる。

　前述したように、こうして形成された判例法理が立法に活かされていないが、それはこの立法懈怠の状況、あるいは立法におけるセクハラ法理の歪曲といえる。

（3）裁判所において援用されていないが、労働者側が多くのケースで個人の

36）　住友セメント事件・東京地判昭 41.12.20 労民集 17 巻 6 号 1407 頁。
37）　住友金属工業事件・大阪地判平 17.3.28 労判 898 号 40 頁。ただし同判決は、他方で使用者の採用に自由を論じ、当時の時代制約性から男女別雇用慣行は無効ではないと判示する。
38）　和歌山セクシュアル・ハラスメント事件・和歌山地判平 10.3.11 判時 1658 号 143 頁。
39）　例えば青森セクシュアル・ハラスメント事件・青森地判平 16.12.24 労判 889 号 19 頁。
40）　三重セクシュアル・ハラスメント事件・津地判平 9.11.5 労判 729 号 54 頁など。

尊厳を主張している[41]。

　その一は、配転、とりわけ既婚女性に対する遠隔地転勤の事案である。青森から盛岡への転勤命令を受けた婚姻女子職員が、「本件転勤命令は、プロのガイドとして、自覚も自負も持って多年にわたり働いてきた原告らの個人の尊厳を著しく傷つけるもの」であるとし、損害賠償請求をした事案[42]、短期間に多数の配転を繰り返されてきた婚姻女性が、既婚者差別で憲法の根本理念である「個人の尊厳」原理に反すると主張する事案[43]などがある[44]。

　その二は、異なる雇用形態間での労働条件の差別解消を求めるケースである。例えばパート労働者の本給、賞与、退職金、その他の手当について賃金差別の適法性を争う事案で、「正社員との間の労働条件の相違は、業務内容や責任の程度等に照らして不合理であり、労働契約法20条に違反」し、「原告らは、上記労働条件の相違により、個人の尊厳を傷つけられ、著しい不利益を受けて」おり違法であると主張する[45]。

　その三は、労働者の人格権を侵害するヘイトスピーチやパワー・ハラスメント事案などにおいてである[46]。

　これらのケースでは、労働者は実定法を超えて自らの主張の妥当性、換言すれば労働法の正義を論じたいと考えている。そのために改めて憲法の基本原理や思想を援用する。いつかそれが判決に取り入れられることを期待して主張していくしかない。それ自身も「権利のための闘争」である。

おわりに

　「個人の尊重」「個人の尊厳」は、労働権を含めた職業の権利を貫く基底的

---

41)　なお、訴状においては主張していても、判決文の原告の主張には出てこない場合もあるかもしれないが、ここではそれには触れない。

42)　JR東日本（東北地方自動車部）事件・仙台地判平8.9.24労判705号69頁。

43)　住友生命保険事件・大阪地判平13.6.27労判809号5頁。

44)　なお、学校法人日本学園事件・東京地判令2.2.26労判1222号28頁では、原告は事務職員から用務職員への配転につき、「教職員の個人の尊厳」を侵害し、著しい不利益に当たると主張する。

45)　メトロコマース事件・東京地判平29.3.23労判1254号5頁。

46)　学校法人関東学院事件・横浜地判平27.12.15LEX/DB文献番号25542757、フジ住宅事件・大阪地判令2.7.2労判1227号38頁など。

な思想である[47]。すでに実定法化されている場合だけでなく、そうでなくても様々な場面で、労働者の権利においてそれが内実化されなければならない。本稿では十分に触れられていないが、そもそも職あるいはディーセントな雇用を奪われていること自身が、最も個人の尊厳を傷つけることになるのである。

　個人の尊厳は、時代や政治体制を超越する自然法的な価値である。しかし、日本の裁判では、そして実は学説でも、個人の尊厳が労働法において有する意味や重要性を必ずしも重視していないと思われる。学説（学者）も判決（裁判官）も往々にして実定法の解釈に傾斜した法実証主義に陥りやすい。それを克服していくことは労働法（学）の重要な課題である。自戒を込めた意見として受け止めていただければ幸いである。

---

47)　最高裁薬事法判決（最大判昭 50.4.30 民集 29 巻 4 号 572 頁）は、「職業は、人が自己の生計を維持するためにする継続的活動であるとともに、分業社会においては、これを通じて社会の存続と発展に寄与する社会的機能分担の活動たる性質を有し、各人が自己のもつ個性を全うすべき場として、個人の人格的価値とも不可分の関連を有するものである」（傍点は筆者）と職業観を論じている。

男女賃金差別事件のこれまでの裁判例と今後の課題

井 上 幸 夫

1 男女賃金差別事件のこれまでの裁判例

これまで判決が出されたことが確認できる男女賃金差別事件は、後掲の「表1　男女賃金差別事件の裁判例一覧」（①～㉜）のとおりである。労基法4条施行から77年以上経過していることを考えると、その事件数は極めて少ない。

これまでの裁判例を振り返るには、男女雇用平等法制の立法状況の推移も考慮する必要がある。すなわち、労基法4条は1947(昭和22)年施行であるが、定年・解雇の差別のみを禁止する男女雇用機会均等法の施行は1986（昭和61）年、採用差別や配置・昇進差別を禁止する改正法施行は1999（平成11）年であり、間接差別の一部を禁止する改正法施行は2007（平成19）年という立法状況の中で、裁判所は、労基法4条に加えて公序法理（民法90条）によって男女賃金差別事件の判断と差別救済を行ってきたが、その限界もある。

労基法4条は「使用者は、労働者が女性であることを理由として、賃金について、男性と差別的取扱いをしてはならない。」と定める。

第一に、賃金について男女で異なる取扱いをすることは、労基法4条違反となる。同一(価値)労働に従事していたかは問題にならない。男女が同一(価値)労働に従事することは労基法4条違反の要件事実ではない。裁判例としては、実質上男女別の賃金表（①、⑯）、男女別の昇給率・一時金支給係数（④）、家族手当の男女別運用（③、㉕）などがある。

第二に、賃金について男女で異なる取扱いはしない形式的性中立的な基準・制度であっても、以前の男女別取扱いを実質的に継続したものや、使用者が女性従業員に不利益になる結果となることを容認して制定運用したもの

は、労基法 4 条違反となる。裁判例としては、年齢給の世帯主基準や勤務地非限定基準（⑧）などがある。差別意思（「女性であることを理由として」）は労基法 4 条違反の要件事実であるが、「女性が不利益になる結果の容認」（⑧）で足りるし、差別意思が明示されることは少ないから客観的事実から推定されることになる。なお、家族手当の形式的性中立的な基準について労基法 4 条違反を否定した裁判例（⑤の一審）もあるが、差別意思が肯定されるべき事案であり、控訴審では和解が成立して女性にも支給される規定変更が行われた。

　第三に、同一（価値）労働に従事していた男女従業員間で賃金格差がある場合は、合理的理由がある場合を除き、労基法 4 条違反が認められる。裁判例としては、基本給格差（⑦、⑱、㉕）、中途採用の初任給格差（⑨）などがある。同一（価値）労働同一賃金原則は、同一（価値）労働の状況での男女間賃金格差は差別意思（「女性であることを理由として」）を推定させるという意味では、労基法 4 条の内容に含まれている。

　第四に、職能資格制度における昇格差別による男女間賃金格差を違法な男女差別とする裁判例としては、民法 90 条の公序違反とするもの（⑥、⑩の一審）、賃金に連動する資格差別は賃金差別と同視できるとして労基法 4 条違反とするもの（⑩の控訴審、⑫、⑳、㉕、㉗）などがある。

　第五に、「男女別コース制」や職務区分（総合職・一般職など）の違いがある男女間賃金格差の事案の裁判例は、次のように進展している。

　まず、原告入社当時は違法（公序違反）でなかった男女別の採用処遇から生じる賃金格差は違法でないとするもの（④、⑬、⑮）が出され、それを前提にして改正均等法施行時（1999 年 4 月）以降は合理的な職種転換制度がなければ均等法 6 条違反（配置差別）として違法になるとするもの（⑲、㉑の一審、㉒）も出された。他方で、採用区分が異なる女性でもその後に男性と同じ職種を同じ量及び質で担当するようになった時以降は格差是正義務が生じ労基法 4 条違反となるとしたもの（⑪）が出され、本件男女コース別取扱いは違法（公序違反）ではないが、本件の男女賃金格差は本件男女コース別取扱いではなく本件人事資料（原告入手の内部資料）に基づく評価・査定の差別的取扱いによるもので違法（公序に違反）するとしたもの（㉔）も出さ

124　第Ⅱ部　個別的労働関係における現代的課題

れた。さらに、コース別雇用管理制度の職務区分の違いがあっても男女の職務が相当重なっていて職務内容や困難度を截然と区別できないという意味で同質性があると推認できる場合の男女賃金格差について労基法4条違反とするもの（㉑の控訴審）が出された。

その後は、男女別賃金制度を総合職・一般職の賃金（年齢給・職能給）制度にした事案で実質的に男女別賃金表を適用したとして労基法4条違反を認めたもの（㉚）、総合職・一般職の職能給表の適用について均等法6条1号（配置差別禁止）違反とは認められないが、総合職への転換希望を表明した時期以降は均等法6条3号（職種変更差別禁止）違反となるとしたもの（㉛）がある。

社宅制度の利用や住宅手当に関して、総合職のみに社宅制度を利用させることは均等法6条2号（福利厚生の措置差別）違反にはならないが、均等法の趣旨に照らし間接差別に該当する不法行為とした裁判例（㉜）は、間接差別を違法とした初めての裁判例であり、今後の男女賃金差別事件の裁判に与える影響も大きい。

2　男女賃金差別事件の今後の課題

（1）差別の認定

男女賃金差別（労基法4条違反）の立証責任は原告の労働者側にあるが、証拠の偏在等から、多くの裁判例は、使用者側に立証責任の一部を転換している。すなわち、女性労働者が制度的な男女別取扱いによる男女賃金格差を立証した場合は、女性差別と推定し、使用者側が格差を正当化する合理的理由を立証しなければ労基法4条違反とする旨を述べるもの（①、⑯、⑲、㉒、㉔、㉗）、女性労働者が男性労働者と同等の労働に従事していることとその男性労働者との賃金格差を立証した場合は、女性差別と推定し、使用者側が格差を正当化する合理的理由を立証しなければ労基法4条違反とする旨を述べるもの（⑦、⑨、⑪）がある。

男女賃金差別事件では、労働者側は、男女間賃金格差等の立証のために必要な場合は、賃金台帳、職員考課表、従業員履歴台帳等の文書提出命令を申し立てることになる。これまで出された文書提出命令決定は、後掲の「表2

男女賃金差別事件の文書提出命令決定一覧」（❶〜❽）のとおりである。

また、労働者側は、同一（価値）労働もしくは同等労働の立証のために、「職務評価」を利用することも考えられる。

男女が同一（価値）労働に従事することは労基法4条違反の要件事実ではない一方で、同一（価値）労働に従事していた男女従業員間で賃金格差がある場合は差別意思（「女性であることを理由として」）が推定される。厳格な同一労働でなくても、職務は異なるが同等な労働の場合（⑯、⑱）、職務区分が異なっても職務内容や困難度を截然と区別できないという意味で同質性がある労働の場合（㉑の控訴審）は、その男女労働者間の賃金格差は労基法4条違反を推定させるとするのが裁判例の到達点である。

他方、その後の裁判例では、職能資格昇格差別事案で、男女間昇格格差について明確に分離していないとし、女性は管理職を敬遠する傾向がある等を述べたうえ、人事考課の主観的評価やジェンダーバイアスへの疑問もなしに男女差別であることを全否定したもの（㉘）があり、一般職に一方的に配置して総合職への転換機会も与えなかったという事案で、労基法4条違反を認めず均等法6条1号違反（配置差別）も認めずに、均等法6条3号違反（職種変更差別）だけを認めるもの（㉛）がある。これらは、裁判例の到達点からの後退である。

間接差別を違法とした最近の裁判例（㉜）は、差別認定の範囲を間接差別の範疇まで大きく広げたという点では評価できるが、均等法6条2号（福利厚生差別禁止）違反の差別意思を認めることも可能であった事案と考えられ、差別意思の点では裁判例の到達点（❽）からの後退である。

（2）差別の救済

男女賃金差別は、労基法4条違反、均等法違反（配置・昇格等差別）ないし公序違反として不法行為を構成するから、まず、差別による賃金差額について、賃金差額相当額の損害賠償請求が認められる。

賃金差額については、給与規定や賃金表などで特定される金額（①、③、④、⑧、⑯）や、比較対象男性労働者の（平均）賃金額との差額（⑦、⑨、⑳、㉓、㉔、㉕）によって認定することになる。賃金差額相当額の損害として、比較対象

男性労働者の（平均）賃金額との差額の８割５分（⑧）や９割（⑪）を認定する裁判例もある。一方で、賃金差額相当額の損害を認定できないとして慰謝料で考慮するとする裁判例（⑫、⑲、㉒、㉗）があるが、裁判所は差別の救済・是正のために賃金差額相当額の認定に積極的であるべきである。裁判例の到達水準として、差別による賃金差額を的確に認定できない場合は民事訴訟法248条（証明が困難な場合の相当な損害額の認定）に鑑みて相当な損害額を認定したもの（㉑の控訴審＝月例賃金及び夏冬の一時金を併せて１か月10万円（年額120万円）の限度の損害額）がある。

　また、差別の救済・是正のためには、賃金差額の損害賠償請求権（過去分のみになる）だけではなく、労基法４条、13条、給与規定の合理的解釈により賃金差額の賃金請求権（将来分も含めて請求可）がより広く認められるべきである。裁判例では、給与規定や賃金表などで計算できる賃金差額について賃金請求権を認めたもの（①、③、④、⑧）があるが、比較対象男性労働者の（平均）賃金額との差額については賃金請求権を否定して損害賠償請求権は認めるもの（⑦、⑨）がある。

　賃金に連動する昇格差別についても、地位確認請求を否定した裁判例（⑥）がある一方で、地位確認と結審後の毎月の賃金請求権も肯定した裁判例（⑩）がある。裁判例の到達点は、「使用者は労働契約において人格を有する男女を能力に応じ処遇面において平等に扱うことの義務をも負担している」として労働契約の本質及び労基法13条類推適用により昇格したと同一の法的効果を求める権利を認めている（⑩の控訴審）。

　ただし、近年の裁判例には、総合職・一般職の賃金（年齢給・職能給）表は実質的に男女別賃金表として労基法４条違反を認めたが、年齢給差額の損害のみ認めて職能給差額の損害を認めなかったもの（㉚）、総合職・一般職の賃金（職能給）につき均等法６条３号（職種変更の差別禁止）違反としたが、賃金差額の損害を否定したもの（㉛）があり、これらは、裁判例の到達点からの後退である。

　男女賃金差別の慰謝料請求については、不法行為による賃金差額の損害賠償請求を認めた裁判例では、賃金差額相当損害金に加えて慰謝料請求も認めている（⑥は各10万円、⑪は200万円、⑰は各100万円、⑱は50万円、⑳は

200万円、㉑は140万円ないし180万円、㉓は各100万円、㉔は150万円ないし300万円、㉖は100万円、㉚は100万円など）。不法行為による賃金差額相当の損害が算定困難であり慰謝料の算定に当たって考慮するとした裁判例もある（⑫は500万円、⑲は350万円ないし490万円、㉒は500万円、㉗は300万円ないし600万円、㉙〔一部手当の不支給事案〕は50万円）。

　賃金差額の賃金請求権を認めた裁判例では、慰謝料請求を否定したもの（⑧、⑩の一審）がある一方で、慰謝料請求を認めたもの（⑩の控訴審）がある。裁判官の一部には「賃金請求権が認められるから慰謝料請求は認められない」というドグマが存在するようであるが、前述のとおり賃金差額を損害賠償請求として認めた裁判例は賃金差額相当損害金に加えて慰謝料請求も認めていることからも、賃金差額を賃金請求権として認めようが損害賠償請求権として認めようが、差別の救済としての慰謝料請求は当然に認められるべきである。

（3）男女賃金差別事件と立法課題

　男女賃金差別をなくし賃金格差を是正していくには、労働組合を中心とする職場、訴訟、立法の3つの取り組みをセットで進めていく必要があることは、世界各国で共通である。日本の男女賃金差別事件のこれまでの裁判例の少なさは、解決までの期間の長さとあわせて、在職中の労働者が提訴することの困難さを物語っている。このことからも、職場での取り組みを促進するとともに訴訟提起や裁判所による差別救済を容易にするための立法課題の取り組みが重要である。その立法課題としては、最低基準かつ刑罰法規でもある労基法4条は維持したうえで、均等法に次のような条項を定めることが考えられる。

a　賃金についての性差別禁止条項（「事業主は、賃金について、労働者の性別を理由として、差別的取扱いをしてはならない。」）
b　男女同一価値労働同一賃金原則条項（例えば「同一労働又は同一価値労働については、労働者の性別に基づく差別のない同一の基準による賃金の決定がされなければならないものとする。異なる基準による賃金の決定がされている場合

は、性別を理由とするものと推定され、その合理的理由が明らかでない限り、賃金について性別を理由とする差別的取扱いがあると認められる。」）

c　性別による賃金等の格差がある場合の差別推定条項（例えば「賃金及び賃金に関連する資格、職種等について、ある性別の労働者と他の性別の労働者との間で格差があると認められる場合は、性別を理由とするものと推定され、その合理的理由が明らかでない限り、賃金について性別を理由とする差別的取扱いがあると認められる。」）

d　一般的な間接差別禁止条項（例えば「表面上は中立的であるが、ある性別の労働者に他の性別の労働者と比較して特定の不利益を与える基準による取扱いは、その合理的な理由が認められる場合を除き、性別を理由とする差別的取扱いとする。」

e　裁判所が差別救済に必要な措置を命じる条項（例えば「裁判所は、採用、賃金、昇格、職務配置等について性別を理由とする差別的取扱いをした事業主に対して、労働者の請求により、差別の救済として必要な範囲で、採用、差額賃金の支払い、昇格、職務配置などの適切と考えられる措置及び損害賠償を命じることができる。」）

男女賃金差別事件のこれまでの裁判例と今後の課題　129

表1　男女賃金差別事件の裁判例一覧

① 秋田相互銀行事件

【秋田地判昭 50.4.10 労判 226 号 10 頁】X ら 7 名が昭和 46 年 7 月 6 日に提訴。給与規程の基本給（本人給・職能給）のうち年齢に応じた本人給の男女別適用は労基法 4 条違反とし、労基法 13 条の趣旨を援用して賃金差額請求権を認容（確定）。

② 鈴鹿市事件

【津地判昭 55.2.21 労判 336 号 20 頁】X が昭和 47 年 7 月 7 日提訴。X を昇格させなかったことは地方公務員法 13 条（平等取扱いの原則）に違反する不法行為とし、給与差額 2 万円余、慰謝料 100 万円、弁護士費用 40 万円の支払いを命じた。【名古屋高判昭 58.4.28 労判 408 号 27 頁】不昇格は裁量権を逸脱濫用したとは認められないとして、原判決取り消し。X は上告し、昭和 60 年 3 月 26 日に訴訟外での和解成立、X は 3 月 29 日に上告を取り下げ、3 月 31 日に昇格し定年退職。

③ 岩手銀行事件

【盛岡地判昭 60.3.28 労判 450 号 62 頁】X が昭和 57 年に提訴。家族手当と世帯手当の規定は、女子であることのみを理由として妻たる行員を著しく不利に取り扱うもので、労基法 4 条、92 条により無効として、手当の不支給額及び賞与差額請求を認容した。【仙台高判平 4.1.10 労判 605 号 98 頁】労働法 4 条に違反し民法 90 条により無効として、給与規程に基づく賃金請求権を認め、Y の控訴を棄却し、X が附帯控訴により請求拡張した期間の請求を認めた。

④ 日本鉄鋼連盟事件

【東京地判昭 61.12.4 労判 486 号 28 頁】X ら 7 名が昭和 53 年に提訴。基本給上昇率及び一時金支給係数を男女別に定めた労使協定の女子の不利益部分は民法 90 条により無効とし、労働法 4 条、13 条の類推適用により X ら 7 名の賃金差額及び一時金差額請求を認容した。他方、「男女別コース制」は X らが採用された昭和 44 〜 49 年当時は公序に違反しないとして、X ら 2 名の同学歴同年採用の男性の基本給、主任手当、一時金との差額請求は棄却した。（確定）

⑤ 日産自動車事件

【東京地判平元 .1.26 労判 533 号 45 頁】X ら 4 名が昭和 58 年に提訴。家族手当の支給規定の「親族を扶養している世帯主」を「一家の生計の主たる担い手」とする運用は不合理なものとはいえず、労基法 4 条及び民法 90 条に違反しないとし、夫より賃金が高かったと認める証拠がない X らは受給資格を有しないとして、請求を棄却した。X らは控訴し、平成 2 年 8 月 29 日東京高裁で和解成立。Y は、男女を問わず親族を扶養する従業員に家族手当を支給する内容に就業規則を改定した。

⑥ 社会保険診療報酬支払基金事件

【東京地判平 2.7.4 労判 565 号 7 頁】X ら 18 名が昭和 55 年 2 月 27 日に提訴。A 組合が申立てた B 組合との昇格差別の不当労働行為事件の中労委での和解協定に基づいて Y が男性職員に行った一律昇格措置を女性職員にとらなかったことは公序に反して違法であるとし、不法行為に基づき、差額賃金相当額、慰謝料各 10 万円等の支払いを命じたが、地位確認請求は棄却した。X らは控訴し、平成 3 年 12 月 25 日に東京高裁で和解成立。それまでに X ら 18 名を昇格させていた Y は、他の女性職員 148 名も平成 4 年 1 月 1 日付で昇格させて賃金を是正し、さらに、X ら 18 名、利害関係人（女性職員）6 人及び X ら所属 A 組合へ組合間昇格差別問題とあわせ解決金（1 億 5260 万円）を支払い、B 組合所属の女性 142 名にも過去 3 年半に遡及して差額賃金・差額退職金を支払った。

⑦	日ソ図書事件
	【東京地判平 4.8.27 労判 611 号 10 頁】昭和 63 年 1 月に定年退職したＸが昭和 63 年に提訴。Ｘは質及び量において男子社員と同等と評価できる業務に従事したと認められ、その賃金格差は労基法 4 条違反であり、不法行為にあたるとして、昭和 57 年以降の基本給・期末手当の差額と退職金の差額相当損害金合計 466 万円余の支払いを命じた。(確定)
⑧	三陽物産事件
	【東京地判平 6.6.16 労判 651 号 15 頁】Ｘら 3 名が平成 3 年に提訴。本人給（年齢給）について、「非世帯主あるいは独身の世帯主」の女性には 26 歳の年齢給額で据え置き、男性は全員に実年齢の年齢給を支給したことについて、「世帯主・非世帯主」基準やその後の「勤務地域限定・無限定」基準は、その適用の結果生じる結果が女子従業員に著しい不利益となることを容認して制定したと推認できるから、労基法 4 条に反し無効であるとし、労基法 4 条、13 条の趣旨に照らし、実年齢に応じた本人給及び一時金との差額賃金請求を認容した。慰謝料請求は棄却した。Ｘらは控訴し、Ｙは平成 6 年 10 月に女性に実年齢の本人給額を支給するように規定を変更し、Ｘら 3 名にそれまでの差額を支払い、平成 7 年 7 月 27 日東京高裁でＹがＸら 3 名に解決金 100 万円を支払う和解成立。
⑨	石崎本店事件
	【広島地判平 8.8.7 労判 701 号 22 頁】Ｘが平成 2 年に提訴。中途採用入社時に同じ組立作業に従事していた男性Ａとの間の初任給格差に合理的理由はなく、男性Ｂ、Ｃとの間の職務内容に有意な違いがあるとは認められないとし、中途採用の男女初任給差別とその後も是正せず放置したことは労基法 4 条及び公序に反する不法行為として、Ｘと年齢・入社時期の近似する男性 3 人の初任給を基準として算定したＸとの賃金格差の平均額をもって損害額とする差額相当損害金請求を認容した。(確定)
⑩	芝信用金庫事件
	【東京地判平 8.11.27 労判 704 号 21 頁】Ｘら 13 名が昭和 62 年に提訴。Ｘらは、昇格試験制度はあるがほぼ全員が課長職へ昇格する男性職員の労使慣行を、就業規則 3 条（性別を理由とした差別的取扱い禁止）を根拠に援用できるとし、Ｘら 13 名のうち 12 名の請求を一部認容し、提訴 2 年前から結審までの差額賃金（定年退職者 1 名の退職金差額を含む）、定年退職者 1 名を除く 11 名が課長職にあることの確認、結審後の毎月の差額賃金の支払いを命じた（双方控訴）。【東京高判平 12.12.22 労判 796 号 5 頁】Ｘらが男性と同様の優遇措置を講じられたことにより男性職員と同様な時期に昇格試験に合格していると認められる事情にあるときには、昇格試験を受験しながら不合格となり従前の資格に据え置かれるというその後の行為は、労基法 13 条の規定に反し無効となり、Ｘらは、労働契約の本質及び労基法 13 条の規定の類推適用により、昇格したのと同一の法的効果を求める権利を有するとし、一審判決後に定年退職した者を除くＸらが課長職にあることの確認請求や差額賃金の請求を認め、一審判決が棄却した慰謝料請求も認容した。Ｙが上告し、平成 14 年 10 月 24 日最高裁で和解成立。
⑪	塩野義製薬事件
	【大阪地判平 11.7.28 労判 770 号 81 頁】平成 7 年に退職したＸが同年に提訴。Ｙは昭和 54 年にＸの職種を変更して製担としたのであるから、同じ職種を同じ量及び質で担当させる以上は原則として同等の賃金を支払うべきであり、格差を是正する義務が生じたとし、同期男性 5 名の能力給平均額の 9 割に相当する額との差額（昭和 60 年以降 10 年間の合計 1353 万円）、賞与差額（計 846 万円）、退職金差額（318 万円）、慰謝料（200 万円）、弁護士費用相当額（270 万円）の支払いを命じた。(確定)

⑫	シャープライブエレクトロニクスマーケティング事件
	【大阪地判平 12.2.23 労判 783 号 71 頁】Xが平成 7 年 3 月 3 日に提訴。職種別賃金制度と職能給制度を採用するYにおいて、Xを 27 年間下位の格付に置いたことは労基法 3 条・4 条に違反する不法行為であるとし、遅くとも入社 22 年目には上位の格付に昇格させるべきであったが、その賃金差額を具体的に認定することはできないとして逸失利益の請求を否定し、慰謝料 500 万円と弁護士費用相当額 50 万円の支払いを命じた。(控訴)
⑬	住友電気工業事件
	【大阪地判平 12.7.31 労判 792 号 48 頁】Xら 2 名が平成 7 年に提訴。Xら採用の昭和 40 年代ころ高卒男子を幹部候補要員、高卒女子を定型的補助的業務に従事する社員として採用したことは公序違反といえず、是正義務も認められないとして、請求を棄却した。Xらは控訴し、平成 15 年 12 月 24 日大阪高裁で、裁判長が和解勧告文を示して和解成立。Yは、Xら 2 名を昇格させ、解決金各 500 万円を支払った。
⑭	商工組合中央金庫事件
	【大阪地判平 12.11.20 労判 797 号 15 頁】Xが平成 6 年に提訴。Xが主張した男女別労務管理は認められないが、YのXへの平成 4 年度の人事考課は男女差別で違法な裁量権の濫用であり、平成 5 年に「窓口補助」を発令したことも男女差別で不法行為になるとしたが、正当な評価がされれば昇格要件を満たすかは一概に決しえないし、同等の業績の男性の昇格状況を立証していないとして、地位確認や差額賃金請求は認めず、慰謝料 200 万円と弁護士費用相当額 20 万円の支払いを命じた。(控訴)
⑮	住友化学工業事件
	【大阪地判平 13.3.28 労判 807 号 10 頁】Xら 3 名が平成 7 年に提訴。⑬と同旨を述べて請求棄却。Xらは控訴し、平成 16 年 6 月 29 日大阪高裁で和解成立。Yは、Xら 3 名に解決金各 500 万円を支払った。
⑯	内山工業事件
	【岡山地判平 13.5.23 労判 814 号 102 頁】Xら 19 名が平成 5 年に提訴。実質上男女別の賃金表について賃金・一時金・退職金差額損害金の支払いを命じた。【広島高岡山支判平 16.10.28 労判 884 号 13 頁】一審弁論終結後の賃金差額損害や弁護士費用の支払いも命じたが、一審判決が時機に遅れた攻撃防御方法として却下したYの消滅時効の主張を認めて請求認容額を変更した。平成 19 年 7 月 13 日上告棄却決定。
⑰	住友生命保険事件
	【大阪地判平 13.6.27 労判 809 号 5 頁】Xら 12 名が平成 7 年 12 月 11 日に提訴。Xら既婚女性と未婚女性との間に昇格について顕著な格差があるとして、X1 〜 X12 の各人ごとに既婚女性差別の有無・内容について検討し、不法行為に基づく月例給与差額等の損害、慰謝料、弁護士費用の請求を認容した。Yが控訴し、平成 14 年 12 月 16 日大阪高裁で和解成立。Yは、Xら 12 名に対し解決金 9000 万円を支払い、Xらのうち在籍者 5 人に対し和解後の将来分の和解金を支払った。
⑱	京ガス事件
	【京都地判平 13.9.20 労判 813 号 87 頁】Xが平成 10 年 4 月 27 日に提訴。X(事務職)と同期入社の男性社員A(監督職)との各職務の価値に格別の差はないとし、男女差別がなければ平成 2 年 4 月から平成 13 年 3 月までにXに支払われたはずの賃金額はAの給与総額 5431 万円の概ね 8 割 5 分に相当する 4610 万円と認めるのが相当として、Xの給与総額 4050 万円との差額損害金 560 万円、慰謝料 50 万円、弁護士費用 60 万円の支払いを命じた。Xは控訴し、平成 17 年 12 月 8 日大阪高裁で和解成立。

⑲	野村證券事件

【東京地判平 14.2.20 労判 822 号 13 頁】昭和 61 年の総合職・一般職の人事制度実施時に一般職にされたXら 12 名が平成 5 年 12 月 20 日に提訴。本件の男女のコース別採用・処遇は、改正均等法施行の平成 11 年 4 月 1 日以降は、労働契約中の前記の処遇部分が改正均等法 6 条（配置差別禁止）に違反し無効になり、女性に特別の条件を課す本件職種転換制度は配置差別を正当化しないとして、昇格の地位確認や差額賃金請求は否定し、平成 11 年 4 月以降の差額賃金相当損害金の具体的損害額を確定することは困難であり、慰謝料の算定に当たって考慮するとし、比較対象男性との賃金格差等を考慮して 350 万円ないし 490 万円の慰謝料（490 万円 1 名、440 万円 7 名、400 万円 2 名、370 万円 1 名、350 万円 1 名）とその 10％の弁護士費用損害金の支払いを命じた。双方控訴し、平成 16 年 10 月 15 日東京高裁で和解成立。Yは、一審判決による支払額に加えてXらに解決金を支払い、和解時までの定年退職者を除く現職 3 名全員を総合職（課長代理）へ転換させた。

⑳	昭和シェル石油（退職者）事件

【東京地判平 15.1.29 労判 846 号 10 頁】平成 4 年に定年退職したXが平成 6 年に提訴。Xと男性社員との資格格差は、職能資格等級の男女別昇格管理の結果であり、賃金に関する差別的取扱いは不法行為となるとし、昭和 60 年 1 月から退職時まで昇格差別がなければ受けたであろう月例賃金・賞与との差額相当損害 1824 万円、退職金差額相当損害 1367 万円、公的年金差額相当損害 944 万円、弁護士費用相当損害 400 万円の支払いを命じた。【東京高判平 19.6.28 労判 946 号 76 頁】差別がなければ昇格できた職能資格等級の昇格レベルの認定を変更し、Yが控訴審で主張した消滅時効の成立を肯定して、月例賃金・賞与の差額相当損害 221 万円、退職金差額相当損害 1195 万円、公的年金差額相当損害 164 万円、一審判決は認めなかった慰謝料 200 万円、弁護士費用相当損害 270 万円の支払いを命じた。平成 21 年 1 月 22 日上告棄却決定。

㉑	兼松事件

【東京地判平 15.11.5 労判 867 号 19 頁】Xら 6 名が平成 7 年に提訴。Yは、Xらの入社当時は公序に反していたと認められない男女のコース別処遇の維持のために昭和 60 年に一般職、事務職の区別を設けたと認められ、改正均等法施行の平成 11 年 4 月以降の男女コース別採用処遇は違法であるが、Yが平成 9 年に実施した職種転換制度は合理的であるから、Yの賃金体系が違法な女性差別であるとはいえないとし、賃金差額や慰謝料等の請求を棄却した。【東京高判平 20.1.31 労判 959 号 85 頁】Xらの賃金差額損害賠償請求の始期平成 4 年 4 月 1 日の時点で、入社以来 34 年 11 月勤続していた X1（55 歳）、27 年勤続していた X3（45 歳）、26 年勤続していた X4（44 歳）の関係では、職務内容や困難度を截然と区別できないという意味で同質性があると推認される 30 歳程度の男性一般職との間にすら相当な賃金格差があったことに合理的な理由が認められず、性の違いによって生じたものと推認し、Yの措置は労基法 4 条等に反する違法な行為であるとし、X5 の関係では、15 年勤続となった平成 7 年 4 月 1 日の時点でYの措置は違法な行為と評価することができるとし、平成 9 年実施の転換制度（TOEIC600 点以上を要件）や平成 13 年変更の転換要件（「考課評点 AB 以上」）の合理性は疑問であり、Yの違法行為の判断に影響を与えないとした。男女差別による賃金差額の損害を的確に認定することはできないが、民事訴訟法 248 条の精神に鑑み、月例賃金及び夏冬の一時金を併せて 1 か月 10 万円（年額 120 万円）の限度の損害額を認定するのが相当であるとし、X1 の賃金差額 580 万円、退職金差額 32 万円、慰謝料 120 万円、X3 の賃金差額 1790 万円、退職金差額 85 万円、慰謝料 180 万円、X4 の賃金差額 1790 万円、慰謝料 180 万円、X5 の賃金差額 1430 万円、慰謝料 140 万円と各弁護士費用の請求を認容した。X2 と勤続 14 年 3 月で平成 8 年 7 月に退職した X6 の関係では、賃金格差には平成 4 年 4 月以降に従事した職務の差異による合理的な理由があるとして、請求を棄却した。XらとYは上告し、平成 21 年 10 月 20 日上告棄却決定。

㉒	岡谷鋼機事件

【名古屋地判平 16.12.22 労判 888 号 28 頁】昭和 61 年の総合職・一般職制度の実施時に一般職にされた X1 と X2 が平成 7 年に提訴。⑲と同旨を述べ、X1 の慰謝料 500 万円と弁護士費用 50 万円の請求を認容したが、改正均等法施行（平成 11 年 4 月）以前の平成 5 年 12 月に退職している X2 の請求は棄却した。X らは控訴し、平成 18 年 3 月 20 日名古屋高裁で和解成立。Y は、X1 を一般職から総合職にし、X ら両名に和解金を支払った。

㉓	名糖健康保険組合事件

【東京地判平 16.12.27 労判 887 号 22 頁】X ら 3 名が、平成 13 年 6 月 14 日に提訴。昇格昇進の差別的取扱いとは認められないが、基本給の不利な取扱いは認められるとして、男性職員 C の基本給との差額を基準とする平成 10 年 6 月から平成 15 年 9 月までのうべかりし基本給・賞与相当損害額（X1 は 439 万円、X2 は 446 万円、X3 は 506 万円）、慰謝料各 100 万円と弁護士費用損害金の支払いを命じた。（確定）

㉔	住友金属工業事件

【大阪地判平 17.3.28 労判 898 号 40 頁】X ら 4 名が平成 7 年 8 月に提訴。本件コース別取扱いは公序違反ではないが、本件の賃金格差は、Y が本件人事資料（X らが入手した内部資料）に基づく評価・査定の男女差別的取扱いによるものであって、公序に反し違法であるとし、昭和 61 年度以降の賃金差額損害金として、X1 は 1415 万円（退職金差額 239 万円を含む）、X2 は 1413 万円、X3 は 1125 万円、X4 は 887 万円、慰謝料として X1 は 300 万円、X2 は 250 万円、X3 は 200 万円、X4 は 150 万円と各弁護士費用の請求を認容した。Y が控訴し、平成 18 年 4 月 25 日大阪高裁で和解成立。Y は X らに対し、一審判決の認容額 6300 万円を超える解決金 7600 万円を支払った。

㉕	日本オートマチックマシン事件

【横浜地判平 19.1.23 労判 938 号 54 頁】平成 15 年 7 月に 57 歳で退職した X が平成 16 年に提訴。転勤の有無や従事する業務の男女での区別は就業規則等で認め難いことや X の勤務評定は良好であったこと等から、男女間の基本給格差は差別的取扱いの不法行為によるものと推認し、男性従業員 10 人の基本給平均額と X の基本給額との差額 5 万円に昭和 62 年以降の月数を乗じた基本給差額 995 万円、賞与差額 384 万円、退職金差額 87 万円、Y が女性に支給しなかった家族手当額 282 万円、弁護士費用 170 万円の支払いを命じた。（控訴）

㉖	阪急交通社事件

【東京地判平 19.11.30 労判 960 号 63 頁】平成 13 年 12 月 28 日に退職した X が、平成 17 年 12 月 27 日に提訴。不当な差別待遇により、平成 2 年 4 月 1 日以降少なくとも監督職 3 級の賃金を得られたのに一般職 1 級等に据え置かれたとして、消滅時効の成立していない平成 13 年 12 月分の賃金差額 3 万 5360 円、慰謝料 100 万円、弁護士費用 20 万円の支払いを命じた。（控訴）

㉗	昭和シェル石油（在職者）事件

【東京地判平 21.6.29 労判 992 号 39 頁】X ら 12 名が平成 16 年 12 月 24 日に提訴。以前に学歴別の年功序列的な昇格管理を行っていた Y は女性社員は昇格を困難にする別の基準で管理していたことが認められ、残存している差別的扱いを是正していない行為は労基法 4 条に違反するとしたが、賃金差額損害金を算定することは困難であり、慰謝料算定に当たって考慮要素にするとし、慰謝料として、2 名は各 600 万円、1 名は 400 万円、9 名は各 300 万円と、各弁護士費用の請求を認容した。（控訴）

㉘	中国電力事件
	【広島地判平 23.3.17 労経速 2188 号 14 頁】X は昇格差別、嫌がらせを受けたと主張し、慰謝料、弁護士費用、職能等級の地位確認を請求して平成 20 年に提訴。人事考課により評価の差が出るのは当然のことであり、X が不当に低い評価を受けたという主張も認められないとして、請求棄却。【広島高判平 25.7.18 労経速 2188 号 3 頁】X は、控訴審で、平成 24 年 9 月まで職能等級主任 2 級に留まり現在も主任 1 級で管理 3 級に昇格していない差別がなければ得られた賃金差額請求を追加したが、判決は、職能等級制度にも人事考課基準にも男性と女性とで取扱いを異にする定めはなく、評価の客観性を保つ仕組みがとられているなどとし、X は業務の結果は高く評価されているが、協力関係向上力、指導力は問題があると評価されており、昇格のために求められる職場の一体感やチームワーク向上に対する能力を具備するに至っていなかった等を述べて、X の請求を否定した。平成 27 年上告棄却決定。
㉙	フジスター事件
	【東京地判平 26.7.18 労経速 2227 号 9 頁】平成 21 年に定年退職した X が同年に提訴。営業職（主に男性）と企画職（主に女性）の賃金格差は、性別に由来するものではなく不当な差別とはいえないとし、住宅手当及び家族手当の差別的取扱いはあったが、X の住宅手当については X が本件組合 Y 社支部の支部長として記名押印をした平成 20 年 2 月 8 日付け合意書により清算済みであるとし、主任手当の支給時期の著しい遅れという違法な取扱いは、不利益の程度を具体的に認定することができないから慰謝料の算定に当たって考慮するとし、慰謝料 50 万円、弁護士費用 5 万円の支払いを命じた。X は控訴し、東京高裁で和解成立。
㉚	東和工業事件
	【金沢地判平 27.3.26 労判 1128 号 76 頁】X が平成 23 年 11 月 17 日に提訴。Y が平成 14 年に実施した総合職と一般職の区別は男女の区別であることが強く推認され、実質的に男女別の賃金表を X に適用した Y の取扱いは労基法 4 条に反し不法行為が成立するとしたが、Y による業務遂行能力に対する評価を前提にする職能給差額の損害は認められないとし、時効消滅分を除く平成 20 年 11 月 25 日以降に支払期日が到来する賃金差額分として、年齢給差額 198 万円と退職金差額 101 万円、慰謝料 100 万円、弁護士費用 30 万円の支払いを命じた。【名古屋高金沢支判平 28.4.27 労経速 2319 号 19 頁】一審判決の算定方法に誤りがあるとして退職金差額を 108 万円に変更した以外は一審判決を維持し、X が控訴審で請求した年金差額 89 万円の請求は棄却した。X は上告・上告受理申立をし、平成 29 年 5 月 17 日上告棄却決定（労経速 2319 号 25 頁）。
㉛	巴機械サービス事件
	【横浜地判令 3.3.23 労判 1243 号 5 頁】X ら 2 名が平成 30 年に提訴。Y が平成 11 年に導入した総合職と一般職の職能給表の適用やその後に入社した X らの取扱いが労基法 4 条や均等法 5 条、6 条 1 号に違反するとは認められないが、X ら両名が総合職への転換を希望する意向を表明した時期（X1 は平成 29 年 10 月ころ、X2 は平成 27 年 4 月ころ）以降は、均等法 6 条 3 号（職種変更の差別禁止）に違反し、不法行為に当たるとしたが、男性総合職の職能給の平均額と X ら両名の職能給額との賃金差額損害金の発生を認めることはできないとし、慰謝料として X ら両名の請求額各 100 万円の支払いを命じ、そのほかの請求を棄却した。【東京高判令 4.3.9 労判 1275 号 92 頁】一審判決の判断を維持し、X らと Y の双方の控訴を棄却した。（確定）
㉜	AGC グリーンテック事件
	【東京地判令 6.5.13 労判 1314 号 5 頁】X が令和 2 年に提訴。Y が総合職のみ社宅制度の利用を認めていることは、均等法 6 条 2 号（福利厚生差別）違反にはならないが、均等法の趣旨に照らし間接差別に該当するとし、不法行為に基づき平成 29 年 2 月から令和 6 年 3 月までの毎月の経済的損害額合計 293 万 8000 円、慰謝料 50 万円と弁護士費用の支払いを命じた。（確定）

男女賃金差別事件のこれまでの裁判例と今後の課題　135

表2 男女賃金差別事件の文書提出命令決定一覧

❶ 商工組合中央金庫事件（表1の⑭事件）

【大阪地決平 10.12.24 労判 760 号 35 頁】【大阪高決平 11.3.31 労判 784 号 86 頁】Xが申立てたXの職員考課表の提出を命じた。

❷ 住友生命保険事件（表1の⑰事件）

【大阪地決平 11.1.11 労判 760 号 33 頁】昭和 33 ～ 38 年に採用された高卒女子社員のうち平成 8 年 3 月末現在で結婚経験がある者とない者の平成 7 年と 8 年の賃金台帳の提出を命じた。

❸ 高砂建設事件

【浦和地川越支決平 11.1.19 労判 760 号 32 頁】全従業員の賃金台帳のうち、昭和 62 年 1 月から平成 8 年 3 月までの間の各年度の 4 月分の賃金を示す部分及び右期間に採用された従業員各人の初任給を示す部分の提出を命じた。

❹ 京ガス事件（表1の⑱事件）

【京都地決平 11.3.1 労判 760 号 30 頁】昭和 56 年から平成 10 年までに採用された全従業員の平成 3 年以降 10 年 3 月までの賃金台帳の提出を命じた。

❺ 住友金属工業事件（表1の㉔事件）

【大阪地決平 11.10.14 労判 776 号 44 頁】①昭和 36 年から 45 年までの間に事務技術職掌として採用され、平成 7 年 7 月時点で在籍する高卒男性従業員（出向者を含み、技能職掌からの職掌転換者を除く）と、②昭和 34 年から 50 年までの間に採用され、平成 7 年 7 月時点で在籍する女性従業員の履歴台帳（社内の異動歴を記載する労働者名簿）の提出を命じた。【大阪地決平 11.9.6 労判 776 号 36 頁】人事考課マニュアルは「自己使用文書」に該当するとして申立を却下した。

❻ 神戸製鋼事件

【大阪地決平 15.12.24 判例集未登載】Xらの入社時期の前後 10 年に入社した男性 50 人と女性 13 人の労働者名簿（経歴書）と賃金台帳の提出を命じた。

❼ 藤沢薬品工業事件

【大阪地決平 16.11.12 労判 887 号 70 頁】【大阪高決平 17.4.12 労判 894 号 14 頁】Xの入社年度とその前後各 2 年度（計 5 年間）に入社した同学歴（高専）男性社員（35 名）の賃金台帳、社員経歴台帳、コンピューターデータの「人事情報」のうち「資格歴」「研究歴」を印刷した文書の提出を命じた。本事件（アステラス製薬事件）は、昭和 47 年にY（当時は藤沢薬品工業）に入社したXが、同期同学歴男性との賃金差額 2600 万円等を請求し、平成 14 年 3 月 27 日に提訴して平成 19 年 3 月 27 日に大阪地裁で和解が成立し、YはXに解決金 2500 万円を支払った（労旬 1654 号 6 頁「アステラス製薬男女賃金差別事件」長岡麻寿恵／池田直樹）。

❽ 石山事件

【さいたま地決平 17.10.21 労判 915 号 114 頁】【東京高決平 17.12.28 労判 915 号 107 頁】賃金台帳（申立人以外の者の氏名の記載を除く部分）のうち、平成 2 年から 16 年の全月分で、現在在籍している従業員全員及び平成 2 年から現在までの間に 5 年以上在籍した従業員に関する部分の提出を命じた。

男女賃金差別撤廃への EU 法の挑戦

黒 岩 容 子

はじめに

EU 法において男女の賃金平等は、1957 年 EEC 設立時（EU の前身）[1] からの基本理念のひとつである。しかし、後述するように、EU でも男女の賃金格差が大きな問題として存在し、その解消への努力が重ねられて来ている。本稿の目的は、EU 法の男女差別禁止規制について検討し、日本の男女賃金差別是正への手がかりを探ることにある。

最初に、EU 法の男女差別[2] に関する展開を概観しておこう[3]。

1957 年 EEC 設立時には、条約（EU 法の第一次法源）に男女同一労働同一賃金原則が規定（同条約 119 条）されていたものの、長年にわたり、差別の是正は進まなかった。同規定が当時は、主に"女性労働力の安価使用による不公正な経済競争の防止"を目的とした宣言的規定と解されていたからである。

その後、1970 年代半ば以降、立法及び判例が相互関連しながら男女差別禁止規制が進展していった。すなわち、条約を補完し補強する諸指令（第二次法源）が、1975 年男女賃金平等指令（75/117/EEC）、1976 年男女平等待遇指令（76/207/EEC）をはじめとして、次々と制定された。また、EU 司法裁判所[4] は、男女同一賃金原則は、経済的目的と同時に社会的目的を有する基

---

1) EU（欧州連合）は、EEC（欧州経済共同体）を前身として EC（欧州共同体）そして EU（欧州連合）へと統合を進めてきた。本稿では、それらを一括して「EU」と表記する。

2) 本稿の論述では、「男女差別」を「ジェンダー差別」すなわち「文化的・社会的に構築された性差に基づく差別」の意味で用いる。EU の立法や行政文書では、現在、両者が混在して用いられている。

3) 詳しくは、黒岩容子『EU 性差別禁止法理の展開』（日本評論社、2019 年）参照。

4) EU 法の最終解釈権限を有する裁判所は、名称を当初の European Court of Justice から現在の European Union Court of Justice へと変更したが、本稿では一括して「EU 司法裁判所」と表記

本的人権保障規定であり、かつ社会的目的が経済的目的に優位する旨を判示した[5]。そして、差別禁止に関する法解釈を発展させ、後述する差別概念の拡大や立証責任の転換などの判例法理を形成していった。やがてそれらの成果は、指令の改正や制定により明文化された[6]。さらに、1997年アムステルダム条約は、差別禁止対象を性別以外へも広げるとともに、差別と闘うという積極的な姿勢を打ち出した。

　1990年代半ば頃から、EUでは、グローバル経済競争や新自由主義の影響等を受けて、社会的施策や権利の推進に困難な状況が生じたが、2000年代に入り、再び社会権の重要性が見直されて来ている。男女平等との関係では、現在もなお権利水準や保障領域を大きく前進させることは難しいようだが、2006年には、既存の4本の指令を統合する形で、現行の男女平等統合指令（2006/54/EC）が制定された。さらに、2023年には、上記2006年指令のエンフォースメント面を強化すべく、男女同一賃金原則の適用強化に関する指令（2023/970/EU）が制定されている。

　こうしたEUの男女平等に関する法展開には、2つの特徴がある。一つは、差別の発生原因や形態変化に対応して、積極的に、法の解釈を発展させ、また、法改正や新立法を促進して来たこと、もう一つは、"規範内容の向上"と"規範の実現（エンフォースメント）の強化"との双方を意識的に追求して来ていること、である。

　以下、これらの点に注目しつつ、2本の現行指令を取り上げて、男女賃金差別撤廃に関するEU法の到達点を明らかにし、その意義及び課題について検討したい。

　　する。

5)　e.g. Case 43/75 *Defrenne*（*No.2*）, ECLI:EU:C:1976:56, Case 149/77, *Defrenne*（*No.3*）, ECLI:EU:C:1978:130, Case C-50/96, *Schröder*, ECLI:EU:C:2000:72.

6)　1997年挙証責任指令（97/80/EEC）に間接差別の定義を規定し、2002年の1976年男女平等待遇指令改正（2002/73/EC）で直接差別、間接差別、セクシュアル・ハラスメント、ハラスメント、差別指示を「差別」として規定して、以後の指令では、それらが踏襲されている。

1 2006年男女平等統合指令

（1）同指令の位置づけと特徴

　2006年男女平等統合指令は、それまでの4本の指令[7]を判例法理の進展を反映させつつ統合し、それまでの到達点を集約した指令である。雇用や社会保障制度の男女差別禁止及びその実施や被害救済等について規定しており、次の特徴を有する。第一に、法が禁止する「差別」の概念を広く解し、多様な差別類型を規制していること。第二に、差別禁止の実施・被害救済について、従前以上に多くの条文を規定していることである。

（2）特徴第一：「差別」概念の拡大

1）多様な差別類型

　同指令は、禁止する性「差別」について、「直接差別（男女別取扱い）」のみならず、「間接差別」「ハラスメント」「セクシュアル・ハラスメント」「性別を理由に人を差別する指示」「妊娠又は母親出産休暇に関連した女性への不利益待遇」も含むとし（2条2項）、「差別」の概念を広く解している。

　伝統的には、「平等」とは「等しいものを等しく、等しからざるものを等しからざるように、同一ないし一貫して扱うこと」（以下「同一取扱い」という）であり、差別とは「異なって取扱うこと」（以下「異別取扱い」という）とされてきた[8]。EU法でも、当初は「男女差別」として、「男女別取扱い」すなわち「直接差別」のみが想定されていた。しかし、直接差別の禁止により露骨な男女別取扱いは減少したものの、男女格差は、男女同一取扱いの外形をとりつつ存続していった。

　学説は、この"平等＝同一取扱い、差別＝異別取扱い"という形式的平等

7）　統合された旧4指令は、1975年男女平等賃金指令、2002年に改正された1976年男女平等待遇指令、1986年職域社会保障男女平等待遇指令（86/378/EEC）、1997年挙証責任指令である。2006年男女平等統合指令の提案趣旨について、COM (2004) 279 final 参照。

8）　以下の平等及び差別概念をめぐる論議について、Catherin Barnard, *EU Employment Law 4th ed.,* (Oxford Univ. press, 2012) pp. 289-293. Sandra Fredman, *Discrimination Law 3rded.* (Oxford Univ. Press, 2022) pp.11-15. 参照。

男女賃金差別撤廃へのEU法の挑戦　139

（formal equality）の問題点や直接差別禁止の限界性を、次のように厳しく批判して来た。すなわち、法が目的とする「平等」は、単なる"形式的な同一／一貫した取扱い"に留まらず、人権の保障として、それを超える内容を持つ"実質的意味での平等（substantive equality、以下「実質的平等」）"である[9]。差別形態は社会の変化に伴い変化するのであり、形式的平等に基づく異別取扱い（直接差別）禁止のみでは、従来型の"個人の恣意や偏見による差別"は規制できても、現代型の"性中立的な人事雇用制度等から構造的に生じる差別"には対応できない。法が規制する「差別」は、「異別取扱い（直接差別）」以外の形態も含むと解すべきである旨を、指摘したのである。さらに、直接差別の訴訟実務上の問題点としても、比較対象者の選定が男女の職域・地位の分離により困難であることや、差別の解消方法として"高い処遇の方のレベルダウンによる同一化"を容認することが指摘されて来た。

　EU 司法裁判所は、新たな形の問題の出現に伴い、加盟国の国内裁判所から EU 法の解釈を問う先決裁定の付託[10]を次々と受けて、「差別」の解釈を拡大する判例法理を積極的に形成していった。それらが「差別」の定義として、2000 年人種等平等待遇指令（2000/43/EC）を端緒として成文化され、以降の諸指令で踏襲されている。以下では、男女賃金差別の是正に大きな役割を果たしてきた間接性差別禁止法理を取り上げて、検討する。

２）EU 間接性差別禁止法理の形成と展開

　同法理は、アメリカ連邦最高裁が 1970 年代に形成した差別的効果（disparate impact）法理[11]を起源とする。EU では、1981 年 *Jenkins* 先決裁定[12]を経て、

---

9)　たとえば、Sandra Fredman は、平等を４つの次元（利益や機会の配分・人格的価値の承認・社会／政治参加・差異の受容／構造変革）から把握すべきことを提起する。ibid. pp.29–45.

10)　先決裁定は、EU 司法裁判所の裁判類型の一つである。EU 司法裁判所は、EU 法解釈の最終決定機関であり、加盟国の国内裁判所は EU 法解釈に疑問がある場合には EU 司法裁判所に対して、その解釈について先決裁定を求める（最終審は義務、下級審は任意）。先決裁定では、具体的事件を基に EU 法の解釈が示されるが、当該事件の判断や判決はしない。事件の司法判断は国内裁判所の権限である。

11)　See, *Griggs v Duke power Co*, 401U.S.424 [1971].

12)　Case 96/80, *Jenkins*, ECLI:EU:C:1981:8. パートタイム労働者とフルタイム労働者との賃金格差について、女性のフルタイム勤務の割合が男性の場合より低いという事実（女性への不利益な効

1986 年 *Bilka* 先決裁定 [13)] により、性差別意図を要件としない独自の法理枠組みが定立された。すなわち、（ア）性中立的な規定・基準・取扱いが、（イ）一方の性に不利益な効果を生じ、（ウ）それが正当化されない限り、違法な性差別である旨が判示されたのである。そして、その後の多くの先決裁定により内容が具体化され、1997 年挙証責任指令による定義の成文化と 2002 年改正男女平等待遇指令による補強を経て、現行 2006 年男女平等統合指令 2 条 1 項 b 号に踏襲されている。

①間接差別禁止法理の要点

（ⅰ）適用対象（前記要件ア）

「規定・基準・取扱い」を対象とし差別的意図も不要であって、個人的行為も制度も、また、差別意図を隠した事案（例：性中立を偽装した男女別処遇）も真に性差別意図の無い事案も、幅広く規制の対象とする。

（ⅱ）性差別的効果（同要件イ）

「…の不利益を与えるだろう場合（would put…disadvantage）」と不利益発生の可能性で足り、また、実在しない仮想の比較対象者を設定しての立証も許される。さらに、立証方法として、統計数値の利用以外の方法（たとえば、社会学的考察による一方の性への不利益な影響の立証）も許容している [14)]。

（ⅲ）正当化（同要件ウ）

被告による正当化反証の成否は、規定等の「目的の正当性」及び目的達成のための「手段の必要性・適切性」との両面から審査される（比例性審査）。審査の厳格度は、男女平等が EU 法において優位的価値を有することを前提に、規定等の性格（私企業の規定か加盟国法か等）、規定の目的（経営上の目的か、市民の生命健康など公益目的か等）、目的と生じる不利益との兼ね合い、その

果）に基づいて、女性差別と解しうる旨を判示した。

13) Case 170/84, *Bilka*, ECLI:EU:C:1986:204. 同事件では、パートタイム労働者を企業年金の対象から除外した事案が問題となった。

14) 人種や性的指向などの差別事由の場合には、プライバシー問題等から統計資料の入手が困難であり、2000 年人種等平等待遇指令（2000/43/EC）、同雇用平等一般枠組指令（2000/78/EC）で統計立証以外の方法の許容が示され、2002 年の改正男女平等待遇指令はそれを性差別領域にも導入した。なお、本文の引用文中の下線は筆者による。

他から判断されている。審査基準の類型化や統一的基準は示されていないが、EU司法裁判所は、男女同一賃金原則をEUの基本原則として重視する明確な姿勢を基に、次の諸点を確認して来た。すなわち、私企業の経営上の理由には慎重で、簡単には正当化を認めない[15]。加盟国の社会政策や立法に関する正当化でも、加盟国の有する広い裁量権も男女平等原則の実現を妨げることは出来ないとし、財政的理由で性差別的効果のある規定を設けることは認めていない[16]。また、正当化に関して一般論を述べるだけでは不十分であり、当該事案に則して具体的に主張・立証することを必要としている[17]

②間接性差別禁止法理の意義

　このEU法理は、第一に、法理の対象に事実上限定がなく、現代型の「人事雇用制度自体から構造的に生じる差別」や「性中立を偽装した差別」も、広く禁止の対象とする。さらに新しい形態の差別が出現した場合も、対象とすることが可能である。

　第二に、同法理は「性中立的な制度等が性差別的効果を有すると立証された場合には性差別と推定し、被告がその正当化の反証に成功しない限り、違法な性差別となる」との論理構造に立つ。つまり、「性差別的効果」という結果から遡って、「平等実現の障壁となる行為や制度が存在すること」を「差別」として禁止する。したがって、使用者は、人事制度などの導入・維持・運用の全過程において、当該制度が性差別的効果を生じないように常に留意し防止し是正することが求められる。その意味で、使用者に対し差別行為を禁止／抑止するだけでなく、積極的に差別発生の防止や是正を行うよう求めるプロアクティブな機能を有している。

　EU及びEU加盟国では、この間、間接性差別禁止法理により、パートタイム労働者とフルタイム労働者の処遇格差をはじめとして、現代社会の様々

---

15)　e.g. Case 170/84, *Bilka*.

16)　e.g. Case C-343/92, *Roks*, ECLI:EU:C:1994:71. すなわち、加盟国には、社会政策立法を行うか否かや制定内容に広い裁量権があるが、制定する以上は、それは男女平等な内容・効果でなければならない。

17)　e.g. Case C-167/97, *Seymour-Smith*, ECLI:EU:C:1999:60.

な不公正を性差別禁止の視点から審査して来た[18]。

（3）特徴第二：エンフォースメントの重視

　差別禁止のエンフォースメント面も、それまでの諸指令により徐々に強化されて来ていたが[19]、2006年男女平等統合指令では、エンフォースメントを重視する姿勢がより強く示されている。同指令は、司法救済の利用や効果的な賠償／補償の確保（17・18条）、挙証責任の転換（19条）、公的機関設置や労使対話（20・21条）等が規定されている。これらの規定は、従来の到達点を網羅的一般的に示すに留まるが、次に述べるように、同2006年指令を補強する指令が2023年に制定された。この新指令によって、男女賃金差別是正に求められるエンフォースメントの法枠組みの全体像や、より具体的かつ制度改革を含む内容が規定された。

2　2023年男女同一賃金原則の適用強化指令

（1）指令の経緯及び背景

　前記2006年男女平等統合指令制定後も、依然として、性別を直接・間接の原因とする賃金格差が14％あり、男女の年金格差は33％に及んでいた[20]。その主要因として、（ⅰ）男女同一賃金（同一価値労働同一賃金）原則の内容が分かり難く（eg.「同一価値労働」とは何か）、また、その実施が難しいこと（eg.「同一価値」の判断の仕方）、（ⅱ）賃金に関する情報が乏しく（eg.賃金情報の非公表、口外禁止の約定）、賃金格差の認識や実態把握が妨げられていることが、各種調査で繰り返し指摘されていた[21]。2014年に欧州委員会は、これら

18）　EU司法裁判所の事案については、黒岩・前掲注3）第3章、イギリスについては、長谷川聡「イギリス労働法における間接差別の法理」比較法学37巻4号（2004年）81頁以下参照。

19）　1997年挙証責任指令による立証責任の転換（4条）、

20）　Eurostat（賃金格差は2020年、年金格差は2018年）。なお、賃金格差について、https://ec.europa.eu/eurostat/databrowser/view/SDG_05_20/default/table?lang=en、年金格差について、https://ec.europa.eu/eurostat/web/products-eurostat-news/-/DDN-20200207-1を参照（最終閲覧2025年2月11日）。

21）　eg. *Commission Staff Working Documents*（COM（2013）861 final and COM（2021）93 final），Joanna Hofman et.al, *Equal Pay for Equal Work: Binding Pay-Transparency. Measures*

を是正するために、賃金情報の開示を要請する「勧告」（2014/124/EU）を出した。しかし、法的拘束力がないこともあり、捗々しい改善はみられなかった。

差別救済制度に関しては、学説が以前から、個別事後的救済モデル（被害者の申出による事後的司法救済）に対して、裁判手続に関する種々の問題点を指摘するとともに、よりプロアクティブ（積極的／前向き）で集団的なモデルを併用する必要を提起して来た[22]。すなわち、前者のモデルは、（ⅰ）被害者に申出・主張立証等の過大な負担がかかる、（ⅱ）救済の効果が当該申出個人にしか及ばない、（ⅲ）差別撤廃のためには、被害の事後救済だけでなく、予防や原因解消が必要である、などの大きな限界がある。したがって、集団的・プロアクティブなモデルの併用、すなわち、（ⅰ）労使及び公的機関が主体となって、（ⅱ）個別被害の救済とともに、差別の原因や構造自体を変革し差別発生を防止するような、法的措置の必要性及び重要性が主張されていたのである。

EU はこれらを踏まえ、2023 年、男女同一賃金原則の適用強化に向けて、法的拘束力を有する新指令[23]を制定した。同指令の内容は、次項で紹介するように、2014 年勧告による賃金情報開示要請を大きく超えるものである。なお、指令という法形式は、加盟国を名宛人とする公的拘束力を有する法手段であり、個人に対しては、加盟国による指令の国内化を通じて指令内容が及ぼされる[24]。この新指令の制定により、EU 加盟国は、2026 年 6 月 7 日迄に、同指令の内容を国内法化することが義務づけられている。

（2）指令の概要

同指令は、1）賃金情報の開示および職務価値手段の整備により、男女の賃金格差を顕在化し、2）そこから差別是正に向けた労使の集団的取組みへ

（European Parliament, 2020）.

22)　e.g. Fredman supra.note 8) pp.465-472.

23)　日本語訳は、黒岩容子「EU：男女同一賃金原則の適用強化に関する指令」ジェンダー法研究 11 号（2024 年）204 頁以下を参照。

24)　指令には、条約とは異なり、私人への直接効果はない。ただし、指令により定められた期間内に国内法化されなかった場合には、私人は国の機関に対しては、EU 指令を直接の根拠として加盟国国内裁判所に訴訟提起することが可能ある。

と導くとともに、3）差別被害救済のための司法制度の変革を要求し、併せて、4）労使及び公的機関の役割を定めている。同指令の各内容は、以下のとおりである。

1）男女賃金格差の顕在化について

　男女賃金差別是正の出発点は、賃金実態を明らかにし（賃金の透明化）、男女間に賃金格差があることを顕在化することである。しかし、近年、賃金決定が個別化・複雑化するに伴い、賃金に関する情報を使用者側のみが把握し、労働者は情報取得が困難な状況が進行している。加えて、男女の職域／職位分離の進行が、賃金格差や差別被害をより見えにくくし、賃金差別訴訟の提起や立証も困難にしている。指令は、男女賃金格差の顕在化を、"賃金情報の提供・公表"と、"職務価値を評価し比較する手段の確保"との両面から図っている。

①賃金情報の提供、公表（賃金の透明化）

　指令は、労働者及び求人応募者に対して賃金情報取得権を保障するとともに、使用者に対して賃金情報提供・開示の義務を課した[25]。

（ⅰ）求人段階での応募者の権利・使用者の義務（5条）

　指令は、求人応募者に対して、使用者（求人者／将来の使用者）から賃金情報を受ける権利を保障するとともに、使用者に対して、応募者にそれまでの賃金に関して尋ねることを禁じた（5条）。契約締結段階で、賃金が前・元職当時の賃金を理由として抑制されることを、防止する規定である。雇用前の求人段階にも規制を及ぼしている点に、注目したい。

（ⅱ）雇用後の労働者の情報取得権（7条）、使用者の賃金情報提供・報告義務（9条）

　労働者は、自分の賃金水準、自分と同一／同一価値労働する労働者区分の

---

25)　近年、賃金決定が個別化・複雑化するに伴い、賃金に関する情報が、使用者側のみが把握していて、労働者は情報取得が困難な状況が進行している。そのために、男女の賃金格差や差別被害が見えにくくなり、また、賃金差別訴訟の提起や立証が困難となっている。以下の諸規定は、その対抗措置として重要な意味を有する。

男女別平均賃金水準に関する情報を請求し、書面で取得する権利を有する。使用者は、全労働者に上記の権利とその行使に必要な手続を毎年通知する。

　また、使用者（従業員100人以上）は、賃金の男女格差や手当受給者の男女比率など7項目[26]の情報を労働者に提供し、また、公的機関にも報告する義務を負う。

②職務価値を評価し比較する手段の確保（4条）

　指令は、使用者が同一賃金（同一労働又は同一価値労働同一賃金）原則を確保した賃金体系を用いるよう、職務価値の基準を示すとともに、職務評価が客観的ジェンダー中立であること、特に対人的諸技能を過小評価しないことを求めている。職務評価の主な基準として、技能・努力・責任・労働環境を挙げている[27]。

　また、指令が、「実在しない仮想の比較対象者」（前文28）や比較範囲に関する判例の「単一の源（single source）」という基準（19条1項）を明確に肯定したことにも注目したい[28]。

2）労使による集団的な賃金制度改革について（10条）

　指令は、使用者に対して、賃金報告で区分別男女平均賃金水準に5％以上の格差があり、その正当性が示されず、報告後6か月以内に是正されていない場合には、労働者代表と協働して、共同賃金アセスメントの実施することを義務づけた。不公正な男女賃金格差が存在すれば合理的期間内に是正が必

26）　7項目は、男女賃金格差、補足的／可変的賃金の男女格差、賃金中央値の男女格差、補足的／可変的賃金中央値の男女賃金格差、補足的／可変的賃金受領者の男女比率、各4分割賃金群労働者の男女比率、各労働者区分の通常基本賃金／給与別・補足的／可変的賃金別の男女格差である。

27）　指令の男女同一賃金（同一労働又は同一価値労働同一賃金）原則は、職務給のみに適用されるわけではない。この原則は、「同一又は同一価値労働に従事する男女間に賃金格差が存在する場合には、男女差別を推定」する法的技法であり、能力重視型や個別決定型の賃金にも、同原則を適用した差別是正が求められている（EU委員会指令提案文書COM（2021）93final.pp.11–12, 指令前文17・18項参照）。

28）　「単一の源」基準では、賃金決定が同一の典拠（e.g. 産業別労働協約や法律）による場合には、事業所や使用者の範囲を超えて比較ができる。

要と規定されており、アセスメント結果を基に賃金制度自体の見直しに取り組むことになる。また、使用者に対し、公的機関へのアセスメントの伝達を義務づけるとともに、公的機関に対し、アセスメントの利用や是正過程への参加を認めている。

3）個別被害救済制度の改革について（14～23条）

指令は、行政・司法救済制度の強化・改革を目的として、加盟国に対して、救済制度に関する詳細な規定を置いた。

主な項目を挙げると、被害者による救済制度利用の容易化に向けて、労働者代表や公的機関、NGOなどに行政／裁判手続の代理や支援を許容し、申立期間制限の厳格化、原告敗訴時の訴訟費用負担の限定を規定している。また、立証負担転換、裁判所等による証拠開示命令、比較範囲に関する前記「単一の源」の導入、比較対象者範囲拡大を規定した。さらに、救済として、差止命令や権利義務確保措置命令、効果的比例的抑止的制裁・制裁／再発制裁金を規定している。

4）労使、公的機関の権限及び役割について

指令は、賃金制度改革を主要な柱の一つとし、労働者代表と使用者の協働取組みを求め、様々な場面で各々の権利と義務を規定している。

併せて、特に注目したいのは、指令が公的機関の役割を重く位置づけていることである。公的機関に対して、前述のように、賃金情報の収集・公表や指令実施に関する権利と義務を規定する（9、28、29条）。さらに、公共契約を通じて同一賃金原則遵守を確保するよう求めている（24条）。これらは、差別の是正を労使自治に委ね切りせず、国として支援・監督そして独自の措置を講じるよう求める指令の姿勢も示すものである。

（3）同指令の意義及び課題

以上のように、同指令は大変に意欲的な指令であり、特に次の点に注目したい。

第一に、「指令」という法的拘束力を有する法形式を用いたことである。

賃金に関しては、労使自治を重視して法規制に謙抑的な風潮もあるが、同指令は、労使自治を尊重しつつも、男女差別という基本的人権にかかわる問題には、EU や加盟国として基本的な保障を確保するという観点に立っている。

第二に、同指令が、賃金情報の開示（賃金の透明化）に留まらず、エンフォースメント強化に必要な全体的枠組みを提示し、かつ、個別救済制度の改革とともに、集団的でプロアクティブな賃金制度改革を要求していることである。すなわち、指令は、確立して来た高水準の男女賃金差別禁止規範を土台として、エンフォースメント全体の改革に乗り出し、差別禁止（抑止的規制）や個別被害救済のみでなく、差別排除の障害原因となっている制度自体の改革という、集団的でプロアクティブな（積極的・前進的な）アプローチを併用している。平等実現への新たな段階の挑戦といえよう。

第三に、具体的な賃金制度改革の道筋として、賃金格差の顕在化を出発点とする一連の取組み過程を提示した点も重要である。すなわち、"賃金比較の基準や評価方法の明確化と整備を求め→情報開示を通じて賃金格差の可視化を図り→それを共同賃金アセスメントによる集団的な賃金制度変革や個別被害の救済へと繋げる"という一連の展開、是正手法を提示し、それに必要な諸措置及び労使公体制の構築を要求していることである。

（4）残された課題

今後、加盟各国で指令の国内法化が進められる。各国が、具体的にどのような措置を講じるのかが、これからの重要課題となる。

同指令は意欲的な内容を有するが、同時に、内容的な不十分さや言及されていない問題が存在する。たとえば、賃金情報の開示対象が「男女別」の情報のみでは、雇用形態が理由あるいは原因が複合する事案では、男女賃金格差実態や差別の要因を把握するには不十分である。加盟国段階で、同指令による EU 加盟国共通の最低限要求がどのように評価・勘案され、どう国内法化されていくのか、加盟国段階でのさらなる補充・補強を期待しつつ注目したい。

また、同指令は、賃金制度と司法救済制度を主要な改善対象としているが、賃金格差は、配置・昇進などそれ以外の様々な処遇差別の結果でもある。賃

金制度以外の男女差別処遇も含めて是正されなければ、男女の賃金差別は解消しない。加えて、男女差別是正には、雇用形態差別の是正やワーク・ライフ・バランス実現など、男女差別の根底にある性別役割分業とそれを土台とした雇用制度の改革なども重要である。こうした領域の諸指令[29] も含めて、総合的な法実践を進めていくことも、今後の重要課題である。

3 EU の法実践と日本の取組み

現代社会では、世界的規模で産業構造や雇用・人事処遇に変化が生じ、男女差別の要因や形態も大きく変化し、EU も日本も男女賃金差別という共通の問題を抱えている。EU の法実践は、日本とっての重要な参照素材である。

たとえば、日本の 2006 年均等法改正による間接差別概念の導入では、EU 指令が参照とされて類似の定義が規定された[30]。残念ながら、均等法上の間接差別禁止の対象は省令事項に限定されたが、2024 年に省令外の間接性差別を不法行為とした判決[31] も出されている。今後、同法理の活用を図る上でも、EU での多数の実践例は重要な参照材料である。また、日本では、これまでエンフォースメント制度の改善に関する議論は、必ずしも十分ではなかった。2023 年男女同一賃金原則適用強化指令は、是正の全体像や基本的観点から具体的な措置内容まで、種々の有益な示唆を含んでいる。

EU でも、前記の 2 指令が簡単に成立したわけではない。規制緩和やバックラッシュの波を受けつつも、法解釈や立法を進展させる必要を強く認識し、実態調査研究に基づく提起や取組みを積み重ねるなかで、これら指令の成立に至った。EU の法実践は、その意味でも、日本の差別是正の参考となろう[32]。

---

29)　男女平等実現に関連する指令として、パートタイム労働指令（1997/81/EC）、有期労働指令（1999/70/EC）、派遣労働指令（2008/104/EC）、母性保護指令（92/85/EC）、ワーク・ライフ・バランス指令（2019/158/EU）などがある。

30)　同法 7 条、均等指針（平成 18 年告示 614 号）第 3・1(1)、厚労省「『男女雇用機会均等政策研究会』報告書」（2004 年）参照。

31)　AGC 事件・東京地判令 6.5.13 労判 1314 号 5 頁。

32)　なお、EU 法の参照可能性について別稿で論じた（黒岩容子「性差別への法的取組みと EU 法の参照可能性」中村民雄編『EU 法の参照可能性』（信山社、2025 年 5 月刊行予定））。

男女賃金差別撤廃への EU 法の挑戦　149

性自認に基づく職場の施設利用

——経済産業省事件最高裁判決と今後の課題——

石﨑由希子

はじめに

　戸籍上の性別（出生時に割り当てられた性別）と性自認が一致しないトランスジェンダーは、労働能力という面でそれ以外の労働者と異なることはない。しかし、職場において、性自認と一致した服装や化粧[1]、あるいは、男女別に分けられたトイレや更衣室等の施設について性自認に基づく利用が制限され、これにより就労継続が困難となることはありうる[2]。本稿は、後者の事例について初の判断を示した経済産業省事件・最三小判令5.7.11民集77巻5号1171頁（以下「経産省事件最判」という）について検討を行いつつ、今後の課題について試論を示すこととする[3]。

---

1)　Ｓ社（性同一性障害者解雇）事件・東京地判平14.6.20労判830号13頁（性自認が女性の労働者に対し、女性の身なりをしないようにとの業務命令及び自宅待機命令がなされ、これに従わなかったこと等を理由とする懲戒解雇が無効と判断された事案）、淀川交通（仮処分）事件・大阪地決令2.7.20労判1236号79頁（性自認が女性のタクシー乗務員に対し、乗客からの苦情等を契機として、化粧を施した上での乗務を禁止し、これに違反したことを理由として就労が拒否されたが、この間の賃金請求権が認容された事案）参照。

2)　性的少数者が職場において抱える課題を広く検討するものとして、内藤忍「性的志向・性自認に関する問題と労働法政策の課題」季労251号（2015年）2頁、名古道功「職場における性的マイノリティの処遇と課題」日本労働研究雑誌735号（2021年）59頁、長谷川珠子「性的少数者が直面する課題と解決に向けた展望」季刊労働者の権利345号（2022年）20頁、竹内（奥野）寿「性的マイノリティの雇用関係における法的課題」ジュリ1578号（2022年）24頁、第一東京弁護士会司法研究委員会LGBT研究部会『詳解LGBT企業法務』（青林書院、2021年）等。

3)　本稿は、2022（令和4）年7月22日労働弁護団関東ブロック総会において行った報告「労働者の性自認に関する近時の裁判例の検討」で示した問題意識に基づき、その後出された経産省事件最判の内容やその後の学説の議論等を踏まえて執筆したものである。

1　経産省事件最判の概要

本件は、トランスジェンダー女性（以下「トランス女性」という）の国家公務員が、職場の女性トイレの利用階が制限されていたことに関して行った行政措置要求に対し、これを認めないとした人事院の判定等の違法性を争ったものである。

（1）事実の概要

経済産業省の職員であるX（原告・控訴人＝被控訴人・上告人）は性同一性障害との診断を受けているが、性別適合手術は受けていなかった。Xは、平成21年10月、女性の服装での勤務や女性トイレの使用等についての要望を職場に伝え、平成22年7月、Xが執務する部署の職員に対し、Xの性同一性障害について説明する会（本件説明会）が開かれた。X退席後になされた意見聴取の場で、Xによる女性トイレ使用について、数名の女性職員が違和感を抱いているように担当職員から見えたことなどを踏まえ、Xに対しては、執務階とその上下の階の女性トイレの使用を認めず、執務階から2階以上離れた階の女性トイレの使用を認める旨の処遇（本件処遇）が実施された。本件処遇は、Xが病気休職から復帰した平成26年4月7日時点においても継続された。

Xは、平成25年12月、職場の女性トイレの使用等含め、原則として女性職員と同等の処遇を行うこと等を内容とする行政措置の要求をしたが（国公法86条）、人事院は、同27年5月、いずれの要求も認められない旨の判定（本件判定。以下、本件処遇に係る部分を「本件判定部分」という）をした。Xは、Y（国。被告・被控訴人＝控訴人・被上告人）に対し、本件処遇の継続等について国賠法1条1項に基づく損害賠償を請求するとともに、本件判定の取消しを請求する訴訟を提起した（以下では、本件処遇に関する判断のみを取り上げる）。

（2）一審判決

一審（東京地判令元.12.12労判1223号52頁）は、本件判定部分の取消及び

性自認に基づく職場の施設利用　151

国賠法上の損害賠償請求につき一部認容した。一審は、国内の法令施策の他、日本学術会議の提言、経団連のアンケート結果、個別の民間企業における具体的取組、諸外国の状況について詳細に認定し、本件処遇は、原告がその真に自認する性別に即した社会生活を送ることができることという重要な法的利益を制約するものとした。その上で、女性トイレを利用する女性職員に相応の配慮は必要としつつも、①Xについて女性に性的危害を与える可能性が客観的に低いこと、②トイレは個室で性器を露わにすることは想定されないこと、③Xは女性として認識される度合いが高いこと、④性自認に基づく施設利用に対する受け止め方に相応の変化が生じていることからすると、⑤Xによる女性トイレ利用に伴い生じるトラブルの具体的可能性が認められないとし、経産省が本件処遇を継続したことは、庁舎管理権の行使に当たって尽くすべき注意義務を怠ったもので国賠法上違法と判断した。また、本件判定は、本件処遇によって制約を受けるXの法的利益等の重要性のほか、上記①乃至⑤の諸事情について、考慮すべき事項を考慮しておらず、又は考慮した事項の評価が合理性を欠いており、その結果、社会観念上著しく妥当を欠くものであったとし、本件判定部分は裁量権逸脱・濫用により違法であるとした。

（3）原審判決

原審（東京高判令3.5.27 労判 1254 号 5 頁）は、一審判決のうち上記判断部分を変更し、本件処遇に係る国賠請求及び本件判定に係る取消請求を棄却した。原審は、性同一性障害者特例法（以下「特例法」という）の立法趣旨及びそもそも性別が個人の人格的生存と密接不可分なものであることから、「自らの性自認に基づいた性別で社会生活を送ることは、法律上保護された利益である」とした[4]。他方、特例法に基づく性別変更をしていないトランスジェンダーによる性自認について指針となる規範や適切な先例が存在しない中で、本件処遇が関係者の対話と調整を通じて決められたものであり、Xもこの処

4）特例法の趣旨を引用していることや利益の重要性について判示していないことから、憲法上の権利とは捉えていないとの指摘として、竹内（奥野）寿「原審判批」ジュリ 1562 号（2021 年）4 頁、石﨑由希子「原審判批」ジュリ 1569 号（2022 年）130 頁。

遇を納得して受入れていたこと、その後も経産省としての考え方を説明していたことなどから、「公務員が職務上通常尽くすべき注意義務を尽くすことなく漫然と当該行為をしたと認め得るような事情」はないとして国賠法上の責任を否定した。また、経産省としては、Xを含む全職員にとっての適切な職場環境を構築する責任を負っていること、本件処遇決定後に制限を撤廃することを相当とする客観的な事情の変化も生じていなかったことから、Xの主張は認められないとした。

本件判定部分についても、全職員にとっての適切な職場環境を構築する責任を負っている経産省の裁量権につき、逸脱又は濫用があったとはいえないとした上で、一般国民及び関係者に公平なように、かつ、職員の能率を発揮し、及び増進する見地において事案の判定に当たる人事院が、Xの要求を認めないと判断したことについても、裁量権の範囲を逸脱し、又はその濫用があったとはいえないとした[5]。

（4）最高裁判決

最高裁は「本件処遇は、……Xを含む職員の服務環境の適正を確保する見地からの調整を図ろうとしたものであるということができる」としつつ、「Xは、……本件処遇の下において、自認する性別と異なる男性用のトイレを使用するか、本件執務階から離れた階の女性トイレ等を使用せざるを得」ず、「日常的に相応の不利益を受けている」と判示した。最高裁はまた、①Xは女性ホルモンの投与等を受け、性衝動に基づく性暴力の可能性は低い旨の医師の診断も受けていること、②現に、Xの女性トイレ使用によりトラブルが生じたことはないこと、③本件説明会において、数名の女性職員が違和感を抱いているように見えたにとどまり、明確に異を唱える職員がいたとはうかがわれないこと、④本件説明会から本件判定に至るまでの約4年10か月の間に、Xによる女性トイレの使用について特段の配慮をすべき他の職員の有

---

5) 人事院は各府省庁がした措置の適法性・妥当性を審理するのではなく、独立の第三者機関として、要求が勤務条件として適切であるかについて判断することが求められるところ、経産省の裁量権に逸脱・濫用なしとする認定を人事院の裁量権に逸脱・濫用なしとの判断に繋げることへの批判については、岡田正則「原審判批」法時93巻12号（2021年）5頁、本多滝夫「本件判批」『令和5年度重要判例解説』ジュリ臨増1597号（2024年）37頁。

無について調査が改めて行われ、本件処遇の見直しが検討されたこともうかがわれないことから、「遅くとも本件判定時においては、Xが本件庁舎内の女性トイレを自由に使用することについて、トラブルが生ずることは想定し難く、特段の配慮をすべき他の職員の存在が確認されてもいなかったのであり、Xに対し、本件処遇による上記のような不利益を甘受させるだけの具体的な事情は見当たらなかった」とした上で、「本件判定部分に係る人事院の判断は、本件における具体的な事情を踏まえることなく他の職員に対する配慮を過度に重視し、Xの不利益を不当に軽視するものであって、関係者の公平並びにXを含む職員の能率の発揮及び増進の見地から判断しなかったものとして、著しく妥当性を欠いたものといわざるを得ない」とし、本件判定部分における裁量権の逸脱濫用を認めた（なお、最高裁は、行政措置要求に対する人事院の判定について、国家公務員法71条、87条を根拠に、人事院の裁量を認めた上で、「判定は、裁量権の範囲を逸脱し又はこれを濫用したと認められる場合に違法となる」との判断枠組みを示していた）。

　なお、宇賀裁判官、長嶺裁判官、渡邉・林裁判官、今崎裁判官の各補足意見がある。

2　最高裁判決の検討

　上記のとおり、一審と原審の判断が分かれる中で、最高裁は、本件処遇に係る国賠請求については上告を受理しなかったが、人事院の本件判定部分について、裁量権の濫用逸脱を認めた[6]。本件は、国家公務員に認められた措置要求に対する人事院判定の違法性が争われた事案ではあるが、法廷意見や補足意見において示された考え方は民間企業にも及ぶと解される[7]。もっとも、本判決は事例判決であり、法廷意見で示された結論は本件事案におけ

---

6)　なお、石﨑・前掲注4) 132 ～ 133頁で指摘したように、私見では、国賠請求も認められるうる事案であったと考える。ただし、本件処遇そのものの適否を裁判所が判断しようとすると、約10年前の行為規範を援用すべきことになるところ、これを避けるためにあえて最高裁は限定的処理に留めたとの指摘として、岡田正則「本件判批」判時2594号（2024年）17頁。

7)　朱穎嬌「本件判批」新・判例解説 Watch 憲法 No.220（2023年）3頁、名古道功「本件判批」新・判例解説 Watch 労働法 No.123（2023年）2頁、井上・後掲注8) 68頁。

る具体的事情に拠るところも大きい。以下では、法廷意見及び補足意見のほか、近時の学説の状況等を踏まえつつ、本判決の意義や本判決が示唆する今後の方向性を明らかにする。その上で、3 では、本件と異なる事案において、どのような対応が求められるか、具体的な事例を念頭に検討を行うこととする[8]。

（1）利益の内容

本判決の法廷意見において注目されるのは、X の被侵害利益について明示せず、離れた階のトイレを利用することにつき、「日常的に相応の不利益」と判示するに留めている点である。なお、一審及び原審は、その結論こそ異なるものの、「性別が個人の人格的生存と密接不可分」であり、「自らの性自認に基づいた性別で社会生活を送る」利益が法律上保護される利益と認められることを判示していた。

法廷意見は、人事院の判断が裁量権の濫用・逸脱にあたると判断するにあたり、「他の職員に対する配慮を過度に重視し、上告人の不利益を不当に軽視」したとの評価をし、いわゆる判断過程審査と呼ばれる審査手法を採っているが[9]、具体的事情を踏まえて同評価を導いていることからすると、審査密度としては高いといえる[10]。審査密度の決定要因は明らかではないとはいえ、制限される私人の権利利益の要保護性がこれに影響するとの指摘もあり[11]、法廷意見は X の利益を相応に高いものとみていることがうかがわれる[12]。

---

8)　本稿と近い問題意識の下、具体的な想定事例を踏まえつつ検討を行うものとして、井上美帆「性的少数者の職場における処遇のあり方─経産省事件判決の検討」NBL1251 号（2023 年）63 頁。

9)　宮端謙一「本件判解」ジュリ 1593 号（2024 年）89 頁。

10)　服部真理子「本件判批」新判例解説 Watch 行政法 34 号（2024 年）55 頁、岡田正則「行政裁量─経産省トランスジェンダー職員措置要求事件」法教 518 号（2023 年）62 頁、本多・前掲注 5）37 頁。男性留置人が在房する留置室に性別適合手術を受けたトランス女性を留置したことや医師若しくは成年の女子を立ち会わせることなく身体検査を行ったこと等が国賠法上違法であるとした例（東京地判平 18.3.29 判時 1935 号 84 頁）でも、こうした重みづけが検討されている。

11)　興津征雄『行政法 I 行政法総論』（新世社、2023 年）439 頁。なお、同書 449 頁は判断過程審査をとることと審査密度は無関係であるとする。

12)　井上・前掲注 8）66 ～ 67 頁。ただし、本多・前掲注 5）37 頁は、国家公務員法 87 条にいう「関係者の公平並びに職員の能率の発揮及び増進という見地」を重みづけの評価の梃子としたと指摘

性自認に基づく職場の施設利用　155

このことは補足意見からも基礎づけられる。補足意見のうち、宇賀補足意見、長嶺補足意見及び渡邉・林補足意見は、「性自認に基づいて（即して）社会生活を送る」利益（を尊重すべきこと）について言及するが、このうち長嶺意見は、かかる利益につき、「誰にとっても重要な利益であり、取り分けトランスジェンダーである者にとっては、切実な利益」であるとし、渡邉・林補足意見は、「（上告人にとっては）人として生きていく上で不可欠ともいうべき重要な法益」であるとする。これに対し、今崎補足意見は、「自認する性にふさわしい扱いを求めることは、ごく自然かつ切実な欲求」と表現するが、これも利益の重要性を認める表現と読みうる。以上のように、裁判官全員、少なくとも多数派は当該利益の重要性を認めているといえる[13]。

　このような中で、法廷意見がかかる利益の存在あるいは重要性を明示しなかったことは、いささか不可解ではある。この点、調査官は、国賠法上の違法性が論点となっていなかったため、判示する必要がなかったと指摘する[14]。また、本件において、具体的事実関係から本件判定が違法であるとの結論を導くことが比較的容易であることも、利益の重要性に言及する必要性はないとの判断に至った理由と推測される。加えて、かかる利益の存在や重要性に対する認識が社会の中で十分に醸成されているとは言い難い現状があることや本件が性別変更手術を受けていないトランス女性の施設利用に係る初の事例であることなどから、トランス女性の有する利益の重要性を強調することで、それが具体的事案を離れて、一定の結論を導くような事態を慎重に避けようとした面もあるように思われる[15]。

────────────

する。

13)　宇賀補足意見は、一審と原審とでは、上記利益をどの程度、重要な法的利益として位置付けるか、同僚の女性職員の違和感・羞恥心等をどの程度重視するかについて認識の相違がある旨指摘した上で、人事院の裁量権の行使において、違和感・羞恥心等を過大に評価し、Xが自己の性自認に基づくトイレを他の女性職員と同じ条件で使用する利益を過少に評価しているとの見解を示している。必ずしも明確ではないが、Xの利益を重視する立場と読みうる。なお、最大決令5.10.25民集77巻7号1792頁（以下「令和5年最大決」という）における宇賀反対意見は、性同一性障害者がその性自認に従った法令上の性別の取扱いを受けることは、憲法13条により保障された基本的人権であるとする。

14)　宮端・前掲注9) 89頁、岡田正則「本件判批」判時2594号（2024年）18頁。

15)　野川忍「本件判批」West Law Japan 判例コラム〔2023WLJCC016〕（2023年）、石﨑由希子「本件判批」『令和5年度重要判例解説』ジュリ臨増1597号（2024年）191頁。

156　第Ⅱ部　個別的労働関係における現代的課題

上記事情は理解できないではないものの、本件事案が性別変更手術を受け
ていないトランス女性の施設利用に係る初の事例であり、性自認に基づく男
女別施設の利用について指針となる規範や適切な先例が存在しないからこ
そ[16]、最高裁としては、上記のような重みづけをした根拠やトランスジェン
ダーの有する利益が憲法上保障されているか否かについて判示すべきであっ
たようにも思われる[17]。

　一審や原審で指摘されていたように、性別は人格的存在（生存）と密接不
可分であることからすれば[18]、性自認に基づき社会生活を送る利益もまた憲
法13条が保障する人格的利益に当たると解される[19]。また、性自認と一致し
ない出生時に割り当てられる戸籍上の記載や身体的特徴は、自らの意思のみ
で容易に変更できない点[20]において、「社会的身分」に類する属性に当たる

---

16)　このことを主な理由として、国賠請求を棄却した原審判決を支持するものとして、島田裕子
「原審判批」法時94巻6号（2022年）123頁。

17)　竹内（奥野）寿「本件判批」ジュリ1588号（2023年）5頁、井川志郎「本件判批」日本労働
法学会誌137号（2024年）248頁、長谷川聡「本件判批」季労284号（2024年）16頁、朱・前
掲注7）3頁。

18)　上記のほか、特例法の生殖不能要件についての合憲性を認めた最二小決平31.1.23判時2421
号4頁における補足意見、同最決を変更した令和5年最大決においても指摘されている。なお、
浜名湖カントリークラブ事件・東京高判平27.7.1D1Law 28283790（原審：静岡地判平26.9.8判時
2243号67頁）では、会員制ゴルフクラブへの入会拒否の違法性が問題となった事案において、
一審原告は経済的不利益を被ったほか、「人格の根幹部分」に関わる精神的苦痛を受けたと評価
されている。

19)　性自認に従った取扱いを受ける利益ないし性同一性が憲法13条により保障される人格的利益
に含まれるとする見解として、長谷部恭男『注釈日本国憲法（2）』（有斐閣、2017年）138頁［土
井真一］、曽我部真裕「個人の尊重と生命、自由及び幸福追求権に関する権利(2)」法教485号（2021
年）80頁、岡田高嘉「原審判批」新判例解説Watch憲法30号（2022年）14頁、春山習「基本
権としてのジェンダー・アイデンティティ」早稲田法学96巻1号（2020年）79頁。労働法学説
では、山田省三「性別二分論の限界－性的少数者と性差別禁止」日本労働研究雑誌735号（2021年）
13頁、黒岩容子「ジェンダーをめぐる職場の現代的課題」季労275号（2021年）133頁、龔敏「ト
イレの利用制限から見る性自認差別の課題」季労276号（2022年）157頁、名古・前掲注2）65
頁、同「一審判批」『令和2年度重要判例解説』ジュリ臨増1557号（2021年）175頁、石﨑・前
掲注4）132頁、長谷川聡「原審判批」日本労働法学会誌135号（2022年）263頁、同・前掲注
17）17～18頁。なお、令和5年最大決の法廷意見は、性自認に従った法令上の性別の取扱いを
受けることは、個人の人格的生存と結びついた重要な法的利益であるとする。

20)　なお、令和5年最大決により、生殖不能要件については違憲と判断され、従来よりも戸籍上
の性別変更が認められやすくなっているようではあるが、この点法改正等がなされたとしても、
戸籍上の性別を変えることには、心理的ハードルや家族の反対等が想定されうるし、性自認と一

と考えられることからすれば、憲法14条に基づき、性自認に基づき社会生活を送る利益の中には、トランスジェンダー自身が、それを望む限りにおいて「（性自認と身体的性別／戸籍上の性別が一致している）シス女性・男性」と「等しく」社会生活を送る利益も含まれうると解する[21]。

　最高裁がかかる利益を憲法上の利益と捉えているか否かについて、本判決からは必ずしも明らかではないが、補足意見において、上記利益の重要性について指摘されていることの意義は大きく、将来起こりうる同種事例においては、かかる利益の存在や重要性を前提に対応することが求められよう。

（2）具体的判断

　本件においては、① X が性同一性障害であることについての説明会が実施され、X の女性トイレ利用について明白に異を唱えるものがいない、② X が女性トイレを利用することでトラブルは生じていない、③「他の職員に対する配慮」の問題のうち、他の女性職員の違和感・不安感等については、医学的に根拠があるとは認められない、という点に事案の特徴があり、最高裁もかかる事実関係を考慮して、本件判定部分について違法性を認めたと解される。法廷意見はまた、本件処遇について、「X を含む職員の服務環境の適正を確保する見地からの調整を図ろうとしたもの」としており、本件判定に至るまでの約4年10か月の間に、本件処遇の見直しの検討が行われなかっ

致しない性別の記載が従前なされていた事実は変えられないこと等も踏まえれば、上記立論は今後も妥当すると考える。

21)　性自認について、「社会的身分」又はこれに相当する問題と捉える見解として、渡辺康行『憲法 I 基本権』（日本評論社、2016 年）136 〜 137 頁。齋藤笑美子「性的マイノリティの人権」愛敬浩二編『講座立憲主義と憲法学（第 2 巻）人権 I』（信山社、2022 年）189 〜 190 頁は、性同一性に基づく差別と性差別を区別すべきと主張する。この他、山田・前掲注 19）13 頁、石﨑・前掲注 4）132 頁等。これに対し、ジェンダー規範に基づく SOGI 差別も性差別に当たるとする見解として、井川志郎「原審判批」季労 279 号（2022 年）199 〜 202 頁、同「経産省事件で問題とすべきは『配慮』のバランスか」労旬 2049 号（2024 年）8 〜 11 頁のほか、春山・前掲注 19）83 〜 84 頁、長谷川聡・前掲注 17）18 頁参照。

　　後者の見解に対しては、トランスジェンダーの抱えるニーズは多様であることや、本人の意向を踏まえた対応が必要となることから（後述）、一律に性差別としてとらえることが望ましいか、あるいは仮にこのように捉えるとしても、合理的調整の余地を残すべきではないかという点が課題となる（神吉知郁子＝富永晃一「ディアローグ労働判例この 1 年の争点」日本労働研究雑誌 760 号（2023 年）40 頁〔富永発言〕参照）。

たことを考慮しているといえる。このことは、違和感・不安感等が時間の経過とともに解消されうることを踏まえたものといえるが[22]、他面において、性自認に基づくトイレ利用の制限につき、それがされた時点から直ちに違法になるとまでは考えていないことがうかがわれる[23]。

この点に関しては、トランス女性とシス女性の平等取扱いを厳格に求める立場からは異論もあり得よう[24]。しかし、トランスジェンダーのトイレ利用に係るニーズは多様であり[25]、また、自認する性への移行過程においてもこうしたニーズが変わりうることを踏まえれば、当事者の意向を踏まえつつ、暫定的に一定の制限を付すことは、本判決で示唆されたように、許容されうると考える[26]。

（3）今後の方向性

時間の経過を考慮する法廷意見及び渡邉・林補足意見、今﨑補足意見が示唆するように、重要なのは、性自認に基づく職場の男女別施設利用に際し、同僚との利益衝突が想定される場合において、その調整をどのように行った

---

[22]　前掲・S社（性同一性障害者解雇）事件では、女性の身なりをしていたトランス女性に対する解雇が無効と判断された事案であるが、「債務者社員が債権者に抱いた違和感及び嫌悪感は、……債権者における上記事情を認識し、理解するよう図ることにより、時間の経過も相まって緩和する余地が十分ある」と指摘されている。

[23]　宇賀補足意見は、「当面の措置として上告人の女性トイレの使用に一定の制限を設けたことはやむを得なかった」とする。また、長嶺補足意見は、「本件処遇は、急な状況の変化に伴う混乱等を避けるためのいわば激変緩和措置」とし、上告人が異を唱えなかったことも併せて考慮して、当該処遇がなされた当時において、一定の合理性があったとする。

[24]　井川・前掲注21）季労279号203頁は、差別禁止という公序性の高い規範の違反が問題となる場面で当事者の意向を考慮すべきでないとする。

[25]　TOTO株式会社（協力：株式会社LGBT総合研究所）「2024年性的マイノリティのトイレ利用に関するアンケート調査結果」（https://jp.toto.com/ud/summary/post08/survey2024_05.pdf）によれば、「自由に選べる場合、利用したいトイレ（学校・オフィス・職場）」について、トランスジェンダー（MtF）では、男性トイレ（73.2%（67.1%））、女性トイレ（17.6%（22.4%））、男女共用トイレ（15.2%（38.2%））、バリアフリートイレ（11.6%（32.9%））である（括弧内は2018年調査の数値）。

[26]　櫻庭涼子「最近の重要な労働裁判例について（下）」中央労働時報1324号（2024年）15〜16頁。なお、本件一審判決の認定の中には、トランス女性が、使用者から指示を受けてはいないが、自主的に、執務室から1階離れた階のトイレを使用したとされる例や当初、使用可能なトイレを限定したが、数年後に制限をなくしたとされる民間企業の例がある。

か、時間の経過等を踏まえて再検討を行ったかという点にある。今後は、こうしたプロセスの在り方が、性自認に基づく職場施設の利用制限に係る国賠法上の違法性が問題となる場面や不法行為法上の違法性が争われる場面においても、考慮されることになるし、考慮されるべきであると考える。なお、その際、利益調整は「客観的・具体的に」行うべきであり（渡邉・林補足意見参照）、他の同僚の「羞恥心や違和感」についてはどの程度強固に生じ、維持されているかについての丁寧な調査や調査に基づく再検討が要請されよう（長嶺補足意見参照）。あるいは、研修・教育等により他の同僚の「羞恥心や違和感」を払拭するべく研修・教育等を実施するなど、理解促進に向けた取り組みを行うこともまた求められよう（宇賀補足意見、渡邉・林補足意見参照）。

　上記のようなプロセスを要請する規範的根拠は現行法上必ずしも明らかではなかったが、2023（令和5）年6月23日に公布・施行されたLGBT理解増進法（性的指向及びジェンダーアイデンティティの多様性に関する国民の理解の増進に関する法律）6条1項及び10条2項は、努力義務ではあるものの、特に、研修・教育や相談体制の整備等の対応について、規範的に基礎づけるものとなると解される[27]。また、当事者間の利益調整や調査・検討、再検討といったプロセスについても、同法10条2項にいう「その他の必要な措置」に含まれると解される。これに加えて、上記プロセスは、障害者に対して提供することが求められる合理的配慮（障害者差別解消法8条2項、障害者雇用促進法36条の3参照）と類似の要請からも導かれうると考える[28]。性同一性

---

27)　長谷川聡「労働法研究者から見た「LGBT理解増進法」への期待と職場での展開」産業精神保健32巻4号（2024年）336 〜 337頁。なお、同法に対する批判的検討として、龔敏「いわゆる「LGBT理解増進法」の解説・検討」ジュリ1595号（2024年）76頁。

28)　なお、「障害を理由とする差別の解消の推進に関する基本方針」（平成27年2月24日閣議決定）第2・3（1）イでは、「合理的配慮は、障害の特性や社会的障壁の除去が求められる具体的場面や状況に応じて異なり、多様かつ個別性の高いものであり、当該障害者が現に置かれている状況を踏まえ、社会的障壁の除去のための手段及び方法について、「(2) 過重な負担の基本的な考え方」に掲げた要素を考慮し、代替措置の選択も含め、双方の建設的対話による相互理解を通じて、必要かつ合理的な範囲で、柔軟に対応がなされるものである。さらに、合理的配慮の内容は、技術の進展、社会情勢の変化等に応じて変わり得るものである」とされている。また、同方針第2・3（1）エでは、「障害の状態等が変化することもあるため、特に、障害者との関係性が長期にわたる場合等には、提供する合理的配慮について、適宜、見直しを行うことが重要である」とされる。

障害については、WHO の「国際疾病分類」（ICD-11）において、「性別不合（Gender Incongruence）」に分類されるなど脱病理化が図られているが、トランスジェンダーにとって、①社会的障壁が生きづらさ（働きづらさ）の原因となっている点、②ニーズが多様で、選択を希望する措置等も各人ごとに様々であることからすると、相互の建設的対話をベースとする合理的配慮のアプローチが適合的と考える[29]。私見によれば、上記要請は、現行法の下でも、信義則を媒介として導きうると解するが、これを明確化することは立法上の課題と考える。

3　残された課題

　以下では、本判決とは異なる事案の下で、どのような対応が職場に求められるか、補足意見から伺われる対応指針を踏まえつつ、試論を示したい。

（1）明確に異議を唱える女性職員がいる場合

　第一に、違和感や羞恥心、あるいは性的不安を理由として、明確に異議を唱える女性職員がおり、トランス女性のトイレ利用に伴い、トラブルの発生が予想される場合の対応が問題となる。この場合には、本件とは異なり、トランス女性の利益と他の同僚女性の利益が直接衝突することとなる。とりわけ、当該女性職員が、トランス女性に女性トイレ利用を認めた場合には、自身が女性トイレを（安心して）利用できなくなるとの主張をする場合、一見すれば、いずれもトイレを利用する日常生活上の利益の制約が問題となるとも思われる[30]。しかし、トイレに個室が完備されており、かつ、女性側の性

29）　濱畑芳和「LGBT に対する合理的配慮を中心に」日本労働法学会誌 132 号（2019 年）182 ～ 183 頁、長谷川聡・前掲注 17）21 頁、神吉＝富永・前掲注 21）40 頁［富永発言］、富永晃一「判批（Y 交通事件）」ジュリ 1555 号（2021 年）134 頁、山田・前掲注 19）13 ～ 14 頁。井上・前掲注 8）69 ～ 73 頁は適正プロセス履践義務と適正処遇のための体制整備義務を構想し、その具体的内容を示す。

30）　なお、事務所衛生基準規則 17 条 1 項 1 号では、男女別トイレの設置を原則としており、女性にとって、男性と区別されたトイレを利用する利益は、安衛法が目的とする快適な職場環境の形成（同法 1 条）との関係でも、法的保護に値するといえる。ただし、性別適合手術をしていないことや戸籍上の記載を理由として、トランス女性（MtF）をここでいう「男性」と位置付けて良

的不安について具体的根拠が認められないような場合には、一定の猶予期間を置くことは許容されうるとしても、最終的には、トランス女性の利益への配慮を優先させることを原則とすべきと考える。なぜなら、トランス女性のトイレ利用にかかるニーズは「女性として扱われる」というまさに人格的生存に関わるものであり[31]、トイレ利用に制限を付すことは、「通常の女性ではない」とのメッセージの表明あるいは意図しないアウティングに繋がりうるからである[32]。シス女性が、トイレの共有部でトランス女性とすれ違うことにより性的羞恥心や違和感を抱くことは否定できないとしても、これらは、あくまでも快適職場に対する利益に包摂されうるものであり、人格的生存の根幹に直接関わるとまでは直ちには言い難い[33]。違和感を強く感じる他の女性職員は、他の階のトイレを利用するなど、トイレでトランス女性と遭遇することを回避することも可能であり、その際、他の階を利用する不便さは生じうるとしても、そのことがシス女性の性自認を揺るがすことはなく、何らかスティグマ的な意味をもつことはないといえる。

　もっとも、トランスジェンダーによるトイレ利用に対する忌避感が、宗教観や過去の性被害のトラウマ等に基づいて生じている場合などは、今崎補足

いかについては慎重に検討する必要がある。トランス女性に女性トイレの利用を認めることで、男性と区別されたトイレを利用する女性労働者の利益は必ずしも侵害されないように思われる。

31）　三菱 UFJ リサーチ＆コンサルティング「令和元年度厚生労働省委託事業　職場におけるダイバーシティ推進事業報告書」（https://www.mhlw.go.jp/stf/seisakunitsuite/bunya/koyou_roudou/koyoukintou/0000088194_00001.html）によれば、過去 30 日間で、①「神経過敏に感じた」経験、②「絶望的に感じた」経験、③、「そわそわ、落ち着かなく感じた」経験、④、「気分が沈み込んで、何が起こっても気が晴れないように感じた」経験、⑤、「何をするのも骨折りだと感じた」経験、⑥「自分は価値のない人間だと感じた」経験について、「あった」（少しだけ・ときどき・たいてい・いつも）と回答する割合は、LGBT 当事者の方がシスジェンダーで異性愛者の者と比べて高く、メンタル不調の傾向がうかがえる（特に、②・⑥では顕著にその差が表れている）。この調査からは、メンタル不調の原因は特定できないものの、「性をどのように生きるのか」という問題が個人の人格的生存のみならず生存そのものと関わることが示唆される。

32）　NHK for school で配信されているドラマ『ファースト・デイ　わたしはハナ！』の第 1 話では、中学校の入学面接で、女子トイレではなく「だれでもトイレ」の利用を校長から勧められたトランスジェンダーの主人公が他の生徒にトランスジェンダーであることを気づかれるのではないかと不安になる様子が描かれている（https://www.nhk.or.jp/school/tokkatsu/firstday/）。

33）　男性清掃員が職場の女性トイレに入ることは一般にありうるが、そのことが人格的生存に関わる問題とまでは捉えられないように思われる。

意見が示唆するような「特段の配慮」が必要になる[34]。この場合の対立利益は、当該者の人格的生存に関わりうるため、調整は困難となる。その際、まずは、双方の利益を可能な限り制約しないような手段を考えることが求められる。例えば、性自認に基づくトイレ利用を認めつつ、特段の配慮を必要とする者が安心してトイレ利用できるように施設の整備を行ったり、トイレでの遭遇を互いに回避できるような対応（例えば、トイレ個室の占有状況を入り付近で表示するなど）をとることが選択肢として考えられる。しかし、それが困難な場合には、複数のトイレのうち一部のトイレについてはトランス女性による利用を制限し、特段の配慮を必要とする者に専ら利用させるということが考えられる。なお、上記のような特段の配慮事由を抱えることについては、性自認と同様、センシティブな情報でもあり、言い出しにくい面があることは否定できない[35]。申出をしやすい職場環境の整備は重要であるし、その際、開示された情報を共有する範囲は限定する必要がある。とはいえ、補足意見等において示唆されるように「具体的な利益調整」が必要となることからすれば、上記のような事情を抱える同僚が、申出をしないことにより配慮を得られないことについては、やむを得ないと考えざるを得ない。

（2）いわゆる「パス度」が高くない場合

　一審判決によれば一審原告は「女性として認識される度合いが高」かったとあり、いわゆる「パス度」が高いトランス女性の事案であったことが、間接的に最高裁の結論に影響を及ぼした可能性は否定できない。しかし、「パス度」を問題とすることについては、人の外見や美醜を問題にする主観的な

---

34)　富永晃一「本件判批」ジュリ1591号（2023年）99頁参照。なお、山﨑文夫「本件判批」法時96巻4号（2024年）142頁は羞恥心等が修正困難な違和感である可能性や性被害の可能性を指摘し、法廷意見を批判する。しかし、それが可能性に留まる以上、重みづけにおいて劣後させることに問題はないと考える。また、性犯罪は同性間でも起こりうるところ、トランス女性による性犯罪を過剰に懸念することは、それ自体がトランス女性に対する偏見となりうる。この点につき、立石結夏「トランスジェンダーと「性暴力論」を切り離す」Web日本評論（2021年4月28日）（https://www.web-nippyo.jp/23197/）も参照。

35)　富永・前掲注34）100頁脚注21は多数の者が同席する説明会では違和感は表明されにくいことを指摘し、井上・前掲注8）22頁は、書面・メール、個別面談等の手段を併用することを提案する。ただし、説明会の実施により、事後的に個別に申し出る契機は与えられているとみる余地もある。

論争を招くおそれがあるとの指摘もあり[36]、法廷意見もこの点明示していないことから、慎重に考える必要がある。

　ここで検討されるべきは、「パス度」そのものというよりも、トランス女性のトイレ利用に伴い生じうるトラブル発生の具体的可能性と考える。トラブル発生の具体的可能性は、当該トイレが、①事情を知る職場の上司・同僚等のみの利用が想定されるか、それとも②その他の顧客や他企業の従業員、公衆等の利用も想定されるかによって異なりうる。①のケースにおいて、トランス女性の同意を得た上で同僚等に対して説明がなされ、トイレ利用につき同僚等の理解が得られたようなケースにおいては、「パス度」の高低にかかわらず、女性トイレ利用が制限なく認められるべきであろう。他方、②のケースにおいて、「パス度」が高いとはいえないトランス女性のトイレ利用により、他の女性利用者との間でのトラブル発生のリスクが認められる場合には、当該トランス女性に対する安全配慮や職場施設における秩序維持等の観点から、一定の制限を付すこと等について正当化される余地が生じうる。ただし、渡邉・林補足意見で示唆されるところも踏まえると、抽象的なリスクでは足りず、具体的にかかるリスクが存在することが求められうる。また、顧客・取引先等からのクレームについては、それがカスタマーハラスメントに該当する可能性も踏まえた上で、使用者には毅然とした対応をとることが求められる場合もあると解される[37]。

（3）関係者に対する障害開示を拒否する場合

　上記のとおり、トランス女性は他の同僚に対して性自認等を開示すること

---

36)　立石結夏＝石橋達成「『女性らしさ』を争点とするべきか」法セミ 796 号（2021 年）49 頁。

37)　前掲・Ｓ社（性同一性障害者解雇）事件。社会的障壁（偏見等）を除去し、顧客等に対して理解を促すことも、配慮義務の内容に含まれうるとの見解として、山田・前掲注 19）14 頁。長谷川聡・前掲注 17）20 頁、井川・前掲注 21）季労 279 号 202 頁等も参照。

　なお、厚生労働省「カスタマーハラスメント対策企業マニュアル」（2022 年 2 月 25 日）及び「事業主が職場における優越的な関係を背景とした言動に起因する問題に関して雇用管理上講ずべき措置等についての指針」（以下「パワハラ指針」という）（令和 2 年厚労省告示第 5 号）では、相談体制の整備や被害者への配慮のほか、被害防止の取組が事業主に求められてきた。2025 年 1 月 24 日の第 80 回労働政策審議会雇用環境・均等分科会ではカスハラ対策について、事業主に義務付けることを内容とする労働施策総合推進法改正の法律案要綱が示されている。

は、理解促進や利益の調整に向けたプロセスの起点となりうる。また、開示それ自体が、その後起こりうるトラブルの回避につながる面があることも否定できない。もっとも、意に沿わないアウティングは、本人の人格的生存のみならず、生存そのものも脅かしうる。カミングアウトするか否かは、本人がその方法・時期等を含めて決定すべきであるし（憲法13条）、性自認に基づく男女別施設の利用にあたり必要となる最小限の範囲にとどめるべきといえる[38]。この点に関し、少なくともトイレ利用に関していえば、性別適合手術を受けているか否かや戸籍上の性別を女性に変更しているか否か等について、同僚に対して開示する必要はないと解される。また、ホルモン治療等により性衝動の可能性が低い旨の情報は、他の女性同僚の性的不安を緩和し、トイレ利用に対する理解を得る上では有用といえる可能性はあるが、少なくとも診断や治療の具体的中身については、産業保健職や管理職に限定してこれを開示されるべきといえよう。なお、パス度が高く、周囲が出生時の性別を男性と認識しえないようなケースにおいては、あえてこうした開示を行わずに、性自認に即した施設利用を認めることも許容されるべきといえよう[39]。

おわりに

性自認に基づくトイレ利用に対する違和感は、「トイレは男女別である」という社会通念やこれに基づく従来の教育により形づくられてきたものであり、違和感を抱くことそれ自体は非難されるべきものではない。ただし、そのことは、同時に、性別二元論に基づく社会構造に馴染まない者を差別することを正当化するものでもない。従来、差別禁止法理ないし制定法が、従来の社会通念やステレオタイプを覆す形で展開されてきたことも踏まえれば、

---

38) パワハラ指針では、「個の侵害（私的なことに過度に立ち入ること）」の一類型として、「労働者の性的指向・性自認や病歴、不妊治療等の機微な個人情報について、当該労働者の了解を得ずに他の労働者に暴露すること」があげられている。他方、「労働者の了解を得て、当該労働者の性的指向・性自認や病歴、不妊治療等の機微な個人情報について、必要な範囲で人事労務部門の担当者に伝達し、配慮を促すこと」は該当しない例に挙げられている。

39) 経産省事件において、異動先でのカミングアウトの強制の違法性について指摘するものとして、内藤忍「原審判批」『令和4年度重要判例解説』ジュリ臨増1570号（2023年）185頁、島田・前掲注16）123頁。

特定の社会通念を絶対視することは避けるべきである。また、「トランス女性が女性らしくなることを望んでいる」、「オールジェンダートイレを整備することが最善である」といった考え方もまた新たなステレオタイプを生むことになる。セクシュアリティの多様性・個別性を踏まえて、「（職場において）どうありたいか（どう生きたいか）」について、関係当事者と適切に対話をする必要がある。以上は現行法の解釈として導かれうると考えるが、この点をより明確にするためには、更なる立法的対応も必要になると考える[40]。

〔付記〕本稿は、科研費・基盤研究C（23K01127）の助成を受けている。なお、本稿において引用したウェブサイトの最終閲覧日は 2025 年 2 月 11 日である。

---

40) 問題意識につき、木下智史「トランスジェンダーの権利保障についての裁判所の対応と「文化戦争」」法時 95 巻 11 号（2023 年）3 頁、長谷川聡・前掲注 27）337 頁等も参照。

166 第Ⅱ部 個別的労働関係における現代的課題

均衡処遇の法政策と最高裁判例の問題点

水口洋介

はじめに

　日本では、有期契約労働者、短時間労働者等の非正規労働者の低い労働条件、雇用契約上の地位の不安定さは、長きにわたり労働者・労働組合にとって改善すべき課題となってきた。古くは、臨時工、季節工の雇止めの違法性が訴訟で問われ、1974（昭和49）年の最高裁判決[1]を契機にして雇止めの判例法理が確立した。そして、ようやく、2012（平成24）年の労働契約法改正にて19条として実定法として条文となった。

　この2012年労働契約法改正に有期契約労働者の不合理な労働条件を禁止する規定（労契法20条）が立法化された。その後、2018（平成30）年のいわゆる「働き方改革関連法」としてパート有期労働法[2]が制定され、労契法20条はパート有期労働法8条に移設された。この「働き方改革関連法」は自公政権（安倍晋三総理）の下で推進された政策であったが、「同一労働同一賃金」のスローガンのもとに、有期契約労働者、パート労働者、派遣労働者等の非正規労働者の待遇改善を図るために制定されたものである[3]（同法は、大企業には2020年4月1日、中小企業には2021年4月1日より施行された）。

　この2012年労契法改正、2018年パート有期労働法の制定は、非正規労働者の待遇改善を図ることを目的とした労働政策立法にほかならない。その背景には、いわゆる正社員中心の日本型雇用システムが大きく変容し、非正規

---

1) 東芝柳町工場事件・最一小判昭49.7.22民集28巻5号927頁。後にパートタイマーの有期契約労働者について日立メディコ事件・最一小判昭61.12.4判時1221号134頁が出された。
2) 短時間労働者及び有期雇用労働者の雇用管理の処遇等に関する法律。
3) 水町勇一郎『「同一労働同一賃金」のすべて（新版）』（有斐閣、2019年）68頁。

労働者の急増、労働力人口の減少（少子化・高齢化）という日本の雇用社会の大きな変動に対応するための政策でもあった[4]。

本稿では、上記のような労働政策立法である旧労契法20条、パート有期労働法8条に関して最高裁判所が立法の趣旨をどのように受け止め、どのような解釈を展開し、どのような役割を果たしているのかを検討したい。主な検討対象は、旧労契法20条に関する次の最高裁判決である。なお、本項ではもっぱら有期契約労働者を検討対象とし、派遣労働者の均等・均衡待遇については検討対象とはしない。

①ハマキョウレックス事件　　　最判（二小）2018（平成30）年6月1日
②長澤運輸事件　　　　　　　　最判（二小）2018（平成30）年6月1日
③メトロコマース事件　　　　　最判（三小）2020（令和2）年10月13日
④大阪医科薬科大学事件　　　　最判（三小）2020（令和2）年10月13日
⑤日本郵便3事件　　　　　　　最判（一小）2020（令和2）年10月15日
⑥名古屋自動車学校事件　　　　最判（一小）2023（令和5）年7月20日

1　最高裁の一連の統一的な判断と消極的姿勢

最高裁判所では、第二小法廷が2018（平成30）年6月1日に、ハマキョウレックス事件及び長澤運輸事件を言い渡し、その2年後の2020（令和2）年10月13日に第三小法廷がメトロコマース事件及び大阪医科大学事件を、同月15日に第一小法廷が日本郵便の3事件（佐賀事件、西日本事件、東日本事件）を言い渡した。

ハマキョウレックス事件と長澤運輸事件は、第二小法廷が同日に言い渡しているのであるから、労契法20条に関して最高裁判所が統一的な解釈をしていることは当然である。また、第三小法廷が言い渡したメトロコマース事件・大阪医科大学事件と同月15日に第一小法廷が言い渡した日本郵便3事件については、最高裁が、旧労契法20条関連の高裁判決が出そろうのを見

---

4)　「非正規労働問題の改善のために有期労働契約関係への法的介入を行う労働政策立法としての正確を持つものである」（荒木尚志＝菅野和夫＝山川隆一『詳説労働契約法（第2版）』（弘文堂、2014年）20頁）。

168　第Ⅱ部　個別的労働関係における現代的課題

た上で、メトロコマース事件、大阪医科大学事件、日本郵便3事件を通して、旧労契法20条の解釈問題について統一的な考え方を示すために、ほぼ同時期に弁論を開き、同時期に判決を言い渡したものであろう。最高裁は、小法廷が異なるとはいえ、下級審の判断が分かれる重要な法律上の争点について、統一的な判断を示したものである[5]。

その後も下級審及び最高裁判決・決定が出されているが、その判断傾向を見ると、裁判所は待遇改善に向けて後ろ向きの判断を続けていると言わざるをえない。

2　ハマキョウレックス事件最高裁判決——均衡処遇の原則

旧労契法20条に関しての最高裁判所のリーディングケースは、ハマキョウレックス事件である[6]。事案は、上告人は一般貨物自動車運送業を営む会社（従業員数4597人）であり、被上告人は有期契約労働者であるトラック運転手（乗務員）であるところ、賃金に関する労働条件について正社員と有期契約労働者との間で相違があることが労契法20条に違反するとして、正社員と同一の地位にあることの確認、無事故手当・作業手当・給料手当・住宅手当・皆勤手当及び通勤手当の差額（予備的に損害賠償）を請求した事案である。

最高裁第二小法廷は、労契法20条の趣旨について次のように明快に述べる。

労契法20条は、有期契約労働者が無期契約労働者と「比較して合理的な労働条件の決定が行われにくく、両者の労働条件の格差が問題となっていたこと等を踏まえ、有期契約労働者の公正な処遇を図るため、その労働条件につき、期間の定めのあることにより不合理なものとすることを禁止したもの

---

5)　泉徳治＝渡辺康行＝山本一＝新村とわ『一歩前に出る司法—泉徳治元最高裁判事に聞く』（日本評論社、2017年）232頁。泉元最高裁判事は、「各小法廷が共通の法律問題を含んだ事件を抱えている場合に、もしもそれぞれの解釈が異なっているとすると、一つの小法廷が先行して判決を出せば、他の小法廷は不本意ながら同じ趣旨の判決を出すか、あるいは事件を大法廷に回付して先行判決の変更を求めるかしなければなりませんので、判決の前にお互いの考え方を確認しておくことが有益です」と述べている。
6)　民集72巻2号88頁（判タ1453号58頁）。

均衡処遇の法政策と最高裁判例の問題点　169

である。

　そして、同条は、有期契約労働者と無期契約労働者との間で労働条件に相違があり得ることを前提に、職務の内容、当該職務の内容及び配置の変更の範囲その他の事情（以下「職務の内容等」という）を考慮して、その相違が不合理と認められるものであってはならないとするものであり、職務の内容等の違いに応じた均衡のとれた処遇を求める規定であると解される。」

　政策スローガンとして、「同一労働同一賃金」が喧伝されていたが、労契法20条の実定法解釈として、「職務の内容に違いに応じた均衡のとれた処遇を求める規定」として均衡原則を明確に述べている点は改めて確認されるべきであろう。

　最高裁は、労契法20条違反の効果として、労働条件の相違を定める部分を無効とする私法的効力を有するとしたが、無期契約労働者の労働条件と同一のものとなる補充的効力を有することを否定した。また、「期間の定めがあることにより」とは「期間の定めの有無に関連して生じたものである」とした。さらに、「不合理と認められるもの」とは「労働条件の相違が不合理であると評価することができるものである」ことを意味すると判示した。

　そして、本件での有期契約労働者のトラック運転手と正社員のトラック運転手との職務については、「両者の職務の内容に違いはないが、職務の内容及び配置の変更の範囲に関しては、正社員は、出向を含む全国規模の広域配転の可能性があるほか、等級役職制度が設けられており、職務遂行能力に見合う等級役職への格付けを通じて、将来、上告人の中核を担う人材として登用される可能性があるのに対し、契約社員は、就業場所の変更や出向は予定されておらず、将来、そのような人材として登用されることも予定されていないという違いがある」とした。

　その上で、各手当についての不合理と認められるかを検討して、住宅手当については、「正社員については、転居を伴う配転が予定されているため、契約社員と比較し住宅に要する費用が多額になり得る」として契約社員に住宅手当を支給しないことは不合理と認められるものに当たらないとした。他方で、皆勤手当については、その趣旨が皆勤を奨励する趣旨で支給されるものと認定し、その出勤を確保する必要性については契約社員でも正社員でも

170　第Ⅱ部　個別的労働関係における現代的課題

異ならないとして、皆勤手当の不支給は不合理と認められるものとした。無事故手当、作業手当、給食手当及び通勤手当の不支給についても、各手当支給の趣旨を検討して不支給は不合理なものと認められるとした。

3　長澤運輸事件最高裁判決──賃金項目の趣旨を個別考慮

　同じく第二小法廷は、同日に、長澤運輸事件の判決[7]を言い渡した。同事案はハマキョウレックス事件と同じく貨物自動車を営む会社（従業員数66人）の運転手（乗務員）の有期契約労働者と無期契約労働者との労働条件の相違が問題となったが、長澤運輸事件の場合の有期契約労働者は、正社員が定年退職後に有期労働契約を締結した者であった。最高裁は、労契法20条の趣旨についてはハマキョウレックス事件の判決を引用して、まったく同じ判断をした。そして、定年後に有期雇用とし再雇用された後の労働条件の相違であっても、「期間の定めの有無に関連して生じたもの」といえると判断した点が新たな判断であった。その上で、定年後再雇用という事情は、労契法20条のその他の事情に含まれるとした。

　さらに、長澤運輸事件で最高裁が明示的に判断枠組みを提示したのは次の点である。

　「労働者の賃金が複数の賃金項目から構成されている場合、個々の賃金項目に係る賃金は、通常、賃金項目ごとに、その趣旨を異にするものだということができる。そして、……労働条件の相違が不合理と認められるものであるか否かを判断するに当たっては、当該賃金項目の趣旨により、その考慮すべき事情や考慮の仕方も異なり得るというべきである。そうすると、有期契約労働者と無期契約労働者との個々の賃金項目に係る労働条件の相違が不合理と認められるものであるか否かを判断するに当たっては、両者の賃金の総額を比較することのみによるのではなく、当該賃金項目の趣旨を個別に考慮すべきものと解するのが相当である。」

　長澤運輸事件においては、有期契約労働者と無期契約労働者の乗務員の両

---

7)　民集72巻2号202頁（判タ1453号47頁）。

均衡処遇の法政策と最高裁判例の問題点　171

者については「職務内容並びに当該職務の内容及び配置の変更の範囲におい
て相違がない」と認定されたものであるが、精勤手当及び超勤手当（時間外
手当）の相違は労契法 20 条違反として不法行為の損害賠償請求が認められ
たが、その他の住宅手当や家族手当などの手当や賞与等については定年後の
再雇用であるとの事情等を考慮して不合理な相違とは認められないとした。

　ハマキョウレックス事件判決と長澤運輸事件判決は、両者とも民集に搭載
され、その後の旧労契法 20 条とパート有期労働法 8 条の最高裁判決の展開
をまさにリードする判決になっている。ただ、両事件においては、最高裁は、
賞与や退職金については正面から取り上げていない。長澤運輸事件では「賞
与」も判断されているが、定年後再雇用という特殊性があったので定年前の
賞与の趣旨の相違については論じられていない。賞与等の問題を最高裁が正
面から取り上げるのが大阪医科薬科大学事件とメトロコマース事件である。

4　メトロコマース事件最高裁判決[8] ——退職金の趣旨

（1）事案の概要

　東京メトロの地下鉄の売店に勤務する有期契約労働者らと正社員との労働
条件の格差が問われた事件である。会社は東京メトロの子会社であり、物品
販売や入場券等の販売等の事業を行っていた。原告らは契約社員 B として期
間 1 年の有期契約労働者として採用され、駅構内の売店での販売業務に従事
し 10 年以上勤務していた。

（2）判決内容
1）判断枠組み

　最高裁は、退職金格差が不合理と認められるかどうかについて、「不合理
と認められる」場合もあり得るとしつつ、その判断は「当該使用者における
退職金の性質やこれに支給することとされた目的を踏まえて同条所定の諸事
情を考慮することにより、当該労働条件の相違が不合理と評価することがで

---

8)　民集 74 巻 7 号 1901 頁（判タ 1483 号 54 頁）。

きるものか否かを検討すべき」とする。

2）本件退職金の趣旨について

「本件退職金の支給対象となる正社員は、第一審被告の本社の各部署や事業本部が所管する事業所等に配置され、業務の必要により配置転換等を命ぜられることもあり、また、退職金の算定基礎となる本給は、年齢によって定められる部分と職務遂行能力に応じた資格及び号俸により定められる職能給の性質を有する部分から成るものとされていたものである。このような第一審被告における退職金の支給要件や支給内容等に照らせば、上記退職金は、上記の職務遂行能力や責任の程度等を踏まえた労務の対価の後払いや継続的な勤務等に対する功労報償等の複合的な性質を有するものであり、第一審被告は、正社員としての職務を遂行し得る人材の確保やその定着を図るなどの目的から、様々な部署等で継続的に就労することが期待される正社員に対し退職金を支給したものといえる」とする（下線は筆者）。

3）職務の内容、職務の内容及び配置の変更の範囲その他の事情について

第一審原告（有期契約社員）と正社員の「職務の内容はおおむね共通するものの、……両者の職務の内容には一定の相違があった」、また「職務の内容及び配置の変更の範囲（以下「変更の範囲」という。）にも一定の相違があった」、さらに「他の多数の正社員とは、職務の内容及び変更の範囲について相違があった」とする。

4）結論（不合理な相違と認められるか）

「第一審被告の正社員に対する退職金が有する複合的な性質やこれを支給する目的を踏まえて、売店業務に従事する正社員と契約社員Ｂの職務内容等を考慮すれば、……必ずしも短期雇用を前提としていたものとはいえず、第一審原告らがいずれも10年前後の勤続期間を有していることをしんしゃくしても、両者との間に退職金の支給の有無に係る労働条件の相違があることは、不合理とまで評価することができるものとはいえない」として原判決を破棄した。

均衡処遇の法政策と最高裁判例の問題点　173

（3）ハマキョウレックス事件等の最高裁判決を引用しない理由は何か

　メトロコマース事件では、先行最高裁判決であるハマキョウレックス事件と長澤運輸事件が多数意見には引用されていない。ただし、林景一裁判官の補足意見にはハマキョウレックス事件最高裁判決が引用されている。ただ、多数意見が敢えてこれを引用しないのは理由があると考えられる。その理由として考えられる一つは、本件の判断対象が退職金に関するものであり、ハマキョウレックス事件や長澤運輸事件の最高裁判決が、退職金について判断していないことがある。もう一つ考えられることは、ハマキョウレックス事件や長澤運輸事件では「正社員としての職務を遂行し得る人材の確保やその定着を図るなどの目的」という文言は書かれていないが、メトロコマース事件の判決に、正社員の人材確保・定着の目的という要素を加えたからということが考えられる。賞与や退職金が問題となったメトロコマース事件や次の大阪医科薬科大学事件では、「正社員人材の確保定着」論を採用した違いによると考えられる。

5　大阪医科薬科大学事件最高裁判決[9]──賞与等の趣旨

（1）事案の概要

　大阪医科薬科大学事件は、大学の教室事務を担当する有期雇用契約労働者（アルバイト職員）と正職員との賞与及び私傷病休職中の給与補償の格差が労働契約法20条違反に問われた事件である。

（2）判決内容

1）賞与について

① 判断枠組み

　最高裁は、賞与格差が不合理と認められるかどうかについて、メトロコマース事件とまったく同様の判断枠組みを判示する。

---

9)　集民264号63頁（判タ1483号54頁）。

174　第Ⅱ部　個別的労働関係における現代的課題

② 本件賞与の趣旨について

　「本件賞与は、……算定期間における労務の対価の後払いや一律の功労報償、将来の労働意欲の向上等の趣旨を含む」「そして、正職員の基本給については、……勤続年数に伴う職務遂行能力の向上に応じた職能給の性格を有するものといえる上、おおむね業務の内容の難度や責任の程度が高く、人材の育成や活用を目的とした人事異動が行われていたものである。……第一審被告は、<u>正職員としての職務を遂行し得る人材の確保やその定着を図るなどの目的</u>から、正職員に対して賞与を支給することとした。」（下線は筆者）

③ 職務の内容、職務の内容及び配置の変更の範囲その他の事情について

　「両者の業務の内容を共通する部分はあるものの……両者の職務の内容に一定の相違があった」、正社員にはについては人事異動が命ぜられる可能性があったことから「変更の範囲に一定の相違があった」とする。

④ 結論

　「（賞与）に労務の対価の後払いや一律の功労報償の趣旨が含まれることや、正職員に準ずるものとされる契約職員に対して正職員の80％に相当する賞与が支給されていたこと、アルバイト職員である第一審原告に対する年間の支給額が平成25年4月に新規採用された正職員の基本給及び賞与の合計約と比較して55％程度の水準にとどまることをしんしゃくしても、教室事務員である正職員と第一審原告との間に賞与に係る労働条件の相違があることは、不合理とあるとまで評価することができるものとはいえない」

2）「私傷病による欠勤中の賃金」について

　最高裁は、私傷病欠勤の賃金補償を「正職員の雇用を維持し確保することを前提とした制度である」として、「アルバイト職員は、契約期間を1年以内として、更新される場合はあるものの、長期雇用を前提とした勤務を予定しているものとは言い難いことにも照らせば、教室事務員であるアルバイト職員に直ちに妥当するものとはいえない。また、第一審原告は、……在籍期間も3年余りにとどまり、その勤続期間が相当の長期間に及んだと言い難く、

……したがって、……私傷病による欠勤中の賃金に係る労働条件の相違があることは、不合理であると評価することができるものとはいえない。」と判示する。

(3) ハマキョウレックス事件等最高裁判決が引用されていない

大阪医科薬科大学事件最高裁判決でも、ハマキョウレックス事件と長澤運輸事件の最高裁判決が判決文中に引用されていない。

6 日本郵便3事件最高裁判決（佐賀、東日本、西日本の各事件）[10]

(1) 事案の概要

原告らは、日本郵政公社に有期任用公務員に任用された後、会社と有期労働契約を締結した者、あるいは会社に有期労働契約を締結した時給制契約社員あるいは月給制契約社員であり、郵便外務事務（配達等）、郵便内務事務（窓口業務等）に従事している。2014（平成26）年4月1日以降は、転居を伴う配置転換を予定しない地域限定正社員コースである「新一般職」が設けられ、新一般職も正社員として住宅手当等が支給されていた。時給制契約社員ら有期契約社員は、職場及び職務内容を限定されていた。

(2) 判決内容
1) 扶養手当について

最高裁は「正社員に対して扶養手当が支給されているのは、正社員が長期にわたり継続して勤務することが期待されることから、その生活保障や福利厚生を図り、扶養親族のある者の生活設計等を容易にさせることを通じて、その継続的な雇用を確保するという目的によるもの」であり、「上記目的に照らせば、本件契約社員についても、扶養親族があり、かつ、相応に継続的な勤務が見込まれるのであれば、扶養手当を支給することとした趣旨は妥当するというべきである。そして、本件契約社員は、契約期間が6月以内又は

---

10) 集民264号95頁、125頁、191頁（判タ1483号54頁）。

176 第Ⅱ部 個別的労働関係における現代的課題

１年以内とされており、第一審原告らのように有期労働契約の更新を繰り返して勤務する者が存在するなど、相応に継続的な勤務が見込まれているといえる」から、「職務の内容や当該職務の内容及び配置の変更の範囲その他の事情につき相応の相違があること等を考慮しても、両者の間に扶養手当に係る労働条件の相違があることは、不合理であると評価する」とした。

２）有給の病気休暇、夏期冬期休暇

日本郵便では、正社員に対して年賀状配達の年末年始勤務手当を支給し、夏期冬期休暇（夏冬各３日の有給休暇）、年始期間の祝日給、私傷病による欠勤について有給の病気休暇を付与するが、有期契約社員には付与しない。この各手当や休暇の格差は不合理で違法と最高裁は判断した。

「賃金以外の労働条件の相違についても、同様に、個々の労働条件が定められた趣旨を個別に考慮すべきものと解するのが相当である」とし、「有給の病気休暇が与えられる趣旨は、上記正社員が長期にわたり継続して勤務することが期待されることから、その生活保障を図り、私傷病の療養に専念させることを通じて、その継続的な雇用を確保するという目的による」と考えられるから、「上記目的に照らせば、郵便の業務を担当する時給制契約社員についても、相応に継続的な勤務が見込まれるのであれば、私傷病による有給の病気休暇を当たることとした趣旨は妥当するいうべきである。」として、「私傷病による病気休暇の日数につき相違を設けることはともかく、これを有給とするか無給とするかにつき労働条件の相違があることは、不合理である」と判断した。

３）年末年始勤務手当、年始期間の祝日休

年末年始勤務手当については「最繁忙期であり、多くの労働者が休日として過ごしている上記の期間において、……その勤務の特殊性から基本給に加えて支給される対価としての性質を有するものである」から、「これを支給する趣旨は、本件契約社員にも妥当するものである。」として、その相違は不合理なものとした。年始期間の祝日給についても同様に判断をした。

均衡処遇の法政策と最高裁判例の問題点　177

4）長澤運輸最高裁判決の引用

　事件受理の順番は、日本郵便関連事件では佐賀事件（原審福岡高裁）、東日本事件（原審東京高裁）、西日本事件（原審大阪高裁）の順であり、ハマキョウレックス事件では判断対象となっていない休暇制度等に関する最初の判断が日本郵便佐賀事件となった。

　そこで、日本郵便佐賀事件最高裁判決は、長澤運輸事最高裁判決を引用して、休暇制度等の待遇面も、「賃金以外の労働条件の相違についても、同様に、個々の労働条件の趣旨を個別に考慮すべきである」と判示した。大阪医科薬科大学事件及びメトロコマース事件では、長澤運輸事件の最高裁判決を引用していないことと対照的である。

7　名古屋自動車学校事件最高裁判決[11]──定年後再雇用

（1）事案の概要

　自動車教習所の教習指導員の正職員が60歳定年後に継続雇用制度として有期労働契約を締結して嘱託職員として教習の業務に従事していたところ、正職員と基本給や賞与（一時金）についての労働条件の相違があるとして、労契法20条に違反するとして正職員当時の基本給と賞与（一時金）の差額を損害賠償として請求したものである。

（2）判決内容

　原判決は正職員の60％を下回る部分について、基本給と賞与（一時金）の差額を損害賠償として認容したが、最高裁第一小法廷は、先行のメトロコマース最高裁判決を引用して次のように判断した。

　「原審は、正職員の基本給につき、一部の者の勤続年数に応じた金額の推移から年功的性格を有するものであったとするにとどまり、他の性質の有無及び内容並びに支給の目的を検討せず、また嘱託職員の基本給についても、その性質及び支給の目的を何ら検討していない」「各基本給の性質やこれを

11）　集民270号133頁（判タ1513号80頁）。

178　第Ⅱ部　個別的労働関係における現代的課題

支給することとされた目的を十分に踏まえることなく、また、労使交渉に関する事情を適切に考慮しないまま、その一部が労働契約法20条にいう不合理と認められるものに当たるとした原審の判断には、同条の解釈適用を誤った違法がある」、また「賞与及び嘱託職員の一時金の性質及び支給の目的を何ら検討してない」として原審に差し戻した。

(3) 基本給の性質

最高裁がメトロコマース事件を引用していることから、基本給の性質及び目的について、職務給か職務給か、あるいはその複合的な性質を有するのか、さらに職務内容及び配置の変更の範囲などの人材活用の在り方を含めて、正社員の人材確保と定着を目的とするものかを検討させようとしていることは明らかであろう。仮に職務給の性質が強く、配置の変更の範囲も正職員と変わらないような場合には、原審の判断が維持される可能性はある[12]。

(4) 定年後再雇用者の比較対象者

最高裁判決では、直接に言及されていないが、定年後再雇用の有期契約労働者の労働条件の相違の比較対象者をどう考えるかという点について、原審は一審原告である定年時点の正社員としての労働条件と定年後再雇用の一審原告との比較をしている。最高裁も、この原審の判断を前提として差し戻しているので、このような定年後再雇用の場合に、比較対象をまず定年直前の労働者であることを最高裁も前提として判断したものといえよう。

8 日本郵便における寒冷地手当に関する判決

(1) 日本郵便を被告として、有期契約労働者（時給制契約社員）である一審原告（盛岡市在住）が、正職員には支給される寒冷地手当が有期契約労働者

---

12) 現在、東京地裁にて、日本アイビーエムを被告として、定年後再雇用の労働条件の相違を労契法20条、パート有期労働法8条違反の損害賠償請求事件が係属している。この事件では、会社の賃金制度はアメリカ型の職務給賃金体系であることは当事者間でも争いがないことを前提として審理が進められている。この点からも名古屋自動車学校事件の差戻審は注目される。

に支給されないのは、労契法 20 条に違反するとして損害賠償請求訴訟を東京地裁に提起した。この一審原告も先行の最高裁日本郵便 3 事件の一審原告らと同じ時給制契約社員である。

　寒冷地手当は、毎年 11 月から翌年 3 月までの間、寒冷地手当地域として指定された地域で勤務する正社員（転居を伴う配置転換がない新一般職も含む）に対し、独身の場合には月額 1 万 200 円が支給される。しかし、時給制契約社員には寒冷地手当は支給されない。この労働条件の相違が不合理と認められるものか否かが問題となった。

(2) 東京地裁は、2023（令和 5）年 7 月 20、寒冷地手当の不支給は不合理とは認められないとして原告の請求を棄却した[13]。

　この東京地裁判決は、正社員の基本給が全国一律で決定されるところ、寒冷地域に在勤する正社員は暖房費用に多額を要することで、寒冷地域と温暖地域との間の正社員間に不公平が生じる。そこで、このような「正社員間の公平を図る趣旨で寒冷地域に在勤する正社員に寒冷地手当を支給する」ものだとする。これに対し、契約社員の基本賃金は、「所属長により地域毎に決定され、その勤務地域における地域別最低賃金水準に所定の加算をして定めるとされている。そして、地域別最低賃金は、『地域における労働者の生計費』が考慮要素の一つとされ（最低賃金法 9 条 2 項）、これを決定する過程において、各都道府県の人事委員会が定める標準生計費が参照されている」から「基本賃金に勤務地域による際がないことに起因する不公平が生じているとはいえず、寒冷地手当の支給により公平を図る趣旨が妥当するとはいえない。」として寒冷地手当の不支給は「不合理であると評価できるものではない。」とした。同控訴審も、東京地裁と同様に判断して一審原告の控訴を棄却した[14]。

(3) 寒冷地手当は、寒冷地域に在勤する労働者に暖房費が多額に必要であるため、その暖房費を補助・補填する趣旨で支給されるものにほかならない。

---

13)　日本郵便（寒冷地手当）事件・東京地判令 5.7.20 労判 1301 号 13 頁。また札幌地裁も同じく不合理とは当たらないとして原告らの請求を棄却し、現在（本稿執筆時）には札幌高裁で係属中である。

14)　日本郵便（寒冷地手当）事件・東京高判令 6.2.21 判例集未登載。

郵政時代の公務員であった当時は、国家公務員の寒冷地手当に関する法律に基づき支給されるようになった。また、郵政時代には、非正規職員に対しても、全逓労組が郵政省と労使協定を締結して寒冷地手当が非正規職員にも支給されていた（全逓労組昭和 48 年 1 月 1 日現在有効協約協定類集 391 頁）。

民間企業の日本郵便になっても、寒冷地手当とは「燃料費、除雪費、被服費、食料費、家屋修繕費等に多額の出費を要するので、これらの費用の一部を補給するために設けられた手当である」と会社自身が解説していた。全国一律に決定される正社員の公平を図ることになるのは、寒冷地手当（暖房費補助）の結果であって、寒冷地手当の主目的はあくまで暖房費等の補塡・援助である。また、最低賃金法 9 条 3 項が「労働者の生計費及び賃金並びに通常の事業の賃金支払能力を考慮して定められなければならない。」と定めていても、その運用実態は、中央最低賃金審議会が提示する目安に従って、各地方のランク別けにしたがって、地域最低賃金審議会において地域別最低賃金が協議されるものにすぎない。

さらに、仮に暖房費が生計費として地域別最低賃金に含まれ、時給制契約社員の基本賃金に反映されているとしたら、暖房費だけでなく、家賃などの住居関連費用についても反映されていることになる。そうであれば、正社員のみに住居手当を支給するのも正社員間の公平を図る趣旨ということになり、契約社員への不支給は不合理ではないとの結論となるはずである。しかし、先行最高裁判決は日本郵便が住居手当を正社員（新一般職）に支給し、契約社員に支給しないことは不合理と判断しているのである。地域別最低賃金に暖房費等が含まれているという理由は根拠がなく、住居手当に関する最高裁判決の趣旨に矛盾すること等を主張して、一審原告は最高裁に上告受理申立を行った。

(4) ところが、最高裁第三小法廷は、2024（令和 6）年 12 月 11 日に、一審原告の上告受理申立を受理しないと決定した。寒冷地手当を不合理ではないとした原判決の上告受理申立を受理しなかった最高裁の判断は不可解である[15]。考えられる理由は、東京高裁の原判決は、ハマキョウレックス事件最

---

15) 日本郵便では、札幌市在住の時給制契約社員 4 名が同様の訴訟を提訴し、現在も札幌高裁で審理中である。

判の判断枠組みを踏まえて、寒冷地手当の性質及び目的を認定した上での判断であるから、下級審の事実認定の専権の範囲内であり最高裁が受理すべき重要な事項ではないとしたのかもしれない。

9 日本郵便における住居手当廃止・病気休暇等に関する新たな判決

(1) 日本郵便は、住居手当について、2018（平成30）年10月1日に、これを廃止する就業規則類の改訂を行い、多数派労働組合と住居手当を廃止する内容の労働協約を締結した。先行日本郵便東日本事件の一審原告3名は少数派組合に所属していることから、この住居手当廃止の労働協約の適用はうけない。会社は、住居手当廃止の激変緩和の経過措置として、2018（平成30）年10月1日から2028（令和10）年3月31日までの10年にわたり毎年10%減額した経過措置手当を正社員（新一般職も含む）支給することと定めた。

そこで、先行最高裁判決で住居手当相当の損害賠償請求を認容された元原告の時給制契約社員の2名が、労契法20条及びパート有期労働法8条違反を理由に、主位的には「廃止前の住居手当相当額の損害」、予備的には「経過措置として支払われる手当（毎年10%減額した額）を損害」の賠償を求めて提訴した。

また、先行の最高裁判決では「私傷病による欠勤中の有給休暇」を時給制契約社員に付与しないことは不合理なものと評価できるとして時給制契約社員の損害賠償請求を認容されていた。正社員（新一般職）には、90日から最長180日の有給の私傷病休暇が認められていたが、会社は、時給制契約社員向けには10日までの有給の私傷病休暇を制度化しただけであった。つまり、時給制契約社員には10日を超える有給の私傷病休暇は認められなかった。また、会社は労契法18条の施行を踏まえて時給制契約社員の無期転換制度（アソシエイト社員）を就業規則等で導入したが、無期転換をしたアソシエイト社員には30日の私傷病による有給休暇制度を認めていた。

時給制規約社員の2名は10日を超えて私傷病による欠勤が生じた。特に、一人は難病により、入院・治療のために90日欠勤せざるをえなかった。そ

182　第Ⅱ部　個別的労働関係における現代的課題

こで、契約社員の原告2名は、10日を超える有給の私傷病休暇を認めないことは労契法20条及びパート有期労働法8条に違反するとして、10日を超える欠勤日数分についての損害賠償請求を求めて提訴した。

(2) 東京地裁は、2024（令和6）年5月30日、原告らの請求をいずれも棄却した。その判断内容は次のとおりである。

① 「廃止前に住居手当の損害賠償請求」については、「労働条件の相違が不合理なものであった場合に、その相違を正社員の労働条件を切り下げることにより解消することを同条が直ちに否定しているものと解することはできず、住居手当にかかる本件改訂が同条を潜脱するものと評価することはできない」。

② 「経過措置にかかる損害賠償請求」については、「本件経過措置は、正社員（新一般職）の住居手当が廃止されることによる賃金減額に対する緩和措置として導入されたもの」であり、「時給制契約社員については、住宅手当が支給されておらず、賃金減額に対する緩和措置の趣旨が妥当するものとはいえない」。

③ 「病気休暇に関する損害賠償請求」については、「正社員と時給制契約社員では、被告において、継続的な勤務への期待の程度には大きな相違がある。」として、「時給制契約社員について、少なくとも引き続く記90日間の有給の病気休暇が取得できる正社員との間で、1年度につき10日を超える有給の病気休暇を与えなければ、その日数の相違が不合理であるとは直ちに評価することはできない」。

　控訴審の東京高裁も、2024（令和6）年12月12日、東京地裁の判断を是認して、原告らの控訴を棄却した（上告受理申立中）。

(3) 裁判所は、「労働条件の相違が不合理なものであった場合に、その相違を正社員の労働条件を切り下げることにより解消することを同条が直ちに否定している」ものではないとするが、労契法20条及びパート有期労働法8条の趣旨である有期契約労働者の待遇改善の趣旨からすれば、正社員の労働条件の切り下げは同法の立法趣旨に逆行するものにほかならない。そうである以上、「経過措置に係る手当」の趣旨を考慮する際には、この有期契約労働者の待遇改善の立法趣旨にそって経過措置の手当の趣旨を検討すべきであ

ろう。賃金減額の緩和措置と言っても、正社員の住宅費用を補助する機能を有する以上、「賃金減額の緩和措置」であって「住宅費の補助」ではないとするのは詭弁にほかならない。

　また、「私傷病の有給の病気休暇」については、先行最高裁判決は、原告らについて、「相応に継続的な勤務が見込まれている」と認定した上で、「私傷病による病気休暇の日数につき相違を設けることはともかく、これを有給とするか無給とするかにつき労働条件の相違があることは不合理である」とした。その日数の相違がどの程度であれば均衡といえるかの判断を示していない。ハマキョウレックス事件最高裁判決は、「職務の内容等の違いに応じた均衡のとれた処遇を求める」のが労契法20条の趣旨と判示しているのであるから、10日のみ認めることが均衡処遇なのかを裁判所は判断すべきである。ところが、裁判所は、10日が均衡のとれた処遇か否かについて何ら検討しておらず、労契法20条の趣旨を無視していると批判されるべきである。

おわりに──最高裁の消極性批判

（1）最高裁判決に対する総括的評価

　労契法20条に関する一連の最高裁判決に関する判断を観てきたが、最高裁が、同20条の趣旨につき「有期契約労働者と無期契約労働者との間で労働条件に相違があり得ることを前提に、職務の内容、当該職務の内容及び配置の変更の範囲その他の事情（以下「職務の内容等」という）を考慮して、その相違が不合理と認められるものであってはならないとするものであり、職務の内容等の違いに応じた均衡のとれた処遇を求める規定である」（ハマキョウレックス事件）とし、「有期契約労働者と無期契約労働者との個々の賃金項目に係る労働条件の相違が不合理と認められるものであるか否かを判断するに当たっては、両者の賃金の総額を比較することのみによるのではなく、当該賃金項目の趣旨を個別に考慮すべき」（長澤運輸事件）とした判断枠組みは評価できる。

　しかしながら、その具体的な当てはめは、待遇改善に消極的であり形式的といわざるをえない。特に、正社員について職能給制度や人材の昇進・配置

184　第Ⅱ部　個別的労働関係における現代的課題

転換を前提とするような場合に「正社員の人材確保・定着の目的」という抽象的な理由で、賞与や退職金について「均衡な処遇」といえるかどうかを検討さえしていない。このような最高裁の姿勢が下級審の判断にマイナスの影響を与えている。

（2）最高裁の消極姿勢

　最高裁判所は、もちろん法的な論理的解釈、法的三段論法によって判決を言い渡す。しかし、最高裁判所は、時には法的な論理的解釈や法的三段論法にとどまらない政策的な法解釈をすることがある。近時の典型例は、建設アスベスト訴訟で最高裁判所は、労働者安全衛生法22条等の石綿粉じん防止対策の保護の目的には労働者のみならず、一人親方等の個人事業主に対しても及ぶものであり、これを怠った国に国家賠償責任を認めた[16]。この建設アスベスト訴訟最高裁判決は、労働安全衛生法の保障を労働者だけでなく個人事業者にも及ぼすべしという大きな政策判断（政策変更）をしたものであった。このように最高裁判所は形式的な法解釈にとどまることなく、大きな政策判断をすることもある。

　ところが、労働政策立法である労契法20条・パート有期労働法8条の適用にあたっては、待遇改善の法政策実現に消極的である。それは、最高裁判所が有期契約労働者等と正社員との労働条件格差は、正社員中心の日本型労使関係に深く結びついた問題であり、最高裁判所もこの正社員中心の日本型労使関係を前提としての労働判例を作り上げてきたことから、その日本型労使関係を維持する保守的な判断を行うからではないだろうか。さらに、このような日本型労使関係の根幹に関わる問題を、民事労働紛争の司法機関によって是正することはできないし、すべきではないと考えている可能性が高い。菅野和夫教授、荒木尚志教授、山川隆一教授らは、非正規労働者と正規労働者の格差は「わが国企業の雇用システムに根ざす問題であって、民事労働紛争の法的解決装置のみによって是正することを期待できる規模・性格の問題ではない。それは、わが国雇用社会全体における企業と労使の大規模

---

16)　最一小判令3.5.17民集75巻5号1359頁。

で前向きな取り組みなくしては解決不能の問題といえる。」[17]と指摘している。裁判所は、この考え方に強く影響を受けているのではないか。

　確かに、裁判所の判決だけで、非正規と正規の労働条件格差は解消されないことは指摘のとおりであろう。企業と労働組合の取り組みなしには実現することはありえないであろう。しかし、パート有期労働法8条等は日本の労働力減少をふまえての非正規労働者の待遇改善を図る立法である。また、日本郵便のように正社員の労働条件を切り下げることで格差を解消する動きがあり、法の趣旨に逆行する事態が生じている。このような日本の現状では、裁判所は上記法の趣旨に従ってより非正規労働者の待遇改善に向けた積極的な介入（法解釈と適用）を行うことが期待されるというべきであろう。

　以上論じたとおり、現在の最高裁及び裁判所の判決傾向は、明らかに有期契約労働者の労働条件改善に対して消極的姿勢を示している。また、非正規労働者の占める比率の増加傾向は変わらないし、非正規労働者の労働条件改善のデータも示されてない。本来、裁判官は、パート有期労働法8条の趣旨に拘束され、有期契約労働者の労働条件改善に向けて積極的解釈を選ぶべきである。ところが、裁判官らは、パート有期労働法8条の趣旨実現に消極的な解釈に終始している。これは、現行法の条文が不十分なものだからといわざるをえない。そこで、今後、パート有期労働法の改正を目指すべきである。特に同法8条については、通常の労働者とパート・有期労働者との労働条件の相違について「不合理であってはならない」という定めではなく、「合理的なものと認められなければならない」として立証責任の転換を図るべきである。また、非正規労働者の労働条件の相違が不合理で違法となった場合には、労働条件を直接規律する補充的効力も定めるべきである。

　労働側としては、あらためて非正規労働者の雇用の安定化と労働条件の改善に向けての立法運動も含めて取組みを強めるべきである。

17）　荒木ほか・前掲注4）228頁。

他所就労と地位確認・賃金請求に関する裁判例の検討

君和田伸仁

はじめに

（1）他所就労を理由として地位確認等を棄却する例

　労働契約終了の効力が争われる事案（その典型例は解雇であるが、雇止めや、退職の意思表示が無効であるとして契約終了の効力が争われることもある。以下においては、これらを含むものとして「解雇」という言葉を用いる）において、使用者側から、仮に解雇が無効であったとしても、当該労働者は、解雇後に他所で就労しており、解雇された企業での就労（復職）の意思を欠いているという主張がなされ、裁判所も、このような主張を認めて、地位確認や解雇後の賃金請求を棄却するものが散見される。

（2）問題の背景

　就労の意思と能力の問題を本格的に論じたのは、東京地裁労働部の同一の裁判官が同一日に下した2つの判決（ペンション研究所事件[1]、オスロー商会事件[2]）が最初であると思われる[3]。

　かつての解雇事件の多くは、不当労働行為事案であり、解雇された労働者が復職を求めるのは当然のことであったと言えよう。また、係争中に他所就労し賃金を得ていた場合のバックペイと他所就労による収入（中間収入）と

---

1)　東京地判平 9.8.26 労判 734 号 75 頁（在職中の賃金請求の事案）。

2)　東京地判平 9.8.26 労判 725 号 48 頁（取締役就任時点で労働者性が失われたことを根拠に請求を棄却しつつ、傍論の中でペンション研究所事件とほぼ同一の議論を展開したもの）。

3)　山川隆一「ペンション経営研究所事件判批」ジュリ 1138 号（1998 年）133 頁では、「就労の意思と能力という、従来論じられててこなかった要件事実に言及した点において注目に値する」とされている。

の関係について、米軍山田部隊事件・最判[4]、あけぼのタクシー事件・最判[5]が、労基法26条（休業補償）の定めに依拠して、平均賃金の6割までの部分については利益償還の対象とする（バックペイから控除する）ことは許されない旨を判示しており、これに基づく調整が図られてきたが、長らくの間、就労意思の喪失などといった議論がされなかったのは、復職をめざすことが当然の前提とされていたからかもしれない。

　ところが、いわゆるバブル崩壊後、労働組合が関与しない個々の労働者が解雇を争う事案が増加の一途を辿ることになった。このような事案では、復職を望まず、金銭的な解決を求める労働者が多く、解雇を争う訴訟の係属中に、アルバイトなどではなく、いわゆる正社員として他の企業に就職する例もみられるようになった。こうして、上記（1）のような主張がされるケースが出てきたと考えられる。

（3）本稿での検討内容

　本稿は、解雇後の他所就労により就労の意思が問題とされた裁判例において、どのような事情があれば、就労の意思がない（意思がある）と判断されるのかについての検討を加えるものである（後述の「2」）が、それに先立ち、就労の意思と賃金請求、地位確認との関係についての議論状況をみておくことにする。

1　就労の意思と能力をめぐる議論状況

（1）賃金請求権について

1）民法536条2項

　解雇後の賃金（バックペイ）請求権の根拠条文は、民法536条2項に求められるが、同条文の適用要件（要件事実）は、①債務の履行が不能であること、②履行不能が債権者（使用者）の責めに帰すべき事由によることである。そして、使用者による労働債務の受領拒否の一類型である解雇の場合、①は当

---

4)　最二小判昭37.7.20民集16巻8号1656頁。
5)　最一小判昭62.4.2労判506号20頁。

然に認められ、解雇が解雇権濫用等に該当し、解雇の効力が否定される場合には、②も認められることになる。同条文に関する議論としては、上記2つの要件とは別に、労働者に就労の意思と能力があることが求められるかが論じられている。

2）就労の意思・能力を要件事実とする考え方

前掲・ペンション経営研究所事件と前掲・オスロー商会事件は、民法536条2項の上記②（使用者の責めに帰すべき事由によること）を「主張立証するには、その前提として、労働者が客観的に就労する意思と能力とを有していることを主張立証することを要する」としている（オスロー商会事件では、「通常は解雇の効力を争うことによってこの要件事実の主張立証がされているものと取り扱うことができるが、反証が提出されたためこの要件事実の証明が動揺を来したときには、証明の域に達するまでの立証活動が必要となる」とされている）[6]。この点につき、使用者が就労拒絶（労務の受領拒絶）の意思を撤回したならば、直ちに債務の本旨に従った履行の提供を行い得る状態にあることを主張立証する必要があるとするものもある（ライトスタッフ事件[7]）。

なお、同じ裁判官がその後下した判決（ユニフレックス事件[8]）では、「客観的に就労する意思又は能力をはじめから有していない場合には、労働者の責めに帰する事由による履行不能というほかな」いとされている。

3）因果関係説

これに対して、学説では、使用者の帰責事由により、履行不能になったという因果関係の主張立証責任は、労働者が負うが、労務履行の意思と能力の存在自体は、民法536条2項の要件事実と解すべきでないとする説が有力である[9]。その根拠は、「使用者が受領拒否している間に、労働者が労務履行の

---

6) 学説では、菅野和夫＝山川隆一『労働法（第13版）』（弘文堂、2024年）がこれと同じ立場にたつと思われる（345頁の脚注でペンション経営研究所事件が引用されている）。
7) 東京地判平24.8.23労判1061号28頁。
8) 東京地判平10.6.5労判748号117頁。
9) 山川・前掲注3）、荒木尚志『労働法（第5版）』（有斐閣、2022年）145頁、土田道夫『労働契約法（第3版）』（有斐閣、2024年）325頁。

意思と能力を喪失した場合、使用者の帰責事由と履行不能の因果関係が切断
されることがある（例えば、使用者が受領拒否している間に、所属組合がストラ
イキに突入し当該労働者も就労意思を有しない場合や、労働者が私傷病で労働能
力を失った場合）が、履行の意思や能力の喪失が使用者の責めに帰すべき事
由によって引き起こされる場合は、なお民法536条2項の使用者の帰責事由
を肯定し得る」からだとされる[10]。

4）他所就労の場合

　もっとも、因果関係説によるとしても、使用者側から、「他所就労によっ
て労働者の就労の意思と能力が失われた以上、使用者の帰責事由と履行不能
の因果関係は切断された」と主張された場合、就労の意思と能力が立証命題
となり、実務的には、要件事実説と大差ないことになるかもしれない。

　なお、他所就労による中間収入の控除についての最高裁判決（前掲・米軍
山田部隊事件等）は、他所就労の場合にも民法536条2項の適用があること
を前提としているので、他所就労の事実から、当然に就労意思の喪失や、帰
責事由と履行不能の因果関係の断絶を認めるべきでないと指摘されている[11]。
このように、他所就労の事実「だけ」では、就労意思を放棄したと言えない
にしても、それに何らかの「付加的要素」があれば、就労意思を放棄したと
いえるのかという問題が残ることになる。

（2）地位確認について

1）地位確認を棄却する論拠

　他所就労による就労の意思の喪失を認める判決は、賃金請求権のみならず、
地位確認も棄却するものが多いが、地位確認を棄却する根拠を民法536条2
項に求めることはできない。

　その根拠として考えられるのは、①解雇の承認[12]、②就労の意思の確定的

10）　荒木・前掲注9）145頁。

11）　荒木・前掲注9）146頁、土田・前掲注9）329頁。

12）　これを採る例として、ニュース証券事件・東京高判平21.9.15労判991号153頁（一審判決・
　　東京地判平21.1.30労判980号18頁で地位確認を棄却された労働者は、控訴審での附帯控訴にお
　　いて地位確認の請求をしていない）。なお、前掲・ペンション経営研究所事件は、「解雇の承認の

190　第Ⅱ部　個別的労働関係における現代的課題

放棄、③合意解約の成立[13]、④信義則違反[14]ないし権利濫用といったものが考えられる。

　しかし、①解雇の承認については、「解雇は使用者による労働契約の一方的解約告知（形成権の行使）であるから、労働者の承認が解雇の効力に影響を及ぼすことはなく、労働者の承認によって無効な解雇が有効な解雇に転換することはない」と考えられ[15]、理論的に問題がある。また、地位確認を求めて提訴までしているのに、どうして他所で就労することで、解雇を承認したことになるのかという根本的な疑問が生じる（この点は、②就労の意思の確定的放棄についても、同様である）。

　また、③合意解約の成立は、解雇の意思表示の中に合意解約の申し込みの意思が含まれており、労働者がこれを受け入れることによって合意解約が成立するという理論構成をとるが、労働契約の一方的解約告知（形成権の行使）である解雇の意思表示の中に、合意解約の申し込みの意思が含まれているという考え方自体が疑問である。また、「合意」による解約である以上、使用者に対する意思表示が不可欠であるが、他所で就労するという事実が、なぜ使用者に対する意思表示となるのか、という根本的な疑問がつきまとう。さらに、④信義則違反や権利濫用については、解雇無効の訴訟を提起しつつ他所就労すること自体は、何ら信義に反する行為とは言えないであろう（違法な解雇をした使用者が、使用者とは何の関係もない労働者の行動（他所就労）を理由に信義則違反を主張することの方がよほど信義則に反すると言えよう）。

２）賃金請求を棄却しつつ地位確認を認容する判例

　このような問題点を意識してか、就労の意思の欠如を理由に、賃金請求権

　　主張は、合意解約又は信義則違反の抗弁に当たる場合のほか、労働者が客観的に就労する意思と能力とを有しているとの主張事実に対する積極否認に当たる場合があることとなろう」としている。

13)　これを採る例として、新日本建設輸送事件・東京地判平 31.4.25 労判 1239 号 86 頁、なお同事件東京高判平 31.4.25 労判 1239 号 77 頁（地裁の 3 名の原告のうち、1 名のみが控訴）は、地裁判決を覆し、就労意思の喪失を否定している（本文 2(2)3) を参照）、有限会社スイス事件・東京地判令元.10.21 労経速 2416 号 30 頁（黙示の合意が成立したとする）。

14)　前掲・ペンション経営研究所事件の説示。

15)　土田・前掲注 9) 890 頁。

を否定しつつ、地位確認を認容する例も見られる[16]。

　その理論的な根拠について論じた前掲・ライトスタッフ事件は、再就職により民法536条2項の適用の前提となる就労の意思と能力が認められない状態に至っていると認められるが、「その効果は、あくまで賃金請求権の不発生にとどまり、本件雇用契約それ自体は、賃金請求権が発生しない状態のまま、なお存続しているものと解される」、「結論の落ち着き具合はともかく、少なくとも理論上、本件地位確認請求の消長に影響を与えるものではない」としている。これは、地位確認を否定する理論的な（積極的な）根拠が見出し難いので、地位確認は認めざるを得ないという消極的な理由付けである。

2　裁判例の検討

　以下、就労意思の認定について、裁判所がどのような要素に基づき判断しているのかを見てみることにする。

（1）就労形態

　一般に、将来にわたり安定的に勤務できる保障がなく、賃金も低い額しか得られないアルバイトや有期雇用などの非正規雇用の場合は、あくまで生計の資を得るための暫定的な就労であるとして、就労の意思を否定する根拠とはなり得ないと考えられる。そのためか、他所での就労形態が非正規雇用である裁判例は、多く見られない[17]。

　その一方、正社員の場合には、将来にわたり安定的に勤務できる可能性が高まるために、就労の意思を否定する根拠となりやすい。しかし、正社員として就職したということのみで就労の意思を否定した裁判例は、あまり見ら

---

16)　東京国際学園事件・東京地判平13.3.15労判818号55頁（外国人を含む多数当事者の事案）、前掲・ライトスタッフ事件、東京エムケイ（損害賠償）事件・東京地判平26.11.12労判1115号72頁。

17)　そのような例として、グットパートナーズ事件・東京高判令5.2.2労判1293号59頁、同事件・東京地判令4.6.22労判1279号63頁（派遣労働者の雇止めの事案。他所就労は有期雇用（派遣登録をした旨の認定もあるので、派遣労働であると考えられる））、ピジョン事件・東京地判平27.7.15労判1145号136頁（退職願の提出が錯誤無効とされた事案。最初正社員でその後非正規雇用で他所就労）がある。

192　第Ⅱ部　個別的労働関係における現代的課題

れない。その例として、前掲・ユニフレックス事件がある。また、ドリーム
エクスチェンジ事件[18]もその例と言えよう（後述（2）1）を参照）。

（2）解雇された企業での賃金と他所就労による賃金等との比較

就労の意思を否定（肯定）する根拠として、他所就労による賃金等が解雇
された企業での賃金よりも高額（低額）であることを掲げるものが多く見ら
れる。他所就労によってより高額な賃金を得られる以上、最早、解雇された
企業に戻って働く意思はなくなるだろうという発想である。この要素は、就
労の意思の有無を決定する最も重要な要素であると言ってよいと思われる。

1）就労意思を否定したもの

前掲・ライトスタッフ事件では、被告と比べ他所就労先の月額給与の額（額
面額）は遜色なく、賞与として給与の1.5か月分（年2回）が支払われる約
束である旨が判示されている。前掲・東京エムケイ事件、前掲・有限会社ス
イス事件では、解雇企業での賃金平均と遜色のない額を得ている旨が判示さ
れている。

前掲・新日本建設運輸事件・東京地裁判決では、3名の原告について、「月
によって変動はあるものの、概ね本件各解雇前に被告において得ていた賃金
と同水準ないしより高い水準の賃金を得ていた」と判示されている。

なお、前掲・ドリームエクスチェンジ事件は、他所就労での賃金が26万
円（後に27万5000円に昇給）で、内定時の条件（35万円）の8割にも満たな
いことから他所就労開始後、直ちに就労意思を喪失したと認められないとし
つつ、他所就労が口頭弁論終結時点ですでに2年2か月以上に及んでいる
（本人尋問で、現時点では被告において就労する意思がない旨の供述もされている）
ことから、他所における試用期間（3か月）満了時点で就労意思の喪失を認
めた。

---

18) 東京地判令元.8.7労経速2405号13頁（内定取消の事案）。

2）就労意思を肯定したもの

前掲・ピジョン事件では、解雇後の約 9 か月間、正社員で勤務した期間の給与は、被告での 9 か月の収入（賞与除く）の 7 割に満たない、その後、合計 3 社で非正規社員として勤務した期間につき、いずれも被告におけるものと比較して低額であると判示されている。

大王製紙事件 [19] では、解雇後、2 つの企業に就職し、後にそれぞれの取締役に就任した事案で、他の会社からの収入は、6 割程度にとどまると判示されている。

コーダ・ジャパン事件 [20] では、転職先の給与額が解雇企業における給与額よりも相当低額であると判示されている。

みんなで伊勢を良くし本気で日本と世界を変える人達が集まる事件 [21] では、2 名の原告につき、いずれも、他所就労による収入は控訴人における賃金額に及ばないと判示されている。

Ｐ社ほか（セクハラ）事件 [22] では、3 社で正社員として働いているが、給与は約 60％〜 66％にとどまっていると判示されている。

グローバルマーケティングほか事件 [23] では、再就職後の給与は変動があり、解雇企業での不利益変更前の 30 万円と比較して不安定、平均的にみると減少と判示されている。

マルハン事件 [24] では、解雇企業の月給 66 万円余（別に年 2 回の賞与（年額 288 万円）が請求されたが判決では棄却）、他所就労の月給 75 万円（賞与の支給実績なし）の事案で、再就職先の会社と被告との企業規模の差、賞与や労働時間等（再就職先の方が 1 日の労働時間が長く、休日も少ない）を踏まえると、再就職先の会社における原告の待遇が被告における従前の原告の待遇を上回るものということもできないと判示されている。

---

19) 東京地判平 28.1.14 労判 1140 号 68 頁。
20) 東京高判平 31.3.14 労判 1218 号 49 頁。
21) 名古屋高判令 1.10.25 労判 1222 号 71 頁。
22) 大阪地判令 2.2.21 労判 1233 号 67 頁（地位確認は請求されておらず、賃金請求について判断された事案）。
23) 東京地判令 3.10.14 労判 1264 号 42 頁（退職合意の効力が争われた事案）。
24) 東京地判令元 .6.25 労経速 2406 号 10 頁。

３）賃金額が高くなっていることは就労意思を否定する根拠足りえないとしたもの

前掲・新日本建設運輸事件・高裁判決は、「解雇された労働者が、解雇後に生活の維持のため、他の就労先で就労すること自体は復職の意思と矛盾するとはいえず、不当解雇を主張して解雇の有効性を争っている労働者が解雇前と同水準以上の給与を得た事実をもって，解雇された就労先における就労の意思を喪失したと認めることはできない」と判示している（ただし、それ以上の理由付けは論じられていない）。

なお、生計維持のための他所就労をもって就労意思を喪失したとすることはできないとし、特に賃金の比較をすることなく、就労意思の喪失を否定した例として、丙川商店事件[25]、スタッフマーケティング事件[26]、医療法人社団和栄会・秀栄会事件[27]、前掲・グットパートナーズ事件がある。

（3）就労の意思の喪失時期

就労の意思の喪失を理由に、賃金請求を棄却した（地位確認については棄却、認容の双方を含む）例では、他所就労を開始した時点で、就労の意思の喪失を認めるものが多いが、他所就労開始後の一定の期間経過後に就労の意思の喪失を認めるものもある。

前者の例としては、前掲・ユニフレックス事件、前掲・ライトスタッフ事件、前掲・東京エムケイ事件、前掲・ニュース証券事件がある。なお、弁護士法人レアール法律事務所事件[28]は、解雇後に他の法律事務所に出勤している姿が確認された日の前日に就労の意思の喪失を認めている。

後者の例としては、前掲・新日本建設運輸事件・地裁判決（3名の原告のうち、2名については他所での就労開始1年経過後、解雇後1年近く個人事業主として稼働した後に他社での就労を開始した1名については、他社での就労開始半年後）、前掲・ドリームエクスチェンジ事件（他社における3か月の試用期間満了時点）がある。

---

25) 京都地判令 3.8.6 労判 1252 号 33 頁（休職期間満了による退職扱いの事案）。
26) 東京地判令 3.7.6 労判 1275 号 120 頁（雇止めの事案）。
27) さいたま地判令 3.1.28 労経速 2448 号 3 頁（1 年契約の中途で解雇された事案）。
28) 東京地判平 27.1.13 労判 1119 号 84 頁。

（4）賃金以外の事情として考慮されたものの例

　1）就労意思を否定する根拠

①　他所就労を継続するであろう事情

　前掲・ライトスタッフ事件は、生命保険の募集、損害保険の代理等を営む会社を解雇された後、税理士法人に正社員として就職した事案であるが、賃金の比較のほか、再就職までの間にCFP、社会保険労務士の資格を取得しており、あえて受動喫煙の有害性について理解に乏しいものと思われる使用者の下で保険営業の仕事を続けなければならない理由は見当たらず、「むしろ新たな職場(本件再就職先)で心機一転を図ろうとするのが通常と思われる」といったことを掲げている。また、前掲・ニュース証券事件は、解雇後、他の証券会社に就職したケースだが、「法令等により証券会社間の従業員の兼業は禁止されており、証券外務員資格の登録を抹消しないと他の証券会社で証券営業をすることは禁止されているところ、原告は新たな気持ちで証券営業に復帰する意思で、……証券外務員資格登録を行ったこと」を掲げている。

②　金銭解決を志向していたこと

　就労意思の喪失を認める根拠として、訴訟に至る以前の団会で金銭解決を求めていたことを掲げるものが見られる（前掲・ニュース証券事件、前掲・弁護士法人レアール法律事務所事件）。

　2）就労意思を肯定する根拠

　前掲・コーダ・ジャパン事件は、使用者が職場復帰を命じたにもかかわらず、労働者がこれに応じずに労務提供をしないといった事実は認められないことをあげている。

（5）就労意思についての主張立証をしないことを根拠に就労意思を否定するもの

　前掲・弁護士法人レアール法律事務所事件は、他の法律事務所に出勤している姿が確認された事案であるが、判決は、「いつから勤務しているのか、給与がいくらなのかについて、裁判所が釈明しても、回答しない」ことから、

正社員として勤務しているとみられてもやむを得ないとし、訴訟提起前に職場復帰には消極的な姿勢を見せていたこと等から、確定的に被告で勤務する意思を喪失したとした。

前掲・東京国際学園事件では、「原告代理人は、裁判所の求めに応じて、いったん原告らの就労状況を明らかにする準備書面を用意する旨発言したにもかかわらず、その後、原告らの就労状況を明らかにする準備書面を提出しない旨を明らかにしている」とし、就労の意思と能力を有していることにつき何らの主張、立証も行っていないとして、賃金請求を棄却している（地位確認は認容）。

（6）本人尋問での供述

就労の意思は、解雇企業に戻る意思・意欲があるかという当該労働者の内心の問題である。従って、これを直接的に証明するのは、労働者の本人尋問における供述ということになる（また、地位確認や解雇後の賃金請求の訴訟を提起しているという事実自体からその意思は推認されるとも言える）。

1）就労意思を否定したケース

しかし、就労の意思を否定する裁判例の多くは、本人尋問で就労（復職）の意思がないと供述したような場合（その例として、前掲・ドリームエクスチェンジ事件）のみならず、就労の意思を有しているという供述についても、信用（採用）できないとしている。その例として、前掲・ユニ・フレックス事件、前掲・ライトスタッフ事件、前掲・東京エムケイ事件、前掲・ニュース証券事件がある。

2）就労意思を肯定したケース

その一方、就労意思があるとした裁判例では、就労意思を否定する根拠となりそうな供述があっても、それに「解釈を施す」かたちで就労意思を否定する要素と判断していない。例えば、前掲・コーダ・ジャパン事件では、「法律的に違法なことを全部改めてくれたら、会社に戻る考えはありますか」という問いに対して「少しは」と回答したことについて、「訴訟係属中であっ

て紛争が解決していない間は、職場復帰に不安を有し、上記のような控えめな供述をするにとどまるのもやむを得ない」としている。

また、採用内定取消案である前掲・ドリームエクスチェンジ事件では、再就職先での本採用（判決は、この時点で就労意思の喪失を認定）までの間について、内定時の条件（月額賃金35万円）で迎え入れると言われたら入社するつもりであったかとの質問に対して、「取り消された会社に入りたいとは思わない」「そのときになってみないと分からないので何ともいえないです」と回答したことは、就労意思の喪失の根拠となり得ないとしている。なお、医療法人衣明会事件[29] では、本人尋問で現在は乙川家においてベビーシッターとして勤務したくない旨を述べたとしても、「その時点での心境を述べたものにすぎず」、「本件解雇が無効とされた場合においても」就労提供を拒絶する意思を明確に有しているとは言えないとしている。

このようにしてみると、本人の供述は、決め手とならず、むしろそれ以外の事情によって決められていると考えられる。

おわりに

以上見てきたとおり、就労意思を否定する裁判例は、解雇無効の判断がされても、解雇企業に復職することはないであろうとの判断を、いくつかの要素に基づき行っている。

しかし、解雇の有効性が訴訟で争われ、その結果、解雇無効と判断されるのは、使用者が違法な解雇をしたからに他ならない。違法な解雇をした使用者が賃金支払いや地位確認（復職）という負担をするのは当然のことであって、解雇された労働者が偶々他所で就労していることで、そのような負担を免れるのは妥当とは考えられない（他所就労による中間利得との調整をすれば十分であると言える）。就労意思を否定するのだとしても、最低限、現実に復職を命じたにもかかわらず、労働者が復職を拒んだという事実を必要とすべきであろう（前掲・コーダ・ジャパン事件を参照のこと。なお、復職を命じるに

---

29)　東京地判平 25.9.11 労判 1085 号 60 頁（他所就労しているか不明の事案）。

際しては、既発生のバックペイを精算することも必要であろう）。

　もっとも、就労意思を否定する裁判例が少なからず見られる以上、被告から就労意思を否定する主張がされた場合、本稿で整理した観点などを踏まえ慎重に対処する必要がある。その際、解雇企業と他所就労先での賃金額の比較が重視されていること（解雇企業と同水準以上の給与を得ているような事案では、当面は、前掲・新日本建設運輸事件・高裁判決を援用することになろう）、本人尋問での供述が採用（信用）されなかったり、求釈明を無視することが就労意思否定の材料とされる可能性があること等に留意する必要がある。

　なお、解雇と他所就労の問題は、解雇の金銭解決制度を導入することで解消できる（労働者は、解雇企業に復職する意思を有していなくても、解雇に伴う金銭的な給付が得られる）との指摘がある。その指摘自体は誤りではないだろうが、解雇の金銭解決制度には、検討しなければならない諸問題があるのは、周知のとおりである。

固定残業代における最高裁判例の検討

梅 田 和 尊

1 固定残業代における問題の所在

　割増賃金（労基法 37 条）の支払いの代わりに定額の手当を支給したり（手当支給額）、割増賃金を基本給に組み込んで支給する（基本給組込型）固定残業代の問題は、昭和・平成の時代から存在する[1]。固定残業代の仕組みは、残業代計算の手間が省け事務処理負担が減る、労働者も労働効率を上げて早く仕事を終えれば時間外労働をしなくても手当分が受給できるといったメリットが語られることがある。しかしながら、固定残業代の支払があっても、使用者は、実際に労働者が行った時間外労働に対応する割増賃金額を計算し、既に支払済みの固定残業代でもって時間外労働に対する割増賃金額に不足がないかを確認し、不足があれば不足分を追加して割増賃金を支給することが必要である。つまり、どのみち使用者は、労働者の時間外労働の時間数を管理し、その時間外労働時間に基づいた割増賃金額を計算し、必要ある場合には不足分を支給する必要があるのであって、固定残業代の支払によって使用者の事務処理負担が大して減ることはない。

　また、労働者の側からしても、与えられた一定の業務量に変動があり得な

---

1)　月 15 時間の時間外労働に対する割増賃金が基本給に含まれるとの合意がされたとしても、基本給のうち割増賃金に当たる部分が明確に区分されて合意がされ、かつ労基法所定の計算方法による額がその額を上回るときはその差額を当該賃金の支払期に支払うことが合意されている場合にのみ、その予定割増賃金を当該月の割増賃金の一部又は全部とすることができるとされた小里機材事件（東京地判昭 62.1.30 労判 523 号 10 頁を最一小判昭 63.7.14 労判 523 号 6 頁も是認）や、歩合給の中に時間外及び深夜割増賃金も含まれていると主張されたタクシー会社の労働者の事案で、「通常の労働時間の賃金に当たる部分と時間外及び深夜の割増賃金に当たる部分とを判別することもできない」ので、法 37 条の割増賃金を支払ったといえないとした高知県観光事件（最二小判平 6.6.13 労判 653 号 12 頁）など。

200　第Ⅱ部　個別的労働関係における現代的課題

ければ、与えられた業務を、時間外労働をせずに所定労働時間内に効率的に
こなすことにより、時間外労働をせずとも固定残業代にかかる手当を受給で
き、仕事を効率的にこなそうというインセンティブともなり得るかもしれな
いが、肝心なのは、労働者は業務量の調整をすることができないということ
である。労働契約は、労働者が使用者の指揮命令に従って労務を提供する義
務を負う契約であるから、早く仕事を終えることができた労働者に対し、使
用者が、固定残業代分の賃金を支払っているのだから、更に業務を命じると
いうことは十分に考えられることであり、そうであれば、いくら労働者が効
率的に仕事をこなしたとしても、労働者は長時間労働を強いられる帰結とな
る。

　割増賃金制度（労基法37条）は、「使用者に割増賃金を支払わせることに
よって、時間外労働等を抑制し、もって労働時間に関する労基法の規定を遵
守させるとともに、労働者への補償を行おうとする趣旨」（静岡県教職委事件・
最一小判昭47.4.6労判153号9頁、医療法人社団康心会事件・最二小判平29.7.7労
判1168号49頁を参照）によるものである。つまり、使用者が労働者に時間
外労働をさせようとする場合、その時間に応じた経済的負担を使用者に課す
ことによって、使用者が労働者に時間外労働を命じるのを思いとどまらせよ
うという趣旨に出たものである。しかしながら、いったん使用者が固定残業
代を事前に支払うことでその経済的負担を引き受けてしまうと、使用者と
しては固定残業代を支払っている分だけ労働者に対して時間外労働を命じる、
そうしないと固定残業代分だけ支払っているのが損をしてしまうというイ
ンセンティブを与えることになりかねない。これは、労基法37条の趣旨に
逆行するものといえる。本来であれば、このような労基法37条の趣旨に反
するものといえる固定残業代の仕組みそのものが、労基法37条の趣旨や文
言[2]に反し無効と考えることも一考に値すると思われる。しかしながら、最

---

2)　労基法37条1項は、「使用者が、……労働時間を延長し、又は休日に労働させた場合……割増
　賃金を支払わなければならない」と規定しており、実際に時間外労働や休日労働をさせた場合の
　割増賃金支払義務について規定している。このことから、労基法37条は、時間外労働や休日労
　働をさせた場合に、事後的に、割増賃金を支払うことを予定した法文であって、時間外労働や休
　日労働をさせる以前に、事前に固定残業代を支払う合意をすることは許されないと解することは
　できないだろうか。

高裁判所の判決では、後記の通り、固定残業代による仕組みは、判別可能性や対価性という条件の下に、労基法37条の割増賃金の弁済として有効と考えている。

固定残業代については、平成29年以降、重要な最高裁判決がいくつか出されている。以下では、それらの最高裁判決を振り返りながら、それぞれの判決の意義や関連する下級審判決などについて論じることとする。

2　医療法人社団康心会事件——組込型の高額報酬者

年俸1700万円の医師が使用者との間で、時間外労働割増賃金が年俸に含まれるとの合意をしていた事案である。原審（東京高判平27.10.7判時2287号118頁）は、医師としての業務の特質に照らして合意の合理性があり、労働者が労務提供について自らの裁量で律することができ、給与額が相当高額であったこと等から、労働者の保護に欠けるおそれがないとして、合意の有効性を認めた。

これに対して、最判（最二小判平29.7.7労判1168号49頁）は、割増賃金をあらかじめ基本給等に含める方法で支払う場合においては、労働契約における基本給等の定めにつき、通常の労働時間の賃金部分と割増賃金部分とを判別できることが必要であり、割増賃金部分が労基法37条等で定められた方法により算定した割増賃金額を下回るときは、使用者がその差額を労働者に支払う義務を負う、割増賃金を年俸1700万円に含める旨の合意は、時間外労働等に対する割増賃金部分が明らかにされておらず通常の労働時間の賃金部分との判別ができないので、割増賃金が支払われたとすることはできないと判示した[3]。

従来より、最高裁判決では、「固定残業代」の支払が労基法37条の割増賃金の支払いと言えるためには、「通常の労働時間の賃金部分」と「割増賃金部分」とが「判別」できることが必要と判示されていたところではあるが[4]、

---

3)　差戻審は、本最判に従い、年俸の支払いにより割増賃金が支払われたとは言えないとして、割増賃金の支払を命じている（東京高判平30.2.22労判1181号11頁）。

4)　前掲・高知県観光事件・最判、テックジャパン事件・最一小判平24.3.8労判1060号5頁。

労基法 37 条の割増賃金を支払ったといえるためには、かかる「判別要件」を満たす必要があることが改めて高額報酬者の事案においても確認された[5]。労働基準法は任意法規ではなく、強行法規であることの当然の帰結とも言える。

3　日本ケミカル事件——手当型の割増賃金該当性

　日本ケミカル事件（最一小判平 30.7.19 労判 1186 号 5 頁）における事案の概要は、以下の通りである。

　薬剤師の事案であり、雇用契約書には「月額 562,500 円（残業手当含む)」、「給与明細書表示（月額給与 461,500 円　業務手当 101,000 円)」、採用条件確認書には、「月額給与　461,500」「業務手当　101,000　みなし時間外手当」、「時間外勤務手当の取り扱い　年収に見込み残業代を含む」、「時間外手当は、みなし残業時間を越えた場合はこの限りではない」、賃金規程には、「業務手当は、一賃金支払い期において時間外労働があったものとみなして、時間手当の代わりとして支給する。」とそれぞれ記載され、使用者と原告以外の従業員との確認書においては、「業務手当は、固定時間外労働賃金（時間外労働 30 時間分）として毎月支給します。一賃金計算期間における時間外労働がその時間に満たない場合であっても全額支給します。」と記載され、実際の時間外労働の状況が、15 か月間のうち、30 時間以上が 3 回、20 時間台が 10 回、20 時間未満が 2 回であり、差額精算の実態として、みなし残業時間を越えた日の分について、時間外手当の精算はされているという事案で、かかる業務手当が固定残業代の支払いとして認められるかが争点となった事案である。

　最判は、労基法 37 条の趣旨を述べた上で、労基法 37 条は、労基法 37 条等（＝労基法 37 条及び政省令）に定められた方法により算定された額を下回らない額の割増賃金を支払うことを義務付けるに止まると解され、労働者に

---

5)　類似した事案（年俸 2200 万円、勤務時間の管理もなく労働者の判断で営業活動・行動計画を決定できるなどした事案）で残業代が基本給の中に含まれるとした判決（モルガン・スタンレー・ジャパン事件・東京地判平 17.10.19 労判 905 号 5 頁）も過去に存在したが、かかる最判により否定されたものと言えよう。

支払われる基本給や諸手当にあらかじめ含めることにより割増賃金を支払うという方法自体が直ちに同条に反するものではなく、使用者は労働者に対し、雇用契約に基づき、時間外労働等に対する対価として定額の手当を支払うことにより、同条の割増賃金の全部又は一部を支払うことができると判示した。

　これは、一つ目に、労基法37条は、割増賃金の「金額」の問題を規定したものであって、割増賃金の「支払方法」には関知しないことを示したものである。すなわち、労働者に時間外労働等をさせた場合には、使用者は、労基法37条等によって定められた計算式で算定された「金額」以上の金額を支払う義務があるが、その「金額」以上の金額を払う結果となれば、その支払方法や計算式は労基法37条等に定められた方法に拘束される必要は無いということである。また、二つ目に、この割増賃金の「支払方法」は労基法等にも記載されているが、労基法等の定めによることなく、労使の「雇用契約」（つまり私的自治）で決定することもできることを示したということである。すなわち、労使は、基本給のこの部分を残業代とするとか、この手当は残業代として支払うということを労働契約の内容として合意して取り決めることも可能であるということである。「固定残業代」の支払に関する取り決めというのは、割増賃金の「支払方法」についての雇用契約の内容と言うことができる。

　そして、「固定残業代」として取り決めた当該「手当」の支給や、基本給の中に組み込まれている「固定残業代」としての支給部分について、割増賃金該当性が事後的に労使間で争点となった時には、当該「手当」や基本給中の「固定残業代」部分が時間外労働等の対価と認められるかが争点となる。

　この点について最判は、当該「手当」が時間外労働の対価と認められるかについては、「雇用契約に係る契約書等の記載内容のほか、具体的事案に応じ、使用者の労働者に対する当該手当や割増賃金に関する説明の内容、労働者の実際の労働時間等の勤務状況などの事情を考慮して判断すべきである。」と判示した。

　上述の通り、固定残業代にかかる合意は、結局、労働契約における割増賃金の支払方法に関する合意と言える。そして、労働契約上の合意として、当事者間で、割増賃金の支払方法について、どのような内容の合意が成立した

と言えるのかどうかは、契約書や労働条件通知書等の直接証拠における記載がどのようになっているかや、使用者が労働者にどのような説明をしていたのか、労働者の実際の時間外労働等の労働時間の状況なども含めた種々の間接事実、間接証拠を元にして認定されることとなる。

この日本ケミカル事件における事案では、契約書、採用条件確認書、賃金規程において、業務手当が時間外労働等の対価として支払われる旨が記載され、原告以外の労働者との確認書でも、業務手当が時間外労働の対価として支払われる旨が記載されており、この会社の賃金体系では業務手当が時間外労働等の対価として位置付けられ、業務手当は約28時間分の時間外労働に対する割増賃金に相当し、原告の実際の時間外労働等の状況と大きく乖離しないことから、業務手当は、本件雇用契約において、時間外労働等の対価として支払われるものとされていたと認められた。

最判は、原審の東京高裁判決（平29.2.1 労判1186号11頁——固定残業代性を否定）が固定残業代の有効要件として示した、①定額残業代を上回る金額の時間外手当が法律上発生した場合にその事実を労働者が認識して直ちに支払を請求することができる仕組みが備わっており、これらの仕組みが雇用主により誠実に実行されている、②基本給と定額残業代の金額のバランスが適切である、③その他法定の時間外手当の不払や長時間労働による健康状態悪化など労働者の福祉を損なう出来事の温床となる要因がないという要件を必須のものではないとした。しかしながら他方で、最判がこれらの要素を否定したわけでもない。

当事者間の契約内容の意思を解釈する際には、あらゆる事情を考慮に入れることができるので、これら①〜③の事情や、差額精算の合意があるかどうか、その実態があるかどうかという事情も、当該手当の割増賃金該当性を判断する上での考慮要素にはなり得る（他の要素としては、例えば、手当の創設経緯や手当の金額の決定方法などが考えられる）[6]。

---

6) 日本ケミカル事件の規範に基づく下級審判決の例として、サン・サービス事件・名古屋高判令2.2.27 労判1224号42頁（使用者が勤務時間管理を適切に行っていないこと、毎月120時間超の時間外労働等をしていること、使用者が実際の時間外労働等に見合った割増賃金を支払っていないことから、本件職務手当を固定残業代とみると、約80時間分の残業代に相当するにすぎず、実際の時間外労働等と大きく乖離し、時間外労働等の対価と認めることはできず、また、36協定

重要なのは、固定残業代にかかる合意というのは、長時間労働の温床となり労働者の健康を害する危険のある、労働者にとって不利益な労働条件に関する合意であり、かつ、賃金という重要な労働条件に関する合意であるということである。労働契約に関する合意の成立は厳格に考えるべきとの最近の最判などの傾向（山梨県民信用組合事件・最二小判平 28.2.19 労判 1136 号 6 頁、広島中央保健生協事件・最一小判平 26.10.23 労判 1100 号 5 頁）からすれば、固定残業代（手当等の割増賃金該当性）についても、単に契約書の記載を形式的に読むのではなく、当該手当の労働者に与える不利益の程度、当該手当の創設経緯や金額の決定方法、契約書等への署名までの使用者の説明や署名の経緯、その後の時間外労働等の実態や差額精算の有無なども含めて、手当の割増賃金該当性を労働者が真に理解して合意しているか、そのような不利益な内容の合意を労働者が受け入れたと認めるに足りる合理的理由が客観的に存在するかどうかという観点から、合意の成立を厳格に判断することが重要であると考えられる[7]。

　また、訴訟上では、使用者の固定残業代にかかる主張は、割増賃金の弁済という抗弁事実としての主張に位置付けられ、使用者に主張立証責任がある。よって、当該手当が固定残業代にあたり割増賃金として弁済したということは使用者が立証する必要がある。手当の創設経緯や金額の決定方法等から、割増賃金としての手当ではない、若しくは、割増賃金部分も含まれているかもしれないが、割増賃金だけではなくそれ以外の性質の金員も含まれている可能性がある場合には、当該手当が割増賃金の対価としては認められない、若しくは、割増賃金以外の賃金も含まれており当該手当の内、どの部分

　も締結されておらず、時間外労働等を命じる根拠を欠いていることなどにも鑑み、職務手当の固定残業代性を否定）、木の花ホームほか 1 社事件・宇都宮地判令 2.2.19 労判 1225 号 57 頁（賃金規程や給与に関する通知書の記載、雇用契約の締結にあたり職務手当の性質を確認すべく給与に関する通知書を交付したこと、固定残業代が予定する約 131 時間の時間外労働時間数と実際の時間外労働等の状況は固定残業代の性質を否定するほど大きく乖離するものではない（平均約 50 時間の乖離）として、職務手当の時間外労働対価性を肯定しつつも、常軌を逸した長時間労働が恒常的に行われるおそれがあるなどとして、固定残業代の定めを公序良俗に反し無効と判示）、国・所沢労基署長（埼九運輸）事件・東京地判令 4.1.18 労判 1285 号 81 頁などがある。
7）　よりどころになる法文として、労働契約の労使対等合意原則（労契法 3 条 1 項）、使用者の労働者に対する労働契約内容の理解促進義務（労契法 4 条 1 項）

が割増賃金であるか判別できないとして、割増賃金としての弁済とは認められないと考えられる。

　また、雇用契約は、就業規則(賃金規定)で定まる場合もある。この場合には、就業規則の合理性（労契法7条）（不利益変更の場合には労契法10条の合理性）が要求されるが、固定残業代の定めが就業規則に置かれているときには、固定残業代が労働者にとって不利益な労働条件であることから、その合理性は厳格に解されるべきであろう。

4　国際自動車事件

　国際自動車事件は、第二次上告審事件、第2・上告審事件、2社（新宿・城北）事件（最一小判令2.3.30労判1220号5頁及び19頁）と3つの最判がある。具体的事案の内容は複雑であるが、概要、基本給等から割増賃金を算出し、他方で、歩合給を算出する際には、対象額Aという数字から割増賃金を控除する仕組みにおいて、割増賃金を支払ったと言えるかが問題となった事案である。

　最判は、「労働契約における賃金の定めにつき、通常の労働時間の賃金に当たる部分と同条の定める割増賃金に当たる部分とを判別することができることが必要である」（判別可能性）とした上で、「使用者が、労働契約に基づく特定の手当を支払うことにより労働基準法37条の定める割増賃金を支払ったと主張している場合において、上記の判別をすることができるというためには、当該手当が時間外労働等に対する対価として支払われるものとされていることを要するところ、当該手当がそのような趣旨で支払われるものとされているか否かは、当該労働契約に係る契約書等の記載内容のほか諸般の事情を考慮して判断すべきであり（日本ケミカル事件最判参照）、その判断に際しては、当該手当の名称や算定方法だけでなく、上記で説示した同条の趣旨を踏まえ、当該労働契約の定める賃金体系全体における当該手当の位置付け等にも留意して検討しなければならない」と判示した。そして、判決は、本事案の仕組みは、実質、出来高払制の下で元来は歩合給として支払うことが予定されている賃金を、時間外労働等がある場合には、その一部につき名

目のみを割増金に置き換えて支払っているもので、割増金に一部時間外労働等の対価が含まれていても、通常の労働時間の賃金部分を相当程度含んでおり、判別できないとして割増賃金としての支払を否定した。

この最判でも指摘があるように、当該手当の時間外労働の対価性を考える上では、労基法37条の趣旨（長時間労働の抑制と労働者への補償）に適うものとなっているか、趣旨を没却するものとなっていないかという視点からも考えることが重要である。

最判における判別可能性と対価性の関係を図示すると以下の通りである。

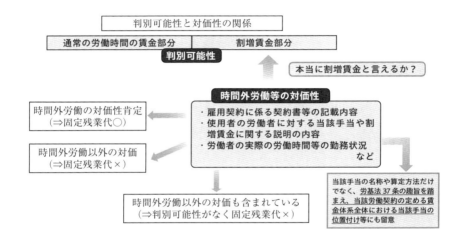

5　熊本総合運輸事件

熊本総合運輸事件（最二小判令5.3.10労判1284号5頁）は、トラックドライバーの残業代請求事案である。本事案では、使用者は、労働者の運行内容等に応じて賃金総額を決定し、その総額から定額の基本給と歩合給を差し引き、残額を時間外手当として支給していた（旧給与体系）。その後、使用者が労基署から時間管理指導を受けたことから就業規則を作成したものの、給料は、旧給与体系と同様に運行内容等に応じて賃金総額を決定し、その総額から定額の基本給等と時間外手当（法定の計算に基づく金額を支給）を差し引き、

残額を調整手当（就業規則上、これも時間外労働割増賃金として記載されている）として支給していた（新給与体系）。就業規則制定前後で社員の給与総額や総労働時間はほとんど変わっていなかったが、旧給与体系と比較すると、新給与体系は、基本給が増額された一方で、基本歩合給が大幅に減額され、新たに調整手当が導入された。

最判は、新給与体系は、実質において、労基法 37 条の割増賃金が生じないように、旧給与体系で通常の労働時間の賃金の一部を、名目だけ割増賃金に置き換えて支払うことを内容とする賃金体系で、本件割増賃金は、その一部に時間外労働等に対する対価としての支払いが含まれるとしても、通常の労働時間の賃金の部分も相当程度含まれており、本件割増賃金について、どの部分が時間外労働等に対する対価に当たるかが明確になっていない以上、通常の労働時間の賃金の部分と時間外労働等に対する賃金部分が判別できないとして、労基法 37 条の割増賃金を支払ったと言えないと判示した。

本事案は、要は、旧給与体系のままでは労基法 37 条の割増賃金を支払っていることにはならず違法となるものを、就業規則を制定して、適法な制度を作ろうとしたものと思われる。このように、もともと違法な固定残業代制度を取っていた会社において、形だけ適法なものを取り繕おうと、労働者に新たに残業代を支払うなどの会社の負担を全く増やすことなどもなく、新たに就業規則を整備したり、労働者の同意を取り付けるなどして、一応形式的には判別可能で対価性も認められるような固定残業代制度を設ける会社がある。こういった事案への対応として、固定残業代の導入を労働条件の不利益変更とした上で、労働条件の不利益変更についての労働者の同意がないというアプローチや、就業規則の不利益変更の合理性がない（労契法 9 条、10 条）というアプローチが考えられるが[8]、本判決は、旧給与体系との比較におけ

8）　労基法 37 条に形式的に適合させようと、基本給等を減額して代わりに固定残業代を導入したような事案において、これを労働条件の不利益変更とし、変更への労働者の真の合意がないとして固定残業代を否定している事案として酔心開発事件・東京地判令 4.4.12 労判 1276 号 54 頁、豊和事件・大阪地判令 2.3.4 労判 1222 号 6 頁がある。また、就業規則変更により歩合給等を廃止する代わりに固定残業代（運行時間外手当）を導入した事案において、これを労働条件の不利益変更とし、就業規則の不利益変更法理（労契法 9 条、10 条）により、不利益変更の諸要素（労働者の受ける不利益の程度、就業規則変更の必要性、変更後の規則の内容の相当性、変更手続など）を検討し、変更を無効とした裁判例として栗田運輸事件・東京高判令 3.7.7 労判 1270 号 54 頁がある。

る新給与体系における手当の位置付けや導入の経緯などから、残業代として主張されている新給与体系における手当について、通常の労働時間の賃金部分を含むものとして割増賃金弁済性を否定したことに意義があると考えられる。

教員の長時間労働
──給特法の問題点──

嶋﨑　量

1　教員の長時間の実状など

公立学校教員の長時間労働の問題が深刻化している。

文科省が公表した令和5年度の教育職員の精神疾患による病気休職者数は7119人（過去最多）とされ、その要因の多くは長時間労働が関係していると推測される。

文科省が行った勤務実態調査（令和4年度）では、減少傾向が指摘されるとはいえ、教諭の1日当たりの在校等時間[1]・持ち帰り時間の合計は中学校で11時間33分となる。

この教員の長時間労働の実態の問題は、指摘されて久しい。既に2019（平成31）年1月25日、中央教育審議会（以下「中教審」という）は「新しい時代の教育に向けた持続可能な学校指導・運営体制の構築のための学校における働き方改革に関する総合的な方策について（答申）」を発表し、「学校における働き方改革を確実に進めるためには、教師一人一人や学校の取組も重要だが、何よりも文部科学省及び都道府県教育委員会、市区町村教育委員会等が今以上に本気で取り組むことが必要である。特に、文部科学省には、働き方改革に必要な制度改正や教職員定数の改善などの条件整備などはもちろんのこと、学校と社会の連携の起点・つなぎ役としての機能を、前面に立って十二分に果たすことを求めたい。」とし、文部科学省に対し働き方改革に必

---

1)　在校等時間とは、給特法下においては、後述する限定四項目を除き時間外労働を命じられない建前になっていること（同法6条1項）を踏まえて文科省が創設した概念であり、労働時間とは全く異質のものである（典型は、学校外で行われる「持ち帰り」がカウントされない）。この在校等時間という制度設計は、教員で拡がる持ち帰り残業が実質的に把握されぬ違法状態を前提にしたもので早急な是正が必要であることは後述する。

要な制度改正を求めていた。

にもかかわらず、上記のような長時間労働の実態が放置され、現在は、教員志願者の減少・離職者増加に伴う、深刻な教師不足による教育の質の低下も問題となっている[2]。

本稿は、教員の長時間労働問題のうち、いわゆる給特法（「公立の義務教育諸学校等の教育職員の給与等に関する特別措置法」）を中心とする労働法的な問題点について、近時の法改正等の動向を念頭におきつつ検討することにしたい。

なお、本稿は、給特法が適用される公立学校教員を念頭に論じるが（単に「教員」とする場合、公立学校教員を指すものと理解されたい）、公立学校教員の労働条件に強く影響を受けるため、市立学校教員・国立大学附属校教員の長時間労働についても、給特法は無関係ではない。

2　労働法的な問題

（1）給特法の枠組み

労働法的にみて、公立教員の長時間労働を生み出す要因は、給特法の存在である。

給特法は、労基法が認める残業代（時間外勤務手当及び休日給）を支給せず、勤務時間内外を問わず包括的に評価して残業代の代わりとして教職調整額を支給するという仕組みを設ける。

この給特法によって、公立学校教員には長時間労働規制のスタートラインである厳格な労働時間把握が行われず、どれだけ時間外勤務に従事しても定額の教職調整額が支払われるだけで時間外勤務手当等の支払いもされず、さらには、36協定により残業上限時間の設定をする抑止制度も実施されない。これにより、公立学校教員は、いわば「定額働かせ放題」の状況が生まれ、放置されている。

これに対して、2024年7月26日、中央教育審議会初等中等教育分科会「質

---

2)　令和4年1月に文科省が発表した「教師不足」に関する実態調査では、令和3年度始業日時点の小・中学校の「教師不足」人数（不足率）は合計2086人であるとされている。

212　第Ⅱ部　個別的労働関係における現代的課題

の高い教師の確保特別部会」（以下「特別部会」という）は、「『令和の日本型
学校教育』を担う質の高い教師の確保のための環境整備に関する総合的な方
策について（答申案)」を取りまとめ、答申された（以下「答申」という）。

この答申では、給特法の現状の枠組みについて、「教師の職務と勤務態様
の特殊性を踏まえれば、勤務時間の内外を包括的に評価し、その処遇として、
教職調整額を本給相当として支給するという仕組みは、現在においても合理
性を有している」とされ、処遇改善のため教職調整額を現行の給料月額の4％
から10％以上に引き上げるべきとしている。

この答申を受けて、政府は給特法改正に向けて動き出しており、給特法の
基本的な枠組みは、維持されたままである。

給特法が、労基法の定める労働時間規制の多くを適用除外とし、教員の長
時間労働を生み出す法的要因となっていることは、これまで日本労働弁護団
が意見書等[3]で繰り返し指摘してきたところである。

（2）厳格な労働時間把握がなされない問題

給特法の問題は、教育界では、残業代支払いという「お金」の問題とされ
がちであるが、あくまで長時間労働・労働時間の問題である。

給特法により公立学校教員に労基法が定める長時間労働抑止の制度が適用
されない状態に置かれているが、その中でも最大の問題点は、使用者が労働
時間把握義務を免れる行政運営を許していることである。

給特法により、超勤四項目（①生徒の実習に関する業務、②学校行事に関す
る業務、③教職員会議に関する業務、④非常災害等やむを得ない場合に必要な業
務）以外は時間外労働を命じられないとされ（同法6条1項）、限定四項目以
外の時間外労働は、教員の「自発的」なものであるとして「労働」と認めな
い運用が生み出されている。

給特法1条は、教員の「職務と勤務態様の特殊性」を定めており、この教
員の労働は「特殊性」があるという理解の下、自発性などを理由に残業が「労
働」ですらないという運用が生み出されているのである。

---

3) 日本労働弁護団（2023年8月18日付）「公立学校教員の労働時間法制の在り方に関する意見書」
　　（以下「弁護団意見書」という）が詳しい。

これにより、公立学校教員には、現在行われているのは、在校等時間[4]の管理にとどまり、四項目以外の時間外の労働は「労働時間」とされず、持ち帰り残業などは労働時間として把握されない。

労働時間を厳格に把握しなければ、実情が把握できないのであり実効的な労働時間削減策も対策が立てようがなく（上限規制が導入できないのは必然となろう）、労働時間把握を放棄してしまうのは労働法・労働安全衛生の観点からはあり得ないことだ。

答申で労働時間管理の困難さを説明するのに用いられる理由は、「教師の業務については、教師の自主的で自律的な判断に基づく業務と、校長等の管理職の指揮命令に基づく業務とが日常的に渾然一体となって行われて」いることだ。しかし、多くの労働者は、程度の差こそあれ、自主的で自律的な判断に基づく業務を遂行しているし、指揮命令に基づく業務も行っている。同じ教員であり給特法適用外であり厳格な労働時間管理が求められる、国立大学付属・私学の教員、医師・大学教員など他の高度専門職と差異をもうける理由ともならない。

なお、答申ではインターバル規制導入について言及されているが、厳格な労働時間把握を取り入れず、給特法下の在校等時間の運用下でインターバル規制を導入することは、有害ですらある。管理職により、「在校等時間」だけが達成指標として取り上げられ、業務削減はせずに「帰宅すること」を指導する運用が横行するのは目に見えている。このような弊害は、在校等時間において既に起きている問題でもある。

（3）労働時間概念を歪めること

公立教員に限らず、世間には自主性・創造性が尊重される仕事は山ほどあるし、およそどのような仕事にも、労働者側の自主性・創造性を内在している。とくに教員のような高度専門職においては、自主性に欠ける仕事など想定し得ないのであって、自主的だから「労働」ではないという論理は、労働法の世界では通用しない暴論といえる[5]。

---

4) 教員が校内に在校している在校時間を基本とし、そこから休憩時間を除いて把握される。
5) 道幸哲也「給特法上の労働時間規制—労基法モデルとの関連」季刊教育法205号（2020年）63頁。

にもかかわらず、給特法下では、強制された明らかな残業でも（時間外に行われる「部活指導」が典型）、「使用者からの指示」に基づかない「自発的」な業務への取り組みであると誤魔化され、労働時間として把握されてもいないのである。これが、給特法により長時間労働が放置される最大の問題である。

　文科省は、「地方公務員法上の『勤務時間』は、基本的には労働基準法上の『労働時間』と同義であると考えられますが、……教師に関しては、校務であったとしても、使用者からの指示に基づかず、所定の勤務時間外にいわゆる『超勤4項目』に該当するもの以外の業務を教師の自発的な判断により行った時間は、労働基準法上の『労働時間』には含まれないものと考えられます。」[6]等という説明をする。

　また、裁判実務もこれを追認してしまっている。近年の裁判例（埼玉県（小学校教員・時間外割増賃金請求）事件・さいたま地判令3.10.1労判1255号5頁）でも、「教員の職務は、使用者の包括的指揮命令の下で労働に従事する一般労働者とは異なり、児童・生徒への教育的見地から、教員の自律的な判断による自主的、自発的な業務への取組みが期待されるという職務の特殊性があるほか、夏休み等の長期の学校休業期間があり、その間は、主要業務である授業にほとんど従事することがないという勤務形態の特殊性があることから、これらの職務の特質上、一般労働者と同じような実労働時間を基準とした厳密な労働管理にはなじまないものである。」と述べられている。

（4）歪んだ職場風土を生み出す要因

　そのような歪んだ法解釈により、公立学校教員の職場風土も、聖職論的な労働観が蔓延し、長時間労働に歯止めがかからない要因となっている。

　学校職場では、明示のみならず黙示の指示により、教員は膨大な業務が課されている。

　長時間労働を厭わずに対応しないと、期待されている教育活動が停滞してしまい【子どもの人質】、または、他の教員が穴埋めすることになる【同僚

---

6)　文科省作成「公立学校の教師の勤務時間の上限に関するガイドラインの運用に係るQ&A」問2。

の人質】という、言わば【2つの人質】をとられた状態で、教員は残業を拒否できない、するしかない状況に追い込まれるのが現場の実情だ。

さらに、残業を拒否すれば「自分ばかりを優先し教員失格」であるかのような強烈な教育委員会、保護者などからの批判に晒される中で、多くの教員は「定額働かせ放題」を強いられている。

このように、給特法により、労働法上の基本概念である「労働時間」の解釈をも歪められることで、労働法的な常識からはあり得ない運用が実務ではまかり通り、歪んだ職場風土が蔓延している。

給特法下で産まれる歪んだ職場風土によって、本来であれば遵守されるべき労基法の規制も守られていない実態があり、その典型が休憩の未取得問題である[7]。

公立学校教員にも休憩に関する労基法 34 条が適用され、それに沿った条例も各自治体で制定されているのに、休憩が確保されない働き方が常態化し、十分なトイレ休憩時間を確保できない状態が全国で放置されている（多くの公立学校教員が 8 時間勤務しているので、本来であれば 1 日あたり 60 分以上の休憩が必要となる）。

（5）憲法違反・人権課題としての側面

このようにして、給特法により、時間外勤務への従事に何ら歯止めがかからなくなり、どれだけ時間外勤務に従事しても時間外勤務手当等は支払われず、労基法が定める 36 協定の抑止も機能しない、「定額働かせ放題」とされる状況が生まれている。

にもかかわらず、給特法の建前は超勤四項目以外の業務は時間外勤務を命じることができないので、実態としては労働時間に該当するような場合も「自主的」業務への取組みであるとして、労働時間管理もされない状態が放置される。

---

[7]　全国の公立学校教職員（回答者数 5809 人）に対して行った日教組「2023 年 学校現場の働き方改革に関する意識調査」（2023 年 11 月 30 日）によれば、平均休憩時間は 12.7 分、休憩をまったく取れない「0 分」の人が 38.7%。「15 分未満」が 60.4% であり、休憩が確保されない労基法違反が蔓延している実態が明らかとなっている。

この給特法の仕組みが、公立学校教員から労基法が定める労働時間の規制（厳格な労働時間把握を放棄させ、さらには、36協定による罰則付上限規制と残業代支払いによる長時間労働抑止の制度を適用除外とし、教員の長時間労働を生み出す法的な要因なのである。

　給特法の本質的な問題は、「残業代」（＝お金）では全くない。金ではなく時間の問題であり、労働者の命や健康、生活時間を奪う重大な人権課題であることに立ち返ることは、法改正に向けた取り組みとしても極めて重要である。

　このような状況は、労働者である公立学校教員に対して、最低基準である労働基準法の適用を除外するもので違憲状態が生じていると指摘できる[8]（憲法27条2項等）。

　言うまでも無く、長時間労働は、過労死を生むなど命と健康を蝕み、労働者の生活時間（育児介護など家庭責任を果たす時間、労働組合活動を含む私的活動を行う時間）を奪う重大な人権侵害である。だからこそ、日本国憲法27条2項は労働時間について「法律」で定めると敢えて規定をし、これに沿って定められた「法律」が労基法である。

　給特法は、この労基法の「特例」として定められ（給特法1条）、労基法が定める労働時間規制の多くを適用除外とする。

　この労基法の労働時間に関するルールは最低基準であるとされ、労基法を下回る労働時間の規制があれば、憲法27条2項違反の人権侵害に他ならない。公立学校教員で組織される教職員組合の多くは、憲法問題について熱心に取り組んでいるが、今こそ、組合員自身が被害者となっている憲法問題について、より強く声をあげ、取り組むことが必要だろう。

---

8)　給特法下の実状については、「給特法の基本構造……給与条例上の時間外勤務手当等を不支給とし（条文略）、あるいは、労働基準法37条の時間外割増賃金等に関する規定を適用除外としていること（条文略）については、もはや正当化が困難……は、少なくとも、給特法による労基法37条の適用除外が憲法27条2項に違反する状態に至っていることを意味する。」との指摘もなされている（早津裕貴・連合総研『日本における教職員の働き方・労働時間の実態に関する調査研究報告書』〔2023年9月〕181頁以下）。

3 取るべき対策など

(1) 給特法を廃止して労基法の適用を回復すること

　給特法に基づく現在の制度においては、長時間の時間外労働を抑制するための制度的基盤が整っているとはいえず、給特法を廃して、労基法の適用を認めることが不可欠である。

　ここで実現すべき労基法の適用による運用とは、厳格な労働時間把握、36協定を通じて時間外労働等が事業場（学校）毎に集団的な労使自治による規制、時間外勤務手当等を支給することによる長時間労働の抑制である。

　これ抜きに、「ビルド＆ビルド」と評されてきた教員の業務が削減されたり、十分な人員確保も実現したりすることはないだろう。

(2) 給特法の廃止だけでは長時間労働是正は実現しないこと

　給特法廃止は、あくまで労働時間削減のための労働法的な観点から制度的基盤を整えるためのものに過ぎず、給特法を廃止して教員が36協定など労働基準法の規制に服する状況になっても、直ちに長時間労働が削減される訳ではない。

　労働基準法の労働時間規制は、既に給特法と縁の無い一般の民間企業・公務職場でも多くは適用されてきたが、長時間労働の課題は何も公立学校教員だけの課題ではない。他の職場でも、長時間労働是正は、日本社会全体の根深い課題であり続けているし、（公立学校教員は取り残された状態で）労基法の労働時間規制自体も見直され、厳格化がなされている。

　そもそも、どのような労働時間規制が適用されようと、法規制だけで実効性を生む規制など観念できるはずもない。どのような規制も、それに実を持たせるには各職場の労使の絶え間ない努力が必要であり（とりわけ、労働法を活用していく、労働組合の存在は不可欠だ）、法改正だけで全てが解決するものでもないのは当然である。

　教員についても、具体的な労働時間の削減は、労働法的な観点から長時間労働削減の制度的基盤を確立させたことを前提に、この規制を遵守するため、

各事業場（学校）の現場の労使関係、とりわけ「労働者」集団である労働組合の自覚的な取り組みにより現在の根深い職場風土を変えていくことが必要である。

労働基準法の労働時間規制は、時短の取り組みを進めるための法的阻害要因である給特法を取り払う、法的な基盤整備に過ぎないのである[9]。

（3）給特法の擁護論

給特法の廃止に対して、「超勤4項目」以外の業務を命じられず、長時間労働を防ぐのが本来の趣旨であり（これが文科省の示す建前上の解釈でもある）、「働かせ放題」との評価は誤りだという擁護論もある。この意見の背後には、教員は他の労働者とは異なる「特殊」な仕事であると位置づけたいという、聖職論があるように思う。

しかし、給特法が長時間労働抑止の機能を果たすなら、なぜ公立学校教員の長時間労働が長らく是正されないのか、現場の教員が給特法を用いて長時間労働を防げないのか（むしろ長時間労働を強いられている）、現状の説明がつかない。そのような現状を放棄し、文科省が示す建前に固執するのは、有害でしかない。

（4）給特法の制定過程を踏まえた検討が必要であること

上記のような給特法擁護論が空論であることは、給特法が、当初から残業代不払いを合法化するために成立したという立法制定過程を踏まえれば明らかになろう。

給特法制定前は、公立学校教員にも労基法37条が適用され、校長は36協定がなければ時間外勤務・休日勤務をさせることはできず、時間外勤務等をすれば時間外勤務手当等が支給されるべき状況であった。

しかし、実際には36協定も締結されず長時間の時間外勤務等が行われ、時間外勤務手当等も支給されない実態があった。そこで、1966年から、日

---

9) 前述の弁護団意見書は、給特法廃止と同時に、労基法の定める代替休暇（労基法37条3項）を参考に、時間外勤務に対して、公立学校教員の実情に応じた代替休暇（代償休暇）制度を創設すべきであると指摘する。

本教職員組合（以下「日教組」という）は全国で時間外手当等請求訴訟（超勤訴訟）を起こし、労働者側勝訴（自治体側敗訴）の判決が続々出されるに至った。また、1963年に、人事院は、教員の超過勤務については労働基準法に従って残業時間に応じて超過勤務手当を支払うべきであるとの見解を示した[10]。

　このような状況をうけ、1967年には文部省（当時）が残業時間に応じた超過勤務手当を支給する方向で検討していたが、自民党文教部会が「教師は一般労働者と違うから超勤を支給することに問題がある」とこれに反対し、「教員の労基法適用除外の方向で解決」という方針が出されて、給特法の教職調整額による一律の手当支給と引き換えに労基法を適用除外にする枠組みが設定されたのである。

　このような給特法案に対して、日教組は、一定の教職調整額の支給と引き換えに無定量の時間外勤務・休日勤務を強要するおそれがあるとして法制定に反対し、給特法が強行的に成立された時（1971年5月24日）には、「このような無定量勤務の強制が現実のものとなれば、教師の生活と健康はますます害され、その人権はジュウリン【＝蹂躙】され、さらには教育活動を低下させ、学校教育そのものに深刻な結果をもたらすことは必定である」と批判する声明も出している[11]。

　こうした制定経過を踏まえれば、給特法が長時間労働抑止の機能を果たす場面など当初から期待できないのは明らかである

（5）調整額引き上げが長時間労働是正の阻害要因となること

　答申は、教職調整額を現在の月給4%から「少なくとも10%以上」引き上げるように指摘しており、この点を処遇改善として一定評価をする意見もあ

---

10)　給特法制定過程については、『改正労基法・改正給特法対応Ｑ＆Ａ新教職員の勤務時間』（日本教職員組合編、2021年）36頁以下、広田照幸「なぜ、このような働き方になってしまったのか──給特法の起源と改革の迷走」『迷走する教員の働き方改革──変形労働時間制を考える』（岩波ブックレット、2020年）、青野覚「調査実態の法的評価と給特法の解釈論的検討」『とりもどせ！教職員の「生活時間」──日本における教職員の働き方・労働時間の実態に関する研究委員会報告書──』（連合総研、2016年）、藤川伸治「労働組合の立場から見た教員の働き方改革」季労266号（2019年）70頁、望月浩一郎「教員の命と健康を守るための課題──労働時間規制で守られていない公立学校教員」季刊教育法205号（2020年）64頁等で解説されている。
11)　日本教職員組合『日教組三十年史』（労働教育センター、1978年）438頁。

る。

　しかし、長時間労働削減を目的とした施策としては、むしろ逆効果である。

　教職調整額が増額されたら、これまで少しずつ取り組まれた時短の取り組み・時短に向けた職場内外の風土が一気に縮小してしまうのは自明だ。労働時間管理すら行われない教員を取り巻く職場風土では、「給料をアップしたのだから文句言わずに働くべきだ」という意識が職場に芽生え、時短に対する意識・取り組みも、根こそぎ奪われてしまうだろう。

　社会の変化にしたがい、今後も教育現場には常に新しい教育活動が期待され、それに沿った教員の職務は増えていく。給特法が維持されたままでは、労基法により（残業上限規制・残業代）業務削減に対する圧力がかからず、これまで以上に、ビルド＆ビルドの体制で業務を積み上がる傾向が維持されるのは必定だ。

（6）待遇面での魅力向上は別途検討されるべき

　答申は、教師の給与を一般の公務員よりも優遇する人材確保法の趣旨 [12] を指摘し、教師の業務の複雑性・困難性・教師不足等の課題から、教職に優れた人材を確保する必要性が一層高まっている状況では、同程度以上の優遇措置を講じることについての社会的な理解は得られると指摘する。

　筆者も、このような指摘内容自体に異論はないが、だからといって、給特法の仕組み・調整額の仕組みを維持し続ける理由とはならない。

　この答申の指摘は、給特法廃止により教職調整額が廃止されても、給与引き下げによる教員の魅力を失わせぬように、人材確保法の趣旨を実現するべく給与月額の引き上げや、人事院による第二次改善勧告により創設された義務教育等教員特別手当の引き上げなどによって、給与減額が生じないような対応が同時になされるべきことを導くものとなろう。

　公立学校教員の給与は、人材確保法による三次にわたる計画的改善より昭和 48 年度から昭和 53 年度までに合計 25％引上げの予算措置がとられてきたが、その後、平成 18 年 6 月 2 日施行の行革推進法等において、教育職員

---

12)　教員の給与を一般の公務員より優遇することを定め教員に優れた人材を確保し、もって義務教育水準の維持向上を図ることを目的とする。

の人材確保に関する特別措置法の廃止を含めた見直しその他公立学校の教職員の給与の在り方に関する検討を行い、引き下げがなされてきたのであり[13]。優遇措置が削減されてしまっている。むしろ、このような優遇措置削減による待遇切り下げの政策の誤りこそが問題とされねばならない[14]。

　本来、教員の待遇における魅力向上を目指すのであれば、このような処遇引き下げをしてきた施策の誤りを正面から認めることが議論の出発点である。

4　教職員組合の意見を踏まえた法改正の必要

　最後に、教職員組合の意見を踏まえず法改正がなされる問題について指摘したい。

　教員の長時間労働の問題について、現場の声を踏まえた対策がなされずにいるのは、教職員組合を通じて、現場の教員の声見を踏まえず、的外れな対応に終始していることが大きな要因である。

　答申を議論してきた「質の高い教師の確保特別部会」の委員には、教職員の労働組合ではない労働組合から1名のみが選出されているに過ぎず、当事者的な立場に置かれている教員の代表が議論に加われないまま議論がなされている。

　現在の中教審の委員選出の状況は、公務員を含む労働者に適用される労働基準法などの雇用政策を議論する労働政策審議会が公労使の三者によって構成されていることと比較してもあまりに不均衡で、教職員組合の存在を軽視している。

　日本も受容している、ILO・ユネスコの「教員の地位に関する勧告」（1966年10月）においては、「教員団体は、教育の発展に大いに貢献することができ、したがって、教育政策の策定に参加させられるべき一つの力として認められ

---

13)　平成18年7月7日「骨太の方針2006」閣議決定にも、「人材確保法に基づく優遇措置を縮減するとともに、メリハリをつけた教員給与体系を検討する。その結果を退職手当等にも反映させる。」との指摘もある。

14)　2005年に平均で1万4686円支給されていた義務教育等教員特別手当が2010年には8522円となり、2015年には5619円へと3分の1まで縮小していることは、上林陽治「教員給与は適正に優遇されているのか〜教員の働き方改革の論じ方〜」自治総研497号（2020年）123頁を参照。

るものとする。」との指導原則をはじめ、教育ないし教員の雇用に関する政策について教員団体との協力の上で定められるべきである。

教員の労働環境・労働条件を議論し、その答申が法制度に反映される中教審（及びその中の部会）で、当事者として最も大きな利害関係を有し、現場を誰よりも知る教職員で組織される労働組合から相当数の委員が選出されるべきである。

こういった恣意的な委員構成による行政運営が行われていることは、現場の教員の感覚から乖離した公立学校教員の労務管理を生み出す給特法が長年放置されてきたことは、無関係ではないのである。

働き方改革関連法の総括

髙 木 太 郎

1 働き方改革関連法とは

2018 年 6 月 29 日、参議院本会議で、働き方改革関連法案が可決され、同法が成立した。

同法は、①時間外労働の上限規制、②勤務間インターバル制度の導入促進、③年次有給休暇の確実な取得、④労働時間状況の客観的な把握、⑤フレックスタイム制の拡充、⑥高度プロフェッショナル制度の導入、⑦月 60 時間超の残業に対する割増賃金率を中小企業についても引き上げ、⑧産業医・産業保健機能の強化、⑨雇用形態に関わらない公正な待遇の確保、を内容とした。

特に、働き方の根幹である労働時間について大幅な改定を内容としたものであり、また、正社員と非正規労働者の待遇差の解消を目的とした改正もなされた。

同法はまた、8 本もの法案を内容とするものであり、様々な異なった問題を含む複数の法案を一括審理し、審理時間も不十分であるとの批判を浴びた。

2 働き方改革関連法の内容

働き方改革関連法の内容は以下のとおりである。

（1）時間外労働の上限規制

残業時間を原則として 1 か月 45 時間、年間 360 時間とし、臨時的な特別の事情がなければこれを超えることができないとした。

また、臨時的な特別な事情があって、労使で合意して上記を超えて残業を

させる場合でも、年間720時間以内、複数月平均80時間内（休日労働の時間を含む）、単月100時間未満（休日労働の時間を含む）を超えることはできず、月45時間を超える月は、年間6か月以内とした。

この規制は、2019年4月から施行されたが、中小企業については1年間の猶予があり、自動車運転業務・建設事業・医師については、その適用は2024年4月からとされた。

（2）勤務間インターバル制度の導入促進

勤務間インターバル制度とは、1日の勤務終了後、翌日の出社までの間に、一定時間以上の休息時間（インターバル）を確保する仕組みである。改正法では、このインターバル制度の導入を事業主の努力義務とした。

（3）年次有給休暇の確実な取得（使用者の時季指定義務の導入）

年次有給休暇のうち、年5日の取得が確実になされるように、5日に不足する分については、使用者に時季指定を義務付けた。

（4）実労働時間の客観的な把握義務

従来、割増賃金を適正に支払うため、労働時間を客観的に把握することが通達で使用者に義務付けられていたが、裁量労働等に従事する者については、対象外であった。

これを、健康管理の観点から、裁量労働制適用対象者、管理監督者も含めて、すべての人の労働時間の状況が客観的な方法その他適切な方法で把握されるように義務付けられた。

（5）フレックスタイム制の拡充

従来のフレックスタイム制では労働時間の精算期間が1か月とされていたが、これが3か月とされた。

（6）高度プロフェッショナル制度の導入

高度プロフェッショナル制度が新設された。

高度プロフェッショナル制度とは、高度の専門的知識等を有し、職務の範囲が明確で、一定の年収要件を満たす（今回は年収1075万円以上）労働者を対象として、労使委員会の決議及び労働者本人の同意を前提として、年間104日以上の休日確保措置や健康管理時間の状況に応じた健康・福祉確保措置等を講じることにより、労働基準法に定められた労働時間、休憩、休日及び深夜の割増賃金に関する規定を適用しない制度である。

（7）月60時間超の残業に対する割増賃金率引き上げ

　月60時間以上の残業に対しては、中小企業についても、割増率を25％から50％に引き上げることとし、実施は2023年4月からとされた。

（8）産業医・産業保健機能の強化

　事業者から産業医への労働者の健康に関する情報提供、産業医の活動と衛生委員会の関係、産業医等による労働者の健康相談を充実、強化し、事業者による労働者の健康情報の適正な取扱を推進することなどが定められた。

（9）雇用形態に関わらない公正な待遇の確保

　法は、正社員と非正規社員（パート、有期雇用、派遣）の待遇差をなくすため、パート法をパート・有期労働法として、

　「①職務内容」「②職務内容・配置の変更範囲」がいずれも同じ場合は差別的取り扱いを禁止した（均等待遇規定。パート有期労働法9条）。

　そして、①②に違いがある場合でも、①②及び③当該業務に伴う責任の程度やその他の事情を考慮して、不合理な待遇差を禁止した（均衡待遇規定。パート有期労働法8条）。

　また、待遇ごとに判断することを明確化するため、ガイドラインを制定することとした。

　派遣についても、派遣先の労働者との比較で、同様の趣旨の規定をおいた。

　また、労働者に対する待遇に関する説明義務を強化した。

　これらについての施行期日は、2020年4月とされた。

3 働き方改革関連法の沿革と背景

2012 年 12 月に成立した第二次安倍政権は、アベノミクスを提唱し、その 3 本の矢（①大胆な金融緩和、②機動的な財政政策、③民間投資を促す成長戦略）のうち、最も中心となる成長戦略に労働法政策を位置付けた。

そして、「世界で 1 番企業が活動しやすい国にする」と宣言し、労働法制を岩盤規制として打ち破る対象とした。

安倍政権における労働政策の特色は、第一に、従来の政労使三者構成の審議会を経るコンセンサスを前提にした立法政策ではなく、内閣府主導の上からの改革であること、第二に、労働法政策の目的が、成長戦略、産業競争力の強化策の一環として位置づけられていること、第三に、成長力強化のための労働法政策の重点が、「人が動くこと」すなわち、労働市場の流動化政策におかれたこと、とされる[1]。

第二次安倍政権成立当初の労働政策は、派遣労働の拡大・裁量労働制の拡大・ホワイトカラーエグゼンプション・解雇の金銭解決等、上から、強権的に規制緩和一辺倒の政策を押し付けるものであった。しかし、これは、労働組合等からの激しい抵抗に遭い、改革はなかなか進まなかった。

第二次政権発足から 3 年が経過しても、アベノミクス 3 本の矢の中でその中核とも言うべき「成長戦略」において、さしたる成果をあげられないこと、長時間労働が少子化の原因であることも含め成長戦略の足かせとなっていること、雇用形態による賃金その他の労働条件の格差が、雇用流動化の阻害要因にもなっていること、などから、安倍政権が、再度、上からの改革を実施すべく打ち出したものが、「働き方改革」であった。「働き方改革」は、すでに、アベノミクスの成長戦略の中に記載されていたが、2016 年 6 月に閣議決定された「ニッポン一億総活躍プラン」の中で、「最大のチャレンジ」として位置づけられた。

同年 9 月、関係閣僚と有識者（神津連合会長、榊原経団連会長、三村日商

---

1) 毛塚勝利「安倍政権の労働法制改革の総括」労旬 2023 ＋ 24 号（2023 年）6 頁。

会頭など）をメンバーとする「働き方改革実現会議」が発足し、同会議は、2017年3月28日、「働き方改革実行計画」を決定した。

この働き方改革実行計画が下敷きとなり、働き方改革関連法案が、2018年通常国会に提出され、2018年6月29日、働き方改革関連法が成立した。

このようなことから、働き方改革の個々の内容は、上記趣旨による制約を受けることになる。長時間労働の是正とは言っても、労働者の要求（自由な時間を確保したい）による労働時間の短縮ではなく、成長戦略の阻害にならない程度のもの（健康管理に必要である、女性の就労促進のために必要である、など）であり、均等、均衡待遇と言っても、労働者の権利の側面から捉えるというより、雇用流動化に資するか否かが、基準となる。

しかし、そうは言っても、現状に比較して、改善となるのであれば、私たちは、この機会をどう活かすか、をまず考えなくてはならない。そのような観点から、日本労働弁護団、労働組合は、取り組んできたものである。

4 働き方改革関連法成立後の動き

日本労働弁護団、各労働組合は、成立までは、高プロの導入阻止、その他の規制の不十分さを指摘して闘ったが、法案成立後は、高プロを個別企業に導入させないこと、不十分ながらも導入された規制については、これを最大限活かす方向に動いた[2]。

特に、日本労働弁護団は、2019年5月ないし2020年2月に「働く人のための『働き方改革法』実践マニュアル」を出版し、主に働き方改革法をどう活かすかを広く呼び掛けた。同マニュアルは、前編を労働時間に、後編を均等・均衡待遇にあて、それぞれ本編と資料編に分かれる4分冊の大部の書籍である。

これらを経て、現状はどうか。以下、改定点ごとに述べる。いずれも

---

2) 労働法律旬報でも、2019年1月合併号（1927 + 28号）での特集をはじめ、この観点の企画が複数回実施された。

228 第Ⅱ部 個別的労働関係における現代的課題

2024 年 11 月までの状況である。

（1）時間外労働の上限規制

2019 年ないし 2020 年に導入された規制については、長時間労働の規制、上限が法律で明記され、罰則が設けられたことは重要ではあるが、その上限が長すぎる問題は従前から指摘されている通りである。改めて、労働組合等において、36 協定の重要性が再認識され、36 協定による制約を作り上げていく努力が求められる。

2024 年 4 月から導入された医師、建設業、運送業の分野については、その影響の大きさがメディアでもたびたび取り上げられている。

建設業については、「一人親方」と言われる「請負的就労形態」が以前から定着しており、注文主と請負人、下請け、孫請けという力関係がある下で、末端である「一人親方」などの労働者へのしわ寄せが顕著であった。ただ、近年は、人手不足、建設業界の高齢化（若い人に建設業は 3K 職場として敬遠される傾向）などから、業界全体として、就労条件の改善が行われている。しかし、個別事案ではなお、長時間労働が問題となる事例は少なくない。

運送業は複雑である。トラック業界等、就労形態が雇用契約である企業が少なくない業界は、シフトの改善等により、長時間労働の是正を図らなければならない状態となっている。宅配業者等は、近年のアマゾン等の問題で顕在化しているように、「雇用に寄らない働き方」による長時間労働が蔓延する傾向にある。「雇用に寄らない働き方」「請負的働き方」あるいは「フリーランス」の保護の問題として、取り組みが拡がりつつある。

（2）勤務間インターバル制度の導入促進

勤務間インターバル制度を導入している企業の割合は、2018 年時点では 1.8％だったものが、翌 2019 年には 3.7％に倍増した。2023 年時点では 6.0％とのことである。厚労省は、2025 年に 15％にすることを目標としているようだが、現時点では達成は難しいものと思われる。

労働協約で勝ちとったインターバルの長さについても、9 時間に留まっている組合もあれば、11 時間、12 時間を獲得した組合もある。勤務実態、就

労の実情に応じた戦いが今後も期待される。

（3）年次有給休暇の確実な取得（使用者の時季指定義務の導入）

　年次有給休暇をほとんど取得しない労働者は珍しい存在ではない。それが自らの意思によるのか、使用者からの直接の圧力によるものか、担当する職務が多忙で休むと己の首を絞めるという事情によるものか、それぞれであろうが、使用者がこれを便利に使う形で、このような実態が放置され、我が国の長時間労働の原因の主要な一つとなってきたことは明らかである。

　その意味で、この改正の影響はけして小さくはない。

　有給休暇の消化日数は 2018 年が年間 9.3 日、2019 年が年間 9.4 日であったものが、2020 年以降、年間 10 日を超えるようになり、2023 年には年間 10.9 日となった。2019 年施行の本法律の効果が現れているものと思われる。

（4）実労働時間の客観的な把握義務

　労働時間把握義務が条文として明文化され（労安衛法 66 条の 8 の 3）、その把握の方法についても「タイムカードによる記録、パーソナルコンピューター等の電子計算機の使用時間の記録等の客観的な方法その他の適切な方法」によるものと明記された（労安衛規則、52 条の 7 の 3 第 1 項）。

　また、従来とは異なり、管理監督者、みなし労働時間制適用対象者も、対象とされている。

　実務における影響は大きく、労働者・労働組合は、この規定を用いて、客観的な資料により労働時間を把握し、長時間労働があれば、これを是正させることが必要である。また、訴訟の中でもこれらを活かして、長時間労働を明らかにし、それを是正していく取組をしなければならない。

（5）フレックスタイム制の拡充

　フレックスタイム制は、趣旨通りに運用されれば労働者の選択の幅が広がる制度ではあるが、労働時間規制の緩和につながる制度であり、また、労働者の「自由意思」をゆがめる事実上の強制、圧力による利用拡大も懸念される。そのようなことから、導入には慎重さが求められる。

（6）高度プロフェッショナル制度

　日本労働弁護団や各労働組合は、高度プロフェッショナル制度の個別企業への導入阻止を目標に、働き方改革関連法成立後も運動を続けた。

　高プロが働かせ放題の制度であることが一定程度定着し、働き方改革関連法制定当時、経営側の立場の弁護士が執筆した「働き方改革法」に関する書籍では、高プロ制度導入のデメリットとして、「現在『残業代ゼロ制度』などと批判がなされており、本制度を導入することについて報道等の対象とされた場合、制度を適切に運用しているか否かにかかわらず、いわゆるブラック企業であると誤解され、またはネガティブな宣伝の対象とされるおそれがあります。」と解説されているとのことである。

　2024年、すでに人手不足状態が定着したため「ブラック企業」が存在する余地は小さくなり、「ブラック企業」という言葉もあまり聞かなくなったが、2024年3月の時点で、高プロ制度を導入しているのは、全国で29社（30事業所）、対象となる労働者は1340人に止まっている。

（7）月60時間超の残業に対する割増賃金率引き上げ

　月60時間超の残業に対して50％の割増賃金を支払わなければならない（労基法37条1項）との規定は、中小企業にはその適用が猶予されてきた（労基法附則138条）。この猶予が2023年4月から解除され、全ての企業において、月60時間超の残業に対して50％の割増賃金が支払われなければならなくなった。

　適用除外がなくなったことで、この知識の普及も、訴訟等への応用もしやすくなった。体力的に厳しい中小企業においては、残業代請求を恐れて、労働時間の合理的削減が進むことが期待される。

（8）産業医・産業保健機能の強化

　産業医については、従来、使用者の意を汲んで労働者の復職を妨げるなど産業医の中立性、公平性が疑われる事例があった。

　そこで、産業医の誠実義務が規定され、専門的立場からその中立性を確保するため、産業医に能力維持向上の努力義務が課された。

働き方改革関連法の総括　231

また、産業医に審議調査請求権を認め、勧告や指導・助言だけでなく意見を述べる権限を付与し、労働者からも必要な情報を収集することも産業医の権限として認めた。

　権限が認められれば、当然、その権限を発動する責任も発生・強化する。労働者、労働組合、弁護士は産業医への働きかけも強めていく必要があるが、その効果が現れるのはこれからであろう。

（9）雇用形態間に関わらない公正な待遇の確保

　2021年4月にパート有期労働法が全面施行され、均等均衡待遇規制とともに、労働者に対する待遇差の説明義務も設けいられた。

　2023年の厚労省「賃金構造基本統計調査」では、雇用形態間賃金格差（正社員＝100）は、男女計67.4（2018年64.6）、男性70.1（2018年66.2）、女性72.2（2018年70.8）であった。この5年で格差は若干縮まっている。なお、男性、女性よりも男女計の方が格差が大きくなるのは、男女の賃金格差、女性において非正規雇用の割合が高いことが影響している。男女計でみて、賃金格差が最も大きいのは、企業規模別では大企業であり（60.6）、産業別では「卸売業・小売業」（61.5）である。

　2023年12月に労政審議会雇用環境・均等分科会で報告された「同一労働同一賃金の遵守徹底に向けた取組の実施状況」によると、過去3年間、これに取り組んだとする事業所は、調査対象の63％に達したが、企業規模が小さくなるほど減る傾向にあった。一方、中小企業では基本給に対する待遇を見直した事業所の割合が大きかったが、大企業では手当や休暇の待遇の見直しにとどまった事業所の割合が多い傾向にある。各種制度が、パート有期雇用労働者にも適用されているか、という調査では、「通勤手当」や「法定外休暇」、「慶弔休暇」の実施率は6～8割と高いが、「住宅手当」「役職手当」「家族手当」「退職金」の実施率は1～3割と低い。

　不合理な労働条件の格差禁止や差別的取り扱いの均等、均衡待遇の規定を受けて行われた訴訟提起は少なくない。また、働き方改革関連法施行前の事案についても、この法改正の趣旨を踏まえて、均衡待遇を認めるべきであるとの主張も様々に展開されている。

以上、見てきたように、働き方改革関連法は、高プロ制度という毒を孕み、改善方向の「改正」も、かなり不十分なものに留まるものではあった。

　しかし、法律が制定された後は、制定された法律を活かせるだけ活かす、その足掛かりとなる部分も含まれている法律である。

　私たちは、これらをさらに活用し、不十分な点について、積極的な改正を求めていかなければならない。

配転命令をめぐる最高裁判決の
実務に与える影響と今後

塩 見 卓 也

はじめに

　「配置転換」（配転）とは、同一企業内で、労働者の職種・基本的な職務内容または勤務地を長期にわたって変更する人事異動のことをいう。2024 年 4 月 26 日、本稿執筆者が労働者側代理人の事件である、社会福祉法人滋賀県社会福祉協議会事件において、配転命令に関し新たな最高裁判決が出た[1][2]。配転命令権の有無に関する最高裁判決は、東亜ペイント事件[3] 以来 38 年ぶりとなる。同判決は、労働契約に職種限定合意があると認められる場合、本人同意なく配転命令を行うことは違法であることを明らかにした。

　以下、配転命令に関する学説を整理した上で、東亜ペイント事件最高裁判決の実務に与えた影響と、社会福祉法人滋賀県社会福祉協議会事件以降において配転命令につきいかに考えるべきかを論ずる。

1　配転命令をめぐる学説

　日本企業における長期雇用を予定した正規従業員については、職種・勤務地を限定することなく採用され、企業組織内での従業員の職業能力・地位の発展や労働力の補充・調整のために系統的で広範囲な配転が行われていくの

---

1)　最二小判令 6.4.26 労判 1308 号 5 頁。
2)　社会福祉法人滋賀県社会福祉協議会事件の事案の詳細や同事件の関連事件については、塩見卓也「社会福祉法人滋賀県社会福祉協議会事件の事実経緯と最高裁判決の意義」労旬 2063 号（2024年）6 頁参照。
3)　最二小判昭 61.7.14 集民 148 号 281 頁（労判 477 号 6 頁）。

234　第Ⅱ部　個別的労働関係における現代的課題

が通例であるとされている[4]。

　このような雇用慣行を反映し、かつては、配転命令に関しては、使用者としての一般的包括的な専権としての「人事権」があり、それは労働契約上当然に予定されているものであり、配転は使用者の人事権に基づく事実行為であって、その効力を争うことはできないと解する見解もあった[5]。しかし、この見解は労使合意原則に反するといえ、特に労働契約法が制定され、同法1条、同3条1項、同8条が労働条件の変更についても労使の合意を要することを明確にした後である現在では、受け入れることはできない。

　配転については、労働契約法にも規定がなく、それが当然に使用者に存在することの法律上の根拠は存在しない。したがって、使用者に配転命令権があるか否かは、労働契約上の根拠が存在しなければならない。

　配転命令権が契約上の根拠に基づくものであるとして、いかなる場合にその契約上の根拠が認められるかにつき、学説では、①労働の種類、場所等につき特段の合意がない限り、採用時に包括的同意がなされているとする説（包括的同意説）、②使用者の配転命令権を認める何らかの契約上の根拠がなければ認められないとする説（労働契約説）、③使用者は、特約がある場合に限り配転命令権を行使できるとする説（特約説）、④配転命令権自体を否定し、個別に随時の同意がない限り、配転は行えないとする説（個別随時同意説、配転命令否認説）がある[6]。なお、包括的同意説においても、職種・勤務地限定の個別合意の存在によって使用者の配転命令権が制限されうることを認めるのが一般的である。

---

4)　菅野和夫＝山川隆一『労働法（第十三版）』（弘文堂、2024年）682頁、西谷敏『労働法（第3版）』（日本評論社、2020年）242頁、土田道夫『労働契約法（第2版）』（有斐閣、2016年）410～411頁、水町勇一郎『詳解　労働法（第3版）』（東京大学出版会、2023年）529頁、荒木尚志『労働法（第5版）』（有斐閣、2022年）473頁等。

5)　荒木・前掲注4）473頁参照。

6)　西谷・前掲注4）246～247頁、土田・前掲注4）411頁。なお、個別随時同意説をとる論文として、相澤美智子「配転・転勤法理の探求―憲法の具体化、民法の労働法的発展の観点から」和田肇先生古稀記念論集『労働法の正義を求めて』（日本評論社、2023年）334～360頁、緒方桂子「『ワーク・ライフ・バランス』時代における転勤法理―個別随時合意説の再評価」労旬1662号（2007年）34～46頁。

2　東亜ペイント事件最高裁判決

(1) 配転命令権の存否

　東亜ペイント事件最高裁判決は、転居を伴う転勤を命ずる配転命令について、まず使用者に配転命令権があるか否かに関し、「上告会社の労働協約及び就業規則には、上告会社は業務上の都合により従業員に転勤を命ずることができる旨の定めがあり、現に上告会社では、全国に十数か所の営業所等を置き、その間において従業員、特に営業担当者の転勤を頻繁に行っており、被上告人は大学卒業資格の営業担当者として上告会社に入社したもので、両者の間で労働契約が成立した際にも勤務地を大阪に限定する旨の合意はなされなかったという前記事情の下においては、上告会社は個別的同意なしに被上告人の勤務場所を決定し、これに転勤を命じて労務の提供を求める権限を有するものというべきである」と判示する。

　すなわち、同判決において、最高裁は、①労働協約・就業規則上の定め、②企業内における転勤実績、③勤務地限定合意がないことを理由に、配転命令権を認めている。この判決は、①で労働契約上の根拠の存在を挙げ、さらに②でその根拠に基づく配転命令の実績があること、すなわち就業規則等に規定される配転命令権の根拠が死文化していないことを根拠に挙げていることから、労働契約説に立ったものと評価する見解が多い[7]。

　しかし、日本の多くの企業の就業規則には、「会社は、業務上の必要に応じ、職員に対し配置転換・転勤を命ずることができる」との条項が入っているのが通常である。したがって、判例の見解は、契約上の根拠は要するとしているものの、実質的には包括的同意説に近いものとなる[8]。学説においても、包括的同意説と労働契約説の違いは、配転命令権の存在について労使のどちらが立証責任を負うかの違いに過ぎないと述べるものが多い[9]。もっとも、裁判例においては、就業規則上に配転命令権の根拠規定がない事案にお

---

7)　土田・前掲注4) 411頁、水町・前掲注4) 531頁。

8)　西谷・前掲注4) 247頁。

9)　水町・前掲注4) 530頁、荒木・前掲注4) 473〜474頁。

236　第Ⅱ部　個別的労働関係における現代的課題

いて配転命令権の存在を否定したものがあり[10]、労働契約説に立つ判例の見解はそれなりの意味を持っているといえる。

（2）配転命令権の濫用

東亜ペイント事件最高裁判決は、上記の判示部分にて使用者に配転命令権があることを認めた上で、「そして、使用者は業務上の必要に応じ、その裁量により労働者の勤務場所を決定することができるものというべきであるが、転勤、特に転居を伴う転勤は、一般に、労働者の生活関係に少なからぬ影響を与えずにはおかないから、使用者の転勤命令権は無制約に行使することができるものではなく、これを濫用することの許されないことはいうまでもないところ、当該転勤命令につき業務上の必要性が存しない場合又は業務上の必要性が存する場合であっても、当該転勤命令が他の不当な動機・目的をもってなされたものであるとき若しくは労働者に対し通常甘受すべき程度を著しく超える不利益を負わせるものであるとき等、特段の事情の存する場合でない限りは、当該転勤命令は権利の濫用になるものではないというべきである。右の業務上の必要性についても、当該転勤先への異動が余人をもっては容易に替え難いといった高度の必要性に限定することは相当でなく、労働力の適正配置、業務の能率増進、労働者の能力開発、勤務意欲の高揚、業務運営の円滑化など企業の合理的運営に寄与する点が認められる限りは、業務上の必要性の存在を肯定すべきである」と述べる。

労働契約上、配転命令権が使用者に存在するといえる場合であっても、その権利行使においては、当然に一般条項である権利濫用法理の制約を受ける（労働契約法3条5項）。東亜ペイント事件最高裁判決の上記判示部分は、配転命令の権利濫用については、①ａ．業務上の必要性がない、ｂ．仮に必要性があったとしても労働者に対し通常甘受すべき程度を著しく超える不利益を負わせるものであるという客観的権利濫用事実、②使用者の不当な動機・目的をもってなされたといえるような主観的権利濫用目的のいずれかが認められれば、その配転命令は権利濫用となり、無効となることを示している。

---

10)　仲田コーティング事件・京都地判平 23.9.5 労判 1044 号 89 頁、学校法人追手門学院（追手門学院大学）事件・大阪地判平 27.11.18 労判 1134 号 33 頁。

権利濫用法理の適用を検討するための考慮要素としては、上記判断枠組みは妥当であるといえる。実際、この判断枠組みを前提に、退職勧奨に応じない労働者に対し嫌がらせとして配転が命ぜられた事案[11]、別の労働者が会社を相手とする訴訟を起こした際に証人として出廷し会社に不利な証言をしたり、過去に労働組合が不当労働行為救済申立を行った際にその中心となったりしたことがある労働組合の元幹部に対し配転が命ぜられた事案[12]、内部告発に対する報復で配転が命じられた事案[13]、過酷なノルマの未達を理由とする制裁的配転[14]等で不当な動機目的の存在を認め、配転命令の権利濫用を認めている。

　しかし、東亜ペイント事件最高裁判決は、特に「業務上の必要性」について、「高度の必要性」がなくてもよいとし、しかも「労働力の適正配置、業務の能率増進、労働者の能力開発、勤務意欲の高揚、業務運営の円滑化など企業の合理的運営に寄与する点が認められる限りは、業務上の必要性の存在を肯定すべきである」と、極めて抽象的な理由をもって「業務上の必要性」の存在を肯定する旨を述べている[15]。この判示部分のため、日本の大多数の企業の就業規則においては就業規則上に配転命令権の根拠規定が置かれていることと相まって、わが国の大部分の職場においては、使用者に極めて広範な配転命令の裁量権限が存在することを前提とする労務管理が行われることとなってしまっている。

3　東亜ペイント事件最高裁判決による労働現場への影響

　東亜ペイント事件最高裁判決の結果、わが国の大部分の職場においては、使用者に極めて広範な配転命令の裁量権限が存在することが前提となり、職

---

11)　フジシール事件・大阪地判平 12.8.28 労判 793 号 13 頁。

12)　朝日火災海上（木更津営業所）事件・東京地決平 4.6.23 労判 613 号 31 頁。

13)　オリンパス事件・東京高判平 23.8.31 労判 1035 号 42 頁。

14)　ナカヤマ事件・福井地判平 28.1.15 労判 1132 号 5 頁。

15)　そのため、裁判例において業務上の必要性を否定している事例の大部分は、不当な動機目的の存在や、労働者に甘受できない不利益があることとの相関関係で業務上の必要性も存在しないとの認定を行っている。水町・前掲注 4) 537 頁。

種・勤務地限定合意の存在が認められない限り、ほとんどの事例において、労働者は配転命令を甘受せざるを得ない状況を強いられることとなった。

　東亜ペイント事件は、家族の事情を理由に配転命令に応じなかった男性労働者について懲戒解雇を行うことを肯定した事案である。この事案で、その男性労働者が自らの判断で配転に応じ、転勤先に単身赴任していれば、懲戒解雇はされなかったであろうが、残された共働きの配偶者は、一人で自らの仕事と2歳の長女の子育て、71歳の母親の世話を行わなければならなくなっていた[16]。このような事案において、最高裁が、「労働力の適正配置、業務の能率増進、労働者の能力開発、勤務意欲の高揚、業務運営の円滑化」レベルの抽象的内容にて「業務上の必要性」を肯定し、かつ「労働者に対し通常甘受すべき程度を著しく超える不利益を負わせるものである」ことを認めなかったことが先例となったことによって、労働現場においては、使用者側が何らかの抽象的な業務上の必要性を理由にさえすれば、子育てや介護などとの関係において相当な不利益があろうと、使用者には配転命令を行うことができる広範な裁量権を有すると解されるようになってしまった。

　また、「業務上の必要性」が抽象的理由でも認めうるとされたことは、その配転命令の真の目的が当該労働者を嫌悪した嫌がらせ目的であったとしても、何らかの形式上の理由が付与されれば、「真の目的」を推認できるような客観的証拠を十分にそろえて立証できるような事案でない限り、労働者はその配転命令を甘受せざるを得ないこととなってしまっている。実際、オリンパス事件においては、配転命令が会社のコンプライアンス室に通報したことなどに対する報復としてされたものであり違法であるとの労働者側の主張に対し、控訴審判決[17]では、不当な動機目的の存在を認め、配転命令を違法としているが、一審判決[18]においては、東亜ペイント事件最高裁判決の考え方を引用した上で、深い検討を行うことなく「業務上の必要性」の存在を認

---

16)　緒方桂子「西谷事故決定論とフェミニズム、そしてケアの権利—多様性のなかの価値の序列」労旬1999＋2000号（2022年）41頁は、これを「『東亜ペイント事件の妻』問題」と呼び、配転の養成への諾否を個人の自己決定に委ねるというだけでは、ケアを私的領域である家庭内の責任分担の問題に閉じ込めてしまうという問題があると指摘する。

17)　前掲注13）。

18)　東京地判平22.1.15労判1035号70頁。

め、当該配転命令は報復とは認められないとの判断がなされていた。この事案は、控訴審で労働者側が勝利した事案であっても、その勝利は簡単に得られるものではなく、配転命令権の濫用につき、それなりの根拠を揃えられる事案においてさえ、それを裁判所に認めさせるには、相当大きなハードルがあることを示す。

　また、公益通報者保護法5条1項は、「……事業者は、その使用し、又は使用していた公益通報者が第三条各号に定める公益通報をしたことを理由として、当該公益通報者に対して、降格、減給、退職金の不支給その他不利益な取扱いをしてはならない」と定めており、この「不利益な取扱い」については、社会通念上許容される範囲を超えた不利益に至らない不利益を与える行為も含まれるとするのが通説である。具体的には、通勤時間が増える転勤命令は、東亜ペイント事件最高裁判決の考え方を前提にすれば、通常、労働者に著しい不利益を与えるものとして違法とまでは判断されないが、このような転勤命令であっても、「公益通報をしたことを理由として」行われたならば、違法となる[19]。しかし、公益通報者保護法5条1項の保護の対象となる「公益通報」の「通報対象事実」とは、同法2条3項各号、すなわち、何らかの法令違反によって刑事罰等を受けることになる事実を意味するところ、公益通報者は、自身が通報する事実が、厳密な意味で公益通報者保護法上の「通報対象事実」に該当するか否かまで意識していないことが多く、同法5条1項の保護を受けることを期待しながら、「通報対象事実」でない事実を通報し、その結果不利益な取扱いを受け、訴訟では同法による保護を受けることができない状況になることも多い[20]。さらに、通報事実が「通報対象事実」に該当し、同法5条1項の保護を受けられる場合であったとしても、配転命令が「公益通報をしたことを理由として」行われたものであることを労働者側が主張立証しなければならず、訴訟を闘うことのハードルはやはり相

---

[19]　山本隆司＝水町勇一郎＝中野真＝竹村知己『解説　改正公益通報者保護法（第2版）』（弘文堂、2023年）176～177頁。

[20]　オリンパス事件一審判決・前掲注18）は、まさに公益通報非該当性を理由に、公益通報者保護法5条1項による保護を否定している。また、筆者が労働者側代理人であった京都市（児童相談所職員）事件・大阪高判令2.6.19労判1230号56頁も、通報事実が「通報対象事実」とはいえないものであったが、当該労働者は自身の通報が保護の対象になると考えていた事案であった。

当に高い[21][22]。

東亜ペイント事件最高裁判決は、1986（昭和61）年の判決である。当時は、いわゆる「男性片働きモデル」と呼ばれる就労を前提に、単身赴任を余儀なくされる遠方への転勤なども含む、広範な配転命令が、労働現場において一般的に行われていた時期であったことは公知の事実である。それから本稿執筆時点で38年以上が経過した中、その間の社会の変化にもかかわらず、この判決の考え方が維持され続けてきたことにより労働現場に生じている悪影響については、多くの労働者側の立場で活動する弁護士や労働組合にとって、枚挙にいとまがないところである。

4　社会福祉法人滋賀県社会福祉協議会事件最高裁判決

（1）判旨

上記のとおり、東亜ペイント事件最高裁判決の考え方が労働現場に悪影響を及ぼし続けてきた中、社会福祉法人滋賀県社会福祉協議会事件では、38年ぶりに、使用者に配転命令権があるか否かについて最高裁が判断を行った。

同事件判決は、「労働者と使用者との間に当該労働者の職種や業務内容を特定のものに限定する旨の合意がある場合には、使用者は、当該労働者に対し、その個別的同意なしに当該合意に反する配置転換を命ずる権限を有しないと解される。上記事実関係等によれば、上告人と被上告人との間には、上告人の職種及び業務内容を本件業務に係る技術職に限定する旨の本件合意があったというのであるから、被上告人は、上告人に対し、その同意を得ることなく総務課施設管理担当への配置転換を命ずる権限をそもそも有していなかったものというほかない」「被上告人が上告人に対してその同意を得るこ

---

21)　筆者が労働者側代理人を務め、本稿執筆時点で大津地裁に係属中である大塚食品事件は、原告が行った外部公益通報が公益通報者保護法5条1項による保護の対象となる事案であるが、被告側は、東亜ペイント事件最高裁判決を引用し、配転命令権の広範な裁量権を主張した上で、当該事案における公益通報後の配転命令につき、「公益通報をしたことを理由として」行ったものではないと主張している。

22)　同様の問題は、男女雇用機会均等法9条3項、育児介護休業法10条、同16条などの適用が争われる場面でも生じうる。

となくした本件配転命令につき、被上告人が本件配転命令をする権限を有していたことを前提として、その濫用に当たらないとした原審の判断には、判決に影響を及ぼすことが明らかな法令の違反がある」と判示した。

（2）黙示の職種限定合意についての一審判決及び控訴審判決の判断

　上記のとおり、社会福祉法人滋賀県社会福祉協議会事件最高裁判決は、既に原審で確定している事実として、当該事件の労働契約において、職種限定合意が存在することを前提に判断を行っている。この職種限定合意について、同事件一審判決[23]は、「XとYとの間には、Xの職種を技術者に限るとの書面による合意はない。しかしながら……、Xが技術系の資格を数多く有していること、中でも溶接ができることを見込まれてレイカディアから勧誘を受け、機械技術者の募集に応じてレイカディアに採用されたこと、使用者がレイカディアからYに代わった後も含めて福祉用具の改造・製作、技術開発を行う技術者としての勤務を18年間にわたって続けていたことが認められるところ、かかる事実関係に加え……、本件福祉用具センターの指定管理者たるYが、福祉用具の改造・製作業務を外部委託化することは本来想定されておらず、かつ……、上記の18年間の間、Xは、本件福祉用具センターにおいて溶接のできる唯一の技術者であったことからすれば、Xを機械技術者以外の職種に就かせることはYも想定していなかったはずであるから、XとYとの間には、YがXを福祉用具の改造・製作、技術開発を行わせる技術者として就労させるとの黙示の職種限定合意があったものと認めるのが相当である」と判示している。この一審判決の認定は、控訴審判決[24]及び最高裁判決でも維持されている。

　ところが、控訴審判決は、「Yは、平成30年3月、滋賀県との間で、滋賀県がYに対し、本件条例に基づき福祉用具に係る利用者の相談に基づく改造及び製作並びに技術の開発に関する業務を行わせる旨の本件基本協定を締結するなどしているところ、Yが平成31年3月25日に内示を発表した本件配転命令は、その当時、本件福祉用具センターの唯一の技術者（改造・製作業

23）　京都地判令4.4.27労判1308号20頁。
24）　大阪高判令4.11.24労判1308号16頁。

務担当）であったＸを総務課に配転させるという内容で、事実上、本件福祉
用具センターにおける福祉用具改造・製作業務の廃止を前提にしているとみ
得るものである。そして、Ｙが、かかる業務縮小の方針につき滋賀県と事前
協議等を行った事実はうかがわれない……から、本件配転命令により生ずる
技術者の欠員状態が滋賀県との関係において適切でない面があったことは否
定できない。しかし、本件福祉用具センターにおいて福祉用具改造・製作の
実施件数が大きく減少していた推移……に照らせば、かかる方針に合理性が
ないとはいえないし、本件配転命令は、ＹとＸとの労働契約に基づくもので
あるから、Ｙの上記方針が、本件条例や本件基本協定の趣旨に沿わないもの
であったとしても、それをもって本件配転命令がただちに違法無効になると
もいい難い」と、Ｘの職種を限定することが本件労働契約内容となっている
ことを認めているにもかかわらず、Ｘの職種を変更することを内容とする本
件配転命令が適法であると認定し、一審判決の判断を維持した。

　過去の下級審判決には、職種限定合意があったにもかかわらず、他職種へ
の配転を命ずることに正当な理由があるとの特段の事情が認められる場合に
は、他職種への配転を有効と認めるのが相当であるとの一般論を示したもの
がある[25]。しかし、この下級審判決は、2007（平成19）年12月5日公布の労
働契約法が施行されるより前のものである。すなわち、同判決は、労働契約
における合意原則・対等決定原則が明確化されるより前の事例であって、使
用者側に包括的権限を安易に認める古い見解に引きずられたものと評価すべ
きであり、特に社会福祉法人滋賀県社会福祉協議会事件最高裁判決後の現在
ではその先例価値は全く認められない。社会福祉法人滋賀県社会福祉協議会
事件最高裁判決前においても、学説の中で、この下級審判決の論旨を支持す
るものはほとんどなかった[26]。

　にもかかわらず、一審判決及び控訴審判決が、職種限定合意を認定しなが
ら、職種廃止を理由とする配転命令を有効とした背景には、裁判官において、

---

25)　東京海上日動火災保険（契約係社員）事件・東京地判平19.3.26労判941号33頁。なおこの
　　判決は結論として特段の事情を否定している。
26)　水町・前掲注4) 509頁、土田・前掲注4) 419頁、荒木・前掲注4) 476頁。その余の労働法
　　学者の基本書においては、この下級審判決に言及すらしないものも多い。

東亜ペイント事件最高裁判決を「包括的同意説」に基づくものと捉えた上で、「使用者には配転命令の広範な裁量権がある」との考えに縛られた者が多いということが考えられる。

　筆者は、この最高裁判決を得た後、何人もの労働法研究者から、同じ質問を受けている。すなわち、「一審、控訴審の事実認定を見ても、就業規則上に使用者の配転命令権の根拠となる規定が存在するのか否かが明らかでない。実際はどうだったのか」という質問である。結論からいうと、就業規則上に配転命令権の根拠規定は存在し、一審被告側も、その規定を根拠に「職種限定合意があったとしても、配転命令権は否定されない」との主張を行っていた[27]。にもかかわらず、配転命令権の根拠規定の存在が事実認定から漏れていたのは、裁判官が、労働契約法7条本文の効果として、合理性[28]・周知性を有する配転命令権の根拠規定が存在すればそれが労働契約の内容となり、同条但書の効果として、その場合でも、職種限定合意があればその特約が労働契約内容として優先するという論理を正確に理解せず、就業規則の規定如何にかかわらず、使用者には包括的かつ広範な配転命令権が存在することを大原則として、職種限定合意の特約が存在したとしても、「職種廃止をすればその大原則に戻る」という考え方をとっているからだと考えられるのである[29]。

（3）滋賀県社会福祉協議会事件最高裁判決の意義

　上記のとおり、裁判官に、包括的同意説を前提に、使用者には包括的かつ

---

27)　社会福祉法人滋賀県社会福祉協議会事件最高裁判決に添付された上告受理申立理由書においては、この一審被告側の主張に触れている。労判1308号12頁参照。また、同事件の差戻控訴審判決（大阪高判令7.1.23判例集未登載）においては、一審被告の就業規則上に配転命令権の根拠規定が存在する旨の事実認定が加筆されている。

28)　労働契約法3条3項のワーク・ライフ・バランス条項の創設や、東亜ペイント事件以降の社会状況の変化、特に家庭的責任を重視する社会的傾向を踏まえれば、将来的には、転居を伴う転勤も含めた包括的な配転命令権につき、要件を絞らず定めることに合理性はないと判断される時代が来ることも考えられる。

29)　本久洋一「労働契約と配転命令権」労旬1662号（2007年）23～24頁は、このような考え方を「職種限定合意を相対的なものと絶対的なものに区別する理論」と呼び、相対的職種限定合意は当該職種の廃止によって失効するとの解釈は、「当事者の合理的意思解釈」としてはあり得ず、労働者の意思の否定に過ぎないと批判する。

広範な配転命令権が存在することを所与のものとする発想が蔓延していたのではないかと考えられる中で、社会福祉法人滋賀県社会福祉協議会事件最高裁判決は、労使合意原則や労働契約法7条についての通常の考え方によって職種限定合意を評価しなければならないことを明らかにし、配転命令につき労働契約説の考え方を徹底するものとなったと評価できる。

　加えて、この判決は、原審での事実認定も踏まえて評価すれば、配転命令権の広範な裁量性ありきから出発して検討を行うのではなく、まず労働契約の合理的解釈を行い、契約上職種や勤務地は限定されているといえるか等を検討し、その契約解釈に基づき配転命令権が制約されうることを示したものとして、非常に意味があったと評価できる。この最高裁判決より前の下級審判決である、安藤運輸事件判決[30]は、職種限定合意があったとまでは認めなかったものの、雇止め法理類似の考え方をとりつつ、運行管理者としての勤務を継続できることに対する合理的期待があったと認定し、その上で配転命令は権利濫用であるとして違法・無効としている。この判決の考え方も、労働契約の合理的解釈を行った上で、その契約解釈に基づき使用者の配転命令権を制限的に捉えたものといえ、この最高裁判決に親和的といえる。この最高裁判決は、労働契約法が定める合意原則・労使対等決定原則（同法1条、3条1項、8条）や、個別合意と就業規則の関係（同法7条）からすれば、ある意味当たり前の判断といえるが、「労働契約の合理的解釈を踏まえ、使用者の権限を制限的に捉える」という考え方によって労働者の救済を図るための足がかりとして、その意義は拡がりうると考えられる[31]。

　また、職種限定合意に関し判断した日産自動車村山工場事件[32]や九州朝日放送事件[33]においては、職種限定合意につき、「他の職種には一切就かせな

---

30)　名古屋高判令3.1.20労判1240号5頁。
31)　川口美貴『労働法（第8版）』（信山社、2024年）488〜489頁は、配転の必要性・合理性、配転後の労働条件の相当性を前提に、使用者はその内容を労働者に対し説明・協議する信義則上の義務（労契法3条3項、同4項、育介法6条）を負い、その義務履行が配転命令権の効力発生要件と解するべきであると述べる。労働契約の合理的解釈により配転命令権を制限的に捉える手法を推し進めれば、このような考え方に近づくといえる。
32)　最一小判平1.12.7労判554号6頁。
33)　最一小判平10.9.10労判757号20頁。

いという趣旨の職種限定合意」という旨の言い方で厳格に解しているが[34]、職種限定合意をそのように狭く解すべき論理必然性はなく、社会福祉法人滋賀県社会福祉協議会事件最高裁判決もそのような文言は用いていない。実際には、「一定の範囲の職種では配転を行うことがあり得るが、その範囲を超えた配転は行わない」という内容の職種限定合意もあり得る。裁判例においても、大阪市食肉市場事件決定[35]は、争点となっていた職種限定合意の有無につき、事務職以外の職、とりわけ食肉処理業務に就かせることはない旨の職種限定の合意が明示または黙示に成立していたと認められるとした上で、食肉処理業務を担う業務課に異動させる配転命令を違法・無効と判断している。

東亜ペイント事件最高裁判決や日産自動車村山工場事件最高裁判決は、労働契約法施行より20年ほど前のものであり、九州朝日放送事件控訴審判決は、労働契約法施行後間もない時期のものである。労働契約法施行により、合意原則が明確化され、さらに就業規則に対する個別特約優先規定（労働契約法7条但書）が規定されたことを考慮し、さらにその後の社会状況の変化を踏まえれば、より柔軟に、できるだけ職種・勤務地限定の合意を認定する方向での契約解釈が行われるべきである[36]。社会福祉法人滋賀県社会福祉協議会事件最高裁判決は、原審の事実認定も踏まえて読めば、このような考え方に立脚したものと解することができる。

なお、最高裁判決は、「本件配転命令について不法行為を構成すると認めるに足りる事情の有無や、被上告人が上告人の配置転換に関し上告人に対して負う雇用契約上の債務の内容及びその不履行の有無等について更に審理を尽くさせるため、本件を原審に差し戻すこととする」と述べている。2024年1月23日に言い渡された差戻控訴審判決[37]は「被控訴人は、本件合意があったにもかかわらず、控訴人に対してその同意を得ることなく違法な本件配転命令を行ったものであり、しかも、被控訴人は、事前に本件面談において、控訴人に対し、同人が長年従事していた本件業務に係る技術職を廃止す

34）　本久洋一「社会福祉法人滋賀県社会福祉協議会事件最高裁判決判批」労旬 2059 号（2024 年）26 頁、同・前掲注 29）23 ～ 24 頁参照。

35）　大阪地決令 3.9.15TKC 文献番号 25590921。

36）　土田・前掲注 4）413 ～ 415 頁。

37）　前掲注 27）。

246　第Ⅱ部　個別的労働関係における現代的課題

る旨の説明をしたり、他の職種へ変更することの同意を得るための働き掛けをするなど、違法な配転命令を回避するために信義則上尽くすべき手続もとっていないこと、控訴人は、これにより、長年従事していた本件業務に係る技術職以外の職種へ変更することを余儀なくされ、相当程度の精神的苦痛を受けたこと、その他、本件に現れた一切の事情を総合考慮すると、本件配転命令によって控訴人が被った精神的損害に対する慰謝料の額は80万円とするのが相当である。」と判示し、判決は確定している。

5 職種限定合意と整理解雇法理との関係

社会福祉法人滋賀県社会福祉協議会事件最高裁判決に対しては、「配転できないなら解雇すればいいのか」という声も聞こえてくる。しかし、社会福祉法人滋賀県社会福祉協議会事件最高裁判決の判旨と整理解雇法理とを併せて考えれば、職種限定合意のある（あるいはそう解し得る）労働者に対し、職種廃止を理由に配転または解雇を行おうとする場合、まず、職種廃止自体の合理性・必要性があり（四要件①人員削減の必要性）、職種廃止自体の合理性・必要性を真摯に当該労働者に説明し、当該労働者の従前のキャリアを踏まえた異動先の希望も聞いた上で、職種変更を伴う配転の同意を求め（四要件②解雇回避努力及び④説明義務）、それらを尽くした結果、当該労働者が配転に同意すればそれで問題解決、それらを尽くしても当該労働者が同意しない場合、職種廃止自体の合理性・必要性があり、当該労働者がその職種に限定された労働者である以上、四要件③の解雇対象選定基準の合理性もみたされ、解雇できる、というのが論理的帰結といえる[38]。逆に、四要件のうち、①②④がみたされない場合は、当然に解雇無効となるといえる。そのような意味で、いわゆる「ジョブ型雇用」だから簡単に解雇できるという話にはならない。この事件の差戻控訴審判決が、「被控訴人は、事前に本件面談において、控訴人に対し、同人が長年従事していた本件業務に係る技術職を廃止する旨の説明をしたり、他の職種へ変更することの同意を得るための働き掛けをす

---

38) 水町・前掲注4) 507 〜 508 頁。

るなど、違法な配転命令を回避するために信義則上尽くすべき手続もとっていない」との点を一審被告の損害賠償責任の根拠の一つとしたことは、上記の考え方と共通する考えが読み取れる。

この点、社会福祉法人滋賀県社会福祉協議会事件については、複数の関連事件があるところ[39]、その関連事件の一つである、傷病休職期間満了退職扱いが無効であることを前提とする労働契約上の地位確認請求を行っている事件の一審判決[40]は、職種限定合意と解雇権濫用法理との関係について判断がなされたが、「使用者は、職種限定合意を締結した労働者が存在するからといって、当該合意の対象である職種及び業務内容を経営上の必要性等から廃止すること自体が制限されることはないと解される。また、使用者は、当該労働者にその職種及び業務内容に従事させるからこそ職種限定合意を締結するのであり、使用者は当該労働者に対して配置転換を命ずる権限を有さず他の職務で従事させることが本来的に想定されていないといえるから、当該職種及び業務内容を廃止する場合には、使用者にとっては、もはや当該労働者の雇用を継続する必要性は乏しくなるという関係にある。それでもなお使用者が雇用を終了させるのではなく、雇用を継続する方法として、当該労働者の同意を得て他の職種及び業務内容への配置転換をしようとする場合、配置転換先の職種及び業務内容については使用者に相当程度の裁量が認められるというべきである。」と述べて、請求を棄却している。しかし、これでは、職種限定合意があったとしても、職種の廃止さえ行えば、結局使用者は広範な裁量をもって配転を命ずることができることになり、職種限定合意がある場合につき最高裁が本人同意なく配転を命ずることを違法としたことの意味が失われてしまうことになり、不当というほかない（この事件は本稿執筆時点で控訴審係属中）。

おわりに

1986（昭和61）年の東亜ペイント事件判決から38年が経過している。こ

39）　関連事件の詳細については、塩見・前掲注2）参照。
40）　京都地判令7.1.23判例集未登載。

の間、特に 2000 年代以降において、労働現場において「男性片働きモデル」からの転換が図られるようになり、2010 年代後半からその傾向がさらに強くなっていることは公知の事実である。2007（平成 19）年公布の労働契約法の 3 条 3 項が、「労働契約は、労働者及び使用者が仕事と生活の調和にも配慮しつつ締結し、又は変更すべきものとする」との、いわゆる「ワーク・ライフ・バランス条項」を定めたのも、そのような社会状況の変化を踏まえたものである[41]。

　社会福祉法人滋賀県社会福祉協議会事件最高裁判決は、そのような社会の変化を踏まえドラスティックに判例の見解を変更したものとはいえない。同事件労働者側代理人としては、補足意見でもいいので、「男性片働きモデル」が時代遅れとなったことを踏まえ、使用者の裁量を制限的に捉え、労働者の自由意思をより尊重すべきことに触れてほしかったところであった。それでも、この判決は、「労働契約の合理的解釈を通じ、使用者の配転命令を制限する」という手法によって、「広範な裁量権」を有するとされてきた使用者の権限を制限的に捉えていく足がかりになるものといえる。この判決を足がかりに、今後、労使間の実質的対等に基づく労働条件決定や、労働者の仕事と生活の調和などの基本理念を十分に踏まえた判断が積み重ねられていくことを期待したい。

41）　西谷敏「今日の転勤問題とその法理」労旬 1662 号（2007 年）6 頁、緒方・前掲注 4）は、2006 年改正男女雇用機会均等法 7 条が間接差別の規定を創設し、コース別雇用管理の総合職について住居の移転を伴う配転に応じうることを要件とすることや、昇進につき転勤経験を要件とすることが間接差別にあたるとした（同施行規則 2 条 2 号、同 3 号）ことも、転勤を伴う配転命令に対する考え方を見直すべき重要な法改正であることを指摘する。

定年後再雇用における高齢者雇用紛争の検討

鎌 田 幸 夫

1 定年後再雇用の現状と高年齢者雇用安定法の制定・改正の経緯

（1）高齢者雇用の現状

厚生労働省は、令和 5 年 6 月 1 日、「高年齢者雇用状況等報告」の集計結果を公表した。これによると、65 歳までの高年齢者雇用確保措置を実施済みの企業は、99.9％（内訳は、継続雇用制度の導入は 69.2％、定年の引き上げは 26.9％）であった。また、65 歳以上の定年制の企業（定年制の廃止企業を含む）は 30.8％であった。70 歳までの高年齢者就業確保措置を実施済みの企業は 29.7％に達している[1]。このように、高年法に基づく法的義務である 65 歳までの高齢者雇用確保措置は、完全に定着しており、65 歳以上の定年制をもうける企業も増加している。

これは、少子高齢化の進行による就労人口減少のなか、高年齢者就労に頼る企業が増えたこともあるが、老齢厚生年金の支給開始年齢の引き上げとそれに伴う高年齢者の雇用確保の促進等を目的とする高年齢者雇用安定法（以下「高年法」という）の改正による効果が大きい。一方、定年後再雇用にまつわる法的な紛争の背景を理解するためには、高年法の制定、改正の経緯を把握することが不可欠である。

そこで、以下に高年法の制定と改正の経緯と高齢者雇用をめぐる紛争類型を概観し、本稿で論じる内容を明確にしたい。

---

1) 従業員数 21 人以上の企業 23 万 7006 社からの報告に基づく。

（2）高年法の制定・改正の経緯

1) 1986（昭和61）年、高年法が制定され、60歳定年制を努力義務と定めたが、1994（平成6）年改正で60歳定年制を強行的義務とされた（8条）。

2) 2004（平成16）年改正で、65歳までの雇用確保措置として①定年年齢の引き上げ、②継続雇用制度の導入、③定年制の定めの廃止が義務規定化された（9条1項）。継続雇用制度を選択した場合、過半数労働組合（過半数代表）との労使協定により継続雇用の対象を選別することが許容された（9条2項）。

3) 2012（平成24）年改正で、①高齢化の進行に対応し厚生年金の報酬比例部分の支給開始年齢の60歳から65歳へ段階的引き上げにあわせて（基礎年金部分の支給開始は既に65歳）、無年金無報酬を防止する目的から、継続雇用制度における労使協定による選定の可能性を段階的に廃止し、希望者全員を65歳まで選別することなく継続雇用の対象とすることが義務付けられた（経過措置・改正法施行日の2013年4月1日時点で効力を有していた対象者選別制度は、2025年3月31日までの間、報酬比例部分の支給開始年齢以上の者を対象に用いることができる。改正法附則3項）。また、継続雇用の運用主体を拡大し特殊関係事業主（子会社、親会社その他グループ企業）において継続雇用することが可能となった。

4) 2020（令和2）年改正で、65歳から70歳までの雇用確保措置として、①定年年齢の引き上げ、②65歳以上継続雇用制度の導入、③定年の定めの廃止又は労使で同意した上での雇用以外の「創業支援措置」として、④創業する高年齢との間で労働契約ではない委託契約その他の契約の締結、⑤3つの種類の社会貢献事業について高年齢者との間で労働契約でない委託契約その他の契約の締結のいずれかの措置を講じることを努力義務とした。④、⑤は「雇用によらない」働き方であり、安定した雇用の確保とはいえない。

（3）法的な紛争類型の概観

1) 高年齢者雇用をめぐる法的紛争類型は、①定年到達後の継続雇用拒否をめぐる争い、②継続雇用後の雇止めをめぐる争い、③継続雇用後の労働条件をめぐる争いの3つに大別することができる。

　類型①の60歳定年到達後の継続雇用拒否をめぐる紛争として、2004年高

年法改正下での選別基準を満たさないことを理由とする継続雇用の拒否の紛争と2012年改正法により選別基準廃止後の継続雇用拒否の紛争がある。また、最近は、65歳定年制をとった上で、65歳以降について再雇用制度を導入しているケースでの継続用拒否の紛争もある。

類型②の継続雇用後の雇止めをめぐる紛争として、60歳定年到達後の65歳までの継続雇用期間における雇止めと65歳定年後の65歳以降の継続雇用期間における雇止めの紛争がある。

類型③の継続雇用後の労働条件（賃金、職種・職務内容）をめぐる紛争として、高年法の趣旨に反するとして争う場合と再雇用が有期労働契約の場合、旧労働契約法20条（現パート有期労働法8条）に違反するとして争う場合がある。

本稿では、紙枚の関係上、①と③の類型について、現在の裁判例の到達点と今後の焦点となる問題に絞って、学説と判例を紹介し、若干の私見を述べる。2) 継続雇用制度は、①定年退職後に新たな労働契約を締結する「再雇用制度」と②定年後も引き続き労働契約を延長する「雇用延長制度」がある。

大半の企業が定年後の労働条件の変更を弾力的に行いやすい「再雇用制度」を利用している。本稿でも、「再雇用制度」を前提として論述を進める。

2 定年到達後の再雇用拒否をめぐる争い

（1）2004年改正法下での継続雇用選別基準を満たさないことを理由とする再雇用拒否——津田電機計器最高裁判決内容と意義と課題

2004年改正法下（1（2）2））で継続雇用対象者選別制度を導入している企業において労働者が継続雇用基準を満たしていないとして拒否されるケースが相次いだ。使用者が再雇用を拒否している場合、いかなる理論構成で地位確認、賃金支払いが認められるかが実務で争われた。

1）津田電機計器最高裁判決の内容

この紛争類型のリーディングケースは、津田電気計器事件最高裁判決[2]で

---

2) 最一小判平24.11.29労判1064号3頁。

252 第Ⅱ部 個別的労働関係における現代的課題

ある。

　同判決の事案は、2012 年改正前の継続雇用対象者選別制度（改正前高年法 9 条 2 項）の下での継続雇用基準を満たしているにもかかわらず継続（再雇用）を拒否された事案で、①労働者には「雇用が継続されるものと期待することには合理的理由がある一方」、使用者が「継続雇用基準を満たしていないものとして」再雇用を拒否することは「客観的に合理的な理由を欠き社会通念上相当と認められない」、②「本件規程に基づき再雇用されたものと同様の雇用関係が存続しているものとみるのが相当であり、その期限や賃金、労働時間等の労働条件については本件規程の定めに従うことになる」、③「再雇用後の労働時間は週 30 時間以内とされているところ、被上告人について再雇用後の労働時間が週 30 時間未満となるべき事情はうかがわれないから、上告人と被上告人との間の上記雇用関係における労働時間は週 30 時間となるものと解するのが相当」として、原告の地位確認と賃金請求を認容した。

2）同判決の意義

　同最高裁判決は、定年後再雇用契約成立を認める法的構成として雇止め法理（東芝柳町工場事件最高裁判決[3]、日立メディコ事件最高裁判決[4]参照、現労契法 19 条）を転用し、その根拠を高年法の趣旨と本件雇用継続規程による継続雇用の合理的期待に求めたこと、継続雇用後の労働条件（労働時間、賃金等）は継続雇用規程の内容と補充的意思解釈で特定したことに意義がある。

3）選別基準を満たすことの主張、立証

　2004 年改正の継続雇用基準は、「懲戒処分を受けていないこと」「品質関係基準を満たす者」という抽象的基準も違法でないとされ、また、津田電気事件控訴審判決[5]は継続雇用基準を満たしていないことの立証責任は使用者側にあると判示するものの、基準該当性について使用者に一定の裁量権が認められ、査定資料の偏在など労働者側には基準を満たすことの立証のハード

3）　最一小判昭 49.7.22 民集 28 巻 5 号 927 頁。
4）　最一小判昭 61.12.4 労判 486 号 6 頁。
5）　大阪高判平 23.3.25 労判 1026 号 49 頁。

ルは高い。そのため同最高裁判決後に地位確認を認容する判例と棄却する判例に分かれた[6]。もっとも、2012年改正で2025年3月末までの間で選別基準制度が廃止されたので、現在、60歳到達時の選別基準を利用した継続雇用拒否の問題はなくなったが、65歳以降の継続雇用については、高年法の定めは努力義務であるため、選別基準を設けることも許される。

（2）2012年改正後（選別基準の廃止後）の再雇用拒否

1）継続雇用を拒否できる事由と使用者の主張・立証責任

　2012年法改正後、選別することなく継続雇用の対象とすることが義務付けられた。もっとも、2012年改正法9条3項を受けた高年齢者雇用確保措置の実施及び運用に関する指針[7]では、「心身の故障のために業務に耐えられないと認められること、勤続状況が著しく不良で引き続き従業員しての職責を果たし得ない等」「就業規則に定める解雇事由又は退職事由（年齢に係るものを除く）に該当し、客観的に合理的理由があり社会通念上相当であれば、継続雇用しないことができる」と定める。これは、就業規則の解雇・退職事由と異なる事由を追加することは、特別の継続雇用拒否事由の設定となり雇用確保措置義務違反として当該事由は無効となり、定年前の解雇事由と同一の理由でなければ継続雇用拒否をできないことを確認したものである。

　ここで問題となるのは、60歳まで解雇せずに継続雇用して業務に従事させながら、60歳到達時で解雇事由があるとして継続雇用を拒否できるのかということである。60歳まで雇用継続したのだから、65歳まで継続するのが法の趣旨なので、60歳でも解雇できないのではないかという疑問があるからである[8]。

---

6)　同最高裁判決を引用し、地位確認と賃金請求を肯定した判例として、日本郵便事件・東京地判平27.4.23労経速2266号20頁、同事件・東京高判平27.11.5労経速2266号17頁。甲学園事件・東京地判平28.5.10労経速2282号15頁、継続雇用基準を満たさないとして棄却した判例として、日通岐阜運輸事件・岐阜地判平20.9.8労経速2106号26頁、社会福祉法人甲会事件・東地判平24.10.9労経速2157号24頁、小田運輸事件・大阪地判平25.9.6労働判例ジャーナル21号、損保ジャパン事件・大地判平29.2.22労働判例ジャーナル64号がある。

7)　平24.11.9厚労告560号。

8)　森戸英幸＝清家篤＝水町勇一郎「鼎談／高年齢者雇用安定法改正の評価と高年齢雇用のこれから」ジュリ1454号（2013年）24頁（森戸発言）。

254　第Ⅱ部　個別的労働関係における現代的課題

この点は、少なくとも、選別基準を廃止し、65歳までの継続雇用を保障した法の趣旨を考慮すると解雇等を正当化する程度の支障が具体的に予想される場合に限られると解するべきではないか[9]。使用者は、解雇権濫用法理に照らして、60歳までは継続雇用できたが、60歳以降は、継続雇用できない具体的な支障を主張、立証すべきことになる。

2）津田電気計器事件最高裁判決の射程は及ぶか

次に、2012年改正（選別基準廃止）後の継続雇用拒否の事案に、選別基準による継続雇用拒否の事案である津田電気最高裁判決の射程が及ぶであろうか。

高年法9条が希望者全員の雇用を義務付けていることを根拠に継続雇用基準を満たすことを根拠とするのであれば、高年法に私法的効力を認めるに等しくなるとして否定する立場がある[10]。しかし、同最高裁判決は、高年法9条に基づき導入された継続雇用制度を通じて労働者に継続雇用を期待する期待が生じると解釈するものであり、選別基準がなくなった以上、労働者に雇用継続の合理的期待があると判断されることはむしろ当然であり、同最高裁判決の趣旨は参照されるべきである[11]。

3）その他の裁判例

裁判例としては、解雇事由又は退職事由がないとして地位確認等を肯定したもの[12]と否定した判例[13]がある。なお、人員削減の必要性を理由とする再雇用拒否の事案について、就業規則所定の「事業縮小、人員整理、組織再編等により社員の職務が削減されたとき」という退職事由が存在していたこと、

---

9) 山下昇「高年齢者の継続雇用制度をめぐる法的課題」・前掲注8) ジュリ38頁。
10) 池田悠「民営化に伴って導入された更新上限年齢への到達を理由とする雇止めの適法性―日本郵便（期間雇用社員ら・雇止め）事件」法時86巻3号（2020年）124頁。
11) 原昌登「高年齢者雇用に関する日本法の解釈をめぐる問題」日本労働法学会誌124号（2014年）29頁、水町勇一郎『詳解労働法（第3版）』（東京大学出版会、2023年）981頁。
12) 東亜薬品工業事件・大分地判平28.1.28判例集未登載、ヤマサン食品（仮処分）事件・富山地決定令2.11.27労判1236号5頁。
13) NHKコールセンター事件・横浜地川崎支判令3.11.30判例集未登載。

定年後再雇用の労働契約の内容が特定されていなかったこと、経営悪化による人員削減の説明がなされていたこと等から労契法 19 条 2 号の適用による労働契約の成立を否定した裁裁判例[14]は疑問である。定年前と同様に、整理解雇の法理の適用ないし類推の用により人員削減の必要性、解雇回避努力、人選基準、協議の 4 要件が満たさない限り、「解雇事由、退職事由」該当性は肯定されないと解すべきであろう。

（3）再雇用後の労働条件の特定

実務上残る問題は、再雇用後の労働条件が特定している必要があるかということである。

この点、賃金額の合意に関して、再雇用拒否を権利濫用として損害賠償請求は認容しつつ、再雇用を契約における賃金額が不明であるとして再雇用契約の成立を否定した裁判例[15]がある。しかし、具体的な賃金額の合意がなくとも、労働の対価として賃金を支払う合意が認定できれば労働契約は成立しうる[16]のであって、賃金額が確定していなくとも、報酬を支払う合意があれば、再雇用後の労働契約の成立が妨げられることはない。

次に、継続雇用規程に「個別契約」で定めるとの定めがある場合はどうか。多くの裁判例は、この場合、津田電気計器事件最高裁判決の射程は及ばないとして地位確認を否定する。しかし、使用者が違法な継続雇用拒否をした場合でも、個別契約がなされていないので地位確認が認められないという結論は妥当ではない。継続雇用拒否が違法である場合、まずは、地位確認請求は認容されるべきであり、継続雇用後の労働条件については、それを補充する基準（例えば、定年前の労働条件、他の労働者に提示された労働条件等）があればそれによればよるべきである。

---

14) アメリカン・エアラインズ事件・東地判令 5.6.29 労判 1305 号 29 頁。

15) 日本ホーランド事件・札幌地判平 22.3.30 労判 1007 号 26 頁、同事件・札幌高判平 22.9.30 労判 1013 号 160 頁。

16) 荒木尚志『労働法（第 4 版）』（有斐閣、2020 年）363 頁、具体的労働条件についての合意がなされていない採用内定段階での労働契約の成立を肯定した大日本印刷事件・最二小判昭 54.7.20 民集 33 巻 582 頁、具体的な報酬額の定めのない事案で労働契約の成立を肯定した J 社ほか事件・東地判平 25.3.30 労判 1075 号 77 頁。

（4）65歳定年到達後の再雇用拒否をめぐる争い

1）65歳定年制をとったうえで、65歳以降について再雇用制度を導入している法人が増加している（1 (1)）。現行の高年法は、65歳から70歳までの雇用確保措置は努力義務に過ぎない（1 (2) 4)）。65歳定年到達後の再雇用制度がある場合、再雇用拒否が違法といえるのか、違法であるとして地位確認まで認められるか、その理論構成はどうなるかである。

2）裁判例としては、私立大学の教員の65歳定年後の再雇用拒否に関して、労契法19条2号の類推適用と津田電器計器最高裁判決を参照して、定年後も再雇用規程に基づき再雇用されたと同様の雇用関係が存続しているとして、地位確認と賃金請求を認めたもの[17]、根拠は示さず再雇用による雇用継続への合理的期待を認め、再雇用拒否を権限濫用として地位確認と賃金請求を認めたもの[18]がある。

　他方で、労契法19条1号2号を類推適用する基礎を欠くとしたもの[19]、労契法19条2号の趣旨を考慮することは許されるとしたが、雇用継続の期待が認定できないとして請求を棄却したもの[20]、労契法19条の趣旨は考慮できるとしつつ、労働条件の未確定を理由に地位確認を否定したが、労働契約が締結される相当程度の可能性を侵害されたことによる慰謝料1人100万円を認めたものがある[21]。

3）65定年到達後の継続雇用拒否は、65歳以上の再雇用規程が存在し、規定の仕方、実績等によって継続雇用の合理的期待が認められれば、雇止め法理（同法19条2号）の類推適用が可能であり、津田電気最高裁判決を参照して継続雇用拒否の合理的理由が認められなければ、地位確認等が認められるべきである。

17）　学校法人尚美学園（大学専任教員B・再雇用拒否）事件・東京地判平28.11.30労判1152号13頁、学校法人南山大学事件・名古屋地判令元.7.30判時2434号100頁。

18）　学校法人尚美学園（大学専任教員A・再雇用拒否）事件・東京地判平28.5.10労判1152号51頁、甲学園事件・東京地判平28.5.10労経速2282号15頁。

19）　学校法人尚美学園（大学専任教員B・再雇用拒否）事件・東京高裁平29.7.11判例集未登載。

20）　学校法人尚美学園（大学専任教員A・再雇用拒否）事件・東高判平29.3.9労判1180号89頁。

21）　国際自動車ほか（再雇用更新拒絶・本訴）事件・東京地判平31.2.27労判1199号44頁、同事件・東高判平31.2.13労判1199号25頁。

3 再雇用後の労働条件をめぐる争い

（1）再雇用後の労働条件について

1）65歳までの高齢者雇用確保措置は定着しており、実務における争いの焦点は、継続雇用後の労働条件をめぐる争いに移行している。

　この点、行政解釈では高年法が求めているのは継続雇用制度の導入であり、定年前の労働条件を維持することまで求めていないので、基本的には労使自治に委ねられ、使用者が「合理的な裁量の範囲」の労働条件の提示をしていれば、労使間で合意が成立せず、結果、継続雇用が実現しなくとも雇用確保措置義務違反とはならないとしている[22]。

　しかし、労働条件の提示について使用者に広範な裁量を認めるのは適切でない。使用者は、労働者が継続雇用の機会を失わないよう、高年法の趣旨に反しない再雇用後の労働条件の提示を行う信義則上の義務を負い、労働者は、65歳までの安定した雇用を享受することの法的保護に値する期待が認められると解すべきである[23]。

2）労働者が、使用者から提示された継続雇用後の労働条件を争う法的な構成として、①高年法（の趣旨）違反によるアプローチと、②定年後再雇用が有期契約である場合、パート有期労働法8条（旧労契法20条）9条違反によるアプローチがある。労働者側が、いずれのアプローチをとるかは、事案によるが、それぞれのアプローチについて、現時点の到達点と課題を述べる。

（2）高年法（の趣旨）違反によるアプローチ

1）継続雇用の労働条件提示とその限界

　継続雇用後の労働条件は、就業規則（継続雇用規程）によって具体的に定められている場合と個別に労働条件の提示がある場合がある。後者の場合、

22）　厚生労働省「高年齢者雇用安定法 Q & A（高年齢者雇用確保措置関係）」1–9、土田道夫『労働契約法（第3版）』（有斐閣、2024年）837頁。

23）　山川和義＝安元隆治＝櫻庭涼子「ワークショップ／継続雇用制度と労働条件の決定・変更」日本労働法学会誌134号（2021年）157頁。

258　第Ⅱ部　個別的労働関係における現代的課題

継続雇用後の労働条件の予測可能性と公平性が担保されないという問題がある。

就業規則で定める場合、労契法 7 条か、労契法 10 条か、いずれの合理性審査に服するのか。再雇用の場合、形式上は新規契約であり、厳格な合理性審査を行うと希望者全員雇用の 2012 年改正法下では企業に不可能を強いる[24]ので、労契法 7 条の合理性審査説が有力である[25]。しかし、2012 年法下で全員雇用が義務づけられているのだから、定年後再雇用を全く新規契約と同視してよいかは疑問である。労契法 10 条の緩やかな合理性審査が適用されると解すべきである[26]。

就業規則による場合、個別契約による場合のいずれも、高年齢者の雇用確保という高年法の趣旨に反する労働条件の提示は、就業規則の規定による場合は労契法 7 条ないし 10 条の合理性を否定されるし、個別の労働条件による場合は高年法の趣旨に反し、違法となる。以下に、①「高年法の趣旨に反する」ことの解釈のあり方、②「到底受け入れられ難いような労働条件」の考慮要素、③法的救済のあり方について述べる。

2）「高年法の趣旨に反する」ことの解釈

リーディングケースとして、トヨタ自動車ほか事件名古屋高判[27]と九州総菜事件福岡高判[28]がある。

トヨタ自動車事件名古屋高判は、「提示した労働条件が、無年金無収入の期間の発生を防ぐという趣旨に照らして到底容認できないような低額な給与水準であったり、社会通念に照らし当該労働者に受け入れがたいような職務内容を提示することは当該事業者の対応は改正高年法の趣旨に明らかに反する」とした。賃金額について「無年金・無収入の期間の発生を防ぐという趣

---

24) 山下昇「継続雇用制度とその対象となる高年齢者に係る基準をめぐる法的問題」日本労働法学会誌 114 号（2009 年）26 頁等。

25) 土田・前掲注 22) 646 頁。

26) 「雇用と年金との接続の要請、労働条件を低く設定することの高度の必要性、変更後の内容の相当性、不利益の程度（多数が退職を選択する低すぎる条件か）、労働組合との交渉状況等」（原・前掲注 11) 33 頁。

27) 平 28.9.28 労判 1146 号 22 頁。

28) 平 29.9.7 労判 1167 号 49 頁。

旨に照らして到底容認できないような低額の給与水準とはいえない」としたが、「清掃業務という単純労働を提示したことは屈辱感を覚えるような業務を提示して原告が定年退職せざるを得ないように仕向けた疑いさえ生じる」とし、改正高年法の趣旨に明らかに反する違法なものであり、雇用契約上の債務不履行、不法行為に当たるとして、1年パートタイマーとして雇用されていたときに見込額127万円余の慰謝料請求を認容した。

　一方、九州総菜事件・福岡高裁判決は、定年退職後再雇用につき月給ベースで75％減になるパートタイムの有期労働契約を提案したことにつき、「再雇用について極めて不合理であって、労働者である高年齢者の希望・期待に著しく反し、到底受け入れられ難いような労働条件を提示する行為は、継続雇用制度の導入の趣旨に違反した違法性を有するものであり、事業主の負う高齢者雇用確保措置を講じる義務の反射的効果として当該高年齢者が有する、上記措置の合理的運用により65歳まで安定的雇用を享受できるという法益保護に値する利益を侵害する不法行為となり得る」、「当該定年の前後における労働条件の継続性・連続性が一定程度、確保させることが前提ないし原則となる」とし、「例外的に、定年退職前のものとの継続性・連続性に欠ける（あるいはそれが乏しい）労働条件の提示が継続雇用制度の下で許容されるためには、同提示を正当化する合理的な理由が存することが必要である」と慰謝料100万円）を認容した。

　両判決は、労働者にとって「到底受け入れられ難いような労働条件を提示する事業主の行為」が高年法の趣旨に違反という点で共通するが、高年法の趣旨の理解に違いがある。トヨタ自動車事件高裁判決は「雇用と年金の接続」と解釈しており、労契法7条の合理性審査に親和的である。九州総菜事件高裁判決は、定年の前後における「労働条件の継続性・連続性確保」が原則であり、それを欠く場合は正当化する理由が必要と解釈しており、労契法10条の合理性に近似する考えである。九州総菜事件のいう「労働条件の継続性・連続性」は高年法上想定されていない[29]とか、現実的にも到底実現できないとの批判があるが、「定年廃止」「定年引き上げ」措置との対比において「再

---

29)　植田達「高年法の継続雇用制度の下で定年前より低い労働条件を提示することの適法性」日本労働法学会誌132号（2019年）256頁。

雇用」における賃金減額措置に歯止めをかける意味で「労働条件の継続性の一定程度の確保」を規範として打ち出すものであり、支持できる[30]。

他の裁判例としては、不法行為の成立を肯定したもの[31]と否定したもの[32]がある。

3）「到底受け入れ難いような労働条件」の考慮要素

①賃金額

賃金額高年法の趣旨を雇用と年金の接続と理解すれば、「老齢厚生年金の報酬比例部分」と比較して「低額」かが問題となる。名古屋高裁判決は、年間賃金 97 万 2000 円、賞与 29 万 9500 円で、老齢厚生年金の報酬比例部分 148 万 7500 円の 85％を得られるので、容認できない低額ではないとした。他方、労働条件の継続性・連続性の確保と理解すれば、定年前と比較して大幅な切り下げは許されないことになる。九州菜事件高裁判決は月収ベースで定年し、前賃金の 25％となる切り下げが許されないとした。

②職種・職務内容

「定年前の職種と全く別個の職種に属するなど性質の異なったものであり継続雇用の実質を欠く」場合[33]である。

③継続雇用後の職務軽減の有無・程度と賃金額の減少の有無・程度の関係

継続雇用後の職務軽減がほとんどないのに、賃金が大幅に下がっていないか等が、考慮される。

4）法的救済方法

①賃金が大幅に低下した場合、②全く異職種に変更する労働条件が提示さ

---

30) 野田進「高年法 9 条を規範とする定年後再雇用の労働条件規制法理」労旬 1915 号（2018 年）36 頁。

31) 岡野バルブ事件・福岡高判平 28.12.12 判例秘書 L07120909。

32) 京王電鉄ほか 1 社事件・東京地判平 30.9.20 労判 1215 号 66 頁、同事件・東京高判令元 .10.24 労判 1244 号 118 頁。

33) 前掲・トヨタ自動車ほか事件・名古屋高判。

定年後再雇用における高齢者雇用紛争の検討　261

れた場合に高年法違反のアプローチが有効、適切である。問題は、高年法の趣旨から「到底受け入れ難いような労働条件」を提示された場合の法的救済方法は、前記2つの高裁判決が認めた不法行為に基づく損害賠償請求のみならず、地位確認請求もできるのかである。

　事業主が特定の労働者を排除する目的で合理性を欠く労働条件を提示する一方で、他の労働者には合理的な労働条件を提示している場合は、特定の労働者の労働条件を無効と解したうえで、他の労働者の合理的労働条件によって無効部分を補充し、事業主の継続雇用義務を肯定できる[34]。より進んで、労働者が再雇用を希望したものの使用者が労働者側の再雇用の申入れを労働条件に合意しないことを理由に事業主が拒絶したと構成し、労働者に継続雇用の期待が認められるから労契法19条2号を類推適用し、当該労働条件に応じなかったことを理由とする再雇用拒否が客観的に合理的理由を欠き社会通念上相当であるとは認められない場合、地位確認を認め、労働条件は定年前の就業規則等に基づく処遇を受け、他に補充できがあればそれによるとの見解がある[35]。労働者に継続雇用の期待がある場合、使用者の高年法の趣旨に反する違法な労働条件提示に同意しななかったことを理由にした再雇用拒否は正当な理由がないと構成するものである。不利益変更に同意しなかったことは雇止めを正当化するだけの合理的な理由とは認めがたいとした日本ヒルトンホテル事件・東京地裁判決[36]に類似した法的構成であり支持できる。

（3）労契法旧20条、パート有期労働法8条違反のアプローチ

1）定年後再雇用の労働条件と労契法旧20条、パート有期労働法8条の適用

　定年後再雇用者が有期契約である場合、無期契約と有期契約の処遇の相違は、期間の定めに関連して生じたものであり[37]、旧労契法20条、それを承継したパート有期労働法8条が適用はされる。一方、労契法20条施行通達（第5・6（2）エ）は、「継続雇用後の労働条件が定年前の無期契約労働者の

34）　土田・前掲注22）647頁。
35）　山川＝安元＝櫻庭・前掲注23）163頁。
36）　平14.3.11労判825号13頁。
37）　長澤運輸事件・最二小判平30.6.1労判1179号34頁。

労働条件と相違することは、職務内容や配置の変更の範囲等が変更されるのが一般なので、特段の事情がない限り不合理とは認められない」としているが、これは、職務内容やキャリア展開が変わらないのに賃金が下がれば不合理性が肯定される可能性を認めるものといえる。この間、有期契約労働者と無期契約労働者の労働条件の差異については、労契法旧20条の不合理性をめぐって多数の裁判例が積み重ねられてきた。ここでは、定年後再雇用の場合に特に問題となる①比較対象、②不合理性の判断枠組みと要素、定年後再雇用がどのように考慮されるか、③全体・総合判断か、個別・性質判断かについて論じたうえ、裁判例を検討する。

2）定年後再雇用の場合の比較対象者

民事訴訟の当事者主義に鑑みれば、どの無期労働契約者ないしそのグループとの労働条件格差を争うかは原告が選択できる問題であるといえる。

問題は、定年後再雇用の場合、退職直前の労働条件と再雇用後の労働条件を比較するだけでよいのかである。長期にわたる正社員の賃金体系のうち最も高い部分との比較になるためである。この点、労契法旧20条は「同一の使用者」と「労働契約を締結している者」、パート有期労働法8条は「（問題となる）待遇に対応する通常の労働者」の待遇を比較する構造となっており、実在しない比較対象（定年前に正社員であった、既に実在しない自分自身を含む）は本来想定されていないとして定年前後の本人比較に疑問を呈する見解がある[38]。しかし、正社員全体の賃金支給実態について資料を保有しない原告側が比較対象となる「正社員」を選定するのは難しい。比較対象としては、定年前後の本人比較をすればよく、不合理性の審理において使用者側が他の正社員の支給実態を主張して不合理性を争えば足りる。

3）不合理性の判断の考慮要素と定年後再雇用

不合理性判断には、①職務の内容、②職務の内容及び配置の変更の範囲、③その他の事情の3つが考慮要素とされるが（労契法旧20条）、パート有期

---

38) 神吉知郁子「正職員と定年後再雇用有期嘱託職員との基本給格差の不合理性」ジュリ1592号（2024年）72頁。

労働法 8 条は、これら考慮要素「のうち、当該待遇の性質及び待遇を行う目的に照らして適切と認められるものを考慮して」不合理と認められる相違か否かを判断すべきことを明示した。

長澤運輸事件最高裁判決は、定年後再雇用であることについて、定年制は賃金制度を一定程度に抑制するための制度であること、再雇用者も定年までは正社員として賃金の支給を受けてきたこと、老齢厚生年金が存在すること等から「その他の事情」として考慮要素となるとした。また、名古屋自動車（再雇用）事件最高裁判決 [39] は、労使交渉に関する事情を「その他の事情」として考慮するとし、その際は「労働条件に係る合意の有無や内容といった労使交渉の結果のみならず、その具体的な経緯をも勘案すべきとする。

4）「全体・総合判断」か、「個別・性質判断」か

不合理性の判断において、無期契約労働者と有期契約労働者間の労働条件全体の違いを総合的に考慮するのか、個別の労働条件ごとに不合理性を判断するのか。この点、長澤運輸事件最高裁判決は「賃金の総額を比較することのみによってではなく、当該賃金項目の趣旨を個別に考慮すべき」と判示し「個別・性質判断」説を採用したうえで、複数の労働条件（賃金項目等）が相互に関連している場合には、その趣旨・性質に照らし、関連する他の労働条件の有無・内容を考慮要素にすることを示した [40]。これに対して、名古屋自動車学校（再雇用）事件最高裁判決は、長澤運輸事件最高裁判決ではなく、メトロコマース事件最高裁判決 [41] を参照判例として引用した。長澤運輸事件最高裁判決では、「当該賃金項目の趣旨を個別に考慮すべき」としていたが、メトロコマース事件最高裁判決では、賃金項目の「趣旨」が各待遇の「性質」「目的」に敷衍されるなど、労契法旧 20 条を承継するパート有期労働法 8 条の文言が使用されており、最高裁は、実質的に個別の性質、目的探究を重視すべきことをより明確に打ち出し、間接的に総額比較に否定的な姿勢を示し

---

39)　最一小判令 5.7.20 労判 1292 号 5 頁。

40)　水町勇一郎「有期・無期契約労働者間の労働条件の相違の不合理性―ハマキョウレックス（差戻審）事件・長澤運輸事件最高裁判決を素材に」労判 1179 号（2018 年）13 頁。

41)　最三小判令 2.10.13 労判 1229 号 90 頁。

264　第Ⅱ部　個別的労働関係における現代的課題

たものといえる[42]。同旨の判断が、退職金についてはメトロコマース事件最高裁判決において、賞与については大阪医科薬科大最高裁判決において示されているところであり、基本給についても名古屋自動車事件最高裁判決において同様の枠組みが妥当することが明確にされたものといえる。

5）裁判例

①手当

最高裁判決の判断枠組みに従う場合、性質や支給目的が比較的明確な手当は不合理性を肯定しやすいといえる。長澤運輸事件最高裁判決では、皆勤手当は、皆勤奨励という趣旨・目的であり、定年後再雇用か否かにかかわらず同様に及ぶものであり、定年後再雇用者に支給しないことは不合理性が肯定され、住宅手当、家族手当の生活費補助という目的は、定年後再雇用者については厚生老齢年金や調整給の支給によって填補されるため定年後再雇用者に支給しないことは不合理とはいえないとされた。また、名古屋自動車事件では、皆精勤手当、敢闘賞を定年後再雇用者に支給しないことの不合理性が確定している。

②基本給、賞与

これに対し、その支給目的や性質が明確でなく、また様々な性質や目的が複合しうる基本給、賞与についての不合理性判断の審理は困難なものがある。職務内容、責任の程度、職務内容と配置の変更の範囲が定年前と同じであった事案（「職務内容・配置の変更の範囲」が同一の事案）と、そうではない事案に分けて論じる。

長澤運輸事件、名古屋自動車事件の事案は、この「職務内容・配置の変更の範囲」が同一の類型に属する。

長澤運輸事件最高裁判決は、①基本給、能率給及び職務給部分は、団体交渉も経て、嘱託社員の基本賃金が定年退職時の基本給の水準以上とし、歩合給の係数が能率給よりも高く設定されていること（基本賃金と歩合給の合計金

42）　神吉・前掲注38）75頁。

額は、基本給、能率給職務給の試算合計額よりも 2 ～ 12％少ないことにとどまっている）こと等、②賞与は、定年退職にあたり退職金の支給を受けるほか、老齢厚生年金の支給が予定され、年収は定年退職前の 79％となることが想定されていたことから支給しないことは不合理とはいえないと判断した。

　他方、名古屋自動車学校（再雇用）事件では、定年後後再雇用の嘱託職員の基本給が正社員定年退職時と比較して 45％以下、又は 48％以下になっている事案で、名古屋地裁判決、名古屋高裁判決 [43] が、正職員定年退職時の基本給の 60％を下回る限度で、賞与の相違についても基本給を正社員定年退職時の 60％の金額であるとして各季の賞与の調整率乗じた結果を下回る限度で、労契法旧 20 条の不合理と認めたが、最高裁は原判決を破棄し、差戻した。最高裁は「嘱託職員の基本給は、正社員の基本給とは異なる性質や目的を有するものというべきである」としつつ、「原審は、正社員の基本給につき、一部の者の勤続年数に応じた金額の推移から年功的性格を有するものであったとするにとどまり、他の性質の有無および内容並びに支給の目的を検討せず、また、嘱託職員の基本給についても、その性質及び支給目的を検討していない」「労使交渉の結果のみならず、その具体的な経緯を勘案していない」と判断し、賞与についても、「賞与及び嘱託職員の一時金の性質やこれらを支給することとされた目的を踏まえることなく、また、労使交渉に関する事情を適切に考慮しない」と判断した。

　すなわち、正社員（無期契約労働者）と嘱託職員（有期契約労働者）との間において、職務内容及び変更範囲に相違がないと認められる事案においても、このことをどの程度重視すべきかは、各基本給の性質や支給目的によって異なりうる。この点、名古屋自動車事件の事案では、嘱託職員の基本給の性質は、自動車運転の指導職という職務給であり、正社員の基本給についても、その支給実態からして、年功給や功績給的要素は薄弱であり、職務給的な要素が大きい。かかる場合、職務内容や変更範囲に相違がないという事情は、不合理性判断において重視されるべきである。また、名古屋自動車事件では、定年後再雇用の条件について団体交渉や労使協議が全く行われておら

---

43)　名古屋地判令 2.10.28 労判 1233 号 5 頁、名古屋高判令 4.3.25 労判 1292 号 23 頁。

ず、長澤運輸事件のように団体交渉で定年後再雇用者の賃金増額や歩合給係数の有利な変更が実現した事案ではない。そうすると、定年後であるという諸事情を考慮しても嘱託社員の基本給を正社員の 45％にするのは、不合理な相違であると言えるのではないか[44]。名古屋自動車事件の差戻審の行方は、今後の一般企業における再雇用後の賃金、賞与の定め方に大きな影響を及ぼすものと思われる。

これに対して、定年前後で「職務内容・配置の変更の範囲」が異なる場合はどうか。前述した労契法 20 条施行通達は、職務内容や配置の変更の範囲等が変更されれば、特段の事情がない限り不合理とは認められないとの趣旨とも読める。また、定年前に比べて定年後は、職務内容が限定され、責任の程度も軽くなったとして不合理性を否定した裁判例が続いている[45]。

しかし、ハマキョウレックス事件最高裁判決[46]は、労契法 20 条は「職務内容が異なる場合であっても、その違いを考慮して両者の労働条件が均衡の取れたものであることを求める規定である」と判示している。これが、正規雇用と非正規雇用の格差是正を求める核心部分である。正社員と定年後最高者の基本給、賞与の性質、支給目的を確定したうえで、定年前後で「職務内容・配置の変更の範囲」の差異やその程度なども考慮に入れて、その処遇が均衡を失しないかが判断される。職務内容や配置の変更の範囲の差異がごくわずかであるのに、基本給・賞与の格差が大きい場合、その性質・目的を踏まえて、均衡を失するものといえれば、不合理であるというべきである。

---

44) 小職も、差戻し審から弁護団の末席に加わっている。
45) 定年前の 3 割程度の賃金額について不合理性を否定した学究社・定年後再雇用事件、東京地立川支判平 30.1.29 労判 1176 号 5 頁、定年前の 50％の賃金額について不合理性を否定した日本ビューホテル事件・東地判平 30.11.21 労経速 2365 号 3 頁、27％の基本給格差は不合理でないとした北日本放送事件・富山地判平 30.12.9 労経速 2374 号 18 頁。
46) 最二小判平 30.6.1 労判 1179 号 20 頁。

裁判例から見るマタニティハラスメント・育児介護等ハラスメント

新 村 響 子

はじめに

　「マタハラ」という言葉が、ユーキャン新語・流行語大賞のトップ 10 に選ばれたのは、2014 年 12 月のことである。「マタハラ」すなわち「マタニティ・ハラスメント」という言葉を初めて使用したのは、立教大学社会福祉研究所の杉浦浩美研究員の著書『働く女性とマタニティ・ハラスメント』[1] と言われている。同書では、「マタニティ・ハラスメント」について、「妊娠を告げたこと、あるいは妊婦であることによって、上司、同僚、職場、会社から何等かの嫌がらせやプレッシャーを受けること」と定義していた。

　その「マタハラ」という言葉が、社会に広く知られるようになり、流行語大賞にノミネートされるまでに至った背景には、労働者、労働組合による運動、そして、2014 年 10 月 23 日に出された広島中央保健生協（C 生協病院・上告審）事件最高裁判決[2]（以下「広島中央保健生協事件最判」という）の影響が大きい。日本労働組合総連合会（連合）は、2013 年 5 月に「マタニティ・ハラスメント（マタハラ）に関する意識調査」を初めて実施した。同調査では、産休・育休などの様々な権利制度の内容を知らなかったと答えた女性労働者が約半数（50.3％）にのぼり、在職中に妊娠が判明した女性の 63.0％が「仕事と妊娠・子育てへの不安を感じた」と回答している。「マタハラ」という言葉については、「初めて知った」との回答が約 8 割（79.5％）、認知度はわ

---

1)　杉浦浩美『働く女性とマタニティ・ハラスメント―「労働する身体」と「産む身体」を生きる』（大月書店、2009 年）。
2)　最一小判平 26.10.23 労判 1100 号 5 頁。

ずか 6.1 ％であった。そのような中で、マタハラ被害女性らが声をあげたのが、2014 年 7 月、マタハラ被害女性が中心となり設立された任意団体マタハラ Net である。マタハラ Net は、マタハラに苦しむ女性たちの救済を主な目的として、被害者相談や情報発信等を行い、国内外問わず多くのメディアがその活動に注目し取り上げた。そして、その流れを後押しするように、妊娠による軽易業務への転換を契機として行われた降格を均等法 9 条 3 項違反とした広島中央保健生協事件最判が出されたのである。

それからちょうど 10 年。その間、2015 年に行われた連合の意識調査で、「マタハラ」の認知度は 9 割（93.6 ％）に上昇し、2017 年には事業主に対してマタハラ防止措置を義務付ける法改正がなされた。司法の分野でも、広島中央保健生協事件最判が与えた影響は大きく、社会的に「マタハラ」に対して厳しい目が向けられるようになったことも相まって、当職の実感としても、マタハラ事件は解決がしやすくなったように感じる。

本稿では、あらためて広島中央保健生協事件最判の意義を振り返り、その後の裁判例から射程や到達点について検討してみたい。

1 広島中央保健生協事件最判のインパクト

（1）同最高裁判決以前の判例法理

1）日本シェーリング事件最高裁判決

妊娠等を理由とする不利益取扱いを禁止する均等法 9 条 3 項、育児休業等を理由とする不利益取扱いを禁止する育介法 10 条が施行される以前の判例において、妊娠・出産・育児等の権利行使を理由とする不利益取扱いが違法無効であるとしたリーディングケースは、日本シェーリング事件最高裁判決[3]である。同事件では、労働協約における賃上げの要件である稼働率 80 ％の算定において、年休、生理休暇、産前産後休暇、育児時間が欠勤として扱われたことが問題となった。

最高裁は、「権利の行使を抑制し、ひいては右各法が労働者に各権利を保

___
3) 最一小判平元 .12.14 労判 553 号 16 頁。

障した趣旨を実質的に失わせると認められるときに、当該制度を定めた労働協約各条項は、公序に反するものとして無効となる」と述べ、同事案においては、経済的不利益の大きさ、80％という基準数値の大きさから、権利行使に対する事実上の抑止力は相当強いとして、80％条項のうち法律上の権利行使に関する部分は公序良俗違反であると判示した。あくまで実質的に法律上の権利を失わせる場合に限定してはいるものの、妊娠・出産・育児等の権利行使を事実上抑制させる不利益取扱いを禁止する法律が全く存在しない中で、民法 90 条の公序良俗を理由として、最高裁がそのような不利益取扱いを違法無効としたことには大きな意義があったと思われる。

同様に、東朋学園事件最高裁判決[4] では、出勤率 90％とする賞与支給基準において産前産後休業及び育児短時間勤務の勤務短縮分を欠勤扱いに含めることが、労働基準法等がそれらの権利等を保障した趣旨を実質的に失わせるものであるから、公序良俗に反し無効であるとされている。

2）コナミデジタルエンタテインメント事件東京高裁判決

日本シェーリング事件最高裁判決の趣旨もふまえ、2001 年 11 月 16 日施行の改正育介法において育児休業等の権利行使を理由とする不利益取扱いを禁止する規定（育介法 10 条等）、2007 年 4 月 1 日施行の均等法改正において妊娠・出産等を理由とする不利益取扱いを禁止する規定（均等法 9 条 3 項）が設けられた。

その後に出された判決が、コナミデジタルエンタテインメント事件判決[5] である。同判決は、産休及び育休が含まれる査定期間の成果報酬をゼロとしたことについて、均等法や育介法により直接無効になると認定判断するものではないとしつつ、これらの法が育休等の取得者に対する不利益取扱いを禁止している趣旨に反するとして人事権濫用により無効とした。同判決は、事業主には、成果報酬の査定に当たり、労働者が育休等を取得したことを合理的な限度を超えて不利益に取り扱うことがないよう、前年度の評価を据え置いたり、あるいは同様の役割グレードとされている者の成果報酬査定の平均

4）　最一小判平 15.12.4 労判 862 号 14 頁。
5）　東京高判平 23.12.27 労判 1042 号 15 頁。

値を使用したり、又は合理的な範囲内で仮の評価を行うなど、適切な方法を採用することによって、育休等を取得した者の不利益を合理的な範囲及び方法等において可能な限り回避するための措置をとるべき義務があると指摘している。

同判決は、均等法や育介法の趣旨に触れつつも、あくまで一般的な人事権の濫用法理により違法性を判断するという限定的なものであった。

（2）均等法9条3項に関する初の最高裁判決

広島中央保健生協（C生協病院）事件は、妊娠中の軽易業務への転換を請求した理学療法士の女性が、それを契機として管理職である副主任から降格されたことが問題となった事案である。

最高裁判決は、まず、均等法第9条3項の規定は強行規定であると述べ、女性労働者につき、妊娠、出産、産前休業の請求、産前産後の休業又は軽易業務への転換等を理由として解雇その他不利益な取扱いをすることは、同項に違反するものとして違法であり、無効であることを明らかにした。それまでの判例法理は、公序良俗や人事権濫用法理による救済であったところ、均等法を直接適用し違法無効となることを明らかにした点が、同最高裁判決の大きな意義である。

そして、同判決は、「女性労働者につき妊娠中の軽易業務への転換を契機として降格させる事業主の措置は、原則として同項の禁止する取扱いに当たるものと解されるが、①当該労働者が軽易業務への転換及び上記措置により受ける有利な影響並びに上記措置により受ける不利な影響の内容や程度、上記措置に係る事業主による説明の内容その他の経緯や当該労働者の意向等に照らして、当該労働者につき自由な意思に基づいて降格を承諾したものと認めるに足りる合理的な理由が客観的に存在するとき、又は②事業主において当該労働者につき降格の措置を執ることなく軽易業務への転換をさせることに円滑な業務運営や人員の適正配置の確保などの業務上の必要性から支障がある場合であって、その業務上の必要性の内容や程度及び上記の有利又は不利な影響の内容や程度に照らして、上記措置につき同項の趣旨及び目的に実質的に反しないものと認められる特段の事情が存在するときは、同項の禁止

裁判例から見るマタニティハラスメント・育児介護等ハラスメント　271

する取扱いに当たらないものと解するのが相当である」と判示した（番号は筆者）。すなわち、同判決は、降格が均等法9条3項の不利益取扱いに当たり原則として違法無効であることを明らかにした上で、①②の例外を使用者が主張・立証した場合のみ、不利益取扱いに当たらないとし、妊娠等に伴う不利益取扱いに対する厳しい姿勢を示したといえる。

　ここで、例外①の「承諾」については、「自由な意思」に基づくものでなければならないことに留意が必要である。「自由な意思」による承諾とは、賃金債権の放棄に対する承諾についてのシンガーソーイングメシーンカンパニー事件最高裁判決[6]や就業規則に定められた賃金や退職金に関する労働条件の変更に対する承諾についての山梨県民信用組合事件最高裁判決[7]などで用いられている概念であり、客観的に合理的な理由が存在するか否かによって同意の有効性を判断するため、形式的な承諾が存在しても無効となる可能性がある。本事案において、女性労働者は渋々ながら降格に同意していたが、最高裁は、軽易業務への転換及び降格により受けた有利な影響の内容や程度は明らかではない一方で、降格により管理職の地位と手当等の喪失という重大な不利益を受けている上、副主任への復帰が予定されておらず、しかもそれら不利益についての説明が不十分であったことから、自由な意思に基づいて降格を承諾したものと認めるに足りる合理的な理由が客観的に存在するということはできないと結論付けた。

　また、例外②の業務上の必要性の有無及びその内容や程度の評価に当たっては、「当該労働者の転換後の業務の性質や内容、転換後の職場の組織や業務態勢及び人員配置の状況、当該労働者の知識や経験等を勘案するとともに、上記の有利又は不利な影響の内容や程度の評価に当たって、上記措置に係る経緯や当該労働者の意向等をも勘案して、その存否を判断すべき」とされている。妊娠等を理由とする不利益取扱いを原則違法無効として禁ずる均等法の趣旨及び目的に「実質的に反しないものと認められる特段の事情」とは、極めて例外的な場合に限られると解するべきであろう。本事案の差戻審

---

6)　最二小判昭 48.1.19 民集 27 巻 1 号 27 頁。
7)　最二小判平 28.2.19 民集 70 巻 2 号 123 頁。

判決である広島高裁判決 [8] は、この例外②に関して、当該労働者につき降格の措置を執ることなくリハビリ科へ異動させることにつき、使用者の組織規定や運用から見て、業務上の必要性があったことに十分な立証がなされているとはいえないとし、当該労働者が独善的かつ協調性を欠く性向や勤務態度があって職責者として適格性を欠くとの使用者の主張も退けた。そして、当該労働者が降格により利益を得たとはいえないこと、降格について手続や決定理由の説明をしていないこと等によれば、降格措置の必要性とそれが均等法9条3項に実質的に反しないと認められる特段の事情があったとはいえないと判断している。

（3）妊娠・出産・育児・介護等ハラスメント防止の措置義務化

　この最高裁判決を、マタハラ被害者らが拍手をもって歓迎する様子が、マスコミで大きく報道された。そして、冒頭に記載したとおり、「マタハラ」は、2014年のユーキャン流行語・新語大賞のトップテン入り。マタハラ Net の代表・小酒部さやか氏は2015年、米国務省から「世界の勇気ある女性賞」を受賞した。

　マタハラ問題の社会的認知の広がりを受けて、平成29年1月1日施行の改正均等法および改正育介法に、事業主に対してマタハラ・育児介護等ハラスメント防止措置を義務付ける規定が新設された（均等法第11条の2、育介法第25条）。具体的には、事業主は、当該労働者からの相談に応じ、適切に対応するために必要な体制の整備その他の雇用管理上必要な措置を講じなければならないとされた。

2　広島中央保健生協事件最判の射程

（1）最高裁判決が司法判断に与えた影響

　広島中央保健生協事件最判は、妊娠中の軽易業務への転換を契機とした降格の事案についての事例判断ではあるが、その判旨は、妊娠・出産等を理由

---

8)　広島高判平 27.1.17 労判 1127 号 5 頁。

とする不利益取扱い（均等法9条3項）、育児・介護等を理由とする不利益取扱い（育介法10条等）すべてに適用可能なものである。

（2）違法な不利益取扱いであると認定した裁判例

1）ノーワーク・ノーペイを超える不利益取扱いが違法とされた事例

社会福祉法人全国重症心身障害児（者）を守る会事件判決[9]は、育児短時間勤務制度（8分の6に短縮）の利用による昇給抑制（8分の6）が問題となった事案である。判決は、広島中央保健生協事件最判の趣旨を、育児・介護休業法23条の2における不利益取扱いの禁止に当てはめ、「基本給の減給のほかに本来与えられるべき昇給の利益を不十分にしか与えないという形態により不利益扱いするもの」であるとして、同条に違反する不利益取扱いに該当するとした。

また、医療法人社団充友会事件判決[10]は、賞与の支給額の算定に際し、産前・産後休業の取得などに係る就労しなかった、又は就労できなかった期間を超えて、休業したものとして扱うことは、産前・産後休業による労務不提供を超える不利益を及ぼすものであるから、均等法9条3項が禁じる「不利益な取り扱い」に該当し、強行規定違反として違法になると判示した。そして、同事件では、産前休業期間は査定期間の約22パーセントにとどまるにもかかわらず、それを超えて賞与を減額・不支給としたことは不利益な取り扱いに該当し、違法とされた。

同様に、近畿大学事件判決[11]では、在籍年数に基づき一律に実施される定期昇給において、昇給基準日前の1年間のうち一部でも育児休業をした職員に対し、残りの期間の就労状況如何にかかわらず当該年度に係る昇給の機会を一切与えないことは、育児休業をしたことを理由に、当該休業期間に不就労であったことによる効果以上の不利益を与えるものであって、育介法10条の不利益な取扱いに該当するとされた。

これらの裁判例は、いずれも広島中央保健生協事件最判の判例法理を引い

9）　東京地判平 27.10.2 労判 1138 号 57 頁。
10）　東京地判平 29.12.22 労判 1188 号 56 頁。
11）　大阪地判平 31.4.24 労判 1202 号 39 頁。

て判断されており、同判例法理が、妊娠・出産等を理由とする不利益取扱いの禁止（均等法9条3項）および育児休業等を理由とする不利益取扱いの禁止（育介法10条等）すべてに及ぶことを示している。そして、同最高裁判決以前の判例法理で示されていたように「実質的に法律上の権利を失わせる場合」に限り公序良俗に違反して違法となるのではなく、産休、育休等について、ノーワーク・ノーペイの原則を超えたおよそ一切の不利益を与えることについて、均等法ないし育介法が禁ずる不利益取扱いに当たり原則として許されないことを明らかにしたものといえる。

2）キャリア形成の低下を不利益として認めた事例

アメックス事件判決[12]では、育休後の復帰時に、組織変更により新設部門の部下無しマネージャーに配転され、職務等級や給与に変更はないものの将来のキャリア形成に悪影響が生じる配転であったことが問題となった。

判決は、「基本給や手当等の面において直ちに経済的な不利益を伴わない配置の変更であっても、業務の内容面において質が著しく低下し、将来のキャリア形成に影響を及ぼしかねないものについては、労働者に不利な影響をもたらす処遇に当たる」との一般論を示した上で、当該労働者が復職後に就いたアカウントマネージャーは、妊娠前のチームリーダーと比較すると、その業務の内容面において質が著しく低下し、給与面でも業績連動給が大きく減少するなどの不利益があったほか、何よりも妊娠前まで実績を積み重ねてきた原告女性のキャリア形成に配慮せず、これを損なうものであったといわざるを得ないとして、均等法9条3項及び育介法10条が禁止する不利益な取扱いに当たると判断した。

本判決の最大の意義は、「将来のキャリア形成」に対する不利益な影響についても、法が禁じる「不利益取扱い」として明確に認めたことであろう。近年、育児休業から復帰したものの、育児と仕事との両立を行う中で、昇進や昇格には縁遠いキャリアコースに乗ってしまう「マミートラック」が社会的に問題となっている。そういった事実上のキャリアの低下という問題に対

12）　東京高判令5.4.27労判1292号40頁。

して、一石を投じる判決といえよう。

（3）労働者の同意の有無が問題となった事例

　広島中央保健生協事件最判の枠組みに基づき、不利益取扱いの同意の有効性が争われる裁判例も増えている。

　株式会社 TRUST 事件判決 [13)] は、妊娠が判明した労働者との間に退職合意が成立していたか否かが争点となった事案であるが、最高裁判決の趣旨を、妊娠中の労働者の退職という場面にあてはめ、退職に対する合意についても上記例外①が指摘する「自由な意思」による同意でなければならないとしている。同様に、前掲医療法人社団充友会事件判決も、労働者の表面上の同意があっても、真意に基づかない勧奨退職は退職の強要に該当するため、退職の意思表示が労働者の真意（自由な意思）に基づくことの認定は慎重に行うべきであると指摘している。

　また、フーズシステム事件判決 [14)] は、時短勤務の申出を契機として無期雇用契約から有期雇用契約への変更に合意して締結されたパート契約について、自由な意思に基づいて締結されたものとは認められないとして無効であると判示した。一方、ジャパンビジネスラボ事件判決 [15)] では、育休明けに子供が通える保育園が見つかっていなかったことにより、退職を回避するために週3日勤務の契約社員を選択したことが、労働者の自由な意思に基づく合意であると認められ、法が禁ずる不利益取扱いには当たらないとされた。

　これらの裁判例は、いずれも、妊娠・出産・育児等を契機とした退職の合意や労働条件の不利益変更の合意の有効性判断にあたり、広島中央保健生協事件最判で示された上記例外①の法理に従って、自由な意思に基づく合意であることを要するとしたものである。一般的には、退職や労働条件の不利益変更に労働者が同意した場合に、その有効性を争うことは困難であることが多いが、自由な意思による同意を要件とすることによって、形式的に労働者の同意がなされている事案であっても、その合意の有効性を争うことが容易

13）　東京地立川支判平 29.1.31 労判 1156 号 11 頁。
14）　東京地判平 30.7.5 労判 1200 号 48 頁。
15）　東京高判令元 .11.28 労判 1215 号 5 頁。

276　第Ⅱ部　個別的労働関係における現代的課題

となった。

　ところで、前掲・フーズシステム東判決は、「合意に基づき労働条件を不利益に変更したような場合には、事業主単独の一方的な措置により労働者を不利益に取り扱ったものではないから、直ちに違法、無効であるとはいえない」と述べた上で合意の有効性を検討しており、合意による契約変更の場合には、均等法9条3項ないし育介法10条の不利益取扱いの禁止が直接適用されないかが争いになっている。もっとも、上記裁判例は、いずれも、合意の有効性を判断するにあたって、広島中央保健生協事件最判の法理に従って、自由な意思による同意であるか否かを慎重に判断している。その結果、自由な意思に基づく合意ではなかったと認められた場合には、結局のところ、労働条件の変更は事業主から一方的になされたものであるということになり、違法な不利益変更であるという結論になるものと思われる。

（4）特段の事情の有無が争いとなった裁判例

　前掲・社会福祉法人全国重症心身障害児（者）を守る会事件は、育児短時間勤務制度の利用による昇給抑制が問題となった事案であるが、広島中央保健生協事件最判の判例法理における例外②の要件を当てはめ、特段の事由がないと判断している。

　また、前掲・アメックス事件は、当該労働者を直ちに既存の他のチームのチームリーダーにすることができなかった点については、円滑な業務運営や人員の適正配置の確保の観点からやむを得ないものであったということができるが、そうであっても、妊娠前には37人の部下を統率していた当該労働者に対し、一人の部下も付けずに新規販路の開拓に関する業務を行わせ、その後間もなく優先業務として自ら電話営業をさせたことについては、業務上の必要性が高かったとはいい難く、受けた不利益の内容及び程度も考え合わせると、均等法9条3項又は育介法10条の趣旨及び目的に実質的に反しないものと認められる特段の事情が存在するということはできないと判示している。

（5）解雇の有効性が争われた裁判例

1）均等法9条3項ないし育介法10条と労契法16条の関係

　広島中央保健生協事件最判は、妊娠等を「契機とした」不利益取扱いは原則として違法無効であると述べているところ、この「契機として」とは時間的近接性のみで足りるのか、不利益取扱いの「理由」が妊娠等である必要があるのか、解釈に争いが生じる。特に解雇事件においては、妊娠等に近接した時期の解雇ではあるものの、能力不足や協調性欠如など妊娠等以外の事由が表向きの解雇理由とされていることがあるため、均等法9条3項ないし育介法10条を適用するのか、労契法16条により判断するのかという論点も相まって、裁判例の判断基準は定まっていない。

　この点、行政解釈通達[16]では、「契機として」とは、時間的近接性により判断することとしており、原則として、妊娠・出産・育休等の事由の終了から1年以内に不利益取扱いがなされた場合は「契機として」いると判断するものとしている[17]が、裁判例では時間的近接性のみにより違法性を判示したものはないと思われる。

　シュプリンガー・ジャパン事件判決（東京地判平 29.7.3 労判 1178 号 70 頁）は、妊娠等に近接した時期になされる解雇については、使用者は形式的に妊娠等以外の理由を示しさえすればよいというわけではなく、客観的に合理的な理由を欠き、社会通念上相当であると認められないことを事業主が認識しているか、あるいは当然に認識すべき場合には、均等法9条3項及び育介法10条に違反するという判断基準を示し、解雇を無効と判断している。本件のように、使用者が妊娠・出産等を理由とした解雇であることを否定し、はるか昔に遡って多数の個別の解雇理由（職務命令違反、能力不足、協調性不足など）を主張しさえすれば、均等法・育介法の射程を外れ、通常の解雇事件として労契法16条のみの問題とされてしまうのはおかしい。本判決が、均等法9条3項ないし育介法10条と労契法16条の重畳適用ともいえる判断基準を示

---

16) 「改正雇用の分野における男女の均等な機会及び待遇の確保等に関する法律の施行について」平成 18 年 10 月 11 日雇児発第 1011002 号。

17) 厚生労働省「妊娠・出産・育児休業等を契機とする不利益取扱いに係る Q & A」（https://www.mhlw.go.jp/file/06-Seisakujouhou-11900000-Koyoukintoujidoukateikyoku/0000089160.pdf）。

したことは評価できる。

　一方で、結局のところ、本判決は、労契法 16 条に照らして解雇が無効である場合には、妊娠等と近接した解雇は均等法・育介法違反ともなる、と述べているにすぎず、労働者の主張・立証の実質的負担は変わらないこととなり、主張立証責任を転換した広島中央保健生協事件最判の法理は行かされていない。使用者が、妊娠・出産や育児休業により職場を離れた機会を「利用」して、これまで良く思っていなかった労働者を解雇や退職勧奨により職場から排除しようとするケースは少なくないのであって、そのような解雇については、妊娠等との時間的近接性に基づき最高裁判決の枠組みどおり原則違法無効であるとした上で、使用者が主張する解雇理由は、業務上の必要性があり、かつ、均等法・育介法の趣旨および目的に実質的に反しないと認められる特段の事情があるか否かという例外②の判断において検討すれば足りるのではないかと考える。

　なお、一般的に、解雇無効により地位確認・賃金支払いが認容された場合には、別途、慰謝料が認められるケースは少ないが、マタハラによる解雇の場合には、それ自体がハラスメントであるとともに、経済的・精神的負担も大きいため、慰謝料が認められる場合も多い。本件では、地位確認・賃金支払いによっても慰謝されない損害があるとして、慰謝料 50 万円が認容されている。

2）均等法 9 条 4 項違反が認められた裁判例

　均等法 9 条 4 項は、妊娠中の女性労働者および出産後 1 年を経過しない女性労働者に対する解雇を無効としつつ、事業主が、当該解雇が妊娠等を理由とする解雇でないことを証明したときはこの限りでない、と規定している。社会福祉法人緑友会事件判決[18] は、妊娠等を理由とする解雇でないことを証明したといえるためには、単に妊娠・出産等を理由とする解雇ではないことを主張立証するだけでは足りず、妊娠・出産等以外の客観的に合理的な解雇理由があることを主張立証する必要があると指摘し、解雇を無効と判断した。

---

18)　東京高判令 3.3.4 判時 2516 号 111 頁。

3 妊娠・出産・育児・介護等ハラスメントに対する損害賠償請求

（1）損害賠償請求の法的根拠

　使用者が行った妊娠・出産・育児等を理由とする不利益取扱いや措置に対して不法行為（民法709条）ないし債務不履行（民法415条）に基づく損害賠償が認容される場合がある。また、上司や同僚等の言動が、妊産婦労働者としての人格権を否定するものである場合には、加害者に対して不法行為（民法709条）に基づく損害賠償請求、使用者に対して使用者責任（民法715条）ないし職場環境配慮義務違反による債務不履行責任（民法415条）に基づく損害賠償請求が可能である。

（2）認容した裁判例

1）使用者に対する損害賠償請求の事案

　日欧産業協力センター事件判決[19]では、使用者による育休取得拒否が育介法に反し不法行為を構成するとして慰謝料50万円が認容された。出水商事事件判決[20]では、産休中の労働者を退職扱いにした行為について慰謝料15万円が認容された。医療法人稲門会事件判決[21]では、男性看護師による育休取得を理由に職能給を昇給させなかったこと、育休を取得した年度を昇格試験受験のための標準年数の算定から除外したことによる昇格試験受験機会の剥奪がいずれも不法行為に当たるとされ慰謝料15万円が認容された。

2）上司・同僚等の発言に対する損害賠償請求の事案

　医療法人社団恵和会ほか事件判決[22]は、妊娠した労働者に中絶をほのめかし、一人で入浴介助を命じた点が当該労働者の人格的利益を侵害するとして、行為を行った上司らと会社に対し、連帯して慰謝料70万円（その他のパワハ

---

19)　東京高判平17.1.26労判890号18頁。
20)　東京地判平27.3.13労判1128号84頁。
21)　大阪高判平26.7.18労判1104号71頁。
22)　札幌地判平27.4.17労判1134号82頁。

ラ行為と合わせて）を支払うよう命じている。ツクイマタハラ事件判決[23] は、妊娠した女性社員に対する所長の発言が妊産婦労働者の人格権を害するとされ、所長と会社に対し、連帯して慰謝料35万円を支払うよう命じている。

3）慰謝料の金額

上記裁判例が認容する慰謝料の金額は、他のハラスメントと同様に低すぎると言わざるを得ないが、近時は、比較的高額な慰謝料を認容する裁判例も出てきている。医療法人社団充友会事件判決[24]では、退職扱い（事実上の解雇）が無効とされ地位確認が認められたことに加えて、慰謝料として200万円が認容された。このように高額の慰謝料を認容した理由について、判決は、マタハラが社会問題となり根絶すべき社会的要請も年々高まっていることを挙げている。また、コメット歯科経営者事件判決[25]では、使用者が行った退職扱いの慰謝料として100万円、上司らが有給休暇の取得を拒絶したことや技工指示書を交付しない嫌がらせ等を行ったことに対する慰謝料として50万円が認容された。

4　マタハラのない社会を目指して

このように近時の裁判例を検討すると、広島中央保健生協事件最判が与えた影響は大きく、その趣旨や判例法理の射程は広範なものであることがわかる。妊娠・出産、育児等の権利行使は、労働者が当然に行使しうる人格的権利であって、それによっていかなる不利益も受けることがあってはならない。司法判断も、不利益取扱いに対しては、厳しい姿勢をとっているといえる。

一方、厚生労働省が行った令和5年度ハラスメント実態調査によれば、過去5年間に就業中に妊娠／出産した女性労働者の中で、妊娠・出産・育児休業等ハラスメントを受けたと回答した者の割合は26.1％、過去5年間に育児に関わる制度を利用しようとした男性労働者の中で、育児休業等ハラスメン

23）　福岡地小倉支判平28.4.19労判1140号39頁。
24）　東京地判平29.12.22労判1188号56頁。
25）　岐阜地判平30.1.26労経速2344号3頁。

トを受けたと回答した者の割合は24.1％と、未だ約4人に1人がマタハラ・育児介護等ハラスメントを受けている実態がある。

　その背景には、まず妊娠・出産、育児・介護等に関する権利制度が未だ周知されていないことがある。育児休業等の一部の権利制度については、個別周知が義務付けられたが、すべての権利制度についての周知を進め、権利制度を知らないことによるハラスメントをなくし、権利制度の利用を促進する必要がある。

　また、権利行使をしづらい職場の雰囲気の背景には、正社員の長時間労働と社会における根深い性別役割分業意識がある。マタハラ・育児介護ハラスメントを根絶するためにも、働き方やその意識の根本的な変革が必要である。

神戸弘陵学園事件最判に対する
学説上の批判に関する一考察

佐々木　亮

はじめに――問題の所在

　労働契約に期間を設定する場合、多くの場合においては、その期間は契約
の存続期間を定めたものと理解されている。もっとも、実務上、労働条件通
知書や労働契約書に「契約期間」と定めながら、使用者から労働者に対する
説明の際には「これは試用期間である」と告げられる例は少なくない。

　かかる場合、定められている「期間」が契約の存続期間であるとみるのか、
それとも説明されたとおり試用期間とみるのか問題となる。特に使用者が、
労働契約が当該「期間」の満了で終了だと告知する場合、それが契約の存続
期間（有期契約）とみるならば労働契約法 19 条の適用だとして争うことにな
り、他方で試用期間とみるとなれば、これは解約権留保付労働契約の解約権
の行使（本採用拒否）ということ、すなわち労働契約法 16 条が適用されるこ
とになり、適用法条が異なってくるため問題となる。

1　神戸弘陵学園事件

　この点、神戸弘陵学園事件最高裁判決 [1] がリーディングケースとしてある。
同事件の事案の概要は次の通りである。

　Y 法人は、X の採用面接の際に、採用後の身分は常勤講師であること、契
約期間が 1 年であること、この 1 年間の勤務状態をみて再雇用するか否かの

---

[1]　最三小判平 2.6.5 民集 44 巻 4 号 668 頁（労判 564 号 7 頁）、同事件・大阪高判平 1.3.1 労判 564
号 21 頁、同事件・神戸地判昭 62.11.5 労判 506 号 23 頁。

判定をすることなどにつき説明をし、Xはこれを了承し、その後Y法人に採用された。Xの就労開始後、Xは、Y法人の求めで、1年の期限付の常勤講師として採用される旨の合意が成立したこと及びこの期限が満了したときは解雇予告その他何らの通知を要せず期限満了の日に当然退職の効果を生ずることなどが記載されている期限付職員契約書に署名捺印して提出した。その後、1年の期限が到来し、XはY法人から雇止めされた。

　こうした事案において、第一審、原審とも、「期間」は存続期間であるとみてXの請求を棄却した。そこで、Xは上告したところ、最高裁は原判決を破棄し、審理を差戻した。

　最高裁の判示内容は次の通りである（下線は筆者）。

　「原審は、前記認定の事実関係のほか、被上告人が本件雇用契約を一年の期間付のものとしたのは、本校の開設後間もなく一時に大量の教員を採用する必要があり、上告人のように教員経験のない者を新規に教員として採用するに当たっては、その適性について吟味する必要があることから、一年間の判断期間を設ける趣旨でしたものであり、右期間を一年としたのは、学校教育は行事等も含め一年単位で行われることから、各教員にひととおりの経験をしてもらった上で、その適性を判断しようという趣旨からであるという事実を認定している。

　ところで、<u>使用者が労働者を新規に採用するに当たり、その雇用契約に期間を設けた場合において、その設けた趣旨・目的が労働者の適性を評価・判断するためのものであるときは、右期間の満了により右雇用契約が当然に終了する旨の明確な合意が当事者間に成立しているなどの特段の事情が認められる場合を除き、右期間は契約の存続期間ではなく、試用期間であると解するのが相当である。</u>……。

　そこで、本件において、一年の期間の満了により本件雇用契約が当然に終了する旨の明確な合意が上告人と被上告人との間に成立しているなどの特段の事情が認められるかどうかであるが、原審は、上告人は、昭和五九年三月一日の第二回目の面接の際に、被上告人の理事長から、採用後の身分は常勤講師とし、契約期間は一応同年四月一日から一年とすること及び一年間の勤務状態を見て再雇用するか否かの判定をすることなどにつき説明を受けると

ともに、口頭で、採用したい旨の申出を受け、同年三月五日、右申出を受諾
した、と認定しており、契約期間につき被上告人の理事長が『一応』という
表現を用いたとしているのである。……、右理事長が用いたと認定されてい
る『再雇用』の文言も、厳格な法律的意味において、雇用契約を新たに締結
しなければ期間の満了により契約が終了する趣旨で述べたものとは必ずしも
断定しがたいのであって、一年の期間の満了により本件雇用契約が当然に終
了する旨の明確な合意が上告人と被上告人との間に成立していたとすること
には相当の疑問が残るといわなければならない。

　もっとも、原審の認定によれば、上告人が署名捺印した期限付職員契約書
には、上告人が昭和六〇年三月三〇日までの一年の期限付の常勤講師として
被上告人に採用される旨の合意が上告人と被上告人との間に成立したこと及
び右期限が満了したときは解雇予告その他何らの通知を要せず期限満了の日
に当然退職の効果を生ずることなどの記載がされているというのであり、右
によれば、一年の期間の満了により本件雇用契約が当然に終了する旨の明確
な合意が上告人と被上告人との間に成立していたかの如くである。しかし、
上告人が被上告人から右期限付職員契約書の交付を受けたのは本件雇用契約
が成立した後である昭和五九年四月七日ころであり、これに署名捺印したの
は同年五月中旬であるというのである。また、本件記録によれば、……、昭
和五九年度から昭和六〇年度にかけてはむしろ生徒数が増加する状況にあり、
生徒数の事情から昭和五九年度に限って期限付職員を採用する必要があった
とは思われず、同様に職員についても生徒数の増加に伴い増員する必要こそ
あれ、職員数の事情から昭和五九年度に限って期限付職員を採用する必要が
あったとは思われない。……。以上によれば、上告人の提出した期限付職員
契約書は、本件雇用契約の趣旨・内容を必ずしも適切に表現していないので
はないかという疑問の余地がある。

　更に、本件記録によれば、上告人は昭和五八年三月にＦ大学経済学部を卒
業後、昭和五九年三月にＧ大学社会学部通信教育課程を終了して、本校の教
員に採用されたものであることが窺われるところ、このような場合には、短
期間の就職よりも長期間の安定した就職を望むのがわが国の社会における一
般的な傾向であるから、本件において上告人が一年後の雇用の継続を期待す

ることにはもっともな事情があったものと思われる。

　以上のとおりであるから、本件雇用契約締結の際に、一年の期間の満了により本件雇用契約が当然に終了する旨の明確な合意が上告人と被上告人との間に成立しているなどの特段の事情が認められるとすることにはなお疑問が残るといわざるを得ず、このような疑問が残るのにかかわらず、本件雇用契約に付された一年の期間を契約の存続期間であるとし、本件雇用契約は右一年の期間の満了により終了したとした原判決は、雇用契約の期間の性質についての法令の解釈を誤り、審理不尽、理由不備の違法を犯したものといわざるを得ず、右違法は判決に影響を及ぼすことが明らかである。……」。

　このように、最高裁は、労働契約上設けられた期間の解釈において、その趣旨・目的が労働者の適性を評価・判断するためのものであるときは試用期間であるとし、ただし期間の満了により労働契約が当然に終了する旨の明確な合意が当事者間に成立しているなどの特段の事情があるときは例外である、という一般論を示した。

2　その後の裁判例

　その後、神戸弘陵学園事件最高裁判決と同旨の判断をしたものとして、学校法人聖パウロ学園事件[2]がある。同事件は、採用通知書に試用期間を1年間とする等が記載されていたが雇用期間の記載はなかったにもかかわらず、使用者が1年経過後に労働契約期間の満了により契約の終了を主張した事案である。裁判所は、当該労働者の雇用目的が退職者の補充であり短期に限定する理由がなかったこと、仕事内容が授業や校務を含め教諭と異なることはなかったこと、採用通知書の記載、使用者のした求人依頼内容に採用から1年以上良好な成績で勤務した者は教諭として正式採用する旨が記載されていたことなどの理由から、期限付きの雇用を前提としていたとは認められないとして、1年間の「期間」は存続期間ではなく、試用期間であるとした。その上で、留保解約権行使にあたっての相当な理由がないとして地位確認請求

---

2)　大津地判平7.11.20労判688号37頁、大阪高判平8.9.18判タ935号119頁。

を認容した。

　また、安田火災海上保険事件[3]は、代理店研修生として雇用された後2年間で予備研修、第一次〜第五次研修を行う代理店研修制度がある会社において、当該労働者が第一次研修期間満了後、第二次研修には採用されなかったことが解雇であると主張した事案である。裁判所は、研修期間中の各期間の性質を、2年間を通して1個の連続した雇用契約であり、「その中に六つの階段の各研修期間を設けた趣旨、目的は、結局、研修生の適格性を評価、判断するためのものである」としつつ、試用期間であるという前提に立って、各研修期間満了時点における次期研修への採用拒否については、留保解約権の行使が許される場合（客観的合理的理由と社会的相当性が必要）でなければならないとした。その上で、留保解約権行使に理由があったとして原告の請求を棄却した。

　他にも、愛徳姉妹会（本採用拒否）事件[4]がある。同事件は、契約書が作成されており、契約書には「雇用期間」として1年間の期間が明示されていた事案である。裁判所は、神戸弘陵学園事件最高裁判決と同旨の規範を立て、期間の趣旨・目的について面接時の発言、採用に至る経緯、求人票に期間について記載がなかったことなどから当該労働者の適性を評価・判断するためのものであるとした。さらに、「特段の事情」もないとして、期間は試用期間であるとし、留保解約権を行使したとも認められないことから地位確認を認容した。

　上記のとおり、神戸弘陵学園事件最高裁判決についてはその趣旨に沿った下級審判決も複数生まれていた[5]。

3　批判的見解とその影響

　この最高裁判決に対しては、①日本では有期労働契約について利用目的で制限はないこと、②試用期間の法理は長期雇用システムに入る者を採用する

---

3)　福岡地小倉支判平 4.1.14 労判 604 号 17 頁。
4)　大阪地判平 15.4.25 労判 850 号 27 頁。
5)　これらの他にも龍澤学館事件・盛岡地判平 13.2.2. 労判 803 号 26 頁などがある。

場合に関するものであるから適用類型を異にしていること、③雇止め法理により保護が及ぶことなどを根拠として、強い批判がなされている[6]。

また、この最高裁判決の射程の範囲を「あくまで、期間満了により終了する明確な合意がない、すなわち、有期契約であること自体が明確でない場合に限定して理解すべきであろう」として、限定的に解そうとする学説もある[7]。

裁判官の執筆した書籍でもこうした学説を紹介した上で、試用目的であったと認められる有期契約から無期雇用への移行を認めた点を破棄した福原学園（九州女子短期大学）事件最高裁判決[8]を紹介するなどしているものもある[9]。

このように神戸弘陵学園事件最高裁判決は、有力な学者からの批判に晒され、その影響を受けた裁判官の書籍による（やや）批判的な掲載のされ方もあり、実務的にもその適用範囲が限定されてきているきらいがある。

たとえば、明治安田生命保険事件[10]は、Ａアドバイザーと呼ばれる無期労働契約の営業職員が生命保険商品の販売を行っているところ、Ａアドバイザーになるためには最長４か月間のアドバイザー見習営業嘱託契約（見習契約）を締結し、その間にＢアドバイザーに昇格しなければならないルールが存在していた。そして、見習契約期間中に、Ａアドバイザーとしての職務遂行に必要な能力・適正が認められなかったり、健康状態や資格検定試験、活動・成果などにつき一定の基準に達しなかったりした場合には、見習契約はその期間をもって終了すると定めが置かれており、かかる中で原告は、見習契約期間の満了をもって雇止めされた、という事案である。同事件において、原告は本件最高裁判決に倣い、見習契約で定められた期間は試用期間であると主張した。これに対して裁判所は、「本件見習契約（証拠略）においては契約期間が明示的に定められている（……）から、本件労働契約は有期労働

---

6)　菅野和夫＝山川隆一『労働法（第13版）』（弘文堂、2024年）274頁以下。

7)　荒木尚志『労働法（第5版）』（有斐閣、2022年）540頁、荒木尚志＝菅野和夫＝山川隆一『詳説労働契約法（第2版）』（弘文堂、2014年）206頁。

8)　最一小判平28.12.1集民254号21頁（労判1156号5頁）。

9)　佐々木宗啓ほか『類型別　労働関係訴訟の実務（改訂版）Ⅱ』（青林書院、2021年）442頁。

10)　東京地判令5.2.8労経速2515号3頁。

契約であると評価すべきであ」るとし、原告の「試用期間と評価すべきである」との主張に対しては、「労働者の適性を把握するために有期労働契約を締結すること自体は許容されているところ、本件見習契約の期間においては、労働者の適性を評価することが予定されているとしても、さらには実態としてはほとんどの者がアドバイザーBに採用される（証拠略）としても、本件見習契約においてはその終期が明示的に定まっている（……）以上は、これを試用期間と解することはできないというべきである」と判示した[11]。さらにその判示部分の括弧内に「(本件では期間の満了により本件見習契約が当然に終了する旨の明確な合意が成立しているというべきであって、最高裁平成元年（オ）第854号同2年6月5日第三小法廷判決・民集44巻4号668頁〔＝神戸弘陵学園事件最高裁判決──筆者注〕の射程は及ばないと解すべきである。)」と判示した。

　また、ISS事件[12]は、労働契約書に「契約期間　期間の定めあり（令和2年2月3日から同年5月2日まで）」「上記の期間を試用期間とし、3か月間の有期雇用契約とする。」「退職　入社より3か月間は試用期間とする。」と記載があり、これに原告が署名捺印し、その後、「契約期間　期間の定めあり（令和2年5月3日から同年7月31日まで）」「上記期間の有期雇用契約とする。」「退職　入社より3か月間は試用期間とする。」と記載のある契約書に署名捺印し、さらに、「契約期間　期間の定めあり（令和2年8月1日から同年9月30日まで）」「上記期間の有期雇用契約とする。」と記載のある契約書に署名捺印したところ、原告は、この期間について試用期間であると理解しており、2度の新たな期間の定めのある契約については「試用期間の延長」と捉えていたが、被告は最後の契約の期間満了をもって労働契約が終了したものと主張したという事案である。裁判所は、「当該雇用契約書には、本件雇用契約に令和2年2月3日から同年5月2日までの期間の定めがあり、当該期間を試用期間とし、3か月間の有期雇用契約とする旨記載されていたところ、原告が、当該記載を認識しつつ、異議を述べることなく、当該雇用契約書に署名押印したことからすると、原告及び被告が本件雇用契約の存続期間として

---

11)　学説（菅野＝山川・前掲注6）274頁以下）の影響を色濃く受けた判示内容である。
12)　東京地判令5.1.16労経速2522号26頁。

本件契約期間を定めたことは明らかというべきである」として、特段の留保
なく存続期間であると認定した。しかし、契約書上「当該期間を試用期間と
し」とあることをあまりに軽んじた認定というほかはないが、裁判所は「法
律上、雇用契約の存続期間としての期間の定めを試用期間として利用するこ
とも許容されている」として、原告の主張を容れなかった[13]。

　このように下級審の裁判官たちが、神戸弘陵学園事件最高裁判決のいうと
ころの「特段の事情」をいとも簡単に認めたり、「試用期間として」と明記
されているのに気にも留めず存続期間であると断じたりしているところに、
前記学説や裁判官執筆書籍の強い影響が感じられるところである。

4　批判に対する考察

　しかし、この問題は、労働契約上設定された期間がどのような法的性質を
有するかという契約内容の解釈の問題であるので、結局は当事者がどのよう
な認識で契約において期間を設定していたのかに尽きる問題である。

　その意味では、学説からの批判における理由の1つである、日本では有期
労働契約について利用目的での制限はないという点は、試用を目的とした有
期労働契約の締結も許されるという意味であるが、本論点の中核の問題は、
その労働契約の「期間」の趣旨が何であるかを問う点にあるので、「有期労
働契約に利用目的制限はない」という前提は、すでにその期間を存続期間
と解釈した上で行われているものであるから、批判としては当を得ていない。
つまり、労働契約において期間が設定された場合は全て存続期間であるとい
う前提に立った上で、その目的に制限はないから試用目的の存続期間も許さ
れるという結論を導き、かかる場合に「期間」を試用期間のみと解釈する余
地はないとするものである。しかしながら、そもそも前提の設定で結論を出
しており、批判としては意味を持っていないし、論理性に欠ける。

　また、試用期間の法理は長期雇用システムに入る者を採用する場合に関す
るもので適用類型が違うという批判も、現在においては正鵠を得ていない。

---

13)　この判断だと「有期雇用契約」と記載しておけば、試用期間の趣旨と併記していても存続期
　間と解釈されることになる。これも学説の影響を強く受けた判示内容である。

290　第Ⅱ部　個別的労働関係における現代的課題

現在では有期労働契約においてさえ、その期間中に「試用期間」を設定する使用者が多くおり、また、長期雇用システムとは言い難い離職率の高い中小・零細企業においても、当然の如く試用期間を設定している[14]。そして、かかる場合に本採用拒否となれば等しく「試用期間の法理」が適用されるのであるから[15]、既に長期雇用システムと試用期間の法理は別々の道を歩んでいる概念である。こうした点からすれば、試用期間の法理を長期雇用システムと関連付けることは、元来の意味合いがそうだったとしても、今においては時代の感覚と乖離していると言わざるを得ない[16]。したがって、契約上設定された期間の趣旨を解釈するにあたり、その期間を試用期間と解することについて、長期雇用システムを前提に適用類型が異なると批判することは、現在においては失当と言わざるを得ない。

そして、期間を試用期間と解釈しなくとも（存続期間と解釈したとしても）雇止め法理により保護が及ぶから労働者保護の点で問題はないという批判については、それは当然のことを述べているに過ぎないのであって、そのことをもって契約上設定された期間を試用期間と解釈することへの批判とするのは、やはり的を射ていないものと言わざるを得ない。試用期間と解釈されると労働契約法16条の問題となり、存続期間と解釈されれば同法19条の問題となるという、適用条文の違いが本論点の出発点であることからすれば、この批判はそのことを再言しているに過ぎない。

このようにみると、神戸弘陵学園事件最高裁判決に対する批判的見解の理由に特段の説得性は見当たらない。

この点、批判的見解に立つ学説からは、上記最高裁判決には内在的疑問が

---

14) 10年前の調査ではあるが、試用期間を設定している企業は86.9％という調査結果もある（JILPT「従業員の採用と退職に関する実態調査—労働契約をめぐる実態に関する調査（Ⅰ）」〔2014年〕）。

15) もっとも、有期労働契約における契約期間中に試用期間を設定し、その試用期間をもって本採用拒否をした場合、試用期間の法理と労働契約法17条1項との適用関係は問題となり得る。かかる場合、期間途中での解雇を通常の解雇より厳しく制限した法の趣旨からすれば、17条1項の適用が優先されるべきであろう。その意味では有期労働契約の契約期間中に試用期間を設定することは、法的にはあまり意味をなすものではないが、現実には多く行われている。

16) 試用期間の法理を世に出した三菱樹脂事件は昭和48年の判決である（最大判昭48.12.12民集27巻11号1536頁）。

あると主張されている。すなわち、最高裁判決は、「使用者が労働者を新規に採用するに当たり、その雇用契約に期間を設けた場合において、その設けた趣旨・目的が労働者の適性を評価・判断するためのものであるときは、右期間の満了により右雇用契約が当然に終了する旨の明確な合意が当事者間に成立しているなどの特段の事情が認められる場合を除き、右期間は契約の存続期間ではなく、試用期間であると解するのが相当」と判示するが、期間を「設けた趣旨・目的が労働者の適性を評価・判断するためのものであるとき」であれば、「期間の満了により右雇用契約が当然に終了する旨の明確な合意が当事者間に成立しているなどの特段の事情」など存在するはずがないから、期間を設けた趣旨・目的が労働者の適性を評価・判断するためのものであるときは常に試用期間付きの無期労働契約と解すべしというに等しいことになる、というものである[17]。しかし、この批判も判決文の読み方として疑問符がつく読み方である。判決は、「Aの場合は、Bという特段の事情がなければ、甲という結論になる」と述べており、この言い回し自体は最高裁・下級審を問わず判決としてはよくあるものである。これは、X側がAを立証してもY側がBを立証すればYが勝つというロジックに過ぎず、裁判でいうところの請求原因と抗弁の関係を述べているものである。このように最高裁は、概念としてAとBを両立するものと扱っているため、批判的学説からAであればBはあり得ないという批判が展開されるのである。つまり、期間の設定が「労働者の適性を評価・判断するためのもの」という場合において、「期間の満了により右雇用契約が当然に終了する旨の明確な合意」が存在することはあり得ないという批判である。しかし、裁判上における主張・立証という観点からすれば、十分に両立し得るものである。たとえば、契約締結前の説明では期間は適正評価のためのものとの説明を受けつつも、締結時において存続期間でもあるとの説明がなされ、労働者がその旨を十分に理解した上で真の意思で合意したケースなどにおいては、事実関係として両立していることになる。最高裁判決は、両立し得ない事実関係を原則・例外としたのではなく、単に主張立証における順序の理を述べたに過ぎない。

---

17) 菅野＝山川・前掲注6）275頁。

また、最高裁判決の射程の範囲を「あくまで、期間満了により終了する明確な合意がない、すなわち、有期契約であること自体が明確でない場合に限定して理解すべきであろう」として、限定的に解そうとする点についても、このように限定する意味はない。もちろん、実際上、ここで指摘されている場面では、「期間」が試用期間と解釈される余地は広がるであろうが、かかる場合以外にも期間を試用期間と解釈されることはあり得るのであるから、こうした限定は不要である。

　いずれにしても、上記批判的見解に基づく場合、試用期間であるとの契約解釈が限りなく排除されることになってしまい、硬直的であり、杓子定規な契約解釈しかできなくなるというデメリットがある。

5　契約内容の解釈論として

　労働契約上設定されている「期間」の意味を解釈するにあたっては2つの方向性が考えられる。

　1つは、当事者間の契約において、試用期間であることや試用期間経過後には本採用となることが明示されている場合は試用期間と解し、それ以外は存続期間と解する考え方である。批判的学説はこれに近い考え方である。もう1つは、当事者間の契約において、試用期間であることが明示されていなくても、その期間を設けた趣旨や実態が当該労働者の人物・能力等従業員としての適格性を評価・判断するためであり、適格性があると判断された者については期間経過後も引き続き労働契約関係を継続することが労使双方において期待されているような場合には、これを試用期間と解し、それ以外の場合には、存続期間と解する考え方である[18]。

　この両者のうち、前者は形式的に過ぎ、実態と乖離する場合が生じ得る。たとえば、契約締結時において口頭で期間は試用期間の趣旨であったと説明されていたが、契約書上にはその旨が記載されていない場合において、労働者が録音等をもって口頭での説明内容を立証したとしても、設定された期間

---

18)　『最高裁判所判例解説民事篇平成2年度』（法曹会、1992年）213頁。

は契約存続期間として解されることになる。しかしながら、当事者としては試用期間と了解していたということは、本来であれば解雇（本採用拒否）となり、強行法規たる労働契約法16条の適用にかかる問題[19]なのであるから、かかる場合に形式判断をすることは適合せず、やはり実態から「期間」の解釈をすることは避けられないであろう。

　そうすると、結局は、実態を重視する後者の考え方によるほかはない。そうしてみると、神戸弘陵学園事件最高裁判決の立場は、後者の立場に「右期間の満了により右雇用契約が当然に終了する旨の明確な合意が当事者間に成立しているなどの特段の事情が認められる場合」という抗弁の一例を例外として明言したものであり、契約内容の解釈論としては特に批判されるようなものではなく、むしろ合理的なものといえる[20]。

　実務上は、神戸弘陵学園事件最高裁判決やその後に続いた各裁判例をみるに、労働者の適性を評価・判断する期間であるとみるべきか否かの考慮要素としては、❶採用に至る経緯、❷業務内容、❸使用者側の言動、❹期間の運用実態、❺その他の事情（たとえば、前掲・福原学園（九州女子短期大学）事件では「大学の教員の雇用については一般に流動性のあることが想定されていること」が考慮されている）を斟酌し、加えて❻契約書の記載なども加味して判断しているものと解されるので、契約上の期間が存続期間か試用期間かについては、これらの要素を念頭において主張・立証することとなる。

6　福原学園（九州女子短期大学）事件最高裁判決との整合性

　ところで、神戸弘陵学園事件最高裁判決の批判においては、福原学園（九州女子短期大学）事件最高裁判決との整合性を問いかけるものも多い。同事件は、職員規程に「雇用期間は……3年を限度に更新することがある」、「契約職員のうち、勤務成績を考慮し、上告人がその者の任用を必要と認め……

---

19)　水町勇一郎『詳解労働法（第3版）』（東京大学出版会、2023年）508頁。
20)　支持する学説として水町・前掲注19）508頁、土田道夫『労働法（第2版）』（有斐閣、2016年）231頁。また、裁判官執筆の書籍としては須藤典明ほか編「労働事件事実認定重要判決50選」（立花書房、2017年）36頁がある。

た場合は、契約期間が満了するときに、期間の定めのない職種に異動することができる」などの定めがある事案であるが、原審[21]は3年を試用期間であるとみて、「特段の事情なき限り期限の定めのない雇用契約に移行するとの期待に客観的な合理性があるものというべき」だとした。しかしながら、最高裁は、本事件では「期間1年の有期労働契約として締結されたものであるところ、その内容となる本件規程には、契約期間の更新限度が3年であり、その満了時に労働契約を期間の定めのないものとすることができるのは、これを希望する契約職員の勤務成績を考慮して上告人が必要であると認めた場合である旨が明確に定められていた」とし、当該労働者もこれを十分に認識した上で労働契約を締結したなどを理由として、この点を破棄し、当該労働者の請求を棄却した。

　一見すると、神戸弘陵学園事件最高裁判決と矛盾するようにもみえ、同判の変更であると捉える見解もある[22]。

　しかし、結局は契約内容の解釈の問題であり、最高裁としては、1年毎の有期契約を3年まで更新すると定められている期間全体を、具体的な事情から試用期間と解釈することはできないとしたものといえ、その意味では神戸弘陵学園事件最高裁判決と矛盾する判断をしたわけではない。また、福原学園（九州女子短期大学）事件の第一審及び原審において、労働者側は明確に神戸弘陵学園事件最高裁判決のロジックを主張した形跡がないため、そもそも神戸弘陵学園事件最高裁判決の判示内容に対する当否は、福原学園（九州女子短期大学）事件においては判断の俎上に載っていないものといえる。

　その意味で、両最高裁判決ともそれぞれ矛盾することなく存在し、かつ、後者の福原学園（九州女子短期大学）事件最高裁判決が神戸弘陵学園事件最高裁判決を否定したということもできないことからすると、神戸弘陵学園事件最高裁判決は今もなお有効な最高裁判例として存在しているというべきであろう。

---

21)　福岡高判平26.12.12労判1122号75頁。
22)　森戸英幸「［労働判例速報］有期労働契約の無期契約移行の可否—福原学園事件—最一小判平成28・12・1」ジュリ1502号（2017年）4頁では、「本判決の判示は、上記のような学説の批判を受け、実質的に神戸弘陵学園事件判例を変更したものと言えなくもない。」と述べている。

おわりに

　以上のとおり、神戸弘陵学園事件最高裁判決は契約解釈のあり方を示した
ものとしては当然のことを述べていたに過ぎず、特段批判を受ける内容では
ない。しかしながら、有力な学者による強い批判を受けてきたため、近年の
裁判例においてはこのロジック自体を限定的にしか用いない傾向が生じてい
ると思われる。ただ、学説上の批判に対しては本稿に示したとおり再批判が
可能であることから、神戸弘陵学園事件最高裁判決の論理は労働側の弁護士
としては臆せず主張すべきであろう。

公務員の退職手当支給制限処分の裁量審査
——最高裁 2 判決を踏まえて——

岡 田 俊 宏

はじめに

最高裁第三小法廷は、公立学校の教員（高校教諭）が酒気帯び運転を理由として懲戒免職処分を受け、併せて退職手当支給制限処分（全部不支給処分）を受けた事案につき、2023 年 6 月 27 日、退職手当支給制限処分を一部取り消した原判決を破棄し、職員側の請求を棄却する旨の判決を下した（以下「2023 年最判」という）[1]。

また、最高裁第一小法廷は、市職員が酒気帯び運転を理由として懲戒免職処分を受け、併せて退職手当支給制限処分（全部不支給処分）を受けた事案につき、2024 年 6 月 27 日、退職手当支給制限処分を取り消した原判決を破棄し、職員側の請求を棄却する旨の判決を下した（以下「2024 年最判」という）[2]。

それ以前にも、公務員の退職手当支給制限処分の適法性が争われた事案につき、最高裁が上告不受理という形で判断を行ったことはあったが、具体的な判断を示したのは 2023 年最判が初めてである。また、2024 年最判は、2023 年最判を引用した上で、2023 年最判と同様の判断枠組みで判断を行っている。したがって、公務員の退職手当支給制限処分の判断枠組みに関する最高裁の考え方は、2 つの最高裁判決によって明確になったといえよう[3]。

---

1) 宮城県・県教委（県立高校教諭）事件・最三小判令 5.6.27 民集 77 巻 5 号 1049 頁。なお、宇賀克也裁判官の反対意見が付されている。また、同判決の調査官解説として、佐藤政達「判解」法曹時報 76 巻 4 号（2024 年）144 頁がある。
2) 大津市事件・最一小判令 6.6.27 裁判所ウェブサイト。なお、岡正晶裁判官の反対意見が付されている。
3) なお、2023 年最判の調査官解説は、「本判決の射程は、直接には本件条例に基づく退職手当支給制限処分にのみ及ぶものと解されるが、国家公務員退職手当法 12 条 1 項 1 号や本件規定と同

最高裁 2 判決をめぐっては既に多数の評釈が発表されており、この問題については論じ尽くされている感もある[4]。しかし、最高裁の判断には疑問が多く、このような判断が今後も続くことは、公務員の権利保障という観点からは極めて問題である。そこで、本稿では、改めて、筆者の視点で最高裁 2 判決の問題点について分析してみることとしたい。なお、一般論を詳細に提示しているのは 2023 年最判なので、分析の対象も、2023 年最判を中心とする。

1　退職手当支給制限処分制度の概要

　従前、公務員が懲戒免職処分を受けた場合、退職手当は一切支給されないこととされていた（改正前の国家公務員退職手当法 8 条、同法に準拠した各地方公共団体の退職手当条例）。その後、2008（平成 20）年に国家公務員退職手当法が改正され、退職手当管理機関は、懲戒免職処分を受けて退職した者に対し、同法 12 条及び同法施行令 17 条の諸要素を踏まえ、退職手当支給制限処分（全部又は一部を支給しないこととする処分）を行うことができることとされた[5]。

　もっとも、「国家公務員退職手当法の運用方針」（昭 60.4.30 総人第 261 号、最終改正：令 4.8.3 閣人人第 501 号）が、「非違の発生を抑止するという制度目

　様の条例に基づく支給制限処分との関係でも、本判決の内容は参考になる」とする（佐藤・前掲注 1）152 頁）。

[4]　2023 年最判に関する労働法学者の評釈として、小西康之・ジュリ 1590 号（2023 年）4 頁、島田陽一・判例秘書ジャーナル HJ100187（2023 年）、後藤究・労旬 2056 号（2024 年）6 頁、早津裕貴・季労 284 号（2024 年）22 頁、徐侖希・日本労働法学会誌 137 号（2024 年）250 頁、行政法学者による評釈として、中原茂樹・法教 517 号（2023 年）130 頁、和泉田保一・新判例解説 Watch34 号（2024 年）57 頁、近藤卓也・ジュリ 1597 号（2024 年）34 頁、石森久広・行政法研究 56 号（2024 年）81 頁、正木宏長・民商 160 巻 3 号（2024 年）99 頁、弁護士による評釈として、城塚健之・労旬 2056 号（2024 年）15 頁などがある。また、2024 年最判に関する行政法学者の評釈として、大橋真由美・法教 529 号（2024 年）120 頁がある。

[5]　各地方公共団体でも、これに準拠して、同様の条例改正が行われた。ただし、その具体的内容は様々である。多くの地方公共団体は、国家公務員退職手当法と同様の構造の規定を設けたが、例えば岩手県市町村総合事務組合の「市町村職員退職手当支給条例」では、懲戒免職処分を受けて退職した者に対し、「退職手当等の全部を支給しないこととする処分を行うものとする」とされ（15 条 1 項本文）、ただし、諸要素を勘案して「一部を支給しないこととする処分にとどめることができるものとする」（同項ただし書）とされている。

的に留意し、一般の退職手当等の全部を支給しないこととすることを原則とする」とし、一部不支給処分にとどめることを検討する場合を、「停職以下の処分にとどめる余地がある場合に、特に厳しい措置として懲戒免職等処分とされた場合」など、4つの場合に限定していることから[6]、実務上は、法改正・条例改正後も、公務員が懲戒免職処分を受けた場合には、ほぼ例外なく退職手当支給制限処分（全部不支給処分）が行われている。

　そのため、法改正後・条例改正後は、退職手当支給制限処分の取消訴訟が多数提起されてきた（筆者が把握しているものだけでも、50件以上の数になる）[7]。しかし、棄却例が多く[8]、控訴審段階で処分取消の判決となったものは、10件に満たない[9]。そして、その数少ない事件のうちの2件が、今般、最高裁が上告を受理し、原判決を破棄した2件であった。

---

6)　地方公務員の場合も、各地方公共団体で、同様の基準（指針）を定めていることが多い。2023年最判の事案でも、宮城県は、「一般の退職手当等の支給制限処分等の運用について」という内規で、同様の内容を定めていた。

7)　過去の裁判例の詳細な分析については、島田・前掲注4) 9頁以下、石森・前掲注4) 89頁以下など参照。

8)　一審判決で処分取消となったとしても、控訴審判決で原判決が取り消され、請求棄却（職員側の逆転敗訴）となるケースが多い。例えば、京都市・市教委（市立中学校教頭・酒気帯び運転）事件・大阪高判平24.8.24公務員関係判決速報418号16頁、三重県・県教委（県立高校職員・酒気帯び運転）事件・名古屋高判平25.9.5労判1082号15頁、秋田県市町村総合事務組合（潟上市職員・酒気帯び運転）事件・仙台高判平26.3.19労働判例ジャーナル21号24頁、高知県（県職員・酒気帯び運転）事件・高松高判平28.3.25LEX/DB、岩手県市町村総合事務組合（奥州市職員・酒気帯び運転）事件・仙台高判平28.12.20労働判例ジャーナル61号16頁、名古屋市上下水道局長（水道局職員・酒気帯び運転）事件・名古屋高判平29.10.20判例自治436号19頁、宮城県・県教委（県立高校教員・酒気帯び運転）事件・仙台高判令3.12.14労旬2012号74頁、府中町（町職員・酒気帯び運転）事件・広島高判令4.6.22労働判例ジャーナル126号8頁など。

9)　例えば、岩手県・県教委（県立高校教諭・酒気帯び運転）事件・仙台高判平25.6.27判例集未登載、熊本市（市職員・酒気帯び運転）事件・福岡高判平26.5.30労働判例ジャーナル31号58頁、奥州市・岩手県市町村総合事務組合（市立病院歯科医師・酒気帯び運転）事件・仙台高判平27.4.27労働判例ジャーナル42号48頁、福島県・県教委（市立学校教諭・酒気帯び運転）事件・仙台高判令3.3.24LEX/DB、阿蘇市（市職員・酒気帯び運転）事件・福岡高判令3.10.15判時2548号75頁など（なお、懲戒免職処分が取り消され、併せて退職退職手当支給制限処分が取り消されている例もあるが、それらは省略している）。

2 最高裁2判決の概要

2023年最判は、退職手当の法的性格につき「勤続報償的な性格を中心としつつ、給与の後払的な性格や生活保障的な性格も有する」とした上で、支給制限処分を行える旨定めた条例の規定（以下「本件規定」という）につき、「給与の後払的な性格や生活保障的な性格を踏まえても、当該退職者の勤続の功を抹消し又は減殺するに足りる事情があったと評価することができる場合に、退職手当支給制限処分をすることができる旨を規定したもの」とし、当該判断については、「平素から職員の職務等の実情に精通している者の裁量に委ねるのでなければ、適切な結果を期待することができない」から、「退職手当管理機関の裁量に委ねている」とした。その上で、司法審査の判断枠組みについては、判断代置審査ではなく、「当該処分に係る判断が社会観念上著しく妥当を欠いて裁量権の範囲を逸脱し、又はこれを濫用したと認められる場合に違法であると判断すべき」とした[10]。

そして、本件規定は勘案すべき事情を列挙するのみなので、「公務に対する信頼に及ぼす影響の程度等、公務員に固有の事情を他の事情に比して重視すべきでないとする趣旨を含むものとは解され」ず、また、本件規定や同趣旨の国家公務員退職手当法12条1項1号の内容・立法経緯を踏まえても、本件規定からは、「一般の退職手当等の全部を支給しないこととする場合を含め、退職手当支給制限処分をする場合を例外的なものに限定する趣旨を読み取ることはできない」とした。

その上で具体的な当てはめを行い、本件非違行為の態様が重大・悪質であることや、公務に対する信頼やその遂行に重大な影響や支障を及ぼしたこと等からすれば、職員側に有利な事情（管理職ではなく、本件懲戒免職処分を除き懲戒処分歴がないこと、約30年間にわたって誠実に勤務してきており、反省の

---

10) 2024年最判は、2023年最判を引用し、同様の一般論（「本件規定は、懲戒免職処分を受けた退職者の一般の退職手当について、退職手当支給制限処分をするか否か、これをするとした場合にどの程度支給しないこととするかの判断を退職手当管理機関の裁量に委ねているものと解され、その判断は、それが社会観念上著しく妥当を欠いて裁量権の範囲を逸脱し、又はこれを濫用したと認められる場合に、違法となるものというべきである」）を述べている。

300 第Ⅱ部 個別的労働関係における現代的課題

情を示していること等）を勘案しても、社会観念上著しく妥当を欠いて裁量権の範囲を逸脱し、又はこれを濫用したものとはいえないとした[11]。

2023年最判は、上記のとおり、一般論において様々な判示を行っており、これらが複雑に絡み合って具体的判断に影響を及ぼしているように思われるが、以下では、①退職手当の法的性格につき勤続報償的な性格が中心であると解していること、②司法審査の判断枠組みにおいて、いわゆる社会観念審査を採っていること、③退職手当支給制限処分をする場合を例外的なものに限定する趣旨ではないと解していることの3点に絞って検討を行う。

3　最高裁2判決の問題点

（1）退職手当の法的性格

1）立法経緯からみた分析

2023年最判は、退職手当の法的性格につき、「勤続報償的な性格を中心としつつ、給与の後払的な性格や生活保障的な性格も有する」（傍点筆者）と判示している。ただし、その根拠については、特に示されていない。このような退職手当の法的性格に関する理解が、その後の緩やかな社会観念審査の枠組みの採用や、退職手当支給制限処分を例外とはみないこと、また、具体的な当てはめにおいて、公務に対する信頼への影響等を重視して裁量権の逸脱・濫用を否定していることにつながっているものと思われる。

しかし、公務員の退職手当に関する2023年最判の考え方は、国家公務員退職手当法の改正の経緯や、同法に準拠した各地方公共団体の退職手当条例の改正の経緯を正しく踏まえていないように思われる。

たしかに、「国家公務員退職手当の支給の在り方等に関する検討会」が2008（平成20）年6月4日に公表した報告書でも、国家公務員の退職手当は、「基本的には、職員が長期間勤続して退職する場合の勤続報償としての要素が強いものとして制度設計がされてきた」と指摘されている。しかし、この

---

11)　調査官解説は、「裁量の広汎性を強調して大まかな司法審査をしているというより、飽くまでも個別具体的な事情を比較的詳細に取り上げた上で当てはめを行っているようにも見受けられる」とするが（佐藤・前掲注1）150頁）、職員側に有利な事情は単に列挙されているのみである。

指摘は、改正前の退職手当の制度設計に関する指摘である。冒頭で述べたとおり、2008年の法改正・条例改正以前は、公務員が懲戒免職処分を受けた場合、一律で退職手当を支給しないこととしていたのであるから、当時の公務員の退職手当が勤続報償的性格の強いものであったことは否定できないであろう。

　もっとも、報告書は、上記の指摘の後で、「国家公務員の退職手当の性格が、勤続報償的、生活保障的、賃金後払い的な性格をそれぞれ有する複合的なものだとすると、在職中の功績が没却されたからといって直ちに生活保障や賃金後払いを全くしなくてよいということにはならない」として、一部支給制限制度の創設を提言している。そして、この報告書を踏まえて、国家公務員退職手当法が改正され、実際に一部支給制限制度が設けられたのである（現行12条）。

　このような立法経緯からすれば、2008年の国家公務員退職手当法の改正（及びそれに準拠した退職手当条例の改正）によって、公務員の退職手当の法的性格は、大きく変容したというべきではないだろうか。すなわち、同改正によって、公務員の退職手当の勤続報償としての側面は大きく後退し、勤続報償的、生活保障的、賃金後払的な性格を単に併有するものになったとみるべきである [12]。

2）退職手当の定め方からの分析

　民間労働者の退職金減額・不支給条項については、具体的事案（退職金規程の定め等）を踏まえて、退職金の法的性格を判断した上で、当該条項の合理性（労契法7条）が判断されている。そして、多くの場合は、賃金額を算定基礎とし、勤続に応じて額が加算されていくことから賃金後払い的性格を有するが、同時に、勤続による退職金額の増加は累進的であり、過去の勤務が同じであっても退職事由によって支給率に差が設けられていることから、功労報償的性格をも有するなどと判断され、功労の抹消に応じた減額・不支

---

[12]　早津・前掲注4）28頁以下も同旨と思われる。また、後藤・前掲注4）10頁は、退職手当の中心的性格は、むしろ、賃金の後払的性格にあるものとして評価すべきとする。

給も合理的と判断されている[13]。ただし、ポイント制退職金など賃金後払的性格が強い場合は、減額・不支給とすることに合理性がないと判断されることもある。他方、功労報償的性格が強いと判断されている例はほとんどないように思われる。

公務員の退職手当の定め方も、民間労働者の一般的な退職金の定め方と大きな違いはない。すなわち、退職日の俸給（給与）月額に、退職理由別・勤続年数別の支給率を掛け合わせて退職手当額が算定される。支給率は、勤続年数によって累進的に増加し、退職理由によって支給率に差が設けられている（自己都合、定年・勧奨、整理退職の順に、支給率が高くなる）[14]。

そうであれば、民間労働者の退職金と同様、公務員の退職手当についても、賃金（給与）の後払的性格と功労（勤続）報償的性格を併有するものと理解することができる。2023 年最判のように、勤続報償的性格が中心であると解する根拠はないといえよう。

（2）司法審査の判断枠組み

1）最高裁の示す社会観念審査

2023 年最判は、「本件規定は、……退職手当支給制限処分をするか否か、これをするとした場合にどの程度支給しないこととするかの判断を、退職手当管理機関の裁量に委ねている」として、判断代置審査を否定し、「退職手当支給制限処分が退職手当管理機関の裁量権の行使としてされたことを前提とした上で、当該処分に係る判断が社会観念上著しく妥当を欠いて裁量権の範囲を逸脱し、又はこれを濫用したと認められる場合に違法であると判断すべき」との一般論を判示している。2024 年最判も、ほぼ同様である（判断代置審査を否定する部分のみが省略されている）。

2023 年最判の調査官解説によれば、最高裁が示した上記の判断枠組みは、懲戒処分に関する神戸税関事件最高裁判決（最三小判昭 52.12.10 民集 31 巻 7 号 1101 頁）と同様の社会観念審査の枠組みであるとされる[15]。近時、行政法

---

13)　水町勇一郎『詳解労働法（第 3 版）』（東京大学出版会、2023 年）638 頁。
14)　この点については、島田・前掲注 4）11 頁以下、早津・前掲注 4）29 頁で詳しく論じられている。
15)　佐藤・前掲注 1）149 頁。

学では裁量審査について様々な議論があるが、社会観念審査は、一般的には、審査密度の低い最小限審査であると解されている（社会観念審査に対置されるのが、判断過程審査である）。実際、その他の判示部分や、具体的な当てはめの部分を見ても、最高裁は、最小限の審査しか行っていないように見える。例えば、最高裁は、考慮事項の重み付けについても、前述のとおり、退職手当管理機関に裁量を認め、公務に対する信頼の程度を重視することも構わない旨の判示を行っているし、宇賀克也裁判官の反対意見のように、裁量基準への当てはめをした上での分析等も行っていない[16]。

　しかし、退職手当支給制限処分の裁量審査において、このような緩やかな判断枠組みを採ることは妥当なのだろうか。

　まず、本件規定の内容（本件規定が準拠する国家公務員退職手当法12条も同様である）からすれば、退職手当管理機関に退職手当支給処分をするか否か等について、一定の裁量があることは否定できない。したがって、裁量に関する司法審査として判断代置の方法が不当であることは、最高裁の指摘するとおりと思われる。

　もっとも、前述のとおり、公務員の退職手当の法的性格が、勤続報償的性格に加えて、賃金（給与）後払的性格及び生活保障的性格を併有したものであると解すべきことや、後述するとおり、退職手当支給制限処分（とりわけ全部支給制限処分）が例外的になされるべきことからすれば、退職手当管理機関としては、規定の諸要素を踏まえて、退職手当支給制限処分を行うべきか否かを慎重に検討すべきであり、司法審査においては、そのような判断過程に問題がなかったかをある程度踏み込んで（より審査密度を高めて）検討すべきである。そして、当該判断過程に問題があれば（例えば、考慮すべき事情を考慮していないとか、考慮すべきでない事情を考慮した場合には）、裁量権の逸脱ないし濫用として違法と解すべきである。

　なお、近時の行政法学説では、社会観念審査の定式を用いているものの、それなりに高い密度で判断過程を審査して裁量権行使を違法とした判例もあるとして、社会観念審査・判断過程審査と審査密度は無関係であると主張す

---

16)　調査官解説も、「社会観念審査の場合は、必ずしも処分基準に沿って裁量審査をすることが不可欠となるものではない」と述べている（佐藤・前掲注1）151頁）。

るものもある[17]。懲戒処分に関する事案でも、国旗国歌訴訟判決（最一小判平 24.1.16 判時 2147 号 139 頁）では、社会観念審査を示した神戸税関事件最高裁判決を引用しつつ、戒告を超えてより重い減給以上の処分をするには慎重な検討が必要であるとの趣旨を述べている[18]。

このような見解を前提にすれば、社会観念審査によっても、適切な審査を行うことは可能である。そして、退職手当管理機関が、例外的に支給制限処分を行うべき事情があるか否かを、諸要素を踏まえて適切に判断していない場合には、裁判所としては、当該処分に係る判断が社会観念上著しく妥当を欠いているとして、違法と判断すべきである[19]。

なお、2023 年最判は、「公務に対する信頼に及ぼす影響の程度等、公務員に固有の事情を他の事情に比して重視すべきでないとする趣旨を含むものとは解されない」とするが、諸要素が列挙されている趣旨は、判断が恣意的にならないようにする趣旨と解され、そうであれば、公務に対する信頼に及ぼす影響をことさら重視し、他の要素を軽視することは許されないというべきである。

2）社会観念審査を採用する根拠

前述のとおり、2023 年最判は、退職者の勤続の功を抹消し又は減殺するに足りる事情があったか否かの評価については、「平素から職員の職務等の実情に精通している者の裁量に委ねるのでなければ、適切な結果を期待することができない」と述べており、これが社会観念審査を採用する主な根拠であると思われる。このような判示は、神戸税関事件最高裁判決にもみられた

---

17) 興津征雄『行政法 I 行政法総論』（新世社、2024 年）449 頁。同書は、そのような判例として、最二小判平 8.3.8 民集 50 巻 3 号 469 頁、最三小判 18.2.7 民集 60 巻 2 号 401 頁を挙げている。

18) 三好規正「公務員懲戒処分と退職手当支給制限処分をめぐる裁量統制に関する考察」山梨学院ロー・ジャーナル 12 号（2017 年）118 頁以下、和泉田・前掲注 4）59 頁、後藤・前掲注 4）11 頁以下、城塚・前掲注 4）18 頁、石森・前掲注 4）107 頁以下、正木・前掲注 4）106 頁など。2023 年最判の原判決や、宇賀克也裁判官の反対意見も、同様の発想と思われる。

19) このように、社会観念審査でも審査密度を高めることができることからすれば、2023 年最判（及びそれに続く 2024 年最判）の問題の本質は、裁量審査の判断枠組みとして社会観念審査を採用したことではなく、退職手当支給制限処分（全部支給制限処分）を例外的なものと解さず、その結果、最小限の審査しか行っていないことにあるといえよう。

ものである[20]。

2023 年最判及び 2024 年最判は、いずれも、懲戒権者と退職手当管理機関が同一の事案であった（前者の事案は宮城県教育委員会、後者の事案では大津市である）。しかし、退職手当については、複数の地方公共団体で総合事務組合や退職手当組合などの一部事務組合（地方自治法 286 条以下参照）を設立して、事務を共同処理している例が相当数ある[21]。そのような一部事務組合は、平素から職員の職務等の実情に精通しているとは全くいえない状況にある。実際、当該一部事務組合が、懲戒権者から懲戒免職処分を行う旨の報告を受けた場合、独自の調査や検討等は行わず、ほぼ自動的に退職手当支給制限処分（全部支給制限処分）を行っていることが多いように思われる。このような事案では、最高裁は、社会観念審査とは別の判断枠組みを用いることになるのだろうか、それとも、社会観念審査の根拠として別の根拠を示すことになるのだろうか。本判決からは判然としない。

しかし、このような問題が生じるのは、そもそも、2023 年最判が、神戸税関事件最高裁判決と同じ根拠で安易に社会観念審査を採用したことに原因があるのではないだろうか。懲戒免職処分と退職手当支給制限処分は別個の処分であり、法改正・条例改正以降は懲戒免職と退職手当の不支給とが切り離されたのであるから、両者の判断枠組みが違うことは十分にあり得ることである[22]。そして、前述のとおり、退職手当に給与の後払的性格があること等からすれば、退職手当支給制限処分が行われるのは例外的な場合でなければならず、（社会観念審査というか判断過程審査というかはともかく）退職手当支給制限処分の適法性に関する審査は、懲戒処分の適法性に関する審査よりも厳格に行うべきと考える[23]。

---

20) 神戸税関事件最高裁判決は、「その判断は、右のような広範な事情を総合的に考慮してされるものである以上、平素から庁内の事情に通暁し、部下職員の指揮監督の衝にあたる者の裁量に任せるのでなければ、とうてい適切な結果を期待することができない」と判示している。
21) 例えば、「東京都市町村退職手当組合」は、10 市（福生市、狛江市、東大和市、清瀬市、東久留米市、武蔵村山市、多摩市、稲城市、羽村市、あきる野市）、13 町村（瑞穂町、日の出町、檜原村、奥多摩町、大島町、利島村、新島村、神津島村、三宅村、御蔵島村、八丈町、青ヶ島村、小笠原村）及び 14 の一部事務組合で構成されている。
22) 早津・前掲注 4) 32 頁。
23) 2024 年最判の岡裁判官の反対意見も、同様の見解と思われる。2023 年最判の調査官解説は、

306 第Ⅱ部 個別的労働関係における現代的課題

（3）退職手当支給制限処分は例外ではないのか

1）問題の所在

2023 年最判は、「本件規定と趣旨を同じくするものと解される国家公務員退職手当法……12 条 1 項 1 号等の規定の内容及び立法経緯を踏まえても、……退職手当支給制限処分をする場合を例外的なものに限定する趣旨を読み取ることはできない」と判示している。この点について、調査官解説は、一部の裁判例や学説から「重大な背信行為が認められなければ一般の退職手当等の支給制限（特に全部の支給制限）は許容されないなどといった考え方を看取し得ることを踏まえ、そうした考え方を採り難いことを示唆する趣旨で判示されたものとも解される」としている[24]。

もっとも、なぜそうした考え方を採り難いのかは判然としない。むしろ、規定の内容や立法経緯からすれば、退職手当支給制限処分（全部支給制限処分）を行えるのは、例外的場合に限られるのではないだろうか。

2）立法経緯と改正後の規定の内容

既に述べたとおり、国家公務員退職手当法は、「国家公務員退職手当の支給の在り方等に関する検討会」の報告書（2008 年 6 月 4 日）を踏まえて改正された。

調査官解説も、当該立法経緯について触れ、「検討会としては、原則として全額不支給とし、一部不支給についても支給割合に上限を設ける運用を念頭に置いていたなどの点からすれば、少なくとも、支給制限をすべき場合を例外的なものとして位置付けることが予定されていたとは考え難いといった考慮が働いた」などと述べている[25]。

たしかに、上記報告書では、「全額不支給を原則としつつ、非違の程度等

国家公務員退職手当法 12 条及び同法施行令 17 条に掲げられた諸要素が、神戸税関事件最高裁判決を踏まえて盛り込まれたとの点から、「懲戒処分と異なる判断枠組みを採ることは想定しがたい」と述べているが（佐藤・前掲注 1）155 頁以下）、判断要素が同じであったとしても、異なる判断枠組みを採ることはあり得るものと思われる。なお、石森・前掲注 4）110 頁は、懲戒免職処分の裁量審査自体が緩やかにすぎるとしている。

24）　佐藤・前掲注 1）149 頁以下。

25）　佐藤・前掲注 1）156 頁。

に応じて、その一定割合を上限として一部を支給することが可能となるような制度を創設することが適当」としていた。もっとも、上記報告書は、民間の退職金制度と比較しつつ、「在職中の功績が没却されたからといって直ちに生活保障や賃金後払いを全くしなくてよいということにはならない」、「非違の重大性との間で均衡のとれたものとする必要がある」などとも述べており、全部不支給とする場合を非違行為が重大な場合に限定する趣旨とも読むことができる。

　しかも、実際にできた退職手当支給制限処分制度は、報告書が提言していた「全額不支給を原則としつつ、非違の程度等に応じて、その一定割合を上限として一部を支給することが可能となるような制度」ではなく、退職手当管理機関が退職手当支給制限処分を行った場合に限って、退職手当の不支給が認められる制度である（国家公務員退職手当法12条1項1号、これに準拠して定められた各地方公共団体の退職手当条例[26]）。要するに、例外的に退職手当支給制限処分を行うとの構造になっており、このような規定の内容からすれば、立法者としては、むしろ、退職手当支給制限処分を行う場合を例外とする意思を明確に有していたとみることができるのではないだろうか。

3）退職手当の法的性格

　退職手当支給制限処分を行えるのが例外か否かの判断には、既に述べた退職手当の法的性格も影響してくる。

　既に述べたとおり、公務員の退職手当は、勤続報償的性格、生活保障的性格、給与後払的性格を併有するものと解されるところ、給与の後払的性格が含まれる以上、退職手当の全部不支給処分を行うことができるのは、極めて例外的な場合に限られると解すべきである。前述した研究会報告書も、「在職中の功績が没却されたからといって直ちに生活保障や賃金後払いを全くしなくてよいということにはならない」、「非違の重大性との間で均衡のとれたものとする必要がある」などと述べていたことからすれば、同様の見解に立っていたものといえよう。

---

26)　ただし、国家公務員退職手当法12条とは異なり、原則として全部不支給処分を行うとする内容の条例を定めている地方公共団体があることは、既に述べたとおりである（前掲注5）参照）。

すなわち、退職手当の勤続報償的性格から、非違行為によって退職金が減額されることはやむを得ないとしても、給与後払的性格も含まれる以上、支給制限処分は原則として一部支給制限処分にとどめるべきであり、全部不支給処分を行えるのは、非違行為が極めて重大かつ悪質な場合などに限定されるべきである[27]。

　なお、この点について、調査官解説は、「全部の支給制限は裁量権の範囲を逸脱しているが、8〜9割の支給制限であればそのようにいえないといった説明も難しい場合も多いのではないか」、「三つの性格は正に不可分一体のものであって、単に給与の後払的性格が含まれているということのみを取り出すなどしても、一部の支給制限と全部の支給制限とを質的に異なるものとしてみる考え方に結び付くものとはいい難い」などと述べている[28]。しかし、仮に3つの性格が不可分一体のものであったとしても、給与の後払的性格が含まれている以上、前述したとおり、全部の支給制限が認められるのは例外的場合に限定されるべきであり、全部支給制限処分と一部支給制限処分とは、たとえそれが8〜9割の大幅な支給制限処分であったとしても、質的に大きく異なるものと考える[29]。

　なお、前述のとおり、「国家公務員退職手当法の運用方針」では、法律の原則と例外を逆転させ、全部不支給を原則とすることを定めており、各地方公共団体でも同様の指針が定められていることも多いが、言うまでもなく、これらは法規ではないのだから、裁判所は当該運用方針に拘束されるものではなく、このような基準があるからといって、前述のような解釈が妨げられることにはならない[30]。

---

27)　城塚・前掲注4) 19頁は、高度な政策決定や権力的業務に関わる職員の事案や、職務と密接に関連した非違行為（たとえば業務上横領など）であればともかく、一般の公務員について私生活上の非違行為を理由とする場合には、非違行為の程度に応じた一部不支給を原則とすべきとする。

28)　佐藤・前掲注1) 158頁。

29)　早津・前掲4) 32頁も同旨と思われる。

30)　当該運用方針自体の問題性については、三好・前掲注18) 126頁、島田・前掲注4) 8頁以下、城塚・前掲注4) 17頁など参照。

おわりに

このように、最高裁2判決の判断枠組み等については、問題点が多い。飲酒運転ではない事案や、懲戒権者と退職手当管理機関とが異なる場合に具体的にどのような判断がなされるのかは判然とせず、今後の事案を待つしかないが、退職手当支給制限処分制度が設けられた立法経緯や、改正後の条文の構造、退職手当の法的性格などを踏まえ、より厳格に退職手当支給制限処分の裁量審査が行われるべきであろう[31]。

---

31) 2023年最判が出されて以降、同判決に忠実に従いながら、退職手当支給制限処分を取り消した裁判例として、神奈川県・神奈川県警察本部長（警察官・パワハラ等）事件・横浜地判令5.9.13労経速2540号3頁、宇和島市（市職員・横領）事件・松山地判令5.9.13LEX/DBがある。石森・前掲注4）110頁参照。

「つながらない権利」の実務的検討

竹 村 和 也

はじめに

新型コロナウイルスの影響により、テレワークが急速に普及した[1]。テレワークの普及に際しては、テレワークは生活時間と労働時間が混在しやすいことなどから、長時間労働の危険が指摘された[2]。そこで、長時間労働等を防止するために注目されたのが「つながらない権利」である[3]。

もっとも、後述のとおり、「つながらない権利」は、ICT 技術の発達によって時間と場所を問わずに業務のやり取りが可能になったことによって注目されたものであって、必ずしもテレワークに限定して検討されるべきものではない。いずれにしても「つながらない権利」は、現代の労働時間規制を考えるにあたって重要な概念である。他方で、「つながらない権利」については、そこで問題にされている「時間外・休日のアクセス（連絡）」とはどのようなものか、それは現行法においてはどのように処理されるのか、その実務上の課題は十分に整理されていないようにも思われる。

本稿では、つながらない権利について、その労働安全衛生上の研究成果、諸外国の動向等を整理し（1）、つながらない権利の実務上の課題を検討したうえで（2）、日本における具体的規制の在り方について若干の指摘をする（3）[4]。

---

1) 例えば、国土交通省「令和 5 年度 テレワーク人口実態調査 調査結果（概要）」によれば、雇用型テレワーカーの割合は、全国で、平成 30 年度 16.6%、令和元年度 14.8%、令和 2 年度 23%、令和 3 年度 27%、令和 4 年度 26.1%、令和 5 年度 24.8% と推移している。

2) 例えば、山川和義「テレワークの意義と可能性」和田肇編著『コロナ禍に立ち向かう働き方と法』（日本評論社、2021 年）99 頁。

3) 石﨑由希子「『新しい日常』としてのテレワーク」ジュリ 1548 号（2020 年）53 頁、河野奈月「テレワークと労働者の私生活の保護」法時 92 巻 12 号（2020 年）84 頁、山川・前掲注 2）100 頁など。

4) 本稿は、独立行政法人労働政策研究・研修機構「労働政策フォーラム第 134 回 ICT の発展と

1 「つながらない権利」に関する動向

（1）ICT 技術の発展による労働者の疲労回復への影響

ICT 技術が発達することによって、「何時でも何処でも働ける」労働環境が創出され、労働者の疲労回復にも影響が生じていると指摘されている。久保智英によれば、労働者の疲労回復について、「オフ」を量的に確保する勤務間インターバル制度が重要であるが、「情報通信技術の発達によって職場を物理的に離れても、心理的に仕事に拘束される場面が増えて」いる。「IT労働者」に対する調査においては、「勤務間インターバルが長くても勤務間インターバル中に仕事に関するメールのやり取りの頻度が多い場合、疲労回復度が低下」することが明らかになったとのことである。久保は、以上の知見等から、「オフ」を質的に確保する「つながらない権利」の有効性を支持している[5]。

なお、ドイツにおいては、「私生活上で、常に仕事の連絡があり、対応しなければならない状況である場合、身体的不定愁訴や睡眠障害など、心身疾患にも関連する可能性が先行研究ですでに指摘されている」とのことである[6]。

（2）諸外国における動向

1）法的規制の分類

つながらない権利の立法化が進んでいる国もある。山本陽大の類型化[7]に

労働時間政策の課題―『つながらない権利』を手がかりに―」（2024 年 8 月 30 日開催）で行った筆者のコメントをもとにしたものである。同フォーラムについては、同機構「ビジネス・レーバー・トレンド」2024 年 12 月号に概要が掲載されている（https://www.jil.go.jp/kokunai/blt/backnumber/2024/12/index.html）。

5) 久保智英「働く人々におけるオフの量と質の確保の重要性」日本労働法学会誌 137 号（2024 年）159 頁以下、同「働く人々の疲労回復におけるオフの量と質の確保の重要性―勤務間インターバルと『つながらない権利』」・前掲注 4 ）ビジネス・レーバー・トレンド。

6) 労働政策研究・研修機構『JILPT 資料シリーズ No.282　諸外国における勤務間インターバル制度等の導入および運用状況に関する調査―フランス、ドイツ、イギリス、アメリカ―』（2024 年）49 頁。なお、「常時アクセス可能性」による健康障害リスクの増大に関する指摘については、山本陽大『第四次産業革命と労働法政策』（労働政策研究・研修機構、2022 年）50 ～ 51 頁。

7) 山本陽大「『つながらない権利』とは何か？―類型整理と本フォーラムの目的」前掲注 4 ）ビジ

312　第Ⅱ部　個別的労働関係における現代的課題

よれば、①労働者がつながらない権利を行使しまたは行使しようとしたことを理由として解雇等の不利益取扱いを禁止するもの、②使用者が労働者に労働時間外に業務上の連絡を行うこと自体を法律によって禁止するもの、③使用者に対し、労働組合や職場の従業員代表との間で結ぶ労使の協定、あるいは労働者との間で結ぶ個別の労働契約の中で、何時から何時までがつながっているべき時間帯で、逆に何時から何時までがつながらない時間帯であるのかということを明確に定めるよう、使用者に義務付けるもの、④法律自体の中でつながらないための具体的な措置を定めたうえで、それを講じるよう使用者に対し義務付けるもの、⑤労働者がつながらない権利を行使できるようにするための措置について、労働組合や職場の従業員代表との間で交渉を行い、あるいは当該企業内でのポリシーを定めるよう、使用者に対して義務付けるものの5つに整理される。

　①の類型については、イタリア、ギリシャ、スロヴェキア、オーストリアなどではすでに整備されており、EU における欧州議会の「つながらない権利に関する指令案」(2021 年 1 月)(以下「EU 指令案」という)[8] でも提案されている。ドイツ、フランスについては、明確にルールとして定めていないものの、既存の法律の解釈によって同様の結論を導いている。②の類型については、ポルトガル、オーストラリアにおいて整備されており、いずれの国でも違反した使用者には罰金が科され得る。③の類型については、フランス、ドイツにおいて整備され、アメリカのカリフォルニア州の議会に提出された法案にもみられる。④の類型については、それを導入している国はないものの、EU 指令案には、加盟国が「作業目的のデジタル機器のスイッチを切る実際の仕組み」を導入するよう使用者に義務付けるべきことが提案され

　ネス・レーバー・トレンド。同「雇用型テレワークの法と政策をめぐる国際比較」島田陽一先生古稀記念論集『働く社会の変容と生活保障の法』(旬報社、2023 年) 485 〜 487 頁も参照。EU 加盟国の法制化の概要については、労働政策研究・研修機構『JILPT 資料シリーズ No.283　諸外国の労働時間法制とホワイトカラー労働者への適用に関する調査―カナダ、アイルランド、EU 指令、韓国―』(2024 年) 49 頁以下も参照。

8)　労働政策研究・研修機構・前掲注 7) 資料シリーズ No.283・91 頁を参照。「労働者が、こうした不利益な扱いを受けた可能性(法的推定)について、裁判所その他の所管組織への申し立てにおいて確立した場合には、雇用主に反証(解雇等が他の理由で行われたことの証明)の責任が課される」内容になっているとのことである。

ている。⑤の類型については、フランスをはじめとして、つながらない権利を法制化している欧米各国の多くで採用されている。この⑤の類型においては、具体的な措置は、労使の交渉などを通じて職場ごとの判断に委ねられることになる。以下では、フランスとドイツの法制度と運用について概観する。

2）フランスにおける「つながらない権利」[9]

フランスでは、2016年8月8日に成立した労働法改革によって、労働法典に「つながらない権利」が明記されるに至った（2017年1月1日施行）。細川良によれば、フランスにおいて「つながらない権利」の概念が議論され始めたのは、ICT技術の発展を意識してのものではなく、裁量労働で働く管理職の過重労働の問題等という視点によるものであったという[10]。もっとも、ICT技術の発達等と「つながらない権利」は切っても切れない関係にあり、実際、フランスの労働省は、法制化の趣旨説明において、「デジタル技術の活用」によって労働者が勤務時間外でも「つながっている」ようになり、仕事と私生活の境界が希薄化していることを指摘している[11]。

労働法典 L.2242-17 条は、男女間の職業上の平等、生活の質、労働条件に関する年次交渉義務の事項として、「雇用労働者がつながらない権利を十分に行使できるような取り決めを明記し、休息時間や休暇、私生活や家庭生活の尊重を確保する観点から、会社がデジタル・ツールの使用を規制する仕組みを導入する」（7号）ことを交渉テーマに挙げることを求めている[12]。労使合意に至らない場合には、雇用主は社会経済委員会[13]に諮った上で憲章を作

---

9) 詳細は、細川良「ICT が『労働時間』に突き付ける課題」日本労働研究雑誌 709 号（2019 年）48 頁以下、野田進＝渋田美羽＝阿部理香「フランス『労働改革法』の成立」季労 256 号（2017 年）156 頁以下、労働政策研究・研修機構・前掲注 6) 資料シリーズ No.282・18 頁以下を参照。

10) 細川・前掲注 9) 47 頁。

11) 労働政策研究・研修機構・前掲注 7) 資料シリーズ No.282・22 頁以下。細川・前掲注 9) 47 頁も参照。

12) 従業員数 50 人以上の企業では、当該労使交渉について、少なくとも年 1 回の労使交渉が義務付けられている。

13) 従業員 11 人以上の企業で組織内に設置が義務づけられている従業員の代表と使用者との協議等を行う機関。細川・前掲注 9) 50 頁注 32、労働政策研究・研修機構・前掲注 6) 資料シリーズ No.282・22 頁注 39、23 頁。

成しなければならない。この憲章には、「つながらない権利を行使するための手順や方法を定めるとともに、雇用労働者や監督・管理スタッフを対象とするデジタル・ツールの合理的使用に関する研修や啓発・意識向上活動の実施についても規定する必要がある」とされている。「つながらない権利」に関する取り組みが具体的に何ら行われていなくとも、罰則はない[14]。もっとも、上記立法を前後するように、フランスの大企業においては、「つながらない権利」を定める協定の締結が進んでおり、日本においても参考になる協定例が多く紹介されている[15]。

　なお、フランスでは、テレワークの形態で勤務する労働者については、個別合意のみに基づいてテレワークを実施する場合を除き、労働者に使用者が通常接触できる時間帯をあらかじめ決定し、集団協定または憲章に記載することが求められている（労働法典 L.1222-9 条Ⅱ第 4 号）。このことから、テレワークについては、つながらない権利の保障のために最低限とられるべき措置が法によって特定されており、労使の裁量が制約されていると指摘されている[16]。

3）ドイツにおける「つながらない権利」

　ドイツでは、2021 年 6 月に、事業所委員会に関与する労働者の保護の強化や、AI 導入時やテレワーク設計時の使用者との共同決定権強化等を目的として、「事業所委員会現代化法」が制定され、事業所組織法が改正された。これによって、事業所委員会[17]には、法律や労働協約に定めがない場合、「モバイルワークの構成」を使用者と共同決定する権利が与えられた（同法 87

14）　労働法典 L.2242-17 条における「つながらない権利」の解説について、細川・前掲注 9）46 頁、労働政策研究・研修機構・前掲注 6）資料シリーズ No.282・22 〜 23 頁。

15）　細川・前掲注 9）46 〜 49 頁、労働政策研究・研修機構・前掲注 6）資料シリーズ No.282・23 〜 29 頁。

16）　河野・前掲注 3）84 頁、同「フランスのテレワーク法制の現状」季労 274 号（2021 年）44 頁。

17）　事業所委員会とは、独立して労働者の利益を代表し、基本的に当該事業所に就労する労働者全員によって選出され、様々な権限を与えられ、当該事業所における個別具体的な労働条件を決定する際に重要な役割を果たす法主体である。詳細は、久保康夫「ドイツにおける従業員代表制の現状と課題」日本労働研究雑誌 703 号（2019 年）38 頁以下、橋本陽子「過半数代表者の見直しのための検討課題」季刊労働者の権利 355 号（2024 年）14 頁以下参照。

条⑴14）[18]。ここでいう「構成」には、使用者が労働者にアクセスできる時間帯の設定も含むと解されている[19]。

　ドイツでは、つながらない権利について、法律によって使用者に対して特定の措置を義務付けることには反対が強い。もっとも、フランスと同様、個別企業における協定による制度化は進んでいるようである[20]。

（3）日本における動向

　日本では、新型コロナウイルスの影響によるテレワークの普及を受け、「つながらない権利」が着目され始めた。「これからの労働時間制度に関する検討会」報告書（2022 年 7 月 15 日）では、心身の休息の確保の観点、また、業務時間外や休暇中でも仕事と離れられず、仕事と私生活の区分があいまいになることを防ぐ観点から、「つながらない権利」を検討していくことが考えられると指摘された（第 3・9）。また、2024 年 1 月より設置された労働基準関係法制研究会においても、労働時間法制のうち「労働からの解放に関する規制」として「つながらない権利」についても議論がなされ、その報告書（2025 年 1 月 8 日）[21]には「勤務時間外に、どのような連絡までが許容でき、どのようなものは拒否することができることとするのか、業務方法や事業展開等を含めた総合的な社内ルールを労使で検討していくことが必要となる。このような話し合いを促進していくための積極的な方策（ガイドラインの策定等）を検討することが必要と考えられる。」と記載されている（Ⅲ 2⑷）。諸外国の一定の法規制と異なり、「ガイドライン」の策定等にとどまっている点が特徴である。

　その他、「テレワークの適切な導入及び実施の推進のためのガイドライン」[22]は、「長時間労働対策」として、役職者等に対する時間外のメール送付

---

18)　山本・前掲注 7)「雇用型テレワークの法と政策をめぐる国際比較」486 頁、労働政策研究・研修機構・前掲注 6) 資料シリーズ No.282・45 〜 46 頁。

19)　山本・前掲注 7)「雇用型テレワークの法と政策をめぐる国際比較」486 頁、山本・前掲注 6) 186 頁。

20)　労働政策研究・研修機構・前掲注 6) 資料シリーズ No.282・47 〜 48 頁。

21)　https://www.mhlw.go.jp/content/11402000/001370269.pdf

22)　令 3.3.25 基発 0325 第 2 号・雇均発 0325 第 3 号。

の自粛命令や時間外の業務指示・報告のルール設定、社内システムへの時間外・深夜・休日のアクセス制限などをあげている（7⑷オ）。また、「テレワークにおける人事評価制度」として、時間外等のメール等に対応しなかったことを理由として不利益な人事評価を行うことは適切な人事評価とはいえないとも指摘している（4⑴）。ガイドラインであってそもそも法的拘束力はないが、その記載も踏み込んだものになっていない。

2　実務的課題

（1）つながらない権利が想定する場面

　つながらない権利が想定する場面については、労働者が置かれている状況、及び労働者に対するアクセス（連絡）の主体・内容の双方から整理する必要がある。まず、労働者が置かれている状況については、「休息時間」、「勤務時間外」、「休日」であることが想定されているように思われる[23]。つまり、労働者が労働義務を負わない「休日」、「休暇」、「労働時間外」にあることが前提となる。このうち、「労働時間外」については、所定労働時間外にあるだけでなく、適法な時間外労働等に従事している時間ではないことも前提となるように思われる。適法な時間外労働等に従事している状況において、労働者へのアクセスを制限することが求められるものではないためである。

　次に、労働者に対するアクセスの主体・内容については、様々なパターンがあり得る。アクセスする主体として、大きくは、①使用者（具体的には上司・同僚等）からのアクセスと、②取引先・顧客からのアクセスの2つがあり得る。そして、そのアクセスの内容は、ⅰ）即時の業務遂行を指示するもの、ⅱ）業務遂行のタイミングは明確にしないまま、単に業務遂行を指示するもの、ⅲ）勤務時間が始まった段階での業務遂行を指示するもの、ⅳ）報告や返信のみのものなど様々なバリエーションがあり得る。

　以下では、以上のような労働者の置かれた状況、及びアクセスの主体・内容を前提として、実務的な問題を検討する。

---

[23]　細川良「ICT の発展と労働時間法制策の課題」日本労働研究雑誌 137 号（2024 年）165 頁など参照。

（2）時間外等に連絡を行う／応じることの帰結

1）即時の業務遂行に応じる義務

　労働者は、休日、休暇、労働時間外において労働義務を負っていないのであるから、使用者であろうと、取引先であろうと、そのアクセスにおいて即時の対応を求められたとしても、従う義務はない。メール等によってアクセスがあったとしても、その確認をする義務もない。「文字通りの意味での『つながらない権利』は、本来は『当たり前の権利』」と指摘される所以である[24]。なお、使用者が即時の対応を求めることについて、時間外・休日労働の命令と解する余地もあるが、仮に適法に 36 協定が締結・届出がなされており、就業規則等の契約上の根拠が存在するとしても、時間外・休日労働が予定されていない局面において、即時の対応を時間外・休日労働として命じることは、労働者の私生活保護の観点から少なくとも権利濫用にあたると解される[25]。このような局面において適法に時間外・休日労働を命じ得るとすれば、労基法 33 条に定める災害等の臨時の必要による場合に限定されると思われる。

　深刻な問題を惹起するのは、ゼロ時間契約、オンデマンド契約、オンコールなど、予め決まった労働時間がなく、仕事のあるときだけ使用者から呼び出しを受けて働く契約を締結しているようなケースである[26]。このようなケースにおいては、必ずしも事前予告がないまま呼び出しがなされることも想定されるが、その呼び出しに応じて労務を提供しなければ、少なくとも労働者は賃金を得ることはできない。常時アクセスが可能な状態に置かれたうえ、使用者からの呼び出しを拒否することも困難であるし、契約上も呼び出

---

24)　細川・前掲注 23）165 頁、同「ICT の発展と労働時間法制の課題―働き方の多様化とつながらない権利の意義」・前掲注 4）ビジネス・レーバー・トレンド。

25)　水町勇一郎『詳解労働法（第 3 版）』（東京大学出版会、2023 年）731 頁、土田道夫『労働契約法（第 3 版）』（有斐閣、2024 年）426 頁。そもそも就業規則に定める時間外労働・休日労働を命じ得る事由に該当しない場合も多いと思われる。菅野和夫＝山川隆一『労働法（第 13 版）』（弘文堂、2024 年）441 頁も参照。

26)　ゼロ時間契約等については、労働政策研究・研修機構『労働政策研究報告書 190 号　欧州の新たな非典型就労組織に関する研究』（2017 年）第 3 章 4.⑷、5.⑷、第 4 章 1.⑷、3.⑷など参照。

しに応じることが義務付けられている場合もあり得る[27]。これらゼロ時間契約については、それ自体、別途法規制を検討する必要がある[28]。

2）労働者がアクセスに応じた場合

労働者が、「休日」、「休暇」、「労働時間外」であるにもかかわらず、使用者や取引先からのアクセスを確認し、業務を遂行した場合、それはどのように評価されるか問題となる。具体的には、それに要した時間は、労基法上の労働時間に該当するか、という問題である。労基法上の労働時間は、当事者の主観的な約定（労働契約、就業規則、労働協約等）ではなく、客観的に判断されることになり[29]、その判断基準については判例、学説で争いのあるところであるが、[30] ここでは判例の「指揮命令下説（単一要件説）」[31] に基づき検討する。まず、①使用者からのアクセスのうち、ⅰ）即時の業務遂行を指示するものに対応した場合、それに要した時間が「使用者の指揮命令下に置かれている時間」であることは明白であろう[32]。ⅱ）業務遂行のタイミングは明確にしないまま、単に業務遂行が指示するものに即時に対応した場合についても、使用者が時間外・休日等における対応を明確に禁じるなどしていなければ、それに要した時間は「指揮命令下に置かれている」と評価し得る[33]。

---

27) フランスにおいても、つながらない権利は、「オンコール労働における休憩時間と就労時間の区別の問題等」との関係でも論じられてたとのことである。労働政策研究・研修機構・前掲注6) 資料シリーズ No.282・22 頁。

28) EU における法規制については、濱口桂一郎『新・EU の労働法政策』（労働政策研究・研修機構、2022 年）618 頁以下。

29) 三菱重工業長崎造船所事件・最一小判平 12.3.9 民集 54 巻 3 号 801 頁。学説も、この「客観説」が多数とされている。荒木尚志『労働法〔第 5 版〕』（有斐閣、2022 年）211 〜 213 頁、菅野＝山川・前掲注25) 422 頁、水町・前掲注25) 695 頁、土田・前掲注25) 402 頁。

30) 学説と判例の概要については、荒木・前掲注29) 213 〜 216 頁。また、その詳細な検討として、長谷川珠子「労働時間の法理論」日本労働法学会編『講座労働法の再生〈第 3 巻〉労働条件論の課題』（日本評論社、2017 年）138 〜 151 頁も参照。

31) 三菱重工業長崎造船所事件・最一小判・前掲注29)。

32) いわゆる「限定指揮命令下説（部分的二要件説）」、「相補的二要件説」においても、その使用者の関与、及び職務性のいずれも充たし、労働時間性は認められる。

33) いわゆる「限定指揮命令下説（部分的二要件説）」、「相補的二要件説」においても、職務性が満たされていることは当然のこと、使用者の関与についても「命令・指示」あるいは「黙認・許容」があり、労働時間性が認められるものと思われる。

判断が困難になるのが、使用者からのアクセスが、ⅲ）勤務時間が始まった段階での業務遂行を指示するもの、ⅳ）報告や返信のみのものであったにもかかわらず、労働者が即時の対応を行うようなケースである。この場合も、使用者が、モバイル機器等によって労働者が対応してしまう状況にあることを認識しながら、時間外・休日等における対応を明確に禁じるなどしないままアクセスしたのであれば、やはりその対応に要した時間は「指揮命令下に置かれている」と評価し得る[34]。使用者からの積極的なアプローチ（アクセス）があるという点で、単なる「持ち帰り残業」[35]とは局面は異なる。

　②取引先からのアクセスへについては、労働者が即時の対応を行ってしまう危険が特に高い。使用者が、取引先に対し、担当する労働者が時間外・休日である場合は対応ができないためアクセスを自粛すること、別途窓口へ連絡することなどを要請し、労働者にも時間外・休日の取引先対応は要しないことを明確にしていなければ、労働者が対応した時間は「使用者の指揮命令下に置かれた」ものと評価される可能性がある。

　以上のとおり、休日・時間外等における労働者へのアクセスは、それに労働者が対応することで労基法上の労働時間と評価される可能性を生じさせる。

3）労働時間規制の特別規制・適用除外への影響

　使用者等から頻繁にアクセスがある場合、それが労働時間規制の特別規制（みなし時間性等）、適用除外（具体的には管理監督者）が認められる要件に影響しないかも問題になる[36]。

　まず、専門業務型裁量労働制（労基法38条の3）については、その対象業務について、厚生労働省令（労基則24条の2の2第2項）に定める業務に形式的に該当するだけでなく、「業務の性質上その遂行の方法を大幅に当該業務に従事する労働者の裁量にゆだねる必要があるため、当該業務の遂行の手段及び時間配分の決定等に関し使用者が具体的な指示をすることが困難」で

34）　いわゆる「限定指揮命令下説（部分的二要件説）」、「相補的二要件説」に照らした検討については、前掲注33）と同様。

35）　「持ち帰り残業」の労働時間性に関する学説・裁判例の整理については、井上繁規『時間外労働時間の理論と訴訟実務（第2版）』（第一法規、2024年）313頁以下参照。

36）　竹村和也「労働者側弁護士からのコメント」・前掲注4）ビジネス・レーバー・トレンド。

ある必要がある（同条1項1号）[37]。また、「対象業務の遂行の手段及び時間配分の決定等に関し、当該対象業務に従事する労働者に対し使用者が具体的な指示をしない」ものでなくてはならず（同条1項3号）、これには「時間配分の決定」も含まれる[38]。使用者等から頻繁にアクセスがあり、その業務遂行を指示されるなどしていれば、それらが否定される可能性が生じる。企画業務型裁量労働制（労基法38条の4）についても、その対象業務は「業務の性質上これを適切に遂行するにはその遂行の方法を大幅に労働者の裁量に委ねる必要があるため、業務の遂行の手段及び時間配分の決定等に関し使用者が具体的な指示をしないこととする業務」（同条1項1号）である必要があり、使用者等から頻繁にアクセスがあり、その業務遂行を指示されるなどしていれば、それが否定される可能性が生じる[39][40]。

管理監督者（労基法41条2号）[41]についても、使用者等からのアクセスが頻繁にあり、その業務遂行を指示されれば、使用者との一体性や勤務態様における勤務時間の裁量性が否定されやすくなるものと思われる。

以上のとおり、使用者等からの頻繁なアクセスは、労働時間規制の特別規制、適用除外にも影響を与えることになる[42]。

4）パワーハラスメントの可能性

木下潮音弁護士は、「職場の上司からの不当・不要な時間外労働や過重労働の指示は、（厚生労働省が分類している）パワハラ6類型のなかの『過大な要求』そのもので、パワーハラスメントに該当する」と指摘する。また、業務時間外等における連絡がセクシュアルハラスメントにもつながることも少

37）　荒木尚志＝岩村正彦＝村中孝史＝山川隆一編『注釈労働基準法・労働契約法（第1巻）』（有斐閣、2023年）575頁〔上村新〕。
38）　荒木＝岩村＝村中＝山川・前掲注37）578〜579頁〔上村新〕。
39）　裁量労働制の実体要件の欠如については、塩見卓也「裁量労働制をめぐる諸問題」和田肇先生古稀記念論集『労働法の正義を求めて』（日本評論社、2023年）407頁以下を参照。
40）　木下潮音弁護士は、「『どこでも・いつでも』指示命令が到達してしまう」ことから「本来の裁量的な働き方が実際にはなされていない」ケースが想定されるとするが、正しい指摘である。木下潮音「使用者側の立場から」・前掲注4）ビジネス・レーバー・トレンド。
41）　管理監督者については、水町・前掲注25）716頁以下、土田・前掲注25）481頁以下など参照。
42）　その他、フレックスタイム制への影響については、木下・前掲注40）を参照。

なくないとする[43]。裁判例では、育児を理由として午後4時までの短時間勤務が認められていた育成社員に対し、育成部長が、育成社員の帰宅後である午後7時や午後8時を過ぎて、遅いときは午後11時頃になってから、電話等により頻繁に業務報告を求めていた事実につき、パワーハラスメントに該当するとして、当該育成部長への戒告処分を有効と判断した例がある[44]。他方で、副社長による部下に対する業務時間外の連絡について、「チャットにより、終業時間後や休日に業務に関する問い合わせをしたり、業務に関する指示をした事実を認めることはできるが、両者のチャットの内容、やり取りの間隔や件数を見る限り、業務時間外の応答を強制するものであったとは認められないし、業務に関する指示を伝えているものの、即時の対応を求めるものではなく、次の営業日に対応すればよいことは明確にされている」ことから、パワーハラスメント行為にあたらないとした例もある[45]。これら裁判例からは、時間帯、回数、応答・即時の対応を強制するものであったか否かが考慮されていることが分かる。

3　つながらない権利の具体的規制の在り方

（1）法的規制の要否

　これまでの整理を踏まえ、最後に「つながらない権利」の法制化の要否、さらにはその具体的規制の在り方について検討したい。

　上述したとおり、労働者は、休日・時間外における使用者からのアクセスについて、それが災害等の臨時の必要による場合を除き、対応する義務はなく（2（2）1））、その意味では「つながらない権利」は現行法においても当然に認められているものといえる。しかし、細川良が指摘するとおり、ICTの発展も相俟って、労働者は、その「つながらない権利」を行使することが難しいことも明らかである。それは、余暇等を重視すると思われるフラ

---

43)　木下・前掲注40)。
44)　アクサ生命保険事件・東京地判令2.6.10労判1230号71頁。土田・前掲注25)481頁も参照。
45)　東京地判令5.12.7判例秘書L 07831209。

322　第Ⅱ部　個別的労働関係における現代的課題

ンスやドイツ[46]も例外ではないが[47]、日本の現状はより顕著である。連合が実施した「"つながらない権利"に関する調査2023」の結果によると、多数の労働者がICT（情報通信技術）機器等を業務のコミュニケーションツールとして日常的に利用しており、「勤務時間外に部下・同僚・上司から業務上の連絡が来ることがある」と回答した雇用者は72.4%にのぼっており、「すぐに対応が必要なことに関する連絡」は48.5%となっている[48]。上述したとおり、その連絡は時間外労働につながったり、ハラスメントにもなり得る（2(2)2)、4)）。以上からすれば、日本においても、「つながらない権利」の法制化は必要である[49]。

(2)「つながりたい労働者」について

　その具体的な規制方法を考えるにあたって、指摘されるのが、いわゆる「つながりたい労働者」の存在である[50]。つながれないことによって、ストレスを感じることもあると指摘されている[51]。これは、諸外国においても同様の問題のようである[52]。

　しかし、ここでいう「つながりたい」とはどのような意味か検討する必要

---

46)　野田進＝和田肇『休み方の知恵』（有斐閣、1991年）。

47)　労働政策研究・研修機構・前掲注6）資料シリーズNo.282によれば、フランスの調査会社が2022年7月に実施した調査によると、回答したフランス人の65%が仕事で使うために情報機器をヴァカンスに持参する、36%が仕事用のパソコンを持参している、70%がヴァカンス中に1度はメールを確認する、30%が少なくとも1日に1度は仕事のメールを確認するなどと回答している（19頁）。また、ドイツの連邦労働安全衛生研究所の2023年報告によると、2021年時点で、22%の労働者が、私生活において仕事上の連絡を受けた場合には対応しなければならないと考えていたとのことである（49頁）。

48)　その他、勤務時間外に部下・同僚・上司から業務上の連絡が来ることで、「ストレスを感じる」労働者は62.2%、「連絡の内容を確認しないと、内容が気になってストレスを感じる」労働者は60.7%に及んでいる。また、同調査では、取引先からの連絡に関する状況も尋ねており、「勤務時間外に取引先から業務上の連絡が来ることがある」の回答割合は44.2%にのぼっている。

49)　久保・前掲注5）ビジネス・レーバー・トレンドは、「プライベートを軽視する日本でこそ、つながらない権利は私たちの健康を守るために重要なルールになっていく」と指摘している。

50)　細川・前掲注23）166頁。

51)　久保・前掲注5）161頁。

52)　労働政策研究・研修機構・前掲注6）資料シリーズNo.282によれば、フランスにおいても「仕事上の主導権を確保し続けたいため、休暇中に同僚へ業務を委託するのを望んでいない」ことからヴァカンス中においてもメールの確認等をしている労働者が一定数いる（19頁）。

がある。ここでアクセスが問題となる局面は、当該労働者が労働義務を負わない休日、休暇、労働時間外である。そこで、使用者等からのアクセスを受けて、業務を遂行するとなれば、上記で検討したとおり、それは労働時間（時間外労働）となり得る（2（2）2））。そもそも、労働時間規制は、労働者の生命・身体を保護することを第一義的に目的とするものであって[53]、時間外労働等する「自由」「希望」などをどこまで尊重するべきか、再考する必要がある。労働者、使用者双方にとってリスクに繋がる問題である。さらに言えば、強行法規たる労働時間規制については、それが想定する標準的労働者をどこに位置づけるか重要であるところ[54]、家族のケア責任を負う労働者の存在を考慮すべきである。このような、ケア責任を担う労働者は、いわば「つながれない労働者」であって、「つながりたい労働者」の希望を尊重することは、これら「つながれない労働者」との格差を固定化させることにもなる。以上から、「つながりたい労働者」の希望を尊重することには慎重であるべきである。

（3）例外的な局面の対応

　緊急時等においては、休日・時間外であっても労働者にアクセスする必要性があることは当然である。この点、上述のとおり、「つながらない権利」が想定する局面において、時間外労働等命令が正当化されるのは、労基法33条1項に定める災害等の臨時の必要による場合に限定されると思われる（2（2）1））。そうすると、「つながらない権利」の例外についても、労基法33条1項を参考にすれば良い。なお、同項の「災害その他避けることのできない事由」については、「単なる業務の繁忙その他これに準ずる経営上の必要」は認められないが、「災害への対応」だけでなく、「事業の運営を不可能ならしめるような突発的な機械・設備の故障の修理、保安やシステム障害の復旧」は認められているのであって[55]、「つながらない権利」への例外設定としても十分であると思われる。

---

53)　土田・前掲注25）398頁など参照。
54)　神吉知郁子「ポスト・コロナ時代の労働時間法制」季労284号（2024年）83頁。
55)　令和元.6.7基発0607号第1号。

（4）具体的規制手法

　その具体的な規制手法について、山本による上記類型化にならうならば、①不利益取扱いの禁止は必須である。上記（1）で見た必要性からすれば、「つながらない権利」を権利として明確にすることによって、労働者が使用者等からの「アクセス」を拒否できる土壌を作ることになり、有効である。

　他方、②勤務時間外・休日の連絡禁止という規制については、上記（3）のような例外を設けるのであれば、検討すべき価値がある。もっとも、産業、職種、事業所等の特性はあり得るのであって、⑤労使交渉によるルール設定と組み合わせることも考えられる（労使交渉によるルール設定がなされれば、ベースとなる一律禁止の適用が除外されるなどの方法が考えられる）。取引先からのアクセスも問題であることは上述したが、取引先への要請等の細やかなルール設定は労使交渉によることが馴染む。他方、ルール設定を労使に全面的に委ねるべきではない。労働組合の組織化が進んでいない事業場においては、そもそもルール設定がなされないか、実効性に欠けるルールが設定されかねないからである。

労働審判制度の誕生

鵜飼良昭

※引用部等の下線は筆者が記したものである。

1 司法制度改革審議会意見書と労働裁判改革

(1) 司法制度改革意見書の理念と方向

　審議会は、1999 年 7 月内閣に設置され、2001 年 6 月 12 日意見書を出した。意見書は、司法制度改革を「法の精神、法の支配がこの国の血肉化するための諸改革の『最後のかなめ』」であるとし、「司法制度改革の三つの柱」として、第一に司法制度をより利用しやすく、分かりやすく、頼りがいのあるものにする、第二にそれを支える質量ともに豊かなプロフェッションとしての法曹を確保する、第三に国民が訴訟手続に参加する制度の導入等により国民の司法に対する信頼を高める、を提起した（意見書 3 頁以下）。

(2) 労働事件についての審議会意見書の提言

　審議会では、増大する個別労働紛争に対する裁判所の対応が不十分であるとの問題意識が希薄であったため、2000 年 11 月 20 日の「中間報告」では、「専門的知見を要する事件への対応強化」という位置づけに止まっていた。しかし同年 12 月 1 日第 40 回会議で菅野和夫東京大学教授のヒアリングが行われ、同教授は、日本とは桁違いの労働裁判件数を数える西欧諸国の労働裁判所や労働参審制の例を上げつつ、増加する労働紛争に対する司法の役割をより強化すべきとの意見を述べた。その要旨は以下の通りである。

　　「雇用社会の構造的変化等で個別的労使紛争が増大している。しかし日本の労働訴訟件数は、諸外国の裁判件数や各窓口等の相談件数に比し

て極めて少ない、その理由は、西欧諸国と違い労働事件の特別な司法手続を設けず、通常の裁判所で処理してきたからではないか。労働裁判は、労働紛争解決の要であり、「国民により利用しやすい司法」にするためにも司法の解決機能を強化する必要がある。個別労働紛争でも、雇用人事管理や労使関係の知識経験を重ねた人々が持つ労使紛争に対する洞察力が重要であり、法律専門家たる裁判官だけでは十分でなく、この点が諸外国で労働裁判所が設けられ労使裁判官が関与している主要な理由と考える」

　同教授の見解は、特別な労働訴訟手続や労働参審制の導入を求めていた連合の高木剛委員や日弁連と同じ方向を示すものであった。しかし審議会では、経営側（2001年3月16日日経連意見書等）をはじめ現状維持の消極論が根強く、結局意見書で実施が決まったのは、以下のように労働調停の導入だけであった。

○労働関係訴訟事件の審理期間をおおむね半減することを目標とし、民事裁判の充実・迅速化に関する方策、法曹の専門性を強化するための方策等を実施すべきである。
○労働関係事件に関し、民事調停の特別な類型として、雇用・労使関係に関する専門的な知識経験を有する者の関与する労働調停を導入すべきである。
○労働委員会の救済命令に対する司法審査の在り方、雇用・労使関係に関する専門的な知識経験を有する者の関与する裁判制度導入の当否、労働関係事件固有の訴訟手続の整備の要否について、早急に検討を開始すべきである。

労働審判制度の誕生　327

2 労働検討会での議論の経緯と労働審判制度の誕生

（1）労働検討会のスタートと課題

1）労働検討会のスタート

　司法制度改革審議会の意見書を受けて、内閣の司法制度改革推進本部の下に労働検討会が設けられ、検討がスタートした[1]。

2）労働検討会に課せられた課題と検討期限

　労働検討会の第1回（2002年2月12日）で菅野委員が座長に選出され、公開の是非が議論されたが、発言者名も含め原則公開となった（本稿は公開中の議事録、資料等による[2]）。

　推進本部の設置期限が2004年11月30日であり、2004年通常国会に法案を上程するには、2003（平成15）年秋までに成案を得る必要があるため、概ね月1回程度のペースで審議を進めること等が確認された（検討事項の労働委員会救済命令の司法審査は、厚労省研究会や全国労働委員会連絡協議会で検討中のためその推移等を踏まえることとなった。本稿は労働審判に絞って論述する）。

---

1)　メンバーは、高木剛（連合推薦）、矢野弘典（日経連推薦）、菅野和夫（労働法）、春日偉知郎（民訴法）、村中孝史（労働法）、山川隆一（労働法）、山口幸雄（最高裁推薦）、石嵜信憲（日弁連推薦）、鵜飼良昭（日弁連推薦）、岡崎惇一（後に熊谷毅、厚労省推薦）、後藤博（法務省推薦）の11名。特徴は、審議会委員で労働関係事件の対応強化で議論をリードした高木委員、審議会のヒアリングで上記労働裁判改革に積極的な意見を述べた菅野委員の存在である。また、日弁連推薦で労側・使側の弁護士2名が委員となったが、従来、労働にかかる政府の審議会等の委員は、中立性と称して、労使紛争の特に労働側の実務を担当していない弁護士がほとんどであった（審議会委員の中坊弁護士も労働委員会等で経営側代理人を務めていた）。また、東京地裁労働部の総括裁判官山口委員の人選についても、元来最高裁は、現役裁判官が対立の激しい制度設計にかかる論議に関与することに極めて抑制的であることからも注目された。以上からも、50年に一度あるかないかの司法制度改革における労働裁判改革検討の場に、裁判所側・労側・使側から現役の実務家が参加し、現場に根ざした闊達な議論を展開できる陣容が揃ったといえよう。

2)　URL:https://lawcenter.ls.kagoshima-u.ac.jp/shihouseido_content/sihou_suishin/kentoukai/01roudou.html

（2）労働検討会の議論の経緯（第2回〜第22回）と意見の対立状況

1）労働紛争解決制度の実情及び外国の制度の把握（第2回〜第8回）

先ず検討会では、労働紛争解決の状況や解決制度の実情等を把握し、委員間の認識を共有化することからスタートした[3]。

2）検討会の論議と意見の対立状況（第9回〜第22回）

その後第9回（2002年10月25日）から第22回（2003年7月4日）まで、足かけ9か月、14回に及ぶ論議が重ねられた。しかし、①個別労働紛争が今後も構造的に増大すること、②その迅速且つ適正な司法的解決が求められていること、③労使の知見を司法的解決に活用する意義があること等について共通の理解は進んだ。しかし、労働参審制の導入等については意見が対立し膠着状態となっていった。

意見の対立状況（以下は、資料159［労働調停］、同160［労働参審］、同161〔固有手続〕参照）については以下のようなものであった。

---

3) 第2回は厚労省及び東京労働局から、前年10月1日施行の個別労働紛争解決促進法に基づく紛争解決のスキームと解決の実情が報告された（これはその後個別労働紛争解決の主要な行政ADRとなる制度であり、相談コーナーの設置やあっせん、助言・指導・体制等、増大する個別労働紛争に対する労働行政の対応等が説明された）。次いで第3回は労働裁判の現状について、最高裁行政局と東京地裁労働部裁判官からのヒアリング（検討会議事録資料12参照。統計的にも東京地裁労働部判事の体験からも、労働関係の民事調停は「極めて少数」であること、労働事件の専門性は、専門部にいると半年程度で勘所がつかめるようになること、当該事件の労働慣行等は、一般の民事事件の事実認定と異ならない等の説明。なお同資料12では全国の労働部・労働集中部の裁判官が35人、うち東京地裁は13名であることなどが説明された）、第4回は労側・使側弁護士各2名等のヒアリング（労働裁判の長期化と仮処分の本案化の問題、公権的な解決力がないと和解は進まない、労働調停より判決を背景とする訴訟での和解が有効、解雇事件を簡裁の調停でやるのは困難、迅速な解決には証拠開示等が徹底されるべき等の意見がだされた）。第5回はユーザーである労働者側・使用者側各2名のヒアリング（労働側からは、労働相談の増大、職場で法が守られていないが裁判は利用できない。理由は①時間と費用、②提訴すると会社にいられなくなる、③裁判の見通しが立たないなどで生活・人生をかけなければ裁判を起こせない、もっと簡易に裁判が利用できるようにしてほしい）と続いた。主要な外国の労働紛争処理制度の実情について、第7回にフランスを浜村彰教授から、第8回にドイツを毛塚勝利教授から、イギリスを小宮史人教授から、アメリカを中窪裕也教授から、説明を受けた（アメリカを除き、労働事件については、各国で労働裁判所や労働参審制が設けられており、歴史、文化等の違いを超え共通性がある。なお日弁連の調査では、西欧の先進国で労働裁判所がない国は、イタリア、オランダであるが、イタリアには特別な労働訴訟手続がある。資料2-42参照）。

労働紛争、とりわけ個別労働紛争は、国民の大半を占める労働者の権利義務に関する紛争であるが、労働者は賃金が唯一の生活の糧であるため、何よりも迅速な解決が求められる。そのため労働契約法等の実体法や特別な労働訴訟手続の整備が必須であるが、日本では、諸外国に存在するこのような法制度が整備されず、一般の民事裁判手続で処理されてきた。そのため多くの労働者にとって労働裁判は利用できず遠い存在となり、不当な解雇や労働条件切下げ等に直面しても、裁判に訴えることができず泣き寝入りを強いられてきた。「法の支配を社会の隅々にまで行き渡らせる」という司法制度改革の理念の実現には、国民の大半により構成され社会の枢要を占める雇用社会でこそ、公共財である裁判を利用できるようにして、法の支配が貫徹されなければならない。そういう意味で労働裁判改革は、今次司法制度改革で先ず実現されるべき最重要課題の一つであった。

　以上の認識の下、司法制度改革審議会でも、高木委員（連合）、中坊公平委員（日弁連）は、特別の労働裁判手続の制定及び労働参制の導入を強く主張した[4]。しかし日経連推薦の山本勝委員は、「訴訟において事実認定や法の適用を職業裁判官以外の者が行うべき状況や必要性はない」と、労働参審制の導入に反対し、「裁判所における民事調停の活用が最も現実的」と主張した（資料 2-49）。法務省や最高裁も同様（資料 2-15、2-27）であったため、結局意見書での実施事項は労働調停のみとなった。

　このような意見の対立は、労働検討会討会にも引き継がれ、総論から各論「労働参審制」「固有の訴訟手続」に移った頃から、その対立は鮮明となった（導入するとされた労働調停であるが、労働事件が現行の民事調停でほとんど「利用されていない」ことは、第 2 回ヒアリングの最高裁統計文書や三代川裁判官の陳述をまつまでもなく実務家には顕著な事実であった。簡易裁判所での民事調停の実情は、調停期日における調整は専ら 2 名の調停員に任され、裁判官の立会いは第 1 回期日の冒頭と最終回（調停成立か不成立）だけである。しかし労働紛争の多くは権利義務の存否をめぐる権利紛争であり、それも迅速・適正な解決が求められる。したがって、迅速に事実関係の認定と法規範に基づく法的

————————————
4)　日弁連は資料 2-16、19、29、40〜44 等、高木委員は、資料 2-8、35、48 等。なお鵜飼良昭「司法制度改革と労働裁判改革」自由と正義 52 巻 6 号（2001 年）56 頁参照。

330　第Ⅱ部　個別的労働関係における現代的課題

判断を可能とする専門性が求められるが、民事調停にはそれがほとんど備わっていないため利用されない）。

労働検討会第 14 回（2003 年 2 月 5 日）は、労働参審制の当否が議論となった。議論は、労使「専門家」の供給源・員数の検討から始まったが、矢野委員から、給源の問題は制度論と切り離せないとして、以下の経営法曹会議の意見書が提出された（資料 80）。

> 労働参審制・参与制にいずれも反対であり、その理由は①利害が対立する労使の立場から裁判官として関与することは、公平性・中立性、ひいては、国民の裁判に対する信頼を損ねる、②労使の政治的な立場が裁判に持ち込まれるおそれがある、③企業秘密漏洩のおそれがある、④迅速な裁判に逆行するおそれがある、民訴手続に関する知識・経験が乏しい、⑤証拠を離れた専門家の知見の名の下に「勘」「感覚」で事実認定や判断がされ、それが検証されないおそれがある。

また山口委員からは、同僚裁判官からの聴取結果とし、訴訟手続の各段階での労使の関与に対する疑問や感想が紹介され、特に判決・判断の段階では「非常に難しいという意見が大勢」であったとし、「（我が国では）具体的に検証された実績がない」「制度を入れる以上は見込みのある制度を考えるべき」との意見が述べられた。

この検討会では、労働参審制の導入の当否につき、積極論・消極論の主要な議論が展開されているので、是非議事録を一読して頂きたい。

次いで第 15 回労働検討会（2 月 27 日）では、労働事件固有手続の整備の要否について議論が闘わされた。冒頭、司法制度改革の一環として行われた民訴法改正の法案要綱について説明があった（具体的には①計画審理の推進、②証拠収集制度の拡充、③専門委員制度）。

本論に入り筆者から資料（資料 87、労働弁護団「労働訴訟手続の特則の試案」）を提示して説明したが、その要旨は以下の通りである。

> 労働紛争の構造上の特徴として、①建物の賃貸借契約と対比して、労働

労働審判制度の誕生　331

者は、賃借人の立場とは異なり、労働・賃金という生活の基盤を奪われながら自ら訴訟提起という重い負担をおわされること（99％は労働者の訴えから始まる→裁判所・弁護士へのアクセス改善の必要性）、②解雇等の内容・程度・時期等を決定し準備をするのは専ら使用者側であること（証拠の偏在と重要な証拠の収集手段の確保、主張立証責任の転換の必要等）を指摘した。そしてこれらを考慮し諸外国では、迅速で適正な労働紛争解決のために、実体法の整備と労働参審を含む特別な労働裁判手続・労働裁判所を設けて対応してきたが、日本では実体法の整備もなく（ようやく2003年に解雇ルールが法制化）、通常の民事訴訟手続で処理されてきたため、労働裁判件数だけみても圧倒的に彼我の格差が生じていること等から、労働裁判改革が必要である。

これに対し、春日委員や山口委員らから、改正民訴法の活用や裁判所と弁護士会の協議等による運用改善で対応可能等の消極意見が述べられた（この議論のやり取りも参考になると思われるので議事録を一読されたい）。

第9回から第22回までの14回の議論でも、上記意見の対立は続き、膠着状態となった。以下に主要な「消極論」を紹介する（詳細は、議事録や資料159〜161を参照されたい）。

【労働参審制導入の当否：主な消極論】
1　○裁判所の判断に重大な問題はなく、国民の信頼は高い。労働調停等の実績を踏まえ検討すべき。
2　[西欧諸国との比較]○労働参審制は専門的な職業裁判官が前提。ローテーション人事・ジェネラリスト養成の日本では困難。○英独は大量迅速処理方式、迅速性のため適正性を犠牲にするラフジャスティスを許容。○英独とは、人材、歴史、法制等が異なる。
3　[国民参加]○国民の司法参加は重要だが意見書は白紙から議論としている。労働調停や専門委員制度を通じて実現すべき。
4　[国民の信頼性]○労使参加の実績がなく、国民の信頼確保は困難。

労働調停や専門委員制度で国民の理解を得ることが先決。

5 ［労使の裁判関与の当否］○雇用社会の実情・経験則は、裁判官の職務・研修等で習得可能。○専門家は専門委員制度を通して活用。○適正な事実認定や法の適用は専門的能力が必要。○裁判の場への素人関与は裁判への信頼を損なう。○裁判利用の一方当事者が消極的な制度の導入は適正に機能しうるか疑問。○職業裁判官は憲法上の身分・収入保障で独立性を担保。労使には保障がなく、中立性公正性の担保が不可。○労働委員会の例から、労使が立場を超え中立・適正判断は疑問。○日本に歴史がなく迅速な審理に資するとはいえない。○対立の激しい労使紛争で、労使の意見が一致するか疑問。

【労働事件固有手続整備の要否：主な消極論】

1 ○使用者は民事事件と異なる手続が必要性とは考えていない。○民訴法の改正（計画審理・証拠収集手続の拡充）で足りる。○労働事件の範囲を明確に画することが困難。○協議と運用の改善が先決。

2 ［迅速化］○企業規模・地域差で使用者側の対応力に格差。○解雇事件の優先処理義務は、他の事件との兼合い上問題。

3 ［証拠収集・提出期間］○中小零細企業で対応が困難。○現行の弁論主義では、当事者の申立での補助的関与が適当。釈明処分の強化、裁判所のパターナリズムは不適当。○民訴改正の活用状況も踏まえ運用を協議すればよい。

4 ［仮処分と本案訴訟・仮処分の本案化］○仮処分と本案訴訟の判断が異なるのは労働事件以外の他の分野でも同様。

（3）転換点となった英・独の労働裁判官からのヒアリング

1）英・独の労働裁判官の招請とヒアリングの開催へ

このように2003年7月に入っても、労働検討会では、労働参審制や労働事件固有手続について、積極論と消極論が対立する状態が続いた。そして、最終期限が迫る中で、7月から8月にかけて、「最終的とりまとめ」に向け山場を迎えることになった。日弁連労働法制委員会では、この間、合意形成

に向け模索を続けてきた。そして同年 4 月頃、菅野座長の助力もあり労働裁（審）判所等の代表格である英・独から現職裁判官を招き、労働検討会委員と質疑応答の機会を設ける企画が具体化した。この企画は日弁連としても大規模で多額の予算を要したが、関係者の理解も得て、5 月上旬の日弁連理事会（本林会長）で決定された。そこで日弁連は、6 月 16 日付で招請する英・独の裁判官に質問状を送付した。その内容は、16 項目にわたり、これに対し両裁判官から回答書が届き、事前に検討会委員に交付された（質問状と回答書は資料 152 参照）。

2）独・英の労働裁判官からのヒアリング

2003 年 7 月 5 日（土曜日 9 時 30 分〜 13 時）、日比谷松本楼で日弁連労働法制委員会主催による独・英の労働裁判官との懇談会が行われた。独からカーリン・アウスト・ドーデンホフ裁判官、英国からピーター・クラーク裁判官が出席し、検討会は後藤委員を除く 10 名（矢野委員の代行で小島浩委員）が出席した。本部事務局は、古口章事務局次長以下 7 名、最高裁は定塚誠行政局第一課長と男澤聡子行政局付、日弁連は木村靖副会長以下 6 名が参加し、通訳は、毛塚勝利教授と山川隆一委員に依頼した。

まさにこれは、日弁連版「労働検討会」であった。

横溝正子日弁連労働法制委員長が挨拶、菅野委員が座長となり、両裁判官の回答書を基にした報告と検討会委員との質疑応答が行われた。その要旨は以下の通りである[5]。

【ドーデンホフ裁判官の報告要旨】：「約 30 年労働裁判所勤務。独で労働裁判所に名誉職裁判官が参加したのは 19 世紀末。この間労働法は大きく変わった。名誉職裁判官については、裁判官・当事者、使用者・組合等からの高い評価は変わっていない。理由は、①裁判に対する信頼の増大と確保、②生活に近い判断・判決、③迅速な処理、にある。労使が裁判の過程に参加することで得た経験を企業内で活かす、という長所もあ

---

5) 資料 194-1 日弁連「ドイツ・イギリス労働裁判官との懇談会議事録」、なお資料 194-2 は同「シンポジウムの議事録」。

334 第 II 部 個別的労働関係における現代的課題

る。」「法的な知識を欠く、利益代表的な行動、企業秘密漏洩等の検討会委員の懸念については、労使に求められるのは実務的な専門知識であり、経験上名誉職裁判官が利益代表として活動することはなく、自らが裁判官だと十分に認識している。これまで企業の秘密や合議の秘密漏洩の経験はない。名誉職裁判官は任務につく際宣誓し秘密保持義務反には制裁がある。手続指揮は職業裁判官が行い、労使の質問や発言で手続の公正が失われることはない。」「名誉職裁判官と職業裁判官の意見が異なることはあるが、最後の協議では大体意見が一致。30年の経験で、私の意見より名誉職裁判官の意見が多数だったことは一度もなかった。」「労働法は裁量性の多い分野だが、その判断で労使裁判官は大きな役割を果たしている。」

【質疑応答】（山口委員）：複雑困難な事件を1回、遅くも2回で終わらせているが、その秘訣は。争訟事件の準備と事後処理での名誉職裁判官の積極的な関与とは具体的にどういうものか。**（回答）**：提訴から2〜4週間に和解期日を開催。和解期日まで答弁書等の提出は不要。和解期日は職業裁判官が行う。その際、当事者に事実関係を聞き、争いの源を明らかにする。労働裁判所で長く労働事件を扱っていると専門性が高まり、当事者の話を聞くと問題の所在や法的問題は何かを比較的容易に判断できる。証人がいるか、文書等の証拠があるかも確認。和解が不成立の場合、2回目の弁論期日前の一定の期日迄に準備をするよう指示。2回目の争訟期日は、開廷前に職業裁判官が名誉職裁判官に上記証拠資料等を前提に事実関係を、30分から1時間かけて説明。現時点での法的な評価、判断を示し、名誉職裁判官の意見を聞く。出てきた、疑問・質問・意見を職業裁判官が引受け、弁論の中で職業裁判官を通して質疑応答して事実関係を解明する。最後に合議、意見交換で判断を詰める、ということである。**（山口委員）**：争訟弁論迄に当事者が資料収集できなかった場合は。**（回答）**：基本は迅速を担保するための期日の遵守。期日迄に攻撃防御方法を揃えるのが重要。独では、労働裁判の迅速化のため、一審で主張しなかったことは二審では出せない。例外的に、当事者に過失がなく無理だった場合に期間を延ばすことはある。**（高木委員）**：名誉職裁判官に評決権は与えないとの意見について。名誉職裁判官の研修は。集団的

労使紛争も扱っているのか。**(回答)**：職業裁判官と同じ評決権を持つことが必要。労働紛争は、発生した事情の認識が重要。例えば整理解雇のような経済的解雇も場合、当該業種・産業・業種ではどうか、失業その他の経済的環境はどうか等の正確な認識の上で労働法の裁量性のある不確定な部分を判断しなければならない。公的な判断には補充が必要なものが一杯ある。補充するとき、実務的な経験・実情をよくわきまえた人と同じように判断することが必要。職業裁判官に対し名誉職裁判官が実務的な専門性を伝えること、さらに最終的には協働して評決することが、判断の受容可能性を高めることになる。研修は、元々独では従業員に対する教育・訓練がよく行われている。企業も、人事部の担当者、管理職等に対して常日頃から研修をやっている。それに加え、職業裁判官も追加の研修をしている。集団的紛争も労働裁判所の管轄である。**(小島)**：ベルリンの労働裁判所は、一人の名誉職裁判官は事件を何件ぐらい担当か。名誉職裁判官は現職か退職者も可か。**(回答)**：年間4万5000件を、職業裁判官69人、名誉職裁判官1500人で処理。うち5割は和解、15%程度は取下げ、争訟弁論は35%程度。1人の職業裁判官に労・使側で各10人～13人、平均4か月に1回から3回、多い人で月に1回位。名誉職裁判官は、現職が任命要件である。

【クラーク裁判官の報告要旨】：「素人裁判官（審判員）の中立性だが、労使関係と雇用審判所では果たす役割が違う。前者は労使の利益代表。後者は、1つは証人の証言の信用性の判断、刑事裁判での陪審と同じ。もう1つは、例えば不公正解雇における公正さや合理性の判断。最近制度化された「内部告発労働者の保護法制」では、訴訟になると、ET（雇用審判所）は当該労働者が誠実に内部告発をしたか、単に不満を持っているだけかを判断する。その場合、労側審判員は、理由のない訴えをする労働者に厳しい傾向、使側審判員は、悪質な使用者に厳しい傾向がある。法律と手続面は審判長が統制するから問題はない。ETには研修があり、新たに選ばれた審判員は最初の5日間、司法手続と公正に行動することの研修を受ける。さらに5日間、審理に加わる前に、現実の審判手続を見学する。また実際に審判に参加し6か月を経た後の研修がある。

そこでは事件の経過について、審判長と架空の事件に基づき学ぶ。さらに判定を下す過程につき、理論的、構造的な訓練を行う。その後、毎年2日間の研修があり、そこでは判断の仕方等の手引き書が渡される。審判員になった当初は、各々の立場に有利な質問をしようとする。重要なのは審判長の役割で、法廷では優しくたしなめ、裁判官室に戻った後に、労使審判員の中立的な役割を考えるようにする（弁護士だったときそういう場面に遭遇し、異議を述べたら暫時休廷となり開廷後は何も言わなくなった）。もし労使審判員が不公平な態度を続ける場合は報告制度があり、任期の更新（ET・3年、EAT・5年）がされない場合もある。私の経験では、第一審における審判員の役割は非常に価値が高い。その貢献は、審判官の法的知識に、労使関係の常識を審理過程にもたらすこと。それは、労使関係における陪審といえ、当事者が彼らの仲間、労働者側・使用者側によって判断を受けることを意味する。審判員の中立性については、審理の過程でも合議の過程でも、制度上常に注意深く、その確保が求められる。例えば、審理途中の審判員による介入や質問も、手続や法的指揮は全て審判官に委ねられるのでごく短く手続を長引かせるようなことはない。以上は主としてETの話だが、控訴審EATは法律問題のみを扱うが、私は控訴審段階でも審判員が関与すること歓迎している。」

【質疑応答】（村中委員）：審判員が公募制になった理由は。（回答）：最高裁・貴族院メンバーの委員会で、公募の任命に関する透明性について報告があり、法的部門の任命が全て公開で公正でなければならないと勧告され、政府が受け容れた。現在労使団体は、この募集のプロセスに候補者を出している。独のような労使団体推薦制か公募制かは、日本で決めることだ。（石嵜委員）：焦点は職業裁判官の専門性。一般民事担当裁判官が急に労使参加の労働事件を担当し、労使参加の長所を生かせるか疑問。（回答）：そのようなシステムを作らない限り専門性は身につかない関係にある。雇用審判所の審判長は労働事件を専門に扱い専門性がある。制度発足時は必ずしも専門性はなかった。制度発足30年の歴史で今は専門性を持つ人が審判長になっている。（高木委員）：日本の裁判官

労働審判制度の誕生　337

はほぼ100%がキャリア裁判官。専門性の議論は、裁判官任用の仕組とも一緒に考えるべきでは。(回答):イギリスでは、雇用裁判所の審判官は、既に労働関係法で経験を積んでいる人が任命される。最初はパートタイム裁判官に任命され、経験を積むにつれフルタイムになるというプロセスだ。(村中委員):弁護士として労働側か使用者側かは中立性に問題にはならないか。(回答):実際に弁護士は、労使のどちらか側の代理人をしていることが多い。しかし、私がパートタイム裁判官としての経験でも、審判官としての活動は全く中立的であった。(菅野座長):レイメンバーの数と事件数の関係。月に何回ぐらい出廷するか。(回答):イングランドとウェールズで2000人ほど。約2万件がETに上がる。すると、1年間で平均10件担当。人により、退職し時間がある人は多くなる。私の法廷で審判員は約1か月に1～2回位審判参加。労使審判員には報酬が支給される。運営側として、審判官だけで判断できる事件を増やすとコスト削減になるが、私も同僚もそれに賛成ではない(ETは1日140ポンド、EATは210ポンド)。(鵜飼委員):例えば解雇の有効要件で、公平性や合理性など不確定要素の判断となるが、審判員の貢献は。(回答):盗みをしたから解雇された事件で、争点は、現実に罪を犯したか否かではなく、使用者が労働者が盗みをした事実があったと合理的に信ずる相当な根拠があったか否かという点。その際、使用者が問題の調査をどのように行ったかがポイント。そういう問題につき、労使各々の経験を持った人が客観的に判断する。ETは、使用者が労使関係において標準的で合理的な行動を取ったか否の判断を行う。この判断に労使審判官の経験が重要となる。(春日委員):労働者側の提訴の際、証拠収集が困難といわれているが英国でどうなっているか。(回答):常に労働者側にとり問題となる。現に働いている同僚を証人として呼ぶのは難しいが、召喚状の制度があり出頭を命じ宣誓の上証言もらう。書証は文書開示制度があり、会社が持っている文書を裁判所が提出命令を出すことができる。召喚状はしばしば使われている。使用者側はこれに異議申出はできない。また書面による証言の制度もある。(高木委員):法律専門家でない労使に評決権を与え法的判断に関与させるにはリスクがあるとの意見

338　第Ⅱ部　個別的労働関係における現代的課題

があるがどうか。**(回答)**：刑事の陪審では殺人事件でも素人の 12 人の陪審員が判断を下す。これと比較すると、労使審判員が労働事件について判断を下すのはそれほど特別ではない。ときには労使が多数意見で職業審判官が少数になることもある。私も 7 年の経験でも二度あった。**(鵜飼委員)**：法律審での労使の参加の意義は。**(回答)**：法律審も、労使審判員と議論することは価値がある。職業裁判官の知識を補いコモンセンスに基づく意見は意義がある。

3）小括

両裁判官は、日弁連シンポジウムにも参加し要旨以下の発言をした（資料194-2）。

ドーデンホフ裁判官：「独で労働紛争専門の裁判所を設けたのは 1890 年に遡る。構成は職業裁判官 1 名とレイジャッジ 2 名。当初は一審のみ、1953 年に労働裁判所法の施行で控訴審の州労働裁判所、上告審の連邦労働裁判所が整備。これも職業裁判官とレイジャッジ。過去に名誉職裁判官を撤廃干とする動きは一度もなかった。……企業も大歓迎である。」。クラーク裁判官：「英国の労働審判所は、1960 年に産業審判所（Industrial・Tribunal）としてスタート。72 年施行の労使関係法で不公正解雇が導入、その後も管轄権が広がり、現在では労働分野の実定法で規律される紛争の殆どを管轄。その中で、名称も雇用審判所（Employment・Tribunal）に変わった。現在年間の申立が約 10 万件、ACAS での和解や取下げ等による解決を除く約 2 万件を ET が審理。もし ET がなければ英国の民事裁判所は労働事件で溢れてしまっていると思う。このように ET が労働者のニーズに応えられてきたのは、専門性を持った職業裁判官と労使審判員の存在により国民の信頼を高めてきたからだ。」

このような両裁判官の発言から、大陸法と英米法という、歴史・文化も法

労働審判制度の誕生　339

制度も異なる両国であるが、それぞれに社会や労使のニーズに応えるため、労使が参加する労働裁判（審判）所を発足させ充実させ、その中で裁判官も含め専門性が鍛えられ国民の信頼を勝ち得てきた歴史を概観することができた。翻って日本で、この両裁判官のように「労働裁判のエキスパート」として誇りを持って自国の労働裁判を語ることのできる裁判官が一人でもいるだろうか。「システムを作らない限り専門性は身につかない」というクラーク裁判官の言葉が、参加者の胸にずしんと突き刺さった1日となった。

（4）中間的制度の模索と労働審判制度の誕生へ

　第23回（7月11日）から第31回（12月19日）の労働検討会は、いかにしてこれまでの意見対立を止揚し合意形成を図るかを、模索し決断する6か月であった。各委員も、各々の推薦母体の意見を基にしつつも、個人としての決断が迫られるときとなった。

1）「中間的とりまとめ」からパブリック・コメントへ（第23回〜第26回）
a　春日委員提案（第23回・7月11日）
　これまで重ねられた審議を通じて、委員間では労働紛争における労使の知見の活用及び迅速処理の必要性について、概ね共通認識ができた。しかし訴訟への導入については依然として対立状況が続いた。そこで菅野座長の下、研究者委員において訴訟と調停との中間的制度が模索され（山川委員の資料143図）、第23回の検討会で、春日委員から以下の提案が示された。

> ①裁判官と労使が合議体で議論し結論を得る、②相手方は手続に応じる義務がある、③結論は決定のような一種の裁判とする、④和解勧試も行う、⑤結論に不服な場合は異議の申立（失効させるには訴提起も選択肢）、⑥簡易な証拠調べを行う、⑦期日は3回位、⑧非訟事件手続法を準用

　検討会では初めての具体的提案であり、活発な質疑応答がおこなわれたが、特に、調停を前提としてきた経営側からはかなり強い反発と戸惑いの声が上がった。

b　三者委員提案の内容と論点（第24回〜第25回）

　第24回（7月18日）の検討会で、春日・村中・山川委員連名の文書「中間的な制度の方向性について」が出され4つの案が示され、春日委員から説明があった（資料162）。

1案【調停・裁定選択型】：労働調停と裁定手続の二つのコースを導入し当事者が選択できる。裁定手続には相手方に手続応諾義務を負わせる。一定期間内に訴提起がなければ決定は確定、訴提起があれば失効する。
2案【調停・裁定合体型】：労働調停と裁定手続を一体化し、先ず調停を行い調停成立の見込みがないと裁定手続となるが、相手方の同意がなければ手続は開始しない。1案と同じく、決定の効力を訴提起にかからしめる。
3案【調停・裁定融合型】：労働調停の中に調停に代わる決定（民調法17条）と同様の効力がある裁定手続を創設する。決定は調停成立の見込みがないとき、当事者の意向にかかわらず、不相当の場合を除き原則として出され効力は異議申立にかからしめる。
4案【裁定単独型】：労働調停は導入せず裁定手続に一本化する。相手方の手続応諾義務及び決定の効力を訴提起にかからしめている点は、1案、3案と同じ。なおこの手続は訴訟手続に前置とされる。

　いずれの案も、裁定（決定）手続が、「労使の委員が裁判官との合議体で審理し、権利関係を踏まえつつ事件の内容に即した解決案を示す」としている。また、審理期間も2回から3回程度で決定を出すことで共通している。証拠調べについては、3案を除き決定につき証拠調を行うとしている（3案には証拠調べの記載がない）。なお、裁定手続の性格は「争訟的非訟事件」（借地借家法41条以下、家事審判法9条1甲乙号事件）と説明された。

　その後、各々の案について質疑応答がされたが、2案と3案は「調停成立見込みがない」と判断してから裁定手続をすすめる点で、3回内の事件解決が困難ではないかとの意見が強く（鵜飼・山口・春日委員等）、また1案は、

労働審判制度の誕生　341

裁定（地裁）と（調停）に分岐すること等もあり、自ずと裁定中心の4案が議論の中心となった。

　しかしこれに対し石嵜委員や矢野委員から強い疑問や批判が主張され、従来の対立状況の再現となった。そのまま時間切れとなる直前に山口委員から以下のような発言があった。それまで労働参審制等の導入に終始消極的であったこともあり注目された。

　その要旨は「参審制の導入には、国民の理解を得るための実績を積む必要がある」としつつ、「前回出された春日案（＝4案）は、労使を入れて権利義務関係を踏まえ解決案を示すことになるから、労使の中立性や事実認定判断能力について、その実績を積むことになる」「労使の関与は労使の現場への還元に貢献し、判断に対する受容性が高まるか否かの検証にもなる」「迅速処理のための回数制限や異議が出たら起訴強制で訴訟へつなげる、も考え抜かれた案だと思う」と労使の関与や迅速処理のための工夫を積極的に評価した。そして、課題は「①対象とする労働事件の確定、②相手方欠席の処置、③労使の人材確保、④裁判官の負担」であると指摘した。

　この発言には、ついに山口委員・最高裁が、労働調停を超える新制度導入を決断した、と直感させるものがあった。

　現に第25回（8月1日）では「対象とする労働事件」につき、この山口委員の発言に対し春日委員が個別労働関係紛争の解決の促進に関する法律第1条を参考にしてはどうか、と回答した。他方で石嵜委員は、文書（資料175）を示して「参審制は未だ国民の信頼や支持が得られていない」として、「労働調停に労使が参加し、単に意見表明だけではなく解決案が提示される場合は評決権を持たせる」、「解決案は権利義務の存否を判定するものではだめだ」から「2案か3案を基礎としつつ、裁定は当事者の同意を要件とすべし」と主張した。矢野委員も、新制度は「労働調停ベース」であるべきで「裁定は当事者の同意」を要するとすべき、と主張した。これに対しては、筆者が、「調停を含めADRは全て任意的・調整的機能しかない」、「新制度は、裁判所での判定的機能を有し強力な解決機能を持つ」、「相手の同意を裁決の要件にしてはならない」と力説し論争となった。なお今回も最後に山口委員から、「使用者が欠席の場合は欠席裁定で構わない。裁判実務を預かっている

342　第Ⅱ部　個別的労働関係における現代的課題

者からは、調停と裁定は審理の重みや密度が違う。裁定となると何らかの判断をするために、争点・証拠整理等をしなければならない」旨の発言があった。これは裁定手続を迅速に進めるには、不確定な事項（同意等）を要件とすべきではないことを示唆した発言と受け止ることができた。

c　中間的とりまとめとパブリック・コメントへ

　第26回検討会（8月8日）では、事前に次の中間的取りまとめ（案）（資料177）が各委員に示され、その内容の確定のための議論が行われた。

「中間的取りまとめ（案）」

第1　はじめに（略）

第2　専門的な知識経験を有する者の関与する新たな紛争解決制度（労働審判制度）の導入

　裁判所（注1）における個別労働関係事件（注2）についての簡易迅速な紛争解決手続（注3）として、労働調停制度を基礎としつつ（注4）、裁判官と雇用・労使関係に関する専門的な知識経験を有する者（注5）が当該事件について審理し、合議により、権利義務関係を踏まえつつ事件の内容に即した解決案を決するものとする、新しい制度（以下、全体として「労働審判制度」と仮称する。）（注6）を導入することはどうか。（注1〜7）（略）

第3　労働関係事件の訴訟手続のさらなる適正・迅速化について

　労働関係事件について、より適正かつ迅速な裁判の実現を図るため、実務に携わる裁判官、代理人である弁護士等の関係者間において、今般の民事訴訟法の改正等を踏まえ、計画審理、定型訴状等の在り方をはじめ実務の運用に関する事項についての具体的な協議を行う等により、訴訟実務における運用の改善に努めるものとすることはどうか。（注1）（注2）（（注1）（注2）略）

第4　労働委員会の救済命令に対する司法審査の在り方について（略）

まず新制度の名称について、石嵜委員・矢野委員が「労働調停・審判制度」

労働審判制度の誕生　343

を強く主張した。しかし最終的には春日委員が座長一任を提案し、特に異議もなく了承された。また、第2の（注4）に「訴訟手続との関連等」が追加され、第3の（注2）の、「労働関係の終了に関する事件」に関する意見中に、「本案訴訟の迅速化、計画審理の原則化等」が追加された。そして、この「中間的とりまとめは」、2003年8月15日に、同年9月12日を期限としてパブリック・コメントに付されることになった。

2）最後の攻防から労働審判制度の制度設計へ（第27回〜第31回）

　第27回（9月19日）では、パブ・コメの結果が報告された（106件、うち個人：79件、団体37件）。新制度導入については積極的な意見が多く、検討会で議論中の細かい論点に及ぶ意見もあり、関心の高さがうかがわれた（資料195）。検討会では、新制度設計のために必要な10の論点（資料192）について、順次議論が進められた。論点1（1）の解決案の内容と当事者の意向については、解雇無効の際の金銭解決案が議論され、<u>申立ての趣旨（意向）に反する解決案は不相当</u>との意見が大半をしめた（民調法17条、現在の実務にも参考となろう）。論点2の解決案の効力について、審判の効力を失わせる方法として、提訴か異議か、が議論となったが、この時点では相手方に負担の重い提訴説が多数意見であった。

　難問は、論点4の手続進行についての相手方同意の要否、であった。

　これは論点6「訴訟との連携」とも関連し、「入口論」「出口論」として意見が鋭く対立し、最大の障壁となった。もともと経営側の主張は、あくまでも労働調停がメインであるため、手続進行に相手方の同意を要するとの意見となり、石嵜委員・矢野委員から強力に主張された。これに対して、労働側はもちろん、研究者委員（春日、村中、山川委員）からも反論が続き、山口委員も「中間的とりまとめの経緯からも、同意要件は筋が違う」と主張した。しかし、経営側が孤立したまま議論は平行線をたどり、第28回検討会（10月6日）でも妥協点が見いだせない状況となった。このまま推移し合意が見出されないと、時間切れとなって、これまでの努力が無に帰してしまう。そこで日弁連労働法制委員会では、この最後の危機を打開するため、急きょ「全体委員会」（10月22日）を招集、熱い議論の末、次の委員会の合意を得て、

労働検討会の対応は正副委員長一任、となった。

> 委員会の合意：【労働審判制度設計について（骨子）】
> 1　労働審判の申立があれば、相手方の意向にかかわらず手続を進行させ、原則として、調停による解決か、審判による解決案の決定まで進むものとする。
> 　但し、当該事案の性質上、審判手続によることが適当でないと認められる場合には、解決案の決定をしないことができる。
> 2　解決案の効力については、不服のある当事者が異議を述べることにより失効するものとする。なお、その際、訴訟との適切な連携のための仕組みを工夫すべきである。

　第29回労働検討会（10月31日）では、石嵜委員が上記労働法制委員会での議論の経過や結論について報告をした。次いで矢野委員は、「手続の進行に当たっては当事者の意向に依拠すべし」とする持論を展開しつつも、「日弁連労働法制委員会の意見が出されたが、それをきちんと出して頂いて、私ども検討することはやぶさかではない」との意見を述べた（なお上記労働法制委員会の文書は、第30回（11月26日）検討会に参考資料として提出した）。

　なおこの但書（民調法第13条を参考としたもので現行労働審判法24条）については、鵜飼委員が、「当事者が多数で事案が複雑など3回以内の解決が困難」なレアケースに限定されるべき、との提案の趣旨を述べた。その後、村中委員、山川委員、山口委員らの活発な議論が交わされた（なお、この内容と経緯は、施行後20年間の検証と今後を検討する上で、参考になると思われるので議事録を一読されたい）。

　これによって、最後の危機が乗り越えられ、第30回労働検討会（11月26日）では、菅野座長から「労働審判制度（仮称）の制度設計の骨子（案）」が提示された。うち「第1　手続の進行」及び「第2　解決案の効力」は、上記日弁連意見とほぼ同旨であるが、未だ不確定であった「第3　訴訟手続との連携」につき、「解決案に対して異議が申立てられた場合には、労働審判の申立てがあったときに訴えの提起があったものとみなす」と、訴訟への円

滑な連携が担保された。

これでようやく労働審判制度について労使を含め全員一致の合意が成立し、同年 12 月 19 日の第 31 回労働検討会で「労働審判制度（仮称）の概要」（資料 213）が決定された。

3）労働審判制度の誕生

労働審判制度は、推進本部事務局中心に「労働審判法案」が策定され、2004 年 3 月 2 日閣議決定、国会上程を経て、衆・参院全会一致で可決成立、同年 5 月 2 日公布となった。最後の第 32 回労働検討会は、その 2 か月後の 7 月 27 日に開かれた。

それまで裏方に徹していた定塚誠最高裁行政局第一課長は「労働審判員推薦スキーム」の説明に際して、この制度により「法規範に従って企業内で自主的に紛争を解決する仕組みが定着すること」と「きちんと 3 回の審理がおこなわれることで民事訴訟全般に大きな変革をもたらすこと」への期待を熱く語った。また高木委員は、「各労働団体との合意・調整や研修スキームを通して、できるだけ高いレベルの審判員を推薦できるように責任を果たしたい」と発言した。さらに矢野委員は、「時代の必要性から生まれたよい制度ができた」「労使の合意の成果である」とし、「何とか軌道に乗せて定着させたい」と経営側の覚悟を述べたのである。

そして山崎潮事務局長から「2 年半にわたり 32 回というすごい回数」、「仏はつくられた、これからはどう魂をつめていくかだ」と挨拶があり、最後に菅野座長が「労働審判制度は、初めて 1 年ぐらいは、こういう制度が生まれるとは、どなたも、私自身も考えていなかったのを、一生懸命議論を尽くした上で、みんなの協力によってつくり出したもので、これが今後の労働関係の紛争解決の一つの中心的な制度として発展していけば、私達としてはこれ以上の幸せはないという気がしております。」と挨拶した。

この言葉には、検討委員や関係した全員の想いが凝縮されているようであった。

3　制度の成長と労働裁判闘争の前進のために

　労働審判制度は、このようにして誕生した。これは、推薦母体が異なる
11 名の委員が、激論を交わし、最後には時代と社会の要請に応え個人とし
て決断した賜であった。そしてこれこそが参審制や民主主義の精神を自ら実
証したものといえるであろう[6)]。

　当初本稿は、施行後 20 年の検証と課題にも言及する予定であった。しか
し、司法制度改革審議会の審議や 32 回の労働検討会の議事録・資料に当たっ
ているうちに、今こそできるだけ客観的な記録を残しておくべきだ、と考え
るようになった。この制度の成長と労働裁判闘争の前進のための議論や取組
みのきっかけになってくれればと願望している。

---

6)　「特集 1　労働法制の改革」自由と正義 55 巻 6 号（2004 年）14 〜 46 頁参照。

　　　　　　　　　　　　　　　　　　　　　　　労働審判制度の誕生　347

東京地裁労働部における最近の不当な判断について
──懲戒解雇事案の検討──

棗　一郎

はじめに

　今、東京地裁労働部の判決や判断がおかしい。うちの事務所（旬報法律事務所）で労働事件を多数扱っている中堅・若手中心の十数人の弁護士の誰に聞いても、「今の東京地裁労働部の裁判官の判断はおかしい。」「これまでだったら、当然使用者側の責任を認めて労働者側が勝利していたような事件でも負かされてしまう。」「今の東京地裁労働部で判決をもらいたくない。」などといった声ばかりである。

　このような批判の声は、うちの事務所だけではない。日本労働弁護団の事務局や幹事を務める弁護士も同じ意見である。昨年12月常任幹事会で、先輩弁護士は、「有期雇用の雇止め事件で東京地裁労働部からとんでもない判断をされた。更新を期待する直接的な十分な証拠がないと合理的期待がないとする。合理的期待を根拠づける諸事情についてはほとんど無視をする、形式的に切りすてる姿勢だった。」と憤っていた。知り合いの使用者側の弁護士でさえ、「今の東京地裁労働部で裁判を受ける労働者側は大変ですね。」と同情していた。部総括、裁判長クラスの裁判官の判断まで労働事件に対する見識が問われるようなことになっている。筆者は労働側専門の弁護士（労働弁護士）として30年労働事件を東京地裁の法廷や労働審判廷などで闘ってきたが、こんなことは初めての経験である。全員の裁判官がそうというわけではないが、あえて誤解を恐れずに言うなら、「確信的な使用者側」と言いたくなるような状況である。横浜地裁労働部（第7民事部）や千葉地裁の方がよほど中立公平である。

　思い出すのは、もう24年前の2000年頃に東京地裁労働部の若手の裁判官

348　第Ⅱ部　個別的労働関係における現代的課題

たちが「解雇は本来自由」だという趣旨の仮処分命令や判決を出して、労働
側が解雇事件で8連敗したことである。あの時は、労働弁護団だけでなく労
働組合も全潮流を超えて東京地裁労働部の判決に批判の声を上げ、東京地裁
を労働者の人間鎖で囲んだことがあった。今、これまでの東京地裁労働部の
労働事件に対する常識的な判断や基本的なスタンスが変わったとしたら、労
働側にとって由々しき事態である。

　本稿では、筆者が直近に代理人を務めて終了した2件の懲戒解雇事件を例
にして、懲戒（解雇）事件に関する判例・通説と比較し批判的に検討し、上
記のような状況が起きている要因を探ってみたい（1件目の事件は筆者の労働
事件の師匠である大先輩の徳住堅治弁護士と一緒に闘った事件である）。

1　懲戒解雇の有効性に関する従来の通説・判例

　まず懲戒解雇の有効性に関するこれまでの通説・判例の基本的な考え方と
労働契約法15条（懲戒）の解釈について、簡単に整理してみる。

（1）労契法15条の趣旨

　同条は、懲戒処分について、「使用者が労働者を懲戒することができる場
合において、当該懲戒が、当該懲戒に係る労働者の行為の性質及び態様その
他の事情に照らして、客観的に合理的な理由を欠き、社会通念上相当である
と認められない場合は、その権利を濫用したものとして、当該懲戒は、無効
とする。」と定めている。この規定は、懲戒処分に対する法的規制の中でも、
いわゆる懲戒権濫用の要件と効果を明示することによって、懲戒権の濫用的
な行使を防ぐことを目的とする趣旨である[1]。

　一般的に、日本の企業・使用者は、就業規則で業務命令違反や職場規律違
反などの労働者の非違行為に対して懲戒処分を規定していることが多い。非
違行為は労働契約上の義務違反として債務不履行になりうるが、民法上、債
務不履行に対する使用者の対抗手段としては損害賠償請求（民法415条）か

---

1)　西谷敏＝野田進＝和田肇＝奥田香子編『新基本法コンメンタール労働基準法・労働契約法』（日
本評論社、2020年）389頁（水町勇一郎）。

契約の解除（同 627 条）に限られ、あらゆる懲戒事由に対して使用者が労働者に損害賠償の請求をするのは現実的ではないし、解雇は解雇権濫用法理（労契法 16 条）によって大幅な制限が加えられていることから、雇用関係を維持しつつ、労働者の非違行為に対抗する手段として、契約上の制裁罰である懲戒処分が行われているといいうる[2]。

（2）使用者の懲戒権の根拠と客観的判断、労働者の基本権保障

懲戒権の根拠について、最高裁判例はかつて固有権説に近い立場に立つと理解されていたが、近時の最高裁判決は、「使用者が労働者を懲戒するには予め就業規則において懲戒の種別及び事由を定めておくことを要する」[3] とし、「使用者の懲戒権の行使は、企業秩序維持の観点から労働契約関係に基づく使用者の権能として行われるものである」[4] と判示しており、契約権説的な立場に移行していると解されている[5]。

企業秩序維持の観点とは、最判は、「労働者は、労働契約を締結して雇用されることによって、使用者に対して労務提供義務を負うとともに、企業秩序を維持すべき義務を負い、使用者は、広く企業秩序を維持し、もって企業の円滑な運営を図るために、その雇用する労働者の企業秩序違反行為を理由として、当該労働者に対し、一種の制裁罰である懲戒を課することができるものである」[6] としている。

しかし、事業の円滑な運営に対する支障やそのおそれの理解の仕方によっては、企業秩序遵守義務が無限定な形で拡大する可能性があり、そもそも労働者が同義務により、「企業の一般的な支配に服するものということはできない」[7] から、少なくともここでいう「おそれ」の存在は客観的に認められなければならない。これに加えて、労働者の企業秩序遵守義務違反の成否を判断する際には、労働者の基本権保障に対する考慮も問われるべきである。

---

2)　村中孝史＝荒木尚志編『労働判例百選（第 10 版）』（有斐閣、2022 年）106 頁（52 事件）。
3)　フジ興産事件・最二小判平 15.10.10 労判 851 号 5 頁。
4)　ネスレ日本事件・最二小判平 18.10.6 労判 925 号 11 頁。
5)　西谷ほか編・前掲注 1 ）390 頁（水町）。
6)　関西電力事件・最一小判昭 58.9.8 労判 415 号 29 頁。
7)　富士重工業事件・最三小判昭 52.12.13 民集 31 巻 7 号 1037 頁。

例えば、表現の自由（憲法 21 条）や団結権・団体行動権保障（憲法 28 条）などには十分な考慮がなされていることが必要である[8]。

（3）罪刑法定主義類似の諸原則

　最判がいうように、「使用者の懲戒権の行使は、企業秩序維持の観点から労働契約関係に基づく使用者の権能として行われるものであるが、就業規則所定の懲戒事由に該当する事実が存在する場合であっても、当該具体的事情の下において、それが客観的に合理的な理由を欠き、社会通念上相当なものとして是認することができないときには、権利の濫用として無効になる」と解される[9]。

　このように、懲戒処分は企業秩序を維持ための一種の制裁罰としての性格をもち刑事処罰と類似性をもつことから、罪刑法定主義類似の諸原則を満たすものでなければならないと解されている。特に、懲戒解雇処分は、使用者の定める懲戒処分の中でも最も重いものであり、解雇予告・予告手当もなしに即時解雇となり、一般的には退職金の全部又は一部が不支給となり、また「懲戒」の名が付されることによって企業秩序違反（規律違反）に対する制裁としての解雇が明らかにされ、労働者にとって再就職の重大な障害となるという極めて大きな不利益を伴う[10]。雇用関係における「極刑」ともいうべき処分である[11]。

　したがって、懲戒解雇の効力の判断に当たっては、企業秩序維持の観点から、懲戒処分の対象の範囲、懲戒解雇理由の厳格な解釈および就業規則に明定された懲戒解雇事由の該当性とその客観的合理性、当該処分の社会通念上の相当性についてそれぞれ厳格な解釈と判断をしなければならない。そして、懲戒処分の法的性質は使用者があらかじめ就業規則に定めた職場の秩序維持のための制裁であり、使用者が労働者に対して一方的に処罰を課して、上記のように労働者に重大な不利益を与えるものであるから、少なくとも懲戒解

---

8)　村中孝史＝荒木尚志編『労働判例百選（第 9 版）』（有斐閣、2016 年）107 頁（51 事件）。
9)　ネスレ日本事件・最二小判平 18.10.6 労判 925 号 11 頁。
10)　菅野和夫『労働法（第 12 版）』（弘文堂、2019 年）706 頁。
11)　荒木尚志『労働法（第 5 版）』（有斐閣、2022 年）530 頁。

雇に該当する事実があることについての主張立証責任は使用者側にあると解される。このように、特に懲戒解雇処分は解雇事件の中で最も厳格に解釈判断をしなければならないはずなのに、東京地裁労働部の判断はこの点が緩すぎると思う。

そして、懲戒処分の有効性を判断するための基準となる罪刑法定主義類似の諸原則とは、①使用者が労働者を懲戒するには、あらかじめ就業規則において懲戒の種別及び事由を定めておくことを要する[12]（懲戒の種別・事由の明定）。②懲戒規定をその作成・変更時点より前の事案に遡及して適用してはならない（不遡及の原則）。③また、使用者が懲戒処分当時認識していなかった非違行為は、当該懲戒処分の理由とされたものではないから、特段の事情がない限り、事後的に懲戒処分の理由として追加主張することはできない[13]。④同じ事由について繰り返し懲戒処分を行うこともできない（一時不再理の原則）。さらに、⑤懲戒処分を行うにあたっては適正な手続きを踏むことが必要であり、本人に対して懲戒事由を告知して弁明の機会を与えることが必要であり、このような適正手続きを欠いた懲戒権の行使は無効となる[14]。

さらに、他の人と比べて同じ懲戒規定に同じ程度に違反した場合には、これに対する懲戒処分は同種、同程度であることを要する（平等取扱いの原則）。また、懲戒処分の重さが職場規律（職場秩序）違反の種類・程度その他の事情に照らして相当であることを要する（相当性の原則）。懲戒処分の対象となった行為の企業秩序侵害の程度と具体的な懲戒処分との刑の均衡がとれていなければならないのである。

（4）労契法15条の定める懲戒権濫用の要件

同条の「当該懲戒に係る労働者の行為の性質及び態様その他の事情に照らして」の要件の「行為の性質」とは、懲戒事由となった労働者の行為そのものの内容を指し、「態様」とはその行為がなされた状況や悪質さの程度な

---

12) フジ興産事件最判・前掲注3）。
13) 山口観光事件・最一小判平8.9.26労判708号31頁。
14) 西谷ほか編・前掲注1）391頁（水町）、水町勇一郎『詳解労働法（第3版）』（東京大学出版会、2023年）598頁。

どを指すものと解される。「その他の事情」としては、労働者の行為の結果、企業秩序に対しどのような影響があったか、労働者側の情状として過去の処分歴や非違行為歴、反省の有無・態度などの事情であり、使用者側の対応として他の労働者の処分との均衡や行為から処分までの期間などが考慮される[15]。

特に、非違行為の結果企業秩序に対しどのような影響があったか、行為の時点から懲戒処分までの期間の経過による企業秩序は回復しているか[16]といった観点は重要である。

2 上野学園大学懲戒解雇事件判決[17]の検討

（1）本件の事案の概要と争点

原告は 2013 年 4 月に被告上野学園大学の音楽学部准教授として就職したあと教授になり、西洋音楽史と演習、音楽学概論、歴史学、ラテン語を教えている。被告の音楽学部の卒業生には、世界的なピアニストである辻井伸行氏やシャンソン歌手の宇野ゆう子氏などが活躍している。

本件は、2020 年 1 月 6 日、原告が被告の「115 周年記念誌」に応募し編集委員会に投稿した論文（「本件論文」）に不正があるとして（なお、原告が最初に投稿した論文は字数オーバーのため「分割版」を再提出した）、同年 2 月 3 日、第 4 回編集会議で本件論文の不掲載を決定した。この間に、原告は編集委員会へ本件論文の掲載がどうなっているのか問い合わせをしたが、編集委員会から応答がなく、本件論文は不採用となり、同時にコンプライアンス委員会に通報され、その後懲戒解雇となった事案である。編集委員会は原告の本件論文を査読に掛けることもなく、一度も原告と連絡を取らないまま論文不掲載を決めた。

編集長（当時の学長）が抱いた本件論文の研究不正の疑いとは、本件論文にお

---

15) 西谷ほか編・前掲注 1）391 ～ 392 頁（水町）、荒木尚志＝菅野和夫＝山川隆一『詳説労働契約法（第 2 版）』（弘文堂、2014 年）144 頁以下。

16) ネスレ日本事件最判・前掲注 9）。

17) 東京地判令 5.5.22（民事第 11 部）判例集未登載。

東京地裁労働部における最近の不当な判断について　353

ける「Sebastian Virdung（セバスチャン・ヴィルドゥング）の『生涯』に関する章が、Virdung のほぼ唯一の先行研究である Beth Bullard（ベス・バラード）の該当章『A biography』から、本文の大部分と注訳の半数以上を無断翻訳流用している事実」があるということである。

　本件の懲戒解雇事由は、「本件論文には、**著作権法第32条が定める「引用」の要件を満たしておらず**、また、本学園コンプライアンス・マニュアル「Ⅳ．遵守事項」の「2．研究等に係る不正の防止」の「(4) **盗用してはならない。他の研究者のアイデア、研究結果、論文等を無断で使用してはならない。**」との規定に抵触する**無断転載の箇所が多数見られる**。」というものである。すなわち、本件懲戒解雇理由は、①著作権法32条の「引用」の要件を満たしていないこと、②他の研究者のアイデア、研究結果、論文等の盗用禁止の規定に抵触し、無断転載の箇所が多数あることの2つである。

（2）東京地裁判決

　一審判決は、上記争点②について、本件論文は、「バラードの著作を適切な表示なく流用している箇所が分割版の第1—1節〜第1−2−2節の過半を占め、これらの中に原告独自の研究成果といえる部分はほとんど見出し難い」「ことからすれば、流用行為の悪質性の程度は著しい」（判決21頁、22頁）とした。そして、原告が、編集委員会の役割について、適正かつ公平・透明な査読等の審査を行わず、原告と一度もコミュニケーションを取らずに本件論文の不掲載を決め、それだけでなくコンプライアンス委員会へ一方的に通報したことには、編集委員会の役割を放棄した決定的な瑕疵があると主張したのに対して、一審判決は「適切な表示なく流用されている箇所が過半を占めている」点をも考慮すれば、「不適切な点を修正することにより本件記念論文集への掲載が可能になるとは考え難く」（同判決22頁）とし、さらに、「本件論文について就業規則22条4項及び本件マニュアルの本件規定の違反を疑うべき事態であったと認められるから、編集委員会が原告の確認等を得ることなく本件論文の不掲載を決定したことに不相当な点はなく、コンプライアンス委員会に通報したことについても、コンプライアンス規程10条1号、2号に照らし、不適当であったとは認められない。」（同判決22〜23頁）として、

結論として本件懲戒解雇は懲戒権の濫用に当たらず有効であるとしている。

（3）一審判決批判

　この事件は、徳住弁護士と一緒に担当した事件であるが、証人尋問が終わって、編集長の反対尋問で被告の主張は崩したと思っていたら、裁判官から上記の判決のような心証を開示されたので、徳住弁護士と筆者は、「裁判所の判断にはとても納得できない。控訴して最高裁まで徹底して闘いますから。」と宣言した。

　以下の理由により、一審判決は不当な判決である。

1）2つの懲戒事由のうち1番目の事由を全く判断していない

　一審判決は、「被告の主張」として、本件論文の「全体版は、複数の箇所において著作権法32条の引用の要件を満たしておらず、また、原告は、本件規定より禁止されている盗用を行ったものであるから、就業規則55条1項5号の懲戒事由が認められる。」（判決7頁イ）と整理しており、被告は第1審の審理経過でも証人尋問においても、本件論文は著作権法32条違反の懲戒解雇事由に該当すると主張し続けていた。

　ところが、一審判決は、被告が本件懲戒解雇事由として第1に挙げている「著作権法32条の要件を満たさない」という懲戒事由についてまったく検討すらしておらず、判断が抜け落ちている。一審判決は2つの本件懲戒解雇事由のうち被告が第1の理由として挙げている著作権法32条違反の事由を認定していないので、これでは全く説得力がない。仮に、本件論文には著作権法32条違反はなく、被告が挙げた第1の懲戒事由が否定されたならば、本件懲戒解雇の効力が大きく減殺されるはずである。

　本件訴訟において、著作権法32条違反について、著作権法の研究者である早稲田大学の上野達弘教授に「鑑定意見書」を書いてもらい裁判所に提出した。上野教授の鑑定意見書によると、本件論文が参照しているバラード本（先行研究）の該当箇所「ヴィルドゥングの生涯」はそもそも著作権法上の「著作物」（同法2条1項1号）に該当せず、32条違反の問題は起こりえない。すなわち、著作権法によって保護される「著作物」とは、「**思想又は感情を創**

作的に表現したものであって、芸術、学術、美術又は音楽の範囲に属するもの」（同法2条1項1号）であり、「思想又は感情」それ自体は著作権保護の対象にならず、それを創作的に「表現」したものが著作権保護の対象となる（「鑑定意見書」2頁）。したがって、本件のバラード本の対象箇所「ヴィルドゥングの生涯」は歴史的事実を記載したものであり、思想又は感情を創作的に表現したものではないから、著作権法の保護の対象となる著作物には当たらない。したがって、本件論文は①の懲戒解雇理由に該当する事実がないということである。この点を一審判決は全く検討していないのは不当である。

2) 大学の秩序の維持という観点からも相当性がない

次に、懲戒処分は企業秩序、本件では上野学園大学の秩序維持のために使用者に与えられた権能であるが、一審判決は大学の秩序維持の観点からも不当である。すなわち、総論で述べたように、企業（大学）の秩序遵守義務が無限定な形で拡大する可能性があり、そもそも研究者には学問の自由が保障されているのだから（憲法20条）、同義務により大学に雇用されている研究者は「大学の一般的な支配に服するものということはできない」から、少なくとも学問・研究の秩序維持に対する支障やそのおそれの存在は客観的に認められなければならない。学長や理事長の個人的な見解や恣意によって懲戒処分がなされ、同大学の教員の自由な研究が侵害されてはならないのである。

そのことを前提に、本件論文の不正のおそれを検討すると、本件論文が他者の先行研究の成果を盗用ないし無断使用・転載の疑いがあると編集長や編集委員会が疑問を抱いたならば、それが公表され刊行される前に、編集委員会がその不正の疑いを吟味して払拭する重要な役割を負っているはずである。そのために、編集委員会による当該論文の査読と意見、執筆者との意見交換などの編集プロセスがある。これはどんな学会でも同じである。

ましてや本件論文はまだ編集委員会に投稿された段階の未発表の論文であり、編集委員会以外の第三者が認知する前であるから、大学の秩序が侵害されたわけでもないし、具体的な支障が出たわけでもない。この段階で、編集委員会は疑問を抱いたというのであるから、原告に対して修正意見を述べて大学の秩序維持に対する支障のおそれを払拭すれば良かったはずである。に

もかかわらず、編集長や編集委員会は本件論文の査読も行わず、修正意見も出さず、原告と一度もコミュニケーションを取らないまま、一方的に記念誌への不掲載を決めただけでなく、同時に大学のコンプライアンス委員会へ通報して原告への懲戒処分のプロセスを開始したのである。

このように、被告は懲戒権を行使する前に大学の秩序維持を図る機会を自ら放棄し、ことさら原告を大学から排除するために懲戒解雇したのであり、原告に編集委員会で意見を述べて本件論文を修正し改善する機会も与えなかった。原告が過去に論文不正を繰り返していたというのならばともかく、原告には一度も懲戒処分歴はなく、これまで論文不正の疑いを持たれて大学の研究秩序を乱したこともない。それなのに、いきなり労働者にとって極刑である懲戒解雇処分にして大学から排除するのは社会的相当性を欠くものである。本件では、大学の秩序維持の観点から原告に対し懲戒解雇処分のような重い処分を行うことを必要とするような状況になかったものということができる。これまでの東京地裁労働部なら、このような懲戒解雇の効力を認めるような判断はしなかった。

3）日本音楽学会他の研究者からの批判

さらに、一審判決は、日本音楽学会やその他学会の研究者からも強い批判を受けた。本件訴訟では、日本音楽学会やその他の学会の研究者が多数の意見を寄せていただいて、中でも日本音楽学会の学会誌『音楽学』の編集長を務めている東京藝術大学音楽学部の教授や桐朋学園大学音楽学部の教授が意見書を作成し陳述書として裁判所に提出してもらった。また、本件の控訴審においても、東京大学名誉教授・東京音楽大学音楽学部特任教授や慶應義塾大学文学部教授が意見書を作成し提出してもらった。それらの意見書の結論は、本件論文が先行研究の剽窃や盗用などには当たらず、編集委員会が原告と一度もコミュニケーションを取らずに論文不正と決めつけたのは編集委員会の役割を放棄しており、通常の論文編集手続きではありえないとの意見である。私が意見を聞いた研究者の全員が同様の意見であり、本件論文を理由に原告を懲戒解雇することは許されないとの意見であった。

（4）結論

　当然のことであるが、原告は控訴して一審判決を徹底的に批判する控訴理由書を提出した。東京高裁の心証は、懲戒事由は認められるとしても懲戒解雇までできるのかという相当性のところに疑問を持っているとのことであった。つまり、前記総論で述べた「非違行為と刑の調和・バランス」が悪いので、本件懲戒解雇処分の社会的相当性に疑問があるということである。

　そこで、原告としては、被告が本件解雇通知を撤回し、原告が合意退職をするという内容の裁判上の和解を成立させた。その和解条件として、今後も本件を日本音楽学会やその他の学会で議論することができるように、守秘義務条項の対象を「本件和解の内容」に限定し、本件紛争の経緯、交渉や裁判での審理経過などは全て話せるようにした。ゆえにこのような批判的な論考も書けるのである。

3　城西国際大学学生課長懲戒解雇事件[18]

（1）本件の事案の概要と争点

　本件は、被告城西国際大学において事務職員として勤務していた原告が、2022年6月3日付けで懲戒解雇されたことから、懲戒解雇事由に該当する事実がないこと、懲戒権の行使が権利の濫用に当たるため、本件懲戒解雇が違法・無効であるとして、被告に対して労働契約上の地位確認と賃金の支払いを求めた事案である。

　原告は、1996年4月に被告に入職し、26年間事務職員として勤務してきた。原告は各学部事務室の事務長（課長）を歴任し、2017年4月から2020年7月までは学生部学生課の課長の地位にあった。課長（事務長）は、事務方のトップである事務局長に次ぐ職位であった。同年8月から内部監査室・主任内部監査スタッフ（課長待遇）となった。この職歴を見ても、原告は被告から管理職としての能力を高く評価されていたといえる。原告は、本件懲戒解雇になるまで、その職務及び職責について厳重な注意や戒告その他懲戒処分

---

18)　判決を回避して、和解で終わらせた。

などを受けたことは一度もなかった。

　本件の争点は、本件懲戒解雇の有効性である。被告の「処分説明書」によれば、原告の以下の3つの行為が懲戒解雇事由である。

1）ハラスメント行為（「本件懲戒解雇事由①」）

ⅰ）学生課長であった2018年4月頃から2020年4月頃にかけて、学生課長の地位において、部下B_1に対して、大声で叱責・恫喝するなどの攻撃的言動を執拗に繰り返し、強度の精神的圧迫を加え続けることにより、B_1に精神疾患を発症させ、執務不能のため休職に至らしめた。

ⅱ）学生課長の地位において、部下B_2に対して、仕事を教えずに叱責を加えるような理不尽な仕打ちや、大声で叱責・恫喝するなどの攻撃的言動を執拗に繰り返し、強度の精神的圧迫を加え続けることにより、B_2に精神疾患を発症させ、療養のため長期の欠勤に至らしめた。

ⅲ）B_3ないしB_{11}に対し、その上司として、上記と同様の行為を常習的に繰り返し、精神疾患を発症させるなどして、いずれも退職に追い込んだ。

2）硬式野球部の部費の管理に係る事項（「本件懲戒解雇事由②」）

学生課長として、野球部の会計を管理・統制する職責を怠り、野球部に部費の収支に関する報告を求めず、監督による不正な飲食費の支出を許した。

3）その他（「本件懲戒解雇事由③」）

学生課長の職にありながら、自ら学生支援給付金の事務処理を誤り、誤振込の事故を生じさせ、大学の信用を毀損するとともに、その事後処理のために職員らに多大な負担を課した。

（2）裁判所の判断

　本件は、まず労働審判を申し立て、審理の結果、労働審判委員会は本件懲戒解雇は権利濫用であり無効だと判断して、労働契約上の権利を有することの地位確認とバックペイの支払いを命じた。ところが、被告から異議が出され通常の訴訟に移行し、争点を整理し、証人尋問を行った後に、和解期日に

おいて裁判官が開示した心証は、「原告のパワハラは認定できる。」という原告側に不利なものであり、退職和解の条件を検討するように言われた。労働審判とは逆の結論であり、証人尋問の結果も踏まえて、原告代理人としては全く納得できないと抗議した。結論として、本件は判決には至らず、裁判上の和解で終了した。

（3）裁判所の判断に対する批判的検討

1）原告の裁判所に対する意見書

裁判官の上記心証が開示された後に、原告としては以下のような反論書を裁判所に提出した。

「本件は懲戒解雇ですから、あらゆる解雇の中で最も重い秩序罰としての処分なので、懲戒解雇事由に該当する事実の主張立証責任は使用者側にあり、懲戒権・解雇権の濫用にならないか客観的な合理性と社会的相当性を厳格に判断しなければならないことは言うまでもありません。

そのことを前提として、本件の懲戒解雇事由は、パワハラの他に野球部の部費の管理不行き届きと学生管理システムの独占、学生に対する給付金の過誤払いのミスがありますが、被告はパワハラの被害者とされる2人の人証申請しかせずに、その他の3つの懲戒事由の立証は放棄しておりパワハラ以外の懲戒事由は認定できません。大きく3つの懲戒解雇事由のうち2つが落ちていることは、本件懲戒解雇の効力を否定するに足りる重大な事実です。

さらに、本件の証人尋問で明らかになったことは、B_1に対するハラスメント行為は原告だけではなく学生課の職員全員が敵のような状況だったと本人が証言されました。原告だけに責任を負わせることはできないと思います。

また、B_2も原告からのハラスメントを人事課長に相談したが、我慢しろと言われたか、何も対応してもらえず放置されたと証言されているので、本件は大学側（使用者側）の落ち度もあって原告だけに一方的に責任を負わせ、懲戒解雇によって大学の職場から排除することができるのか極めて問題です。使用者側の責任も問われる事案だと思います。

さらに、原告は長い勤務歴の中で一度も懲戒処分を受けたことがなく、本件では事前に注意・指導、改善の機会を与えられることもなくいきなり極刑

である懲戒解雇を通告されています。この点は本件懲戒解雇が社会的相当性を欠くものといえます。

　したがいまして、原告代理人としては、本件懲戒解雇は客観的に見て合理性的理由に欠けており、社会通念上も重すぎる処分となっていて懲戒権の濫用として無効だと思います。原告が望むような上記のような水準の和解が難しいということになれば、判決を求め、控訴審でも争う覚悟です。」

２）懲戒解雇事由②と③に対する反論と被告の立証放棄

　本件懲戒解雇事由②について、原告が野球部に部費の収支に関する報告を求めていなかったことは事実であるが、そもそも各部の部費の管理・監査は学生課の業務ではない。過去に学生課が各部の部費の徴収や運用に関与したことはなく、それは原告が学生課長であった期間より以前も同様であった。歴代の学生課長は誰も処罰されたことはない。原告が被告から部費について何らかのチェックをするようにと指示を受けたことも一度もなかった。

　また、懲戒解雇事由③について、被告が主張する学生支援緊急給付金の誤振込は、原告は在職中何らその事実を聞かされておらず、本件裁判において提出された「顛末書」を見て、初めてその経緯を把握した。そもそも学生管理システムを事実上独占できる立場を確立したというが、他の職員も同システムを使って事務作業を行っていた。仕事にはミスが多く、部署の長として適切な事務処理体制を確保することをせずというが、在職中ミスを指摘されたことはなく事実ではない。

　本件は前記のように、大きく３つの懲戒解雇事由があるが、そのうち②野球部の部費の管理不行き届きと③学生管理システムの独占と給付金の誤振込について、被告は人証を申請せず立証を放棄したので、②と③の懲戒事由は認定できない。これは本件懲戒解雇の効力を否定するに足りる重大な事実であり、裁判所はそれを無視することはできないはずである。

３）懲戒解雇事由①ⅰ）に対する反論

　原告が「大声で叱責」をしたり「恫喝」をしたという事実はなく、いずれも通常の業務指導の範囲内の出来事であった。実際に B_1 が証人として証言

したが、同人に対するハラスメント行為は原告だけではなく学生課の職員全員が敵のような状況だったと証言した。原告だけに懲戒処分を行い、責任を負わせることはできない懲戒事由である。原告だけを処罰するのは、懲戒解雇の有効要件たる罪刑法定主義類似の平等取扱いの原則に反している。

　また、B₁は当時の人事課長に相談したが、「我慢しろ」というようなことを言われて何の対処もしてくれなかったと証言している。そうすると、被告においてはB₁から相談があった段階で、職場におけるハラスメントの対策を取り職場秩序回復の機会があったにもかかわらず、これを放置したというのであるから、職場秩序維持の関係で被告自身にも責任があるといわなければならない。

4）懲戒解雇事由①ⅱ）に対する反論

　原告がB₂に業務の進め方を教えなかったということもなければ、「自分で考えろ」または「勝手にやるな」などと発言したこともない。また、原告はB₂に対し、業務指導としてそのような趣旨の発言をしたことはあったかもしれないが、B₂を大声で怒鳴ったということもない。

　原告は声が大きいから、仮にB₂が大声で怒鳴られていると受け止めていたとしたら、被告からそのような業務指導を改めるように何らかの指摘や注意があれば、改善していたと原告は証言した。原告は本件懲戒まで過去に一度も懲戒処分を受けたこともないし、業務遂行に関して注意・指導を受けたこともないのであるから、改善の機会を与えるべきであった。

　B₂もB₁と同じように、原告からのハラスメントを人事課長に相談したが、「とりあえず頑張ってね」と言われ何も対応してもらえなかったと証言しているので、B₁と同じように、被告の人事課長自身が職場環境を改善し職場秩序を回復する機会を自ら放棄しているのであり、本件は被告側にも落ち度もあって原告だけに一方的に責任を負わせ、いきなり極刑である懲戒解雇によって職場から排除することは許されない。

　総論で述べた懲戒処分の罪刑法定主義類似の要件として、懲戒処分の重さが職場規律（職場秩序）違反の種類・程度その他の事情に照らして相当であることを要する（相当性の原則）が、本件懲戒処分の対象となったハラスメ

ント行為の企業秩序侵害の程度と一番重い懲戒解雇処分との刑の均衡がとれていない。

5）懲戒解雇事由①ⅲ）に対する反論

被告は原告が B₃ ないし B₁₁ に対し、その上司として、上記① i ）・ⅱ）と同様の行為を常習的に繰り返したというが、これらの行為はいずれも（B₃ を除き）2003 〜 2013 年にかけての出来事であり、本件懲戒解雇は 2022 年 6 月であるから、9 〜 19 年も前のことである。懲戒事由発生からいずれも相当長期間が経過しており、今更になって懲戒権を行使することは不当である。

また、被告が主張立証すべきは、B₃ ないし B₁₁ に対する原告のハラスメント行為があったか否かであるが、この点に関する客観証拠が存在しない以上、懲戒事由の存在が認められる余地はない。

原告はこれらの行為について、これまで一度も注意も指導も受けたことが無く、本件懲戒処分になってから初めて知った事由である。

長期間経過後の懲戒処分の有効性について、前掲・ネスレ日本事件最判は、管理職に対する複数の暴行事件や暴言、業務妨害等を懲戒事由とする懲戒解雇について、「本件各事件以降期間の経過とともに職場における秩序は徐々に回復したことがうかがえ、少なくとも本件諭旨退職処分がされた時点においては、企業秩序維持の観点からＸらに対し懲戒解雇処分ないし諭旨退職処分のような重い懲戒処分を行うことを必要とする状況にはなかった。」「本件各事件から 7 年以上経過した後になされた本件諭旨退職処分は、……本件各事件以外の超解雇事由についてＹが主張するとおりの事実が存在すると仮定しても、処分時点において企業秩序維持の観点からそのような重い処分を必要とする客観的に合理的な理由を欠くものといわざるを得ず、社会通念上相当なものとして是認することはできない。」として諭旨退職処分による懲戒解雇は権利の濫用として無効と判断した。本件の上記懲戒事由も 9 〜 19 年もの長期間が経過した後であるから、時の経過とともに職場秩序は徐々に回復しているということができ、しかも、本件の場合、被告は原告に対してハラスメントの事実を認識しながら一度も注意も指導もしていないというのであるから、懲戒解雇処分のような重い処分を必要とする合理的な理由を欠き

社会通念上も相当なものとはいえない。

おわりに

　以上、直近で筆者が経験した東京地裁労働部の懲戒解雇事件における判決と判断を批判的に検討したが、これだけではなく、例えば有期雇用の雇止めの事件や労働者性が争点の事件などでも、これまでの東京地裁労働部の常識的な判断では考えられないような判断をされた事件がある。

　冒頭でも述べたように、このような経験は筆者だけではない。全国の裁判所が注目している東京地裁労働部の労働事件に関する判断が変容し揺らいでいるとしたら、労働者・労働組合にとって由々しき問題である。裁判所の司法判断は時代の波があるとは思うし、今はほとんどの裁判官が「労働組合」の存在と活動実態など知らないという社会実態がある。裁判官といえどもしょせん「人」であり、「人」が判断するものであるから、同じ事件で全ての裁判官が同じ判断をするわけではない。しかし、もし仮に、裁判官に労働者や労働組合に対する偏見や思い込みがあって、これまでより厳しく考えて、それが社会通念上も正しいと思われているとしたら、より深刻である。

　使用者側に偏った判断や解釈、心証を持ったりする裁判官がいれば、それに対して、私たち労働側の弁護士一人ひとりが厳しく裁判官と向き合い、批判していかなければならない。20年前の「解雇自由8連敗」の苦い歴史の記憶が再現されないように、気を引き締めていかなければならない。

364　第Ⅱ部　個別的労働関係における現代的課題

第Ⅲ部

新たな働き方と労働法における現代的課題

フリーランス保護法の比較法的考察
——その構造と課題——

水 町 勇 一 郎

　2023 年 4 月 28 日にフリーランス保護法（「特定受託事業者に係る取引の適正化等に関する法律」。「フリーランス新法」とも呼ばれている）が成立し（同年 5 月 12 日公布）、2024 年 11 月 1 日に施行された。フリーランスに対する法的保護を定めた日本で初めての法律である同法は、比較法的にみると極めて特異な性格をもった法律である。本稿の目的は、同法が制定された背景と同法の構造を比較法的な観点から分析し、同法に内在する今後の課題を明らかにすることにある[1]。

1　背景——フリーランス保護法の2つの背景

　フリーランス保護法の制定の背景は、大きく2つある。

　1つは、非正規労働者の待遇改善の動きである。

　20 世紀後半のサービス経済化（第三次産業の拡大）のなかで、柔軟な雇用形態として短時間・有期・派遣等の非正規労働者が増加していった。欧州諸国では、1980 年代ころから、正規労働者（フルタイム・無期・直接雇用労働者）と非正規労働者間の格差を是正する法制度の整備がなされた[2]。日本では、

---

1)　本稿は、2024 年 6 月 2 日に京都産業大学で開催された比較法学会でのシンポジウム「プラットフォーム就業者の保護」における報告（水町勇一郎「企画の趣旨」、橋本陽子「EU 法・ドイツ法上の労働者概念について—プラットフォーム労働に着目して」、水町勇一郎「フランスにおけるデジタルプラットフォーム就業者の保護」、石田信平「イギリスの労働者概念—プラットフォーム就労における契約関係の分散化と細分化」、竹内（奥野）寿「アメリカ労働法における被用者概念及びギグワーカーの就労上の保護をめぐる法的動向」、多田英明「デジタルプラットフォーム就業者の保護—競争法の観点から」、水町勇一郎「日本法への示唆」）を基礎とし、日本のフリーランス保護法の特徴と課題について、水町が独立した論攷として執筆したものである。これらの報告は、以下に引用するように、比較法研究 85 号（有斐閣、2024 年）に掲載されている。

2)　例えば、フランスでは 1981 年法・1982 年オルドナンス、ドイツでは 1985 年就業促進法など

2008 年のリーマン・ショック後の派遣社員や契約社員を対象とした大規模な雇用調整（「派遣切り」「雇止め」）が社会問題として注目されたことを契機に、非正規労働者へのセーフティネットの拡大と待遇改善が進められた[3]。この非正規労働者の待遇改善の動きのなかで増加していったのが、業務委託労働者（contract worker）やフリーランス（freelance）と呼ばれる非「雇用」労働者である。非正規労働者によるコスト削減が相対的に難しくなるなかで、新たなコスト削減の対象として最低賃金法、労働基準法等の労働関係法規の適用がなく、社会保険（被用者制度）の保険料負担もない非雇用労働者の利用が広がっていったのである[4]。日本の「フリーランス実態調査」（内閣官房日本経済再生総合事務局が 2020 年 2 月から 3 月に実施）によると、フリーランスの数は 462 万人（本業 214 万人、副業 248 万人）に上るとされている。

　もう 1 つは、ビジネスとしてのデジタルプラットフォームの拡大である。「第 4 次産業革命」や「Society5.0」等とも呼ばれるデジタル化の進展のなかで、GAFAM（Google, Amazon, Facebook, Apple, Microsoft）に象徴されるプラットフォームビジネスが台頭し、世界のビジネスのあり方を大きく変えている。プラットフォーマーが提供する人工知能（AI）やビッグデータを駆使したアプリを利用して生産者、事業者と消費者等が直接つながるなかで、情報を収集し処理するコストは大幅に下がり、企業組織や社会構造のフラット化・ネットワーク化が急速に進んでいる。このデジタル化の進展に伴って、これまでは企業組織の内部に抱えられてきた労働力の外部化や事業者化が広がり、デジタルプラットフォームを通じて仕事を行うプラットフォーム就業者の数が増加している。例えば、EU では、域内に 2021 年時点で 2800

　が制定され、EU では 1997 年、1999 年、2008 年にパートタイム労働者、有期雇用労働者、派遣労働者に対する不利益取扱いを禁止した指令（1997/81/EC, 1999/70/EC, 2008/104/EC）がそれぞれ採択された（水町勇一郎『パートタイム労働の法律政策』〔有斐閣、1997 年〕など参照）。

3）　例えば、2010 年雇用保険法改正（雇用保険の適用対象の拡大）、2011 年求職者支援法（非正規労働者や無業者等への就職支援と生活支援）、2012 年労働者派遣法改正・労働契約法改正（派遣・契約社員の保護強化）、2014 年パートタイム労働法改正（パートタイム労働者の保護強化）、2015年労働者派遣法改正（派遣労働者の雇用の安定とキャリア形成促進）、2018 年働き方改革関連法（非正規労働者への不合理な待遇格差の禁止）などにより、法制度の整備が進められた。

4）　例えば、1998 年の ILO 第 86 回総会ではこの問題がテーマとなり、業務委託労働（contract labour）に関する報告書が提出された。

万人以上のプラットフォーム就業者が存在し（報酬総額では 5 年前の 5 倍に増加）、2025 年にはその数は 4300 万人（EU の労働力人口の約 2 割）に達すると推計されている。そのなかには、就業の実態は「労働者」であるにもかかわらず、業務委託等の契約形式で「個人事業主」として位置づけられている誤分類（misclassification）の問題が存在し、最低賃金を下回る低い就業条件や不十分な社会的保護の下で働いている者も少なくない。

　このような背景のなかで、社会的な保護が十分でない業務委託労働者（フリーランス）やプラットフォーム就業者が世界的に増加している。この動きは、労働法・社会保障法の基盤（適用対象）となってきた「労働者」概念（19 世紀後半以降の「工場労働」の特徴であった人的従属性に規定された概念）そのものに疑問を投げかけ、労働法・社会保障法制の根幹を揺るがすものとなっている。工場労働が想定していた他人から指揮命令を受け、行動を監督され、違反には制裁が科されるという典型的な人的従属関係とは異なり、自由にアプリに接続し、アルゴリズムやマニュアルによる指示を受け、行動の点数化によって評価・規律されるといった働き方（プラットフォーム就業の典型例）が広がるなか、①この新たな働き方が労働法・社会保障法の適用対象である「労働者」にあたるのか（この新たな時流に直面し「労働者」概念自体の見直しを図るべきか）、②これらの就業者のうち「労働者」に該当しない就業者に対しては社会的保護を及ぼさなくてよいのか（及ぼすべきだとすればいかなる保護か）が、今日の各国の労働法・社会保障法の最も重要な課題として浮上しているのである[5]。

2　構造——フリーランス保護法の経緯と特徴

　これらの問題（①「労働者」性、②「労働者」でない就業者への社会的保護のあり方）について、日本法は次のような対応をとっている。

---

5)　まさにこの点が、2024 年 6 月の比較法学会のシンポジウム（前掲注 1）参照）で考察の対象とされた。

（1）「労働者」概念をめぐる日本法の状況 [6]

　日本の「労働者」概念には、労働基準法・労働契約法上の「労働者」概念（労基法9条、労契法2条1項参照）と労働組合法上の「労働者」概念（労組法3条参照）がある。前者は人的従属性（使用従属性）を中心とした概念、後者は経済的従属性を中心とした概念である（一般に後者の方が広いと解釈されている）が、これらの判断要素は判例の蓄積により形成されたものであり、基本的要素と補充的要素が混在して複雑な様相を呈している [7]。

　これらの労働者概念をめぐり、プラットフォーム就業者の労働者性の有無を判断した裁判例は日本には未だなく、料理配達人（ウーバーイーツ配達パートナー）の労組法上の労働者性を肯定した労働委員会命令 [8]、商品配達員の労基法上の労働者性を肯定し労災保険法の適用を肯定した労働基準監督署長決定 [9] があるにとどまる。

　フリーランスおよびプラットフォーム就業者の「労働者」性をめぐる議論は、日本では大きく出遅れている。その最大の理由は、日本では新たな就業形態としてのプラットフォーム就業者をめぐる法的紛争（裁判所の判決等）が極めて少ないことにある [10]。欧米諸国では、多数の法的紛争が起き、「労働

---

6)　その歴史的経緯および参照文献等の詳細は、石田信平＝竹内（奥野）寿＝橋本陽子＝水町勇一郎『デジタルプラットフォームと労働法―労働者概念の生成と展開』（東京大学出版会、2022年）2頁以下〔水町勇一郎〕参照。

7)　そのほか、日本法における「労働者」概念の種類と異同の詳細については、東京大学労働法研究会『註釈労働基準法　上巻』（有斐閣、2003年）138頁以下〔橋本陽子〕、水町勇一郎『詳解労働法（第3版）』（東京大学出版会、2023年）26頁以下、川口美貴『労働法（第8版）』（信山社、2024年）57頁以下など参照。

8)　Uber Japanほか1社事件・東京都労委令4.11.25労判1280号19頁〔プラットフォームを利用して飲食物の配達業務を行う配達パートナーの労組法上の労働者性を肯定し、同人らが加入する労働組合が申し入れた団体交渉にウーバーイーツ事業を運営する事業者（プラットフォーマー）が応じなかったことは正当な理由のない団体交渉拒否にあたるとした〕。

9)　令5.9.26横須賀労基署長決定〔アマゾンジャパンの系列会社から業務委託を受け商品の配送を行っていた配達員（アマゾン配達員）の配送中の事故（階段から転落し腰椎圧迫骨折）につき、労基法上の「労働者」に該当するとして休業補償給付の支給決定をした〕。

10)　厚生労働省は、フリーランス保護法の施行に合わせて、2024年10月、「働き方の自己診断チェックリスト（フリーランスの方向け）」をHP上で公表した（https://www.mhlw.go.jp/content/001319631.pdf）。フリーランスの方が労働基準法上の労働者に該当するかを自己判断できるようにするためのチェックリストであるが、その判断基準は従来のもの（1985年12月19日労働基準法研究会報告「労働基準法の『労働者』の判断基準について」参照）を踏襲したものと

者」性を肯定する最高裁判決等が出るなかで、プラットフォーム就業者の「労働者」性をめぐる具体的な議論や法的推定方式の導入の検討など、議論が進展している（**3 (1)** 参照）。

（2）立法による対応

　日本では、フリーランス（業務受託個人事業者）を保護する立法として、上述のように、2023 年にフリーランス保護法が制定された（2024 年 11 月 1 日施行）。

　同法の制定以前から、中小事業主、一人親方等に対し任意加入を認めてきた労災保険法の特別加入制度の適用範囲を、自動車・自転車による運送事業、芸能活動など一定事業のフリーランスに拡大する制度改正が 2021 年以降行われてきた[11]。さらに、2024 年労災保険法施行規則改正によって、フリーランス（フリーランス保護法の適用対象とされる特定受託事業者）一般に労災保険特別加入制度の適用対象が拡大されることとされた[12]（2024 年 11 月 1 日施行）。

　2023 年に制定され 2024 年に施行されたフリーランス保護法は、①その適用対象となるフリーランスを、業務委託を受ける個人事業者（特定受託事業者）と定義し[13]、このフリーランスに業務を委託する事業者に対して、②経済法の観点から「取引の適正化」を図る措置（契約内容の書面等による明示、報酬の原則 60 日以内支払い、優越的地位の濫用に当たる諸行為の禁止）、③労働法の観点から「就業環境の整備」を図る措置（募集情報の的確な表示、妊娠出産・育児介護に対する必要な配慮、ハラスメントに対する必要な体制の整備、継続的

　なっており、デジタル化に伴って増加している新しい就業形態に対応したものには必ずしもなっていない。

11)　令 3.1.26 厚労省令 11 号、令 3.2.26 厚労省令 44 号、令 3.7.20 厚労省令 123 号、令 4.3.10 厚労省令 35 号、令 4.5.25 厚労省令 87 号。

12)　令 6.1.31 厚労省令 22 号。

13)　石田信平「フリーランス保護法の位置付け―労働法と競争法の協働に向けた一考察」季労 281 号（2023 年）41 頁以下は、このフリーランス（業務受託個人事業者）概念が新たな「労働者」概念になる可能性を示唆し、沼田雅之「フリーランス新法はフリーランスの需要を満たすものか」労旬 2035 号（2023 年）6 頁以下は、この概念に該当する就業者（「他者のために自分自身で労務を提供し、その対価で生活する者」）には広く労働法・社会保障上の保護が及ぼされるべきであるとしている。

業務委託契約の中途解除・不更新の 30 日前予告）をとることを、それぞれ義務づけている。これらのうち、取引適正化措置（②）については公正取引委員会または中小企業庁長官、就業環境整備措置（③）については厚生労働大臣が、助言、指導、報告徴収・立入検査、勧告、公表、命令を行うことができ、国はフリーランスへの相談対応など必要な体制の整備等の措置を講じるものとされている。

　フリーランス保護法は、このように経済法（②）と労働法（③）の２つの側面を併せもっている点に、大きな特徴がある[14]。とりわけ、本法が、競争法のなかでも下請法を基礎として設計されている点は、日本法固有の特徴といえる。

　欧米諸国の競争法においても、フランスやドイツには「優越的地位の濫用規制」を定めた法規定は存在するが、これは主として市場支配力をもつ大企業を対象とした規制である。これに対し、「優越的地位の濫用規制」の特別規制として、中小の下請企業に対しそれより少しでも大きい企業が経済的格差を利用して濫用的取引を行うことを規制する下請法を定めている国は、日本と韓国しかない。下請法は、日本の取引慣行として特徴的な重層下請構造における下請企業への濫用的取引を規制するために 1956 年に制定された日本固有の法律であり、韓国の下請法は日本の下請法を継受したものである。韓国には下請法を基盤とした日本のフリーランス保護法に類する法律は制定されていない[15]。

　日本のフリーランス保護法は、その基本構造として、下請法が資本金・出資金 1000 万円という基準で適用対象となる取引を画定している（1000 万円を超える発注事業者と 1000 万円以下の受託事業者との間の取引に適用される）の

---

14)　この点を指摘するものとして、和久井理子「労働者と経済法：近時の発展と残る課題」公正取引 878 号（2023 年）4 頁以下、岡田直己「フリーランス新法の評価と課題—競争法・競争政策の観点から」同号 10 頁以下、長谷河亜希子「欧米競争当局の労働問題への取組と日本の競争政策への示唆」同号 23 頁以下など。荒木尚志「労働法の視点から見たフリーランス法の意義と課題」同号 16 頁以下は、同法は競争法・労働法のいずれとも異なる特別の保護を立法により設定したものであり、競争法と労働法の双方にわたる「特別規制アプローチ」が採用されたものと位置づけている。

15)　多田英明「デジタルプラットフォーム就業者の保護—競争法の観点から」比較法研究 85 号（2024 年）87 頁以下参照。

に対し、その基準を、従業員（または事業者以外の役員）を1人以上使用しているか否かというライン（1人以上使用している委託事業者と1人も使用していない受託事業者との間の取引に適用される）に大きく引き下げることでその適用範囲を拡大しつつ、実体的な内容としては下請法の主要部分（②）を取り込み、そこに労働法に関する部分（③）を追加して規定した（しかし労働法の中核となる報酬保障や最低就業時間規制などは盛り込まれていない）ものとなっているのである[16]。

　このように、日本のフリーランス保護法が、下請法という日本固有の法律を基礎として制度設計されたのは、同法制定の経緯に依存している。日本におけるフリーランスの増加を背景に、2021年に「フリーランスガイドライン」が内閣官房、公正取引委員会、中小企業庁および厚生労働省の連名で策定され、2年後のフリーランス保護法の制定につながった。このフリーランス保護政策を中心となって推進してきたのは内閣官房であり、そこで中心的な役割を担ったのは経済産業省出身の官僚であった。その際に、フリーランス保護という新しい問題に対処するために新しい法律を作るという観点からとられた選択は、省内での研究会や労働政策審議会での審議・調整に時間と手間のかかる厚生労働省の手続・手法をとるのではなく、経済産業省の外局である中小企業庁が所管する下請法を基礎として機動的に法律を作り上げるという手法であった。

　フリーランス保護法のこのような構造と特徴は、後述するように、同法の課題にも直結する（3（2）参照）。

3　課題──比較法的考察から得られる示唆

（1）「労働者」概念について

　労働法・社会保障法の適用範囲を画定する「労働者」等の概念について、例えば、ドイツは「労働者」と「労働者類似の者」の2つ、フランスでは「労

---

16)　石田・前掲注13）43頁は、日本のフリーランス保護法は、下請法と同様に独禁法の優越的地位の濫用を補完する競争法と位置づけられるとし、沼田・前掲注13）10頁は、フリーランス保護法を「下請法を下敷き」にしたものと述べている。

働契約」という1つ、イギリスでは「被用者」と「労働者」の2つ、アメリカでは「被用者」という1つの概念でその実体は2つに分かれるなど、各国ごとに多様な状況にある。日本は、「労働者」という1つの概念・言葉が用いられている点ではフランス[17]に近いが、その実体は2つに分かれるものと解釈されており、その点ではアメリカ[18]に近いともいえる。もっとも、アメリカでは個別的労働関係法（FLSA 等）の「被用者」の方が経済的実態テストで広く（集団的労働関係法〔NLRA〕の「被用者」は管理権テストで狭い）、日本では集団的労働関係法（労働組合法）の方が経済的従属性中心で広くなっている（個別的労働関係法〔労働基準法等〕では人的従属性中心で狭くなっている）点は、日米で対照的である。この点は、両国における「労働者」「被用者」概念の生成経緯に由来するものであり、歴史的経緯を超えて各国に共通する普遍的な「労働者」概念が存在するわけではないことを示している。

　日本では、前述（2(2)）のように、プラットフォーム就業者をめぐる法的紛争（裁判所の判決等）が少なく、「労働者」概念をめぐる議論や対応はなお不十分な状況にある。そのなかで、比較法的考察から得られる示唆は、①実態の変化に応じた「労働者」概念の内容の見直しを行うこと、②「労働者」性判断の明確性（予測可能性）を高めるための手法を検討することにある。

　具体的には、①「労働者」概念の内容については、ⓐ就業の実態を重視し、ギグワークの1つの特徴である就業時間選択の自由についても、労働者性を否定する決定的な要素とは捉えられていないこと、ⓑ人的従属性に加えて、プラットフォーム型就業の特徴である経済的従属性を考慮に入れる傾向があること、ⓒ人的従属性の面でも、GPSによる監視、アプリによる指示・拘束、行動点数化と制裁によるコントロールという実態を重視する傾向があること、という主要各国で観察される大きな傾向[19]を参考に、日本の労働者概念の内容について、具体的な検討を進めることが重要な課題となる。

---

[17]　水町勇一郎「フランスにおけるデジタルプラットフォーム就業者の保護」比較法研究85号（2024年）27頁以下。

[18]　竹内（奥野）寿「アメリカ労働法における被用者概念及びギグワーカーの就労上の保護をめぐる法的動向」比較法研究85号（2024年）66頁以下参照。

[19]　石田信平「イギリスの労働者概念―プラットフォーム就労における契約関係の分散化と細分化」比較法研究85号（2024年）42頁以下等参照。

②「労働者」性の判断の手法については、その明確性を高めることが重要な政策課題となっている。具体的には、ⓐアメリカの州法で採用されているABCテスト[20]、ⓑ2024年EU指令でとられた労働者推定方式[21]が参考になる。労働者概念の判断要素が多様かつ複雑で判断の予測可能性が低いこと、その判断要素にかかる情報の多くは使用者（プラットフォーム事業者）側が保有していることは、日本でも同様にあてはまる点である。その判断の明確化と情報能力格差の是正を図るために、日本でもアメリカ州法やEU指令（それに基づき整備されるEU加盟国法）がとる法的推定の手法を検討することが大きな政策課題となる。その際には、「労働者」を認定または推定させる重要な判断要素（EU指令では「支配（control）」と「指揮命令（direction）」を基礎づける要素）を選定することが重要になり、それをもとに「労働者」性の簡易なチェックリストを作ることも考えられるだろう。

（2）立法による対応について

フリーランス保護法がもつ競争法と労働法の2つの側面（とりわけ競争法〔下請法〕を基礎としているという特徴）は、日本法の今後の課題とも直結している。

フリーランス保護法のうち、競争法（下請法）の部分（主として公正取引委員会による監督）については、労働法の領域（労働基準監督署、労働委員会等による監督）ほど実効性確保の手段が整備されておらず、いかにして実効性を確保するのかが大きな課題となる[22]。また、労働法の部分では、比較法的にみて、その内容がなお不十分なものにとどまっている[23]。

20）竹内（奥野）・前掲注18）77頁以下参照。

21）橋本陽子「EU法・ドイツ法上の労働者概念について─プラットフォーム労働に着目して」比較法研究85号（2024年）23頁以下参照。EUのプラットフォーム労働指令（2024年10月成立、12月施行）については、濱口桂一郎「EUのプラットフォーム労働指令」季労285号（2024年）160頁以下なども参照。

22）沼田・前掲注13）8頁、和久井・前掲注14）8頁以下、岡田・前掲注14）14頁、多田・前掲注15）100頁以下など参照。

23）フランス、アメリカ州法、EU指令等と比べると、①（事業者の費用負担での）労働災害の補償、②職業訓練の促進、③団結権など労働基本権の保障、④失業に対する補償、⑤最低報酬の保障、⑥最長就業時間・休息権の保障、⑦差別・ハラスメントの禁止、⑧就業の自由（就業時間選

また、法律の保護対象が、プラットフォーム就業者ではなく、フリーランス一般となっていることも、日本法の特徴である。この点で、日本のフリーランス保護法は、比較法的にみて適用対象が広いものとなっているが、その分、保護の内容が一般的なものにとどまっており、不十分なものとなっている[24]。さらに、プラットフォーム就業に特有の課題（個人情報の保護、アルゴリズム管理への規制、労働密度の強化への規制等）への検討が不十分であることも、日本のフリーランス法制の構造に起因する課題といえる[25]。

　今後、日本で立法政策を展開していく際の視点として、ⓐ規制の性質（競争法と労働法の2つの側面を意識した議論とそれぞれに内在する課題の検討）、ⓑ規制の手法（㋐法律による保護・強制、㋑自主的規律と公表による市場誘導型の規制、㋒労使交渉・協定による規律等の多様な手法とその適切な組合わせの検討[26]）、ⓒ規制の内容（フリーランス一般およびプラットフォーム就業者固有の課題の双方を射程に入れた多様な課題の検討）という3つの視点をもつことが重要になる。

　また、立法政策と労働者概念の相互関係をめぐり、フリーランスやプラットフォーム就業者への規律・保護が強くなると「労働者」性が認められやすくなる（例えばプラットフォーム就業者への最低報酬保障、安全確保措置、就業時間規制が強化されると指揮監督関係が強くなり労働者性が肯定されやすくなる）という点について、①法規制に起因する事情は労働者性の判断で考慮しない、②法規制による事情も含めて労働者性を判断する、③一定範囲の就業者については労働者性を否定しつつ（「事業者」であるとみなして）必要な法的保護

　択の自由、アプリ離脱の自由）の保障、⑨個人情報の適切な保護、⑩アルゴリズムによる管理への規制等の点で、保護や検討が不十分となっている。

24)　前掲注23）参照。沼田・前掲注12）6頁以下は、フリーランスにも最低報酬保障と雇用保険・健康保険・厚生年金保険を適用することが必要であるとしている。また、平田麻莉「フリーランス新法に期待すること」公正取引873号（2024年）38頁以下は、軽貨物、放送・出版、アニメーション、文化芸術、専門学校・スクール等の業界に対する業界・業種の実態を踏まえた積極的な介入・取締を期待している。

25)　水町勇一郎「アルゴリズムと労働法」和田肇先生古稀記念論集『労働法の正義を求めて』（日本評論社、2023年）869頁以下参照。

26)　特に、自主的規律と公表による市場誘導型の規制（㋑）、および、労使交渉・協定による規律（㋒）については、フランスの手法・経験が参考になる（水町・前掲注17）37頁以下参照）。

を講じる[27)]といった政策的な選択肢がある。この点は、プラットフォーム就業者やフリーランスの法的位置づけそのものにかかわる問題でもある。

　プラットフォーム就業者の法的保護を検討するうえでは、以上のような複合的な視点と考察が必要であることが、比較法的考察から導き出される。フリーランス保護法は、比較法的にみると極めて特異な性格をもった法律であり、検討すべき課題は山積している。

---

27)　水町・前掲注17) 39 頁の注39)、竹内（奥野）・前掲注18) 79 頁以下参照。

フードデリバリーの配達員の労組法上の労働者性

橋 本 陽 子

はじめに

本稿は、2022 年 10 月 6 日のウーバーイーツ事件東京都労委命令[1] を支持し、ウーバーイーツの配達員が労組法上の労働者であることを主張するものである。本稿では、とくにフードデリバリーの配達員の労働者性に関する諸外国（フランス、スペイン、イタリア、オランダ、イギリスおよび台湾）の最上級審判決との比較法的検討を行う[2]。これらの諸国では、イギリスを除き、配達員の労働者性が肯定されている。しかも、個別的労働法上の労働者性が肯定されている。

1 諸外国の最上級審判決

(1) 概説

本稿では、フードデリバリーの配達員の労働者性に関する次の諸外国の最上級審判決について検討を行う。

〔1〕 フランス破毀院社会部 2018 年 11 月 28 日判決（17-20.079, ECLI:FRA: CCAS:2018:S01737）

〔2〕 イタリア破毀院労働部 2020 年 1 月 24 日判決（11629/2019）

---

1) 労判 1280 号 19 頁。都労委命令の評釈のうち、都労委命令の結論を明確に支持したものとして、竹内（奥野）寿・ジュリ 1579 号（2023 年）5 頁、石田信平・労判 1280 号（2023 年）17 頁、沼田雅之・労旬 2026 号（2023 年）16 頁。

2) 本稿は、2024 年 11 月 5 日付で中央労働委員会に提出した Uber Eats 事件（中労委令和 4 年（不再）第 37 号 Uber Japan 外 1 社不当労働行為事件）の意見書を縮めたものである。

378 第Ⅲ部 新たな働き方と労働法における現代的課題

〔3〕 スペイン最高裁 2020 年 9 月 25 日判決（STS 2924/2020, ECLI:ES:TS:2020: 2924）

〔4〕 オランダ最高裁 2023 年 3 月 24 日判決 （ECLI:NL:HR:2023:443）

〔5〕 台湾最高行政裁判所 2023 年 3 月 25 日判決 （110 年度上字 488 號）

〔6〕 イギリス最高裁 2023 年 11 月 21 日判決 （〔2023〕UKSC 43）

　プラットフォームエコノミーという新しいビジネスが生まれ、これによって生じた新たな労働問題に対して、諸外国がどのように対応しているのかという検討は、より適切な解決を行ううえで欠かせないものである。行うべき比較法的検討の精度は、問題に応じて異なるが、プラットフォーム就労者の労働者性に関しては、比較的単純な比較で足りると考えられる。事案は比較的単純であり、本稿で対象とするフードデリバリーの配達員は、多少の違いはあるが、同じような働き方をしている。また、適用が争われている法規範は、労働契約の再性質決定ないし労働契約であることの確認請求（フランス、オランダ）、解雇規制（スペイン、イタリア）、法定退職金（台湾）、団交拒否の救済（イギリス）と多様であるが、イギリス以外は、日本の労基法上の労働者性が争われた事案に対比できるものであり、イギリスは、日本の労組法上の労働者性が争われた事案に相当すると理解してよい。問題となった各国における個別の規制と日本法との異同を考慮すべきであるという考え方もありうるが、いずれの国も日本と同等、もしくはそれ以上の保護水準を有する労働法が確立している国々であり、さしあたりは比較が可能であると考える。

　イギリスを除き、フランス、イタリア、スペイン、オランダおよび台湾において、フードデリバリーの配達員の労働者性が肯定されている[3]。正確には、イタリアでは、Foodra の配達員が「他者に組織化された協働」（etero-organizzazione）にあたると判断された。「他者に組織化された協働」とは、2019 年の法改正（2015 年の法律第 18 号改正法）により導入された概念で、「他

3）　フランスの判決については、石田信平＝竹内（奥野）寿＝橋本陽子＝水町勇一郎『デジタルプラットフォームと労働法─労働者概念の生成と展開─』（東大出版会、2022 年）84 ～ 86 頁（水町勇一郎）、小林大祐「フランス労働法・社会保障法における労働契約概念─Take Eat Easy 判決を契機として─」明治大学法学研究論集第 52 号（2020 年）143 ～ 161 頁（http://hdl.handle.net/10291/20717）。

者に組織化された協働」には「従属労働」（lavoro subordinato）の法が適用されると定められている。労働法のどの規制が「他者に組織化された協働」に適用されるのかについては具体的に定められていない。イタリア最高裁は、「他者に組織化された協働」を労働者の自営業者の中間に位置する「第3カテゴリー」（tertium genus）に当たり、適用されるべき労働法の規範を選択しなければならない、と述べた原審を明確に否定し、「他者に組織化された協働」には労働法の全規制が適用されると述べた（38-41段）。したがって、現在、イタリアでは、「他者に組織化された協働」が「第3カテゴリー」であるとは解されていない[4]。下級審では、フードデリバリーの配達員の労働者性が肯定された判決が多数出されていること、そして、最高裁は、労働者性については否定した原審の判旨に対しては上告が行われなかったため、労働者性について判断しなかったのであって、労働者性が否定されたわけではないことから、ここでは、労働者性の肯定例に含めて、検討することとする。

　また、スペインでは、「第3カテゴリー」であるTRADEとしての契約が締結されていたGlovoの配達員について、TRADEであると評価した原審の判決を覆して、労働者性が肯定された。TRADE（trabajadores autonómos económicamente dependientes）とは、2007年に導入された概念で、自らの生産手段、機材および事業組織を有するが、継続かつ専属して自ら役務を提供するものであると定義されている。専属性は、独りの委託者から収入の75％以上を得ている場合に認められる。TRADEには、年休、従業員代表機関の選出のための選挙権、労働協約の締結権、不当な解雇に対する補償および労働裁判所の管轄権が認められている。

　繰り返しになるが、これらの諸判決では、イギリスを除き、すべて個別的労働法の適用が認められたことも指摘しなければならない。なお、大陸法の諸国（フランス、イタリア、スペイン、オランダ）では、労働者概念は労働法上の規制において統一的な概念である。とくに、スペインやオランダでは、

---

4)　学説では、「他者に組織化された協働」は、「自営業者の地位を保持したまま、労働法の規制が適用される」新たなカテゴリーであるという理解が示されている（*Giubboni*, Il Lavoro Attraverso Piattaforma Digitale nella Disciplina nazionale, Rivista Italiano di Diritto del lavoro, 2023, 323）。ここでいう「自営業者の地位」とは税法・社会保険法上における取り扱いを意味するものと解されるが、今後さらに検討していきたい。

産別協約が一般的拘束力を付されること等により、そのまま法律になるという労働立法の伝統がある。このような国では、日本のように、個別法と集団法で労働者概念を相対的に解する余地はないといえる。

なお、ドイツでは、フードデリバリーの配達員の労働者性が争われた裁判例はないが、連邦労働裁判所は、2021年11月10日、フードデリバリーの配達員の労働者性を前提としたうえで、自転車とスマートフォンの費用を使用者が負担すべきであると判断している[5]。

（2）労働者性の定義および判断要素

いずれの国でも、労働者性の定義は指揮命令拘束性であるが[6]、それにとどまらない多様な要素から労働者性が判断されている。スペイン、オランダおよび台湾[7]の判決では、労働者性の判断要素が一般論として示されている。

これらをまとめると、表1のようになる。

3か国すべての判例があげている要素として、時間的拘束性、代替性、役務提供方法に関する指揮監督の有無、組織への編入、報酬の性質をあげるこ

---

5)　5 AZR 334/21, NZA 2022, 401–407.

6)　各国の労働者（労働契約）の定義規定は次のとおりである。

　①フランス民法典 L. 1111–1 条「本編の諸規定は、私法上の使用者およびその雇用労働者（leurs salariés）に適用される。……」。

　②イタリア民法典 2094 条「従属労働者とは、企業に協力するため、賃金と引き換えに、知的または肉体的労働を、企業主に従属し、かつ企業主の指揮のもとに提供する義務を負う者である」。

　③スペイン労働者憲章法 1 条 1 項「本法は、自らの意思で他人のために賃金と引き換えに労働を提供し、他者（自然人または法人）の組織において、その指揮の下で働く労働者に適用される。かかる他者を『使用者』又は『企業』と呼ぶ」。

　④オランダ民法典 7：610 条 1 項「労働契約とは、一方当事者である労働者が、他方当事者である使用者に使用されて、賃金と引き換えに、一定期間労働を遂行する契約である」。

　⑤台湾労動基準法 2 条 1 号「労働者：雇用主の雇用を受けて労働に従事し、賃金を受領する者」。同 2 条 6 号「労働契約：従属性を有し、労使間の関係を定めた契約」。

7)　台湾の判決では、行政による労働者性のチェックリスト（108（2021年）11月19日以労動關2字第1080128698號函発布「勞動契約認定指導原則」）が引用されている。同チェックリストは、人的従属性、経済的従属性および組織的従属性から成り、人的従属性と経済的従属性については、さらに下位の判断要素が列挙されている。台湾における労働者概念については、根岸忠「台湾におけるプラットフォームワーカーに対する法的保護—フードデリバリー配送員に焦点をあてて」日本労働法学会 2024 年 141 回大会レジュメ（2024 年 10 月 26・27 日開催）。

とができる。事業者性を示す事情で3か国すべての判例があげている要素はないものの、いずれの国でも、事業者としてのリスクの引き受け、資本投下の有無・機械器具の負担関係、専属性のいずれか1つないし2つは掲げられている。

オランダでは、就労の長さ（一定期間継続した就労であること）が、労働者性の要素となっているが、これは、労働契約の定義を定めた民法典7：610条1項が「労働契約とは、一方当事者である労働者が、他方当事者である使用者に使用されて、賃金と引き換えに一定期間労働を遂行する契約である」（下線は筆者）と定めていることによる。オランダでは、就労の一定程度の継続性が、労働契約の要件となっているのである。

表1　スペイン、オランダおよび台湾における労働者性の判断要素

		スペイン	オランダ	台湾
①	就労期間の長さ		○	
②	時間的拘束性	○	○	○
③	場所的拘束性	○		○
④	労務提供の代替性がないこと	○	○	○
⑤	役務提供方法に対する指揮監督の存在	○	○	○
⑥	発注者の組織への編入	○	○	
⑦	自らの企業組織を有していること	○		
⑧	商品・サービスの価格を発注者が決定していること	○		
⑨	報酬の性質	○	○	○
⑩	報酬の額		○	
⑪	労働の成果が発注者に帰属すること	○		
⑫	事業者としてのチャンスを有し、リスクを引き受けているとはいえないこと	○	○	
⑬	資本を投下していないこと／機械器具の負担	○		
⑭	事業者としての評判を有していること		○	
⑮	財政上の取扱い		○	
⑯	専属性（発注者の数）		○	○
⑰	業務諾否の自由の有無			○
⑱	提供された役務の質の管理			○
⑲	服務規律の存在			○
⑳	自らの名前で役務を提供できないこと			○
㉑	発注者による一方的・定型的な契約であること			○
㉒	自己の事業目的のための役務提供ではないこと			○
㉓	第三者と直接取引してはならないこと			○

このように、諸外国の労働者性の判断基準は、指揮命令拘束性を示す要素を中心としつつも、専属性、投下資本の有無および報酬額等、事業者性（経済的従属性）を示す事情も考慮されている点が特徴的である。これは、日本の（労基法および労組法の）労働者性の判断要素についてもあてはまることである。

次に、具体的にどのような事情から配達員の労働者性が認められたのかを見ていきたい。「資料」に掲げた最上級審判決と本件都労委命令で言及された事情をまとめたのが表2である。空欄は、当該事情には言及されていないことを示す。

表2　労働者性判断において考慮された事情

*○は、肯定、×は、否定を意味する。

	仏	伊	西	蘭	台	英	本件
契約上、仕事を受ける義務を負っていたこと				×		×	×
事実上、ほとんどの仕事を引き受け、就労期間が一定期間に及んでいたこと				○		×	
仕事の遂行に不可欠なアプリをプラットフォーマーが提供し、アプリによって仕事が割り振られ、逐一指示を行うことなく、仕事を遂行することが可能となっていたこと	○		○	○			
配達業務は発注者の中核的な活動であったこと				○			
制裁の有無	○	○		○			○
指示・命令への拘束／顧客に対するマナー、身だしなみ等に関する規則が定められていたこと	○	○	○	○			○
研修を受けなければならなかったこと／ビデオを視聴しなければならなかったこと				○	○		
「シフト」の存在	○	○	○				
働く時間を自由に選べなかったこと				×		×	×
働く場所を自由に選べなかったこと				×		×	×
顧客およびプラットフォーマーによる役務の遂行に対する評価制度の存在	○		○				○
契約内容・報酬が、一定期間ごとに自動的に支払われていたこと				○		×	
GPSによる位置情報の把握	○		○				○
他人による代替が契約上、認められていなかったこと				×		×	○

事実上、他人による代替は行われていなかったこと				○	○	
専属義務を負っていたこと	×		×		×	×
仕事に必要な機材・器具および経費を自ら負担していなかったこと			×	×	×	×
発注者の推奨する用具（バッグ）を事実上使用せざるをえなかったこと				○		
報酬が一方的に決定されていたこと			○	○		○
出来高払いではなかったこと			×	×	×	
通常引き受けたがらない仕事を引き受けるよう促すためのボーナス（インセンティブ）が定められていたこと				○		○
報酬額が十分であるとはいえなかったこと				○		
キャンセル等の場合の補償が行われていたこと					○	
損害が生じた場合の責任はプラットフォーマーが引き受けていたこと			×		○	○
事故の際に配達員に補償を行う保険の費用を発注者が負担していたこと				○	×	
会社のクレジットカードを利用していたこと		○				
労働の成果が発注者に帰属していたこと		○				
顧客やレストランは、配達員を独立の事業者ではなく、発注者の社員であると認識していたこと（例：苦情申立制度の存在）				○		○
配達員が、税務署に対して、事業者ではなく、趣味的な活動（副業）として申告していたこと				○		

　上記（1）で述べたとおり、オランダ最高裁は、一般論としては多くの労働者性の判断要素を列挙しているが、具体的な判断（あてはめ）では、オファーを引き受けなければならなかったのか（業務諾否の自由の有無）と代替性しか検討していない。これは、上告理由に即して、この二点のみが争点になっていたからであると理解できる。そして、いずれにおいても、契約上の義務づけではなく、就労の実態からこれらの判断要素の充足を判断しなければならないことを明言している。この判旨は、非常に重要であるといえ、同じ Deliveroo の配達員の労働者性が問題になったイギリスの判決と正反対の判断を行っている。

　なお、同判決で詳しく引用された原審の判断では、詳細な労働者性の判断

384　第Ⅲ部　新たな働き方と労働法における現代的課題

が行われている。この部分は、上告審においても維持されたものと理解できるので、表2では、原審の判断で示された事情も記入している（最高裁判決で考慮された事情については、太字で示した）。

オランダ最高裁判決と同様に、台湾の判決においても、詳細な労働者性の判断要素（チェックリスト）が列挙されているものの、あてはめでは、研修を受ける義務を負っていたこと、顧客のキャンセル等によって得られるはずだった報酬が得られなくなった場合において補償が行われていたこと、および消費者に支払うサービス料（サービス料の詳細は不明であるが、遅延等の場合の顧客に支払われる補償であろう）は、プラットフォーマーとレストランが支払っていたことという事実のみから、人的、組織的かつ経済的従属性が肯定されている[8]。

（3）オランダ法における推定規定

オランダ法には、労働契約性の推定規定がある。民法典 7:610a 条は、「他者のために、有償で、連続して3か月以上で、週または月に20時間以上働いている者は、労働契約に基づいて当該労働を提供しているとみなされる。」と定めている。かかる推定規定の意義について確認しておきたい。原審は、Deliveroo は、かかる推定規定が適用されるという FNV（労働組合）の主張に対して有効に反論をしていないことから、労働契約の存在が推定されると述べつつ、この推定は最終的な判断には影響しないと述べた（3.10.1）。この判旨は、推定規定から直ちに配達員の労働者性が導かれたものではないことを意味しているといえる。また、原審判決は、結論部分では、「すべての状況を総合的に考慮すると、配達員に与えられた仕事を受けるか否かの自由は、労働契約の存在を否定するものではなく、その不在を示唆するものでもない。それ以外の要素、例えば賃金の支払い方法、行使された支配権、一定期間継続した就労であること（法定推定）など、そしてその他の状況は、労働契約の存在を示唆する。」（3.12.2）と述べており、ここからは、一定期間継続した就労であったことが推定規定によって認定されたことがわかるが、こ

---

[8] 原審である台北高等行政法院の民国 110（2021）年5月6日判決は、前掲の判断要素をほぼすべて充足していると認め、労働者性を肯定しているが、本稿では紹介を割愛する。

れは配達員の労働者性を示す一事情にすぎないことがわかる。すなわち、オランダ法における推定規定の存在が、労働者性を容易に認める方向に働いたとまではいえないであろう。

　上述したとおり、オランダ民法 7:610 条第 1 項の労働契約の定義規定では、労働契約とは一定期間継続した就労であることが明文で規定されているため、オランダでは、就労の継続性を立証する必要がある。オランダの推定規定は、かかる継続性の推定規定であって、労働者性の推定規定ではないと解すことができよう。就労の継続性は、日本も含め、検討対象とした他の諸国では労働者性の要件であるとは解されていない。オランダでは、就労の継続性が労働契約性（労働者性）の要件となっているため、労働者性が他国よりも狭くなる恐れがある。推定規定は、この欠点を緩和するものと理解できる。

　なお、オランダの最高裁判決では、かかる推定規定には言及がない。

2　比較法的検討

（1）Hiessl 教授の研究
1）「制裁」と「誘導」
　次に、ヨーロッパ 18 か国のプラットフォーム就労者の労働者性に関する裁判例を整理・分析した Christina Hiessl 教授 [9] の研究を紹介しつつ、上述の諸外国の最上級審判決の意義を明らかにしたい。

　Hiessl 教授によると、2024 年 2 月までに、全 736 件の労働者性および（または）使用者性が争われた裁判例が存在するが、その内訳は、表 3 のとおりである [10]。

---

9)　オーストリア出身の Hiessl 教授は、現在ベルギーのルーバン（Leuven）大学教授である。Hiessl 教授が EU 委員会の委託により執筆した報告書 "Jurisprudence of national Courts confronted with cases of alleged misclassification of platform workers: comparative analysis and tentative conclusions" は、随時アップデートされている。独りでこれほど多くの国の裁判例を分析した研究は他に例がない。

10)　*Hiessl*, Satusfragen in der Plattformarbeit: Europäische Arbeitnehmer- und Arbeitgeberkonzepte auf dem Prüfstand, Soziales Recht, 2024, S. 129.

386　第Ⅲ部　新たな働き方と労働法における現代的課題

表 3　労働者性 / 使用者性に関する裁判例の結論

	プラットフォーマーの労働者であると判断した裁判例	自営業者であると判断した裁判例	他の使用者の労働者であると判断した裁判例	「第 3 カテゴリー」であると判断した裁判例	合計
フードデリバリー	294	36	13	17	360
ライドシェア	107	90	85	7	289
その他の配送サービス	11	7	22	11	51
「企業」[11]	10	7			17
家事サービス	7	6	2	4	19
合計	429	146	122	39	736

　表 3 から明らかなとおり、大半の裁判例で、プラットフォーム就労者の労働者性が肯定されており、とくにフードデリバリーの配達員では顕著である。

　Hiessl 教授によると、プラットフォーム就労者の働き方は、理論的には好きなときに働くことができるというものであることから、まず、そもそも労働契約における労働者の主たる債務である労働義務を負っているとはいえないのではないかが問題になるという[12]。これは、ウーバーイーツ事件でも、会社らが強調している点である[13]。これは、日本では、「業務の依頼に応ずべき関係」の問題であると考えられているが、イギリス法では「義務の相互性」として議論されている問題であるといえる[14]。Hiessl 教授も、かかる労働義務の存否は、指揮命令拘束性の一判断要素にすぎないと解されている国も多

---

11)　「企業」(Unternehmen) とは何を意味するのかわかりにくいが、Hiessl 教授は、Mystery Shopping (14 件)、検査サービス (2 件) およびフリーランス (1 件) であると説明している (Ibid.)。Mystery Shopping とは、小売店の品揃えや陳列方法について、簡単なアンケートに答える方法で評価するというクラウドワークで、ドイツにおいて、かかる作業に従事するクラウドワーカーの解雇制限法上の労働者性が肯定されている（ドイツ連邦労働裁判所 2020 年 12 月 1 日判決〔9 AZR102/20, NZA 2021, 552-562〕。同判決については、石田ほか・前掲注 3) 42 ～ 54 頁〔橋本陽子〕)。

12)　Hiessl, Fn. 10, S. 131–133.

13)　補充申立書 6 ～ 13 頁（令和 5 年 3 月 31 日）。申立人（会社ら）は、「事業組織への組入れ」として論じている。

14)　「義務の相互性」については、石田ほか・前掲注 3) 123 ～ 129 頁。

く、EU 司法裁判所も、Yodel 事件決定（後述）において、同様に、これが一要素にすぎないと解していることを指摘している[15]。表1および表2が示すとおり、本稿で検討した諸外国の最上級審判決でも、とくに労働義務の存否が重視されているとはいえない。オランダの判決が、この点について論じているが、「仕事の諾否の自由および委託の諾否の自由は、それ自体、労働契約の存在を否定するものではない。労働契約の要件として認められるかどうかは、当該事案の他の事情に係らしめられ、とくにもっとも重要である点は、当事者が委託（opdracht）を労働（werk）として引き受けていたといえるのか、どのぐらい頻繁に、そしてどのぐらいの期間に及んで引き受けていたのかである。」と述べている（3.3.4 段）。

　そして、Hiessl 教授は、プラットフォーム就労者の労働者性を肯定した各国の判例は、理論的には好きなときに働くことができるので、労働義務がそもそも存在しないのではないかという問題を「目的論的解釈」によって克服し、とくに「制裁」と「誘導」を重視することで、労働者性を肯定してきたと述べる[16]。

　「制裁」によって、プラットフォーム就労者が好きなときに働く自由ないし裁量の存在が否定されることになる。制裁の内容は、仕事を断っていると、一時的に仕事が来にくくなり、やがてはアカウントが閉鎖されるというものである。Hiessl 教授は、最近の事例では、制裁機能は弱められるようになっているが、就労者の応答率が監督されていることは疑いがない点が考慮されていると述べる[17]。これはウーバーイーツ事件にも当てはまる。会社らは、すべての配達パートナーの応答率を記録している[18]。

　たしかに、本稿で検討した判決でも、フランスでは、制裁の存在が明確であるが、スペインやオランダでは、具体的にどのような不利益が生じるのかについてはほとんど言及されていない。オファーを断っているとやがて依頼が来なくなるといえれば、十分であるといえよう。ウーバーイーツ事件でも、

---

15)　*Hiessl*, Fn. 10, S. 132–133.
16)　*Ibid.*, S. 134–135.
17)　*Ibid.*, S. 134.
18)　乙第 41 号証。

388　第Ⅲ部　新たな働き方と労働法における現代的課題

オファーに応答しないでいると自動でオフラインになる設定がされており、オフラインとされても再度ログインすることは可能であるが、オフラインにされたことに配達パートナーが気付かずにいると、配達リクエストを受ける機会を逸する恐れがある。また、都労委は、配達リクエストに 2 〜 3 回連続で応諾しなかった場合には、配達リクエストの送付件数が減るなどの不利益を受ける可能性があるとの認識を持っていたと認定した。これは、Hiessl 教授の述べる、諾否の自由を否定しうる「制裁」であるといえよう。

「誘導」とは、悪天候など需要の多い時間帯に働いてもらえるように、このような時間帯の報酬を引き上げるという仕組みである。イタリアとオランダの判決では、この点が重視されているという[19]。本件における「インセンティブ」と呼ばれる報酬は、まさに「誘導」にあたるものである。都労委は、インセンティブのうち、期間内に配達件数の目標を達成すると支払われるクエストによって、配達パートナーは業務の依頼を拒否しづらい状況に置かれていたことを認めたが、適切な判断である。クエストの目標数は、会社らによって配達パートナーごとに一方的に示され、クエストの報酬に占める割合は高い[20]。1 週間以内に 120 回以上の目標数を示されると、自転車で配達を行う場合には、ほぼすべてのオファーを引き受けなければ目標数を達成できないという[21]。クエストが、業務に応ずべき関係を裏づける「誘導」であったことは疑いがない。

2）その他の事情

Hiessl 教授は、諸外国の裁判例において、労働者性の判断にあたって重視されている事情として、①プラットフォーマーによる契約内容・報酬の一方的決定、②自ら役務を提供しなければならないこと（代替性が認められないこと、および補助労働力を利用していないこと）、③役務提供方法に関するガイドラインの存在、④ GPS による位置情報の把握、⑤顧客による評価システ

---

19) *Hiessl*, Fn. 10, S. 134.
20) 甲第 109 号証および再審査申立人・第 2 主張書面（2023 年 10 月 2 日）。1 週間以内に 70 回配達を行うと 7000 円、120 回を超えて 140 回を達成すると、得られる報酬はそれまでに獲得した総額の 1 万 2000 円を上回る 1 万 3000 円が支払われ、報酬総額 2 万 5000 円の 52％を占める。
21) 組合員のヒアリングによる。

ムや苦情申立制度の存在、⑥プラットフォーマーによる服務態度に対する評価制度の存在および⑦アプリに依存しているため事業者としての利得を得る機会が欠如していることを指摘している[22]。とくに、⑦は、重要であり、③〜⑥の指揮監督を示す事情と相まって、プラットフォーム就労者の労働者性の判断の決め手となっていると分析する[23]。これに対して、⑧専属性および⑨フードデリバリーにおいて、自己のスマートフォンと自転車・バイク等を利用していることは重視されていないことが指摘されている[24]。

この分析の的確性は、表2からもうかがえるであろう。また、これらの事情は、ウーバーイーツ事件にもあてはまる。

3）イギリスの 2023 年判決の特異性？

本稿で検討した諸外国の最上級審判決のうち、代替可能条項のみを重視して、Deliveroo の配達員の欧州人権条約 11 条にいう労働者性を否定したイギリスの 2023 年判決の特異性は際立っている[25]。とくに、イギリスでは、2021年 2 月に Uber のライドシェアの運転手の最賃法および労働時間規制の労働者性が肯定されており[26]、両判決を整合的に理解することは不可能である[27]。

本判決については、EU 司法裁判所の Yodel 事件決定[28] が影響を及ぼした

---

22) *Hiessl, The Classification of Platform Workers in Case Law: A Cross-European Comparative Analysis*, Comparative Labor Law and Policy Journal, 2022, pp. 480–485, 490–494, 498–502, 505–507.

23) *Ibid.*, p. 506, 515.

24) *Ibid.*, p. 485, 507–508.

25) *Hiessl* 教授も同様の評価を行っている（*Ibid.*, p. 512）。なぜ、国内法ではなく、欧州人権条約 11 条の労働者性が問題になっているのかは不可解であるが、イギリスでは、団交拒否からの救済の可否が問題となったケースでは、欧州人権条約 11 条の労働者性が検討されており、先例もあるようである。

26) *Uber BV v. Aslam* [2021] UKSC 5. 同判決については、石田ほか・前掲注 3）171 〜 172 頁（石田信平）。

27) ドイツの Junker 教授は、Uber の運転手を組織した伝統的な交通産業の労働組合と Deliveroo の配達員を組織した労働組合との性格の違いが影響したのではないかと示唆している（*Junker, Die Durschsetzung des Prinzips der Tarifeinheit im Vereinigten Königreich*, in: Festschrift für Martin Henssler zum 70. Geburtstag, 2023, S. 293）。Deliveroo の配達員を組織した Independent Workers' Union of Great Britain（IWGB）は、2013 年に設立された、戦闘的で草の根的な団体であるという。

28) C-692/19, EU:C:2020:288. 同決定については、石田ほか・前掲注 3）41 頁（橋本陽子）。

のではないかと推測される[29]。Yodel 事件では、宅配の配送運転手について、契約上、①自ら役務を提供しなければならないのか、②個々の委託を断ることができたのか、③専属義務を課されていたのか、および④働く時間を自ら決めることができるのか、という付託裁判所が示した 4 つの判断要素が労働者性の基準となることを認めたうえで、最終的な判断は国内裁判所に委ねた。これは、「先決裁定」ではなく、従来の先例に従うことを示す「決定」として出された判断であるが、従来、就労の実態から広く指揮命令拘束性を認め、労働者性を広く解してきた EU 司法裁判所の判例とややニュアンスの違うものである。本決定後に出されたイギリスの 2023 年判決は、契約上代替が可能であったことを最も重視し、労働義務の存在も否定し、働く時間も自ら決めていたこと等から Deliveroo の配達員の労働者性を否定した。

　イギリスの 2023 年判決の影響については、今後の動向を注視する必要があるが、同じ Deliveroo の配達員の労働者性を肯定したオランダ最高裁の判断が、ヨーロッパでは主流となるのではないだろうか[30]。

（2）ウーバーイーツ事件の検討

1）都労委命令の妥当性

　以上の検討を踏まえて、ウーバーイーツ事件について結論を先に述べれば、比較法的検討に基づき、配達パートナーの労組法上の労働者性は肯定されるべきである。大半のヨーロッパ諸国で、フードデリバリーの配達員の労働者性が肯定されていることは看過できない。台湾でも肯定されている。イギリスのような例外があるが、イギリスの判決では、代替可能であったことが決め手とされた。仮に、イギリスの判決に従うとしても、本件では、契約上も、アカウントを他人と共有することは禁止されていたので、労働者性を否定する理由とはならない。また、本件において、仮に、契約上、代替可能であったとしても、オランダのように、事実上、代替が行われていなかったことを

---

29)　石田ほか・前掲注 3) 174 頁（石田信平）。

30)　オランダとイギリスの判決で、若干の事実認定の違いがある。報酬が一定期間ごとに振り込まれていたのかという点と事故の際の補償の保険の費用を Deliveroo が負担していたのかという点である（オランダでは肯定、イギリスでは否定）。

重視すべきである。契約上の定めではなく、それが実際にどのように行われていたのかが重要であるというオランダの最高裁判決の判旨は、労働者性の判断にあたって極めて重要である。同様の考え方は、ドイツでは、労働契約の定義を定めた民法典 611a 条において、明文で規定されている[31]。

　労組法上の労働者性の判断要素である①事業組織への組入れ、②契約内容の一方的・定型的決定、③報酬の労務対価性、⑤広い意味での指揮監督下の労務提供、一定の時間的場所的拘束および⑥顕著な事業者性に関する都労委命令の判断は、全体として適切である。

　②の「契約内容の一方的・定型的決定」については明らかであり、詳細なマニュアルの存在、GPS による位置情報の把握および評価制度の存在は、指揮命令拘束性（⑤）を裏づける重要な事情であり、諸外国の最上級審判決においても重視されている。本件では、顧客による評価が最低評価平均を下回る場合にアカウント停止措置がとられる可能性があり、またガイドラインを遵守しなかった場合にアカウント停止措置がとられたケースが存在する。これは、会社らの指揮監督を裏づける重要な事情であり、都労委が「会社らが、配達パートナーの行動について強く統制し」ていたと述べたことは適切である。

　また、同様に、諸外国の判例では、自己所有の自転車とスマートフォンを利用していたことは、事業者性（⑥）の判断において重視されていない。

　事業者性については、スペインの判決が、事業に不可欠なインフラ（インターネット上のプラットフォーム）を所有し、展開しているのは Glovo であり、配達員ではないことを重視している点（17 段）は重要である。これは、本件にもあてはまり、重視されるべき事情である。

　③の報酬の労務対価性については、労働者性の判断要素を一般論の形で提示しているスペイン、オランダおよび台湾の最上級審判決では、いずれも報酬の性質は労働者性の判断要素の一つとして位置づけられているが（表1）、この要素が重視されているとは言い難い。具体的な判断（あてはめ）を見ると、スペインでは、報酬が一方的に決定され、出来高払いであったことがた

---

31)　ドイツ民法典 611a 条 1 項 6 文（「契約関係の実際の実行から労働関係に該当することが示されるときは、契約の記載は重要ではない」）。

392　第Ⅲ部　新たな働き方と労働法における現代的課題

びたび言及されている（16.5 段、20.3 段、20.4 段）。出来高払いであることは
労働者性に不利に働くようにも思われるが、このような評価は行われておら
ず、報酬が Glovo によって一方的に決定されていることが重視されている。
これは、日本法の判断要素では、②の契約内容の一方的・定型的決定で考慮
される事情であろう。オランダの最高裁判決では、報酬については検討され
ておらず、台湾では、報酬は出来高払いであったが、キャンセル料や待機費
用が支払われ、一定の報酬保障があったことが労働者性の判断に有利に働い
たようである。しかし、このような一定の報酬保障がなかったとしても、報
酬の労務対価性は否定されるべきではない。都労委命令は、1 回の配送ごと
に支払われる配送基本料が、配達パートナーの配送業務に対する報酬であり、
インセンティブも指定する時間に就労することを促進するもので労務の対価
としての性格を有すると述べており、妥当である。なお、私見では、報酬の
性格は、EU の判例では重視されておらず、ドイツでは、労働契約の定義（民
法典 611a 条 1 項）には含まれていないことから、労働者性の判断要素ではな
く、単に有償労働であることが要求されているにとどまると解釈すべきでは
ないかと考えている[32]。

　都労委は、諸外国の最上級審判決と同様に、適切な目的論的解釈を行って
いると評価できる。

　なお、都労委命令は、冒頭で、ウーバーイーツ事業が、単なる飲食店と注
文者と配達パートナーとをつなぐマッチングサービスにすぎないという主張
を退けているが、これも当然の判断である。本稿で検討した諸外国の判決で
は、この点は論点にすらなっていない[33]。これは、すでに、EU 司法裁判所が、
2017 年 12 月 20 日先決裁定[34] において、ウーバーのライドシェアサービス
について、単なるマッチングサービスにすぎないというウーバーの主張を退
けて、旅客運送事業にあたり、構成国における同事業の許認可を取得しなけ

---

32)　橋本陽子『労働者の基本概念―労働者性の判断要素と判断方法―』（弘文堂、2021 年）388 頁。
33)　もっとも、スペインの判決では、随所に、Glovo が単なる仲介サービスを行っていたのでは
　ないという評価が行われている。報酬が直接 Glovo から配達員に対して支払われていたこと（20.1
　段）、Glovo が配送サービス実施のための本質的な条件、価格および支払の条件を決定し、必要
　な資産を保有していたこと（21.1 段）がその理由として挙げられている。
34)　Case C-434/15, Asociación Profesional Élite Taxi, EU:C:2017:981.

ればならないと判断されてから、成り立たなくなった主張であるからである。EU司法裁判所は、「本件で問題となっているような、スマートフォンのアプリによって、報酬と引き換えに、自己所有の自動車を用いたプロフェッショナルではないドライバーと近距離輸送を希望する人とを結びつける仲介サービスは、運送サービスそのものであるとみなされなければならない」と述べた（48段）。このように考えると、「配達パートナーが、……ウーバーに労務を供給していると評価できる可能性があることが強く推認される」、または「利用者がシェア事業者に対して労務を供給できると評価できる場合もあり得る」と述べる都労委命令は、やや歯切れが悪く、端的に、会社らの行うウーバーイーツ事業は料理等の配送サービスを行う事業であり、配達パートナーは会社らに対して配送サービスを提供しているのであって、かかる役務提供関係が労組法の適用される労働関係であるといえるのかが問題となる、と述べるべきであったと思われる。

2）「業務の依頼に応ずべき関係」について

　もっとも、④「業務の依頼に応ずべき関係」に関する都労委命令の判断については、若干の疑問を提起したい。上述したとおり、これは、Hiessl教授が労働義務の存否として論じている問題である。本件でも、前述のように、「制裁」と「誘導」の存在は認められるので[35]、諸外国の例に倣うのであれば、「業務の依頼に応ずべき関係」を肯定してもよかったのではないかとも思われる。もっとも、総合判断の結果、配達パートナーの労働者性が肯定されているので、この点にはこれ以上は拘泥しない。しかし、オランダ最高裁が、この判断要素だけから労働契約の存在が否定されるべきではなく、その他の事情が重要であると述べたことは日本法の解釈に当たっても参考となるであろう（3.3.3 ～ 3.3.4段）。

　なお、都労委は、本稿で述べた「制裁」（応答率が低いと、オファーが来なくなる可能性）および「誘導」（インセンティブと呼ばれる報酬制度）を事業組織への組入れ（①）で考慮している。「事業組織への組入れ」は多義的で曖

35）　再審査被申立人・第1主張書面10頁以下（2023年7月4日）。

394　第Ⅲ部　新たな働き方と労働法における現代的課題

味な用語であり、この要素に言及されている諸外国の判例でも、必ずしも一致した意味で用いられているわけではない[36]。INAX メンテナンス事件（最三小判平 23.4.12 労判 1026 号 27 頁）では、親会社の製品の修理サービスを営む会社において、修理業務を行う従業員はごく一部であり、約 590 名の業務委託契約に基づくカスタマーエンジニアをランキング制度等の下で管理し、担当地域を割り振って、CE と調整しつつ勤務日および休日を指定していたことから「事業組織への組入れ」が認められているが、ここでは、ランキング制度等に基づく管理や就労時間・場所の指定など、指揮監督を裏づける事情が考慮されており、⑤の判断要素（「広い意味での指揮監督下の労務提供、一定の時間的場所的拘束」）との違いが明瞭ではない。「事業組織への組入れ」の独自性を認めるとすれば、会社の事業に必須の業務を担う者の大半が個人事業主とされていた者であるという事情だけであり、私見では、この事情が認められれば、「事業組織への組入れ」を認めてよいと考える。本件では、個人事業主と扱われていた配達パートナーがいなければ、ウーバーイーツ事業は成り立たなかったのであるから、「事業組織への組入れ」は当然に認められると考える。

3) 会社らの使用者性について

最後に、簡単ではあるが、会社らの使用者性について検討したい。

都労委命令は、「ウーバーイーツ事業については、同事業に携わる関連会社各社の役割分担が明確に区別されているとはいえず、実質的には、関連各社が事実上一体となって同事業を展開し、運営していたとみるのが相当であ」ると述べ、会社らの双方について、団体交渉に応ずるべき使用者の地位にあることを認めた。この判断は適切である[37]。

---

36) スペインでは、配達員が Glovo によって構築されたプラットフォームに依存していたことが組織への編入と理解されている（21.1 段）。オランダでは、最高裁が掲げた労働者性の判断要素には「組織への編入」があげられているが、あてはめでは検討されておらず、原審判決でも検討されていない。台湾では、前述のとおり、行政解釈において、組織的従属性とは「事業単位の組織に編入され、また同僚とともに仕事を完成する必要があること」であると記載されているが、行政最高裁判所の判決では、結論において「上訴人の服務業務関係に組み込まれ……」とのみ言及されている。

37) 同様に、都労委命令を支持する見解として、石田・前掲注1）17 頁、藤木貴史・労旬 2025 号

使用者性については、都労委命令の判断に疑問を提起する見解もあり[38]、Hiessl 教授も、ウーバーについては、親会社の使用者性を認めるのか、子会社の使用者性を認めるのかについては、各国の裁判例は様々であることを紹介している[39]。しかし、Hiessl 教授も紹介しているが、イタリアのトリノ控訴審裁判所が、2021 年 11 月 18 日判決において、「ウーバーギャラクシー」（galassia c.d. Uber）のすべての企業の使用者性を認めている[40]。本件において、ウーバーイーツ事業における関連会社各社の役割分担が明確に区別されているとはいえない、という都労委の判断は正当である。本件では、「Uber Japan 株式会社」と配達パートナーとの間には契約関係がなかったので、都労委は、朝日放送事件（最三小判平 7.2.28 民集 49 巻 2 号 559 頁）の判断枠組みを用いて使用者性を判断しているが、妥当な判断である。義務的団交事項が、会社らの役割によって異なりうるのではないかが問題となるが、本件では、関連会社各社の役割分担が明確に区別されているとはいえないので、本件で争われた、配達パートナーの労働条件に関する事項について、会社らはいずれも団交に応じる義務を負うというべきである。都労委命令の結論は支持できる。

おわりに

　本稿では、比較法的検討に基づき、ウーバーイーツの配達パートナーの労組法上の労働者性および会社らの団交上の使用者性を認めた都労委命令が正しい判断を行ったと評価すべきであることを主張した。

　ビジネスと人権が昨今の重要な課題となり、労働法についてもますます国際的な平準化が要請されるようになっているといえる。落ち目ではあるが、高い経済力と民主的な社会を誇りうる日本では、ヨーロッパ諸国に劣らない労働法の保護水準が達成されなければならない。ヨーロッパでは、プラット

　（2023 年）35 頁。

38）　柳屋孝安・中央労働時報 1303 号（2023 年）20 ～ 21 頁。

39）　*Hiessl*, Fn. 10, S. 141.

40）　n. 4991/2020. この事件では、労働契約上の使用者性が認められている。

フォーム労働指令 2024/2831 号の制定によって、プラットフォーム就労者の労働者性が認められる方向性が確定した。これは、日本では個別的労働法における労働者性の問題であることを考えれば、ウーバーイーツの配達パートナーの労組法上の労働者性が認められることは当然であるといえよう。

曖昧な雇用と企業の責任
──ベルコ事件を題材として──

淺 野 高 宏

1　ベルコ事件について

（1）ベルコ事件の審理の経過

　近時、業務委託契約などにより、労働契約上の使用者以外の者（以下では単に「第三者」ともいう）が労務提供又は労働条件決定に影響力をもつ場合に、第三者に対していかなる義務又は責任を負担させることができるか、という問題に注目が集まり、労働法学においても議論が活発になっている[1]。こうした問題は古くて新しい問題と評されるが、中でも、ベルコ事件[2]は、受託者が労働者に類似している類型として議論され、注目を浴びた[3]。

---

1)　鎌田耕一「書評　土岐将仁『法人格を超えた労働法規制の可能性と限界』─個別的労働関係法を対象とした日独米比較法研究─」日本労働研究雑誌 726 号（2021 年）88 頁以下。
2)　以下で単に「ベルコ事件」と呼ぶ場合は、ベルコ事件・札幌地判平 30.9.28 労判 1188 号 5 頁、ベルコ（代理店従業員不採用）事件・北海道労委平 31.4.26 労判 1202 号 181 頁（平 27（不）7 号）、ベルコ（代理店代表社員）事件・札幌地判平 30.12.25 労判 1197 号 25 頁の総称とする。これらの事件を個別に呼称する必要がある場合は、同一の事実関係のもとで、ベルコの営業担当の労働者を原告として地位確認及びバックペイ並びに割増賃金を請求した事案を第一事件（前掲・札幌地判平 30.9.28）と呼び、営業担当者の形式上の雇用主とされている代理店長Ａを原告として社保料等を不当利得として請求した事案を第二事件（前掲・札幌地判平 30.12.25）と呼ぶこととする。また、代理店の営業担当労働者の不採用についての行政救済命令を呼称する場合は、単に道労委命令と呼ぶ。なお、第二事件については、札幌高等裁判所第 2 民事部（平成 31 年（ネ）第 37 号不当利得返還請求控訴事件。裁判長は長谷川恭弘裁判官、主任裁判官は東京地裁労働部で勤務経験もある石田明彦裁判官）において、代理店主Ａが労基法上の労働者に該当するか否かの法的判断は措くとしても、ベルコが代理店主Ａに対ししかるべき責任を負担すべきであり、一定額の金銭を支払うべき旨の和解勧試が行われ、令和元年 12 月 5 日に、代理店主とベルコとの労働関係の存否に立ち入らない前提で解決金の支払による和解が成立した。
3)　ベルコ事件の考察も含めて詳細かつ論理的な学説を展開しているものとしては、土岐将仁准教授の論文が参考となる。その研究成果は、土岐将仁『法人格を超えた労働法規制の可能性と限界─個別的労働関係法を対象とした日独米比較法研究─』（有斐閣、2020 年、以下「土岐論文」という）

特にベルコ事件のうち、第一事件については、司法救済において、「FA」[4]
と呼ばれる葬儀施行及び互助会営業を行う立場にあった原告労働者らの請求
がすべて棄却されたのに対して、行政救済では司法救済が否定されていたに
もかかわらず代理店従業員らをベルコの札幌支社管内の代理店に雇用が終了
した時点での原職相当職に復帰させるべきこと、ベルコがバックペイを支払
うべきこと、ベルコは代理店従業員らが加入する全ベルコ労働組合からの団
体交渉に誠実に応じるべきこと、ベルコは全ベルコ労働組合への支配介入を
してはならないこと、ベルコはポストノーティスを行うべきことを命じ、組
合側の全面勝利の命令を出した[5]。

　この結果を受け、司法判断については労働者側が札幌高等裁判所[6]に控訴
し、道労委命令についてはベルコ側が中労委（第二部会に係属）に再審査申
立てを行った。それぞれの紛争解決機関において、どのような判断がなされ
るかについては、当時、筆者のもとにも定期的に報道機関からも問い合わせ
が寄せられ、社会的な関心の高さも実感した。

　筆者はベルコ事件については相談段階から関与し、行政救済手続、司法救
済手続のそれぞれについて弁護団の一員として代理人を務めた[7]。その後、ベ

にまとめられており、本事案との関係での分析についても土岐将仁「第2特集『雇用によらない
働き方』の論点　業務委託契約を利用した事業組織と労働者性・使用者性─ベルコ事件を契機と
して」季労267号（2019年）70頁以下（以下「土岐評釈」という）において見解が述べられている。

4)　ベルコ組織内で用いられる営業職員の呼称である。フューネラル・（サービス）・アドバイザー
【Funeral（service）Adviser】の略称であり、葬祭施行業務、ベルコの互助会員募集およびみど
り生命株式会社の生命保険募集、互助会員および生命保険契約者へのアフターサービス活動業
務、宿直業務ならびにこれらに関連付随する業務全般を担当する従業員を指す。なお、FA職は
形式上配属された代理店の代理店長（支部の支部長と称されていた時期もあった）との間で労働
契約書を取り交わすこととされていた。FAは、かつては1度葬儀依頼があると36時間の拘束
となることから「36」とも呼ばれていた。

5)　それぞれの判決の判旨及び道労委の命令の掲載誌と帰結については、前掲注2)を参照。

6)　札幌高等裁判所第3民事部に係属。平成30年（ネ）第276号地位確認等請求控訴事件（控訴
後和解）。

7)　弁護団については、事件処理の途中から、連合本部の全面支援を受けることができ、棗一郎弁
護士、小川英郎弁護士のお二人が弁護団を引っ張ってくださる体制となった。これに加え、スー
パーバイザーとして、故宮里邦雄弁護士、徳住堅治弁護士のお二人も弁護団会議に参加してくだ
さり、活発に議論を交わし、理論構成や主張立証のポイントについて貴重なアドバイスをいただ
くことができた。わたしにとっては、弁護士人生の中でもまたとない学びの機会をいただき、こ
の場をお借りして心から感謝を申し上げたい。

ルコ事件は、札幌高裁と中労委の双方で情報を共有しつつ、道労委命令の救済内容を前提とした和解解決が試みられた。そして、2022年1月26日、札幌高裁において、道労委命令を前提とした和解案をベルコ側が受け入れて和解が成立した。その結果、組合員2名の原職相当職への復帰及びバックペイが実現した。これに加え、同年3月30日、中労委の和解認定により、未来志向の健全な労使関係形成のルール作りに向けた団交ルールの在り方がベルコと全ベルコ労働組合との間で合意された。さらに、2人以外の組合員が起こした時間外手当請求事件について、札幌地裁がベルコの葬儀施行体制の実態は違法派遣に当たるとし、ベルコは労働者派遣法40条の6の直接雇用のみなし申込みに対する労働者の承諾（選択権の行使）を妨げていたとして慰謝料の請求を認容した[8]。その後、このベルコを相手方とする時間外手当請求等の後続事件についても、2022年11月22日、道労委の仲介により、全ベルコ労働組合とベルコとの間で、包括和解が成立し、ベルコが全ベルコ労働組合に包括解決金を支払う代わりに、組合側（労働者側）は、労働委員会事件及び札幌地方裁判所に継続している事件を取下げ、すでに札幌高裁で控訴審の審理中であった事案（前掲注8）の控訴事件）については、控訴審において和解をするという形をとった。この間、先行事件から起算すると、実に8年間の歳月が流れていた。

（2）ベルコ事件道労委命令と学説の評価

　ベルコ事件道労委命令は、労組法上の「使用者」をめぐる論点との関係で注目されている。菅野和夫教授と山川隆一教授の共著の中では、労働契約関係に近似する関係を基盤とする労組法上の使用者の事例として、ベルコ事件道労委命令について次のように紹介している。

　「全国的に葬祭事業を行う会社が全国ブロック・支部に分け、各支部において業務委託形式で多数の代理店（個人ないし法人）を置いて、それら代理店の従業員に対し詳細な監督・指示を行いつつ葬祭会館運営や葬祭遂行業務を行わせていたところ、それら従業員の一部が組合を結成し、これを察知し

---

8)　ベルコ（労働契約申込みみなし）事件・札幌地判令4.2.25労判1266号6頁。

た会社が当該代理店を廃止させその契約を解約させたという新たな類型の事案（全社的業務委託の類型）も生じている。この事件について、労働委員会は、同社と代理店従業員との実際上の指揮命令関係を詳細に認定した上で、同社が葬祭業務を遂行する代理店従業員に対して雇用主と同視できる程度にその労働条件を支配・決定できる地位にあったと判断し、労組法7条の使用者として原職復帰と団体交渉等を行うよう命じている。」[9]

〈支部代理店組織図〉

```
              ベルコ  本社  ┄┄> 人件費
                指揮命令

              北海道支社

売上

支部代理店    支部代理店   人事異動   支部代理店   支部代理店
 店長          店長                    店長         店長

従業員        従業員                  従業員       従業員
```

（3）司法救済と行政救済で結論が分かれた要因は何か

　おそらく読者の中には、司法救済においてベルコ側が勝訴しているにもかかわらず、なぜ全ベルコ労働組合側の完全勝利ともいうべき道労委命令を前提とした和解ができたのかについて疑問を持たれる方もいるのではないかと想像する。

　代理人の一人として筆者なりにその理由を分析してみると、大きく2つの要因があると考える。一つは、第一事件の第一審における裁判官は、業務委託契約という契約形式にとらわれて事件全体の構造（上述の〈支部代理店組

9）　菅野和夫＝山川隆一『労働法（第13版）』（弘文堂、2024年）1134〜1135頁。

曖昧な雇用と企業の責任　401

織図〉参照）を見ておらず、業務委託契約の利用の在り方として「こんなおかしなことがあってはいけないはずだ」という感覚が欠けていたこと、これを多少小難しく表現するならば、ベルコの偽装請負システムが、「市民法的および労働法的ルールの基本を崩すような事態であって、市民法の基本理念に基づく公正の貫徹という視点からの厳正な批判と是正が必要である」[10]という意識を持てていなかったことが影響していると推測している。しかしこの点については、単純に裁判官個人の資質や正義感の問題に帰することも適切な見方ではない。これは、司法判断における労働契約法上の使用者概念やその判断基準が確立されていないこと、特にベルコ本体の単なる履行補助者に過ぎない代理店主が労働者であるのか、独立自営業者であるかを判別する的確な判断基準が確立されていないという点が問題といえよう。そして、もう一つの要因は、裁判所のマンパワーや審理に割ける時間の制約である。労働委員会は、ベルコ事件の解決のために公益委員はもとより、労使参与委員、事務局が一丸となって、膨大な時間をかけて、証拠を吟味し、主張整理を行った。このことが、ベルコの指揮命令の実態を詳細に浮かびあがらせる鍵となったと言える。

（4）小括

　ベルコ事件のような新たな法潜脱システムが問題となる事案を裁判手続で適正に解決するのは裁判所の事件処理に割ける人員と時間を考えると、難しい面があるのではないかと感じている。少なくとも現状において、同種のビジネスモデルのもとで労働者の権利を守るには、まずは労働組合を結成して集団的労使紛争として対抗できる基盤を作った上で、いざ、解雇等の紛争に至れば、労働委員会を活用して雇用社会の一般的知見（労使参与委員の良識）を取り入れた審理判断による解決を試み、その後、司法判断を求めるというように、手続選択とその順序を戦略的に検討することが重要であると実感している。

　本稿では、さらに、ベルコ事件を題材としつつ、曖昧な雇用をめぐる問題、

---

10)　我妻栄＝有泉亨＝清水誠＝田山輝明著『コンメンタール民法　総則・物権・債権（第6版）』（日本評論社、2019年）1284〜1285頁、1299〜1300頁。

特に偽装請負事案にフォーカスして、現在どのような法的課題があり、これに対していかなる対応が求められているかを検討したい。

2 曖昧な雇用と法的課題と対応

(1) 今日の就労形態の多様化に対応した労働者性判断の新たな判定視角の必要性

　ここでは曖昧な雇用の法的課題について、どのような点が問題になっているかを確認したい。この点について、鎌田耕一教授（以下「鎌田教授」という）は就業形態の多様化のなかで労働者性の判断について従来の判断視角だけでは限界があることが認識されてきていると指摘している[11]。すなわち、「請負ないし委託という契約形式が用いられ、ときには同一の労務供給者が労働者と非労働者を行き来するという事態も珍しくない。同一の労務供給者に対して、あるときは労働法、あるときは民法、またあるときは商法というように適用される法律が変わる。あるいは、企業が請負、委任などを通して労働力を調達するという経営方針をとっているため、労務供給者が労働契約の締結を希望してもその希望が企業により拒否されるケースが存在している。近年、とくに、労働契約以外の契約形式に基づきユーザーとの間に雇用類似の関係の下で労務を供給する者（こうした労務供給者を国際的に『契約労働者』（Contract Worker）とよぶ）が増大している。契約労働者に対して、各国の司法は様々な手法を用いてその保護を図ってきているが、指揮監督性を中心としたこれまでの判断枠組みの限界が認識されるようになってきた。」

　こうした中で、鎌田教授は、労働者概念についての判例学説は混迷状態にあり、その要因は多様な形態の就業者のうちどの範囲の者を保護すべきかという社会政策的課題と、労働法が固有の適用対象としてきた労働者の概念をどう把握するかという問題が十分区別されずに論じられてきたところにあるとする。そして鎌田教授は労基法9条の労働者とは、指揮監督関係の下で労働に従事し、かつ非事業者である者をいうとし、労働者か否かは労働者性を

---

11)　鎌田耕一「労働基準法上の労働者概念について」法学新報111巻7・8号（2005年）32頁。

示す要素と事業者性を示す要素の比較考量が必要であるとする。また横浜南労基署長事件最高裁判決（平 8.11.28 労判 714 号 14 頁）も事業者性の程度と比較しながら労働者性を判断する手法をとったものと思われると分析し、労働者性の判断にあたっては一方には労働者、他方には事業者をおいて、その両極の間で、問題となる労務供給者がいずれにより近いか比較考量しなければならない、としている。加えて、ある労務供給者が事業者であるかどうか、すなわち、自らの計算と危険負担において業務に従事する者といいうるためには、①諸費用の負担などの仕事完成の危険を負担するというのみでは足りず、②実質的により高額な報酬を求めて就労先を選択することによって自己の労働力を自由に処分することができ、かつ、③諸費用の負担も自らの裁量により調節することによって実質収入を増やすことが可能であるなど、広範囲の裁量の余地を有することが必要であるとしている。また労働者性の判断については、業務内容、業務遂行方法、業務遂行時間・時期、場所の決定が使用者の一方的な裁量に委ねられているか否かを決め手とせざるを得ないとしつつ、諾否の自由については当事者の合意により諾否の自由が制約されたと見るのか、使用者の指揮命令権によって一方的に決定されたのかを見極めるために、契約を締結するに至った経緯、個々の仕事依頼の状況、個別依頼を拒否したときの制裁などを勘案すべきとする。さらに業務内容及び業務遂行方法に関する指揮命令については、専門技術・技能を用いて就業するものを念頭に、専門領域に属する事項について相対的に独立した様々な職能が協力協働して特定プロジェクトを行う場合には、その事業組織の性質上業務内容の細部に関する指示があったかどうかまたは誰が誰に対して具体的な指示を出しているかということは使用従属関係を判断する要素としてその意義は乏しく、むしろ誰が自らの計算と危険負担において事業を組織しているかが重要であり、「使用者」の作成した予算と工程の下で業務に従事し、作業工程の進捗状況に応じて、「使用者」が臨機応変に労務提供者の作業に業務を追加したり、作業予定や作業現場を変更する場合には、「使用者」の一般的指揮の存在を示す事情になるとしている。そして労働場所や労働時間についても最終的に決定する者が誰かが重要であり、労働場所・労働時間を他人が決定し、これに最終的に従わなければならない場合、当該就業者は労働者で

あり、これらについて当事者が相互に交渉し合意して決定した場合は労働者ではないということになると指摘している[12]。

　以上のような視点に立つと、ベルコにおける代理店主は、諸費用を自ら負担する資力はなく、ベルコの指定した様式による稟議等により、ベルコからの手数料や費用等の支援や貸付を受けて事業を遂行していた。また、代理店主には、高額な報酬を求めて就労先を選択する自由もなく、諸費用を代理店主の裁量で調節して実質収入を増やすことができる仕組みにもなかった。したがって、ベルコの代理店主は、事業者性が極めて乏しい、あるいは皆無に等しかったと言える。他方、ベルコの代理店主ないし代理店に配属されているFAが担当していた業務は、葬儀や互助会勧誘など業界特有の知識技能のほか、生命保険や割賦販売法等の法的知識も含め専門的な知識や技能に基づくサービス業務であり、支社長や館長の指示のもとでFAらと協働しながら進めていくことが予定されていたのである。こうした業務の性質を踏まえると、代理店主のベルコへの使用従属性の判断においては、ベルコが作成した予算と工程の下で業務に従事し、進捗状況に応じて臨機応変に業務の追加や作業現場の変更が行われていたかという点が重要となる。この点について、代理店主は、ベルコの定めた営業目標を、ベルコが定めた所定の期間で達成するという課題が与えられ、営業の進捗を常にベルコに報告し、ベルコがこれを管理・分析して、達成度合いに応じて臨機応変に飛び込み営業やイベント企画をするよう追加営業の指示を行い、営業成績が振るわないような場合等には代理店主に対して人事異動（エリア変更）をさせて、就労場所を変更されてしまうという実態にあった。

　このように代理店主の労働者性判断にあたっては、諾否の自由、業務の内容及び遂行方法に対する指揮命令の有無、時間的・場所的拘束性、代替性、報酬の労務対償性のほか、事業者かどうかを判断するにあたって利益獲得の機会や損益計算のリスク負担、専属性等の事業者性に関する要素を比較考量することが不可欠であり、これらの要素をしっかりと加味することが重要であったと言える。こうした判断視角に立った審理判断をすることではじめて

---

12)　鎌田・前掲注11) 49 ～ 58 頁。

契約形式では独立事業主扱いされている主体が真実、独立した経営主体としての実態を有しているかが明らかになるのである。

（2）偽装雇用における誤分類修正の仕組みと契約形式選択の「合理的理由」

　もっとも鎌田教授は、上述のような判断過程を経ても、請負等の契約の下で雇用関係の存在を示す要素が存在し決め手に欠けている場合（いわゆるグレーゾーン）、労働者性又は労働契約の存在の立証をすることが困難な場合が少なくないという問題点も指摘している。このような事態が生じる理由について鎌田教授は次のように分析している。

　「ILO によると、偽装雇用とは『法律で定める保護を無効にするか、弱めることを意図し、実態とは異なる外観』を装う雇用を指す。企業は、第三者を通じて労働者を雇用したり、労働契約ではなく民事契約などで役務提供者を採用しながら、その独立性と相いれない形で実際の仕事を指示、管理したりすることにより、発注者の『使用者』としての素性を隠すことがある。この場合、役務提供者は事実上雇用関係にありながら、意図的に独立の自営業者として誤って分類されることになる。」[13]。鎌田教授はこうした分類を「誤分類」（Misclassification）とその修正の問題であると指摘する。そして「労働契約以外の契約形式の下で自ら労務を供給する者が、契約履行の実態に照らして労務を受領する者との間に使用従属関係の存在を示す要素とこれを否定する要素がともに存在し決め手に欠ける場合、当事者が労働契約以外の契約形式を選択したことに合理性が存在しない限り、当該契約を労働契約として解釈すべきである。この合理性が認められる場合として何を指すかは具体的な事案に応じて判断しなければならないが、たとえば、自ら労務を供給する者に労働契約を選択する機会が与えられているとか、労働契約以外の契約形式を選択したとしても労災保険の特別加入制度を利用できるなど労務供給者が業務に起因する災害を受けたとき適正な補償が確保される手段を選択しうる余地が存在する場合をいうであろう。」[14]とされている。これは主に業務委託契約が適正に利用されていることの立証責任を、その契約形態を選択し

13）　鎌田耕一「雇用によらない働き方をめぐる法的問題」日本労働研究雑誌 706 号（2019 年）7 頁。
14）　鎌田・前掲注 11）67 頁。

て利用している側（ベルコ事件でいうと、ベルコ）に負わせ、合理的な説明が
つかなければ労働契約であるという一種の推定を働かせるという解釈手法と
いえる。こうしたことが現行の法解釈の枠組みでも可能とみるか、立法政策
とみるかは見解は分かれるかもしれない。しかし、筆者自身は、特に偽装請
負が問題となる事案では、前述したように、偽装請負自体が「市民法的およ
び労働法的ルールの基本を崩すような事態であって、市民法の基本理念に基
づく公正の貫徹という視点からの厳正な批判と是正が必要である」という観
点がもっと強調されて良いと考えており、民法を中心とする市民法と労働法
の法体系全体を貫く公正さの確保という観点から、現行法の法解釈手法とし
て鎌田教授の指摘は十分説得的であると考えている。

おわりに

　昨今、労働法による使用者への規制が徐々に強化されるにつれ、雇用から
請負・業務委託への切り替えや、その線引きが曖昧な雇用形態が増加し、偽
装請負問題も急増している。「労働者」は、自分にとって真の「使用者」はいっ
たい誰なのかを正確に把握できず、労働条件等についての不満をかかえなが
らも、それをぶつける先もわからずに、契約を打ち切られるといった憂き目
に遭遇する可能性が高まっている。

　ベルコ事件のように曖昧な雇用、特に偽装請負が問題となる事案では、契
約形式に惑わされず、労働実態に即して、労働法の適用を巧妙に免れようと
するからくりにメスを入れることが必要である。特に労働関係が多様化・複
雑化するなかで、労働法が、法の目的である労働者にとって人たるに値する
生活を営むための必要を満たすものとしての機能を発揮できるかが問われて
いるとも言える。特に、これからの「雇用社会」の中で働く多くの労働者、
とりわけ若者にとっては重要な問題である。若い世代は多様化し複雑化した
経済社会の変化のなかで、契約形式の操作により容易に労働法の適用のない
世界に放逐される危険があり、若者自身も、そのような世の中になってしま
うのではないか、という切実な問題意識をもっている。いま、まさに労働法
の真価（進化）が問われているのであり、公正なルールのもとで労使が共に

成長し発展するという社会をどう構築していくべきかを真剣に議論すべき時代に入っている。これからの「雇用社会」を生きる「労働者」は、ベルコ事件を、まさに自分の問題としてとらえて、安易な法形式の濫用に惑わされないための知識とこれに対抗する力（それには連帯するしかない）が必要である。そして、何より、今後、裁判所や労働委員会には、企業が利益のみを獲得し、脱法的組織体制にお墨付けを与えるようなことにくみせずに、法の目的に遡って労働者を救済するという労働法の本来の立場にかなった審理判断を期待したい。

「直接雇用の原則」を基本にすえた
法解釈の確立をめざして

村 田 浩 治

1 派遣労働問題とは何か

（1）派遣労働は「労働法のない世界」を生み出した

　筆者は、1990年4月大阪弁護士会に登録し、同じ年に民主法律協会に入会するとほぼ同時に事務局幹事となり派遣労働問題研究会の担当となった。当時は、労働局が7月を「派遣労働月間」としていて、研究会でも7月に臨時ホットラインを実施していた。初めて受けた相談は「妊娠したので、派遣先に産休で支障が出ないようにと思って派遣先の職場にそのことを伝えたら、派遣元から『次回の契約（事業者間の契約）を更新しないと派遣先から告げられたが何かありましたか』と聞かれた。妊娠が理由としか思えないが、ひどいと思う。なんとかならないのか」というものだった。契約解除は「権利の濫用だ」と考えたが、言い換えればそれ以外にこれという主張は思いつかなかった。会社間の契約解除で雇用関係もなくなる登録型派遣労働は、裁判では闘えないだろうと説明せざるを得なかった。登録型派遣では、派遣労働者は直接雇用であれば当然に受けられる出産休暇の権利すら奪われる。初めての相談を契機に、派遣労働問題に真剣に取り組もうと考えた。

　この相談をした派遣労働者は、この経験から今後同様のことが起きた場合、どのような対応を考えるだろうか。「派遣元にはプライバシーをさらさない」「職場の上司や同僚から水くさいと思われようが、自らの権利を守るためにぎりぎりまで妊娠を隠して、契約解除されないよう備える」ということだろうか。

　筆者は、派遣労働の問題は労働者の権利だけではなく、働く職場において

人と人が協力して仕事をするという基本的な関係すら築けず、自身が被害を受けないようにして自らの労働力をうまく売ることを考え、連帯や団結から人を遠ざける仕組みであり、なくすべき制度であると考えている。

（2）行政取締法規である労働者派遣法の運用

　労働者派遣は、職業安定法 44 条、労働基準法 6 条で禁止されている労働者供給事業から一部の業務について例外的に許容する制度として制定された。労働者供給（労働者派遣）は、雇用主として労務管理するだけで利益を得ることができる。労働力を商品のように扱い、他人の労働に介在するだけで利益を挙げるという事業の非道徳性を「弱毒化」するために雇用主となる派遣元事業主を法律によって厳しく取り締まり、また派遣先事業主にも派遣労働者に対して責任を負わす制度が整備される必要がある。つまり労働者派遣法は、主として派遣元事業者を取り締まることを目的とする行政取締法規として制定された。

　派遣労働者に対して雇用責任を負うのは「雇用契約」を締結している派遣元事業主であるから、指導は派遣元事業主の法令遵守を基本とし、派遣先事業主は、あくまで法令違反の契約相手として関わっているいわば必要的共犯的存在として指導を受ける。派遣先事業主には、制定時、原則として派遣労働者との関係で契約上の義務規定が定められず、派遣法違反の罰則はなかった。派遣先事業者に対する派遣労働者の権利は、契約上の権利ではなく、派遣先の同僚や上司等の使用者責任（民法 715 条）の追求する不法行為法上の権利である。前記の相談事案でも妊娠を理由とした派遣契約の更新拒絶は「マタハラ」に当たるが、派遣先事業主を不法行為上の使用者としてのその責任追求をすることになるが、それは立証が困難な訴えとなるだろう。

（3）派遣先事業主に対する契約責任にこだわる理由

　派遣労働者の権利を侵害する主体は、雇用主ではない派遣先事業主であることが多い。前記の相談事案でも、派遣元事業主は派遣労働者に対して「何かあったのか」と質問していた。利益を求める立場から派遣元は、出産ぎりぎりまで仕事を続けてもらい、労働者派遣を継続してほしいと考えていたは

ずだ。派遣先事業主が妊娠した労働者の事情も聞かず契約解除をした行為に
正当性はまったくない。派遣労働者からの相談の多くの原因は派遣先にあ
る。「顔合わせ」という名目での事前面接後の一方的な労働者派遣契約の解除、
ハラスメント被害を訴えた派遣労働者の労働者派遣契約の解除、事前顔合わ
せで契約締結を決めるような「特定行為」は派遣法上も禁止（派遣法 26 条 6 項）
されている。しかし、こうした法規違反を派遣先事業主の契約責任の根拠規
定として裁判所が適用することはなく、検討すらしない。

　一時的就労である派遣労働者の多くは、問題が起きても諦めて泣き寝入り
するしかない。最近でも、SNS に派遣労働者の契約更新拒絶に対する嘆き
が絶え間なく書き込まれている。派遣労働者の権利を侵害するケースにおい
て、その加害当事者の多くは派遣先事業主であるが、派遣先事業主の違法行
為を正すための実定法上の根拠は乏しい。

　民主法律協会で開催されている派遣労働問題研究会で検討した事件におい
て、訴訟まで発展した事件の多くは「偽装請負事件」での就労先との直接雇
用を求める訴訟であった。相談割合が多いからではなく、紛争が起きた時に、
派遣労働者なら諦めてきた派遣先の雇用責任を問いたいと考える割合が多い
からだ。

　偽装請負事件は、派遣法の期間規制も潜脱しているから、就労期間が長く、
また就労実態も直接雇用従業員とあまり差がない。都合の良い労働力として
さんざん利用してきた派遣先事業主が雇用責任を負わないことを許せない
と労働者が考える。だから当事者が諦めず訴訟まで発展する割合も多くなる。
偽装請負で就労先の雇用関係の確認を求める訴訟は、違法性が強く、就労実
態から契約責任が問われる訴訟であり派遣労働者の要求を象徴する訴訟とい
える。

2　派遣先に対する雇用責任の効力規定が誕生した2012年法改正の意義

（1）派遣先事業主の雇用責任の根拠となる直接雇用原則

　2012 年に派遣法が改正され、法律名にも「派遣労働者の保護のため」の

法律であることが明記され、派遣先が違法に派遣労働者を受け入れている場合には雇用関係が成立するとする 40 条の 6（労働契約申込みみなし）が規定された。この改正法が施行される 2015 年 10 月 1 日まで、派遣先事業主の労働契約責任を問う根拠は、「直接雇用原則」のみであった。

「契約なければ命令なし」は、人格を持つ個人が他人から命令を受ける根拠となるのは労働契約だけであり労働契約を締結した使用者だけが労働者の労務提供を命じることができる「直接雇用原則」を端的に示す法格言である。偽装請負という形態で雇用責任を回避した上で労働者に命令を下し労働力を利用した者に対して雇用責任を求める重要な原則として十分な根拠となる。

「直接雇用の原則」を職業安定法 44 条および労働基準法 6 条を根拠とするのか、雇用契約そのものを根拠とするのかにかかわらず[1]、間接的な雇用（労働者供給）は禁止され、労働組合が行う場合等例外的に許されている場合や適法な労働者派遣契約に基づく場合以外は労働者派遣が許されない。派遣法制定後も派遣先が法に基づかず労働者に命令して労務提供をさせる根拠は雇用契約の存在以外にない。

（2）黙示の労働契約論の意義

就労先の雇用責任を問うという結論に結びつく。「黙示の労働契約」法理は、外形表示理論ではない。派遣先は、契約責任を回避するための間接的な請負や委託等の契約形式を取りながら、実質的に雇用主と同じ利益を得ようとしているから、契約上の表示を避ける。直接雇用原則の脱法的な形態を正す法理は、法人格否認の法理（ここでは形骸化ゆえの無効ではなく濫用ゆえに無効である法理）と同様の権利濫用法理である。

他方で、労働者派遣制度が誕生したことで「雇用なしで指揮命令できる」就労形態が法律に登場した。その結果、直接雇用原則の厳格性（間接雇用の強度の違法性）が緩められた。派遣法制定以後、提起された「黙示の労働契約」論による訴訟の多くは労働者側が敗訴した[2]。

---

1) 萬井令隆著『労働者派遣法論』（旬報社、2017 年）4 頁。
2) 派遣法制定後、偽装請負で黙示の労働契約を認めた佐賀地武雄支決平 9.3.28 労民集 48 巻 1・2 号 133 頁等きわめて少ない。

（3）社会的批判の拡大と「みなし規定」の制定

　労働者派遣を含む間接雇用の問題性が注目されたのは2008年に起きた大量の派遣切りであった。アメリカの投資銀行リーマンブラザーズの破綻に端を発する世界的な不況のなかで日本でも大量の派遣切りが起こり、2008年の年末に取り組まれた「日雇い派遣村」は、派遣労働者や偽装請負で就労する労働者の不安定な状況を可視化し、自民党政権下での構造改革という名の労働規制緩和に対する社会的批判を強め、見直しの気運が高まった。規制緩和路線を見直し、日雇い派遣禁止や派遣先の直用みなし制度を盛り込んだ労働者派遣法改正案（いわゆる三野党案）が選挙の争点ともなり、政権交代の大きな要因となった。

　偽装請負で就労し、違法状態を告発した労働者の損害賠償請求を認めながら地位確認を否定した松下PDP事件大阪地裁判決[3]は、これを批判する報道が多数の紙面を飾った。こうした世論の後押しは、控訴審での松下PDP事件大阪高裁判決[4]に多大な影響を与えた。

　民主党政権は、2012年に自民党と公明党等の修正案を受けいれ、日雇い派遣禁止と派遣先の労働契約申込みみなし規定を盛り込んだ労働者派遣法改正案を成立させた。

（4）「労働契約申込みみなし」規定成立の意味

　2015年10月1日以降、「労働契約申込みみなし」規定が施行された。申込みみなし規定が適用される違法な派遣は、「無許可派遣」「禁止業務派遣」「派遣契約によらない派遣（偽装請負）」および2015年法改正を経た「事業単位の派遣期間制限違反」「人単位の派遣期間制限違反」の5つの類型に適用されることになった。「労働契約申込みみなし」制度は使用者の違法性の認識について故意過失を要する上、「派遣契約によらない場合」は「免脱目的」という主観的な要件が加えられたが、松下PDP事件最高裁判決[5]が「黙示の労働契約の成立」を認めた大阪高裁判決を覆して以来、60件以上の地方裁

---

3)　大阪地判平19.4.26民63巻10号2816頁。

4)　大阪高判平20.4.25民集63巻10号2859頁。

5)　最二小判平21.12.18民集63巻10号2754頁。

判所が「黙示の労働契約」の成立を否定するなか、偽装請負をめぐる裁判闘争に対する立法的救済をはかる規定が初めて制定された。

3　自民党の政権復帰と派遣労働政策の転換

　2012 年改正法によって制定された「労働契約申込みみなし」規定は、施行日を 3 年の「周知期間」を経て 2015 年 10 月 1 日に施行されることとなった。ところが、その間に、自民党が政権に復帰し、右派ポピュリズム勢力に支持された安倍晋三第二次政権の下、バックラッシュともいえる政策の転換を内容とする派遣法改悪がなされた。2012 年法のみなし規定施行日のわずか 1 日前の 2015 年 9 月 30 日に施行された 2015 年改正派遣法は、従前の派遣業務の期間制限を緩和した。

　①有期雇用契約の派遣労働者についてのみ期間制限を設けた上、②期間制限がある労働者派遣は事業所単位では 3 年ごとに事業者の都合で延長することを可能とし、③人単位で、同じ業務に 3 年以上は就労できないという改悪法が 2015 年に成立し同年 9 月 30 日に施行された。この結果、派遣労働者は直用にならない限り、3 年ごとに契約解除の不安な地位にとどまるか、無期限で「中間搾取され」続けるかの選択を迫られることになった。

　2015 年派遣法改正法の附則 10 条は、2015 年 9 月 30 日以前の派遣期間については「従前の例による」と規定した。筆者は附則 10 条の解釈は従前の期間制限違反にはみなし規定の適用がされなければ、2012 年から 2015 年の施行日までの 3 年間は周知期間として定めた意味がなくなることになり、そのような解釈は許されないと考えるが、ギャンブルのような訴訟を選択できない派遣労働者にとっては、期間制限違反では、みなし規定による直接雇用の道は事実上、閉ざされたと言うしかない。

4　2012 年みなし規定適用に関する判例の惨状

（1）日本貨物検数協会偽装請負事件 [6]

　港湾における検数業務に従事する港湾労働者らの労働組合が、派遣先である一般社団法人日本貨物検数協会に対して直接雇用を求めた。団体交渉を拒否された労働組合は、2016 年 11 月に労働委員会に救済申立をした。労働委員会の審理の過程で、事業者らは、請負（偽装）契約から労働者派遣契約に切り換えていたことが明らかとなったが、事業者が事実を明らかにした時、派遣契約への切り替えからすでに 1 年が過ぎていた。労働者らは労働者派遣法 40 条の 6 の「労働契約申込みみなし」規定にもとづく地位確認の訴えも提起した。

　名古屋地裁および名古屋高裁は、労働局が指導をしないまま放置した「偽装請負」の事実及び事業者の「脱法目的」を認定した。しかし、労働組合を通じての直接雇用の要求申入れを労働者らの「承諾」と認定せず、労働者らが違法事実を知ってから 1 年 3 か月が経過していたため、1 年以内の承諾がないとして労働者の請求を棄却した。最高裁も労働側の上告を受理せず高裁判決が確定した。

（2）大阪医療刑務所偽装請負事件 [7]

　2012 年 4 月から約 5 年間にわたり車両運行の「民間委託」会社の社員なのに、大阪医療刑務所と大阪少年鑑別所で車両運転手として勤務していた労働者が、国に対して労働者派遣法 40 条の 7 に基づいて「国家公務員法その他関係法令の規定に基づく採用その他の適切な措置をとる」ことを求めた。

　労働者は 2012 年 4 月から 2017 年 3 月 31 日まで、3 つの会社にわたって雇用されながら大阪医療刑務所で収容者の護送、契約関係にない少年鑑別所の少年ら護送バスの運転に従事していた。国の施設なのに、偽装請負のみならず労基法違反など、多数の違法行為があった。労働者は刑務官からのパ

---

6)　名古屋地判令 2.7.20 労判 1228 号 33 頁、名古屋高判令 3.10.12 労判 1258 号 46 頁。
7)　大阪地判令 4.6.30 労判 1272 号 5 頁、大阪高判令 6.6.26 判例集未登載。

ワーハラスメントを受けたことをきっかけに、2016年9月に大阪労働局に派遣法違反等の是正を求め、大阪労働局は、同年10月、違法派遣状態であることを認定し是正指導を行った。そのため大阪医療刑務所は2017年1月から労働者派遣契約に改めた。ところが2017年4月から再び、車両運行業務委託契約に戻し、派遣契約を締結していた運転手らは①2017年3月末日をもって派遣元との雇用契約は終了させられ、②新しい運行業務委託事業者に雇用承継されず排除された。

　国に正当性はなく、労働者が告発したことがきっかけで職場から排除された事件であり、みなし規定による労働者保護が求められる事案であった。しかし一審の大阪地裁も二審の大阪高裁も労働者側の請求をすべて退けた。裁判所は、国の偽装請負は認定しながら、「担当者」の「免脱目的」がなかったと判断し、さらに派遣法40条の6のみなし規定は派遣元との契約終了後は承諾しても原始的不能になるという解釈を前提に国家賠償請求すら認めなかった。派遣法40条の7の「採用その他の措置を講ずる義務」についての行政法上の論点にも何ら解釈を示さなかった。違法を告発して排除された労働者の保護を図ろうという考察は一切せず2012年派遣法改正を無にする判断を展開した（執筆時も上告中）。

（3）竹中工務店二重偽装請負事件[8]

　キャドオペレーターとして零細事業者に採用された労働者が、竹中工務店の子会社の委託業務として工事現場において施工図面の作成を行っていた。現場では雇用主側の社員も竹中工務店の子会社の社員もおらず、竹中工務店の現場事務所で施行図面の作成業務に現場の監督の指示を受けて図面作成に従事していた。疑問を感じた労働者が匿名で労働局に申告した。労働局から調査を受けた竹中工務店は労働者の雇用主との間で労働者派遣契約に変更しようとしたが、労働者がこれを断った。そのため業務委託契約が解除となり、約束違反を訴えた労働者が解雇された。労働者は、その後に派遣法40条の6によるみなし規定を利用して竹中工務店に対する労働契約関係の確認を求

8）　大阪地判令4.3.30判時2555号31頁、大阪高判令5.4.20判時2586号59頁。

める訴訟を提起した

　二重派遣の事案であり、雇用主側の従業員も竹中工務店の子会社の社員も現場には居なかったため、指揮命令が竹中工務店の現場監督からなされていたことは争いようがない明白な偽装請負事案であった。しかし裁判所は、竹中工務店との関係では二重派遣は労働者供給（職業安定法44条違反）であるため派遣法40条の6の適用はないとして雇用関係の成立を否定し、子会社との間では一審が否定したみなし規定の適用を二審は認めたが、結局「免脱目的」を否定し、さらに雇用主による解雇も「合意退職」であり有効と判断し労働者の請求をすべて棄却した。

（4）大陽液送偽装請負事件[9]

　1980年代まで大陽日酸株式会社（ガスメーカー）の運送部門子会社であった大陽液送株式会社でタンクローリー車の運転に従事していた従業員らは全員が労働組合（現建交労）に組織されていた。組合員らが退職するたびに、大陽液送は下請会社に車両所有者は大陽液送のままに、運行業務委託名目の受託者である下請会社で雇用された労働者が運転を行っていた。その後も、正社員の退職のたびに下請け労働者の割合は増加し正社員の人員を上回るようになった。その後、下請会社は大田貨物に一本化され大田貨物の運転手は全員が大陽液送と同じように運転労働に従事し、大陽液送の配車係から毎日指示を受け運転業務に従事していた。その実態は労務提供にほかならず組合員らは派遣法40条の6第1項5号の雇用申込みみなし規定の適用による申込みに対する承諾を通知し提訴した。しかし、裁判所は配車係による指示の事実があるにもかかわらず、契約書に記載のある業務処理であるとし、全く同じ仕事、同じ指示の元で就労する労働者の賃金格差の問題性を意識することなく偽装請負そのものを否定した。裁判所はみなし規定の適用をせず、一審・二審とも労働者らの請求をすべて棄却した。

---

9)　大阪地堺支判令4.7.12労判1287号62頁、大阪高判令5.8.31労旬2046号74頁。

（5）アズビル偽装業務委託事件 [10]

　派遣業の許可を受けていないタック社に採用された男性労働者は、2012年5月から2018年7月までアズビルが横浜ビジネスパークから受託したメンテナンスに従事していたが、労災のため休業したタック社は神奈川労働局から2018年12月に無許可派遣で是正指導を受けた。タック社とアズビル社は2018年10月1日に遡って労働者派遣契約に切り替えた。労働者は2018年12月20日、みなし申込みに対する承諾通知の意思表示を行いアズビルに対して労働契約上の地位確認を求めた。

　裁判所は、一審・二審とも、みなし申込みは有期契約であり、承諾した2018年12月20日からわずか4か月後の2019年3月31日をもって契約は終了しているとして労働契約法18条も19条にもアズビルの雇用継続の事情として検討できないとして、労働者側の請求をあっさり棄却した。6年以上アズビルの業務に従事していた事実を全く考慮せず労働者保護を全く考慮しなかった（執筆時、上告中）。

（6）東リ伊丹工場偽装請負事件 [11]

　建築材料の製造メーカーである東リ株式会社の伊丹工場の主力製品である巾木工程と建築用接着剤を制作する化成品工程で就労していた5名の労働者らが、偽装請負状態で就労していたとして、派遣法40条の6に基づいて承諾の意思表示をした上で労働契約関係の確認を求める訴えを提起した。

　巾木製品は、伊丹工場の主力製品であり、2002年頃ごろから請負会社である有限会社エル社の所属従業員らだけで担っていた。人員の増減はあるものの、2017年頃ごろには20名程度の労働者派遣を含む人員が就労していた。巾木工程は、24時間三交代制で月曜に火を入れると金曜の夜まで機械は運転する厳しい職場である。化成品工程も、当初は東リ社員と混在した職場だったが、提訴時には、エル社の従業員だけで担っていた。

　しかし、両工程のいずれも製造課からの管理監督がされていた。製造過程での細かな指示がされ、他の工程と同じように日常的にメールによる指示を

---

10)　東京地判令 6.4.25 判例集未登載、東京高判令 6.11.19 判例集未登載。
11)　神戸地判令 2.3.13 労判 1223 号 27 頁、大阪高判令 3.11.4 労判 1253 号 60 頁。

受けていた。週間生産計画も生産途中の変更や、途中の原料の配分率にいたるまで完全に東リの製造課の担当者の指示でもって製造がされていた。ラインは形式的に峻別されているが、請負労働者がラインに組み込まれて就労している典型的な偽装請負といえる就労であった。

派遣法違反の申告を受けた兵庫労働局は、偽装請負と判断を示さず是正指導しなかった。行政判断に引きずられたためか一審の神戸地裁は2020年3月、東リでの就労は偽装請負ではなかったとして、みなし規定を適用せず労働側の請求を棄却した。

これに対して2021年11月4日、二審の大阪高裁は、偽装請負であることや免脱目的も認定し、契約期間は無期の実態にあったという論点も認めて、一審判決を取消し、労働側の請求を認め最高裁も東リの上告を棄却した[12]。

5 直接雇用原則の現代的展開の必要性

(1) 直接雇用を認めない判断の底にある雇用契約関係を認定する形式的意思解釈
本稿の執筆時点で、みなし規定をめぐる事件で勝訴したのは東リ事件の控訴審判決とそれを支持し使用者側の上告を棄却した最高裁判決のみである。3つの事件（4（1）、（3）、（4））は一審から最高裁までが労働側の請求を退け、2つの事件（4（2）、（5））は一審も二審も、労働側が敗訴し最高裁に上告受理申立中であり労働側の2勝14敗という結果である。上記事案以外でも就労先の労働契約関係の確認を求める請求は厳しい判断が続いている。裁判官が偽装請負事件において就労先との労働契約関係を認めることに消極的な姿勢は、2012年法改正の世論に押された立法者意思をないがしろにしていると強く非難すべきだ。上記事件の就労先事業者は、長年にわたって労働者を利用してきた者ばかりで雇用責任を負わせるべき事業者だ。4（6）の事例のように雇用期間が終了しているとする判断には正義も妥当性もないと言わざるを得ない。

裁判官が直用判断に消極的な理由は、労働者派遣の雇用主は「派遣元」と

12）　詳細は、東リ裁判を支援する会編『闘って正社員になった―東リ偽装請負争議6年の軌跡』（耕文社、2023年）。

いう形式的発想があるからであり、就労先に労働契約関係を認めるのは例外的だと考えるからだ。しかし、直接雇用の原則からみれば、むしろ発想は逆にすべきなのだ。

（2）労働契約申込みみなし規定の解釈原理としての直接雇用原則

　労働契約申込みみなし規定は、「事業主に対する制裁」として派遣先事業者による雇用契約の申込みがあるとみなす規定である。そして、みなし規定を導く根拠は直接雇用原則から導かれる。就労先事業主は派遣法違反をしたから制裁されるのではなく、労働契約がないまま労働者を使用従属させたから制裁を受けるのである。派遣法の労働契約申込みみなし規定は、労働実態に応じて雇用責任があるという派遣法制定以前から労働法を貫く原理（直接雇用原則）を実定法化したにすぎない。そのことを裁判官に理解させなければならない。労働契約申込みみなし規定は特別立法であり派遣労働者の雇用主は派遣元（受注者）だという思考から裁判官を解放しなければ判例の惨状は変えられない。直接雇用原則を派遣法規定の解釈に生かす議論が必要である。

（3）分裂した使用者という視点

　本稿を書き始めた 2024 年の夏季以降、「スキマバイト」をめぐる報道が活発となり、その問題点が露わとなった。スキマバイトは直接雇用の形式をとりながら、雇用主は安全配慮義務も社会保険の加入義務も回避して、労働者を商品とする究極の就労形態である。民間職業紹介事業者として登場するスキマバイトアプリの事業者は労働者の労働力を利用して利益をあげながら雇用主でないとして契約上の責任を回避している。労働者派遣制度は派遣元事業者に雇用責任を限定する制度として始まったが、スキマバイト問題に接して実質的な使用者は派遣先だと強調する発想だけでは不十分だと考えるようになった。

　「直接雇用原則」は、複数いる事業者の中から労働契約の使用者責任を負うものを誰かに限定する必要はない。労働者派遣は、使用者が派遣元と派遣先に分裂したにすぎないのであり、雇用主と使用（指揮命令者）が分離した

わけではないとの見解[13]は傾聴に値する。裁判所が「雇用主は一事業者として限定される」という解釈は、労働契約申込みみなし規定適用後の労働契約関係がどうなるのかという論点にも関係する。上記観点からは「労働契約申込みみなし規定」の適用を求める承諾では派遣元の契約関係は当然に消滅しないし解雇理由にもならないと解すべきことになる。

---

13) この見解は朝日放送事件（最三小判平 7.2.28 民集 49 巻 2 号 559 頁）を闘った民放労連朝日放送労働組合の綱本守氏の見解である。

近未来の労働法

――人口減少社会における労働法の見直し論素描――

高 橋 賢 司

はじめに――問題の背景

　日本社会では人口減少が続いている。これについてメディア等の議論では労働力人口の減少をいかに食い止めるかという点に焦点があてられている。少子化に歯止めをかけ、労働力人口を増やすのは、重要な法政策的な課題である。少子化問題や外国人労働者が中心的な課題となる。

　しかし、人口減少の問題は、これにとどまらない。労働法の法規制そのものにも関わる。例えば、売り手市場は、低賃金労働、非正規雇用労働者に依存してきた日本企業に見直しを迫り、進展しつつあるジョブ型雇用にも再検討を迫らざるを得ない。

　また、労働力人口の減少は売り手市場をもたらし、それは労働者の交渉力にも影響し、労働法の理念にも関わってくると考える。持続可能な雇用社会の重要性が説かれるが[1]、労働力人口が減少していけば、それだけ持続可能性という概念を労働法と結びつけていかざるを得ない[2]。

　本稿では、労働力人口の減少が労働法規制に影響を及ぼすかを考察する。そこで、本稿では、人口減少をめぐる諸現象を確認したうえで (1)、労働法の理念との関係 (2)、労働法の法規制への影響 (3) について、以下順に考察する。

---

1) 和田肇『労働法の復権』（日本評論社、2016 年）275 頁以下。
2) 和田・前掲注 1) 279 頁。

422　第Ⅲ部　新たな働き方と労働法における現代的課題

1　人口減少をめぐる諸現象

（1）人口減少による就業者の減少

　国立社会保障・人口問題研究所「日本の将来推計人口（令和5年推計）」によると、総人口は、令和2（2020）年国勢調査による1億2615万人が2070年には8700万人に減少する[3]。これによると、総人口に占める65歳以上人口の割合（高齢化率）は、2020年の28.6％から2070年には38.7％へと上昇し、65歳以上人口割合（高齢化率）は、2065年時点で比較すると38.4％であるとされる[4]。労働政策研究・研修機構（JILPT）によると、就業者数は、2022年の6724万人から、2030年に6430万人、2040年に5768万人と減少すると見込まれる[5]。

　人口減少が進むと、労働力人口の不足が見込まれ、企業の経済活動や経済社会にさまざまな影響を及ぼす。また、労働者の消費も伸び悩み、その結果、GDP（国内総生産）が低下する可能性があり、経済成長が鈍化していく。

　人口減少、少子高齢化が進展することで、年金・介護保険等受給者の比率が急増し、将来的に受け取る年金・介護保険等給付額を安定化させるのが難しくなる。このため、年金の持続可能性に対する懸念が高まり、社会保障制度の安定性を害していく。

（2）人口減少と少子化の影響

　15〜64歳人口は、平成7年（8726万人）をピークに減少し、平成30年（7545万人）と少なくなっている。また、総人口に占める割合は4年（69.8％）をピークに減少し、平成30年は59.7％と減少し続けている[6]。人口減少、少子化は、大学入学定員にも影響し、前年度は入学定員を充足していたが今年度は入学定員未充足278校であり、前年度に入学定員未充足であった大学で今年度

---

3)　国立社会保障・人口問題研究所「日本の将来推計人口（令和5年推計）」。
4)　国立社会保障・人口問題研究所・前掲注2)。
5)　労働政策研究・研修機構（JILPT）「2023年度版　労働力需給の推計」。
6)　https://www.stat.go.jp/data/topics/topi1191.html

近未来の労働法　423

も入学定員未充足であった大学が316校であった[7]。これが、労働力人口に4年後以降に影響していくことになる。失業者数については、完全失業者数が173万人、前年同月に比べ9万人の減少であり、2か月連続の減少であり、完全失業率（季節調整値）は2.4％である。景気の影響だけがこのように影響しているわけではない。文部科学省と厚生労働省によると、2024年春に卒業した大学生の4月1日時点の就職率は98.1％であった[8]。つまり、労働力人口の減少は、売り手市場をもたらしている。しかし、このことは労働者と使用者との間の交渉力の格差に影響を及ぼし、労働法の理念、労働法の法規制にも影響を与えていくのではないかと思われる。

2　変わる労働法の理念

（1）労働法の理念はどうなるのか

　戦後の労働法学の一部は、労働者が使用者に経済的に従属している、という労働法の認識を前提としていた。使用者が、生産手段の所有者として、労働者の労働力を一定の条件の下で自由に処分しうるのに対して、生産手段と財産を所有しない個々の労働者は、一定の経済的条件において、自らの労働力を使用者の下で売ることを余儀なくされる。労働条件で不服があっても、これについて労働者は一人では使用者と交渉できなくなると説かれた（経済的従属性）[9]。

　人口減少社会では、逆の状態となる。人口減少社会では、労働力不足が起こりやすくなる。基本的に、ブラック企業や、社会保険や年金保険料を支払えない経営者は、労働者から選択されないという結果を招く可能性がある。自らの意思により企業を選択する自由をより享受できる労働者は、そうした

---

7)　日本私立学校振興・共済事業団私学経営情報センター私学情報室「令和6（2024）年度　私立大学・短期大学等 入学志願動向」（2024年）。

8)　日本経済新聞（デジタル）2024年5月24日。

9)　例えば、外尾健一『労働法入門』（有斐閣、2009年）10頁、片岡曻＝村中孝史『労働法（1）（第4版）』（有斐閣、2007年）5頁以下、角田邦重＝毛塚勝利＝脇田滋『新現代労働法入門（第4版）』（法律文化社、2009年）10頁以下〔角田邦重執筆部分〕、沼田稲次郎『日本労働法論（上）』（日本科学社、1948年）37頁以下（『沼田稲次郎著作集（第一巻）』（労働旬報社、1976年）所収）。

424　第Ⅲ部　新たな働き方と労働法における現代的課題

経営者を選択しない自由を得られるようになる可能性がある。自己決定や自立の理念は、人口減少社会での売り手市場では一定の役割を果たし得るかもしれない。自らの交渉力に応じて労働条件を向上させる、労働者の使用者に対する交渉力が増強する可能性は秘めているからである。労働者の自己決定権の重要性[10]は一層高まるかもしれない。

そうはいっても、労働法による保護の必要性が後退することはない。

労働者は使用者の指揮命令に服し、そのなかで労働せざるを得ない。そのため、労働者の生命、健康、人格についての侵害は労務の提供に伴って顕在化する。セクシュアル・ハラスメントや職場いじめがこれにあたるし、さまざまな労働災害もこれにあたる。労働と労働者の不可分性ゆえに、職場においてたえず、生命、健康、人格についての侵害があるおそれがある。

また、労働の総需要がやや増加するとしても、ミスマッチ失業は生じうる。このため、労働者派遣、請負労働、ひいては、プラットフォーム労働の必要性は必ずしも減じないと思われ、これに対応する労働法等の規制の必要性がなお存在すると思われる。

（2）ジョブ型社員から正社員の雇用へ？

わが国の多くの労働者は、将来における企業内でのキャリア形成、昇格、昇進の可能性が与えられ、企業に入社して以来、企業を転々と移動することなく、出向、転籍、引退するまで、長期にわたる雇用が保障されてきた。つまり、日本型年俸制で想定される労働者は、多くの場合、外部労働市場での労働移動を前提にした労働者ではなく、外部労働市場という出口を持たない企業内に位置づけられ、そしてその中で育成される。

これに対して外部労働市場の形成とジョブ型社員の必要性が説かれた[11]。育児・介護の必要性のある労働者を企業が大切にしなければならない要請は

---

10) 西谷敏『西谷敏著作集〈第1巻〉労働法における法理念と法政策』（旬報社、2024年）293頁以下、籾井常喜「プロレイバー労働法学に問われているもの」前田達男＝萬井隆令＝西谷敏編『労働法学の理論と課題』（有斐閣、1988年）75頁（83頁以下）、道幸哲也『職場における自立とプライヴァシー』（日本評論社、1995年）163頁以下、231頁以下、土田道夫「労働保護法と自己決定」法律時報66巻9号（1994年）56頁。
11) 濱口桂一郎『ジョブ型雇用社会とは何か』（岩波書店、2021年）23頁以下。

ある。確かに、その意味では、ジョブ型社員という選択肢は、時代に適合してもいる。

　しかし、人口が減少し、労働力に不足感が高まる社会にあって、正社員ではない働き方を選ばせる選択肢、ジョブ型社員という選択肢を労働者は——特に、家族の育児、介護の必要性のある労働者以外の労働者は——必要とするのだろうか。家族の育児、介護の必要性のある労働者の復職後、企業がその労働条件を引下げたり、当該労働者を解雇するような扱いは、企業にも、労働力不足を深刻化させていく。むしろ、企業はより安定的な雇用を提供し、より質の高い労働力を確保する必要性が存在し、正社員での雇用が必要となっていく面もある。厚い中間層の構築が求められることになる[12]。その意味では、ジョブ型社員という働き方は、必要性が減少していく可能性もある。

（3）雇用の安定化と社会保障制度の安定化

　より安定的な雇用、正社員としての雇用が促進、保護されることにより、経済全体では、経済成長も可能になっていく。より高い賃金、手取りの保障が、消費を高め、経済成長を促す。これまでの日本社会は、その反対を歩んでいた。非典型雇用の増加により人件費コストを企業は節約し、中国などの低賃金企業と競争をなそうとしていた。低賃金ファクター（パートや派遣）の増大は、労働者間での貧富の格差を拡大するだけではなく、経済全体では、消費の長期の後退、マイナスないし低成長を余儀なくさせたと思われる。

　社会保険との関係でも、現役時代の所得の減少は、年金徴収額を減少させ、年金給付額を減少させる。安定的な雇用の確保は、現役世代の所得を増加させ、将来的には高齢者の年金給付額を増加させ、年金の持続可能性に対する懸念を減少させる。将来的な年金財政の安定を図りうる。正社員など安定的な雇用を確保させる労働法制という視点から、現行の社会法制を見直す必要性が生じることになる。

---

12)　和田・前掲注1）274頁。

3 労働法規制の見直し論

（1）少子化対策・家族政策

　日本の育児休業制度では、満1歳未満の子を養育する労働者は、男女を問わず、子が満1歳に達するまでの期間（1歳の時点で保育所への入所ができないなど特別の事情がある場合には2歳まで）育児休業を取得できる。ただし、有期労働者の場合、子が1歳6か月に達する日までに、労働契約（更新される場合には、更新後の契約）の期間が満了し、更新されないことが明らかでないことが必要とされる。非正規雇用労働者の育児休業の取得は困難な法制となっている。厚労省の「令和2年度雇用均等基本調査」によれば、有期契約労働者の育児休業取得率は、26.9％である。非正規雇用労働者に女性が多いのが事実であるので、問題は深刻である。

　厚労省の「令和2年度雇用均等基本調査」によれば、育児休業取得者の割合は、女性：81.6％（令和元年度83.0％）、男性：12.65％（令和元年度7.48％）と男性の取得者が増加してはいる。児童手当は、第1子、2子の手当額は、3歳未満：月額1万5000円、3歳以上：月額1万円である。

　子ども家庭庁によれば、保育所等利用定員は304万人、保育所等を利用する児童の数は271万人であり、保育園の待機児童数は、2567人である（令和6年）。待機児童数は減少しつつあり、少子化による就学前人口の減少や保育所の整備の進展が要因として考えられている。しかし、長年待機児童が深刻であったことは、共働き夫婦が子ども、特に、第2子、第3子を持ちづらい要因にはなり得る。

　厚生労働省によれば、令和5年の出生数（日本人）は72.7万人であり、合計特殊出生率は過去最低を更新する1.20であった。

　ドイツでは、両親手当（Elterngeld）により、親が子どもを養育し、世話をすることを可能にする。両親手当は家族の経済的生活を確保するのに役立つ。両親手当について、まず夫婦（および別々の親）は、14か月の両親手当支給月を自分たちの間で分割できる。12か月最大で両親手当を支給できるが、一方の親がさらに2か月休暇をとる場合、世帯全体で14か月の両親手

当を受け取ることができることになる。両親手当は出生前の収入の 65％を支給される。両親手当は、給付額に下限と上限が定められ、最低 300 ユーロ、最高 1800 ユーロである。子どもが生まれる前に親の収入が 1240 ユーロ未満だった場合は、より多くの親手当を受け取る。

　また、両親手当プラス（ElterngeldPlus）として、両親手当の 2 倍の期間受給できる。その代わり、出生後に収入がない場合には両親手当として受け取る金額の最大半分が支給されるにすぎず、生後 14 か月以降も支給される。

　このほか、パートナーシップボーナスとして、親ともう一方の親は、それぞれ最大 4 か月の追加両親手当を受け取ることができ、この手当は親の両方とも同時にパートタイムで働いている場合に支給される。これは、親が子と過ごす時間を増やすために、週 24 時間から 32 時間パートタイムで働きたい場合、両親はパートナーシップボーナスとして最大 4 か月分の追加支給を受けられるというものである。また、ひとり親もパートナーシップボーナスを受け取ることができる。生後 14 か月を過ぎると、両親手当プラスまたはパートナーシップボーナスを受け取ることができるのは、生後 32 か月まで、つまり最大で子どもが生後 2 歳 8 か月になるまでである。両親手当プラスとパートナーシップボーナスの下限と上限は、最低 150 ユーロ、最高 900 ユーロである。

　育児休業にあたる両親休暇は、母親と父親は、子どもの 3 歳の誕生日から子どもの 8 歳の誕生日までの期間に 24 か月の育児休暇を申請することができる。各親は、育児休暇全体を 3 つの期間に分割できる[13]。最長では、各親は、子どもを育てるために 3 年間の育児休暇を取得することができる。育児休暇中、親は週に最大 32 時間（2021 年 9 月 1 日より前に生まれた子どもは週に最大 30 時間）パートタイムで働くことができる。

　親が働く場合、公立、教会、民間の保育園で子を預けることができる。待機児童が都市部では深刻である。恒常的に保育士が不足し、特に、保育士が都市部の住居費を支払えない事態が生じている。幼稚園は、3 歳から就学前まで、子を預けることができる。

---

13)　ただし、使用者は、子どもの 3 歳の誕生日から 8 歳の誕生日までの間のみである場合、緊急の運用上の理由で育児休暇の第 3 段階を拒否することができる。

さまざまな学校や年齢の子どもたちが学童に通う。特に小学校 1 年生から 4 年生までの子どもが学校のあと放課後に学童に通う。子どもは、学童でともだちを作り、宿題をする。

　ドイツでは、手当として、児童手当、児童加算、市民給付金（Bürgergeld）、（日本で生活保護の機能を果たす）社会扶助（Sozialhilfe）などがある。特に、児童手当は、家族をサポートするもので、親が定期的に世話をしている 18 歳未満の子どもには、まず児童手当が支給される。児童手当の額は子ども一人につき月 250 ユーロであった。2025 年には、5 ユーロプラスされる。

　市民手当を受給できるのは、15 歳以上で就労可能で困窮している場合に（その意味で支援のニーズがある場合に）支給される（社会法典第 2 編 20 条）[14]。標準的な基準額は、5 歳までの子どもの場合が 318 ユーロ、6 歳から 13 歳までの子どもの場合が 348 ユーロ、14 歳から 17 歳までの子どもの場合が月額 420 ユーロである。

　児童手当、児童加算、市民手当を統合して、さらに発展させ、子どもの貧困対策のために創設される、こども基礎給付金（Kindergrundsicherung）制度は、連邦議会で審議されていたが、2024 年 12 月段階では、連立政権のうち、自由民主党が離脱したため、この制度も（2025 年 1 月から開始予定であった法制度）2024 年までに議会で通過できない事態を生じさせている。

　男女の賃金をめぐるジェンダーギャップは小さくなく、2023 年、ドイツの女性の時給は男性より平均 18% 低かった。連邦統計局（Destatis）によると、女性の平均時給は 20.84 ユーロで、男性（25.30 ユーロ）より 4.46 ユーロ低い[15]。

　こうした政策の結果、ドイツでは、2023 年の出生率は女性 1 人当たり 1.35

---

14)　その要件は、詳しくは、① 15 歳以上で、年金の受給年齢に達していないこと。②ドイツに居住し、生活の中心がドイツにあること。③ 1 日 3 時間以上働くことができることである。さらに、④本人または本人の共同生活者が援助を必要としていることである。食品、衣類、衛生、家庭用品、暖房および温水の生産に起因する割合を除く家庭用エネルギー、および日常生活の個人的ニーズが含まれる（日常生活の個人的なニーズには、合理的な範囲でコミュニティの社会的および文化的生活への参加が含まれる）（同 20 条）。

15)　https://www.destatis.de/DE/Presse/Pressemitteilungen/2024/01/PD24_027_621.html#:~:text=WIESBADEN%20%E2%80%93%20Frauen%20haben%20im%20Jahr,(25%2C30%20Euro).

近未来の労働法　429

人で、前年（1.46 人）より 7% 低かった。少子化は止められてはいない。

　フランスにおいて週 35 時間制に導入されていることはよく知られている[16]。また、出産休暇に加えて、父親休暇が保障されている（28 日が可能で、少なくとも 7 日は父親が取得するのが義務）[17]。養親休暇は、労働契約が中断するが、労働条件の変更が許されないとされ[18]、労働時間短縮を通じた同休暇の取得も許されている[19]。使用者には女性の同位、同種、同賃金での復職が義務づけられている[20]。養親休暇に対しては、養育分担手当が保障され、3 歳まで比較的高額の給付が保障されている[21]。子が増えた場合には、期間も長くなり、3 人以上の子の場合給付額も増えることとなっている[22]。ほかに、保育費手当、新学期手当（小学校入学時の学用品準備のため）がある[23]。乳幼児手当、自宅保育手当、このほか、家族に対する各種給付が存在する[24]。保育の方法を選択でき、保育園利用以外、保育ママを雇用できる[25]。また、比較的簡易に保育園を自ら創設できる。さらに、3 歳から保育学校が開始され[26]、9 割以上の子がそこで養育される。これらにより、出生率の低下に歯止めをかけたといわれる。フランスの出生率は 1.62 人（2024 年）である[27]。フランス国立統計経済研究所によれば、人口が約 6837 万人であり（2024 年）、増加傾向にある。少子化対策が功を奏したわずかな国の一つであるので、有益な示唆を与えている。

　日本の諸制度をフランスとドイツの諸制度を比較した場合、フランス法に

---

16)　水野圭子「フランスにおける労働時間政策と少子化対策」浜村彰先生古稀記念論集『社会法をとりまく環境の変化と課題』（旬報社、2023 年）137 頁、157 頁以下。

17)　水野・前掲注 16) 164 頁。

18)　水野・前掲注 16) 165 頁。

19)　水野・前掲注 16) 166 頁。

20)　水野・前掲注 16) 165 頁。

21)　水野・前掲注 16) 153 頁。

22)　水野・前掲注 16) 154 頁。

23)　水野・前掲注 16) 148 頁。

24)　水野・前掲注 16) 151 頁。神尾真知子「フランスの子育て支援」海外社会保障研究 No.160（2007 年）33 頁、55 頁以下。

25)　労働政策研究・研究機構『ワーク・ライフ・バランス比較法研究最終報告書』（2012 年）61 頁、111 頁（フランス、水野圭子）。

26)　労働政策研究・研修機構・前掲注 25) 114 頁以下（フランス、水野圭子）。

27)　INSEE PREMLÈRE N° 2033 paru le:14.1.2025.

おいて家族に対する給付が総合的である。育児休業の期間も、ドイツ、フランスと比較しても、日本はまだ十分長いとはいえない。また、父親の育児休業を促進する仕組みがフランスは優れている。その分、少子化に対して有益な施策を構築できているように思われる。

（2）最低賃金と税・社会保険の壁

賃金の決定を使用者の自由に委ねた場合、売り惜しみのきかない労働力が買い叩かれ、労働者の賃金が低くなるおそれがある。これによって、労働市場も機能しなくなるおそれもある。そこで、1959年に最低賃金法が制定された。当初は、業種間協定によって定められていたが、現行の制度では、地域別最低賃金と特定最低賃金とに大別される。現在、生活保護の水準以下の収入しか得られない貧困層、ワーキングプアが進行している。最低賃金制度は、現在は、非典型雇用の労働者の賃金を引き上げる機能を果たしている。

最低賃金1500円実現なる公約が政党の間では、主張されていた。

ドイツでは、2015年1月1日より一般的に適用されている最低賃金は、2024年時給12.41ユーロ、2025年1月1日より12.82ユーロと定められる。フランスの法定最低賃金は、2024年11月1日付で時給11.88ユーロ（手取り9.40ユーロ）である。これらと比較するとき、日本の最低賃金の引き上げは、不可欠であると考える。人口減少社会において、企業による低コストへのあくなき追求を通じた、労働者[28]の使い捨てが一層許されないという観点からは、最低賃金の引き上げが必要であるといえる。

ただし、その場合、最低賃金の引き上げが重い負担としてのしかかる中小企業の支援は必要であろう。

また、いわゆる103万円の壁が政治問題になっている。年収が103万円を超えると所得税が発生することから、その壁の解消が政策的な課題であるとされた。537万人で、およそ8割にあたる人たちが「年収の壁」がある収入額で就業調整を行っているとみられている。

かつては、配偶者の年収が103万円を超えると、納税者である夫などの配

---

28) 西谷敏『人権としてのディーセント・ワーク』（旬報社、2011年）57頁以下、特に、69頁。和田・前掲注1）277頁は最低賃金の引上げを提唱している。

近未来の労働法　431

偶者控除がなくなり一気に税負担が増していた。パートタイマーの場合、「配偶者控除」または「配偶者特別控除」をそのパートナー（正社員）が受けられる。配偶者控除は、パート収入が 103 万円以下であることを要件としているが、パート収入が 103 万円を超え 201.6 万円未満であると、そのパートナー（正社員）は配偶者特別控除を受けられる。これに対して、扶養する子どもがアルバイトをし、年収 103 万円を超えると、扶養者は扶養控除を受けられなくなり、所得税等の負担は増すことになる。その意味で税制上の「103 万円の壁」は存在している。ただし、「勤労学生控除」という仕組みがあり、年収が 103 万円を超えても、130 万円までは本人に所得税はかからない。

　国民民主党は、最低賃金の上昇額を考えると、所得税の基礎控除などの額を引き上げて、「178 万円」にするよう求めていた。

　しかし、それでも、主婦層（主に心理的な要因から）や若者がこの就業調整を行っているとみられるが、貧困が問題となる層は、より多くの労働時間、場合によっては、ダブルワークをしてでも、働いており、103 万円の壁は問題とはならない。この壁の解消により、国と地方が、7 ～ 8 兆円の減収が見込まれているが、国や地方公共団体の負担は重すぎる。

　また、130 万円の壁が重要である。企業などで働く人の年収が 130 万円を超えると、国民年金や国民健康保険の保険料の支払いが発生するが、これも働き控えの一因とされている[29]。最低賃金の引き上げ額との関係では、こちらの 130 万円の壁も見直されなければならないはずである。社会保険加入義務と関係するだけに、こちらの壁も深刻である。

（3）労働時間法制

　労働力不足を補うために、企業が長時間労働で対処しようとし、長時間労働を改善できないおそれがある。この場合、ワーク・ライフ・バランスも改善されない結果を招く。少子化がさらに進行していくという悪循環が生ずるおそれもある。

　現行の通達、「血管病変等を著しく増悪させる業務による脳血管疾患及び

29）　2023 年 10 月より一時的な収入の増加であれば、130 万円を超えた場合でも扶養範囲内と認められる制度が始まった。

虚血性心疾患等の認定基準」では、労災認定の際、長時間労働が発症の原因といえるかを判断するにあたり、①直近1か月で時間外労働100時間、②直近2〜6か月で時間外労働が平均80時間などとされるからである（「過労死ライン」とも呼ばれる）。この結果、労災認定上の「過労死ライン」（1か月時間外労働を100時間以上行い、その結果、労働者が脳心臓疾患により死亡した場合、労働基準監督署により、過労死であるとして、労働災害であると認定されうる）と、労働基準法上の労働時間の上限（1か月の時間外労働が100時間未満としなければならない）が、ほぼ同じ水準となっている。つまり、過労死ラインぎりぎりまで、使用者は労働者に労務の提供を迫ることができる。

　ここで考慮すべき研究がある。医学・医療の分野では、どの程度の長時間労働が脳心臓疾患などの健康阻害のリスクを高めるかどうか、場合によっては、過労死の原因となるかどうかの研究がある。

　上畑は、過労死家族・同僚203名を分析した医学的な研究によると、週60時間以上の労働、月50時間の残業、または所定休日半分以上の出勤のいずれかにあたる長時間労働が、過労死者の3分の2を占めると説く。配転、課題ノルマ、要求度の高さ、支援の低さ等の特徴がみられ、高血圧の既往、降圧剤服用、喫煙、飲酒などがみられるとした[30]。

　笹島も、1日7〜9時間の中間の労働時間をもつ男性と比較して、11時間を超える労働時間を行う男性の急性心筋梗塞のリスクが高まる傾向が確認されていると述べている[31]。心筋梗塞に関する最近の代表的な研究でも、日本人中年男性において、残業時間は急性心筋梗塞のリスクの高さと関連すると指摘される[32]。

　また、大規模なメタアナリシスにより、長時間労働（週55時間以上）と心血管イベントの発症との関連が報告され、冠動脈性心疾患と関連するリスクが1.12倍（95% CI 1.03-1.21）増加すると示唆されている[33]。

---

30)　上畑鉄之丞「労働ストレスと循環器疾患」日循協誌26巻3号（1992年）185〜190頁、188頁。

31)　Sokejima S et al.,Working hours as a risk factor for acute myocardial infarction in Japan,case-control study,BMJ,317, 1998,p.775-780,p.777.

32)　Hayashi R, et al. Working hours and risk of acute myocardial infarction and stroke among middle-aged, Japanse men. Circ J. 83（2019）p. 1072, 1078.

33)　Virtanen, Kivimäki, Long Working Hours and Risk of Cardiovascular Disease, Curr Cardiol

社会人口統計学的因子、心血管危険因子、職業で調整した Cox 比例ハザードモデルにより、1 日 11 時間／日以上の長時間労働が、急性心筋梗塞のリスクを高くすることと関連するとの研究もある[34]。

　ほかに、虚血性心疾患[35]、脳卒中[36] との関係でも、長時間労働（週 55 時間以上）で有意な発症のリスクの増加が確認されている。

　これらの各研究を見ると、連続 1 日 11 時間以上の労働、ないし 1 週 55 時間または 60 時間以上の労働を連続して行う場合、脳心臓疾患のリスクが高まる傾向が確認される[37]。

　2021 年に出された、労災認定基準を策定するにあたって出された厚労省「脳・心臓疾患の労災認定の基準に関する専門検討会」における「脳・心臓疾患の労災認定の基準に関する専門検討会報告書」（2021 年）においても、週 55 時間程度の労働により、脳心臓疾患のリスクが高まることが指摘されている。

　連続 1 週 55 ないし 60 時間の労働、1 日 11 時間以上の時間の連続した労働により、脳心臓疾患などの重大な健康阻害のリスクが高くなるというのであれば、このリスクを高める労働を容認する法制度を作らないという政策的な考慮が重要である。法制度として労働時間制度を構築する際、政策的な判断として、そのようなリスクを高める高い水準の長時間労働を容認する労働時間規制は避けると考慮していくことはできるはずである。これらを踏まえ、EU 法、ドイツ、フランス法との国際的に比較する視点で考慮すると、1 日 10 時間、（EU と同様）1 週 48 時間を上限する方策もありうるように思われる[38]。この時間数であれば、脳心臓疾患などのリスクを高めることはないか

　　Rep. ,2018, 20: 123, p1-9, p1..

34)　Hayashi R, et al. Ibid 32).

35)　Li J, et al., The effect of exposure to long working hours on ischaemic heart disease: A systematic review and meta-analysis from the WHO/ILO Joint Estimates of the Work-related Burden of Disease and Injury., Environment International, 142, 2020, p1–38, p.2.,105739.

36)　Descatha A, et al.The effect of exposure to long working hours on stroke, Environment International, 2020,p.1–31, p.2.

37)　川岸卓也＝佐々木司＝高橋賢司編『睡眠科学・医学・労働法学から考え直す日本の労働時間法制』（日本評論社、2024 年）257 頁〔高橋賢司執筆部分〕。

38)　川岸＝佐々木＝高橋編・前掲注 37）259 頁〔高橋賢司執筆部分〕。

らである。

（4）非正規雇用の労働規制（入口規制の問題）

　非典型雇用の正当化事由を要する法規制、いわゆる入口規制を導入すると、失業者が増加するという1990年代後半の議論が存在した。また、経営者は、入口規制を望まないという理由から、入口規制には、政策サイドも及び腰であった。現行法では、入口での規制は厳格にはなっていない。むしろ、パート、期間雇用等フレキシブルな人材を活用するという政策により、労働法の規制を緩和してきた。

　ところが、人口減少社会では、労働力の需給状況が変化し、労働力不足が起こりやすくなるため、売り手市場が生じやすい。そのため、労働規制を強化し入口規制を導入しても、このために失業が起こりづらくなる。そうなると、非正規雇用との関連で、「失業率の上昇を懸念して、非典型雇用の正当化事由、入口規制を導入しづらい」という問題が解消していくことを意味する。

　また、経済界は、非典型雇用の正当化事由、入口規制の導入に否定的であり、それが非典型雇用の規制作りの障害となっていた。しかし、そもそも、人口減少社会にあっては、労働力不足のなか、パート、期間雇用等低賃金労働を、労働者が選択しなくなっていく可能性がある。つまり、労働者は、不安定な雇用であるパートや労働者派遣を選択しない自由が存することになる。パート、労働者派遣等を安定的な雇用へ変えていくことを考える必要があることになる。むしろ、長期の雇用に対しては、正社員で雇用することが必要となってくる。

　したがって、原則、解雇規制の及ぶ雇用、つまりは、正社員の雇用が中心とならざるを得ず、期間雇用を設定するのは、例外的とし、正当化事由が必要であるという規制が現実味を帯びることになると思われる。解釈上のみならず[39]、法政策上も、解雇権行使の潜脱を防ぐという観点から、有期労働とパートタイム労働を位置づける必要がある。

39）　川田知子「有期労働契約法の新たな構想」日本労働法学会誌107号（2016年）52頁。

（5）高齢者雇用

　65歳未満の定年の定めをしている事業主は、その雇用する高齢者の65歳までの安定した雇用を確保するため、①定年の引き上げ、②継続雇用制度の導入、③定年の定めの廃止のいずれかの措置を講じなければならないと規定されている（高年法9条1項）。厚生年金の段階的な引き上げに伴い、平成25年度より、定額部分の支給開始年齢が65歳となり、報酬比例部分の支給開始年齢も、引き上げすることとしたものである。

　そのうえ、事業主は、個々の労働者の多様な特性やニーズを踏まえ、70歳までの就業機会の確保について、多様な選択肢を法制度上整え、事業主としていずれかの措置を制度化する努力義務を設けている。

　今後は、少子高齢化が伴う人口減少社会にあっては、高齢者雇用も重要な意味を持ってくる。そこでは、高齢者雇用が通有する社会にあっては、先進国、とりわけEUやアメリカ法で共通のルールである、年齢差別禁止が重要な法規制となると思われる。高齢者が就労可能であるにもかかわらず、何らの合理的な理由もなく雇用関係を終了させることは、その人格権の保護のため、許容されないという公正な法制が必要となるからである。そして、年齢差別という概念が普及していくと、高齢者の雇用は、延長され、後ろへ伸びていく。定年制という従来の企業規制が、年齢差別として私法上人格権を侵害するものとして、無効化が現実化するばかりではない。年齢差別が禁止されるEU域内のドイツでは、労働者が、望む限りで、就労が可能になる仕組みになりつつあり、その賃金もドラスティックに減少することが少ない。年齢差別を意識して、定年後の再雇用にあたっての賃金減額が、年齢差別に当たるという解釈も成り立ちうることになる。

　日本企業でも、労働者その疾病や障害が深刻でない限り、その意思に基づいて働くことができ、そして、労働者が働くほどその所得が減少しない仕組みに変えていくことが必要となる。年齢に関係なく働き、その所得が減少しない仕組みが必要となる。

（6）外国人労働者問題

　人口減少が進むなか、国内の労働供給を拡大させるためには、同制度の積

極的な見直しを通じた外国人労働力の活用が必要かどうかの検討が必要である。

　ドイツは、人口減少が進むなか、移民や戦争避難民を受け入れ、彼らが労働力を担うことにより、少子・高齢化の問題を解決しつつある。しかし、外国人は、ドイツでは、約498万2000人が社会保険義務のある就労に従事している。164万2000人の外国人が増加している（転出より転入がこの分上回っている[40]）。180万人の移民が11か月で増加したとされる[41]。特にウクライナ難民の受け入れにより外国人が大幅に増加し、ドイツでは、社会保障負担の対象となる被雇用者の15％、失業者の37％が外国人である[42]。統計によると、シリア（＋7万9000人）、アフガニスタン（＋6万1000人）、トルコ（＋4万6000人）からの移民が大幅に増加した[43]。2023年に初めて難民等庇護申請を提出した人は約33万人で、これは前年（2022年：初回庇護申請21万8000人）と比べて大幅な増加である[44]。

　これに対して、ドイツでは、ヘイトスピーチが深刻化している[45]。外国人の排斥の声も高まりつつあり、その声を反映した政党、ドイツのための選択肢は、勢力を強めつつある。

　日本の新たな制度では、育成就労（3年）の後に、在留資格「特定技能」には1号と2号があり、「特定技能1号」は、更新不可の最長5年の滞在が許可されるが、育成就労と特定技能1号の間、8年もの間家族帯同が認められていない。人道的な見地からは、家族帯同が認められるべきであるという問題点がある。

　「特定技能2号」では、在留期間更新の制限がなくなり、永住も可能であり、家族帯同も認められる。しかし、永住許可の取得・維持は困難である。滞在中の法違反が許されず、例えば、刑法違反、故意の税・社会保険の滞納、在

40）　Bundesagentur für Arbeit, Ausländische Arbeitskräfte am deutschen Arbeitsmarkt (2024).
41）　Bundesagentur für a,a.O., (2024).
42）　Bundesagentur für a,a.O., (2024).
43）　Bundesagentur für a,a.O., (2024).
44）　Bundesagentur für a,a.O., (2024). ドイツの外国人法の詳細については、別稿を期したい。
45）　高橋賢司「ドイツ労働法における政治的な排外主義とヘイトスピーチ禁止」季労286号（2024年）88頁。

留カードの常時携帯等入管法上の義務違反により、永住許可が取消されうることになる。そうすると、結果的には、外国人労働者は、永住を認められにくくなってしまう。こうした不公正な仕組みは改める必要がある。

おわりに

人口減少社会は、消費、経済成長にも大きな影響をもたらす。労働力人口にも影響をもたらすため、少子化対策（育児休業、児童手当等）、外国人労働者政策が重要となるのは言うまでもない。

しかし、それにとどまらず、労働力人口の減少から、ジョブ型社員、非正規労働者の政策にも影響があることがわかった。労働力人口の減少は、労働者にとっては売り手市場となることを意味するから、雇用の安定性が望まれ、正社員での雇用がますます重要視されるのではないかと思われる。期間雇用を正規雇用の例外と位置づける法政策は、これに適合的な政策になるのはその一例ではないかと考える。

雇用の安定性を確保する法制という観点は、最低賃金、労働時間の法制度についても、妥当することになる。

かつて、戦前に、労働法が生成する端緒に追求される視点、雇用の安定性なくして経済社会の発展はないという観点が社会政策では強調された[46]。

経済の持続的な発展を考える上では、現在なお、雇用の安定性を確保する法制度が一層に必要になっていくと思われる。労働力が不足している将来だからこそ、その労働者の生命健康を確保し、雇用関係を安定化させる（安易に終了させず）法制が重要になってくる。人口減少社会にあって、企業による低コストへのあくなき追求を通じた、労働者の使い捨て[47]が一層許されないことになるべきところである。

---

46) 例えば、桑田熊蔵『工場法と社会保険』（隆文館、1909 年）62 ～ 73 頁。
47) 西谷・前掲注 28）57 頁以下、特に、66 頁、70 頁は、ディーセント・ワーク、働きがいのある人間の仕事という概念を提唱している。

第 IV 部

企業のあり方と労働法における現代的課題

再建型倒産手続における労働債権の処遇
―企業年金の拠出と給付を中心に―

池 田　　悠

1　企業年金の特殊性

　わが国において、年金は、老後の生活資金として、退職金と並ぶ重要な役割を担っている。このうち、国による公的年金としては、全国民共通のいわゆる1階部分としての国民年金と、上乗せとなるいわゆる2階部分である報酬比例の年金を支給する被用者年金としての厚生年金や共済年金がある。そして、事業者によっては、独自の上乗せとなるいわゆる3階部分として、確定給付企業年金や企業型確定拠出年金などの企業年金が存在する。

　ところが、国民年金や被用者年金にも同様のことは起こり得るものの、運営母体が個別の事業者であることの当然の帰結として、企業年金は当該事業者の経営状況にその存立が大きく左右される。時として将来の給付や拠出は安易に約束されやすく、かつ、バブル経済崩壊前の右肩上がりの好景気と経済発展を前提に制度設計される傾向にあった企業年金は、バブル経済崩壊後の長期不況による経営環境の悪化を前に、いわゆる負の遺産としてのレガシーコストをもたらすことが懸念され、既に一部の事業者においてその懸念が現実化した。

　このうち、もっとも深刻な事態とも言える企業年金の終了や制度変更に対しては、確定給付企業年金法や確定拠出年金法によって、立法上の対処が行われている。これに対し、企業年金が存続する際の、掛金の拠出や給付の継続に関しては、事業者の経営状況の悪化を想定した立法的な対処が行われていない。ところが、経営状況の究極的な悪化とも言える倒産手続下では、掛金の拠出や給付の継続にも、債務の弁済について排他的な手続を規定する倒産法制との調整を要する。これらは、典型的な労働問題である倒産手続下に

おける賃金などの労働債権の処遇とは異なる側面があり、解釈論上の問題を様々に惹起し得る。特に企業自体が存続する再建型倒産手続（民事再生手続・会社更生手続）では、企業年金の拠出と給付をめぐる諸問題が顕在化しやすい状況にある。

2　再建型倒産手続における労働債権の処遇

（1）概要

　使用者の債務の弁済に必要な資金が不足するか不足する状況に陥ることを回避できない倒産手続下では、相手が労働者であったとしても債務の弁済に手続的な制限がかけられる。そこで、企業年金の拠出や給付も、使用者の債務として同様な制限に服するか否かが問題となるため、前提として再建型倒産手続下での労働債権の処遇[1]を確認する必要がある。

　この点、労働者の有する債権は、もともと、一定の範囲で債務者たる使用者の総財産を引当にした民法上の法定担保権である一般先取特権の被担保債権とされているところ、債務者たる使用者の総財産を引当てにして、不足する資産から債権者間での平等な分配を図る倒産手続と、民法上の一般先取特権とは、いずれも債務者たる使用者の総財産を引当とする点で共通する。そこで、倒産手続では、民法上の一般先取特権を倒産手続に取り込み、一般の優先権付き債権として倒産手続下での弁済上の優先権を付与することによって、実体法である民法上の優先権秩序との調和を図ってきた。

　まず、民法によって一般先取特権の被担保債権として認められる労働債権の範囲（308 条）は、2003（平成 15）年の民法改正[2]によって、それまでの「雇人」の最新 6 か月分の「給料」から、旧商法 295 条の規定に合わせる形で、「使用人」が有する「雇用関係に基づいて生じた債権」全般に、大幅に拡張されて現在に至っている[3]。そのため、現在では、労務提供の直接的な対価であ

---

1)　詳細は、池田悠「再建型倒産手続における労働法規範の適用（1）」法学協会雑誌 128 巻 3 号（2011年）604 頁以下。

2)　平成 15 年法律第 134 号。

3)　2003 年改正前民法 308 条では、「雇人」の最新 6 か月分の「給料」に対してのみ一般先取特権が認められていた。

る月例給与はもちろん、賞与・退職金・身元保証金の返還請求権・労務提供の必要経費に関する費用償還請求権・労災補償請求権・安全配慮義務違反に伴う損害賠償請求権など[4]、およそ雇用関係から生じる請求権は、全額が一般先取特権の被担保債権に含まれ、結果として倒産手続下においても弁済上の優先権が認められている[5]。

　他方で、倒産手続においては、必要に応じて倒産手続上の特別の優先弁済権が付与される場合もある。そこで、以下では、労働債権に対する一般先取特権の成立を広範に認める現在の民法を前提に、倒産手続上の特別の優先権を認められる共益債権となる労働債権の範囲を概観する。

（2）民事再生手続における労働債権

　再建型倒産手続のうち、手続の簡素化を求める民事再生法においては、一般先取特権その他一般の優先権が付いた債権は一般優先債権として、一切手続内に取り込まない処理が採用されている。そのため、一般先取特権を認められる労働債権は、再生手続開始に関わりなく、随時に優先して弁済を受けることができる（民事再生法122条1項・2項）。また、再生手続開始後に提供された労務提供の対価としての賃金は、業務に関する請求権（119条2号）として共益債権になり、随時優先弁済される地位が認められる（121条1項）と解されるが、たとえ共益債権化しないとしても、民法上の一般先取特権が認められる限りにおいては、一般優先債権として、やはり随時優先弁済される（122条2項）。

（3）会社更生手続における労働債権

　これに対し、同じ再建型倒産手続でも、会社更生法は、原則としてあらゆる債権を更生手続内に取り込み、更生手続に従ってのみ弁済を受けられる

---

4)　東京地方裁判所民事執行センター実務研究会編著『民事執行の実務─債権執行編（上）（第2版）』（きんざい、2007年）227頁、我妻栄ほか『我妻・有泉コンメンタール民法─総則・物権・債権─〔補訂版〕』（日本評論社、2006年）488頁。

5)　結果的に、労働者の有する債権で一般先取特権の被担保債権に含まれるか議論があるのは、社内預金の返還請求権に限られる（倉部真由美「倒産手続における社内預金返還請求権の取扱い」東北学院71号（2011年）175頁以下参照）。

ように規制している。しかしながら、会社更生法も、倒産手続外の実体法秩序を無視するものではなく、一般先取特権など一般の優先権が付いた債権は、会社更生手続において優先的更生債権として組分けされ、共益債権に次ぐ優先的処遇が保障されている（旧会社更生法 159 条 1 項 2 号、会社更生法 168 条 1 項 2 号）。したがって、一般先取特権を認められる範囲の労働債権は、随時ではないものの、更生手続において優先的な弁済を受ける地位を享受できる。

　他方、更生手続開始後に発生する労働債権のうち、少なくとも更生手続開始後の労務提供に対応した月例給与や賞与[6]、更生手続開始後の解雇予告手当（労働基準法 20 条 1 項）[7] は、事業の経営上必要な費用（旧会社更生法 208 条 2 号、会社更生法 127 条 2 号）に該当し、更生手続による拘束を受けず随時に優先して弁済される共益債権となる（旧会社更生法 209 条 1 項、2 項、会社更生法 132 条 1 項、2 項）。これに加え、会社更生法は、2002 年（平成 14 年）改正前の旧法から一貫して、本来ならば更生債権にとどまる一部の労働債権に対しても、労働者の生活保障や更生に必要な労働者の引留めを狙って、更生手続に拘束されない共益債権として「格上げ」した処遇を認めてきた。具体的には、会社更生法は、第一に、身元保証金および一部「預り金」[8] の返還請求権[9]、第二に、更生手続開始前 6 か月間の「給料」[10]、第三に、退職金の一

---

6)　兼子一監修『条解会社更生法（中）（第 4 次補訂版）』（弘文堂、2001 年）437 頁。もっとも、同書は、労務提供の対価ではなく実費弁償たる「出張旅費や災害補償……は含まれない」とするが、労務提供の対価でないとしても、事業の運営上必要な費用であればやはり共益債権化するように思われる。

7)　上原俊夫「会社更生手続開始と労働契約」判タ 866 号（1995 年）122 頁、宮脇幸彦ほか編『注解会社更生法』（青林書院、1986 年）361 頁［宗田親彦］、清水直「従業員の権利」金融・商事判例 719 号（1985 年）188 頁、井関浩＝谷口安平編『会社更生法の基礎』（青林書院新社、1978 年）143 頁［青山善充］。

8)　概念上の区別はともかく、「預り金」に関する規律は、事実上、「社内預金」に関する規律として位置づけられる（宮脇幸彦＝時岡泰『改正会社更生法の解説』（法曹会、1969 年）173 頁）。

9)　もっとも、2002（平成 14）年の改正によって成立した現行の会社更生法は、身元保証金について全額を共益債権化する旧法の規定を維持しつつ（旧会社更生法 119 条後段、会社更生法 130 条 1 項）、社内預金について共益債権化される範囲を、旧法時代の全額から手続開始直前 6 か月間の給料総額または預入れ金額の 3 分の 1 に相当する額のいずれか多い額の範囲に縮減した（会社更生法 130 条 5 項）。

10)　会社更生法は、旧法時代から一貫して「給料」との語を用いているが、内容は労働基準法 11 条の「賃金」と同義と解されている（兼子監修・前掲注 6）436 頁、井関＝谷口編・前掲注 7）145 頁［青山善充］）。

部（具体的には、退職前6か月間の「給料」相当額または退職手当額の3分の1のいずれか多いほう）も共益債権化している（旧会社更生法119条後段、会社更生法130条1項）。

もっとも、第三に挙げた退職金に関しては、「雇用関係に基づいて生じた債権」として全額が一般先取特権の被担保債権に含まれることに異論はないものの、一般先取特権に基づく優先権のみによって倒産手続下でも自由に権利行使が可能となる民事再生手続と異なり、会社更生手続では、優先権が認められても、手続的な拘束を免れない。ところが、会社更生法においては、同法130条4項により、一般の共益債権の規定の優先が明文で認められているため、退職金について、いかなる範囲で倒産手続上の特別の優先権が認められる共益債権に該当するか解釈に対立が存在する。

まず、会社更生法においては、共益債権化によって取扱いに大きな差異が生じるところ、退職金[11]が共益債権化される範囲をめぐって、学説・裁判例の対立が生じた[12]ため、1967（昭和42）年の旧会社更生法改正[13]時に立法的な手当てが行われ、退職前6か月間の「給料」相当額または退職手当額の3分の1のいずれか多いほうの額の限度で、退職金も共益債権化されることが規定され、現行法にも引き継がれている（旧会社更生法119条の2、会社更生法130条2項、3項）。もっとも、会社更生法では、退職金が共益債権化される範囲につき、一般的な共益債権の規定が旧法から明文で優先されている（旧会社更生法119条の2第3項、会社更生法130条4項）。そのため、一部に反対する見解[14]も存在するものの、更生手続開始後に更生管財人によって労働

---

11) なお、更生計画認可後に退職する労働者の退職金は更生手続で処遇できないため、共益債権化の範囲が問題になるのは更生計画認可前に退職した労働者の退職金に限られる。

12) 山川隆一「手続開始後引き続き在職する従業員の退職金」青山善充ほか編『倒産判例百選（第3版）』（有斐閣、2002年）231頁、兼子監修・前掲注6）439頁以下、宮脇ほか・前掲注7）412頁［加藤哲夫］、宮脇＝時岡・前掲注8）142頁以下、位野木益雄「会社更生法における退職手当請求権」鈴木忠一編集代表『会社と訴訟（下）』（有斐閣、1968年）771頁以下。

13) 昭和42年法律第88号。

14) 事業再生研究機構編『更生計画の実務と理論』（商事法務、2004年）508頁［多比羅誠］［退職金を部分的に共益債権化する規定の適用範囲との関係と会社都合の退職金が支給額の時点で優遇されている事情から、会社都合による区別を否定］、位野木・前掲注12）784頁以下［管財人が自ら積極的に追加支給を決めたような部分のみ、管財人の行為によって生じた請求権に該当する］。

者が「解雇」された場合は、事業の経営上必要な費用（旧会社更生法 208 条 2 号、会社更生法 127 条 2 号）[15] として退職金全額が共益債権化するというのが、旧法から学説 [16]・裁判例 [17] の一般的な理解である [18]。そして、事業の経営上必要な費用として退職金全額が共益債権化するのは、文字通り更生管財人によって労働者が解雇された場合に限られず、労働者が労災を原因にして更生手続下で辞職した場合 [19] や使用者の求める希望退職募集に応じて更生手続下で辞職した場合 [20] など、広く使用者都合の退職も含まれるという解釈が一般的である [21]。

---

15) これは、「解雇」という管財人の行為によって生じた請求権（旧会社更生法 208 条 5 号、会社更生法 127 条 5 号）に共益債権化の根拠を求めることも可能と思われる。実際、両号の適用対象は多くの場合に重複する（兼子監修・前掲注 6）312 頁）。

16) 伊藤眞『会社更生法・特別清算法』（有斐閣、2020 年）323 頁、豊田愛祥「労働契約」櫻井孝一ほか編『倒産処理法制の理論と実務』（経済法令研究会、2006 年）302 頁、西岡清一郎ほか編『会社更生の実務（下）』（きんざい、2005 年）84 頁［鹿子木康］、兼子監修・前掲注 6）446 頁、小西康之「企業倒産と労働債権の確保」法律論叢 73 巻 4・5 号（2001 年）315 頁、池田辰夫「企業倒産における労働者の地位と労働債権」ジュリ 1111 号（1997 年）146 頁、田邊誠「更生手続における従業員の給料および退職金債権」判タ 866 号（1995 年）296 頁、宮脇ほか編・前掲注 7）412 頁［加藤哲夫］、大脇雅子「倒産と労働契約」岸井貞男ほか刊行発起人『労働契約の研究』（法律文化社、1986 年）308 頁、清水・前掲注 7）190 頁、谷口安平『倒産処理法（第 2 版）』（法律文化社、1980 年）197 頁、井関＝谷口編・前掲注 7）146 頁［青山善充］、149 頁［田村護］、松田二郎『会社更生法（新版）』（有斐閣、1976 年）293 頁、宮脇＝時岡・前掲注 8）157 頁、堀内仁ほか「銀行実務と会社更生手続」金融法務事情 380 号（1964 年）17 頁［定塚英一］。

17) 日本航空（退職金・第一）事件・東京高決平 22.11.10 金融・商事判例 1358 号 24 頁、日本航空（退職金・第二）事件・東京高決平 22.11.11 金融・商事判例 1358 号 28 頁、更生会社東急くろがね工業事件・横浜地判昭 38.9.14 下民集 14 巻 9 号 1802 頁。

18) さらに、萩沢清彦「破産・会社更生手続と退職金」成蹊法学 12 号（1978 年）76 頁は、退職理由を問わず更生手続開始後は退職金全額が共益債権になると解している。

19) 田邊・前掲注 16）296 頁、大脇・前掲注 16）308 頁、清水・前掲注 7）190 頁、井関＝谷口編・前掲注 7）149 頁以下［田村護］。

20) 田邊・前掲注 16）296 頁、大脇・前掲注 16）308 頁、清水・前掲注 7）190 頁、井関＝谷口編・前掲注 7）152 頁［田村護］。

21) もっとも、更生手続下で定年退職年齢を迎えたために労働者が退職するという場合には、退職金全額の共益債権化を認めるか解釈に対立が存在する（池田悠「再建型倒産手続における労働債権の保護」季労 239 号（2012 年）69 頁以下）。

2　確定給付企業年金の掛金

（1）総説

　次に、以上のような労働債権の優先権秩序を構築している再建型倒産手続において、企業年金の掛金がどのように扱われることになるかを考察する。ここでは、大きな制度設計上の相違として、「確定給付企業年金」と「企業型確定拠出年金」とに分けて考える必要がある。

　このうち、確定給付企業年金に関しては、制度実施主体によって、さらに2類型に分かれる。1つ目は、「規約型」と呼ばれる確定給付企業年金で、年金規約に基づき、事業主が信託銀行や生命保険会社等と信託契約等の資産管理運用契約を締結して企業外で年金資金を管理運用しつつ、年金給付を行う企業年金制度である。2つ目は、「基金型」と呼ばれる確定給付企業年金で、事業主とは別個独立の法人格を有する企業年金基金を設立して、当該基金が年金資金を管理・運用しつつ、当該基金が年金給付を行う企業年金制度である。

　次に、確定給付企業年金の掛金の分類を概観する。確定給付企業年金の掛金は、基本的に「標準掛金」と「補足掛金」（そのほとんどが、「特別掛金」）という類型に分かれる。まず、標準掛金とは、掛金算定時点における将来勤務期間に対応する年金給付債務について、収支相等するように算定された掛金であり、年1回以上の定期的な拠出が必要とされるものである。これに対し、特別掛金（確定給付企業年金法施行規則46条1項）とは、過去勤務債務の償却に充てる掛金、すなわち、過去の年金資産の運用状況の悪化等により生じた積立不足を穴埋めするための掛金である。この特別掛金こそ、いわゆるレガシーコストと呼ばれるものであり、特別掛金があるからこそ、確定給付企業年金は、倒産などの企業の窮境時に問題が生じやすく、学説の議論も多いということになる。

　このうち、標準掛金に関しては、倒産手続開始後の標準掛金は、事業経営に必要な費用として共益債権になり、随時弁済される。一方、手続開始前の標準掛金は、倒産手続開始時点で未払分が存在する場合にだけ例外的に問題

となるものであり、基本的に問題となることはないが、未払分が存在する場合には後述する特別掛金と同じ問題が生じる。

次に、特別掛金に関しては、過去の運用状況の低迷・悪化等を原因として発生するものであり、具体的な拠出義務が手続開始後の将来に向かって発生するとしても、特別掛金の債権発生の主たる原因は倒産手続開始前に存在するものと考えられる[22]。したがって、特別掛金は、少なくとも標準掛金のような事業の経営に必要な費用としては、共益債権に該当しないものと解される。

（2）「給料」該当性

そこで、次に、特別掛金が会社更生法において独自に格上げして処遇される「使用人の給料」に該当するかを検討する。この点、会社更生法上の使用人の給料概念は、労働基準法上の「賃金」と同義とする解釈[23]が一般的であることから、特別掛金の拠出義務が労基法上の賃金（労基法 11 条）に該当するかが問題となる。ここで、問題となるのは、労働基準法 11 条が規定する賃金の定義のうち、特別掛金の拠出義務が「使用者が労働者に支払うもの」に該当するか否かである。

この点、労働法では、これを否定的に解する否定説が一般的である。たとえば、「使用者が退職金・退職年金の掛金を社外の機関（勤労者退職金共済機構や厚生年金基金など）に支払い、これらの機関が退職労働者に直接退職金・退職年金を支払う形態の制度においては、使用者が積み立てる掛金も、社外の機関が支給する退職金・退職年金も、『使用者が労働者に支払うもの』とは言えない」とする見解[24]が存在する。一方、倒産法では、基金型と規約型を分けて考えるべきとする見解が見られる。すなわち、基金型では、掛金の拠出を請求できるのは基金であって労働者ではないことから、労働法の学説と同様、否定説が一般的である[25]。これに対し、規約型の場合には、「使用者

22）　いわゆる一部具備説を採り、主たる原因が倒産手続開始前に存在する債権を倒産債権と定義づける見解として、伊藤眞ほか編『条解破産法（第 3 版）』（弘文堂、2020 年）34 頁。

23）　兼子監修・前掲注 6）436 頁、井関＝谷口編・前掲注 7）145 頁［青山善充］。

24）　東京大学労働法研究会編『注釈労働基準法（上）』（有斐閣、2003 年）175 頁［水町勇一郎］。

25）　宮本聡「会社更生手続と確定給付企業年金〜企業年金給付、掛金の拠出および積み立て不足

が労働者に支払うもの」と認める肯定説が有力に存在する。その根拠は、さまざまに主張されているところであるが、労働法の学説は、基金型のみを念頭に置いた説明であって、規約型には妥当しないという理解を前提に、受託者は年金資産の管理運用を行うに過ぎないため、拠出を請求できるのはあくまで従業員（ただし、個別の従業員ではなく、従業員の総体が受益者）であること[26]や、過半数代表との合意で設定された年金規約に基づき使用者に拠出義務があることを重視する理解[27]が主張されている。

　しかし、このような倒産法上の肯定説に対しては、労働基準法 11 条に基づく賃金の定義である「労働の対償」に該当するかが問題となる。というのも、「労働の対償」性につき、現在の一般的な解釈では、労働契約上、給付が使用者に義務づけられているかを重視しており、これに年金規約に基づく義務づけまで含めることができるかが問題となるからである。この点、「年金規程も就業規則の一部を構成しており、労働契約の内容となっている」とする見解[28]や、不可分債権（民法 428 条）として誰でも全体の権利行使が可能と考える見解[29]も主張されているが、個別労働契約上の請求権として発生しないものを労働基準法上の各種の規制の対象になる「賃金」概念に当たると解することにはやはり疑問の余地がある[30]。そう考えると、そもそも会社更生法上の「使用人の給料」を労働基準法上の「賃金」と同義のものとして捉えるという一般的解釈から見直す必要があり、究極的には立法的な解決が必要なものと思われる。

（3）「雇用関係に基づいて生じた債権」該当性

　次に、特別掛金が、労働債権として、一般先取特権の被担保債権である「雇

　　の手続上の取扱いをめぐって」事業再生と債権管理 135 号（2012 年）114 頁。
[26]　下向智子「事業再生・倒産手続における年金制度の取扱い」「倒産と労働」実務研究会編『詳説倒産と労働』（商事法務、2013 年）394 頁。
[27]　鐘ヶ江洋祐＝宮本聡「更生手続における確定給付企業年金に関する諸問題」NBL955 号（2011 年）82 頁。
[28]　森戸英幸『企業年金の法と政策』（有斐閣、2003 年）40 ～ 41 頁。
[29]　鐘ヶ江＝宮本・前掲注 27）83 頁。
[30]　荒木尚志ほか編『注釈労働基準法・労働契約法（1）』（有斐閣、2023 年）212 頁［池田悠］。

用関係に基づいて生じた債権」に該当するか否かを検討する。この点、民法においては、先取特権の被担保債権が大幅に拡張された2004年改正の経緯を踏まえて、「雇用関係に基づいて生じた債権」に該当するか否か広く解すべきと一般に考えられており、一見すると、特別掛金は、雇用関係に基づいて生じた債権とも見受けられる。しかし、学説では、基金型と規約型を峻別しつつ、基金型では、「雇用関係に基づいて生じた債権」に該当することを否定する否定説が有力である。その根拠としては、倒産手続外における民法上の解釈はともかく、第三者との間で債務者資産を分配する局面となっている倒産手続下であることを前提にすると、第三者との関係で、一般先取特権の被担保債権該当性は制限的に解されるべきという見解[31]や、本来小口の賃金債権を前提とするはずの雇用関係に関する先取特権の対象に含めるのが妥当とは言えないという見解[32]が主張されている。なお、大規模倒産事件が集中する東京地裁の実務も、否定説を採っていると言われているところ、日本航空の会社更生手続においては、背後にある労働債権性に鑑みて、単純な一般債権として処遇するのではなく、更生計画上の「同一の種類の権利を有する者の間に差を設けても衡平を害しない場合」に該当するとして、事実上の優先的処遇が肯定された[33]。このような裁判所を含む理解は、特別掛金について、全額を一般先取特権の被担保債権と認め、一律に優先的更生債権として認めてしまうと、通常の未払賃金と異なり、額が大きくなるため、権利変更できなくなって手続の進行上支障が生じるという懸念に基づく実務的妥協と推察される。そうすると、本来は、立法の欠缺状態に問題があるのであり、厚生年金基金のように国税徴収法の例による徴収権および先取特権を付与することも検討されるべきであることが主張されている[34]。

これに対し、規約型の場合には、一転して「雇用関係に基づいて生じた債権」であることを認める肯定説が有力となっている。その根拠は、前述した通り、特別掛金の拠出義務が労働基準法上の「賃金」概念に該当することを

---

31) 山本和彦「日本における本格的な事前調整型会社更生手続きの幕開きへ」事業再生と債権管理128号（2010年）8頁。
32) 森戸英幸「事業再生と企業年金―受給者減額を中心に」ジュリ1401号（2010年）44〜45頁。
33) 宮本・前掲注25）115頁、下向・前掲注26）393頁。
34) 宮本・前掲注25）393頁注32。

前提に、実質的な退職金原資の積み立てであり、退職金と同様、共益債権に
該当しない範囲は、一般先取特権の被担保債権として優先債権扱いすべきで
あるとするものである[35]。また、東京地裁の実務も、株式会社林原の会社更
生手続における規約型確定給付型企業年金の特別掛金について、肯定説の立
場を採ったと報告されている[36]。

3 企業型確定拠出年金の掛金

　企業型確定拠出年金とは、年金規約であらかじめ定められた額を、事業主
が従業員の個人勘定に拠出し、拠出された掛金を従業員自ら運用し、その運
用結果に基づいて給付額が決定される年金制度である。
　まず、企業型確定拠出年金における掛金の倒産手続上の取扱いについては、
手続開始後の掛金は、事業経営に必要な費用として共益債権になり随時弁済
されるものと解されるのに対し、手続開始前の掛金で未払分が存在する場合
には、規約型確定給付企業年金の標準掛金と同じ問題が発生するものと解さ
れる。したがって、具体的には、倒産手続において随時優先弁済を受けられ
る共益債権として格上げして処遇される倒産法上の「給料」概念に該当する
かが問題となるところ、現在の一般的解釈では、労働基準法上の「賃金」に
該当するか否かを検討する必要が生じる。次に、労働基準法上の賃金への該
当性をめぐっては、「使用者が労働者に支払うもの」への該当性、および、「労
働の対償」への該当性がいずれも問題になる。また、労働債権として倒産手
続上、優先的な処遇を受ける一般先取特権の被担保債権に該当するか判断す
るに際しては、「雇用関係に基づいて生じた債権」に該当するかが問題とな
ることになる。

---

35)　宮本・前掲注 25) 113 頁、下向・前掲注 26) 394 〜 395 頁。
36)　郡谷大輔「林原グループの更生計画案策定とその前提としてのスポンサー選定その他の諸課
　　題」金融法務事情 1952 号（2012 年）42 〜 43 頁。

4　企業年金からの給付の継続

（1）規約型確定給付企業年金の場合

　最後に、倒産手続下では、原則として使用者による債務の弁済に制限が課せられるところ、企業年金の給付は債務の弁済に当たって制限を受けないかを検討する必要が生じる。

　まず、規約型確定給付企業年金のうち、年金給付が退職金の支払義務とリンクしていないいわゆる「外枠方式」[37]の場合、年金給付が退職金の支払としての意義を有しないので、倒産手続の開始にかかわらず給付の継続が可能と解される[38]。これに対し、規約型確定給付企業年金のうち、年金給付が退職金の支払義務とリンクしているいわゆる「内枠方式」[39]の場合、年金給付が退職金の支払としての意義を有し、金融機関等の破綻により規程通りの年金支給ができない場合も事業主が残額の支払義務を負うため、退職手当の支払として手続的な制限を受けると解される[40]。

（2）基金型確定給付企業年金の場合

　次に、基金型確定給付企業年金の場合、年金給付を行うのは、事業主と別個独立の法人格を有する基金であり、基金が従業員に対して給付義務を負い、裁定も基金が行うことになる。したがって、基金からの年金給付は、使用者による債務の弁済に該当しないと言えるため、倒産手続にかかわらず給付の継続が可能と解される[41]。

（3）企業型確定拠出年金の場合

　最後に、企業型確定拠出年金の場合、いったん掛金が拠出されてしまうと、従業員ごとの個人勘定に移行するため、使用者の倒産は、給付の可否に影響

---

37)　森戸・前掲注 32) 40 頁。
38)　宮本・前掲注 25) 111 頁。
39)　森戸・前掲注 32) 39 頁。
40)　宮本・前掲注 25) 111 ～ 112 頁。
41)　宮本・前掲注 25) 112 頁。

しないものと解される。

5　総括

このように、再建型倒産手続において、企業年金の終了や制度変更に関しては、確定給付企業年金法や確定拠出年金法による立法上の対処が行われてきたのに対し、企業年金が存続する際の掛金の拠出や給付の継続に関しては、立法的な対処が行われず、専ら解釈に委ねられてきた。ここで、再建型倒産手続下で企業年金が存続する際の掛金の拠出や給付の継続を考えるに当たっては、債務の弁済にかかる排他的な手続を規定する倒産法制との調整を要するが、労働条件や待遇などの典型的な労働問題とは異なる側面があり、解釈論上の問題を様々に惹起し得る。ところが、企業年金の掛金および給付については、倒産法上の債権の優先権秩序に整合しない性質があるにもかかわらず、厚生年金基金のような明文の規定を欠くため、実務的な対処に依存した状況にある。そして、同じ確定給付型企業年金について、規約型と基金型で取扱いが異なる帰結に至るなど、実務的な対処にも限界のあることが明らかになっている。その上、近年、導入が進められている企業型確定拠出年金に至っては、解釈論上の議論さえほとんど存在しない状況にある。したがって、今後は、確定給付企業年金に加え、企業型確定拠出年金の存在も念頭に置きつつ、より解釈論を精緻化するとともに、立法的な対処の方向性も検討されるべきものと解される。

〔付記〕徳住堅治先生は、私が倒産労働法の研究を志したころ、指導教員以外になかなか理解を得られなかった研究の意義を真っ先に認め、私を激励しつつ、ご経験に基づく知見を惜しみなくご教授くださった。その後も折に触れてご指導くださる先生の学恩に報いるには、甚だ不十分な論考であるが、謹んで先生の喜寿をお慶びし、本稿を捧げることとしたい。

※　本稿は、科研費（21K01174）および科研費（22H00790）による成果の一部である。

人権デューディリジェンスをめぐる解釈と
諸外国の立法についての覚書き

土 岐 将 仁

はじめに

2011 年に国連人権理事会が「ビジネスと人権に関する指導原則（Guiding Principles on Business and Human Rights）」（以下「指導原則」という）[1]を支持してから、日本国外では、サプライチェーンにおける強制労働等の人権リスクの開示や、指導原則が謳う人権デューディリジェンス（以下「人権 DD」という）の実施を企業に義務づける立法が行われてきた[2]。2024 年 7 月に発効した欧州連合（EU）の「企業サステナビリティデューディリジェンス指令」[3]は、デューディリジェンスの実施を企業に義務づける国内法の整備を加盟国に求めており、欧州ではそのような国内法の増加が見込まれる。

日本では、2020 年 10 月策定の国別行動計画により、政府から企業に対して人権 DD 実施についての期待が表明された[4]。2022 年 9 月には企業による

---

1) A/HRC/17/31 (https://digitallibrary.un.org/record/705860/files/A_HRC_17_31-EN.pdf).

2) 諸外国の動向は、鈴木絢子「責任あるサプライチェーーンと人権デュー・ディリジェンス」レファレンス 850 号（2021 年）131 頁以下参照。労働法との関係につき、土岐将仁「労働法と「ビジネスと人権」──「ビジネスと人権」は労働法の当事者にどのような意義があるか」季労 276 号（2022 年）2 頁参照。

3) Directive (EU) 2024/1760 of the European Parliament and of the Council of 13 June 2024 on Corporate Sustainability Due Diligence and Amending Directive (EU) 2019/1937 and Regulation (EU) 2023/2859.

4) ビジネスと人権に関する行動計画に係る関係府省庁連絡会議「「ビジネスと人権」に関する行動計画 2020-2025」（2020 年）30 頁。2023 年 10 月 20 日に公表された「新しい時代の働き方研究会報告書」（座長：今野浩一郎学習院大学名誉教授・学習院さくらアカデミー長）24 頁は、「企業に期待すること」の中で、「ビジネスと人権」の視点を持って企業活動を行うことの重要性に触れ、人権 DD に取り組む企業があることについて言及している。

人権尊重を推進するために「責任あるサプライチェーン等における人権尊重のためのガイドライン」が策定され、人権 DD の実施方法が説明されている。また、2023 年に改正された「企業内容等の開示に関する内閣府令」は、有価証券報告書におけるいわゆるサステナビリティ情報開示を上場企業などに義務づけた[5]。そこでは、行っていれば、人権 DD を含むサプライチェーンにおける人権尊重の取組状況を記載することになる[6]。ただ、上記ガイドラインには法的拘束力はなく、上記開示規制も人権 DD の実施を法的に義務づけるものではない。日本では、人権 DD の実施に関する法律の制定は、その可能性を含めた今後の検討課題とされている[7]。

　今後、日本でも法整備を含む更なる対応が行われる可能性があるが、その際には既存の国外の立法が、国際労働ガバナンスの観点からどのように評価されうるかを踏まえておくことが有益であると思われる。そこで、本稿では、この点に関する Landau の研究[8]に依拠して、既存の国外の立法に示されている課題について、覚書的に検討を行いたい。以下では、まず、諸外国における立法の契機となった指導原則の解釈をめぐり 2 つの解釈潮流があることを確認する。次に、具体的な立法として、アメリカ合衆国カリフォルニア州のサプライチェーン透明化法と、EU の企業サステナビリティデューディリジェンス指令を取り上げて、上記 2 つの解釈潮流への位置づけや課題を検討する。これは、国際法上のソフトローとされる指導原則が国内法（ハードロー）化されるにあたり、どのような変容を遂げたかを確認することとなる。その上で、覚書きとして若干のコメントをしたい。

---

5)　サステナビリティ情報開示は、社会にとって重要なインパクトがあるからではなく、あくまで投資者の投資判断にとって重要であることにより義務づけられるものであることにつき、松元暢子「サステナビリティ情報開示をめぐる問題——金商法開示の視点から」ジュリ 1598 号（2024 年）42 頁参照。こうした理解からは、開示される情報は、第一義的には投資家にとっての重要性から判断されることとなろう。

6)　金融庁「記述情報の開示の好事例集 2023」の「4.「人権」」（https://www.fsa.go.jp/news/r5/singi/20240308.html）参照。

7)　第 213 回国会参議院予算委員会第 5 号令和 6 年 3 月 6 日〔岸田文雄内閣総理大臣〕。

8)　Ingrid Landau, Human Rights Due Diligence and Labour Governance (Oxford University Press, 2023).

1　人権DDをめぐる2つの解釈潮流

（1）人権DDとは

　本稿の検討に必要となる範囲で、指導原則が定式化した人権DDについて整理しておこう。指導原則によれば、人権DDとは、人権への影響を特定、防止、軽減し、どう対応するかに説明責任を持つため、人権への負の影響の評価、調査結果への対処、対応の追跡調査、対処方法に関する情報発信を行うこと（指導原則17項）である。人権DDは、企業規模や事業の種類を問わずに全ての企業が人権を尊重する責任を果たす上で行うべきものとされる（同14項）。対象となる人権の種類は、「国際的に認められた人権」であり、労働分野についてはILO中核的労働基準を最低限含むが、それに限られない（同12項）。また、人権DDは、自社が引き起こしたり、助長する人権に対する負の影響だけではなく、自社が引き起こしたり助長していなくても、取引関係により自社の製品・サービスと直接的につながる負の影響をも対象とする必要があり、自社との直接の契約関係の有無を問わず、企業のバリューチェーンを対象に行われるべきものとされている（同13項）。人権に対する負の影響の特定や評価、対応の追跡評価にあたっては、ステークホルダーとの協議やフィードバックが求められている（同18項、20項）。ただし、指導原則の本文上は、労働者や労働組合は具体的なステークホルダーとして明示されていない。

　このように、人権DDとは、事業活動を行うにあたり、ステークホルダーと協議をしながら、ILO中核的労働基準を含む人権リスクについて特定し、特定されたリスクについて軽減・是正措置を講じて対処し、その対応について自己評価を行って公表することをさす。

（2）人権DDの国際労働ガバナンスにおける解釈潮流 [9]

　ステークホルダーが策定した文書の分析やそれに対するインタビューを

---

9)　以下の内容は、Landau, *supra* note 8, 62 ff. による。

456　第Ⅳ部　企業のあり方と労働法における現代的課題

行った Landau は、指導原則が定式化した人権 DD の解釈について、大きく 2 つの見方を示す。1 つが、国際労働権の論理であり、人権 DD について、労働権・人権、労働者や労働組合のエンパワーメント、プロセスの透明性・参加・説明責任を強調する。人権 DD を事業に対する規制としてとらえ、既存のビジネスモデルや事業活動の妥当性を問えるような解釈に至る傾向がある。もう 1 つの見方が、経営管理主義の論理であり、人権 DD について、リスクマネジメント、経営者の裁量、コントロール・柔軟性・効率性を強調する。人権 DD をリスクマネジメントの観点から捉え、経営者の裁量を尊重し、手続指向的、人権 DD の役割について制約のある解釈に至る傾向があり、既存の企業実務の妥当性を問うことにはなりにくい[10]。

対立する解釈態度は、人権 DD について、その目的、射程、リスク許容度、ステークホルダーの関与、透明性及び責任の点で異なった解釈を導く。すなわち、国際労働権の論理は、企業に人権尊重責任を果たさせ、権利保持者を保護することに人権 DD の目的があるとし、人権 DD における 4 つ全ての手順（人権への悪影響の評価、それに基づく行動、行動結果の追跡、どのように悪影響が対処されたかの公表）の重要性を強調する[11]。人権 DD の対象とすべき人権も、広く包括的に把握され、企業の社会的責任論（ないし企業主導の私的ガバナンス）でみられた結社の自由や団体交渉権の無視といった、企業側による権利の（偏った）選択への対抗手段とみている[12]。人権 DD が適切に行われれば、全てのリスクが除去されるはずであり[13]、権利侵害に対するゼロトレランスが主張される。また、労働者・労働組合との真摯で有意義な協議こそが信頼できる人権 DD にとって必須であり、人権 DD を国際枠組協約などの締結のための交渉の場となるとみている[14]。従来の企業主導の一方的な私的ガバナンスとの対比で、透明性及び説明責任が正当な人権 DD のプロセスの重要な要素となるとする[15]。人権 DD が人権に関する企業のパフォーマ

---

10)　以上につき、*See id.* at 62–63.

11)　*Id.* at 67.

12)　*Id.* at 70.

13)　*Id.* at 73.

14)　*See id.* at 75, 76.

15)　*Id.* at 77.

ンスを測定し、その結果に対する説明責任を問う基準として機能する可能性を重視している[16]。

　これに対して、経営管理主義の論理は、人権 DD の目的を、権利保持者の保護だけではなく、企業自体の保護という観点からも捉え、企業のレピュテーションリスク、財務的・法的リスクを管理するという視点をもつ。そのため、人権 DD の手順としては、リスクの特定及び評価に重きを置く傾向がある[17]。また、対象となる人権も、全ての「国際的に認められた人権」に及ぶことは認めつつも、企業が行う優先順位付けにより、その範囲が狭められる傾向がある[18]。リスク許容度についても、人権 DD のリスクマネジメントという性質から、一定程度の受入可能なリスクがあると捉えている[19]。ステークホルダーの関与についても、裁量的経営判断の対象とされ、ステークホルダーをリスクの情報源と見ているため、人権に対する負の影響の特定段階における協議の重要性が強調されるが、リスク軽減や講じられた措置の実効性との関係では言及が少ない[20]。企業は、人権 DD を説明責任に関する基準ではなく、実践的で扱いやすいツールであり、適切かつ必要であるときにはそこから逸脱することが可能な枠組みと把握しており[21]、国際労働権の論理との対比で手続を重視する。

　現在の企業実務について改善を求める方向に繋がりやすい国際労働権の論理は、労働組合や人権団体等によって援用される傾向があり、企業の裁量を重視し現在の企業実務を維持する方向に繋がりやすい経営管理主義の論理は、企業や業界団体等によって援用される傾向がある。このように、同一の文言を使っている指導原則における人権 DD について、2 つの異なる解釈が併存しているが、それは、指導原則が、企業からの支持を得るためにリスクマネジメントの観点から人権を捉え直したこと、及び、労働運動や人権運動から

---

16)　*See id.* at 78.
17)　*See id.* at 66–68.
18)　*See id.* at 71.
19)　*Id.* at 74.
20)　*Id.* at 76–77.
21)　*Id.* at 78.

の支持を得るために戦略的に曖昧な表現を用いたことによるとされている[22]。

2 既存の立法の概観と2つの解釈潮流からの評価

次に、2では、まずサプライチェーンにおける人権尊重の取組みを求める諸外国の立法について、紙幅の都合上、代表的なものを取り上げて簡単に概観をした上で、それぞれの立法が、1で確認した人権DDをめぐる2つの解釈潮流との関係でどのように位置づけられ、評価されるかについて検討したい。

(1) 既存の立法の概観

サプライチェーンにおける人権尊重の取組みを企業に求める諸外国の立法は、当該取組みについての開示を義務づける類型と、デューディリジェンスの実施を義務づける類型の大きく2つの類型に分けて論じられることが多い。

1) 開示の義務づけ：サプライチェーン透明化法

2012年1月に発効した「カリフォルニア州サプライチェーン透明化法（California Transparency in Supply Chains Act)」は、開示を義務づける類型[23]の最初期の代表例である。同法は、カリフォルニア州で事業を行う、全世界での年間総収入が一定額を超える製造業者及び小売業者に、その直接のサプライチェーンから奴隷労働及び人身取引（以下「奴隷労働等」という）を排除するための取組みについて開示義務を課す[24]。適用対象企業は、①奴隷労働等のリスクを評価し、対処するための製品サプライチェーンの検証、②サプライヤーの奴隷労働等に関する自社基準の遵守状況の監査、③奴隷労働

---

22) *Id.* at 62. *See also id.* at 39 ff.

23) イギリスやオーストラリアの現代奴隷法もこの類型に属しており、アングロサクソン法系で採用される例が多い（鈴木・前掲注2) 145 〜 146 頁参照）。アメリカ合衆国の連邦レベルでは、「人身取引及び奴隷労働に関する事業サプライチェーンの透明性に関する法律（Business Supply Chain Transparency on Trafficking and Slavery Act)」案が提出されたことがあるが、成立していない。同法案も、企業がサプライチェーンにおける奴隷労働等を撲滅するための取組みを毎年開示することを義務付けるものである。

24) Cal. Civ. Code § 1714.43 (a)(1).

等に関する法令遵守の証明を直接のサプライヤーから徴求、④奴隷労働等に関する自社基準を満たさない労働者や請負業者に関する自社の説明責任基準・手順の整備、⑤自社の労働者・管理職に対する奴隷労働等に関する研修のそれぞれについて、当該企業が行っていれば、それらをどの程度行っているかを開示しなければならない[25]。この義務に対する違反の是正は、州司法長官によるインジャンクションによってのみ行われ[26]、罰則等の定めはない。

　開示の義務づけは、サプライチェーン内の奴隷労働等の人権侵害を発見、阻止、対処するための取組みの有無を消費者等に示させることにより、企業に人権 DD の実施を促すものといえる[27]。しかし、その重点は飽くまで透明性の確保にあり、人権 DD の実施を義務づけるものではなく、指導原則が求める人権方針の策定も、策定した場合にその内容を開示すれば足り、方針がなければその旨を開示すれば足りる[28]。換言すれば、上記①～⑤の実施を企業に義務づけるものではない。この法律の施行後の企業動向を調査した研究によれば、適用対象企業は、比較的同法を遵守はしていたが、開示の内容は実質的なものというよりは象徴的なものとなっており、開示された情報の質も極めて限界があるものであった[29]。開示の義務づけ類型には、企業の人権に対するパフォーマンスを評価する指標を開発することの難しさや、企業が開示のための開示に終始するなどの課題があると指摘されている[30]。

---

25)　*Id.* § 1714.43 (c).

26)　*Id.* § 1714.43 (d).

27)　*See* Kishanthi Parella, *Enforcing International Law Against Corporations: A Stakeholder Management Approach*, 65 Harv. Int'l L. J. 283, 303 (2024); Nicola Jägers & Conny Rijken, *Prevention of Human Trafficking for Labor Exploitation: The Role of Corporations*, 12 Nw. U. J. Int'l Hum. Rts. 47, 93–94 (2014).

28)　Jägers & Rijken, *supra* note 27, 61, 93.

29)　Rachel N. Birkey *et al*, *Mandated Social Disclosure: An Analysis of the Response to the California Transparency in Supply Chains Act of 2010*, 152 J. Bus. Ethics 827, 836–837 (2018).

30)　David Hess, *The Transparency Trap: Non-Financial Disclosure and the Responsibility of Business to Respect Human Rights*, 56 Am. Bus. L.J. 5, 53 (2019). *See also id* at 46.

2）デューディリジェンスの義務づけ：企業サステナビリティデューディリジェンス指令

1）で述べた開示の義務づけ類型に対して、特にヨーロッパ諸国では、人権 DD の実施を企業に義務づける立法が行われた。ここでは、その例として[31]、2024 年 7 月に発効した EU の「企業サステナビリティデューディリジェンス指令」を本稿に関連する範囲で取り上げる[32]。この指令は、EU 加盟国内で設立された従業員数・純売上高が一定規模を超える企業及び EU 外で設立された純売上高が一定規模を超える企業（2 条）に、リスクベースのデューディリジェンス（7 条から 16 条で具体化）を行う義務を課し（5 条）、これを国内法化した法令の違反については罰則の整備を求め（27 条 1 項）、民事責任についても規定を置く（29 条）[33]。

デューディリジェンスについて、企業は、まず、デューディリジェンスをそのリスク管理体制に統合し、デューディリジェンス方針を策定する（7 条）[34]。次いで、企業は、実際及び潜在的な人権に対する悪影響を特定し、評価した上で、その悪影響について優先順位付けを行い、特定された潜在的悪影響には適切な防止措置や軽減措置を、実際の悪影響には停止措置を講じなければならない（8 条～ 11 条）。「人権に対する悪影響」にいう「人権」として、労働関係では、ILO 中核的労働基準を構成する 4 分野 8 条約及びこれが保障する権利が列挙されている（3 条 1 項 c、指令別表 1）[35]。悪影響の特定及

31）　この EU 指令に先立つドイツのサプライチェーン・デューディリジェンス法やフランスの企業注意義務法も、この類型に属する（鈴木・前掲注 2）論文参照）。

32）　この EU 指令は環境についてのデューディリジェンスの実施も義務づける。

33）　企業は、故意または過失により、10 条・11 条が定める防止・停止措置を行わなかったことにより国内法が保障する権利利益が侵害された場合には賠償責任を負うが、損害が当該企業の直接取引先・間接取引先によってのみ引き起こされ、当該企業が引き起こしたものでない場合には、責任を負わないものとされている（29 条 1 項）。免責されるのは、取引先によって「のみ」引き起こされた場合であり、損害が、当該企業と直接取引先・間接取引先によって共同して引き起こされた場合には、当該企業も連帯して責任を負いうるものとされている（29 条 5 項）。

34）　デューディリジェンス方針には、①デューディリジェンスに対する企業のアプローチの説明、②自社及び子会社、自社の間接・直接取引先が従うべき行動規範、③デューディリジェンスを企業の関連する指針に統合し、デューディリジェンスのために行われた手続の説明を含む（7 条 2 項 a ～ c）。

35）　なお、2022 年に「労働における基本的原則及び権利に関する ILO 宣言とそのフォローアップ」が改訂され、現在では、ILO 中核的労働基準には、従来の 4 分野に加え、5 番目の分野として安

び評価は、自社のみならず、子会社や直接取引先、間接取引先（直接取引先ではないが、自社の事業、製品、サービスに関連する業務を行う企業）についても行われ、防止措置、軽減措置、停止措置は、自社の行動規範の遵守や契約上の保証を直接取引先及び間接取引先に求めることも含まれる。企業が、実際に人権に悪影響を引き起こし、または共同で引き起こした場合には、救済（remediation）を行う必要がある（12条1項）。救済とは、悪影響が生じなかったと仮定した場合の状況に企業の関与に応じて回復させることを意味し、金銭的な補償をも含む（3条1項t）。悪影響が、企業の直接または間接取引先によってのみ引き起こされている場合には、改善策の提供を行うことができる（12条2項）が、自社が救済することは求められていない。

　企業は、自社の事業、子会社の事業、企業の活動の連鎖における取引先の事業に関する苦情処理及び通知の仕組みを設け（14条）、デューディリジェンス方針及び実施した措置の有効性を監視し（15条）、指令の対象事項についてウェブサイトにおいて年次報告書を公表しなければならない（16条）。

　指令は、ステークホルダーの効果的な関与のために企業が適切な措置を講ずるものとしている（13条1項）。労働者の関与について、指令は、企業がデューディリジェンス方針を策定する際には労働者及びその代表者との協議を明示的に求めている（7条2項）。しかし、企業が指令8条〜12条に基づき、デューディリジェンスを行う際には、「ステークホルダー」（3条1項n）の一員として、労働者・労働組合も協議に参加することがあるに留まる（13条3項）。

　EU指令は、前述したカリフォルニア州法と異なり、企業にデューディリジェンスの実施義務を課すだけではなく、その対象とする人権も、強制労働等に限定されておらず、結社の自由や団体交渉権、職場における平等も対象とする点で、より包括的である。ただ、デューディリジェンスの対象となる権利を列挙するEUのアプローチには、既に、その2022年の草案段階で国連人権高等弁務官事務所より、指導原則から離れるものであり、多くの事業

全衛生関係の2条約（155号条約及び187号条約）が追加されたが、これは指令別表には列挙されていない。

462　第IV部　企業のあり方と労働法における現代的課題

に関連する人権侵害が排除されうるとの懸念が示されていた[36]。また、前述のように、人権DDは、指導原則上、全ての企業が人権尊重の責任を果たすために行うべきものとされ、企業の規模や事業の種類はその内容に影響するものと位置づけられているが、EU指令は所定の規模を超える企業のみにデューディリジェンスを義務づけた点でも、指令原則との違いが存在し、適用対象企業が限られている点ではカリフォルニア州法との共通点がある。

（2） 2つの解釈潮流への位置づけ・課題

　上述のように、近時の立法には、人権状況に関する開示のみを義務づける類型と、デューディリジェンスの実施を義務づける類型の大きく2つがある。Landauは、現時点では、前者だけでなく、後者の類型も、国際労働運動の人権DDに対する当初の期待を満たす形では人権DDは立法化されていないと評価している[37]。

　すなわち、カリフォルニア州法など開示のみを義務づける立法は、経営管理主義の論理によるものと分析されている。こうした立法は、デューディリジェンスの質を問うものではなく、労働に関する人権リスクの特定及び対処の程度及び方法を企業の広い裁量に委ねている。さらに、デューディリジェンスの過程で、ステークホルダーとしての労働者やその代表者（労働組合）が協議をする機会も保証されておらず、ステークホルダーの関与のあり方も企業の裁量に委ねられる[38]からである。

　これに対して、EU指令などデューディリジェンスの実施を義務づける立法は、デューディリジェンスの内容を法令に書き込み、またデューディリジェンスの各段階でステークホルダーの関与を義務づけることで、企業側の裁量を、開示を義務づける類型よりも制限している[39]。また、労働者の権利も強制労働以外のものをも対象としている。しかし、Landauによれば、デューディリジェンスの実施を義務づける類型も、労働者やその代表者が有

---

36)　*See* OHCHR, Feedback on the Proposal for a Directive of the European Parliament and of the Council on Corporate Sustainability Due Diligence 5 (2022).

37)　*See* Landau, *supra* note 8, 114, 141.

38)　以上につき、*See id.* at 113, 135.

39)　*See id.* at 138.

意義な形で企業実務の妥当性を問うには、限られた制度的チャネルしか認めていない[40]。また、遵守されているかを判断するための基準にも曖昧さが残されている[41]。このように、デューディリジェンスの実施を義務づける類型も、人権 DD をめぐる経営管理主義の論理に従っており、国際労働権の論理は十分に反映されていない、という。

そもそも、人権 DD をめぐる解釈のうち、国際労働権の論理の背景には、従来の企業主導の私的ガバナンス（CSR）の欠点を補う目的があった。そこでの欠点とは、企業が、労働基準の促進・実行において労働基準をえり好みしていたこと、労働者及びその代表者が、私的労働ガバナンスへの懸念を表明し、妥当性を問うチャネルが欠如していたこと、労働者の権利に関する企業実務についての十分な公開の説明責任（public accountability）が欠如していたこと、である[42]。そこで、Landau は、デューディリジェンスの実施義務を課す立法について、いくつかの提案をしている。まず、人権 DD の実施義務は、指導原則に沿って、全ての規模・種類の企業に対して適用されるべきであり、サプライチェーン全体に対して要求すべきとする[43]。また、従来のCSR の取組みが、そのまま人権 DD と言い換えられたり、表面的取組みに終始されたりすることを避けるため、企業のプロセスが向かうべき、あるいは評価されるべき成果が明確に規定される必要があるとする[44]。さらに、労働者・労働組合がサプライチェーンにおける労働に関する人権についての既

---

40) *See id.* at 114, 141. Landau が検討対象とする 2022 年 EU 指令案と異なり、実際に成立した EU 指令には、ステークホルダーの関与に関する条文が追加されるなど重要な変更が行われているが、Landau が消極的に評価する「適切な」の文言（*Id. at* 139）は、ステークホルダーの関与に関する一般的な条項である 13 条 1 項に残されている。

41) *See id.* at 141.

42) *See id.* at 144. 例えば、企業が、人権には普遍性があるにもかかわらず、企業主導の取組みにおいて人権の内容を定義できると誤解するものもあったと指摘するものに、Janice R. Bellace, *Pushback on the Right to Strike: Resisting the Thickening of Soft Law, in* RESEARCH HANDBOOK ON TRANSNATIONAL LABOUR LAW 190（Adelle Blackett and Anne Trebilcock eds., 2015）。また、後掲注 49）の本文も参照。

43) *See* Landau, *supra* note 8, 165.

44) *See id.* at 166. Rachel Chambers & David Birchall, *How European Human Rights Law Will Reshape U.S. Business*, 20 UC L. Bus. J. 3, 51（2024）は、人権 DD に対する中心的な疑問は、人権 DD が生産・取引関係に変革をもたらすメカニズムを組み込まずに、チェックボックス方式の「見せかけだけの遵守」になるかどうかであるとする。

存の企業実務の妥当性を問えるように、①適切な情報が提供されていない場合におけるサプライチェーンや人権 DD に関する追加情報の請求権[45]、②人権 DD 計画の策定、実行、評価及び苦情処理メカニズムの設計、監視、評価についての協議権[46]、③企業による人権 DD 義務を守らせる権利（具体的には違反の申告権や苦情処理メカニズムで適切に問題を処理させる権利）[47] を、労働者・労働組合に与えることなどを提案している[48]。

おわりに

　本稿では、人権 DD をめぐり 2 つの解釈潮流があること、そうした観点から外国の立法についてどのような評価がなされているかについて概観した。そこにおいて、まず確認されておくべきことは、指導原則が敢えて曖昧な表現を用いていることもあって、人権 DD の受止めが労使間で異なっていることである。同じ言葉を用いていたとしても、その意味内容や重点を置くポイントが異なっている可能性があり、今後、立法を含む政策的議論が行われる際には、その点に留意しながら議論する必要があると考えられる。

　その上で、既存の立法も、指導原則の内容どおりに立法化されているわけではないことも確認されておく必要がある。Landau は、企業側にとっての明確性確保の要請があることに留意はしつつも、上記で見たように、これを批判的に捉えている。他方で、指導原則は、国際法の枠組みで企業に法的義務を課すことが挫折した中で社会的期待に依拠した法的拘束力のないものとして登場している。指導原則が持つ「革新さ」は、法的拘束力がないからこそ可能になっている面もあり、国内法で人権 DD の実施について罰則等の担保をするとなると、対象とすべき人権やデューディリジェンスの対象となる

---

45)　*See* Landau, *supra* note 8, 167. 一貫した意味のある指標に基づく定期的で詳細な開示を前提としている。

46)　*See id.* at 169. 人権 DD における参加権・協議権は、国家が、国境を越えるサプライチェーンの文脈においてより包摂的で民主的な労働ガバナンスへのアプローチを育成する機会になりうるとする（*See id* at 171）。

47)　*See ibid.*

48)　なお、Landau の提案の内容は、執行にあたる行政機関の設計や民事責任・裁判所の役割、OECD 多国籍企業行動指針に基づく NCP の強化など多岐にわたっている。*See id.* at 172 ff.

企業の範囲で一定の限定がかかるのはやむをえない面もあろう（例えば中小企業の負担への対応が問題となりうる）。他方、デューディリジェンスの内容が、立法でなお明確になっていないがために表面的な取組みに留まる懸念が示されていることには、法規制の実効性に関わるため、留意すべきである。

　最後に確認されておく必要があるのは、人権 DD をめぐっては企業に目が向けられがちであるが、労働者・労働組合の役割の重要性である。労働組合の関与なしに企業主導で行われるサプライチェーンにおける人権尊重の取組みには、従来から実効性の欠如が批判されてきた[49]。人権 DD の実施を義務づけることは、企業の取組みに法的な枠組みを設定することになる。しかし、それだけでは足りず、サプライチェーンにおける労働に関する人権状況を実質を伴って改善するためには、ステークホルダーとしての労働者・労働組合の関与が重要となる。このような観点からは、人権 DD をめぐる立法は、労働者・労働組合がサプライチェーンにおける労働問題について協議・参加をすることを通じて発言権等を拡大する機会と位置づけることもできる[50]。

　本稿では、人権 DD をめぐる動向について、覚書き的に検討を行うに留まった。EU 指令については最初の提案から文言の変遷などもあり、その立法過程のフォローや各国法を含めた本格的な検討については、他日を期したい。

　　＊　本稿は、JSPS 科研費 JP23K01130・JP23H00033、公益財団法人野村研究財団の助成、東京海上各務記念財団の助成による研究成果の一部である。

---

49)　郷野晶子「日本におけるグローバル枠組み協定（GFA）締結に向けた取り組み」季労 262 号（2018年）68 頁参照。

50)　なお、この点に関して 2023 年 12 月 13 日に公表された「国内の労働分野における政策手段を用いた国際課題への対応に関する検討会（ビジネスと人権検討会）報告書」（座長：佐藤博樹東京大学名誉教授）8 頁は、労安衛法による安全・衛生委員会等における協議の活用を取り上げている。

JT乳業事件
──会社解散による解雇に対する取締役の損害賠償責任──

岩 淵 正 明

はじめに

　2005年5月18日、名古屋高裁金沢支部においてJT乳業（以下「会社」という）に対して、労働者一部勝訴の一審判決を更に労働者に有利に変更し、会社に対して総額約5520万円（元金）の損害賠償を命ずる判決が出された[1]。

　本件については、判例時報に一審、控訴審判決いずれも掲載され、評論では、「本判決のように、解散した会社から解雇された従業員が、商法266条の3所定の第三者として、会社の代表取締役に対して求めた解雇による損害の賠償請求を認容した先例は見当たらず、本判決は同種事案の解決の参考となろう。」[2]とされている。

1　事案の概要

　会社は、昭和28年設立の資本金1000万円の株式会社で、牛乳・ヨーグルト等を製造し、北陸3県を中心に販売していたところ、2001年4月、富山県の販売店から牛乳の味がおかしいとのクレームが寄せられ、担当者が213本の牛乳をライトバンに積み込んで、約2時間かけて会社工場に運んだ。

　翌日、製造部長が、本来廃棄されるべきこの牛乳を再利用したところ、学校給食でこの牛乳を飲んだ小中学生380人以上が吐き気や腹痛を訴え、うち78名が医師の手当を受けたため、金沢市保健所は会社を無期限の営業停止とした。この再利用の事実が新聞に大々的に報道され、会社は厳しく非難さ

---

1)　名古屋高金沢支判平17.5.18判時1898号130頁、金沢地判平15.10.16判時1898号145頁。
2)　判時1898号130頁。

れた。

　その後、会社は株主総会で解散を決議し、全従業員を解雇した。

　なお、解散決議当時の株主は会社代表者と妻・子らの同族会社であり、会社代表者の下で、代表者の長男が営業全般を統括し、その下に 20 名の営業担当と製造部長が統括する製造部門に約 18 名の社員とパート社員がいた。

2　訴訟提起

　解雇された従業員のうち 12 名は全国一般労働組合の組合員であり、組合は解散の責任は会社にあると判断し、解雇撤回・会社の存続を求め、弁護団に地位保全仮処分の申請を求めたが、弁護団は会社が解散した以上、復職は困難として、別の法的措置を検討し、取締役たる代表者への損害賠償請求訴訟をすることとし、2001 年 7 月 11 日、金沢地裁に組合員 12 名を原告・会社代表者を被告として、商法 266 条の 3 による損害賠償訴訟を提起した。

　取締役の任務懈怠行為としては、第一次的に製造部長による牛乳の再利用を代表者が指示もしくは了解したこと、第二次的に牛乳の再利用をさせない措置をとらなかったこととした。

　そして、組合員の損害として、①解雇無効を前提として定年退職までの賃金相当額、②定年退職金と支払済み退職金の差額、③慰謝料を請求し、内金請求として一人各金 2000 万円を求めた。

3　一審の審理

　被告は、その答弁で、①製造部長に対する再利用の指示ないし了解の事実はなく、牛乳の再利用も行っていなかったから再利用させない措置をとるべき義務はないと代表者の任務懈怠行為を争った。②又、会社の解散は、そもそも会社の経営状況が悪化しており早晩解散することは必至であったためで、牛乳の再利用と解散・解雇との因果関係はないと争った（これに対し、原告は、本件事件以前、会社は存続を前提とした営業活動を行っていたことを主張し、保健所への弁護士照会により、営業停止命令が牛乳再利用が理由であったことを立

468　第Ⅳ部　企業のあり方と労働法における現代的課題

証し、この営業停止を理由とした会社の解散案内などを証拠として提出した）。③さらに、被告は会社の解散は自由であり、解散とその後の解雇の責任はないと争った。④最後に被告は、損害そのものの発生を争った。

このような争点の中で和解が試みられたが、被告の和解案は僅少であり、判決に至った。

4　一審判決の概要

金沢地裁は、2003年10月6日判決を言渡した。争点に対する判断は以下の通りである。

（1）被告の任務懈怠行為

判決は、被告から製造部長に対し、回収牛乳を再利用することについての指示ないし了解が与えられた可能性は相当に高いとしたが、直接の証拠が存しないとして指示もしくは了解は認定しなかった。

しかし、製造部長に対し、回収牛乳の再利用をせず、廃棄するよう指示すべき忠実義務に反した点に任務懈怠の行為を認めた。

（2）任務懈怠と会社解散との因果関係

判決は、会社が解散したのは、営業停止命令を受けたことだけが原因ではなく、消費者の信頼を傷つけたこと等の諸事情も原因となっているが、再利用及び営業停止命令がなければ、解散決議をしなかったとして、被告の任務懈怠と会社解散・廃業との間の相当因果関係を認めた。

（3）会社解散の自由の評価

判決は、会社解散の決議は、株主が本来その自由な判断でできて、原則としてそのことによって法的責任を負うものではないとしたが、会社で将来にわたって働くことができるとする労働者の期待ないし利益は法的保護に値し、これを不法に侵害された場合には、損害賠償が認められるとした。

JT乳業事件　469

（4）原告らの損害の認定

損害については、再利用が行われなければ、会社が原告ら従業員の定年まで営業を続けていたと認めるのは困難であり、解雇後は他に就職するなどして給与を得ることができることを理由に、その期間に会社から支給を受けることができたと考えられる賃金を損害と評価するのも困難であるとした。

また、将来の賃金相当額を原告ら従業員の損害とみることはできず、再就職のための苦労や再就職後の労働条件の低下や得べかりし退職金額と現実に受け取った退職金額との差額は独自の損害として把握できず、慰謝料算定にあたっての斟酌事由とするのが相当であるとされた。

そして、原告らの損害としては、突然の解雇による精神的な打撃や、再就職ができない者も存在している等を斟酌し、各自金 300 万円の慰謝料が相当であるとした。

5　経営法曹からの一審判決への批判と控訴

この一審判決は、経営法曹から厳しく批判された。

例えば、経営法曹会議の弁護士は、本判決について、自己破産を申し立てて従業員を全員解雇した会社の取締役等の事業継続義務、企業閉鎖説明義務及び解雇回避義務違反が争われた事件で、事業を継続するか否かは本来的に経営者の裁量にかかる事項であり、取締役が事業閉鎖を決定しても取締役の義務違反とはならないとした浅井運送事件[3] や、破産原因が存在する場合に、営業者が自己破産の申立をすることは、原則として労働者ないし労働組合に対する不法行為を構成することはないと判示した誠光社事件[4] を引用し、「株主は、株主総会の特別決議により、理由・動機の如何を問わず解散決議ができる。」「解散は、株主の権利として自由になし得、それに伴う解雇は不可避であるから、従業員に定年まで就業しうるとの期待があっても、それは法的保護に値する利益、期待ということはできない。本判決は、その結論もまた論理も妥当とは思わない。」と批判した。

---

3)　大阪地判平 11.11.17 労判 786 号 56 頁。
4)　大阪地判平 9.10.29 労働委員会関係裁判例集 32 集 459 頁。

そして、被告は控訴した。原告らは、紛争の長期化を回避したかったが、損害額に不服があったため被告の控訴をきっかけとして附帯控訴した。

6　控訴審の審理

控訴審で、被告は雇用保険の受給による損益相殺の他は、一審と同様の主張を繰り返していた。

ただ、控訴審中に、被告らに対する食品衛生法違反事件の刑事事件が罰金で確定したため、この確定事件記録が顕出された。この供述調書の中では、被告による再利用の指示もしくは了解はうかがえなかったものの、会社では牛乳の再利用が継続されていたことが明らかとなった。

このような審理を経て、控訴審判決を迎えた。

7　控訴審判決

控訴審判決は、2005年5月18日に言渡された。この判決では争点について以下の判断がなされた。

（1）任務懈怠について
控訴審は、一審判決と同様に再利用が、製造部長が代表者の指示を受けてしたとの証拠はないと判断したが、再利用をさせない監督義務については、その言動等から回収牛乳の再利用をしようとしていることを窺うことができたなどの特段の事情のない限りは、再利用をすることを事前に予見することは困難だから、回収牛乳の再利用をしないよう指示し、監督すべき注意義務はないと判断し、一審判決より認定は後退した。

しかし控訴審は、会社で違法な牛乳の再利用が繰り返されていたという実情を踏まえて、違法な牛乳の再利用を防ぐための社内体制を構築することが急務であったのに、このような措置をとらなかったとして、代表者の任務懈怠は重大であると認定した。

取締役の任務懈怠の判断としては、このような経営判断的認定は参考とさ

れるべきである。

（2）再利用と会社の廃業及び解散との間の相当因果関係

　控訴審は、会社の解散は、商法の規定に基づき有効に会社を解散したとしても、代表者の任務懈怠を原因として生じた会社の営業廃止に至る一連の因果関係中の出来事にすぎず、会社の解散が代表者の任務懈怠と関係なく生じた出来事ではないから、解散と解雇が有効であっても任務懈怠と雇用契約上の権利の喪失との因果関係は左右されないとした。

（3）損害について

　控訴審は、損害については一審と異なり、任務懈怠がなければ解散することも解雇されることもなく、少なくとも解雇日から2年間は、会社に勤務して会社から解雇当時の給料等を上回らない給料等の支払いを受けることができたものと推認するのが相当であるとしたが、従業員らが会社から解雇されて会社から上記給料を得られなくなったという法的状態と従業員らが、会社に対して労務を提供する義務がないために、会社以外の会社等に就職して労務を提供することで賃金を得ることができる法的地位を回復した状態とは、法的には等価値とみることができ、雇用存続想定期間中の給料等に係る逸失利益損害をもって、直ちに、上記雇用契約上の権利喪失による従業員らの損害と認めることはできないとした。

　しかし、これに続いて、解雇された労働者が、解雇後直ちに解雇前と同等以上の労働条件で再就職することが可能ではなく、解雇された労働者が解雇前の労働条件を下回らない労働条件での勤務先を探して再就職するまでにはある程度の期間を必要とし、また、そのような勤務先を探しても見つからず、賃金の額等の面で解雇前の労働条件を下回る労働条件でしか再就職できないということは稀でないとした。そして、従業員らが解雇後相当の再就職先を探すために必要な相当期間（再就職のための求職活動相当期間）中の解雇前の賃金相当の逸失利益と、再就職先における賃金等を含む全体としての労働条件が解雇前のそれを下回る場合における賃金額の解雇前の賃金額との差額に相当する逸失利益は、代表者の任務懈怠と相当因果関係にある従業員らの上

472　第Ⅳ部　企業のあり方と労働法における現代的課題

記雇用存続想定期間における雇用契約上の権利喪失による損害に該当すると
したのである。

このような判断の下に控訴審は2年分について、未再職者については従前
の賃金を、再職者については賃金低下額の賃金を損害として認容した。この
結果、認容額は総額約5520万円と大幅に増額した。

（4）雇用保険法との関係

控訴審は、会社の損益相殺の主張に対し、雇用保険法に基づいて支給され
る基本手当及び再就職手当の財源は、国庫負担金のほか労使が折半で負担す
る保険料によって賄われるものであり、他方従業員らの雇用契約上の権利喪
失による逸失利益は代表者の任務懈怠により生じた損害であり、その賠償義
務者は代表者であって会社でも国でもないから、代表者が損害賠償義務を負
担する損害の填補とはならないとして損益相殺の主張を排斥した。

（5）慰謝料について

慰謝料としては、100万円が認められた。

おわりに

被告は上告を断念し、認定額全額を原告らへ支払った。

この事件は、石川県内では、会社経営者を含めて耳目を集めた事件であり、
経営者からは、会社が解散したのだからこのような損害賠償認められるはず
がないとの声も聞いたが、理不尽な会社の経営に対する警鐘となった判決と
なった。

また、経営法曹の批判した解散の自由論を否定した点と損害額認定は実務
上参考になると思われる。

労働相談実践マニュアル[5]によると、本件前後、解散事案で取締役個人の
責任を認めた例として4件が挙げられているが、特定の労働者排除目的の偽

5）『労働相談実践マニュアル Ver.7』（日本労働弁護団、2016年）。

装解散、債務を免れる目的での解散、不当労働行為目的の解散、会社資産の費消による解散であり、本件とは解散理由が異なるようである。

なお、この事件は「使用者による会社解散攻撃に対する労働者の闘いの新しい道を開いた画期的意義」があったとして、第7回日本労働弁護団賞を受賞した。

芸術芸能分野での前進と医師・医療分野での逆流
—— 「過労死 110 番」スタートから 37 年経過して ——

川人　博

1　「過労死 110 番」設立から 37 年経過

1988 年「過労死 110 番」活動が全国的にスタートしてから 37 年経過した。当時の段階では、厚生労働省（当時の労働省）は、過労死という概念そのものを真っ向から否定し、蓄積疲労による発病や死亡という医学的な因果関係を認めず、発病当日や前日に特別な出来事があった場合や、一週間連続しての極限的な長時間労働の継続のケースのみを労災認定の対象とした。自殺事案を労災として認めることは皆無に近かった。

これに対し、全国の被災者・家族が労災認定の獲得や企業責任の追及に立ち上がり、この当事者の訴えを受け止めて過労死弁護団全国連絡会議や労働弁護団の弁護士などが諦めることなく労災申請・行政訴訟・損害賠償訴訟を行い、また、様々な世論に訴える社会運動を行った。その結果、2000 年 3 月 24 日電通大嶋氏事件最高裁判決[1]を得るに至り、また、その前後、すなわち 1999 年 9 月に精神疾患・自殺に関する新しい労災認定基準（判断指針）を発令させ、2001 年 12 月には、脳・心臓疾患の労災認定基準を抜本的に改正させるに至った。これらの成果を基礎にして、1980 年代当時に比べて 2000 年代には過労死・過労自殺事案における労災認定・補償は相当に前進することとなった。

そして、2008 年秋から過労死を防止する基本法案を制定させる社会運動が全国的に広がり、2014 年 6 月に、超党派議員連盟の提出による議員立法が成立するに至った。全国各地で過労死家族を中心にして、働く者のいのち

---

1)　最二小判平 12.3.24 民集 54 巻 3 号 1155 頁。

と健康を守る草の根の活動が展開され、50万人を超える署名が短期間に集まり、100を超える地方議会で決議が出され、100名を超える超党派議員連盟が結成された結果、衆参両院とも全会一致で成立したものであった。

　この過労死等防止対策推進法（以下「過労死防止法」という）が成立してから10年が経過した。過労死を防止する活動、被災者・家族を救済する活動は、新たな段階に入ろうとしている。本稿では、芸術芸能分野と医療分野をめぐるこの間の動きを中心にして問題提起をする。

2　宝塚歌劇団・芸術芸能分野

(1) 宝塚歌劇団における過労自死事件

　2025年の新年早々、良いニュースが入ってきた。1月14日の宝塚歌劇団に関する阪急阪神グループの記者会見である。

　2023年9月、宝塚歌劇団員（女性）が極度の過重労働による過労と劇団幹部・上級生によるハラスメントによって死亡した（写真参照）。日本を代表する劇団であること、あまりにも痛々しい死亡であることから、関西のみならず、日本全国から大きな注目を浴びることとなり、筆者は、被災者が死亡後まもなく、遺族の代理人として真相究明と経営者・加害者の責任を明確にするため活動した（大阪の井上耕史弁護士と弁護団を構成）。

宝塚歌劇団・宝塚音楽学校などが集まる地域

当初の段階において、宝塚歌劇団ならびに同劇団を運営する阪急阪神グループ側は、一定の過重労働を認めたものの、ハラスメントの存在を頑として認めなかった。そして、その意向を汲んだのか、阪急・劇団側が設置した調査委員会（大江橋法律事務所所属弁護士で構成）は、パワハラを一切否定する報告書を作成した。このため遺族は、多大な心理的な苦痛を受け、SNSにおける心無い一部の遺族批判が継続したことも、遺族を精神的に追い詰めることとなった。しかしながら、こうした中においても、日本中から遺族への励まし、阪急・劇団内部からの貴重な情報が多数寄せられる中で、最終的には阪急・劇団側は過重労働とハラスメントを認め、関係者個人が遺族に謝罪文を提出した。この結果、2024年3月に阪急・劇団側と遺族側とで合意書が締結された。

（2）劇団員の労働者性を拡大する動き

　そして、2025年に入り、新しい貴重な制度改革が阪急・劇団から発表されることとなった。

　2023年9月の劇団員の死亡は、阪急阪神グループの営利至上主義と劇団内部の縦の支配を背景にした構造的な人権侵害であった。前述のとおり、遺族側は、阪急・劇団側と粘り強い交渉を続け、2024年3月下旬に使用者側に責任を認めさせ、貴重な合意書を締結するに至った。その合意書締結の精神にしたがって、阪急・劇団側が組織改革を進めようとして動いた。

　この度、①あいまいな劇団の組織構造（独立した法人ではなく、阪急電鉄の一部門に過ぎない）を抜本的に改め、劇団自体が法人格を取得し、法的責任体制を明確にし、新役員には社外から多数の者が就任する方針となった。加えて、重要な前進として、②入団6年目以降の劇団生（被災者は、入団7年目の女性だった）について、従来から委託契約（フリーランス契約）の形態をとってきたことを抜本的に改め、入団6年目以降も、大部分の劇団生については入団5年目までと同様に、雇用契約の形態を継続することとなった。③さらに、従来労働時間として認めてこなかった「自主稽古」についても、労働時間として認めることを明確にした。

　このような改革に至ったのは、痛ましい劇団員の死と遺族の訴え、これを

支えた社会世論、関係団体や専門家の活動が阪急・劇団を動かしたからといえる。いわゆるジャニーズ事件の発覚を契機にして、様々な芸術芸能分野で働く人々のいのちと健康を守る取り組みが行われ、政府の過労死白書[2] においても芸術芸能分野の詳しい調査分析が行われてきたことも背景にある。

　もとより、改革案の発表によって、実際に劇団員の勤務条件が改善されることが決まったわけではない。劇団員の人権が保障され、真の意味で日本を代表する芸術団体として発展することを期待する。本稿を執筆中に、フジテレビにおけるハラスメントの疑いが強い事案が社会的に大きな問題となっており、フジテレビ会長・社長が引責辞任をすることや、日弁連ガイドライン基準の第三者委員会の設立まで決まった。テレビ業界と芸術芸能団体は大変緊密であり、その意味では芸術芸能分野のハラスメントや過重労働を防止していくためには、メディア業界の改革も不可欠である。

3　医療分野の過労性疾病・過労死

（1）医師の「2024 年問題」

　他方、過労死防止法が施行されてから 10 年が経過しても、わが国の職場全体を見た場合、過重労働・ハラスメントが広がっている業種・企業が相当数存在する。2018 年「働き方改革」関連法の成立後も長時間労働の削減が進まない職場が多く、過労・ストレスによる疾病・死亡事案の労災申請数は増加を続けている（表1）。これに対して、労働行政による労働時間の過少認定の動きが強まり、特に「2024 年問題」の重要な職種であった医師の勤務条件に関しては、働いても「研鑽」とされ、労働とみなされず、宿直で働いても「監視・断続的」労働（労基法 41 条 3 号）として労働時間にカウントされない理不尽な実態が拡大している。その中で、医師の過労死は後を絶たない。われわれは、このような逆流する働き方改革を阻止し、労働時間隠蔽を止めさせ、過重労働職場の改善のために活動を強めていかなければならない。

　筆者は、これまで 20 名を超える医師・看護師等医療従事者が過労で倒れ

---

2)　厚生労働省「令和 6 年版　過労死等防止対策白書」（2024 年 10 月）。

表1　労災申請件数の推移

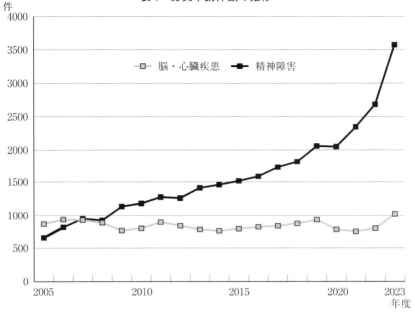

亡くなった事例、一命をとりとめたものの長期療養を余儀なくされている事案を担当してきた。そのうち労災認定を得た事案は、次のとおりである。

①外科　20代　　　②産婦人科　30代
③小児科　40代　　④神経内科　40代
⑤外科　30代　　　⑥麻酔科　50代
⑦消化器内科　40代　⑧前期研修医　20代
⑨後期研修医　30代　⑩後期研修医　30代
⑪前期研修医　20代　⑫看護師　20代
⑬助産師　20代　　⑭理学療法士　20代

　現在も相当数の医療従事者の事案を担当しているが（2025年1月28日現在、下記事件を担当中）、最近の労災行政は、医師・医療従事者の労災認定に極めて消極的であり、業務外決定の理由には極めて理不尽なものが多い。

芸術芸能分野での前進と医師・医療分野での逆流　　479

①大学病院で緩和医療科の医師が過重労働の結果、くも膜下出血で倒れた事案につき、これを労災と認めるよう行政訴訟（東京地裁）
②研修医がコロナ禍の過労・ストレスの結果死亡した事案につき、労災再審査請求手続
③大学病院の看護師が過重労働により死亡した事案につき、行政訴訟（東京高裁）

　これらの労災認定手続等を通じて、とりわけ重要な論点は以下のとおりである。

（2）宿直は労働ではない？

　第一に、医師の長時間労働規制にあたって労基法41条3号の「監視・断続的」労働従事者の許可制度を利用し、実態は深夜労働が継続しているにもかかわらず、労働時間と算定せず、かつ、宿直労働の過重性を否定することはあってはならない。

　前述の緩和医療科の医師の事案では、宿直時に「看取り」なども含めて医療業務に携わっていたにもかかわらず、労災行政は、ほとんど宿直業務を労働時間としてカウントしなかった。また、この事案では、大学病院の先輩から引き継いだ地域病院での診療行為が被災医師の研究にも活かされていたのであるが、これを勤務外のこととして、一切労働時間に認定しなかった。

　宿直が不可欠な医療機関が多いが、問題は、宿直医の労働実態を過小評価し、労働時間から除くという措置である。これでは、正確な統計に基づいた議論もできない。実態を可視化してこそ解決策が生まれるのである。

　第二に、研修医や若手医師の実質労働時間を、「研鑽」という扱いにして労働時間に算入せず、労働時間の過少認定に導いていることである。ある公立病院では、部長が若手医師に対し、通常の診療行為をしていても、「若手にとってはすべて研鑽だ」と称して残業時間をつけさせず、残業時間をゼロに近い状況にしている。この結果、研修医の中には、異動時に多くの未払い賃金を病院に支払うよう求めるという事態が生じている。

（3）パワハラの酷さ

第三に、看護師の労働に対する評価において、深夜・交替制勤務による過労・ストレスが軽視されている実態がある。労働時間数のみを見て、生体リズムに反する深夜・交替制勤務について、過重性を否定することがあってはならない。また、職場によっては、医師による看護師に対するハラスメントが日常的に発生しており、「この患者が死んだらお前のせいだぞ」「馬鹿」「おまえなんか死んでしまえ」「死ね」「やめちまえ」「自殺してこい」などという暴言を繰り返した職場もある。

緊張を要する職場環境においても、人間性を尊重する職場風土を作ることが求められている。フランスの著名な精神科医イルゴイエンヌ氏は、病院など公共性の高い職場において、ハラスメントがたびたび発生していると指摘している[3]。

第四に、病院勤務者に対する一部の患者・家族等による理不尽な圧力等、カスタマーハラスメントの一つであるペイシェントハラスメントが残念ながら少なくない。医療行為の中で生ずる様々な問題について、病院経営者のみならず、厚生労働省等が国民に対する適切な啓発活動を行い、ハラスメントの解消に取り組むべきである。

第五に、医学部教育ならびに医学部を志望する中等教育の在り方を見直すことが必要である。医学生が医療知識・医療技術を習得することはもとより大切なことであるが、他方で、医療行政・医療財政・医療法・労働法などの社会科学分野の学びをもっと重視することが求められている。労働法は必須科目にすべきである。さらに、志望学部の選択にあたって、単に収入や社会的ステータスのみで医学部志望を決めるのではなく、現代社会における医療の在り方や医師になることの各自の適性などをもっと議論していくことが大切である。

第六に、超高齢社会にもかかわらず、わが国においては医師人口が少なく、ヨーロッパ諸国等と比較して対人口比の医師数は、表2のとおりである。医

---

3) マリー＝フランス・イルゴイエンヌ『モラル・ハラスメントが人も会社もダメにする』（紀伊國屋書店、2003 年）。

師不足が叫ばれて相当年数経っているが、医学部生の微増措置は講じられたものの、構造的な医師不足の解消には程遠いのが現状である。加えて、医学部卒業生の中から外科医になる医師が減少しており、他方では、いわゆる「直美問題」（初期研修を終えた後、すぐに美容外科クリニックなどに就職する若手が増えていること）等が話題となっており、総体として科目別のアンバランスが拡大しているとの指摘も強くなされている。

　医師の過労死を防止するためには、こうした問題も含めて、日本における医療制度全体を改善していく取り組みも重要なテーマである。

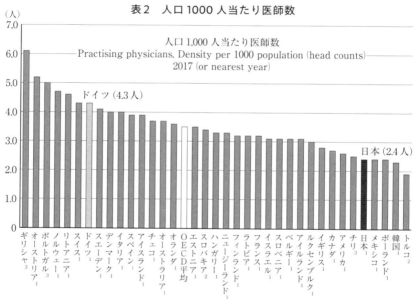

表2　人口1000人当たり医師数

*OECD Health Statistics 2019 から作成
1. Data refer to practising physicians. Practising physicians are defined as those providing care directly to patients.
2. Data refer to professionally active physicians. They include practising physicians plus other physicians working in the health sector as managers, educators, researchers, etc. (adding another 5-10% of doctors).
3. Data refer to all physicians who are licensed to practice

出典：前田由美子「医療関連データの国際比較 OECD Health Statistics 2019」日医総研リサーチエッセイ №77. 2019年9月17日より

過労死運動の歩みと現在の課題

松丸　正

1　過労死110番から過労死等防止法への歩み

（1）大阪での全国に先がけての過労死110番

　現在では過労死という言葉は、労働現場の過重な労働を生み出す要因を映し出す言葉として認知されている。大阪では、過労死という言葉が未だ社会的に認知を得ていない1981年7月に「急性死等労災認定連絡会」（現在、大阪過労死問題連絡会）を、故田尻俊一郎医師の呼びかけのもと、弁護士、遺族、労働組合らと共に設立し、過労死の遺族らの労災認定による救済を中心に取組みを始めていた。設立時は過労死という言葉は社会的に認知されておらず、会の名称には「急性死」という言葉が使われていた。1982年6月に、いずれも故人となったが上畑鉄之丞、田尻俊一郎、細川汀の3名の医師の編著による『過労死－脳・心臓系疾病の業務上認定と予防』（労働経済社刊）が、過労死の労災認定を中心に医学的にまとめた最初の著作である。過労死問題のはじまりには、労働者の脳・心臓疾患による死亡の背後に労働現場の過重な労働があると見抜いた先見性を有した医師の取組みがあったことを忘れてはならない。「過労死」という、過重な労働のなかでの労働者の死を象徴的に示した言葉はこの問題を端的に示している。

　大阪の「連絡会」と前後して東京は上畑医師や弁護士による「ストレス・ストレス性疾患研究会」が結成されている。しかし、その取組みは進まず、「連絡会」は時折相談のある遺族らの「駆け込み寺」にとどまっていた。故田尻医師の「現代の過重性をもたらす労働は、額の熱い汗ではなく、首筋の冷たい汗ではないか」との言葉が心に残っている。現在、脳・心臓疾患にも増して、精神障害・自殺が大きな課題となっているが、それを見越した言葉のよ

うに思える。

1987年に厚生労働省の過労死の認定基準が、従前の「災害主義」から発症前1週間の業務の過重性を評価する基準に改訂された。これを契機に「連絡会」は、過労死問題が夜勤交代制等の反生理的な労働現場、あるいは貧困問題を背景とした労働現場等の特殊・個別の問題に留まるのか、あるいはどの労働現場にも共通した一般性・普遍性をもった問題なのか、それを社会に問いかける一石を投じる思いで1988年6月に「連絡会」は、「過労死110番」と名づけた電話相談に臨んだ。受付時間の10時から電話は鳴り続いた。過労死の相談15件のうち14件は働き盛りの40代、50代の夫の脳・心臓疾患による過労死についての妻からの悲痛な相談だった。

（2）ベアリング工場班長の "Karoshi"

この大阪の過労死110番に10時の受付時間と同時にかかってきた電話相談は、旧椿本精工（現ツバキ・ナカジマ）のベアリング工場の班長として二組二交替、24時間連続操業の下で勤務していた平岡悟さん（死亡時48歳）の、心筋梗塞死についての妻チエ子さんからの相談だった。タイムカードで明らかになった労働時間は年3708時間、年間の休日は10日にも満たない勤務である。当時、高校2年生の息子さんは、労基署への労災認定請求の際、「お父さんは労働組合のある職場で働きたいと職場を選んだのに、労働組合が死んでいたのがくやしい」と述べた。

1日15時間の時間外労働とすべての休日について休日労働を認める36協定を締結し、父の長時間労働を放置し、遺族の労災認定に支援の手を差し伸べなかった無念さをこめた「死んだ労働組合」との言葉は重い。

労災認定を得たのち大阪地裁に提訴した会社に対する損害賠償事件でも、会社の謝罪と請求額のほぼ全額を認める和解で解決した。この事件をアメリカのシカゴトリビューンは1988年11月13日、一面トップで "Japanese live and die for their work" の見出しで報じ、"Karoshi" という言葉を国際語にした。ちなみに、広辞苑は1991年11月に出版された第4版で過労死の語句をとりあげ、「仕事のしすぎによる勤労者の急死。1980年代後半から一般化した語」と説明している。

（3）全国過労死 110 番から過労死運動へ

　この大きな反響をうけて、全国規模での過労死電話相談を、当時過労死に取り組んでいた弁護士や医師らに呼びかけ、1988 年 6 月に全国 7 か所で過労死 110 番が取り組まれた。大阪のみならず東京をはじめ各地で弁護士、医師らによる取組みがすでにあったからこそ、直ちに全国的な 110 番につながったと言えよう。

　過労死 110 番はバブル期の日本の労働現場の影の部分をえぐりだし、過労死を労働現場の個別・特殊な問題から、一般・普遍な問題として、さらには労働現場のみの問題でなく、家庭生活の問題、さらには労働者の生き方、文化的生活の問題として考えさせる大きな転機となった。過労死 110 番への相談は、過労死した夫の長時間労働を支え、家庭で家事も育児も全てひきうけていた専業主婦である妻からのものが多数であった。

　過労死 110 番は、その担い手の中心となる 1988 年 10 月の過労死弁護団の結成、1989 年 11 月の過労死等の遺族である妻を中心に「全国過労死を考える家族の会」の結成により全国的な取組みとなり、救済を阻んでいた労災認定基準の高い壁を訴訟等で争う取組みを進めていく。

　職種を問わず多様な労働現場からの相談が寄せられ、当初は妻による過労死の告発の相談がほとんどを占めていたのに対し、妻を亡くした夫、さらには息子・娘を亡くした親からの過労自殺の相談が増えている。

　過労死 110 番を始めて 10 年の 2000 年頃までは、孤立して取り組んでいた遺族らが、弁護団や家族の会とのつながりのなかで、点から線へ、そして面へと広がり、過労死等の個別の救済とともに「ノー・モア・カローシ（No More "Karoshi"）」と職場の労働環境改善の声に至る萌芽期であった。

（4）過労死救済の全面展開の時代へ

　過労死運動がより社会的運動となる転機は、

①　1999 年 9 月　厚労省の精神障害・自殺の労災認定基準である「判断指針」の制定

②　2000 年 3 月　最高裁電通過労自殺判決

③　2001 年 12 月　厚労省の脳・心臓疾患の認定基準の改訂（発症前 6 か月
　　間の長時間労働の評価）

と、2000 年前後に相次いだ重要な判決や認定基準の改訂である。

　①の「判断指針」の制定と③の脳・心臓疾患の認定基準改訂により、精神
障害・自殺と脳・心臓疾患の労災認定は急増した。

　②の判決は、「長時間労働等により過労やストレスが過度に蓄積すると心
身の健康を損ねることは周知の事実である」と断じ、過労死等の企業賠償責
任追及の大きな流れをつくった画期的判決であった。

　精神障害・自殺については、本人のうつ病親和性の性格によるもの、故意
による自殺は業務外とする行政の判断がなされてきた。訴訟で争うなかで精
神障害発病により正常な認識や行為選択能力が著しく減退した下での自殺は
「故意」ではないとする①の「判断指針」（のちに「認定基準」に改訂）が定め
られている。

　脳・心臓疾患の認定基準は、1961 年の発症当日・前日の異常な出来事
→ 1987 年の発症前 1 週間の過重負荷→ 2001 年の発症前 6 か月間の過重負荷
→ 2021 年の労働時間以外の負荷要因の総合評価、と救済の幅を広げる改訂
がされてきている。③の 2001 年の改訂は発症前 6 か月という限定はあるも
のの、労働行政が過労死を認定基準上も労働行政上も重要な課題と位置付け
た改訂であった。その結果、「連絡会」結成当時は「ラクダが針の穴を通る
ほど難しい」と言われ 1 桁台に留まっていた認定率は 30％台となり、労働
行政においても過労死という言葉が使われるようになった。

　脳・心臓疾患並びに精神障害・自殺の認定基準の改訂を促したものは、不
合理な認定基準のもとで、行政段階で労基署長、審査官、審査会で業務外と
三連敗しながらも、「固く高い壁にぶつかる卵」の如き思いで行政訴訟を提
訴し、勝訴判決を積み重ねた多くの遺族らのめげることのない足跡が拓いた
道であることを忘れてはならない。

（5）過労死等防止対策推進法の制定

　その後、過労死等の救済は大きく前進し、2010 年以降「家族の会」を中心に、
過労死弁護団や労働団体の支援のもとに、過労死防止基本法制定の運動が取

り組まれ、2011 年 11 月に「過労死防止基本法制定実行委員会」が結成され、2014 年 6 月に国会で「過労死等防止対策推進法」が全会一致で成立するに至っている。労働分野における立法のなかで、過労死遺族がその中心となったが、労働サイドの運動で制定された数少ない法律の一つと言える。

過労死 110 番は全国に点在していた過労死遺族らの救済の「駆け込み寺」としてはじまり、それを通じて遺族らが結びつき社会的な共感を広げるなかで「柔軟で効率的な働き方」に対し、「健康で人間らしい働き方」をもって対抗する社会運動として位置づけられよう。

（6）社会政策のなかでの過労死運動の位置づけ

遺族、被災者を中心に歩みを続けてきた過労死運動が、労働分野において社会的共感を得て成果を上げてきた要因を考えるとき、運動の成果と一面的にとらえるのは正確ではなかろう。

社会政策とは「社会的総資本による一定の量と質を持った労働力を確保するための政策」である、との大河内理論を踏まえた視点を抜きにして、この成果（一方ではその限界）を評価することはできない。

過労死等が生じるような心身の健康、さらには家庭生活や労働者の人格の損耗を生じるような働かせ方は、一定の量と質を持った労働力の確保という総資本としての、政策とも摩擦を生じるのではないか。

最高裁電通判決は 2000 年の時点で、長時間労働により過労・ストレスが過度に蓄積すると心身の健康を損ねることは周知の事実と判示して、過労死等を生じさせた個別企業に対し警鐘を鳴らし、以降、過労死等の救済と予防を前進させる大きな力となった。この最高裁判決を総資本の意思に代わって時代を先取りした判決と考えるのは穿ちすぎだろうか。

（7）さらなる過労死運動を進めるために

過労死運動は、遺族を中心に進められてきた。遺族の思いは「ノー・モア・カローシ」であるが、労働現場の主人公である労働者、労働組合の取り組むべき課題はそれに留まるものではなく、その先にある。

労基法は「人たるに値する生活を営むための必要を満たす」（第 1 条）べ

き最低限度の基準を定めるとしている。心身の健康を損ねることがなければ足りる基準でないことは言うまでもない。

8時間労働制を基調とする労基法の理念は、メーデー発祥のスローガンである「8時間は労働に、8時間は休息に、残りの8時間は我らが自由のために」に基づいている。8時間の自由時間と休日により人たるに値する家庭生活、文化的・社会的生活を包含したディーセントワークを実現することにある。

遺族らが大切な人を亡くした悲しみ、怒りをもって取り組み実現させた過労死防止法をさらに前進させる取組みが、遺族から労働者、労働組合にバトンタッチされ、家庭的、文化的、社会的に「人たるに値する」労働条件を実現することなしには、過労死防止の実現さえ困難になってしまう。大河内理論の言う社会的総資本の政策の限界を超えるためには、労働組合等の「総労働」に留まらないディーセントワーク実現のためのより広い社会的運動が求められる。

2　日本の過労死等を生み出す原因の所在

（1）過労死等が絶えない原因

日本の過労死運動が進むなか、企業の長時間労働等過重な業務の是正に対する認識と社内制度の構築は進んできているはずだ。にもかかわらず、過労死等が絶えない原因はどこにあるのか。私は多くの過労死等の労災認定や企業賠償責任の事件に取り組むなか、過労死等の生じる原因につき個々の具体的事件のなかで考えてきた。

（2）労基法は心身の健康を守る岩盤規制なのか

当初は労働基準法が、労働者の心身の健康が損なわれることのない岩盤規制になっていると考えた。過労死等を生じる事業場は、比喩的に言えば門前に「労基法立入禁止」と立札がある、労基法を無視した働き方をさせる事業場だからこそ過労死等は生まれるのであると。

（3）労働時間を液状化させる 36 協定の特別条項が原因か

　しかし、労基法は岩盤規制どころか、その 36 条は長時間の時間外・休日労働を労使協定（36 協定）を締結すれば認め、労働時間を底なし沼のように液状化させていた。労使合意のもとで長時間労働を合法化させる、これは労基法そのものの「欠陥」と言うより、制定当初においては労使が対等の立場で時間外労働の限度について集団的に合意し得る状況下では、労働者が自由時間である余暇、すなわち家庭生活、文化的生活、社会的生活を失い、さらに心身の健康を損ねる長時間労働を容認する協定を、労働者側がこれに応じて合意して締結することは、立法時（現在もそうだが）には予想だにできなかったからではないだろうか。

　大阪過労死問題連絡会は各事業場の 36 協定の実態を明らかにすべくその情報公開訴訟を提訴し、一部不開示部分はあるもののその概略の開示を認める判決が 2005 年 3 月 17 日に大阪地裁で下され確定している。この判決にもとづき、経団連の会長・副会長の出身会社の本社の 36 協定の開示を求めたところ、2008 年については 16 社中 13 社、2015 年については 17 社中 15 社で時間外労働（法定休日労働は含まない）のみで月 80 時間を超える時間外労働という過労死ラインを超える限度時間を認める 36 協定（特別条項）が存在していた。

　2019 年 4 月に施行された「働き方改革関連法」（以下「関連法」という）による労基法改正により 36 協定（特別条項）の時間外・休日労働の上限が過労死ライン（休日労働を含んで月 100 時間未満、2 か月ないし 6 か月の平均がいずれの期間についても 80 時間以内）と罰則付きで定められたものの、過労死ライン（なお、現行の過労死認定基準は、過労死ライン以下でも、労働時間以外の他の負荷要因との総合評価で業務上外を判断している）がその限度時間である。

　「関連法」施行後の経団連の会長、副会長出身企業の本社の協定を情報公開したところ、そのなかに 1 か月の時間外労働の限度時間を 99.98 時間とする特別条項が締結されているものもあった。使用者の業務による具体的な必要性と、労働者の人たるに値する生活についての真摯な交渉のなかで締結された限度時間とはとうてい考えられない "死んだ 36 協定" である。

　過労死ラインの長時間労働を法が認めることは労基法 1 条の基本理念を変

質させるといっても過言ではなく、過労死等の遺族らが過労死ラインまでの長時間の時間外労働を認める「関連法」に反対の声をあげたのは当然である。

働き方にとって必要なのは過労死しない働き方ではなく、人たるに値する生活であることを労使とも意識することにより、さらなる限度時間の改正が求められる。

しかし、私は過労死ラインの長時間労働を容認する労使合意による36協定が、過労死を生み出す企業風土をつくりあげ、労働時間の限度についてのコンプライアンス（法令遵守）の欠如を労使双方に生み出すものではあっても、過労死等を生じさせる主要な要因とは考えていない。

（4）労働時間の適正把握を怠ることが過労死を生じさせる

1）自己申告による過少な労働時間の把握

では何がその要因か。労働時間が客観的な出退勤の記録で把握されることなく、自己申告により過少に把握されていることこそが過労死等の原因となる長時間勤務を生み出す最大の要因と考えている。私が担当した事件の多くは下記のとおり、パソコンや警備記録等の客観的な出退勤の記録にもとづく労働時間と自己申告の労働時間の著しい離離のもとで生じている。

2）実態としての労働時間と自己申告の乖離の事例

①民間労働者の過労死等事案

a　大手電気工事会社の現場監督（30歳）の過労自殺

ビル新築工事の空調工事等の現場担当者として従事していた期間中（約1年）月100時間を超える時間外労働が警備記録で明らかとなった。しかし、自己申告は工事予算で割り当てられた時間しか申告されておらず、私はこの事案で労働時間適正把握の重要性を認識させられた。

	自己申告	実態（警備記録等）
H 16 年 4 月	24：00	164：59
5 月	24：00	148：47
6 月	28：00	132：19
7 月	28：00	176：21

b　鉄道会社の総合職社員（28歳）の自殺

大学院卒の嘱望された社員の自殺で、昼は工事事務所でのポイント切替え等の設計作業、夜は工事現場に出向いての下請の作業指揮の連日の作業のなか常軌を逸した長時間労働に従事していた。

夜間の現場作業から朝事務所に戻り同僚に「やってられない」の一言を残して、近くのマンションの踊り場から投身自殺している。

36協定の一般条項の月45時間を意識した自己申告がなされていた。

	自己申告	実態（パソコン等）
H 24 年 3 月	72：45	254：49
4 月	39：15	148：51
5 月	35：30	113：43
6 月	44：00	162：17
7 月	45：00	141：09
8 月	40：15	130：32
9 月	35：15	162：16

c　地銀のシステム開発担当行員（40歳）の自殺

銀行の決裁システムの更改の責任者が遺書で取引先、会社、上司に謝りながら、3人の幼い子を残して本社ビルから投身自殺した。

	自己申告	実態（パソコン等）
H 24 年 7 月	34：30	109：48
8 月	38：30	129：45
9 月	60：30	168：16

d　大手電気工事会社の現場代理人（62才）の胃かいよう出血死

定年退職後嘱託で勤務していた高年齢労働者の消化管疾患死

年　月	自己申告	実態（パソコン）
R 3 年 10 月	78：30	122：52
11 月	89：30	175：44
12 月 （9日まで）	32：30	52：15

②公務員の事案

a　新入の市職員（22歳）の自殺

・新入職員として採用され、納税課での滞納整理業務

・担当案件が3倍になり、時間外労働が月100時間超となり自殺

	自己申告	実態（パソコン入力）
H 23 年 4 月	4：30	37：05
5 月	18：30	57：48
6 月	21：20	68：07
7 月	3：00	65：02
8 月	11：00	121：15

b　県職員（35歳）の自殺

・勤務票に並んで記載された自己申告とIDカードの時間との著しい齟齬

・うつ病を発病し言動の変化が生じたことを祖母が人事課に直訴するも対応せず

	自己申告	実態（システム）
H 28 年 1 月	27：15	99：59
2 月	0：00	101：45
3 月	46：00	162：31

c　市職員の過労自殺

　事務効率課の市役所職員の長時間勤務による自殺

年　月	自己申告	実態（パソコン）
R 元年 10 月	21：00	91：17
11 月	23：00	137：11
12 月	24：00	196：36

　なお、上記の民間並びに公務員の事案はいずれも業務上（公務上）と認められた事案であり、時間数は労基署長等が調査した記録に基づくものであるが、弁護士として業務上認定させるための努力の多くは、出退勤の客観的記録に基づき過少な自己申告の実態を明らかにすることに費やされている。

（5）最高裁調査官による自己申告が過少となることについての労働現場を踏まえた分析

　自己申告制の下でなぜ過少申告が生じるのだろうか。この点につき最高裁電通判決の判例評釈をした当時の八木一洋最高裁調査官は、

「既に労働時間の上限に近い状態で業務が遂行されている状況において、中間管理職が更に業務の成果物の量の増大を目指し、一方、業務の性質からしてその効率性（実質労働生産性）を向上させることが困難な場合には、実際には右上限を超える労働時間につきその名目量の調整をもって対処するほかはない。これは、名目労働生産性を実際よりも高いものであるかのように示すことと同義である。当該職場において労働時間の自己申告制が採用されているならば、従業員にその労働時間を過少に申告させることによって、右に述べたところに沿う結果を得ることができる。これに対し、従業員としても、前記のような状況下において、中間管理職の関心が名目労働生産性の点にあり、それが自己の能力の評価、ひいては昇進に影響すると認識している場合には、労働時間を過少に申告することによって現在失われる利益よりも、自己に対する評価が高まり昇進することによって得られるであろう将来の利益の方が大きいと判断して、労働時間を過少に申告する行動を選択することがあり得よう。」

と、過少な自己申告により労働時間が適正に把握されず、過労死等が生じることについての正鵠を射た分析である（最高裁判例解説民事篇平成12年度（上）346頁）。

　先に述べた大河内理論の社会的総資本の意図とともに、最高裁電通事件判決を担当した最高裁調査官の視点が相俟って、過労死問題を大きく前進させる最高裁電通判決は生まれたと言えよう。

（6）厚労省等のガイドラインを無視した過少な労働時間の把握こそが過労死等を生じさせる

　厚労省も労基法上の労働時間把握につき2001年4月6日付けで「労働時間の適正な把握のために使用者が講ずべき措置に関する基準」ならびにこの

「基準」を改訂した平成 29 年 1 月 29 日付けで「ガイドライン」を定めている。総務省も地方公務員について厚労省に準じた基準やガイドラインを定めている。しかし、多くの事業場では客観的な出退勤の記録によってではなく、例外的に許される自己申告による労働時間の過少な把握が未だなされている。

例外的にかつ厳格な要件のもとで許される自己申告による把握を安易に認めるなら、実態としての労働時間と自己申告による労働時間の著しい離齬から生じる過労死等を防止することはできない。

（7）労働時間性をめぐる認定行政との新たな対決点

厚労省は「労働時間の認定に係る質疑応答・参考事例集の活用について」（令和 3 年 3 月 30 日付け基補発 0330 第 1 号）を発し、そこでは「労災認定における労働時間は労働基準法第 32 条で定める労働時間と同義である」とし、判例が過重性判断にあたって事案に即して柔軟に認めてきた労働時間を、労基法上の労働時間に限定するとしている。

過労死等の労災認定における労働時間の問題点として、労働時間の適正把握の問題に加えて労働時間性を巡る認定行政との新たな対決点が生じている。

3　非現業公務員並びに公立学校の教員の問題点

（1）非現業の地方公務員の労働時間の把握の立ち遅れ

私が事件を担当するなかで、労働時間の適正把握につき最も立ち遅れていると考える職種は、非現業の地方公務員（市役所、県庁等勤務の職員）である。出退勤時刻を ID カード等で把握しうるにも拘らず、過少な自己申告により勤務時間を算定するなかで前記の地方公務員の過労自殺が生じている。

これら地方公務員の時間外労働は労基法 33 条 3 項（公務のため臨時の必要があるとき）に基づいてなされており、勤務時間についての規範意識が希薄な現場が少なくない。しかし、非現業の地方公務員の時間外労働の多くは「臨時の必要があるとき」に生じているのではなく、恒常的に生じている。地方公務員法は労基法 36 条を適用除外しておらず、これら地方公務員についても 36 協定を締結させ、かつ ID カード等出退勤の客観的記録により労働時

494　第Ⅳ部　企業のあり方と労働法における現代的課題

間を適正に把握するべきものと考える。

　地方公務員の過労死等の事件を担当するなかで実感するのは、長時間勤務についての監督機関は人事委員会のある地方公共団体では人事委員会又はその委員となっている。しかし、多くは人事委員会を置かず公平委員会が設置されており、その場合は地方公共団体の長が民間における労基署長の職権を行うとされている（地方公務員法58条5項）。

　勤務時間等の服務権限とそれに対する監督権限が市長等の地方公共団体の長が併有しており、長時間勤務に対する不払給与が生じても罰則はない。

　このような服務・監督権限を長が併有することに対する法改正なしには、非現業の地方公務員の勤務時間の適正把握は望み難い。

（2）公立学校教員の過労死等に対する責任追及（損害賠償）の立ち遅れ

　過労死運動は、既述したとおり労災認定から賠償責任そして予防と歩みを進めてきた。しかし公立学校の現場では、公務上認定されても生徒の教育のために尽くした熱血先生の美談として終わり、責任追及にまで至らない事案が多数である。私は過労死等については責任なくして予防なしと考えている。2019年1月25日付けの中教審答申は、我が国の学校教育の高い成果が、教師の長時間にわたる献身的な取組みの結果であるなら、持続可能であるとは言えないと述べている。教育の持続が壊れるか、教員の心身が壊れるかの二律背反近い状況が生じ、教員志望者が減少するなかでも教員増等の抜本的な施策が進行しないのは、訴訟による賠償責任の追及が一部の公務上認定された事案についてしかなされていない点にも大きな要因がある。

　公立学校の教員は給特法の対象となるが、それは給与の問題であり、心身の健康という点では民間労働者、一般の地方公務員と何ら異なることはない。公立学校の教員の過労死等についての損害賠償による法的責任の追及は、過労死等を美談に終わらせることなく、高い教育水準が持続可能な教育現場を確保するため重要である。

おわりに

　以上述べたように、過労死・過労自殺をなくすためにまずなすべきは労働時間の適正把握である。それがなされていなければ、医者が壊れた体温計で患者の容態をみるのと同様、長時間労働は是正されないまま放置されることになり、労基法は死んだ法になってしまう。36協定等の労働時間制度や労働安全衛生法の長時間労働者に対する産業医面接制度（同法66条の8の3）による社内のコンプライアンスをいかに詳細かつ厳密に定められていても、実態としての長時間労働は社内のコンプライアンスの網にかからず、過労死等が生じて初めてそれが認識されることになってしまう。過労死が生じたとき会社のトップの「当社ではこれだけのコンプライアンス体制を構築していたのに」との驚きと嘆きの声を何度聞いたことか。

　そのうえで、使用者の業務上の必要性に迎合することなく、心身の健康を損ねないことは勿論、家庭生活、文化生活を営む人たるに値する労働時間を踏まえて適正な36協定等の社内コンプライアンスを構築することが必要である。

　ある企業で過労死等が生じることは、その企業価値の評価を著しく減殺する。少なくない会社においてはそのことを認識し、過労死等が社内で生じ、労災認定された時点で、裁判をまたずに企業のトップが被災者・遺族に自らその責任を認め謝罪する事例も生じている。

　過労死運動を考えるとき、希望とは道のようなものだ、はじめはあるかなきかだが、多くの人が歩くことによって道はできる、との中国のある小説家の言葉を思い浮かべる。しかし一方では、その道を拓く力と阻もうとする力とのせめぎあいのなかにこの運動はある。

　坑夫が坑道に鳥かごのカナリアをもって入り、そのさえずりがやむとき危険を察知して坑を出たとの逸話がある。過労死等に倒れた労働者は職場の過重労働による「炭坑のカナリア」である。企業の労働現場の実態の反映であり、SDGsの視点からも、過労死防止は日本の労働者にとっては勿論、企業として率先して取り組むべき重要課題である。

労災の再審査請求の実務

笠置裕亮

1 労災保険請求の審理の基本構造

(1) 労災保険請求・審査請求・再審査請求・取消訴訟

まず、労災保険請求における審理の基本構造について概観していく。

被災労働者が労働災害に遭って療養を余儀なくされたり、死亡したりしたという場合には、被災労働者（ないし遺族）側から、実際に勤務をしていた事業主を所轄する労働基準監督署に対し、労災保険請求を行うことになる。これがいわば、労災保険請求事件における第一審である。労災保険請求に対し、所定の調査が行われた上で、所轄の労働基準監督署長は労災保険請求に対する原処分（支給ないし不支給決定）を行うことになる（労災保険法施行規則1条3項）。

これに不服がある場合、被災労働者側は、原処分を行った労働基準監督署の上級官庁に当たる都道府県労働局の労働保険審査官に対し、審査請求を行う。これが労災保険請求事件における第二審となる。審査請求は、原処分があったことを知った日の翌日から起算して3か月以内に行わなければならない。全国の労働局には、全国に約100名の労働保険審査官が置かれており（労働保険審査官及び労働保険審査会法（官会法）2条の2）、審査官が審査請求に対する裁決を行うこととなる。

審査官の決定に不服がある場合、または審査請求後3か月を経過しても決定がない場合（審査官が審査請求を棄却したものとみなすことができる（労災保険法38条第2項））には、労働保険審査会に対して再審査請求をすることができる。これが労災保険請求事件における第三審となる。再審査請求は、審査官から裁決内容が書かれた決定書の送付を受けた日の翌日から起算して2

か月以内に行わなければならない。労働保険審査会は、労働委員会会館（東京都港区芝公園1丁目5番32号）の8階に置かれており、全国の再審査請求を取り扱っている。審理は、労働保険審査会の9名の審査会委員（うち常勤6名、非常勤3名）のうちから、3名が担当委員として行う。委員の名簿は労働保険審査会のウェブサイト上で公開されており、元裁判官、学者、医師等が国会承認のもと任命されている。

労働保険審査会の決定に不服がある場合、または審査請求後3か月を経過しても決定がない場合には、地裁において、原処分に対する取消訴訟を提起することができる（行訴法9条1項・2項、14条1項・2項）。管轄は、国の所在地を管轄する裁判所（東京地裁）、または原処分庁を管轄する裁判所、もしくは原告の普通裁判籍を管轄する高等裁判所の所在地を管轄する地裁（特定管轄裁判所。例えば京都府に在住する原告であれば大阪地裁）にある（行訴法12条）。

（2）労働保険審査会における審理

1）労働保険審査会の審理は、以下のような流れで進行する。

① 再審査請求書の受理（官会法38条1項、官会法施行令24条）

再審査請求書は、労働保険審査会のウェブサイトで書式をダウンロードすることができる。

② 原処分庁・審査官からの収集資料の送付（官会法50条、14条の3）

③ 一件記録の製本（事件プリントの製本）

請求人に対し交付される事件プリントの記録は、原処分が出た後に請求人が行う保有個人情報開示請求手続において開示される記録とは異なり、マスキングがほぼ施されていないものとなっている。この事件プリントの入手及び分析は、被災労働者側が必要な主張立証を尽くすために欠かせないものである。

④ 公開審理の日時の通知と関係者への事件プリントの配布（官会法42条、官会法施行令27条）

事件プリントの配布後、これを分析するなどし、公開審理期日の1週間前までには意見書を提出することが求められる。労働保険審査会の担当委員ら

は、事件プリントの他、事前に請求人側から提出された意見書をも精査した上で、公開審理に臨んでいる。そのため、指定された締め切り日までに、必ず意見書を提出する必要がある。

⑤　請求人から原処分庁への質問書の提出（官会法45条5項。質問権行使）

⑥　公開審理・審理調書（官会法43条、47条1項、官会法施行令31条）

　公開審理は、労働保険審査会にて行われる。ただし、請求人が遠方在住の場合には、当該地方の労働局の会議室に出頭し、テレビ会議システムを利用して審理を実施することもできる（官会法施行規則10条の2）。

　審理時間は1件当たり30分間とされており、前半15分間は請求人側の意見陳述に使うことができる。公開審理においては、この15分間の使い方が大変重要である。残りの15分を使って、委員らから質問が行われる。予想される質問を想定し、回答を準備しておくことも大変重要である。

⑦　裁決書の発送（官会法施行令32条）

　2）労働保険審査会における審理のルールとして、下記の事項が挙げられる。

①　再審査請求の対象（取消請求の対象はあくまでも原処分である。労災保険法38条1項）

②　不利益変更禁止の原則（行政不服審査法48条、66条1項）

③　標準審理期間は8か月。

2　労災保険請求事件の認容率・取消率等の統計

(1) 労災申請手続における各段階の認容率・取消率等の概要は、以下のとおりである。

　1）労働基準監督署長の原処分における請求認容率：認容率は約30%。棄却に対する不服申立率は、精神は約30〜35%、脳心は約20%。

　2）審査官の審査請求決定における棄却原処分の取消率：取消率は約10%。棄却に対する不服申立率は約35%。

　3）審査会の再審査請求裁決における棄却決定の取消率：請求約550件。取消率は約5%。ただし、業務上外が争われる事件に関しては、取消率は極めて低く、1%台の年もある。他方、労災給付がされた上での給付基礎日額

が争われる事案では、取消率が比較的高い（令和5年度においては約45%であった。）。再審査請求の処理状況に関する統計は、厚生労働省のウェブサイトにて公開されている。

　4）地方裁判所の取消訴訟の判決における原処分の取消率：取消率は約10%。

(2) 以上のとおり、労働保険審査会において労災給付の不支給決定（業務上外）を争う場合、その認容率は極めて低いものであることを肝に命じるべきである。真に結論を覆そうと考えるのであれば、棄却されている原因を丁寧に分析した上で、証拠資料を精査し、必要十分な立証活動が行えているかを検討した上で、説得的な意見書を期限までに提出すること、公開審理期日においても、被災労働者ないし遺族と協力をしながら説得的なプレゼンテーションを行うことが求められる。

(3) ただし、令和4年度及び令和5年度の取消率の低さは、ここ数年にないレベルの低さである。公開されている統計で見ても、業務上外事件の令和元年～令和3年の取消件数は約15件前後で推移しているにもかかわらず、令和4年度はたった5件、令和5年度はたった4件という惨状であり、ここ10年の件数の推移でみても最小件数である。

　このような状況となっている要因について、いかなるものがあるのか、ぜひとも分析が待たれるところである。

3　労働保険審査会での主張立証の要点

（1）はじめに

　筆者は2024年10月現在までにおいて、これまで、労働保険審査会にて5回（ただし、うち2件は固定残業代の効力が争点となった給付基礎日額をめぐる事件である）、地公災基金の審査請求手続（支部審査会）にて1回、取消（逆転）裁決を得た経験がある（支部審査会においても、労働保険審査会と同様の審理手続がとられている）。

　本項では、筆者が労働保険審査会にて逆転裁決を得ることのできた事例（給付基礎日額の2事例を除く）において、筆者が行った弁護活動を紹介しつつ、

500　第Ⅳ部　企業のあり方と労働法における現代的課題

労働保険審査会にて行うべき主張立証の要点について分析をしてみたい。

　なお、労働保険審査会の裁決については、労働保険審査会のウェブサイトにおいて、関係者の匿名処理が行われた上で、内容が公開されている。以下で紹介する事例の事件番号は、労働保険審査会が付した事件番号である。

（2）平成 30 年労第 15 号[1]

1）事案の概要

　2001 年 4 月 1 日、被災者は高校卒業と同時に某メーカーの子会社（本件会社）に正社員として採用され、工場にて組立業務に従事する。

　2014 年 4 月 1 日、グループ各企業から成績の良い者だけが選抜され、各企業にて管理職になるための要件とされている研修へと派遣される（研修の主催者は、グループ本社であった）。本件会社では、1 年間に 300 ～ 400 名の正社員を採用するところ、その中から、本件会社が 5 ～ 6 名の 30 歳前後の社員を選抜し、現場の幹部になるために必要な知識やスキルを教育することを目的とした研修である。研修生は、学歴には関わりなく、各現場から集められていた。

　本件研修には、休日のボランティアまでもが内容に予め組み込まれている。例えば、近隣の老人ホームにて、本来休日であるはずの土曜日を丸一日かけて掃除を行うという「ボランティア」に、研修生全員が参加していた。研修生は、平日のみならず、休日にも拘束を受けながら、指示された研修内容に取り組まなければならなかった。

　本件会社の幹部候補生の養成を行う重要な研修であったからこそ、本件会社は、「在学期間を通じ、研修目標の達成に向かって最善の努力を尽くします。」との念書までも提出させ、妻や小さな子どものいる被災者を家族から切り離し、入寮までさせた上で、研修を実施した。

　被災者は、本件研修開始から 2014 年 9 月中旬までの間、妻や子どもたちと離れ、単身会社施設内の寮に入寮し、毎日授業を受け、出された課題について班ごとに分析を重ね、成果を模造紙等にまとめて発表を行ったり、工場

---

1)　https://www.mhlw.go.jp/topics/bukyoku/shinsa/roudou/saiketu-youshi/dl/30rou015.pdf

労災の再審査請求の実務　501

にて品質管理や作業管理の実習を受けたりする等していた。

9月中旬からは、遠方の工場にて、工場作業の課題に関する改善案を考察、提案する課題に従事。発表の準備のため、土日にも帰宅できず、工場内での作業を余儀なくされた。

10月下旬からは、会社外注先にて、12月初旬までという決められた期間内に、外注先の作業工程を分析し、改善提案を行い、実際に物を作るという業務に従事した。決められた期間内に必要な課題を終わらせるため、被災者は寮室においてもパソコン等で作業を行っていた。被災者は、同僚らとともに、亡くなる直前まで、ホームセンターで購入した資材を使用して図面の模型を作製し、実際に動かす作業をしていた。

全研修期間を通じて、研修生らは、毎日の研修に対する感想文や報告書の提出を求められていた。これらは、毎日提出した上で、チューターやセンター長らからチェックを受けなければならないものであった。

日中のスケジュールの中に、報告書類の作成時間は含まれていなかったため、被災者らは時間外に自室で所感文の作成をしなければならなかった。

他方、研修期間中の実労働時間の管理はなされていなかった（そのため、被災者の労働時間の立証に苦労することとなった）。唯一、出勤簿による自己申告をさせていたが、会社から指示された所定労働時間が記入されている日がほとんどであった。

被災者は、2014年11月21日朝、栃木県内の寮室内で致死性不整脈にて死亡しているところを発見された。

２）経過

2016年10月24日　原処分庁による業務外決定

2017年 1 月10日　審査請求

2017年11月20日　審査官棄却裁決

2018年 1 月12日　再審査請求

2018年 7 月17日　公開審理

2020年 1 月31日　業務外決定を取り消す旨の裁決

3）再審査請求において行った弁護活動

本件は脳心臓疾患の事件であるため、労働時間の積み上げが認められなければ、逆転裁決はまず望みえない。他方で、研修中の実労働時間の管理はなされていなかった。そのため、被災者が研修中に行っていた作業内容を全て洗い出し、それぞれがどのような作業であったかを、遺品等に基づいて具体的にイメージさせ、当該作業にどの程度の時間がかかるものであったかを積み上げていくという方針を取らざるを得なかった。かかる分析は、膨大な労力がかかるものであり、大きな段ボール箱にいっぱいの資料を長時間かけて整理・分析する必要があった。

業務に関する事情を知る関係者のもとにも、労を厭わずに足を運び、様々な具体的事情を教えていただいた。

これらの成果を全て投入した意見書と追加証拠を、締め切りまでに提出した。その量は、相当膨大なものとなった。

公開審理に向けては、代理人（弁護士及び支援団体）とご遺族とで、15分間の役割分担をよく話し合った。ご遺族が口頭で直接判断権者に意見をぶつけられる機会はそうそうあるものではない上、委員にはぜひご遺族の実像を知っていただきたいと考え、ご遺族からの意見陳述を先頭に置き、代理人からはすでに提出している意見書に補足する形で重要ポイントに絞って口頭意見を述べることとした。

4）公開審理について

こうして迎えた公開審理では、委員の3名は、当方の意見に真摯に耳を傾けていた。15分間の意見陳述を終えた後、委員からは、本件の核心に迫る鋭い質問が飛んだ。その中には、その場ではすぐに対応ができない質問もあったため、この点については期日後速やかに追加の意見書を出すことで対応することを誓約した。

公開審理後、なかなか結論が出ないまま、裁決が出るまで約1年半が経過した。

5）裁決の内容

審査会は、同僚らの供述や、請求人側が証拠提出した客観証拠を丹念に分

析することで、所定の終業時刻終了後の残業時間の認定を行った。

　早出残業については、ラジオ体操への参加は実質的に義務付けられていた、所定の研修開始時刻よりも前に作業室を開錠して共同で作業を行っていたことがうかがわれると判断して、早出残業の一部を認めた。休日労働についても、出席率の高さ（9割程度）からすれば、事実上参加は強制だったとして、労働時間認定がなされた。

　その結果、発症前2か月間における月平均の時間外労働時間が90時間36分と80時間を超えており、長期間の過重な業務に従事していたと認められるとして、原処分庁の業務外決定を取り消した。

　かかる裁決は、まさに再審査請求段階で請求人側が準備し、主張立証を尽くした成果が反映されたものであった。

（3）平成31年労第108号 [2]

1）事案の概要

　被災者は、1998年1月16日、某製造メーカーに正社員として採用され、SEとして勤務を開始した。2005年11月、制御器開発業務に従事することとなったが、その際のサーバー内のログによると、同月だけで約150時間もの長時間残業に従事することとなった。

　2006年4月頃から、希死念慮、抑うつ状態、不眠といった症状が出始め、2006年5月頃までにうつ病エピソードを発病し、翌月から長期療養を余儀なくされた。

　2006年11月にはいったん復職をしたものの、精神症状は継続しており、負担の相当軽度な業務に従事することとなった。

　それでも、2014年7月には再度休業を余儀なくされ、結局休職期間満了に伴う自然退職扱いとなった。

2）経過

2016 年 4 月 12 日　療養補償給付請求

---

2)　https://www.mhlw.go.jp/topics/bukyoku/shinsa/roudou/saiketu-youshi/dl/31rou108.pdf

2016 年 12 月 28 日	原処分庁による不支給決定
2018 年 1 月 17 日	休業補償給付請求
2018 年 3 月 22 日	原処分庁による不支給決定
2018 年 4 月 4 日	審査請求
2019 年 2 月 14 日	棄却裁決
2019 年 3 月 7 日	再審査請求
2020 年 3 月 18 日	業務外決定を一部取り消す旨の裁決

3）再審査請求において行った弁護活動

　本件の争点は、2006 年 11 月に無理をおして休職から復帰し、フルタイムで勤務開始したことについて、遅くとも 2010 年夏ころには寛解したと見ることができるかどうかという点であった。これについて、当然ながら医学的な立証が重要となるところ、主治医の手によるカルテには、ほとんど症状の経過が書かれていないという状況であった。

　そこで、筆者らは、被災者の病状の経過について具体的なエピソードを交えた、詳細な病状経過陳述書を作成するとともに、当時の主治医を含めた複数の精神科医に依頼し、寛解の有無に関する医学意見書を提出することとした。

　公開審理においても、被災者の病状の経過を改めて強調し、2010 年夏ころに寛解したという裏付けなどないことを主張した。

4）裁決の内容

　認定基準において、寛解は、通常の就労が可能な状態で（第 1 要件）、治療により精神障害の症状が現れなくなった又は安定した状態である（第 2 要件）とされる。

　審査会裁決は、専門検討会報告書及び現行認定基準は、治癒（症状固定）について就労可能を要件としない一方、寛解は通常の就労が可能であることを要件としている（第 1 要件）から、「寛解の 2 つ目の要件である治療により精神障害の症状が現れなくなった又は安定した状態を示すという要件のうち、後者は単に安定しているというにとどまらず、症状が現れなくなったと言えないまでも、相当程度軽減している状態で安定していたことを要するものと

労災の再審査請求の実務　505

解するのが妥当」という判断基準を立てた。

その上で、当方が提出した医学意見書等を踏まえ、「平成22年当時の診療録の記載から直ちに本件疾病による症状が現れなくなった又は安定した状態に至ったと推認するのは相当ではなく、請求人が、平成22年夏頃に、本件疾病の症状が相当程度軽減している状態で安定していたことについて、医学的所見の裏付けがあったとは認められない。」と結論づけた。

本件は、被災者の療養期間が長期に及んでいたこと、被災者の当初の主治医がカルテ上に症状の詳細について記載をしていなかったこと（そのような主治医は、相当多いものと思われる）により生じた事件であった。これを覆すための弁護方針が、委員の先生方の問題意識とうまくかみ合い、結論を覆すことができた。

（4）平成31年労第90号 [3]

1）事案の概要

本件は、50代の男性労働者が、自転車で最寄り駅までの通勤途中に、路上のポールに自転車のペダルをとられ、転倒し、路面に側頭部を打ち付けてしまった際、脳出血したために、記憶障害、言語障害を併発し（後に高次脳機能障害であるとの診断を受けた）、リハビリ生活を余儀なくされたという事案である。

このように書くと、弁護士が代理する必要もないような典型的な通勤災害事案であり、何の困難もないように感ぜられると思う。ご家族としても、当然通勤災害に当たるものと考え、申請をしたところ、脳出血の原因は転倒による外傷ではなく内因性の出血であると判断されてしまい、脳出血の通勤起因性を否定されてしまったのである。かかる誤った判断の根拠となったのが、当初被災者の診療を担当していた若手主治医の医学意見書であった。

被災者は、日本を代表する大企業でエンジニアを務めていた人物であり、米国の大学でも研究を行ったほか、知見を買われて海外での勤務歴も長かった。そのような誰が見ても知的に優れた人物が、事故をきっかけに人格が

3）　https://www.mhlw.go.jp/topics/bukyoku/shinsa/roudou/saiketu-youshi/dl/31rou090.pdf

180 度変わってしまい、これまでに培った専門知識を全て忘却してしまうという深刻なダメージを受けていた。

労災申請が棄却された段階で、ご家族から私に、ぜひ不服申立て手続きの中で、結論を覆してほしいとの依頼があった。

2）経過

2016 年 8 月 12 日　通勤災害事故
2016 年 9 月 23 日　労災申請（療養補償給付）
2017 年 12 月 21 日　労災申請（休業補償給付）
2018 年 1 月 15 日　原処分庁による不支給決定
2019 年 1 月 7 日　審査請求棄却
2020 年 5 月 29 日　再審査請求にて逆転裁決

3）再審査請求において行った弁護活動

本件の争点は、被災者が発症した脳疾患の通勤起因性である。

筆者がまず行ったのは、今回の事故の態様からして、処分の根拠となった医学意見書の見解は正しいのかという調査であった。

筆者は、脳神経外科の知見に明るい、とあるベテランの大学教授に依頼し、鑑定を依頼したところ、今回の脳出血の原因は、外傷にあると考えるのが妥当であるとの見解をすぐに得ることができた。

筆者は喜び勇んで医学意見書の作成を依頼し、審査請求段階で新しい医学意見書に沿った形の主張を行った。ところが、結果は厳しいものであった。行政不服審査の分厚い壁を実感した。

労働保険審査会に対して再審査請求を行い、事件プリントを入手したところ、ご家族が主治医に述べたという事故態様の不正確な伝聞証言（意識を失ったようにふらふらと電柱に自らぶつかっていったという内容であった）を重要な根拠として、原処分庁サイドの医学的見解が組み立てられていることを知った。

そのため、原処分庁が採用した医学的見解を突き崩すためには、事故調査を一から徹底的にやり直す必要があると痛感した。具体的には、記憶がかな

り減退しているご本人から、かすかに記憶している当時の状況を辛抱強く聞き取り、筆者自身も現場を丁寧に調査し、事故の再現を行った。そのうえで、事故当時の救急搬送記録や警察の捜査記録（交通事故事件簿）を取り寄せ、主治医がベースとしたという伝聞証言や、ご本人の記憶内容との整合性を検証するという作業を行った。

その過程において、伝聞証言がそもそもあったのかが疑わしく、あったとしてもその内容が事実とは全く異なっていることを裏付けることができた。念のため、被災者及びご家族の陳述書も作成し、追加で提出をした。

４）裁決の内容

その成果を踏まえ、労働保険審査会から、原処分庁の決定を覆し、通勤災害に該当するとの判断を得ることができた。

裁決の中では、原処分庁が依拠した医学意見について、「発生状況について不正確な伝聞内容をもって判断しているにすぎず、信頼性に欠ける」とまで判断してもらうことができた。

（５）労働保険審査会における給付基礎日額事件について

労働保険審査会において給付基礎日額が争われるのは、主として労働時間認定が過少であるために算定に含めるべき時間外手当が含まれていなかった事案と、固定残業代の有効性が争われる事案の２類型があるものと思われる。

前者については、含まれるべき業務に対応する労働時間に関する主張立証を行うことになる。後者については、厚労省通達（基監発 0731 第 1 号、時間外労働等に対する割増賃金の適切な支払いのための留意事項について）等を参考に、明確区分性や実質的対価性を争うことで、固定残業代による弁済の無効を主張することとなる。

（６）労働保険審査会にて行うべき主張立証の要点の分析

1）上記に共通する勝因は、下記の点にあるものと思われる。

①　弁護方針と委員の問題意識がうまくかみ合ったこと

②　弁護方針に沿った立証活動が実現し、かつ奏功したこと

③　上記を踏まえた充実した意見書を期日前に提出したこと

④　公開審理においても争点に沿った説得的な意見陳述が行えたこと

⑤　公開審理期日における委員の問題意識をよく聞き取り、事後的にも的確なフォローを行えたこと

2）最も重要なのは、①であることは間違いない。事案の争点・敗因がいかなるポイントにあり、それを覆すためには事実経過に関するさらなる立証活動であるのか、あるいは医学立証であるのか等について、初動の段階から精査することが肝要である。仮に後者である場合には、早期の段階から依頼先となる医師に当たりを付け、余裕を持って依頼を行う必要がある。

事件プリントが配布されるのは、公開審理期日の約6週間前である。そのため、事件プリントの到着を待ってから医学意見書の依頼をかけていたのでは、公開審理期日において説得的な主張立証活動を行うことはおよそ不可能である。そのため、再審査請求を受任した場合には、保有個人情報開示結果をよく分析し、立証活動の検討・準備を速やかに開始するべきである。

公開審理期日における請求人側からのプレゼンテーションについては、制限時間内に争点に絞った説得的な意見陳述ができるよう、入念に準備するべきである。委員に対して不満をぶつけるような態度を取るのではなく、労働時間等の具体的な争点について、説得的な意見を端的に分かりやすく述べるべきである。

公開審理期日において、委員から請求人本人に対し、厳しく鋭い質問が飛んでくることはままある。これまでの敗因に関連した質問が飛んでくることは間違いないのであるから、期日でしっかり回答できるよう、請求人と入念な打ち合わせを行うべきである。しかし、その中で示された委員の問題意識こそが、事件の結論を左右するポイントである。この問題意識を的確に把握し、その場で即答して終わらせるだけでよいのか、事後的に主張立証を補充する必要があるかどうかについて、短時間のうちに的確に判断しなければならない。このような瞬時の判断能力に関しても、代理人としての弁護士に求められる能力である。

労働保険審査会は1件当たりたった30分間であるものの、代理人弁護士としては事前準備にも当日の進行についても大変神経を要する手続である。

筆者は期日当日、会場の控室には開始1時間前には到着するように努めているが、このようにシミュレーションを行うべきことが多岐にわたるからである。

3）労働保険審査会の手続については、解説がなされた書籍等はほぼない状況であり、各弁護士の個別の経験則に拠っている部分が（残念ながら）多いと思われる。

本稿が、全国の労災事件を取り扱う弁護士の中で、労働保険審査会における手続に関する研鑽の一助となれば幸いである。

最低賃金制度の改革に向けて

中 村 和 雄

1 最低賃金制度の意義

(1) 最低賃金制度とは

　非正規労働者が、全労働者の4割近くとなり、最低賃金近傍労働者の割合が毎年増加している。労働者の生活を維持していくためには、最低賃金の引き上げが極めて重要な課題となっている。

　最低賃金制度とは、一般に国が強制力をもって賃金の最低額を定め、使用者は、その金額以上の賃金を使用者に支払わなければならないとする制度である。賃金は、本来、労使の自主的決定に委ねて決定すべきものとされているが、中小企業等において多く存在する低賃金労働者の多くは労働組合が未組織であるなど、使用者との対等な立場における交渉によって労働条件とりわけ賃金を決定することが期待できない実情にある。

　このため、このような労働者の不公正な低賃金については、国が積極的に介入して、賃金の最低額を保障し、その改善を図る必要がある。最低賃金制度は、第一義的には一定水準を下回る低賃金を解消して、労働条件の改善を図ることが目的であるが、併せて、労働力の質的向上や企業間の公正競争を確保する機能なども期待され、国民経済の健全な発展に寄与することも狙いとされている。

「労働市場は完全に効率的に価格形成がされているので、最低賃金を上げると失業者が増える」という新古典派経済学の説は、現実の社会での実験の結果、否定された。実際の事例に基づいて、「労働市場の価格形成はもっと複

雑で、単純ではない」ということが海外の論文でも証明されている[1]。

　現在、世界の多くの国で最低賃金制度が導入されているが、上記の制度趣旨に基づいて発展してきていることはもちろんであるが、国家財政の負担解消という目的も拡大の一因と指摘されている。わが国と同様に世界各国の財政において、社会保障費額の増大は深刻な課題である。最低賃金を引き上げることによって、将来の国家財政から支出する年金額や生活保護費などを減少させることが可能となる。こうした観点から世界各国で最低賃金制度が導入され、最低賃金額が上昇を続けていることを確認しておくことが重要である。

（2）労働時間短縮と最低賃金との関係

　労働時間は短いに越したことはない。残業などしなくてすむのであればしたくはない。多くの労働者の共通認識である。しかし、わが国の雇用現場においてそれが崩れている。リクルート雑誌の求人広告には、残業することを当然のこととして、残業代込みの賃金額で社員募集がなされている事例が多い。いわゆる固定残業代というもので、最賃すれすれの基本給の他に固定残業代として月 80 時間分の残業代が最初から組み込まれた賃金額をあたかも基本給であるかのように掲げて募集がなされている事例さえある。

　1 日 8 時間、週 40 時間の労働では生活が維持できない。後述する最低生計費調査の結果がそれを物語っている。はじめから残業することが前提でかろうじて生活が成り立つというのが実態である。憲法が保障する「健康で文化的な最低限度の生活」（憲法 25 条）は、1 日 8 時間、週 40 時間の労働を前提として考えられなければならない。労働時間の短縮の実現は、最低賃金の引き上げが前提である。

---

1) 　2021 年ノーベル経済学賞を授賞したデービッド・カード教授ら。わが国においても同様の見解が経済学者から表明されている。大竹文夫大阪大学大学院教授は 2019 年 7 月 31 日の朝日新聞「耕論」において、最低賃金の引き上げについて「経済学者の多くは効果が無いか、むしろマイナス面が大きいと考えてきました。……私も長い間、こう考えてきましたが、いまの日本では最低賃金を上げることのプラス面が大きくなっている、と考えるようになりました。最低賃金を上げてもさほど失業者が増えないことが最近の賃金分布のデータから読み取れるのです。」と述べている。

512　第Ⅳ部　企業のあり方と労働法における現代的課題

（3）最低賃金と社会保障の関係

　日本では教育、医療、保育、介護その他の福祉に要する費用の多くを自己責任で賄うこととされ、そのために家族を支える正社員の賃金には家族生活を支えることができる「生活保障賃金」が必要とされ、労働運動もその獲得に奔走してきた歴史がある。非正規雇用労働者の賃金には、こうした「生活保障賃金」の要素は含まれていない。非正規雇用労働者の割合が4割近くに達している現在、家族の中に正規雇用労働者が一人もいない家庭では、人間らしく生活するのにふさわしい賃金が得られなくなっているのである。

　デンマークやスウェーデンなどの北欧諸国はもちろん、ドイツなどヨーロッパ大陸の多くの国では、大学の授業料は無償である。医療費が無償である国も多い。住宅費も安く老後や障害の年金も充実し、社会保障が高水準で維持している。税金や社会保険といった社会全体の財源負担によって、これらの制度を維持している。賃金の果たす役割に大きな違いがある。日本では、アメリカと同様にこうした制度を受ける費用の多くを基本的に自己負担とされ、各人の財源で賄うこととされている。

　教育費、医療費、住宅費等の負担が軽減され、社会保障給付が充実すれば、賃金が少しばかり減少しても生活は維持できる。逆に豊かになることもあり得る。わたしたちが生活するために必要な財源のどの部分を賃金で賄わなければならないかによって賃金が十分か否かは決まるのである。賃金と社会保障は表裏の関係にある。

　最低賃金額が高いからと言って、直ちにその国の労働者の生活が豊かであることを示すことにはならない。最低賃金額が低くとも社会保障制度の充実によって、その国の労働者の生活は豊かである可能性がある。

　各国の最低賃金制度の充実度の評価は、社会保障制度の充実度とセットで考察することが必要である。もっとも、わが国の最低賃金額は、OECD主要国と比較して極めて低いのであり、社会保障制度の充実度も極めて低いのである。

（4）ILO26号条約

　ILOは、1928年5月、総会において第26号条約として「最低賃金決定制

度の創設に関する条約」を採択した。条約第 1 条には、各加盟国は「労働協約その他の方法により、賃金を有効に規制する制度が存在していない若干の産業（製造業、商業等）または産業の部分（とくに家内労働）であって賃金が例外的に低いものにおいて使用される労働者のため最低賃金率を決定することができる制度を創設しまたは維持することを約束する。」と規定し、第 2 条では、各加盟国は「関係のある産業又は産業の部分に労働者団体及び使用者団体が存在する場合にはそれらの団体と協議したうえ、いずれの産業又は産業の部分について、……前条の最低賃金決定制度を適用するかを決定する自由を有する。」と規定している。日本政府は、1971 年に同条約を批准している。

2 わが国の最低賃金制度の歴史

（1）最低賃金制度の発足

わが国では、1959 年に最低賃金法（昭和 34 年法律第 137 号）が制定され、「業者間協定方式」（業者間で協定した賃金の最低額を申請に基づき法定の最低賃金として決定するもの）を中心として次第に適用拡大が進んだが、この方式は、決定に際して ILO26 号条約の「労使平等参与」に反するのではないかが問題となり、1968 年の最低賃金法の一部改正によって業者間協定方式が廃止され、以後、現在の「審議会方式」により決定されることとなった。産業別または地域別の最低賃金の設定が進み、1976 年には全都道府県に地域別最低賃金が設定され、すべての労働者に最低賃金の適用が及んだ。

現行の最低賃金制度は、各都道府県の地方最低賃金審議会の審議に基づき、厚生労働大臣または都道府県労働局長が決定する当該都道府県の全ての労働者に適用される最低賃金である地域別最低賃金（法 9 条以下）と、一定の事業または職業に係る最低賃金である特定最低賃金（法 15 条以下）（産業別最低賃金）によって構成され、原則となるのは地域別最低賃金である。1968 年（昭和 43 年）の法改正以降、その大枠に変化はない。もっとも、最低賃金制度普及の牽引役として機能してきた産業別最低賃金は地域別最低賃金の普及の結果、次第に縮小している。また、産業別最低賃金の中には地域別最低賃金

514　第Ⅳ部　企業のあり方と労働法における現代的課題

額が上回ることによって事実上消滅したものも多い。

現行法上、地域別最低賃金は、「地域における労働者の生計費及び賃金並びに通常の事業の賃金支払能力を考慮して定められなければならない。」とされている（法9条2項）。

近年の就業形態の多様化、低賃金労働者の増大といった環境変化の中で、最低賃金制度が、セーフティネットとして一層機能することが求められるようになり、2007年の法改正では、「労働者の生計費を考慮するに当たっては、労働者が健康で文化的な最低限度の生活を営むことができるよう、生活保護に係る施策との整合性に配慮するものとする。」との条項が設けられた（法9条3項）。その結果、最低賃金の水準が、少なくとも生活保護の水準を下回らないことを求められることになった。

（2）目安制度の導入

ところで、1975年3月には、当時の野党四党（日本社会党、日本共産党、公明党、民社党）は、「本来、最低賃金は、労働条件に関するナショナル・ミニマムの重要な一環をなすものとして、中央で決定すべき」であるとして、全国一律最低賃金制度の導入を含む最低賃金法の改正案を国会に提出した。同法案自体は最終的に審議未了廃案となったが、同法案の国会への提出を受け、労働大臣（当時）は、中央最低賃金審議会に対し、「今後の最低賃金制のあり方について」諮問を行っている。

諮問を受けた中央最低賃金審議会は、地域別最低賃金制度に関して「今日なお地域間、産業間等の賃金格差がかなり大きく存在し、したがって依然として地域特殊性を濃厚に持つ低賃金の改善に有効」としつつ、「最低賃金の決定について全国的な整合性を常に確保する保障に欠けるうらみがあることも否定しえない」とし、中央最低賃金審議会において、毎年、都道府県を数等のランクに分け、最低賃金の改定についての「目安」を作成し、一定の時期までに地方最低賃金審議会に提示するという措置を講じる必要がある旨答申するに至った（昭和52年12月5日中央最低賃金審議会答申）。

1978年以降、中央最低賃金審議会は、同審議会に設けられる目安に関する小委員会において、全都道府県をA～Dの4つのランクに分けて、各ラ

最低賃金制度の改革に向けて　515

ンクごとの引上額の目安を検討し、毎年7月下旬に、労働大臣ないし厚生労働大臣に答申する。各地の地方最低賃金審議会においては、この答申を参考として、各労働局長に対し、地域別最低賃金の額を答申するという枠組みが定着するに至った。なお、以上のような事実上の枠組みは、「目安制度」と呼ばれている。

　目安制度の導入後、しばらくは最低賃金額の地域間の格差は縮小する傾向にあった。具体的には、1978年には、地域別最低賃金（時間額）の最高額は、東京都の365円であった。一方で最低額は、青森県等5県の279円であり、その差額は86円、後者の前者に対する割合（格差率）は76.4％であった。その10年後に当たる1988年には、同最高額は東京都の508円であるのに対し、同最低額は鹿児島県等3県の428円であり、その差額は80円、格差率は84.3％であった。その後も格差の解消は続き、さらにその10年後に当たる1998年には、同最高額は東京都の692円であるのに対し、同最低額は宮崎県の589円であり、その差額は103円、格差率は85.1％となった。

　しかし、その後は格差の解消は進まなかった。むしろ、地域間の格差が拡大する傾向にあり、1978年の目安制度の導入時とほぼ同水準となってしまった。具体的には、2008年には、同最高額は東京都の766円であるのに対し、同最低額は鹿児島県等3県の627円となり、その差額は139円、格差率は81.9％に拡大した。さらに、2018年には、同最高額（東京都）の985円に対し、同最低額は鹿児島県の761円となり、その差額は224円、格差率は77.3％とさらに拡大した。2019年は、同最高額は東京都の1013円であるのに対し、同最低額は九州地方7県を中心とする15県の790円で、その差額は223円となり、前年と比較して1円縮小したものの、格差率は78.0％と拡大基調が続いた。

　2021年7月、中央最低賃金審議会は、2021年度の地域別最低賃金額の引上げ額について全国すべての地域で一律28円とする目安額を提示した。これを受けた各地の地方最低賃金審議会の答申額は28円ないし32円となり、その結果、最高額は東京都の1041円であるのに対し、最低額は高知県、沖縄県の820円となり、その差額は221円で前年と変わらず、依然として格差拡大傾向は続いた。

（3）「目安額答申」に対する地方の反乱

　中央最低賃金審議会が全国の地域を A 〜 D の 4 つに分類し、それぞれの分類ごとの引き上げ目安額を答申し、各地の地方最低賃金審議会は各地の引上げ額答申について、基本的にその目安額にしたがった答申を行うことが慣例として続いていた。

　しかしながら、2019 年度においては、A 分類地域はすべて目安額どおりであり、B 分類地域においては兵庫県のみが目安額を上回ったのに対し、C 分類地域においては新潟・和歌山・山口・徳島・福岡が目安額を上回り、D 分類地域においては青森・岩手・秋田・山形・鳥取・高知・佐賀・長崎・熊本・大分・宮崎・鹿児島・沖縄が目安額を 1 円ないし 3 円上回る引き上げ額となった。

　2020 年度の各地の地域別最低賃金の引き上げにあたり、新型コロナウイルス感染拡大状況の中で、中央最低賃金審議会は、「引上げ額の目安の提示は困難」との答申を行った。各地からどのような答申が出てくるのか注目されたところであるが、結果として引き上げ額は 0 円から 3 円までとなった。

　引き上げゼロ地域は 7 地域のみであった。全体として、D 分類地域における引上げ額が相対的に他の分類地域より大きいといえる。

　2021 年 7 月、中央最低賃金審議会は 2021 年度の地域最低賃金の引上げ額の目安額として、A 〜 D の 4 つの分類地域すべてについて 28 円を答申した。各地の地方最低賃金審議会において、各地域の最低賃金引上げ額が審理された結果、全国平均は 28 円引き上げにより 930 円となった。多くの地域は 28 円の引き上げとなったが、いずれも D 分類地域である青森、山形、鳥取、佐賀が 29 円、秋田、大分が 30 円、島根が 32 円と決定した。2021 年も D 分類地域の反抗が続いた。

　2022 年 8 月、中央最低賃金審議会は、2022 年度の地域別最低賃金の引上げ額の目安額として、A・B 分類地域は 31 円、C・D 分類地域は 30 円とする目安額を答申した。これを受けた各地の地方最低賃金審議会の答申額は 30 円ないし 33 円となったが、22 地域が目安額を上回る答申結果となった。とりわけ、D 分類地域では、すべての地域が目安額を上回り、上回り額 1 円

が2県、2円が8県、3円が4県となった。

（4）目安分類を A ～ C に変更

　2023年の中央最低賃金審議会は、地域別最低賃金の地域間格差拡大の是正を諮ることを目的として、それまでのA～Dの4ランクに分類してきた取り扱いをA～Cの3ランクの分類とした。そして、2023年度の目安額をA地域は41円、B地域は40円、C地域は39円とする目安額を提示した。ところが、岩手を除くすべてのC地域の地方最低賃金審議会が目安額を大きく上回る引上げ額を答申した。山形と鳥取は目安額を7円上回る46円の引き上げ、島根も目安額を7円上回る47円の引き上げ、佐賀は目安額を8円上回る47円の引き上げである。岩手は目安額通りの39円の引き上げにとどまり、ダントツの最下位となった。

　2024年7月、中央最低賃金審議会は2024年度の地域別最低賃金引き上げ目安額を示し、全国すべての地域において50円の引き上げを目安額とした。今回の提示目安額の特徴の一つは額が過去最高額であることであり、もう一つは全地域一律であることである。

　これに対し、各地の審議会は、B・C地域を中心としてこれまでで最多の27県が目安額を上回る金額を答申した。とりわけ、徳島県は目安額を34円上回る84円の引き上げとなった。知事および県議会各派の強い要請があり、県独自の統計資料分析を根拠にした引上げ額とのことである。今後の徳島県の雇用状況や経営状況に注目する必要がある。

　目安額制度はもはや機能していないことが明らかであり、抜本的改革が必要である。

3　地域別最低賃金制度の改革（全国一律最低賃金制度の確立）へ

　現行法が地域別最低賃金制度を採用する根拠については、「労働者の生計費や賃金等地域に応じて経済状況が異なり、全国一律の額として決定することが不合理である」からとされている。しかし、現行法の大枠が定められた1968年の法改正から既に50年以上が経過した。今日の社会状況に鑑みれば、

もはや全国一律最低賃金制度の確立こそが合理的であるといえる。

　地域別最低賃金を決定する際の考慮要素とされる労働者の生計費について、労働組合や研究者による最近の調査によれば、大都市部と地方の間で、ほとんど差がないことが明らかとなってきている[2]。

　具体的には、食費や住居費、水光熱費、家具家電用品費、被服・履物費、保健医療費、交通・通信費、教養娯楽費等、労働者の生活に最低必要と考えられる費用を試算したところ、その金額は月額22 〜 24万円（租税公課込み、2023年時点）となり、都市部か地方かによってほとんど差がなかったとされる。これは、地方では、都市部に比べて住居費が低廉であるものの、公共交通機関の利用が制限されるため、通勤その他の社会生活を営むために自動車の保有を余儀なくされることが背景にある。ちなみに、月額22 〜 24万円という水準は、月に173.8時間働くと仮定した場合、時間給に換算すると1300 〜 1400円に相当し、2023年度の全国加重平均額である1004円を大幅に上回る。

　現在、イギリスやフランス、ドイツ、イタリア、あるいは隣国の韓国等では、いずれも既に全国一律最低賃金制度が実施されている。例えば、イギリスでは、所得格差の是正と貧困問題の解決を目的として、1999年から全国最低賃金制度が実施されているが、地域別の最低賃金制度は採用していない。このときのイギリスでも、最低賃金は地域別にするべきだという議論があった。しかし、世界各国と同様全国一律最低賃金にした。その結果、最低賃金に合わせるための低所得者の所得の引き上げ率は、地方によって異なっていた。賃金水準の低いところでは、引き上げ率はかなり高い水準になった。それでも失業は増えなかった。

　また、フランスでは、当初は、地域別に最大20％の減額が認められていたものの、その後、地域別減額が廃止されたという経緯がある。ドイツは、長年法定最低賃金制度を持たない国であったが、2015年に同制度を導入することになった。しかし、イギリスと同様、地域別の最低賃金制度は採用していない。なお、これらの国では、若年層や見習、訓練期間についての減額

---

2)　「最低生計費調査結果」（全国労働組合連合会調べ、監修静岡県立短期大学中澤秀一准教授）2024年12月時点で27地域の調査結果が公表されている

最低賃金制度の改革に向けて　519

措置や適用除外の制度が併せて採用され、企業や雇用への影響に対して政策的な配慮がなされている。

　現在、地域別の最低賃金を導入している国は、カナダ、中国、インドネシア、日本の４か国のみである。地域別最低賃金を設定している日本以外の国には、共通の特徴がある。それは、国土が非常に広いということである。国土が広いと、自分の住んでいるところより最低賃金が高い地域があっても、移動するには多くの障害をクリアしなくてはいけないので、労働者はそう簡単には移動できない。

　地域別に最低賃金を設定した場合、交通の便がよく、移動が容易なほど、労働者は最低賃金の低い地域から高い地域に移動してしまう可能性が高くなる。最低賃金の低い地域からは、だんだんと人が減り、経済には大きな悪影響が生じ、衰退していくことになる。

　わが国において、地域の人口が都市部に流出する地方においては、最低賃金の格差の是正は喫緊の課題と認識されてきている。実際に、最低賃金の高低と人口の転入出には強い相関関係が認められ、特に若年層では、最低賃金の低い地方から最低賃金の高い地方へと流出していることが明らかになっている。その結果、最低賃金の低い地方の経済が停滞し、地域間の格差が固定、拡大されるという悪循環が生じている。これは、「国民経済の健全な発展に寄与する」という法の目的にも反する。こうした状況を受けて、地方を中心に、各地の議会で全国一律最低賃金制度の確立を求める意見書や請願が採択されている。2019 年３月、自民党内に「最低賃金一元化推進議員連盟」が発足した。立憲民主党など他の複数の政党内にも全国一律最低賃金制度の実現をめざす組織がつくられている。

４　中小企業支援策の充実を

　最低賃金引上げのためには、十分な中小企業支援策が不可欠である。最低賃金引上げに伴う中小企業への支援策について、現在、国は「業務改善助成金」制度により、影響を受ける中小企業に対する支援を実施している。

　しかし、中小企業にとってこの制度は必ずしも使い勝手の良いものとは

なっておらず、充分な利用件数には至っていない。この制度の宣伝普及ととも
もに要件審査の見直しが必要である。

わが国の経済を支えている中小企業が、最低賃金を引き上げても円滑に企
業運営を行えるように充分な支援策を講じることが必要である。具体的には、
諸外国で採用されている社会保険料の事業主負担部分を免除・軽減すること
による支援策が有効である[3]。また、原材料費の高騰や人件費の高騰を発注
者や消費者にきちんと価格転嫁できる制度の確立も必要である。中小企業へ
の充分な支援策とセットによる最低賃金の大幅引き上げと全国一律制度の確
立が必要である。

5　最低賃金制度改革のために

最低賃金は、労働者の賃金額を底上げすることはもちろん、社会保障制度
の充実にも大きく影響するのであり、この制度改革の運動は広く市民運動と
して取り組むべき課題でもある。

韓国では、2018 年に 16.4％、2019 年に 10.5％と最低賃金の大幅引き上げ
を実現した。かかる引き上げが急激すぎたことから一定の混乱が生じたが、
これだけ大きな引き上げが実現したことによって、低所得者層の底上げは大
きく前進した。こうした引き上げを実現させた運動はどのようにつくられた
のであろうか。韓国における近年の最低賃金大幅引き上げの運動を先導して
いるのは「最低賃金連帯」である。最低賃金連帯は 2002 年 31 団体で結成さ
れた。労働団体としては、全国民主労働組合総連盟、韓国労働組合総連名、
全国失業団体連帯、全国女性労働組合、韓国女性労働者会、青年ユニオン、
アルバイト労働組合である。社会運動団体としては、民主社会のための弁護
士の会、民主化のための全国教授協議会、民衆の夢、ソウル市者会福祉社協
会、ソウル YMCA、外国人移住運動協議会、全国女性連帯、韓国青年連帯、
21 世紀韓国大学生連合、経済正義実践市民連合、労働健康連帯、労働人権
会館、カトリック労働牧師全国協議会である。シンクタンクとして、韓国非

---

3)　労働運動綜合研究所は、中小企業の事業主社会保険料負担額の試算を行っている（労働総研
　　クォータリー 112 号）。

正規労働センター、韓国貧困問題研究所、韓国労働社会研究所が参加している。そして、政党として、共に民主党、正義党、民衆連合党、労働党が参加しており、きわめて広範囲の労働団体、市民団体、研究機関、そして多数の政党が一緒になって運動進めてきたのである。

　韓国では、最低賃金の引き上げを共通目標として、政党支持や政治信条が異なる多くの団体が結集したことによって、こうした大幅引き上げが実現したと評価できる。

　わが国においても、非正規労働者はもちろん正規労働者を広く結集した多くの労働団体の結集はもとより、中小企業経営者団体や消費者団体、法律家団体などを含む多くの団体や市民が最低賃金の引き上げと全国一律最低賃金制度の実現をめざして結集することが求められている。

522　第Ⅳ部　企業のあり方と労働法における現代的課題

労働法と社会保障法の二分法は
これからも有用か？

鴨 田 哲 郎

1　労働者保護の拡大という発想で良いのか

　労働者概念に関する議論が活発である[1]。労働者概念の拡張、中間概念の導入、特別規制の導入などが主張され、一長一短であり、合意が成立することは困難であろう[2]。今秋（24年）の労働法学会の大シンポジュームのテーマも「労働者概念の再検討」である。論者のほとんどが労働法上の労働者に与えられている保護をいかに拡げるかという視点で論じている。労働法が労働者を対象とする法であり、保護を拡げるといっても立法論を別にすれば、現行法（労働者だけを保護する）に依拠しなければ具体的な保護は与えられないのであるから、至極当然の議論である。労働者の保護は労働法、それで救えない人は社会保障法と二分法で区別され、住み分け、役割分担[3]されてきた[4]。

　労働法において、同じ労働者である正規と非正規の格差についてはそれなりに論じられてきた。この論議の中から、雇止め法理が定立され、労契法18、19条に条文化され、また、労契法旧20条や有期パート法8条に条文化され、不合理な待遇の禁止まで前進してきた。これは昭和30年代、臨時工から始まった古くて、新しいテーマである。しかし、労働者と非労働者とい

---

1)　「プラットフォームワークと法」ジュリ1572号（2022年）13頁以下など。
2)　荒木尚志「プラットフォームワーカーの法的保護の総論的考察」ジュリ1572号（2022年）14頁等。
3)　林健太郎「〈生活保障システム〉の構築と法の役割―イギリス労働市場の形成と社会保障・労働法制の史的展開」日本労働法学会誌135号（2022年）235頁。
4)　山下慎一『社会保障のどこが問題か―「勤労の義務」という呪縛』（ちくま新書、2024年）。

う視点ではほとんど論じられていない。労働者であれば受けられる保護をいかに非労働者（偽装の場合、純粋の自営業者の場合、その中間に位置する場合を全て含む）に拡げるか、いわば、労働法からの視点、アプローチである。

しかし、それでいいのか、平等の問題は生じないのか？　労働者・非労働者という区分は社会的身分に該たるといえようが、今日の憲法学上の通説に従えば、社会的身分とは自分ではどうすることもできないものであり、いつでも自分の意志で労働者になりうるとすれば、憲法上の平等（憲法14条）の問題は発生しないことになる。

しかし、非労働者も国民であり、国民の生存権（憲法25条）をできるだけ保障するのが、近代国家の責務であろう。だとすれば、労働者・非労働者の格差は放置してよいのか？　非労働者も労働者と同等の保護が与えられるべきではないのか？

今日の労働法や社会保障法の基礎は、1960年代にほぼ出来上がったとされる[5]。1960（昭和35）年において、国民のほとんどが労働者であり、非労働者は保護の必要がないほど生存権が保障されているとか、保護は必要であるが、既に制度上一定の手当てがなされているという認識であれば、かかる格差には手を付けないという政策もありえよう。しかし、産業別就労者の割合は第1次産業30数パーセント、第2次産業30数パーセントとほぼ拮抗している（その後、いわゆる所得倍増、高度成長によって、前者は急激に低下し、後者が主流を占め、第3次産業も発展するが）。今日、保護の拡張が論じられていることから明らかなように、非労働者に対する保護という視点はそもそもなかったのである[6]。自分の意志で、保護のない非労働者を選択したのだから放置してよいと考えられていたとすれば、今日の新自由主義の下における自己責任論と同じである。

もう一つ指摘しないといけないのは、労働者に対する保護といっても、その多くが企業に頼っていたことであり[7]、裏を返せば、国家（社会）はほとん

---

5)　和田肇「労働法・社会保障法の持続可能性というテーマ」和田肇＝緒方桂子編著『労働法・社会保障法の持続可能性』（旬報社、2020年）4頁。

6)　鎌田耕一「雇用によらない働き方をめぐる法的問題」日本労働研究雑誌706号（2019年）8頁。

7)　毛塚勝利＝石田眞＝浜村彰＝沼田雅之「座談会　クラウドワーク研究の現段階」季労262号（2018年）138頁（毛塚発言）。

ど責務を果たしていなかったのである。

2 住の貧困

　まっとうに生きるための基礎条件は「衣・食・住」といわれる。今日では「医・食・住」の方がいいかも知れない。日本は、衣・医・食についてはそれなりの水準にあるというのが社会の認識だろう。衣に困っているという話はあまり出ないし、まがりなりにも国民皆保険の下、医も、あるいは食も（こども食堂の隆盛や、炊き出しに多くの人が並ぶという現象はあるにせよ）一応の水準にある。しかし、住については全くの無策である。EC（EUではない）の秘密報告が「ウサギ小屋に住む働き中毒」と記述しているとの報道がされたのは、いつのことだったか。その後、働き中毒の方はまがりなりにも是正の方向にあるといえようが、「ウサギ小屋に住む」の方は放置のままである。国家は持ち家政策の下、一戸建ての住宅を取得するのが、サラリーマンの1つの上がり、世帯主の甲斐性との社会意識を醸成し、自らは何もしなかったし、住居の広さや設備・環境等についても、「ウサギ小屋」を改善するための実効ある規制は何もしなかった[8]。

　労働者・非労働者を問わず、一律に生存権を具体的に保障する（これをとりあえず生活保障と呼ぼう）とすれば、これからの生活保障を構想するにあたって、忘れてならないのが住の問題である[9]。

3 ベーシック・インカムは有用か

　労働者であろうが、非労働者であろうが、国家から一定の保護を受けるというと、その方策の1つが所得の有無・高低に係わらず、誰でも支給されるベーシック・インカムである。ベーシック・インカムが制度設計によっては国家からの手切れ金と評されるような状況を生むことから、ベーシック・

---

8)　本間義人『居住の貧困』（岩波新書、2009年）、早川和男『居住福祉』（岩波新書、1997年）。

9)　片桐由喜「職住一体保障の再考―普遍的住宅保障に向けて」北海道大学社会法研究会50周年記念論集『社会法のなかの自立と連帯』（旬報社、2022年）441頁。

労働法と社会保障法の二分法はこれからも有用か？　525

サービス、あるいはベーシック・アセットを提唱する論者もいる[10]。ベーシック・サービスは、現金給付（ベーシック・インカム）ではなく、無料あるいは安価に誰でも利用できる（公共の）サービス（医療や介護、保育の肩代わりや支援等）の提供であり、ベーシック・アセットのアセットとは、「有益で価値ある物や人」を指し、現金給付とサービス給付の連携を目指す。しかし、労働法研究者の論述においてベーシック・インカムに触れるものは極少ない。そもそも労働法の対象ではない、あるいはベーシック・インカムが労働の意義・価値をまったく無視するものとして無視しているのかもしれない。

　しかし、労働者であるか否かを問わず、一律に保護の対象と考えるとすれば、1つの方策であり、その正確な評価は必要となろう。

4　労働法は必要か

　労働者に与えられている保護を拡張するものとして、雇用による生活保障（の）法とか、労働法と社会保障法との連携とかが唱えられ[11]、あるいは日弁連は生活保護法の改正としての生活保障法（24年日弁連人権大会の1つのテーマは、「今こそ生活保障法を」であった）を提起しているが、労働者か否かを問わず、一律に保護の対象と考えるとすれば[12]、いずれも、従来の労働法と社会保障法の住み分けの発想を出ていないのではないか。

　例えば、毛塚勝利は「個人就業者を含めて労働者ととらえ、私法的労働保護の網をかぶせ、雇用労働者に対しては、公法的な保護規制」[13]と主張し、沼田雅之は「労働法と社会保障法は趣旨・目的が異な」り、「別に考える必要」があるとしつつ、「被用者保険の適用拡大（を）模索すべきはもちろん」[14]という。若干古いが、宮本太郎も「雇用と社会保障をむすぶ」（「生活保障」）として、「雇用」「労働者」を大前提とし、雇用労働者が優遇されるのは当たり

---

10)　宮本太郎『貧困・介護・育児の政治—ベーシック・アセットの福祉国家へ』（朝日選書、2021年）。

11)　島田陽一『雇用システムの変化と労働法政策の展開』（旬報社、2023年）など。

12)　水町勇一郎「21世紀の危機と社会法—コロナ危機が明らかにした社会法の課題」法時92巻12号（2020年）62頁。

13)　毛塚ほか・前掲注7）136頁（毛塚発言）。

14)　沼田雅之「プラットフォームワークと社会保障」日本労働法学会誌135号（2022年）97頁。

前という発想である。

　他方、社会保障法研究者からは、「フリーランスに特化した社会保障制度」を模索しつつ「これまでの社会保障法学の分析概念が通用するのか」と問うたり[15]、「労働者という地位が依然として有する（べき）特殊性に光を当てる必要」[16]があると指摘したり、雇用保険法を発展的に解消した「職業保険法」が提起されたり[17]している。

　労働者と非労働者を同等に扱う制度をつくることが、実務的にも、歴史的にも、極めて困難なことは承知しつつ、それでも、仮に、労働者か否かを問わず、保護の対象とするという社会状況が実現したら、少なくとも労働法の生活保障部分については役割を終えたことになろう。

　しかし、労働が雇用関係の下、使用者の指揮命令を受け、一定の時間的場所的な拘束を受けながら労務を提供するという性質は変わらないのであるから、労働時間規制、賃金支払4原則、良好な労働環境の提供など労働法独自の課題は役割を終えたことにはならず、ますます発展させねばならない。

　また、労働組合は労働者の組織であるから、労働組合法がその役割を終えたことになることはありえず、現下の労働組合への期待の高まり、社会的受容の拡がりという状況からは、さらには労働組合が非労働者の保護も要求するという事態のために、労働組合の力を強くする方策が求められよう。

---

15)　丸谷浩介「フリーランスの失業保険―リスクは社会化されたのか」法時92巻12号（2020年）74頁。

16)　笠木映里「労働法と社会保障法」論究ジュリスト28号（2019年）27頁。

17)　根岸忠「収入を失なった者への所得保障制度の構築―フリーランスを含めた所得保障制度の構築にむけて」社会保障法38号（2022年）134頁。

徳住堅治弁護士との思い出

苗場ゲレンデのまっすぐなシュプール

荒 木 尚 志

　労働弁護士としての徳住先生の御高名はもとよりよく存じ上げておりまし
たが、とりわけ強烈な印象を受けたのは、2006 年労働契約法の制定過程で、
先生に労働政策審議会労働条件分科会の専門委員としてご参加頂いたときで
した。公労使で構成される労政審労働条件分科会に、弁護士の先生に専門委
員として参画いただくのは異例のことでした。その背景には、労働契約法制
定をめぐる労働条件分科会の審議の中断・再開という出来事がありました。

　労働契約法は、労働基準法のような罰則・行政監督によって担保された伝
統的な労働保護法とは違う、純然たる民事規範からなる新たな労働立法です。
そこで労政審労働条件分科会では、立法すること自体について理解を共有す
ることも容易ではない状況から審議が始まりました。2005 年 10 月から 2006
年 3 月までの議論は、労働契約法を立法する必要性等をめぐるもので、労働
契約法の内容には踏み込めずに推移しました。2006 年 4 月からは実質的議
論を促すべく、事務局からいわゆる「検討の視点」や「在り方について」といっ
た文書が出され（荒木尚志＝菅野和夫＝山川隆一『詳説　労働契約法（第 2 版）』
（弘文堂、2014 年）48 頁以下参照）、同年 7 月の中間とりまとめにむけて、急
に議論のピッチが速まった感がありました。しかし具体的な立法内容につい
ては関係者の見解の対立も激しく、2006 年 6 月 27 日の労働条件分科会では、
7 月に中間とりまとめを予定していた事務局方針に労使双方が反対し、労働
条件分科会は審議中断のやむなきに至りました。

　夏休みの期間、公益委員と労働側委員、公益委員と使用者側委員との非公
式会合等が行われ、労使が立法してもよいと合意した項目についてのみ立法
するとの前提で審議再開となりました。中断前の分科会では確立した判例と
理解されている判決についても、その具体的な内容について議論が紛糾し、
公労使でコンセンサスを得ることができない状況が見られました。そこで、

再開後は、分科会に労使が推薦する弁護士の先生に専門委員として議論に参加していただくことになりました。こうした経緯で労働側からは徳住先生が、使用者側からは中山慈夫先生が専門委員として参加されました。

　その後の審議の充実ぶりには目を見張るものがありました。判例法理についての事務局や公益委員の説明に、徳住先生が「今の説明で間違いありません」と一言おっしゃるだけで、以前はあれほど混乱していた判例の理解をめぐる議論が、たちどころに解決し、次の議論に移ることができました。徳住先生の法律家としての力量と労働側委員の徳住先生に対する全幅の信頼のなせる業と感服した次第でした。

　翌2007年から2010年には、徳住先生を東京大学法科大学院に客員教授としてお迎えすることができ、東京大学労働法研究会（いわゆる「労判」と呼ばれる労働判例研究会）でもご一緒させて頂きました。労判での徳住先生の議論は、論理を重んじ、異なる視角からの議論も柔軟に吸収し、事案の最も望ましい解決を追求されるという、法解釈のまさにお手本ともいうべきもので、大変多くのことを学ばせて頂きました。多く手掛けられた倒産事案において、真に労働者の利益を考えればどのような対応を取るべきかを考え、当初は組合員からの反発を招くような決断であっても怯むことなく敢行され、その正しさを体を張って説得されたご経験もお聞きし、労使紛争の現場で陣頭指揮をとられる労働弁護士の先生のお仕事の困難さと重要性に目を開かされました。

　その後、2015年から2017年には、労政審労働条件分科会の下に設けられた労働紛争解決システム、そして解雇の金銭解決制度を議論する「透明かつ公正な労働紛争解決システム等の在り方に関する検討会」にもご参加いただきました。特に解雇の金銭解決制度についてはなお結論が出ていないのですが、問題の所在や法的課題について、議論が飛躍的に深まった検討会でした。この検討会は、公労使の委員に加えて、経済学者、労使の弁護士の方々にご参加いただきました。徳住先生は紛争解決システムの連携の重要さを指摘されたほか、現実の解雇事件を取り扱ってこられた経験を踏まえて、解雇紛争というものが、単に雇用関係の使用者による解消という側面だけでは捉えきれない、多面的な要素が複雑に絡まりあったものであることを説得的に説か

れました。この発言は、解雇紛争そして解雇の金銭解決を議論する際に踏まえておくべき基本認識を共有する上で、非常に貴重なものでした。そして、この検討会でも、徳住先生は、常に是々非々で、使用者側弁護士の先生の発言や経済学者の発言についても、賛成すべきは堂々と、もっともだ、同意見である、と述べられました。その上で、自らのお考えをさらに展開されていました。このぶれない堂々とした態度の根底に、先生の法律家としての矜持を見る思いでした。

　さらに2017年12月25日のクリスマスには、徳住先生と私の二人が台湾労働省から招待され、「争議行為と組合活動の区別」について話をするという機会にも恵まれました。台湾労働省の皆様も大変熱心に質問をしてこられ、長時間にわたって濃密な議論が交わされました。ロマンティックという訳には参りませんでしたが、徳住先生と二人で日本の集団法についてじっくりと語り合う印象的なクリスマスとなりました。

　こうして様々な場面でご一緒して、私も徳住ファンになっていったわけですが、実は、徳住先生と私は郷里熊本の中学校の先輩・後輩であること、そして、南国熊本の出身であるにもかかわらず同じくスキー好きであることなどが判明していきました。そしてついに、徳住先生の素晴らしい苗場の別荘にお招きいただき、スキーに興ずる機会にも恵まれました。

　背筋をピンと伸ばして苗場のゲレンデをほとんど直滑降に近く滑走される徳住先生のお姿は、ほれぼれする格好よさでした。そのまっすぐなシュプールは、スキーでも曲がったことはしない、とでもおっしゃっているかのようで、ああ徳住先生らしいと得心した次第でした。これからも私ども後進に、法律家の進むべき方向をお示し続けて頂ければと願っております。

苗場ゲレンデのまっすぐなシュプール　533

口きかぬ仲から酒酌み交わす仲へ

安 西 　愈

　それは、銀座の並木通りが昔の風情を少し残していた時代のことである。

　午後の8時前に並木通りの当時盛んであった大衆酒場の前を通りかかった
とき、旬報法律事務所の若い弁護士たちを連れた徳住先生とばったり会った。

　「俺たちこれからここで一杯やるのだが、先生も一緒にどうか」と誘われ、
「では喜んで」と地下にある飲み屋に先生たちと一緒に入った。

　そこで、徳住先生から若手の人たちに紹介されて、ひとしきり挨拶が終
わった後で、先生から「この人は経営側の弁護士で、昔ならば、法廷を離れ
たら口も聞かなかった仲だったのだぞ」と、昭和時代の労使対立の激しかっ
た時代には弁護士も労使の各側に分かれており、法廷等公式の場以外では私
的会話はしないという不文律のようなものがあった対立の時代のことを話さ
れた。それは、その後も何となくそんな風習的なものが続いた状況があった
からである。

　すると、そのような時代を知らない若い弁護士たちから徳住先生と私の2
人は質問攻めにあった。

　"どうしてそのようになるのだ""法廷など公の場所を離れては口をきかな
いなどそんなことはナンセンスだ""法律家の立場と実際の労働運動の場は
ちがうのではないか""そんなのは単なるノスタルジーだ"と、口々に2人
は口撃された。

　そして、"それなのにどうして今2人はここで飲んでいるのだ"という話
になったので、私から、徳住先生とは現在は東京三会で労働審判等協議会を
設けており、月1回委員が集まって顔を合わせて協議をしている、その仲間
であり、そのスタートは、労働審判制度の平成18年4月1日からの開始に
間に合うように、その前から各会で対応する委員会を立ち上げ、東京地裁の
労働部の裁判官とも協議をするなど、徳住先生とはその立ち上げに苦労した

534　徳住堅治弁護士との思い出

同志の仲となった関係からである、といったような話をした。

　彼らは、そのような労使対立関係の深かった時代の心情を理解したのかどうか分からなかったが、徳住先生が話の矛先を切り換えるため、この人は労働者派遣法に詳しいから、問題があったら聞いたらどうかと水を向けたので、話題は偽装請負だとか、二重派遣だとか、派遣の制限業種の実態などに話が移っていったという思い出がある。このエピソードにあるように、昭和時代の労使対立が激しい時代には、弁護士間でもこのような対立的な壁があったのは事実であった。

　私が徳住先生と親しくなったのは、先の飲み屋での話のように、労働審判等協議会がきっかけである。その当時、平成18年4月1日からの労働審判制度の開始を前にして、東京三弁護士会としても、今までにないこの新しい制度で、しかも民間の労使の専門家2人を審判員として加えて、3人による合議体で審判委員会を構成して審判手続を行い、原則3回以内の期日で結審をするという、今までにない裁判制度のスタートを前にして、裁判所側も初めてのことで勝手が分からないし、弁護士の方も申立てた日から40日以内に第1回期日を開き、答弁書を提出しなければならないといった、全くどのようにその手続を進めたらよいか手探り状態であった。

　そこで、これは三会共通の問題であり、三会が協調して会員に周知するなど、新制度の開始に間に合わすべく、東弁は徳住先生を委員長に労働問題特別委員会を作り、一弁は労働法制委員会を立ち上げ、私が委員長に選任され、二弁は水口洋介先生が委員長で対応する委員会を設け、かねてから立場は違っていたが、お互いによく知っている間柄の3人がこの問題を担当する立場となった。

　そして、三会労働審判等協議会を組織して、月1回の協議会を行って連絡調整を図ることとなり、三会の間で協調して対応を進めることとし、いろいろな想定問題なども含めて話し合っていた。また、これは弁護士会だけではなく、裁判所の問題でもあるということで、東京地裁の労働部からも三会側に対し協議の申出があった。丁度、地裁労働専門部である36部の部長の難波氏が私と司法研修所47期の同クラス教官であり、三代川部長も同時期に教官をしており話が早く、徳住・水口両先生等と協議し、三会と裁判所との

協議会を設け、さらに研修会を頻繁に行うとともに、地裁労働部の裁判官たちと東京三会の弁護士との間で協議会を行い、互いに討論を交わして新しい労働審判制度の様々な問題への対応を協議した。

　そのような手探りの状態の中ではあったが、何とか平成18年4月1日からの労働審判開始に間に合うような準備を整えた。

　その後、東京地方裁判所の労働部（現在は4箇部になった）とは毎年1回東京三会との間で労働審判等協議会を行ってきている。

　そして、その協議会の中で、徳住先生は中心になられて同一事件についての共同申立問題の取扱いや主文の内容についても大変関心をもたれ、労働審判の幅広い制度を活用するには、労働審判の主文例を集めて「主文例集」をつくるべきだということも強調されていた。

　協議会の10回目頃であったと思うが、徳住先生の意見で「労働審判等協議会」では協議の範囲が狭いので、労働訴訟全般について広げて協議すべきではないかということになり、裁判所側も了解して、この協議会を「労働訴訟等協議会」と名称を変更し、今年で23回目の協議会（当初は年1回では労働審判問題に対応できないので、年2回行っていた）が行われた。そのようなことから、徳住先生とは酒を酌み交わす仲になっていったのである。

　徳住先生は、発想が柔軟でアイデアマンでもあり、教わるところが多かった。特に、先生から最初の労働審判申立事件は、従業員持株会を通じて取得した株式の清算を会社に求める内容の事件で、従来のような裁判を提起した場合は、従業員持株会は民法上の組合で、会社とは別個の人格であって、そもそも会社にそのような清算義務があるのかといった論争になっていたところを、労働審判では労働契約終了の際の清算の問題として主張し、3回で解決し、依頼者本人からも大変喜ばれた。労働審判は柔軟性があり、このような難問題も、やり方次第で早期に解決できる相応しい労働関係の手続であり、労働審判制度の目指すところであるといった話を聞いたが、今でも労働審判事件の心得と折に触れて思い出す。

　また、徳住先生には、私の古稀（2008年）に際し、古稀記念論文集『経営と労働法務の理論と実務』に「労働組合の組織変動に関する実務上の課題」と題する1万7000字に及ぶ論文の寄稿をいただいた。この論文は、労働組

合の合同、解散、組織変更等に関する組合内手続、組合財産の取扱いや企業側の会社合併、会社分割といった場合における労働組合の対応、組合解散の場合の財産の個人分配をめぐる問題の取扱い等、他に類書を見ない、まとまった論文であり、私の古稀記念論文集の評価を高めていただいたことについても感謝に堪えない。

東弁・労働法制特別委員会の立ち上げ

軽 部 龍 太 郎

「いい人が見つかったんだよ」と塩川治郎は言った。2005（平成17）年のことである。

塩川は私の「ボス」に当たる弁護士で、その年、東京弁護士会（東弁）の副会長を務めていた。私は前年に弁護士登録したばかりで、塩川によって数々の泥沼事件に引き込まれていた。あまりにも錯綜し、頭がウニになりそうな事件を、わがボスは力強く解決していった。図々しさだけではない。紛争の急所を見抜く嗅覚が抜きんでていた。その塩川が、副会長業務をこなしながら、何度もこう言っていた。

「軽部くん、これからは労働事件だよ。弁護士も労働者側と使用者側で固まっていてはだめだ。対話が必要なんだ。実務の伸びしろは大きい」

塩川は労働事件の世界とはさしたる縁を持っていなかった。しかし2004（平成16）年の通常国会で労働審判法が成立し、東弁で「労働審判制度に関する協議会」が発足すると、その嗅覚で時代の流れを見抜いた。

「この協議会を、次年度は委員会に昇格させる。そこに労使の弁護士を集めるんだ。若手を鍛えて、東京地裁の労働専門部と互角に議論できる集団をつくる。そのためには、労使どちらの立場からも一目置かれるまとめ役が必要だ。いい人が見つかったんだよ」

いつものようにニヤリと笑った。依頼者はみな、この笑みに騙される。

「徳住堅治という人だ。労働者側のベテランで、いつ聞いても話が整理されていて合理的なんだ。軽部くん、一流に触れることが大事だ。まずは協議会に入ってみないか。それから、君に交際相手はいるのか。親戚のお嬢さんがよいご縁を求めていて……」

私の未熟な嗅覚が反応し、後者の話はうやむやにした。

「本会は、雇用形態が多様化する現代社会における労働審判制度、労働法制及び労働紛争解決制度等について、研修、調査、検討及び提言等を行うことを目的として、労働法制特別委員会を設置する」（東京弁護士会「労働法制特別委員会規則」第一条）

東弁の労働法制特別委員会は、2006（平成18）年4月に発足した。徳住先生など経験豊かな委員は少数。多くの委員は労働事件の経験が不足していた。委員長に徳住先生、副委員長に岩出誠先生ほかが就任した。

まずは全体の技量の底上げを兼ねて、経験豊かな委員の助言のもと、実務書を一冊作ることにした。『新労働事件実務マニュアル』（ぎょうせい）という本である。章ごとに分担して原稿を作成し、内容の適否について定例会議で議論するという進行方法になった。最若手の委員だった私は、各章執筆者の割当て、原稿検討会のスケジュール、司会進行、原稿の督促といった事務回りを担当した。原稿検討会では次々に指摘が飛んだ。主に徳住先生と岩出先生の二人からである。私は、そのときの様子を、2024（令和6）年に発売された第6版に書いた。

「原稿検討会は衝撃的なものでした。ひとたび議論の焦点が定まるや、法令の解釈論、実務上の取扱い、そして聞いたこともない事件名（裁判例）が高速で飛び交うのです。私の目と耳と頭は全く議論のスピードについていくことができず、天下一武道会の観客さながら口をあんぐりと開け、意味もよく分からずひたすらメモをとっていました。

しかし、提出された全ての原稿を読み、議論の場に身を置くことで、労働事件解決の実務がどのような感覚と段取りで行われているのか、徐々に理解が追いついてきました。また、労働法務の前線にいる実務家がどれほどの知見を有しているのかといったベンチマークにもなりました。『門前の小僧習わぬ経を読む』とはよく言ったもので、とにかく労働法ワールドに身を浸してみるのも一つの近道だったのです」（『新労働事件実務マニュアル（第6版）』「はしがき」）

一流の労働弁護士とはここまで知識経験豊かなものなのか——。徳住先生

のコメントを聞いていると、あるときは情熱的なファイターとして使用者側や裁判官と戦い、あるときは意を尽くして依頼者やその集団を合理的意思決定に導き、そしてその積み重ねがわが国の実務と判例体系を形作ってきたことがわかった。徳住先生の言葉はひとつひとつが生き生きとしていて、真剣な表情とにこやかな表情の切り替わりが印象的であった。一流の労働弁護士とはここまで魅力的なものなのか——。

　委員会を立ち上げていく過程において何より有難かったのは、徳住先生が誰に対しても分け隔てなく接してくれたことである。労働側弁護士としての自身の立場は確固として動かず、しかし必ず使用者側弁護士の意見を促して傾聴し、さらには経験に乏しい委員の初歩的な疑問にも解決のヒントを与えてくれた。私など「労働基準法があるのになぜ労働契約法なるものが必要なのか」といった疑問を持つレベルであったが、徳住先生は「あなたもいろいろ考えるね。けっこう楽しいだろ」「あなたは使用者側を目指してみてはどうかね。いい弁護士になれるんじゃないかな」と温かく見守ってくれた。私もそういった前向きな助言は真に受けることにして、様々な労働事件や手続きへの取り組みを続けた。初期は弁護士会の法律相談で労働者側を多く受任し、キャリアを重ねていくうちに顧問先が増え、いまは八割方が使用者側の事件だ。徳住先生の推奨に従ったようでもあり、労働者側が捨てきれず節操のない立場になっているのも、また徳住先生の影響と思える。

　徳住先生は2006（平成18）年から2011（平成23）年度まで6年間にわたり委員長をお務めになった。労働法制特別委員会は50人足らずのメンバーでスタートしたが、徐々にその活動ぶりが評判となり、希望者が定員を超えるようになった。段階的に定員を増やし、現在は120人まで受け入れているが、近年は委員選考もひと仕事である。委員会がここまで大きくなり、労働者側、使用者側、インハウスなど多様な弁護士の貴重な意見交換の場となっているのも、徳住先生の器の大きさがあったからこそだ。たまに変な想像をしてしまうのだが、麦わら帽子をかぶった徳住先生が鍬を振るい、種を植えた畑に、いま、多くの花が咲いた景色を眺めているような気がする。

　もし自分がトラブルに巻き込まれた労働者だったなら、依頼する弁護士は誰だろうか。私は徳住先生だ。初めて会ったころにそう思った。今もそう思

う。

　もし自分が使用者側代理人だったなら、いちばん手ごわい相手は誰だろうか。やはり徳住先生だ。

　先生は喜寿を迎えられたとのことだが、私が見る限り、体力・思考力・瞬発力のいずれも初めて会ったころとお変わりない。何年たっても近づけた気がしない。しかし、見上げればいつもそこにあり、目標として仰ぐことができる。北極星のような徳住先生が、われわれを、わが国の労働者を、照らしている。

同郷の後輩の一人です

木 下 潮 音

　徳住堅治先生とは事件の相手方として対決することより、法科大学院の教員の引継ぎ、様々な雑誌等の対談企画、現在も続いている信州大学での講義等でお会いする機会の方が多く、労使の立場は違いますが、先生の労働弁護士としての知見・経験を伺うことは、私にとってとても貴重な時間として楽しみにしております。

　ある会合で、程よくお酒も入り、楽しくお話を続けているところで、私から、自分の故郷が徳住先生と同じ熊本であり、先生の故郷とは有明海を挟んで向き合う天草であることを紹介させていただきました。故郷といっても父の出生地で、私自身は子供のころに学校が休みになると祖父母に会いに帰る田舎ということでしたが、同じ熊本にルーツがあるということを喜んでくださり、「労働法の分野は熊本が多いよ。荒木尚志先生もそうだね」と楽しそうに語ってくださいました。

　私の父は、天草の田舎の次男で郵便局務め（叔父が特定郵便局の局長でした）をしていましたが、このままでは面白くないと決意して、まだ戦後といわれていたような時期に島を出て夜行の鈍行列車で上京し、大学の２部を卒業して中小企業のサラリーマンになりました。それから詳しくは私もわかりませんが、東京で母と出会い結婚し、私が生まれました。徳住先生は熊本から東京大学に進まれ、弁護士になられたことは皆さんがご存じのことです。

　徳住先生の話す言葉には熊本の言葉が程よく混ざっていて、境遇は違いますが私の父の言葉を思い出すことがあり、大変に懐かしく聞こえます。徳住先生の正義感が強く、曲がったことは許さないというところも熊本の男らしいところです。しかも、良い意味で細かいことは気にせず大局を進むところも熊本男子らしいと思います。「そぎゃんこまかことはよかよか」という謎の呪文のような言葉で、多くの人の心を掴んで正義を推し進めていく、力強

さが頼もしい同郷の法曹の先輩と思っています。

　私が徳住先生と労働事件で相手方となったときには、理論の部分では先生に負けないよう精いっぱい考えて主張を組み立てるようにしています。しかし、私の師匠である竹内桃太郎先生から、労働事件の本質は労使関係が将来にわたり安定的に継続することだと教えられており、できるだけ機会があれば、労使が納得できる解決をしたいと思っています。機会があれば、そのような事件を徳住先生と取り組みたいと思っています。

同郷の後輩の一人です　543

快人二十面相！ TOKUZUMI
―東弁労働法制特別委員会・礎の人―

光 前 幸 一

　旧い人間やなあと呆れてしまわれるかもしれませんが、徳住さんを思うとき頭に浮かぶのは快人二十面相です（若手読者に念のためですが、乱歩の「怪人二十面相」のモジリで、ダークヒーローということではありません）。徳住さんとの付き合いはそれほど長いわけではなく、2007 年に東京弁護士会に労働法制特別委員会が新設されたとき、徳住さんが委員長、私が副委員長としてご一緒させていただいたことが縁の始まりです。

　私は、いわゆるヤメハンで、昭和後記の裁判官時代（国鉄が分割民営化される前後）の労働事件にはいろいろな意味で勉強させられました。当時の裁判官にとって、労働事件は心身鍛錬の場といったきらいがあり、労使双方とも有能で堅固な路線を貫くタイプの弁護士が多く、事件記録は厚く、亜麻色に変質し擦り切れそうになっていました。

　幸いにして、裁判官当時、徳住さんと法廷で対面することはなかったのですが、法律家を好きになるような人はあまり好きになれないという私の個人的な嗜好もあって、初対面のときはかなり及び腰でした。

　東弁に新設された労働法制特別委員会はさまざまな立場の弁護士が 50 人ほど集められたものでしたが、実績からして徳住さんが委員長になることを前提に発足したようなものでもありましたから、そのリードのもと、委員会は本当に静々と滑り出した記憶があります。ところが、委員長の豊かなスマイル、度量の大きさ、議論に対する謙虚さ、確かな経験と記憶力、勤勉さ、そして、何につけパンクチュアルなこと（労働弁護士は熱心さのあまりか、えてして、時間の観念に欠ける方が多いような気がします）に、すべての委員が瞬く間に信頼を置くようになったといっても間違いではないと思います。いま、委員会は 150 名に迫る大所帯となり、労側・使側の垣根、男女の違い、老若の隔てを越えて自由に意見を交換し、確実な成果を上げ、弁護士会にも貢献

していますが、この自由で闊達な委員会の土壌は、徳住さんが委員長時代に培われ、上手に育てられたものだと思います。

　私がとくに感服したのは、なんと言ってもウィングの広さ、対応の柔軟さでした。大学時代の山岳やサッカー（これは息子さんの影響かもしれませんが）等趣味も豊富で、労働弁護士という言葉では語れない多面体（旧いですが二十面相）の弁護士という感を深くもちました。もち論、とりわけ労働法の造詣が深いわけで、「プロフェッショナルな実務法曹」が世を凌ぐ正面像なわけですが、率直で素朴な物言いが、弁護士として労働事件にどう向き合うか右往左往していた若手委員や研修委員に大きな指針を示していたと思います。

　委員会設立から間もなくして、同じく委員として三顧の礼をもって呼び寄せられた岩出誠弁護士の発案で、委員間の親睦を深め、知識の共有化を図るため、彼と藤倉眞弁護士（群馬弁護士会）が著した『労働事件実務マニュアル』という書籍の大改訂作業を行うこととなりました。かなりの突貫作業でしたが、委員は嬉々として集まり、そこでは、各テーマに関し徳住さんの具体的事件にそくした失敗談、成功譚が、偉ぶることも、深刻ぶることもなく、深い学識とともに明るく披露され、中には、そんなことまでしゃべって大丈夫？……と思うこともありましたが、酒を酌み交わし、笑い飛ばしながら、タフに話す姿に、「自分も弁護士としてやってける！」、「労働弁護士でも稼げる‼」と勇気づけられた弁護士、また、学び続けることの重要性を強く感じたと、反省と悔恨を述べた弁護士が何人もいたこと（その中には私も入るわけですが）を覚えています。あれから15年ほどたちますが、大成した彼ら、彼女らと話をすると、あのときの徳住節の話題で花が咲きます。皆で作り上げた実務マニュアルの改訂本は、その後『新労働事件実務マニュアル』として委員会のシンボル的な存在となり、新委員を迎えるごとに何度も改訂が加えられ（現在は第6版）、その売れ行きは素晴らしく、霞が関の弁護士会館の本屋さんではいつも平積み状態で販売されていることは、ご存じの方も多いと思います。

　最近は、さすがに、徳住さんも委員会に出席されることはほとんどないようですが（たしか、委員会の永久顧問のはずです）、たまには、知識と旧聞に

飢えた若手に、書籍には書けないような貴重な怪談を、とくに、身体を張った集団的紛争の経験に乏しい若手に、「弁護士にはこんな仕事もあるのだ！」といったところを、元気で爽やかな徳住節でご披露していただければと、勝手ながら願うところです。多忙な業務の一つに、是非、労働事件の「語り部」を加えていただければと。

労働契約法制定への徳住弁護士の貢献

菅 野 和 夫

徳住堅治先生には、都労委や中労委での事件処理を中心にいろいろとお世話になった。そのなかで、先生の喜寿祝賀の本書で記しておきたいと思うのは、私も少し関係した「労働契約法」の立法過程における先生のご貢献である。

「労働契約法」（平成 19 年法律 128 号）の立法過程は、私が座長となって 3 年余を費やした「今後の労働契約法制の在り方に関する研究会」の報告（平成 17 年 9 月）において、個別的な労働契約関係についても労働基準法や判例法理に委ねるだけでなく、純然たる民事法規として労働契約法を制定すべきであるとして、かなり大部の提案を行ったことで始動した。

しかしながら、私たちの研究会報告は広範・難解に過ぎてか、その後のプロセスである労働政策審議会（その労働条件分科会）において労使双方の理解を得られず、その審議は紛糾・中断した。その後、事務局が労使それぞれの意向を聴取して粘り強く対応することによって審議再開にこぎつけ、最終的には労使双方に受け入れ可能な事項と内容に絞って、「労働契約法」の草案にこぎ着けた。この審議再開の過程で徳住弁護士のご活躍を特記して感謝の気持ちを表したいというのが、この小文の意図である。

＊＊＊＊＊＊＊＊＊＊＊＊

厚生労働省が労働契約法制定のための研究会設置に踏み切った背景的情勢としては、バブル崩壊後の長い不況の中で、企業界では雇用調整と事業再構築がおし進められ、倒産も増加するなか、個別労働紛争が急速に増加したことがある。労働関係の民事通常訴訟が 1991 年の 602 件から 2004 年の 2519 件へと約 4 倍に増加し、都道府県の労政事務所における労働相談も東京都の労政事務所だけで年間 2 万件から 5 万件へと増加した。また、労働団体や労働弁護団が種々の労働相談を行うと常に盛況を呈した。

そこで、個別労働紛争増加に対応して労使紛争解決の公的制度を改革する動きとなり、「個別労働紛争解決促進法」が 2001 年に制定され、厚生労働省の地方組織である都道府県労働局において相談、助言、あっせんを行う新しい仕組みが作られた。この仕組みは発足早々に盛況を呈したところ、今度は 2003 年の労働基準法改正の際の衆参両院における付帯決議として、「労働条件の変更、出向、転籍など、労働契約について包括的な法律を策定するため、専門的な調査研究を行う場を設けて積極的に検討を進め、その結果に基づき、法令上の措置を含め、必要な措置を講ずること」として、労働契約関係の法整備の検討を促す決議が行われた。この国会決議に従う形で、2004 年 4 月の私たち労働契約法制研究会の設置となったのである[1]。

　「今後の労働契約法制の在り方に関する研究会報告書」と題した私たち研究会の報告書は、総論で、個別労働紛争増加などの状況変化の中での労働契約法制定の必要性と、その純粋民事法としての基本的性格などを論じたうえ、各論で、①労働契約の成立について採用、試用、労働条件明示など、②労働関係の展開について、就業規則と労働契約の関係、配置転換、出向、転籍、休職、服務規律・懲戒、昇進・昇格・降格など、③労働関係の終了について、解雇、合意解約・辞職などについて、法制化の仕方を論じ、種々の具体的提言を行った。

　その中で、同報告書は、判例法理が樹立され受容されている問題のみならず、処理基準に争いがある問題やそもそも議論がなされていない問題（雇用継続型契約変更制度、解雇の金銭解決制度など）についても検討を加えたのであって、学者的意欲に過ぎた面があった。そこで、労使双方に難解・晦渋な報告との印象を与え、無用の警戒感を惹起してしまったといえよう。そもそも労働条件分科会の労使委員にとっては、労働契約法の内容以前に、伝統的な刑事罰・行政監督によって担保される労働基準法とは異なる、純然たる民事法規としての労働契約法を立法する意義（必要性）を理解するのに，相当

---

1)　なお、これ以前においても、日本労働弁護団「労働契約法制立法提言［第一次案］」(1994 年) 労旬 1333 号などの提案も行われ、経済同友会は「『個人が主役となる社会』をめざして」(2002 年 6 月)：「解雇ルールの明確化が重要、労働契約法（仮称）のような企業と個人の契約関係のあり方を明確にする法律の整備が必要」との提言を出していた。

の時間を要する状況にあったといえよう。

＊＊＊＊＊＊＊＊＊＊＊

　かくして、報告書を受け止めた労働条件分科会では、労使双方が研究会報告を土台として議論することに反対し、「研究会報告ありきという形では、議論の素材としない」として、いわば白紙の状態から議論する途を選んだ。そこで、2005年10月から2006年3月までの労働条件分科会では、事務局が『検討の視点』として研究会報告に含まれた論点の主なものを提示したが、労使共にこの誘いにも乗らず、まずは、現在の労働関係の実態と労働契約法制の必要性についての議論が行われ、労働契約法制の内容に関する実質的議論には踏み込めずに推移した。そして、2006年7月における事務局の「中間とりまとめ」への誘いに対しては審議を拒否し、審議中断に至った。

＊＊＊＊＊＊＊＊＊＊＊

　その後、公労、公使の会談を経て、2006年8月末日にようやく審議が再開したが、労使が立法化の論点として了解した事項に絞ったシンプルな内容の労働契約法を目指すこととなった。そうして、2006年10月13日の第65回および同年11月21日の第68回の分科会において労働側では徳住堅治弁護士、使用者側では中山滋夫弁護士が専門委員として参画し、積極的に発言することによって、それまで紛糾しがちであった判例の解釈等について効率的かつ生産的に議論が進行した。かくして、11月21日の第68回及び同28日の第69回には「労働契約法制について検討すべき具体的論点（1）、（2）（素案）」が、そして12月8日の第70回には「今後の労働契約法制および労働時間法制の在り方について（報告）（案）」が提出された。その後、細部の調整を経て12月27日の会議に修正された報告案が提出され、中小企業団体から不満が表明されたものの、最終的には報告案がそのまま採択され、これが労働政策審議会の厚生労働大臣に対する報告（答申）とされた。同報告に基づき起草された労働契約法の案が国会に提出され、若干の修正を受けたうえ、

「労働契約法」が成立したのである[2]。

＊＊＊＊＊＊＊＊＊＊＊＊

　以上のように、労働契約法の制定過程は、厚労省に設置された研究会の最終報告が、事務局の誘導にもかかわらず労働条件分科会の議論のたたき台とされず、同分科会の審議が労使の審議継続反対により相当の期間中断のやむなきに至るなど、難航した。しかも、世上『残業代ゼロ法案』と称されて社会の耳目を集めたホワイトカラー・エグゼンプションを含む労基法の労働時間制度改正案とセットで論じられたために、労使の先鋭な対立を背景とすることなった。

　しかし、事務局が、労使の合意できる事項に絞って法案化する方針を伝えたうえ、労使各側が推薦する徳住、中山弁護士を各側の介添役として会議に加え、地ならしのセッションを2回行ったうえで、労使が合意する事項に絞って分科会の審議を再開した。このような地ならしのうえでの審議により分科会はなんとか答申にこぎつけ、法案要綱は公労使三者一致での採択となった。

　こうして、「労働契約法」という労働契約関係に関する新たな基本法の制定についても、三者構成審議会において労使が公益委員と共に議論を尽くしたうえで法案内容を形成する、という労働立法の望ましいプロセスを維持することができた。このことにつき、労使の信頼厚い徳住弁護士と中山弁護士が共に大きな役割を果たして下さったことに、今なお感謝の思いを抱いている。

＊＊＊＊＊＊＊＊＊＊＊＊

　労働契約法は、その後、民主党政権下の有期労働者保護のための平成24年改正[3]を受け、また安倍政権下の働き方改革による平成30年改正を受け

---

[2]　菅野和夫「労働契約法制定の意義—「小ぶり」な基本法の評価」法曹時報60巻8号（2008年）1頁、荒木尚志＝菅野和夫＝山川隆一『詳説労働契約法』（弘文堂、2008年）44頁。当時私は、労働政策審議会会長（2005年3月〜2009年3月）として上記経過につき事務局より逐一報告を受けていた。

[3]　契約期間が通算5年超えの有期労働関係について無期転換権の付与、反復更新されて無期契約

て、内容を発展させている。また、労働契約法で表明された合意原則などの基本法理についても、判例法理の新たな発展が生じている。発展過程にある基本的労働立法の誕生エピソードとして、記憶にとどめていただければ幸いである。

と同視できる状況となった場合ないしは更新に合理的期待ありの場合の解雇権濫用法理の類推適用、有期・無期労働者の労働条件の相違について、両者間に業務の内容と責任の程度、職務内容・配置の変更範囲その他の事情に照らして不合理と認められるものであってはならないとの規範の設定。

徳住先生と東大ロースクール

中 町　誠

　徳住堅治先生がこのたび喜寿を迎えられたとのこと心よりお祝い申し上げます。私が徳住先生と親しくお話をさせて頂くようになったのはともに2007年に東京大学法科大学院（以下「東大ロースクール」という）の教官に任じられてからです。先生の所属されている旬報法律事務所所属の弁護士の方々が訴訟の相手方となった事件はこれまで相当数に上りますが、徳住先生が訴訟の相手方代理人として直接対時したことは意外に少なく2件しかありません。しかも、いずれも今から30年近く前の事件で1件は労働事件ではなく医事紛争事件であり、1件は新潟地方の労災事件でした。前者の事件は患者さん（原告）の病変の機序に不明な点が多く、この点に関し双方からそれぞれ異なる鑑定意見が出され長期化するというかなりの難件でした。第一審判決は裁判所選任の鑑定人の意見を採用せず原告（徳住先生側）の主張する医的見解を全面採用して、病院側が敗訴を喫しました（控訴審で和解にて終了）。後者の事件は、現地の労働弁護士の助っ人的立場で先生が参加されており、第一審で裁判官の勧告もあり双方互譲による和解で終了しました。いずれの事件の先生の主張、尋問ともに緻密でさすがに手ごわいという感がありました。当時は、それぞれ相反する代理人という立場でもあり、私語を交わすなどということはありませんでした。

　その後、徳住先生と訴訟以外の場面でお会いしたのは、2006年6月に岩手大学で開催された日本労働法学会のシンポジウムでした。テーマは「労働訴訟」ということで、「労働裁判の手続の現状と改革の動向」について先生が労働者側の視点で報告をされ、私が使用者側の視点で報告をしました。

　内容の詳細は、日本労働法学会誌108号に譲りますが、徳住先生が、東京地裁労働部の裁判官の方々が要件事実論を労働訴訟について展開し当時話題となった『労働事件審理ノート』（判例タイムズ社、2005年）に言及したうえ、

解雇訴訟の部分について、正当事由必要説の立場から批判を加え、さらに規範的要件について総合判断説を強く主張されたことが印象に残っています。

2007年4月から先生と私は東大ロースクールの労働法実務家教員に任じられました。東大ロースクールでは、労働法実務家教員は労使双方の弁護士各1名が務めることになっており、ロースクール発足時の初代教官が宮里邦雄弁護士、中山慈夫弁護士であり、徳住先生と私が2代目の教官（任期3年）となったわけです。

当時の東大ロースクールはいまだ開校4年目という黎明期でもあり、試行錯誤を重ねつつも希望にあふれ東大はもちろんのこと、他大学からも未修、既習を問わず極めて優秀な人材が集まり、教官冥利に尽きる環境でした。

労働法実務家教員は、夏学期に労働法演習を、冬学期には会社労使関係法と法曹倫理を担当することになっていました。労働法演習では、教官2名で、下級審を含めて重要な労働判例をセレクトし、ゼミ生にそれらの労働判例を割り当て、レジメを作成し報告してもらいゼミ生間で議論をし、教官が適宜コメントを加えるというやり方をとりました。したがって、ゼミの下打ち合わせの段階から、徳住先生と親しくお話をさせていただいたことになりました。

徳住先生が宮里先生とともに日本労働弁護団のリーダー的存在であることは当然承知しておりましたし、東大の先輩でかつ司法研修所の5期先輩でもあるので、最初の打ち合わせはいささか緊張しましたが、当初から極めてフランクに接していただき、自由闊達な議論をさせていただくことができました。先生は労働側で労働訴訟を手掛けておられ、私は使用者側でやってきましたので、あるいは土俵が異なり法律論がかみ合わないのではとの懸念がありましたが、然に非ず。

立場こそ異なりますが、いかに裁判官を説得し、依頼人に勝訴をもたらすかという弁護士としての基本理念は同じであり、そのためにはこれまでの判例法理や下級審裁判例を（支持するにせよ批判しこれを打破するにせよ）、深く研究、分析することが必須であるとの認識は同じでした。この点の先生の知見は素晴らしく、しかも数々の著名労働事件に代理人として現実に関与しておられ、いろいろご教示いただきました。加えて、先生がリーダー格である

日本労働弁護団は、横の連絡も大変密で判例分析はもとより、最新の裁判所の労働事件の訴訟指揮等の情報などもかなりリアルに情報共有されているようで、この点も弁護士として大変うらやましく感じました（一方経営側は、判例分析は共同でもやっていますが、顧客企業が競業関係にあるなどという場合もあり、現実の継続中の裁判の状況などについて、情報交換するなどということはほとんどなされていないのが実情です）。

　前述のとおり、ゼミの学生は極めて優秀で（現在はすでに大学教授として業績をあげ、あるいは中心的な実務法曹として活躍中）、議論も活発で、教官としても大変知的刺激のある楽しい時間を過ごしました。これはおそらく先生も同意見であろうと思います。

　会社労使関係法は、3年冬学期（当時）の選択科目ですが、会社における労使関係の問題を会社法・労働法双方の見地から、理論的実務的に考察するというユニークな科目です。神作裕之教授（商法）が上記の会社法的観点の講義を3コマ担当され、徳住先生が労働者側からの観点、私が使用者側からの観点でそれぞれ5コマずつ担当しました（最終1コマは岩村正彦教授をまじえて総括討論）。具体的な内容はそれぞれの担当に自由に任されており、徳住先生は、労使協議、企業再編と集団的労使関係、会社倒産と労働法、労働組合をめぐる新たな組織問題等、労働組合が直面する重要かつ最先端の問題を多面的に取りあげておられました。学生（とくに労働法の研究者志望あるいは労働関係の実務法曹志望）にとって大変刺激的な講義であったことは言うまでもありません。学生のアンケートによる評価も上々でした。

　東大ロースクールでは労働法実務家教員になると自動的に当時岩村正彦教授と荒木尚志教授が主宰されていた東京大学労働法研究会の参加が認められ、参加とともに年に1回程度判例評釈を報告する義務が課せられていました。徳住先生もこの研究会に熱心に参加され、労働者の権利擁護の観点から積極的に発言されるとともに、判例評釈も毎年のように担当、報告されその成果の一部が「ジュリスト」（有斐閣）に登載されています。また、実務家として当時最大の関心事であった労働審判について東京大学法科大学院ローレビュー3巻に「労働審判制度の解決機能とインパクト」と題する論文を寄稿され、発足間もない労働審判制度を前向きに評価されています（現在この

評価は労使ともに異論を差し挟まないところでしょう）。

　そして教官退任後も、先生のエネルギッシュなご活躍は変わらず、重要労働訴訟に関与されつつ、著作や論文等を次々発表され、日本の労働弁護士のトップランナーの道を歩まれていることは私がここであえて申すまでもありません。

　一昨年、名誉なことに徳住先生とともに産労総合研究所から、『労働判例全書』というテーマ別労働判例集の判例選定の監修の委嘱を受け、メールのやり取りが中心ではありましたが、判例選定に関与させていただきました。その打ち上げに先生と（労働判例編集部の方々とともに）会食させていただく機会を得ました。久々に先生にお会いしましたが、もうすぐ喜寿を迎えられるとは思えないほど若々しく、労働問題や労働裁判に関する情熱は相変わらず高く、大変うれしく感じました。そして、先生がこれからも生涯現役のまま労働弁護士のトップランナーとして歩まれるであろうと心から確信した次第です。

戦後労働法学のレジェンドとの個人的な出会い

野　田　　進

　徳住先生と初めて親しくお話しする機会を得たのは、1990 年代の半ばであったろうか。労働弁護団の全国総会が九州で開催され、私はその数年前に故郷の九州大学に赴任していた関係で、オブザーバー参加の声をかけていただいた。徳住先生とは、総会の懇親会の終了後の、部屋の飲み会で、福岡県弁護士会の上田國廣弁護士もご一緒に、同じ九州出身のよしみで親しくお話しをさせていただいた。先生のフランクなご厚誼がうれしく、楽しい歓談の時間であった。以来、普段の活動の場所は東京と福岡で離れているが、様々な場や機会で、先生には 30 年のお付き合いをいただいている。韓国の研修旅行にご一緒したことなども、なつかしい思い出である。

　「人生百年」の時代であることからすれば、「喜寿」の年齢でも、まだ人生の第 3 コーナーを駆け抜けたところにすぎない。先生は新たな気概で、これからも走り続けられることであろう。

　私も先生に近い年齢であることから、最近は高年齢者の「働き方」や「生き方」というものを考えることが多い。というのも、研究者の場合、高年齢になると、誰かから仕事を課されたり依頼を受けたりすることは少なくなるが、その分、仕事や社会活動についても、すべて自分で決めて、切り開かなければならない。高齢になるとかえって、若い 10 代の頃のように、いかに生きるべきかが試されるような気がする。もっとも、無理することもないのだが。

　私は最近、上記の上田國廣弁護士からお誘いを受けて、平和問題に関する弁護士・研究者等の勉強会である「平和をつなぐ会・福岡」に参加させていただいており、この活動も今の自分の「働き方」の一環と考えている。無理することなく、労働法と平和の問題との交錯を自分なりに考えればよいと思う。そして、その勉強会による個人的な研究成果として、2024 年夏に「安

保関連法制における労働者等の動員体制―『国民徴用令』を比較の素材にして」と題する論考を公表した（季労285号100頁）。この論考は、2015年当時の安倍内閣のもとで成立した安保関連法制に注目し、同法制に基づく、労働者等の（隠された）動員システムを明らかにしたものであり、その性格を把握するために、論文の後半では戦前の国民徴用令（昭和14年7月7日勅令第45号）を取り上げて逐条的に検討した。

　この当時、国民徴用令について、労働法の学界では、後藤清教授と浅井清信教授が、著書や論文で発言しておられる。両教授はそれぞれのドイツ労働法研究の蓄積をふまえて、問題の核心に迫る法理を展開している（その内容と出典については、上記拙稿を参照されたい）。両論考の論調は、現在から見ればやや「翼賛的」であるのかもしれないが、その当時の研究者の発言として誠実さに悖ることはないと私は思っている。周知のように、戦後になって、やはりドイツ法研究を基礎に、後藤教授は主として労働協約、浅井教授は労働契約を中心に、精力的に研究を積み上げられて、日本の戦後労働法学をリードされた。両教授の研究者としての姿勢は、少しもぶれることはなかったのである。

　ところで、表題に掲げた「個人的な出会い」とは、この両先生に関する思い出である。いずれも、1980年代の初期の頃のことであったろう。私は、当時は大阪大学法学部で教員の職を得て、研究活動を始めたばかりであった。

　最初は後藤教授の思い出である。当時の関西労働法研究会の会場に、私の知る限りでは初めて姿を見せられた。かくしゃくとしたご様子で、会の冒頭に張りのある声で、ひと言ご挨拶なされた。次のようなことを言われた。自分は高齢者施設に入居しており、そこからこの研究会に来た。いまでも毎日ドイツ語の研究書を読んで、勉強を楽しんでいる。高齢になると、誰でもあっさりとした日本食が好物になるというが、自分はまったくそうではなく、分厚い肉のステーキが好物である……。私（＝野田）は、先生の旺盛な研究意欲に敬服するとともに、豪華そうな高齢者施設であっても、食事の不満はおありなのだなと考えた次第である。

　浅井清信先生とは、まったくの偶然の出会いである。当時、勤務校である大阪大学は、教職員に対し、毎年の福利厚生の文化活動として、映画のチ

ケットを無料配布していた。私は映画ファンだから、大学からの帰りに、ふだんは（値段が高いので）あまり行かない梅田のロードショー館に、喜んで観に行くことにしていた。週日のお昼なので館内はがらがらである。映画を見終わって館内が明るくなり、立ち上がると、前方3列目くらいに、写真でお見かけしたことのある姿が目に入った。浅井先生であった。私も同業の研究者ではあるが、こちらは駆け出しのぺいぺいである。レジェンドに名乗り出てご挨拶することもあるまいと、目の前を通り過ぎられるのを見送った次第である。それだけのことである。ちなみに、私たちが鑑賞した映画は、『動乱』（森谷司郎監督、1980年）であり、日本の軍事クーデタである二・二六事件に向けての青年将校らの生き様を描いた物語であった。浅井先生は、この映画をどのように観られただろうか。

　両先生とのいずれの出会いも、はるか昔の個人的な出来事である。私も、ステーキと映画は好きであるが、徳住先生はいかがでしょうか。

徳住堅治、弁護士としての履歴

Ⅰ．経歴

昭和 22（1947）年 9 月 12 日	熊本県八代市生
昭和 45（1970）年 9 月	東京大学法学部卒業
昭和 48（1973）年 4 月	東京弁護士会登録
昭和 54（1979）年 11 月 〜同 56（1981）年 11 月	総評弁護団総括事務局
平成 6（1994）年 11 月 〜平成 10（1998）年 11 月	日本労働弁護団幹事長
平成 14（2002）年 12 月 〜同 16（2004）年 11 月	東京弁護士会綱紀委員会委員長
平成 16（2004）年 4 月 〜同 24（2012）年 3 月	日本弁護士会労働法制委員会委員
平成 18（2006）年 4 月 〜同 24（2012）年 3 月	東京弁護士会労働法制特別委員会委員長
平成 18（2006）年 4 月 〜同 22（2010）年 3 月	東京大学法科大学院客員教授
平成 23（2011）年 4 月 〜同 24（2012）年 3 月	早稲田大学法科大学院非常勤講師
平成 23（2011）年 4 月 〜同 24（2012）年 3 月	東京 3 会労働訴訟等協議会議長
平成 27（2015）年 10 月 〜同 29（2017）年 5 月	厚労省「透明かつ公正な労働紛争解決システム等の在り方に関する検討会」委員
平成 27（2015）年 11 月 〜令和 2（2020）年 11 月	日本労働弁護団会長

Ⅱ．主な著作

1 『労働基準法実務全書』（労働旬報社、共著、1980 年）

2 『労働基準法入門』（労働旬報社、共著、1986 年）

3 『転勤・出向さらりーまん読本』（労働旬報社、1990 年）

4 『雇用調整をはねかえす法』（花伝社、共著、1993 年）

5 『ザ・管理職組合』（中央経済社、共著、1994 年）

6 『働く人のための法律相談』（青林書院、共著、1996 年）

7 『労働法実務事典』（旬報社、共著、1998 年）

8 『私は辞めません』（旬報社、1999 年）

9 『労働事件実務マニュアル』（ぎょうせい、共著、1999 年）

10 『労働者とその生命と人権』（岩崎書店、共著、2001 年）

11 『企業再編・会社分割と雇用のルール』（旬報社、2001 年）

12 『どうする不況リストラ正社員切り』（旬報社、共著、2009 年）

13 『シリーズ働く人を守る　解雇・退職』（中央経済社、2012 年）

14 『詳説　倒産と労働』（商事法務、共著、2013 年）

15 「解散・倒産をめぐる法的問題」『事業再構築における労働法の役割』（中央経済社、共著、2013 年）

16 「企業組織再編と集団的労使関係」『判例労働法 4』（第一法規、共著、2015）

17 『実務解説 9　企業組織再編と労働契約』（旬報社、2016 年）

Ⅲ．主な論文など

1 「新たな経済変動下の権利闘争」季刊・労働者の権利 174 号（1988 年）2 頁

2 「公務員労働関係についての裁判官会同と裁判統制」労旬 1198 号（1988 年）4 頁

3 「検証・歪められた労働裁判（上）」労旬 1276 号（1991 号）6 頁

4 「検証・歪められた労働裁判（中）」労旬 1279・1280 号（1992 年）76 頁

5 「バブル崩壊下の雇用調整と労働者の権利」季刊・労働者の権利 199 号（1993 年）2 頁

6 「管理職労働組合の誕生とその役割」季刊・労働者の権利 202 号（1994 年）57 頁

7 「円高リストラ・雇用調整にどう対応するか」賃金と社会保障 1127 号（1994 年）17 頁

8 「労働契約法制のあり方」ジュリ 1066 号（1995 年）169 頁

9 「ドイツでの個別紛争処理システム」金属機械労働資料 421 号（1997 年）9 頁

10 「営業譲渡をめぐる労働契約上の問題点とたたかいの方向」季刊・労働者の権利 237 号（2000 年）73 頁

11 「座談会　労組再生問われる"立脚点"」ひろばユニオン 482 号（2002 年）18 頁

12 「企業再編の諸問題と対抗策」季刊・労働者の権利 244 号（2002 年）15 頁

13 「労働債権の実体上・手続上の処遇のあり方」法時 74 巻 8 号（2002 年）54 頁

14 「不足の課題—権利闘争について」賃金と社会保障 1353 号（2003 年）12 頁

15 「座談会　労働訴訟協議会」判タ 1143 号（2004 年）4 頁

16 「企業組織の再編と労働法の新たな課題」季労 206 号（2004 年）68 頁

17 「企業再編と労働組合の組織問題」労働法学研究会報 2350 号（2005 年）4 頁

18 座談会「労使関係からみた企業再編・買収をめぐる法制度の課題」ビジネス・レーバー・トレンド 364 号（2005 年）16 頁

19 「座談会　労働審判制度」判タ 1194 号（2006 年）4 頁

20 「英国大使館の商務官の解雇と裁判権免除」季刊・労働者の権利 206 号（2006 年）70 頁

21 「競業避止義務と営業秘密保持」ジュリ 1311 号（2006 年）156 頁

22 「座談会　労働審判制度」判タ 1194 号（2006 年）4 頁

23 「労働審判制度の解決機能とインパクト」東京大学法科大学院ローレビュー Vol.3（2008 年）214 頁

24 「競業避止義務と営業秘密保持」ジュリ 1311 号（2006 年）156 頁

25 「労働組合の組織変動に関する実務上の課題」安西愈先生古稀論文集『経営と労働法務の理論と実務』（中央経済社、2009 年）607 頁

26 「競業避止義務違反と損害賠償・差止請求の成否」ジュリ 1385 号（2009 年）132 頁

27 「業務上疾病による休業期間中の解雇の有効性と賃金請求の可否・その範囲」ジュリ 1435 号（2011 年）141 頁

28 「企業組織再編と『親子会社類型』の使用者概念」月刊労委労協 689 号（2013 年）2 頁

29 「倒産手続における労働者保護（総論）」「倒産と労働」実務研究会編『詳説　倒産と労働』（商事法務、2013 年）25 頁

30 「解散・倒産をめぐる法的問題」毛塚勝利編『事業再構築における労働法の役割』（中央経済社、2013 年）112 頁

31 「親子会社類型の使用者概念」月刊労委労協 697 号（2014 年）23 頁

32 「企業倒産時の労働弁護士の役割」山川隆一ほか編『ローヤリング労働事件』（労働開発研究会、2015 年）289 頁

33 「不当労働行為の立証の程度」についての考察〜「東京コンドルタクシー事件」を題材に　月刊労委労協（2015 年 2 月号）

34 「INAX メンテナンス事件［最高裁平成 23.4.12］」月刊労委労協 704 号（2015 年）49 頁

35 「セメダイン事件［東京高裁平成 12.2.29 判決］」月刊労委労協 706 号（2015 年）59 頁

36 「朝日放送事件［最高裁平成 7.2.28 判決］」月刊労委労協 709 号（2015 年）69 頁

37 「座談会　最近のハラスメント（セクハラ・パワハラ・マタハラ等）をめぐる判例傾向」労判 1123 号（2016 年）6 頁

38 「根岸病院事件［東京高裁平成 19.7.31 判決］」月刊労委労協 714 号（2016 年）62 頁

39 「光仁会事件」月刊労委労協 719 号（2016 年）57 頁

40 「企業組織再編と労働組合の組織変動」日本労働法学会誌 127 号（2016 年）

40 頁

41 「座談会　これからの労働実務」ジュリ 1500 号（2016 年）46 頁

42 「弁護士が読む西谷敏『労働法の基礎構造』」労旬 1279・1280 号（2017 年）77 頁

43 「同一労働同一賃金と非正規雇用労働者の待遇改善〜労働側から見た『同一労働同一賃金ガイドライン案』」季労 256 号（2017 年）13 頁

44 「労働者側から見た解雇の金銭解決制度をめぐる議論」季労 259 号（2017 年）27 頁

45 「個別労働紛争解決〜労働契約法、個別労働紛争解決促進法〜」月刊労委労協 734 号（2017 年）27 頁

46 「鼎談　働き方改革と法の役割」ジュリ 1513 号（2017 年）14 頁

47 「紅谷商事事件［最高裁平成 3.6.4 判決］」月刊労委労協 735 号（2018 年）63 頁

48 「大成観光事件［最高裁昭和 57.4.13］」月刊労委労協 740 号（2018 年）39 頁

49 「阪急交通社事件［東京地裁平成 25.12.5 判決］」月刊労委労協 741 号（2018 年）52 頁

50 「モリタ・モリタエコノス事件［東京地裁平成 20.2.27 判決］」月刊労委労協 742 号（2018 年）103 頁

51 「労働者委員のための重要判例解説」月刊労委労協臨増 743 号（2018 年）26 頁

52 「個別労働紛争解決の現状と課題」月刊労委労協 767 号（2020 年）22 頁

53 「旧労契法 20 条をめぐる最高裁判決を考える」月刊労委労協 771 号（2021 年）2 頁

54 「朝日放送事件、阪急交通社事件［最三小判平成 7.2.28 他］」月刊労委労協 774 号（2021 年）38 頁

55 「『昭和 HD 事件』東京地裁での論争経過」労旬 1986 号（2021 年）47 頁

56 「大乗淑徳学園事件［東京高判令和元 .8.8］」月刊労委労協 779 号（2021 年 12 月号）60 頁

57 「労働委員会制度の実務的課題とこれから」労旬 1299・2000 号（2022 年）

131 頁

58 「大阪市事件、駿河銀行事件［東京高判平成 30.8.30 他］」月刊労委労協
783 号（2022 年）38 頁

59 「日産自動車事件［最三小判昭和 60.4.23］」月刊労委労協 786 号（2022 年）
41 頁

60 「旭ダイヤモンド事件［最三小判昭和 61.6.10］」月刊労委労協 787（2022 年）
70 頁

61 「亮正会高津中央病院事件［最高裁平成 2.3.6 判決］」月刊労委労協 789
号（2022 年）62 頁

62 「労組法上の『労働者』とは」月刊労委労協 794 号（2023 年）30 頁

63 「労組法上の『使用者』とは」月刊労委労協 795 号（2023 年）38 頁

64 「不当労働行為救済制度について」月刊労委労協 800 号（2023 年）2 頁

65 「組合の資格審査について」月刊労委労協 802 号（2024 年）58 頁

66 「ストライキ以外の争議行為〜残業拒否闘争、特定業務拒否闘争・怠業、
安全闘争、一斉休暇闘争〜」月刊労委労協 804 号（2024 年）30 頁

67 「団体交渉の開始手続・誠実交渉義務と団体交渉拒否」月刊労委労協
806 号（2024 年）34 頁

Ⅳ．取扱った労働事件一覧（判例として公刊されたものを主に選択）

1 堀田製作所・福井銀行事件・都労委昭 48.4.6 申立【福井の堀田製作所の
倒産・解雇事案で、福井銀行等を相手方として、東京都労委に脱退工作禁
止等を求めて不当労働行為救済申立】

2 全逓国立郵便局・傷害被告事件・東京地八王子支判昭 50.1.22【上司の
抽斗を足蹴にし、その勢いで閉じた抽斗と机の間に拇指を狹圧し、全治約
9 日間の拇指捻挫の傷害を負わせたとする事案で、無罪判決】
・昭 52.11.8 不利益処分審査請求事案で、人事院が懲戒免職処分を懲戒停
職 3 か月に修正。

3 伊豆シャボテン公園事件・東京高判昭 50.2.26 労判 219 号 40 頁
同・最三小判昭 50.8.29 労判 233 号 45 頁【女 47 歳、男 57 歳の男女差別定
年制は、公序良俗に反して無効】

4　電業社・賞与仮払仮処分事件・静岡地沼津支判昭 50.10.8【組合員 460 名に対してのみ賞与を支払わなかった事案で、賞与総額 1 億 4400 万円余の支払を命じた。】

5　東京スピンドル製作所事件・秋田地労委昭 51.8.17 中労委データベース【秋田県若美町の職場で、一方組合員のみ 7 名の整理解雇は、不当労働行為】

6　全逓牛込郵便局・傷害事被告件・東京地判昭 51.9.16【管理職の胸ぐらを両手でつかんで押したり、突き飛ばしたたりした等の暴行を加え全治約 1 ヶ月を要する肋骨骨折の傷害を負わせたとする事案で、無罪判決】

7　全逓東京南部小包集中局事件・東京地判昭 52.3.28 労判 272 号 23 頁【庁内デモ中の管理職の暴行を認め、損害賠償を容認】
同・東京高判昭 55.11.26 判時 990 号 1 93 頁【管理職の暴行を否定し、原判決取消し】

8　日野車体工業事件・東京地判昭 52.8.25 中労委データベース【四百数十名の脱退工作が不当労働行為と認定】

9　北斗音響事件・盛岡地判昭 54.10.25 労判 333 号 55 頁【工場閉鎖に伴う 70 名の整理解雇について、整理解雇法理の第 4 要件を重視して、整理解雇を無効とした】

10　電業社不当労働行為救済申立事件・静岡地労委昭 54.10.25 労判 331 号 72 頁【定年退職後の嘱託制度の運用において、一方組合員を不利益に扱ったことが不当労働行為】

11　オリエンタルモーター緊急命令却下抗告事件・東京高決昭 57.1.20 労判 378 号 34 頁【緊急命令却下決定の取消の抗告決定】

12　赤阪鉄工所事件・静岡地判昭 57.7.16 労判 392 号 25 頁【非組合員労働者（例えば非組合員の臨時工、有期雇用労働者）を整理解雇の対象とする場合には、非組合員労働者と直接協議を行う必要がある】

13　全逓大槌郵便局建造物侵入被告事件・最二小判昭 58.4.8 労判 406 号 24 頁【建造物侵入罪について、許諾権説の立場から逆転有罪】
同・仙台高判昭 61.2.3 労判 469 号 28 頁

14　名古屋鉄道郵便局事件・名古屋地判昭 59.4.27 労判 431 号 68 頁【有休の

時季変更権行使は、服務差繰りの努力を怠り無効】

同・名古屋高判平元.5.30 労判 542 号 34 頁【原判決支持】

15 HIV 感染者解雇事件・東京地判平 7.3.30 労判 667 号 14 頁【HIV 感染者解雇無効・HIV 感染の事実の告知の配慮義務】

16 ロイヤル・インシュアランス・パブリック・リミテッド・カンパニー事件・東京地決平 8.7.31 労判 712 号 85 頁【外資系企業における整理解雇について、整理解雇 4 要件を適用し解雇無効】

17 東京アメリカンクラブ事件・東京地判平 11.11.26 労判 778 号 40 頁

同・東京高判平 12.6.27【職種変更に伴う減額措置が無効】

18 須賀工業事件・東京地判平 12.2.14 労判 780 号 9 頁【賞与支給予定日より遅れて支給された場合、予定日に在籍していた従業員の賞与支払請求権を認めた】

19 黒川建設事件・東京地判平 13.7.25 労判 813 号 15 頁【法人格形骸化を理由に、親会社・代表取締役に対する未払い賃金・退職金の請求権を認容】

20 セメダイン事件・都労委平 8.5.28 労判 698 号 78 頁【管理職組合の労組法上の適格性を認めた】

同・中労委平 10.3.4 労判 734 号 81 頁同旨

同・東京地判平 11.6.9 労判 763 号 12 頁同旨

同・東京高判平 12.2.29 労判 807 号 7 頁同旨

同・最一小決平 13.6.14 労判 807 号 5 頁同旨

21 八王子信用金庫事件・東京地八王子支判平 12.6.28 労判 821 号 35 頁

同・東京高判平 13.12.11 労判 821 号 9 頁【定年年齢の 60 歳から 62 歳への延長に伴う 55 歳以降の賃金減額措置につき、就業規則変更の合理性を否定し、旧制度に基づく労働契約上の地位を認めた】

22 芝信用金庫事件・東京高判平 12.12.22 労判 796 号 5 頁【昇格の男女差別について昇格の地位確認を認めた】

23 日本工業新聞社事件・東京地判平 14.5.31 労判 834 号 34 頁【「事案の直接の担当者」が参加する賞罰委員会は委員会規定に違反し、懲戒解雇は無効】

同・東京高判平 15.2.25 労判 849 号 99 頁【原判決取消し：懲戒解雇有効】

同・最三小決平 17.12.6【懲戒解雇有効】

24　PWC ファイナンシャル・アドバイザリー・サービス事件・東京地判平 15.9.25 労判 863 号 19 頁【外資系コンサルタント会社のマネージャーの整理解雇について、解雇回避努力義務及び被解雇者選定の合理性を満たしてないとして無効】

同・東京高判平 16.7.6【解雇無効】

同・最二小決平 16.12.1【解雇無効】

25　東急エージェンシー事件・東京地判平 17. 7 .25 労判 901 号 5 頁【諭旨解雇処分の効力を否定し、退職金及び退職特別加算金の支払を命じた】

26　三洋テクノマリン労働審判事件・平 18.6.15【会社を退職する際、社員持株会を通じて所有する株式を、代表取締役を利害関係人として買取ってもらうことの調停成立】

27　熊坂ノ庄スッポン堂商事事件・東京地判平 20.2.29 労判 960 号 35 頁【研修・出張命令拒否を理由とする懲戒解雇について、発せられた経緯が唐突であり，必要性が十分説明されていない等として、懲戒解雇は無効】

28　佐野学園事件・東京地判平 22.10.28【有期雇用の教授の雇止め無効】

29　新国立劇場運営財団事件・最二小判平 23.4.12 労判 1026 号 6 頁【合唱団員は労組法上の労働者である】

30　ビクターサービスエンジニア事件・最三小判平 24.2.21 労判 1043 号 5 頁【音響機器の修理補修の業務を委託された個人代行店は労組法上の労働者にあたる】

31　クノールブレムゼ商用車システムジャパン事件・埼玉地熊谷支判平 24.3.26 労判 1050 号 21 頁【組合用務として届出た時間帯に届出通りに組合活動を行っていなかった等を理由とする委員長・書記長の解雇は無効】

32　昭和ゴム・名誉棄損事件・東京地判平 26.5.19 判タ 2254 号 100 頁【学者が執筆した論文・鑑定意見書が名誉棄損であるとする高額損害賠償請求を棄却】

33　日本航空事件（客乗）・東京高判平 26.6.3 労経速 2221 号 3 頁

日本航空事件（パイロット）・東京高判平 26.6.5 労経速 2221 号 3 頁【会社更生手続き下の整理解雇は有効】

徳住堅治、弁護士としての履歴　567

34　野村証券事件・東京地判平 28.2.26 労判 1136 号 32 頁【顧客情報漏洩を理由とする懲戒解雇は無効】

35　日本証券業協会事件・東京地判平 29.4.21 判タ 1458 号 196 号【外務員の登録を取消す旨の処分の取り消し】

36　セコニック事件・東京都労委平 29.5.9 中労委データベース【組合が受入れられない労働協約の改定案に固執し、労働協約を失効させたのは支配介入。会社のポータルサイトへの文書掲示を命じた】

37　群馬大学医学部教授解雇事件・前橋地判平 29.10.4 労判 1175 号 71 頁【パワハラ等を理由とする懲戒解雇は無効】

38　クレディ・スイス証券事件・東京地判平 30.11.29【復職後の配置転換などをめぐる紛争について、懲戒解雇は無効であるが、普通解雇は有効】

39　岐阜工業事件・岐阜地労委令 3.10.29 中労委データベース【有効期間満了が切迫した時期に改訂案を伴わない改訂申出をして労働協約を失効させたことは支配介入。なお、労使事務折衝・団体交渉で協約失効の態度を取り続けたこと行為が継続する行為であるとして、除斥期間の適用を否定した】

40　学究社事件・東京地判令 4.2.8 労判 1265 号 5 頁【昇給率が定まらなかった場合には年俸額は前年度の額のまま変更されず，次年度の年俸額は前年度と同額に定まると解するのが，当事者の合理的意思に適う】

41　日本クリーン事件・東京高判令 4.11.16 労判 1293 号 66 頁
同・東京地判令 4.1.28 労判 1293 号 76 頁【洗浄事故に関する情報漏洩を理由とする解雇は無効】

編著者

井上　幸夫　（いのうえ　ゆきお）弁護士

鴨田　哲郎　（かもた　てつお）弁護士

小島　周一　（こじま　しゅういち）弁護士

執筆（執筆順）

徳住　堅治　（とくずみ　けんじ）弁護士

西谷　　敏　（にしたに　さとし）大阪市立大学名誉教授

水林　　彪　（みずばやし　たけし）東京都立大学名誉教授

木下　徹郎　（きのした　てつろう）弁護士

城塚　健之　（じょうつか　けんし）弁護士

上田　絵理　（うえだ　えり）弁護士

和田　　肇　（わだ　はじめ）名古屋大学名誉教授

黒岩　容子　（くろいわ　ようこ）弁護士

石﨑由希子　（いしざき　ゆきこ）横浜国立大学教授

水口　洋介　（みなぐち　ようすけ）弁護士

君和田伸仁　（きみわだ　のぶひと）弁護士

梅田　和尊　（うめだ　かずたか）弁護士

嶋﨑　　量　（しまさき　ちから）弁護士

髙木　太郎　（たかき　たろう）弁護士

塩見　卓也　（しおみ　たくや）弁護士

鎌田　幸夫　（かまだ　ゆきお）弁護士

新村　響子　（にいむら　きょうこ）弁護士

佐々木　亮　（ささき　りょう）弁護士

岡田　俊宏　（おかだ　としひろ）弁護士

竹村　和也　（たけむら　かずや）弁護士

鵜飼　良昭　（うがい　よしあき）弁護士

棗　　一郎　（なつめ　いちろう）弁護士

水町勇一郎　（みずまち　ゆういちろう）早稲田大学教授

橋本　陽子　（はしもと　ようこ）学習院大学教授

淺野　高宏　（あさの　たかひろ）弁護士

村田　浩治　（むらた　こうじ）弁護士

高橋　賢司　（たかはし　けんじ）立正大学教授

池田　　悠　（いけだ　ひさし）北海道大学教授

土岐　将仁　（とき　まさひと）東京大学准教授

岩淵　正明　（いわぶち　まさあき）弁護士

川人　　博　（かわひと　ひろし）弁護士

松丸　　正　（まつまる　ただし）弁護士

笠置　裕亮　（かさぎ　ゆうすけ）弁護士

中村　和雄　（なかむら　かずお）弁護士

荒木　尚志　（あらき　たかし）東京大学教授

安西　　愈　（あんざい　まさる）弁護士

軽部龍太郎　（かるべ　りょうたろう）弁護士

木下　潮音　（きのした　しおね）弁護士

光前　幸一　（こうぜん　こういち）弁護士

菅野　和夫　（すげの　かずお）東京大学名誉教授

中町　　誠　（なかまち　まこと）弁護士

野田　　進　（のだ　すすむ）九州大学名誉教授

労働者の権利と労働法における現代的課題

2025年3月31日　初版第1刷発行

編　　　者	井上幸夫・鴨田哲郎・小島周一	
装　　　丁	天川真都	
組　　　版	キヅキブックス	
発 行 者	木内洋育	
編集担当	古賀一志	
発 行 所	株式会社 旬報社	
	〒162-0041　東京都新宿区早稲田鶴巻町544 中川ビル4F	
	TEL.03-5579-8973　FAX 03-5579-8975	
	ホームページ　https://www.junposha.com/	
印　　　刷	精文堂印刷株式会社	

© Yukio Inoue et al., 2025, Printed in Japan
ISBN978-4-8451-1992-9